权威读本

中华人民共和国
证券法
解读

主编
王 翔

中国法制出版社
CHINA LEGAL PUBLISHING HOUSE

前　言

2019年12月28日，第十三届全国人民代表大会常务委员会第十五次会议审议通过了修订后的《中华人民共和国证券法》，并由国家主席习近平签署第三十七号主席令予以公布。这部法律自2020年3月1日起施行。

此次修订，按照习近平总书记关于“加快资本市场改革，尽快形成融资功能完备、基础制度扎实、市场监管有效、投资者合法权益得到充分保护的多层次市场体系”的要求，根据资本市场改革发展新形势新情况，加强资本市场制度建设和治理体系建设，重点在改革证券发行制度、规范证券交易行为、强化信息披露要求、加大投资者保护力度、健全多层次资本市场体系、提高证券违法成本等方面，对现行证券法进行了修改完善。

为了配合修改后的证券法的学习、宣传，帮助广大读者准确理解此次修改的立法原意，我们组织编写了本书。由全国人大常委会法工委经济法室副主任王翔担任本书主编；全国人大常委会法工委经济法室的刘泽巍、陈扬跃、吕丽萍、刘良、戴蕾等直接参与此次证券法修改的同志承担了本书撰写工作。

本书力求准确、详尽、通俗易懂地阐释证券法的内容，但因时间和水平有限，如有疏漏之处，敬请读者批评指正。

目　　录

附　录

第一章　总　　则

第一条　为了规范证券发行和交易行为，保护投资者的合法权益，维护社会经济秩序和社会公共利益，促进社会主义市场经济的发展，制定本法。

条文主旨

本条是关于本法立法目的的规定。

立法背景

本条未作修改。

条文解读

一、2019 年证券法修订的基本情况

证券法是资本市场一部重要的基础性法律。1998 年 12 月 29 日，证券法由九届全国人大常委会第六次会议通过，自 1999 年 7 月 1 日起施行。此后，为适应资本市场改革发展需要，全国人大常委会分别于 2004 年 8 月、2013 年 6 月、2014 年 8 月对证券法的个别条款进行了修改，并于 2005 年 10 月进行了全面修订。

随着我国证券市场的快速发展，改革创新的不断深入，证券法的部分内容已难以完全适应证券市场发展的新形势。社会各界要求修改证券法的呼声较高，许多全国人大代表、全国政协委员都提出了相关议案、建议和提案，要求修改完善证券法。十二届全国人大常委会将证券法修改列入了立法规划。2013 年 12 月，

全国人大财政经济委员会组织中国证监会、国家发改委、中国人民银行等相关部门成立起草组，启动证券法研究修改工作，在认真总结证券法实施情况、深入调查研究、广泛征求意见的基础上，形成了证券法修订草案。2015 年 3 月，全国人大财政经济委员会将证券法修订草案提请全国人大常委会审议。2015 年 4 月、2017 年 4 月、2019 年 4 月，十二届全国人大常委会第十四次会议、第二十七次会议和十三届全国人大常委会第十次会议先后对修订草案进行了三次审议。其间，根据国务院提出的议案，十二届全国人大常委会第十八次会议于 2015 年 12 月通过了授权国务院在实施股票发行注册制改革中调整适用证券法有关规定的决定，为在证券法全面修改工作完成前推进股票发行制度改革提供了法律依据；2018 年 2 月，十二届全国人大常委会第三十三次会议又作出决定，将上述授权期限延长了两年至 2020 年 2 月 29 日。在全国人大常委会对证券法修订草案进行审议修改的过程中，全国人大宪法和法律委员会（法律委员会）、全国人大常委会法制工作委员会通过多种形式广泛征求了各省（自治区、直辖市）和部分较大的市人大常委会、基层立法联系点、中央有关部门以及部分全国人大代表、高等院校、研究机构、专家学者的意见；在中国人大网全文公布修订草案，征求社会公众的意见；还多次到北京、上海、深圳等地调研，听取有关方面意见。同时，会同全国人大财政经济委员会，同国务院有关部门保持密切沟通，根据常委会组成人员的审议意见和有关方面意见，结合科创板注册制改革试点、开展创新企业境内发行股票或存托凭证试点等资本市场改革进展情况，对相关问题进行认真研究，对修订草案进行修改完善。2019 年 12 月，十三届全国人大常委会第十五次会议对修订草案进行了第四次审议，并以 167 票赞成、1 票弃权的表决结果，通过了证券法修订草案。修订后的证券法自

2020年3月1日起施行。

此次修订证券法，坚持以“习近平新时代中国特色社会主义思想”为指导，深入贯彻落实党的十九大和十九届二中、三中、四中全会精神，按照习近平总书记关于“加快资本市场改革，尽快形成融资功能完备、基础制度扎实、市场监管有效、投资者合法权益得到充分保护的多层次市场体系”的要求，根据资本市场改革发展新形势新情况，加强资本市场基础制度建设和治理体系建设。重点在改革证券发行制度、规范证券交易行为、强化信息披露要求、加大投资者保护力度、健全多层次资本市场体系、提高证券违法成本等方面，对证券法进行了修改完善。

在修改工作中，着重把握以下几点：

一是坚持市场化、法治化的改革方向。改革证券发行制度，建立以信息披露为核心的证券发行注册制，优化证券发行条件，强化信息披露要求，健全多层次资本市场体系，通过放松管制，减少行政干预，发挥市场在资源配置中的决定性作用。

二是突出强调投资者权益保护，特别是中小投资者权益保护这一主线。围绕保护投资者权益进行相关制度设计，增设投资者保护专章，规定具体的保护制度和措施，同时通过加大对证券违法行为的惩处力度，维护证券市场秩序，营造公开、公平、公正的投资环境，促进和提升投资者对证券市场的信心。

三是坚持问题导向，立足证券市场实际。这次修改，聚焦落实党中央关于深化资本市场改革要求所急需的内容，着力解决现阶段资本市场的运行中的突出问题，作出有针对性的制度安排，是阶段性的；同时，在法律修改中也适当前瞻，为未来资本市场改革发展预留制度空间。

二、证券法的立法目的

证券法的立法目的，主要包括三个方面：

一是规范证券的发行和交易行为。证券发行是指发行主体为筹集建设资金或经营资本，向投资者签发代表一定权利的有价证券，将投资者手中的资金转化为建设资金或经营资本的行为。证券交易是指对已依法发行的证券的转让或买卖。证券发行的主体既可以是政府，也可以是企业。投资者是法律允许的具有投资能力的自然人、法人、合伙企业等。证券的发行和交易活动，涉及发行人、投资者，为证券发行、交易直接提供相关服务的证券公司、证券服务机构，为相关活动提供设施和保障的证券交易场所、证券登记结算机构，以及证券监督管理机构等多个主体和多重利益关系，应当通过法律予以规范。为此，本法规定，证券的发行和交易，必须实行公开、公平、公正的原则；必须遵守法律、行政法规；禁止欺诈、内幕交易和操纵证券市场的行为；国务院证券监督管理机构依法对全国证券市场实行集中统一监督管理。同时，本法还对证券的发行注册制度、保荐制度、承销制度、上市交易制度、上市公司收购制度、信息披露制度、投资者保护制度、禁止的交易行为及相关法律责任等一些具体制度作了规定。本法通过规范证券的发行和交易行为，来维护证券活动各方当事人的合法权益，维护证券市场正常秩序，防范化解系统性风险，促进证券市场健康发展。

二是保护投资者的合法权益。随着我国证券市场的快速发展，投资者队伍不断扩大，其中中小投资者占绝大多数，为我国证券市场的发展作出了巨大的贡献。历史和实践充分证明，证券市场要发展，必须取信于投资者，必须切实保护投资者的合法权益。为此，此次修订证券法，增设“投资者保护”专章，增加和完善了投资者适当性、现金分红、征集股东权利、债券持有人会议、欺诈发行回购、先行赔付、证券纠纷调解、投资者保护机构支持起诉、提起股东代表诉讼及代表人诉讼等多项制度，并通过改革证券发行制度、规范证券交易行为、强化信息披露要求、加大对证券违法行为制裁力度等方式，多措并举，进一步加强对投资者合法权益的保护，促进和提升投资者对证券市场的信心。

三是维护社会经济秩序和社会公共利益，促进社会主义市场经济的发展。证券发行、交易活动关系到广大公众投资者的利益，涉及多个市场主体，可能产生系统性风险。确保证券活动规范有序进行，维护证券市场秩序，保护证券市场参与各方的合法权益，对于维护社会经济秩序和社会公共利益，具有重要意义。同时，证券市场是我国社会主义市场经济体系的重要组成部分，对于优化资源配置、调整经济结构、促进实体经济发展发挥着重要作用。修订后的证券法，严格规范证券市场活动，着力维护证券市场秩序，切实保护广大投资者的合法权益，严厉惩治并震慑证券违法行为人，对维护社会经济秩序和社会公共利益，促进社会主义市场经济的发展，将发挥更加积极、有效的作用。

第二条 在中华人民共和国境内，股票、公司债券、存托凭证和国务院依法认定的其他证券的发行和交易，适用本法；本法未规定的，适用《中华人民共和国公司法》和其他法律、行政法规的规定。

政府债券、证券投资基金份额的上市交易，适用本法；其他法律、行政法规另有规定的，适用其规定。

资产支持证券、资产管理产品发行、交易的管理办法，由国务院依照本法的原则规定。

在中华人民共和国境外的证券发行和交易活动，扰乱中华人民共和国境内市场秩序，损害境内投资者合法权益的，依照本法有关规定处理并追究法律责任。

条文主旨

本条是关于本法适用范围的规定。

立法背景

本条主要作了四处修改。一是根据资本市场发展的新趋势新情况，在第一款关于适用本法的证券范围的规定中将“存托凭证”增列为法定证券品种。二是按照功能监管的原则，明确由国务院依照本法的原则统一规定资产支持证券、资产管理产品的管理办法，规范相关产品的发行、交易活动。三是为做好法律衔接，删去了修订前的证券法第二条第三款关于授权国务院依照本法的原则规定证券衍生品种发行、交易管理办法的规定。四是为适应我国资本市场对外开放的需要，维护境内证券市场秩序，保护境内投资者合法权益，在第四款增加了关于本法必要的域外适用效力的相关规定。

条文解读

一、关于适用本法的证券的范围

关于法律效力范围的确定，通常有属地主义、属人主义、保护主义等原则。属地主义以地域为标准，不管当事人是不是本国人，只要其行为发生在本国领域内就适用；属人主义以当事人的国籍为标准，凡是本国人不论其行为发生在国内还是国外都适用；保护主义以本国的国家利益和公共利益为标准，不论当事人的行为发生在哪里，也不论当事人是不是本国人，只要其行为损害了本国利益就适用。本条第一款规定了本法适用的属地主义原则，即只要是在中华人民共和国境内的证券发行和交易活动，不论当事人是否为本国国籍，均适用本法。

适用本法的证券，包括在中国境内发行和交易的股票、公司债券、存托凭证，以及国务院依法认定的其他证券。（1）股票。按照公司法的规定，股份有限公司的资本划分为股份，每一股的金额相等；公司的股份采取股票的形式，股票就是股份有限公司签发的证明股东所持股份的凭证。（2）公司债券。是指有限责任公司和股份有限公司依照法定程序发行、约定在一定期限还本付息的有价证券。（3）存托凭证。2018 年 3 月，国务院办公厅转发证监会《关于开展创新企业境内发行股票或存托凭证试点的若干意见》，明确试点创新企业可以在境内发行存托凭证，即由存托人签发、以境外证券为基础在中国境内发行、代表境外基础证券权益的证券。根据上述情况，这次修订证券法，将存托凭证作为法定证券品种在法律中予以列明。（4）国务院依法认定的其他证券。这是一项兜底性规定，考虑到证券市场的发展和产品创新，本法授权国务院依法认定其他证券品种，为未来新的证券品种适用本法留出空间。

同时，股票、债券等证券的发行、交易活动，除涉及证券投资者等证券市场参与主体外，还涉及公司的组织和运行以及公司、股东、债权人等主体的利益，对于公司法等法律、行政法规在本法规定之外作出的有关证券发行、交易的规定，也应当适用。例如，公司法关于募集设立公司发行股份的规定，关于股份转让、股份回购的规定，以及关于公司债券发行和转让的规定等。为此，本法作出关于法律适用的衔接性规定，明确对于证券的发行和交易行为，本法未作规定的，适用公司法和其他法律、行政法规等的规定。

二、政府债券、证券投资基金份额的上市交易，适用本法

政府债券，是指政府为筹集资金向投资者发行并承诺在一定时期支付利息和偿还本金的债务凭证，包括中央政府债券（国债）、地方政府债券（2014 年修改预算法，对地方政府通过发行债券的形式举借债务及其管理作了具体规定）。证券投资基金份额，是指证券投资基金发起人向投资者发行的、代表持有人按其所持份额享有基金财产收益、参与分配清算后的剩余基金财产和其他相关权利并承担相应义务的凭证。政府债券、证券投资基金份额的发行主体、发行程序及其监管等，与股票、公司债券等证券的差别较大，其发行行为主要由预算法、证券投资基金法、国库券条例等法律、行政法规进行规范。

政府债券、证券投资基金份额在证券交易所上市交易的，在交易方式、信息披露、投资者保护等方面与上市交易的股票、公司债券等证券差别不大，适用本法关于证券上市交易的相关规定；有关法律、行政法规对政府债券、证券投资基金份额的交易另有不同于本法的专门规定的，适用其规定。例如，证券投资基金法对证券投资基金份额交易过程中的申购、赎回等作了专门规定，相关活动应当遵守证券投资基金法的规定。

三、关于资产支持证券、资产管理产品监管

资产支持证券，即资产证券化产品，通常是指将流动性差但具有相对稳定的可预期现金收入的资产，通过一定的资产结构安排，对资产中的风险与收益要素进行分离与重组，转化为可以在金融市场上流通转让的金融产品。在20世纪九十年代，我国就进行过资产证券化的尝试，主要用于基础设施建设。1996年广（州）深（圳）珠（海）高速公路证券化融资项目是我国比较早的一例资产证券化的成功尝试，该项目以高速公路的收费权作为资产支持，在国际资本市场上成功融资6亿美元。实践中，一些金融机构根据相关金融监管部门的颁布规则，从事以信托方式进行的信贷资产证券化业务和以专项资产管理计划形式进行的企业资产证券化业务。

2018年4月，经国务院同意，中国人民银行、银保监会、证监会、外汇管理局联合发布了《关于规范金融机构资产管理业务的指导意见》明确规定，资产管理业务是指银行、信托、证券、基金、期货、保险资产管理机构、金融资产投资公司等金融机构接受投资者委托，对受托的投资者财产进行投资和管理的金融服务；资产管理产品包括但不限于人民币或外币形式的银行非保本理财产品、资金信托，证券公司、证券公司子公司、基金管理公司、基金管理公司子公司、期货公司、期货公司子公司、保险资产管理机构、金融资产投资公司发行的资产管理产品。

此次修改证券法的过程中，有的意见提出，资产支持证券、资产管理产品等金融产品，具有代表特定财产权益、可均分可转让等证券属性，但在实践中由不同部门监管，监管标准和规则不完全统一，建议按照功能监管的原则，明确由国务院依照本法的原则统一规定管理办法。据此，修改后的证券法增加规定，明确由国务院按照本法的原则统一规定资产支持证券、资产管理产品的管理办法，为国务院依法规范相关产品的发行、交易活动，实行功能监管，提供了法律依据和保障。

四、关于证券衍生品种监管

修订前的证券法第二条第三款规定，证券衍生品种发行、交易的管理办法，由国务院依照本法的原则规定。证券衍生品种是由股票、债券等基本证券派生出来的各种新型证券。证券衍生品种可分为证券型和契约型。其中，证券型品种，如权证，可作为国务院依法认定的其他证券，直接适用本法。契约型品种，如股指期货，可适用期货交易管理条例。按照十三届全国人大常委会立法规划的安排，全国人大财政经济委员会正在牵头起草期货法，契约型品种将来可纳入期货法调整。据此，证券法可不再就证券衍生品种授权国务院规定具体管理办法。考虑到上述情况，为做好法律衔接，这次修订证券法，删去了关于证券衍生品种监管的相关规定。

五、关于本法的域外效力

本条第一款规定了本法适用的属地主义原则，即在中华人民共和国境内的证券发行和交易活动，适用本法。这次修订证券法，为适应我国资本市场对外开放的需要，维护境内证券市场秩序，保护境内投资者合法权益，贯彻落实党的十九届四中全会决定关于“加快我国法域外适用的法律体系建设”的要求，在本条第四款增加了关于本法必要的域外效力的相关规定，实行保护主义原则，即对于在中华人民共和国境外的证券发行和交易活动，扰乱中华人民共和国境内市场秩序，损害境内投资者合法权益的，依照本法处理并追究法律责任。例如，对于利用沪港通、沪伦通等机制在境外实施的操纵境内证券市场、损害境内投资者利益等行为，就可以依照本条的规定由国务院证券监督管理机构进行调查处理，并依照本法追究其法律责任。

相关规定

《中华人民共和国公司法》《中华人民共和国证券投资基金法》《中华人民共和国预算法》

第三条　证券的发行、交易活动，必须遵循公开、公平、公正的原则。

条文主旨

本条是关于证券活动应当遵循公开、公平、公正的基本原则的规定。

立法背景

本条作了个别文字修改。

条文解读

证券发行是指发行主体为筹集建设资金或经营资本，向投资者签发代表一定权利的有价证券，将投资者手中的资金转化为建设资金或经营资本的行为。证券交易是指对已依法发行的证券的转让或买卖。证券的发行、交易活动，涉及主体众多，既包括直接开展交易的发行人、广大投资者，也包括提供相关服务的证券公司以及会计师事务所、律师事务所等证券服务机构，还包括提供设施和保障的证券交易场所、证券登记结算机构，以及负责证券市场监管的监管机构等。为了维护证券市场的正常秩序，有效保护包括投资者在内的相关各方的合法权利和利益，促进证券市场健康发展，本法规定，证券的发行和交易活动，必须遵循公开、公平、公正的基本原则。

1. 公开是指有关证券发行、交易的信息要依法如实披露、及时披露、充分披露、持续披露，让投资者在充分了解证券真实情况的基础上自行作出价值判断和投资决策。公开原则的基本要求是，证券市场参与者公开的信息必须真实、准确、完整，简明清晰，通俗易懂，不得有虚假记载、误导性陈述或者重大遗漏。同时，证券监督管理机构制定的规章、规则和监督管理工作制度也应当依法公开，使证券市场参与者能够共同遵守同样的制度和规则。

2. 公平是指证券市场参与者在法律上地位平等，在证券市场中的机会平等。发行人、投资者等证券市场参与主体不因所有制性质、身份等因素受到不合理的区别对待，能够公平的参与市场竞争，公平地面对机会和风险。

3. 公正是指证券的发行、交易活动适用统一的制度和规则，证券监督管理机构公平对待所有市场参与主体，证券市场参与者的合法权益同样受到法律的保护，违法行为同样受到法律的制裁。

公开、公平、公正作为证券活动必须遵循的基本原则，是证券市场健康发展的基石，是维护证券市场正常秩序、促进证券市场持续健康发展的必然要求。

第四条　证券发行、交易活动的当事人具有平等的法律地位，应当遵守自愿、有偿、诚实信用的原则。

条文主旨

本条是关于证券活动应当遵循平等、自愿、有偿、诚信的基本原则的规定。

立法背景

本条未作修改。

条文解读

证券的发行、交易活动属于民事活动。按照民法总则的相关规定，民事主体在民事活动中的法律地位一律平等；民事主体从事民事活动，应当遵循自愿原则，按照自己的意思设立、变更、终止民事法律关系；民事主体从事民事活动，应当遵循诚信原则，秉持诚实，恪守承诺。证券发行、交易活动的当事人，应当遵守民法的基本原则，在相关证券活动中遵循平等、自愿、有偿、诚信的基本原则。

平等原则，是指证券发行、交易活动的当事人，在法律地位上是平等的，其合法权益受到法律的平等保护。自愿原则，是指证券发行、交易活动的当事人有权根据自己的意愿，自愿从事相关活动，并自觉承受相应的法律后果，任何机构、组织或者个人都不得非法干预。有偿原则，是指证券发行、交易活动的当事人的权利义务对等，其从事证券发行、交易活动应当支付相应的对价。诚实信用原则，是指证券发行、交易活动的当事人应当秉持诚实、善意，信守自己的承诺，讲诚实、重诺言、守信用。

证券发行、交易活动当事人违反平等、自愿、有偿、诚实信用原则，给他人造成损失的，应当依法承担相应的责任。

第五条　证券的发行、交易活动，必须遵守法律、行政法规；禁止欺诈、内幕交易和操纵证券市场的行为。

条文主旨

本条是关于证券发行、交易活动准则的规定。

立法背景

本条未作修改。

条文解读

一、证券的发行、交易活动必须遵守法律、行政法规

法律是国家立法机关依照法定程序制定，以国家强制力保证其施行的人们共同遵守的行为规范，包括全国人民代表大会及其常务委员会制定的各项法律。行政法规是国务院为实施行政管理职责，依据宪法、法律制定的，以国家强制力保证其实施的行为规则，包括国务院颁布的条例、办法、规定等。证券的发行、交易活动涉及证券市场参与主体各方的权利和利益，关系到证券市场稳健运行和系统性风险防范，相关活动必须遵守法律（如公司法、民法总则、合同法、刑法等），以及行政法规（如股票发行与交易管理暂行条例、企业债券管理条例等）的规定。遵守法律、行政法规，是证券发行、交易活动的基本准则，是促进证券市场持续健康发展、推进全面依法治国的必然要求。此外，本法第七条规定国务院证券监督管理机构依法对全国证券市场实行集中统一监督管理，证券活动还必须遵守国务院证券监督管理机构依法制定的有关规章、规则。

二、禁止欺诈、内幕交易和操纵证券市场的行为

诚实信用原则既是民事活动的基本原则，也是市场经济活动的基本要求。参与市场经济活动的主体行使权利、履行义务应当讲诚实、重诺言、守信用，不得以欺诈蒙骗等有悖于诚实信用原则的方法从事市场经济活动。在证券的发行、交易活动中，违背诚实信用原则，实施欺诈、内幕交易和操纵证券市场的行为，破坏市场的公平竞争，扭曲证券市场正常的供求关系，损害证券市场参与者的合法权益，扰乱证券市场正常秩序，危害证券市场的健康发展，必须予以禁止：

1. 证券欺诈，是指利用进行证券交易的机会，或者利用其受托人、代理人或管理人的身份，使用明知是错误的、虚假的或者隐瞒了重要事实的信息诱骗他人买卖证券的行为。本法相关条款对发行人欺诈发行证券、证券公司违背客户真实意思表示、损害客户利益等行为作出了禁止性规定，并规定欺诈行为应承担的相应法律责任。

2. 内幕交易，是指内幕信息的知情人和非法获取内幕信息的人，如发行人及其董事、监事、高级管理人员及其他因其特定身份可以获取的内幕信息的人员，利用内幕信息进行证券买卖的行为。本法相关条款对内幕信息知情人的范围、内幕信息的界定、禁止利用内幕信息进行交易等作出了具体规定，并规定了内幕交易行为应承担的相应法律责任。

3. 操纵证券市场，是指行为人背离市场竞争原则，通过不正当手段影响或者意图影响证券交易价格或者证券交易量，引诱他人进行证券买卖，从中谋取不正当利益的行为。本法相关条款对操纵证券市场的具体情形进行了列举，并规定了操纵证券市场应承担的相应法律责任。

相关规定

《中华人民共和国证券法》第五十条、第五十五条、第五十七条。

第六条　证券业和银行业、信托业、保险业实行分业经营、分业管理，证券公司与银行、信托、保险业务机构分别设立。国家另有规定的除外。

条文主旨

本条是关于证券业与银行业、信托业、保险业分业经营、分业管理的规定。

立法背景

本条未作修改。

条文解读

金融业分为银行业、信托业、证券业、保险业等。改革开放初期，我国实行高度集中的国家银行体制，证券业、银行业、信托业、保险业实行混业经营、混业管理（均由中国人民银行管理）。1994 年，根据党的十四届三中全会通过的《关于建立社会主义市场经济体制若干问题的决定》的精神，我国对高度集中的国家银行体制进行了改革，建立起了中央银行体制，以及以银行、证券、保险为主体的金融体系，实行银行业、信托业、证券业、保险业分业经营、分业管理。

证券业、银行业、信托业、保险业各有其特定的业务范围和经营方式。在我国现阶段，这些行业都还处于改革发展的过程中，分业经营、分业管理有利于提高经营水平，加强监督管理，化解系统性金融风险。为此，分别制定了中国人民银行法、商业银行法、银行业监督管理法、证券法、信托法、保险法，实行商业银行、信托机构、证券公司、保险公司分业经营，设立中国人民银行、银保监会、证监会等金融监督管理机构，依法对证券业、银行业、信托业、保险业实施分业监督管理。

同时，为适应我国金融体制改革和金融市场对外开放的需要，既要有效防范金融风险，又要促进金融创新，证券法在强调分业经营、分业监管原则的同时，也适当为金融监管改革留有空间，对该原则规定了例外，明确“国家另有规定的除外”。

第七条　国务院证券监督管理机构依法对全国证券市场实行集中统一监督管理。

国务院证券监督管理机构根据需要可以设立派出机构，按照授权履行监督管理职责。

条文主旨

本条是关于证券市场监督管理体制的规定。

立法背景

本条未作修改。

条文解读

随着我国证券市场的快速发展，投资者的投资领域和投资规模不断扩大，为了维护证券市场公开、公平、公正，防范系统性风险，维护投资者的合法权益，促进证券市场健康发展，对全国证券市场实行集中统一监督管理非常必要。中国证券监督管理委员会作为国务院设立的证券监督管理机构，长期担负着国家对证券市场实施监督管理的职责，由其依法对全国证券市场实行集中统一监督管理，有利于维护法制统一，防止政出多门，导致出现监管“真空”地带，也有利于维护法律权威，为证券市场的健康发展提供保障。同时，考虑到我国幅员辽阔，为有效履行证券市场的日常监管职责，及时查处证券违法行为，本条第二款规定，国务院证券监督管理机构根据需要可以设立派出机构，派出机构应当按照授权履行监督管理职责。目前，中国证监会在各省、自治区、直辖市和计划单列市设立了36个证券监管局，以及上海、深圳证券监管专员办事处。

按照本法的规定，国务院证券监督管理机构依法在对证券市场实行监督管理中履行下列职责：（1）依法制定有关证券市场监督管理的规章、规则，并依法进行审批、核准、注册，办理备案；（2）依法对证券的发行、上市、交易、登记、存管、结算等行为，进行监督管理；（3）依法对证券发行人、证券公司、证券服务机构、证券交易场所、证券登记结算机构的证券业务活动，进行监督管理；（4）依法制定从事证券业务人员的行为准则，并监督实施；（5）依法监督检查证券发行、上市、交易的信息披露；（6）依法对证券业协会的自律管理活动进行指导和监督；（7）依法监测并防范、处置证券市场风险；（8）依法开展投资者教育；（9）依法对证券违法行为进行查处；（10）法律、行政法规规定的其他职责。同时，本法还对国务院证券监督管理机构有权采取的措施、依法应当履行的义务及其责任也作出了相应规定。

相关规定

《中华人民共和国证券法》第一百六十九条、第一百七十条。

第八条　国家审计机关依法对证券交易场所、证券公司、证券登记结算机构、证券监督管理机构进行审计监督。

条文主旨

本条是关于证券交易场所、证券公司、证券登记结算机构、证券监督管理机构依法进行审计监督的规定。

立法背景

本条将审计监督对象中的“证券交易所”修改为“证券交易场所”。

条文解读

我国宪法规定，国务院设立审计机关，对国务院各部门和地方各级政府的财政收支，对国家的财政金融机构和企业事业组织的财务收支，进行审计监督；审计机关在国务院总理的领导下，依照法律规定独立行使审计监督权，不受其他行政机关、社会团体和个人的干涉。县级以上的地方各级人民政府设立审计机关；地方各级审计机关依照法律规定独立行使审计监督权，对本级人民政府和上一级审计机关负责。设立审计机关，依法实行审计监督，目的是维护国家财政经济秩序，提高财政资金使用效益，促进廉政建设，保障国民经济和社会健康发展。

审计法规定，国务院各部门和地方各级人民政府及其各部门的财政收支，国有的金融机构和企业事业组织的财务收支，以及其他依照本法规定应当接受审计的财政收支、财务收支，依照本法规定接受审计监督。

证券交易场所是为证券集中交易提供场所和设施，组织和监督证券交易，实行自律管理的法人，按照本法规定，证券交易场所既包括证券交易所，也包括国务院批准的其他全国性证券交易场所（新三板）等。证券公司是依照法律规定批准的经营证券业务的有限责任公司和股份有限公司。证券登记结算机构是为证券交易提供集中登记、存管与结算服务，不以营利为目的的法人。证券监督管理机构负责对证券市场进行监督管理。证券交易场所、证券公司、证券登记结算机构、证券监督管理机构在证券发行、交易及其监管活动中履行着重要职责，其财务、财政收支有没有违法违规的情况，对于投资者的权益保护和证券市场的安全、健康发展影响很大。为此，本条规定，证券交易场所、证券公司、证券登记结算机构、证券监督管理机构应当接受国家审计机关依法进行的审计监督。对相关证券活动进行审计监督的具体范围和内容，按照审计法及其实施条例等法律、行政法规的规定执行。

相关规定

《中华人民共和国宪法》第九十一条、第一百零九条；《中华人民共和国审计法》第二条。

第二章　证券发行

第九条　公开发行证券，必须符合法律、行政法规规定的条件，并依法报经国务院证券监督管理机构或者国务院授权的部门注册。未经依法注册，任何单位和个人不得公开发行证券。证券发行注册制的具体范围、实施步骤，由国务院规定。

有下列情形之一的，为公开发行：

（一）向不特定对象发行证券；

（二）向特定对象发行证券累计超过二百人，但依法实施员工持股计划的员工人数不计算在内；

（三）法律、行政法规规定的其他发行行为。

非公开发行证券，不得采用广告、公开劝诱和变相公开方式。

条文主旨

本条是关于对证券公开发行实行注册制的规定。

立法背景

本条主要作了两处修改。一是按照党的十八届三中全会决定关于“推进股票发行注册制改革”的要求，总结科创板试点注册制的实践经验，对于证券公开发行，由现行的核准制改为注册制；同时增加规定，“证券发行注册制的具体范围、实施步骤，由国务院规定”，为实践中注册制的分步实施留出制度空间。二是为鼓励创业创新、适应支持实体经济发展的需要，在界定公开发行行为时，修改关于“向特定对象发行证券累计超过二百人”属于证券公开发行的规定，明确依法实施员工持股计划的员工人数不计算在二百人之内，为公司实施员工持股计划提供便利。

条文解读

一、关于证券发行注册制

1. 公开发行证券，涉及众多投资者的利益，通常需要经过一定的监管程序后才能进行。从各国的监管实践来看，对证券公开发行的监管，依据不同的监管理念和监管标准，主要可分为核准制、注册制两种类型，主要区别是在强调信息披露的同时，是否还要对发行人的资质和证券的价值进行实质判断和审核。

在核准制下，监管机构对于公开发行证券申请，除审查发行人披露的自身财务、业务等信息是否完整、准确外，还要对发行人是否具备法定的发行证券的实质性条件（如是否具有持续盈利能力，具体还可以细化到一定年限内的盈利金额等）进行审查，以排除没有投资价值或者投资价值不高的证券的发行。核准制的监管理念主要是：证券市场是高风险市场，并非每一个投资者都具有足够的能力根据发行人披露的相关信息作出适当的投资决策。因此，需要先由监管机构根据法定的证券发行的实质性条件对发行人进行遴选，排除没有投资价值或者投资价值不高的证券的发行，再由投资者根据发行人披露的相关信息对证券价值进行判断、作出投资选择，以有效保护投资者权益、降低市场的整体风险。由于核准制对发行人是否具备发行证券的实质性条件进行审查，也带来了一些突出问题：一是该项审查的周期较长，发行人负担较高，市场效率不高；二是对证券发行的实质性条件，如发行人是否具有持续盈利能力等，由监管机构作出判断，主观性较强，且审查标准不够明确，不利于市场主体形成稳定、明确的预期，也为权力寻租提供空间、容易滋生腐败；三是客观上形成了政府对证券投资价值的“背书”作用，可能对政府信誉造成损害，也不利于提高投资者的风险判断和识别能力以及培育理性、成熟的投资者群体。

在注册制下，一般不针对发行人设定发行证券的实质性条件，发行人只要进行了符合法定要求的信息披露即可获准发行证券。监管机构在对证券发行申请进行依法审查时，也仅对发行人的信息披露是否完整、准确进行审查，不对发行人拟发行证券的投资价值进行判断。注册制的监管理念主要是：证券发行是市场行为，应当充分发挥市场配置资源的作用，监管机构不宜介入过多。发行人应当完整、准确地披露自身财务、业务等相关信息，投资者根据发行人披露的相关信息判断证券的价值，作出适当的投资决策，监管机构的责任是制定信息披露规则并严格监管发行人的信息披露是否完整、准确。与核准制相比，注册制审查周期较短，发行人发行成本负担较低，市场效率较高；监管机构不对发行人“背书”，有利于充分发挥市场配置资源的决定性作用，更加符合市场经济的要求。同时，注册制的有效实施，对发行人以及承销商、会计师事务所、律师事务所等机构履行诚信守法义务有较高要求，为防止发行人以及相关中介机构进行虚假信息披露欺诈发行证券，需要建立有效的责任追究机制；为保护投资者利益，需要建立投资者适当性管理制度，避免投资者进行与其风险承受能力不相匹配的投资。

2. 1998 年制定的证券法，明确对证券公开发行实行核准制，2004 年、2005 年、2013 年、2014 年修改证券法均未对这一制度作出实质性改变。为适应资本市场发展需要，推进资本市场市场化改革，党的十八届三中全会决定明确提出了“推进股票发行注册制改革”的决策部署。股票发行注册制改革，就是“以充分信息披露为核心，在股票发行过程中，减少证券监管部门对发行人资质的实质性审核和价值判断，弱化行政审批，增强发行制度的弹性和灵活性，降低股票发行成本，提高融资效率”①。这次修改证券法，一个重要任务就是落实党中央关于资本市场改革发展的决策部署，改革证券发行制度，确立证券发行注册制，更好地发挥市场在资源配置中的决定性作用，进一步完善资本市场的融资功能。

在证券法修订过程中，为解决实践中推进股票发行注册制改革的法律依据问题，根据国务院提出的议案，2015 年 12 月，十二届全国人大常委会第十八次会议通过了授权国务院在实施股票发行注册制改革中调整适用证券法有关规定的决定，“授权国务院对拟在上海证券交易所、深圳证券交易所上市交易的股票的公开发行，调整适用《中华人民共和国证券法》关于股票公开发行核准制度的有关规定，实行注册制度，具体实施方案由国务院作出规定，报全国人民代表大会常务委员会备案”，授权期限为两年，自 2016 年 3 月 1 日起施行。该决定为在证券法全面修改工作完成前推进股票发行制度改革提供了法律依据和支持。2018 年 2 月，根据实践需要，由国务院提出议案，十二届全国人大常委会第三十三次会议又作出决定，将上述授权期限延长了两年至 2020 年 2 月 29 日。全国人大常委会在相关授权决定中明确提出，“国务院应当及时总结实践经验，于延长期满前，提出修改法律

---

① 周小川：《全面深化金融业改革开放 加快完善金融市场体系》，载《中共中央关于全面深化改革若干重大问题的决定》辅导读本，人民出版社 2013 年版。

相关规定的意见。”

2018年11月，习近平总书记在首届中国国际进口博览会开幕式上的讲话中提出：“在上海证券交易所设立科创板并试点注册制。”2019年1月，中央全面深化改革委员会第六次会议审议通过了《在上海证券交易所设立科创板并试点注册制总体实施方案》和《关于在上海证券交易所设立科创板并试点注册制的实施意见》，对科创板试点注册制改革作出了具体部署。国务院及其有关部门，按照习近平总书记的要求，依据全国人大常委会股票发行注册制改革授权决定，根据经党中央、国务院同意的科创板试点注册制的实施方案，抓紧落实，积极推进相关工作。2019年1月28日，经党中央、国务院同意，证监会公布《关于在上海证券交易所设立科创板并试点注册制的实施意见》，自公布之日起施行。2019年3月18日，上海证券交易所开始受理科创板企业发行上市申报；2019年7月22日，首批企业挂牌上市交易。从科创板实际运行的情况来看，注册制相关改革措施在科创板成功落地并平稳运行。按照全国人大常委会关于注册制改革授权决定的要求，国务院向全国人大常委会提出了关于修改证券法相关规定的意见，认为科创板注册制改革主要制度安排基本经受住了市场检验，在证券法修订草案中确立证券发行注册制已经有了实践基础。建议按照全面推行注册制的基本定位规定证券发行制度，不再规定核准制；同时，为有关板块、有关证券品种分步实施注册制的进程安排，留出法律空间。

修改后的证券法，贯彻落实党中央关于资本市场改革发展的要求，根据国务院方面的意见，按照全面推行注册制的修改思路，对证券发行制度进行了完善，主要内容包括：一是精简优化证券发行条件。将发行股票应当“具有持续盈利能力”的要求，改为“具有持续经营能力”，同时，按照注册制改革精神，大幅度简化公司债券的发行条件（本法第十二条、第十五条）。二是调整证券发行程序。在规定国务院证券监督管理机构依照法定条件负责证券发行申请注册的基础上，取消发行审核委员会制度，明确按照国务院和国务院证券监督管理机构的规定，证券交易所等可以审核公开发行证券申请，并授权国务院规定证券公开发行注册的具体办法（本法第二十一条）。三是强化证券发行中的信息披露。按照注册制“以信息披露为核心”的要求，增加规定：发行人报送的证券发行申请文件，应当充分披露投资者作出价值判断和投资决策所必需的信息，内容应当真实、准确、完整（本法第十九条第一款）。四是为实践中注册制的分步实施留出制度空间，增加规定：证券发行注册制的具体范围、实施步骤，由国务院规定（本法第九条第一款）。

3. 本条第一款是关于证券发行注册制的原则规定，主要内容包括：

一是公开发行证券，必须符合法律、行政法规规定的条件。本法和公司法、企业债券管理条例等法律、行政法规，对公开发行证券的条件作出了规定。例如，本法第十二条规定了公司首次公开发行新股、上市公司发行新股和公开发行存托凭证的条件，第十五条规定了公开发行公司债券的条件，第十七条规定了不得再次公开发行公司债券的情形；公司法规定了募集设立股份有限公司的条件，规定了股份发行的条件和要求；企业债券管理条例对企业债券的发行条件作了规定，等等。公开发行证券，应当遵守法律、行政法规关于证券发行条件的相关规定。

二是公开发行证券，必须依法报经国务院证券监督管理机构或者国务院授权的部门注册；未经依法注册，任何单位和个人不得公开发行证券。本法第二章对证券发行注册制的条件、程序、信息披露等要求作出了具体规定，并授权国务院规定证券公开发行注册的具体办法。实践中，公开发行股票、存托凭证，由证监会进行注册；公开发行公司债券，由证监会或者国家发展改革委进行注册。

三是注册制的具体范围、实施步骤由国务院规定。实行注册制是对证券发行制度的重大改革，实践中除科创板已实施注册制外，在主板、创业板等板块实施注册制需要分步推进；有关证券品种的发行注册制也可能需要逐步推行。为此，本条专门作出授权性规定，由国务院规定注册制的具体范围、实施步骤，作出具体安排。尚未实施注册制的有关板块和有关证券品种，进行公开发行的，继续适用修订前的证券法关于证券发行核准制的相关规定。

二、关于公开发行的界定

发行证券，分为公开发行和非公开发行两种方式。公开发行主要是面向社会公众发行，涉及公众利益，因此对公开发行行为通常进行较为严格的监管。非公开发行主要是面向一定数量的特定对象发行，这种发行方式涉及人数较少，特定投资者往往对发行人的情况比较了解，或者具备一定的风险识别和承受能力。非公开发行对社会的影响较小，相对于公开发行监管较为宽松。本条第二款对公开发行进行了界定，包括三种情形：

一是向不特定对象发行证券。发行对象的不特定性，是公开发行的特征之一。向不特定的对象发行证券，涉及不特定的公众投资者的利益，无论实际发行对象的数量多少，都属于公开发行，应当依法报经国务院证券监督管理机构或者国务院授权的部门注册。

二是向累计超过 200 人的特定对象发行证券。向“特定对象”发行证券，通常包括向发行人的内部人员，如股东、董事、监事、高级管理人员等公司员工，以及投资基金、保险公司等机构投资者发行证券。向特定对象发行证券，往往涉及人数较少，社会影响较小，一般不具有涉众性，不属于公开发行；但是，如果特定对象数量过多，就失去了非公开发行的特征，实质上属于变相的公开发行。为此，本条规定，向特定对象发行证券累计超过 200 人即属于公开发行。对特定对象的数量进行“累计”计算，目的是防止发行人通过多次向不超过 200 人的特定对象发行证券，规避国务院证券监督管理机构或者国务院授权的部门的发行监管。向特定对象发行证券，无论发行多少次，累计不得超过 200 人，否则即属于公开发行，应当依法报经国务院证券监督管理机构或者国务院授权的部门注册。同时，此次修订证券法，为鼓励创业创新，适应支持实体经济发展的需要，对向特定对象发行证券累计超过 200 人的公开发行认定标准进行了调整，增加了一项例外情形，即依法实施员工持股计划的员工人数不计算在 200 人之内。公司实施员工持股计划，有利于建立和完善劳动者与所有者的利益共享机制，改善公司治理水平，提高职工的凝聚力和公司竞争力，实现资金优化配置。本条规定，依法实施员工持股计划的员工人数不计算在 200 人之内，使得公司实施员工持股计划，即使股东超过 200 人，也不属于公开发行，不需要报经国务院证券监督管理机构注册，为公司实施员工持股计划提供了便利。

三是法律、行政法规规定的其他发行行为。这是一项兜底性规定，为法律、行政法规规定其他形式的公开发行行为留出空间。

此外，本条还对非公开发行证券行为进行了规范，即不得采用广告、公开劝诱和变相公开方式。向 200 人以内的特定对象发行证券，如果采用了广告、公开劝诱或者其他变相公开方式的，即使证券发行具有了涉众性，实际上已构成公开发行，属于变相公开发行。发行人擅自变相公开发行证券的，应当依法承担相应的法律责任。

相关规定

《中华人民共和国证券法》第二章。

第十条 **发行人申请公开发行股票、可转换为股票的公司债券，依法采取承销方式的，或者公开发行法律、行政法规规定实行保荐制度的其他证券的，应当聘请证券公司担任保荐人。**

保荐人应当遵守业务规则和行业规范，诚实守信，勤勉尽责，对发行人的申请文件和信息披露资料进行审慎核查，督导发行人规范运作。

保荐人的管理办法由国务院证券监督管理机构规定。

条文主旨

本条是关于证券公开发行保荐制度的规定。

立法背景

与国务院“放管服”改革衔接，删除了“具有保荐资格的机构”才能担任保荐人的规定。

条文解读

保荐制度源于英国，是指由证券发行人聘请保荐人为其出具保荐意见，以确认其证券发行、交易等行为符合规定条件和要求的制度。2005 年修改证券法时，增加了关于证券发行保荐制度的规定，主要目的是通过保荐人对发行文件进行核查，督导其规范运作，以加强对公开发行证券行为的规范，保证公开发行证券符合法定条件，保护投资者的利益。这次修改证券法，对这一制度未作大的调整。

1. 实行保荐制度的证券的范围。根据本条第一款的规定，公开发行下列两种证券应当实行保荐制度：

（1）公开发行股票、可转换为股票的公司债券，依法采取承销方式的。这里需要说明两点：

一是申请发行一般的公司债券不需要聘请保荐人。因为公司债券与股票不同，发行人到期还本付息，债券持有人的投资风险相对较小，没有必要实行保荐制度，增加发行成本。而发行可转换为股票的公司债券，其债券持有人享有在一定条件下将其债券转换为公司股票的权利，可转债的投资风险与股票的投资风险是相似的。所以，本条规定对公开发行股票、可转换为股票的公司债券实行保荐制度，以规范发行行为，保护投资者权益。

二是公开发行股票、可转换为股票的公司债券，依法不采取承销方式的，不需要聘任保荐人。根据公司法第八十七条的规定，向社会公开募集股份，应当由依法设立的证券公司承销。结合本法对公开发行证券情形的规定，向不特定对象发行证券，属于公司法规定的“向社会公开”募集股份，因而需要采取承销方式，需要聘请保荐人。而对于向特定对象发行证券累计超过二百人的情形，虽然属于公开发行，但不属于向“社会”公开，由于其涉及的人数比较少，不涉及公众利益，因而不需要采取承销方式，也没有必要实行保荐制度。

（2）公开发行法律、行政法规规定实行保荐制度的其他证券。本法只对申请公开发行股票、可转换为股票的公司债券规定了保荐制度，如果其他法律、行政法规有对公开发行的证券实施保荐制度的规定，还要遵守该规定。

2. 保荐人的职责。本条规定保荐人的职责是：遵守业务规则和行业规范，诚实守信，勤勉尽责，对发行人的申请文件和信息披露资料进行审慎核查，督导发行人规范运作。

3. 保荐人的管理。按照修改前的证券法的规定："具有保荐资格的机构"才能担任保荐人。按照"放管服"的改革精神，国务院于2016年将"保荐机构注册"列为拟取消的行政审批项目。与之相衔接，这次修改证券法，删除了保荐人需具有"保荐资格"的规定；同时，考虑到本法第一百二十条第一款、第四款已经明确证券保荐属于证券公司的核心业务范围，除证券公司外，任何单位和个人不得从事证券保荐业务。据此，本条明确规定，保荐人由证券公司担任，同时授权国务院证券监督管理机构对保荐人的管理办法作出规定。

相关规定

《中华人民共和国证券法》第一百二十条。

第十一条　设立股份有限公司公开发行股票，应当符合《中华人民共和国公司法》规定的条件和经国务院批准的国务院证券监督管理机构规定的其他条件，向国务院证券监督管理机构报送募股申请和下列文件：

（一）公司章程；

（二）发起人协议；

（三）发起人姓名或者名称，发起人认购的股份数、出资种类及验资证明；

（四）招股说明书；

（五）代收股款银行的名称及地址；

（六）承销机构名称及有关的协议。

依照本法规定聘请保荐人的，还应当报送保荐人出具的发行保荐书。

法律、行政法规规定设立公司必须报经批准的，还应当提交相应的批准文件。

条文主旨

本条是关于设立股份有限公司公开发行股票条件和报送文件的规定。

立法背景

本条未作修改。

条文解读

设立股份有限公司公开发行股票，是指公司法规定的募集设立公司的方式，即由发起人认购公司应发行股份的一部分，其余部分向社会公开募集而设立公司。由于公开发行股票涉及公众投资者的利益，为此，本条规定设立股份有限公司公开发行股票应当具备的条件是：（1）符合公司法规定的条件。主要是指：发起人应当在二人以上二百人以下，其中须有半数以上的发起人在中国境内有住所；有符合法定要求的公司章程；除法律、行政法规另有规定外，发起人认购的股份数不得少于公司股份总数的百分之三十五；应当由依法设立的证券公司承销证券，签订承销协议；应当与银行签订代收股款协议等。（2）符合经国务院批准的国务院证券监督管理机构规定的其他条件。即授权国务院证券监督管理机构规定其他条件，但要经国务院批准。

设立股份有限公司公开发行股票，除符合上述条件外，还应当按照本法第九条的规定，依法报经国务院证券监督管理机构注册。本条对申请公开发行注册，应当向国务院证券监督管理机构报送的文件作了规定：（1）募股申请。即设立股份有限公司公开发行股票的申请书。（2）发起人协议。即公司发起人之间签订的，明确各自在公司设立过程中权利义务的协议。签订发起人协议，是公司法规定的发起人的义务。（3）发起人姓名或者名称，发起人认购的股份数、出资种类及验资证明。发起人姓名是指发起人是自然人的情况，发起人名称是指发起人是法人的情况；除法律、行政法规另有规定外，发起人认购的股份数不得少于公司股份总数的百分之三十五；出资种类是指发起人的出资是采取货币形式，还是用实物、知识产权、土地使用权等可以用货币估价并可以依法转让的非货币财产作价出资；验资证明是指会计师事务所等机构对发起人出资进行验证后出具的证明。（4）招股说明书。主要包括每股的票面金额和发行价格、募股的起止期限、认股人的权利义务等内容。（5）代收股款银行的名称及地址。公开发行股票，募集资金比较多，为了保护投资者的利益，应当由银行代收股款。因此，本项规定设立股份有限公司公开发行股票，应当报送代收股款银行的名称和地址。（6）承销机构名称及有关的协议。发行股票的承销机构是指证券公司。“有关的协议”主要是指发行人与承销机构签订的承销协议。（7）发行保荐书。根据本法规定，公开发行股票依法采取承销方式的，应当聘请具有保荐资格的机构担任保荐人。因此，本条规定，依照本法规定聘请保荐人的，还应当报送保荐人出具的发行保荐书。

此外，本条还规定，法律、行政法规规定设立公司必须报经批准的，还应当提交相应的批准文件。即在设立股份有限公司申请公开发行股票时，还应当提交有关主管部门出具的允许该公司设立的批准文件。例如，根据保险法规定，设立保险公司，必须报经国务院保险监督管理机构批准，如果设立保险公司申请公开发行股票，还应当向国务院证券监督管理机构提交国务院保险监督管理机构的批准文件。

相关规定

《中华人民共和国公司法》第七十六条至第八十八条。

第十二条 公司首次公开发行新股，应当符合下列条件：

（一）具备健全且运行良好的组织机构；

（二）具有持续经营能力；

（三）最近三年财务会计报告被出具无保留意见审计报告；

（四）发行人及其控股股东、实际控制人最近三年不存在贪污、贿赂、侵占财产、挪用财产或者破坏社会主义市场经济秩序的刑事犯罪；

（五）经国务院批准的国务院证券监督管理机构规定的其他条件。

上市公司发行新股，应当符合经国务院批准的国务院证券监督管理机构规定的条件，具体管理办法由国务院证券监督管理机构规定。

公开发行存托凭证的，应当符合首次公开发行新股的条件以及国务院证券监督管理机构规定的其他条件。

条文主旨

本条是关于公司首次公开发行新股、上市公司发行新股、公开发行存托凭证的条件的规定。

立法背景

本条主要作了两处修改。一是按照注册制的改革方向，精简优化公司首次公开发行新股的条件，特别是将“具有持续盈利能力”的要求，改为“具有持续经营能力”。二是增加了关于公开发行存托凭证的条件的规定。

条文解读

一、关于公司首次公开发行新股的条件

本条第一款对公司首次公开发行新股的条件作了规定，具体包括：

1. 具备健全且运行良好的组织机构。是指发行人符合公司法关于公司组织机构的规定，且各机构运行状况良好。根据公司法的规定，股份有限公司应当设立股东大会、董事会、经理、监事会；上市公司还应当设立董事会秘书，设立独立董事。申请首次公开发行新股的公司应当设有这些机构，且运行良好，能够依照公司法及公司章程的规定有效履行职责。

2. 具有持续经营能力。这是对公司经营状况的概括性规定。修订前的证券法规定的新股发行条件，要求发行人“具有持续盈利能力”，实践中中国证监会发布的《首次公开发行股票并上市管理办法》《首次公开发行股票并在创业板上市管理办法》等规定对“持续盈利能力”进行了具体量化，对公司最近年度的净利润等指标提出明确要求。这次修改证券法，按照注册制的改革方向，根据科创板试点注册制的实践经验，精简优化股票发行条件，不再要求发行人必须具有持续的盈利能力，改为包容性更强的“具有持续经营能力”。一方面，为企业融资提供便利，更好地发挥金融支持实体经济发展的核心功能；另一方面，也有利于

推进市场化改革，将股票发行的选择权交给市场，由投资者自行作出价值判断和投资决策，真正发挥市场在资源配置中的决定性作用。

3. 最近三年财务会计报告被出具无保留意见审计报告。这是关于发行人财务会计报告的规定。财务会计报告是反映公司某一特定时期财务状况和经营成果、现金流量等有关会计信息和企业管理层受托责任履行情况的文件，是投资者进行投资决策的重要依据之一。拟首次公开发行新股的发行人，其财务会计报告应当经会计师事务所依照审计准则进行审计，并出具无保留意见审计报告，确认发行人的财务会计报告符合实际情况，内容完整，表达清楚，无重要遗漏，财务报表项目的分类和编制方法符合规定要求，对发行人的财务会计报告无保留地表示满意。

4. 发行人及其控股股东、实际控制人最近三年不存在贪污、贿赂、侵占财产、挪用财产或者破坏社会主义市场经济秩序的刑事犯罪。这是关于发行合法性的规定。发行人及其控股股东、实际控制人最近三年存在相关刑事犯罪的，不得公开发行新股。

5. 经国务院批准的国务院证券监督管理机构规定的其他条件。本条第一款只是对首次公开发行新股应当具备的主要条件作了规定，为了适应实践的需要，本条授权国务院证券监督管理机构规定其他条件，报国务院批准。

二、关于上市公司发行新股的条件

本条第一款是关于公司首次公开发行新股条件的规定。公司首次公开发行新股并上市后，也会存在融资需求，也可能向不特定对象或者特定对象发行股票。由于上市公司股东人数超过 200 人，即使上市公司向有限数量的特定对象发行新股，也因符合“向特定对象发行累计超过二百人”的标准，构成公开发行。据此，上市公司不论是向不特定对象发行新股，还是向特定对象发行新股，都属于公开发行。

本条第二款对上市公司发行新股的行为进行了规范，授权国务院证券监督管理机构规定上市公司新股发行条件，报国务院批准；同时，授权国务院证券监督管理机构规定上市公司发行新股的具体管理办法。

三、关于公开发行存托凭证的条件

这次修改证券法，将存托凭证作为法定证券品种在法律中予以列明。本条第三款对公开发行存托凭证行为进行了规范，规定公开发行存托凭证的，应当符合本条第一款关于首次公开发行新股的条件，在组织机构、经营状况、财务会计报告、合法性等方面符合首次公开发行新股的条件要求，这是对公开发行存托凭证最基本的要求；同时，本条还授权国务院证券监督管理机构规定存托凭证公开发行应当具备的其他条件，以适应存托凭证发行监管的实际需要。

第十三条 公司公开发行新股，应当报送募股申请和下列文件：

（一）公司营业执照；

（二）公司章程；

（三）股东大会决议；

（四）招股说明书或者其他公开发行募集文件；

（五）财务会计报告；

（六）代收股款银行的名称及地址。

依照本法规定聘请保荐人的，还应当报送保荐人出具的发行保荐书。依照本法规定实行承销的，还应当报送承销机构名称及有关的协议。

条文主旨

本条是关于公司公开发行新股应当报送的文件的规定。

立法背景

本条仅作了个别文字修改。

条文解读

按照本条的规定，公司公开发行新股，应当报送的文件包括：

1. 募股申请。即公司公开发行新股的申请书。

2. 公司营业执照。是指公司经依法登记而领取的登记证明。提交公司营业执照的意义在于，申请公开发行新股的主体必须是依法设立的公司。

3. 公司章程。公司章程包括公司的经营范围、公司内部组织机构、公司注册资本、公司股份构成等事项，有助于全面掌握公司的情况。

4. 股东大会决议。根据公司法规定，公司增加注册资本要由股东大会作出决议。公司发行新股，增加公司的注册资本，应当报送股东大会关于公司发行新股的决议。

5. 招股说明书或者其他公开发行募集文件。招股说明书等公开发行募集文件是投资者作出价值判断和投资决策的重要依据。按照中国证监会的相关规定，公司首次公开发行股票时，制作招股说明书，主要包括每股的票面金额和发行价格、募股的起止期限、认股人的权利义务等内容。同时，实践中，上市公司公开发行股票，按照规定还会制作募集说明书（向不特定对象发行）或者认购邀请书（向特定对象发行）等公开发行募集文件。按照本条规定，申请公开发行股票时，这些公开发行募集文件都需要报送。

6. 财务会计报告。财务会计报告是反映公司某一特定时期财务状况和经营成果、现金流量等有关会计信息和企业管理层受托责任履行情况的文件。包括资产负债表、利润表等会计报表和会计报表附注及财务情况说明书等。

7. 代收股款银行的名称及地址。公开发行新股，募集资金比较多，涉及众多投资者利益，应当由银行代收股款，以保护公众投资者。因此，本项规定公开发行新股，应当报送代收股款银行的名称和地址。

此外，根据本法规定，公开发行股票依法采取承销方式的，应当聘请证券公司担任保荐人。与此相衔接，本条规定，依照本法规定聘请保荐人的，还应当报送保荐人出具的发行保荐书。同时，根据本法规定，发行人向不特定对象发行证券依法应当实行承销的，由证券公司承销。与此相对应，本条规定，依照本法规定实行承销的，还应当报送承销机构名称及有关的协议。“有关的协议”即发行新股的公司与证券公司签订的承销协议。

第十四条　公司对公开发行股票所募集资金，必须按照招股说明书或者其他公开发行募集文件所列资金用途使用；改变资金用途，必须经股东大会作出决议。擅自改变用途，未作纠正的，或者未经股东大会认可的，不得公开发行新股。

条文主旨

本条是关于公司公开发行股票所募资金用途的规定。

立法背景

本条作了个别文字修改。

条文解读

公司对公开发行股票所募资金的使用必须规范化。在实践中，公司改变募股资金用途的情况比较复杂，有的是因为公司自身生产经营情况或公司外部经营环境发生较大变化，资金原来的用途需要改变，以适应变化了的情况；也有的是因为招股说明书或者其他公开发行募集文件所列的投资项目，是公司为获准发行股票刻意安排的，并没有进行周密的可行性研究，或者并不打算真正投资这些项目，等等。改变募股资金用途的行为，可能损害投资者利益，有必要从法律上加以规范。

本条对公开发行股票所募资金用途的规范主要有三项内容：

一是所募资金必须按招股说明书或者其他公开发行募集文件所列资金用途使用。招股说明书或者其他公开发行募集文件是投资者作出投资决策的重要依据，招股说明书或者其他公开发行募集文件所列资金用途，是募股资金使用的法定依据，发行人不得随意改变。

二是改变招股说明书或者其他公开发行募集文件所列资金用途，必须经股东大会作出决议。这是考虑到经营情况的变化以及其他改变资金用途的正当需要而作的灵活规定。这样规定也是符合保护投资者利益的原则的。股东大会是股份有限公司的权力机构，按照公司法的规定，它有权决定公司的经营方针和投资计划，由股东大会批准的决定，是反映全体股东的意志的。

三是擅自改变资金用途，未作纠正的或者未经股东大会认可的，不得公开发行新股。这是对擅自改变募股资金用途的法律后果的规定。这项内容又包含三层意思：第一，擅自改变资金用途的应当加以纠正，所谓纠正是指按照招股说明书或者其他公开发行募集文件所列资金用途使用；第二，擅自改变资金用途，如果不作纠正的，应当报经股东大会认可，经股东大会认可后，可以将募股资金按照新的用途使用；第三，擅自改变资金用途而未作纠正且未经股东大会认可的，公司不得公开发行新股，对其通过股票市场募集新的资金进行限制。

第十五条 公开发行公司债券，应当符合下列条件：

（一）具备健全且运行良好的组织机构；

（二）最近三年平均可分配利润足以支付公司债券一年的利息；

（三）国务院规定的其他条件。

公开发行公司债券筹集的资金，必须按照公司债券募集办法所列资金用途使用；改变资金用途，必须经债券持有人会议作出决议。公开发行公司债券筹集的资金，不得用于弥补亏损和非生产性支出。

上市公司发行可转换为股票的公司债券，除应当符合第一款规定的条件外，还应当遵守本法第十二条第二款的规定。但是，按照公司债券募集办法，上市公司通过收购本公司股份的方式进行公司债券转换的除外。

条文主旨

本条是关于公司公开发行债券的规定。

立法背景

本条主要作了三处修改。一是按照注册制改革的精神，大幅度简化公司债券发行条件。二是根据实践需要，为改变公司债券募集资金的用途作出制度安排，留出空间。三是与2018年10月修改的公司法完善股份回购制度相衔接，明确上市公司发行以股份回购方式进行转换的可转债的，不需要符合关于公开发行股票的条件。

条文解读

一、关于公司债券发行条件

此次修订证券法，按照注册制的改革精神和市场化的改革方向，大幅度简化了公司债券发行条件，删除了关于公司净资产、累计债券余额占净资产比例、资金投向符合国家产业政策、利率水平限定等约束条件。

按照本条第一款的规定，公开发行公司债券应当符合下列条件：

1. 具备健全且运行良好的组织机构。是指发行人符合公司法关于公司组织机构的规定，且各机构运行状况良好。根据公司法的规定，有限责任公司应当设立股东会、董事会或者执行董事、监事会或者监事；股份有限公司应当设立股东大会、董事会、经理、监事会，上市公司还应当设立董事会秘书，设立独立董事。申请公开发行公司债券的公司，应当设有这些机构，且运行良好，能够依照公司法及公司章程的规定有效履行职责。

2. 最近三年平均可分配利润足以支付公司债券一年的利息。发行公司债券，需要公司在经营上有良好的业绩，且营业利润达到一定水平，以确保有足够的偿债能力，保护债券持有人的利益。

3. 国务院规定的其他条件。这是一项概括性的规定，为国务院根据实际需要规定其他条件提供了法律依据。

二、关于公司债券募集资金用途

本条第二款对公开发行公司债券募集资金的使用进行了规范，主要有三项内容：

一是公开发行公司债券筹集的资金，必须按照公司债券募集办法所列资金用途使用。公司债券募集办法是债券投资者作出投资决策的重要依据，公司债券募集办法所列资金用途，是债券募集资金使用的法定依据，发行人不得随意改变。

二是改变公司债券募集办法所列资金用途，必须经债券持有人会议作出决议。此次修订证券法，考虑到发行人经营情况的变化以及其他改变资金用途的正当需要，增加了调整公司债券募集资金用途的制度安排，即经债券持有人会议作出决议，可以改变资金用途。为强化债券持有人利益保护，本法第九十二条规定了债券持有人会议制度，规定公开发行公司债券的，应当设立债券持有人会议，并应当在债券募集说明书中说明债券持有人会议的召集程序、会议规则和其他重要事项。债券持有人会议代表了全体债券持有人的共同意愿，经债券持有人会议决议变更资金用途，也是符合保护投资者利益的原则的。

三是为保护债券持有人利益，明确公开发行公司债券所募资金，不得用于弥补亏损和非生产性支出。

三、关于上市公司发行可转换为股票的公司债券

本条第三款对上市公司发行可转换为股票的公司债券作了规定。可转换为股票的公司债券，是指以债券形式依照法定程序发行的，在一定时间内依据约定的条件可以转换为公司股份的债券，兼有股票和债券的双重属性。因此，公司发行可转换为股票的公司债券，既要符合发行公司债券的条件，又要符合发行股票的条件。

根据可转换为股票的公司债券的上述特性，本条对上市公司发行可转债的条件和具体管理办法作出了衔接性规定。上市公司发行可转债的，除应当符合本条第一款关于发行公司债券的条件外，还应当遵守本法第十二条第二款的规定，即还应当符合上市公司发行新股的条件（经国务院批准的国务院证券监督管理机构规定的条件，其具体管理办法由国务院证券监督管理机构规定）。

此外，2018 年 10 月，十三届全国人大常委会第六次会议对公司法作出修改，扩大了公司股份回购的情形，允许上市公司出于将股份用于转换可转债的目的，收购本公司的股份。上市公司发行可转债时，如果通过公司债券募集办法，明确将通过收购本公司股份的方式进行可转债转换的，由于未来不需要发行新股用于可转债的转换。因此，发行可转债只需要遵守发行公司债券条件的规定，不必遵守关于发行新股条件的规定。本条规定与公司法修改相衔接，针对上述情况作出除外规定，明确：按照公司债券募集办法，上市公司通过收购本公司股份的方式进行公司债券转换的除外。

相关规定

《中华人民共和国证券法》第九十二条；《中华人民共和国公司法》第一百四十二条。

第十六条 申请公开发行公司债券，应当向国务院授权的部门或者国务院证券监督管理机构报送下列文件：

（一）公司营业执照；

（二）公司章程；

（三）公司债券募集办法；

（四）国务院授权的部门或者国务院证券监督管理机构规定的其他文件。

依照本法规定聘请保荐人的，还应当报送保荐人出具的发行保荐书。

条文主旨

本条是关于公开发行公司债券应当报送的文件的规定。

立法背景

根据“放管服”改革需要，2017 年，国务院决定取消公司债券发行须经会计师、资产评估机构验资、进行资产评估的要求。为与之相衔接，本条删去了发行公司债券需报送“资产评估报告和验资报告”的规定。

条文解读

根据本条规定，申请公开发行公司债券，应当向国务院授权的部门或者国务院证券监督管理机构报送下列文件：

1. 公司营业执照。这是指公司经依法登记而领取的登记证明。提交公司登记证明的意义在于，公开发行公司债券的主体必须是依法设立的公司。

2. 公司章程。公司章程包括了公司的经营范围、公司内部组织机构、公司注册资本、公司股份构成、出资构成等事项，有助于国务院授权的部门或者国务院证券监督管理机构全面掌握公司的情况。

3. 公司债券募集办法。公司债券募集办法是投资者作出价值判断和投资决策的重要依据。根据公司法的规定，公司债券募集办法中应当载明债券募集资金的用途；债券总额和债券的票面金额；债券利率的确定方式；还本付息的期限和方式；债券担保情况；债券发行价格、发行的起止日期；公司净资产额、已发行的尚未到期的公司债券总额等事项。

4. 国务院授权的部门或者国务院证券监督管理机构规定的其他文件。本条对向国务院有关主管部门提交的主要文件作了规定。同时，为了适应监管需要，本条授权有关主管部门可以规定其他需要提交的文件。

此外，根据本法规定，申请公开发行可转换为股票的公司债券，依法采取承销方式的，应当聘请证券公司担任保荐人。与此相对应，如果是申请公开发行可转换为股票的公司债券，申请人还应当报送保荐人出具的发行保荐书。

第十七条　有下列情形之一的，不得再次公开发行公司债券：

（一）对已公开发行的公司债券或者其他债务有违约或者延迟支付本息的事实，仍处于继续状态；

（二）违反本法规定，改变公开发行公司债券所募资金的用途。

条文主旨

本条是对公司再次公开发行公司债券的限制条件的规定。

立法背景

本条删去了关于“前一次公开发行的公司债券尚未募足”不得再次公开发行公司债券的规定。

条文解读

为保护公司债券持有人的利益，对于公司债券发行后存在违法或者违约行为的，应当限制其再次公开发行公司债券。具体的限制情形包括：

1. 对已发行的公司债券或者其他债务有违约或者延迟支付本息的事实，仍处于继续状态。当公司对已发行的到期公司债券不按约定偿还本息或者拖延支付本息，或者公司对外的其他债务到期仍未偿还，造成违约事实存续的情况下，公司不得发行新的公司债券。这是因为，公司债券的特征是偿债期限届满，不论公司是否盈利，都必须按期还本付息，如果公司对前次所发债券到期不能支付本息或迟延支付本息，则表明其财务状况不佳，在这种状况存续期间，限制其发行新的公司债券是保护债权人利益的有力措施之一。同时，如果公司对其他债务也存在违约情况，说明其财务和资金状况不好，有可能对其发行公司债券的偿付能力带来影响。因此，在这种情况下禁止该公司发行新的公司债券，以保护债券持有人的利益。

2. 违反本法规定，改变公开发行公司债券所募资金的用途。根据本法第十五条第二款的规定，公开发行公司债券筹集的资金，必须按照公司债券募集办法所列资金用途使用；改变资金用途，必须经债券持有人会议作出决议。公开发行公司债券筹集的资金，不得用于弥补亏损和非生产性支出。公司违反上述规定，擅自改变债券募集资金用途，可能使公司的偿债能力受到影响，损害债券持有人利益。这种情况下不得再次公开发行公司债券。同时，如果公司债券募集办法对所募资金用途作出灵活安排，或者依法经债券持有人会议作出决议改变债券募集办法所列资金用途，不属于违反本法规定的情况，不影响公司再次公开发行公司债券。

修改前的证券法，将“前一次发行的公司债券尚未募足”作为不得再次公开发行公司债券的情形，主要目的是公司债券在同一时期内的重叠发行，影响公司债券的正常发行秩序。这次修改证券法，按照注册制的改革方向，对公司债券发行制度进行调整，提高了债券发行的市场化程度，对于可由市场和投资者作出选择判断的情形，法律不再作出强制性限制规定。据此，删除了上述要求。

相关规定

《中华人民共和国证券法》第十五条。

第十八条　发行人依法申请公开发行证券所报送的申请文件的格式、报送方式，由依法负责注册的机构或者部门规定。

条文主旨

本条是关于公开发行证券申请文件的格式和报送方式的规定。

立法背景

本条仅作了个别文字修改。

条文解读

发行人申请公开发行证券所提交的申请文件的格式和报送方式，应当是规范的。文件的格式指的是文件记载事项的编排样式。发行人申请公开发行证券所应提交的申请文件的种类和基本内容，是法律规定的，申请文件采用规范的格式，对于申请人来说，便于制作有关文件，可以避免遗漏有关申请事项；对于依法负责注册的机构或者部门来说，有利于提高工作效率，及时作出注册决定。文件的报送方式是指报送文件所采取的具体方法和形式。规范申请文件的报送方式，便于依法负责注册的机构或者部门有序地受理发行申请。鉴于此，本条规定公开发行证券的申请文件的格式和报送方式，由依法负责注册的机构或者部门规定。

这一规定有三层含义：一是依法负责注册的机构或者部门有权规定发行人应提交的申请文件的格式和报送方式。发行人应提交的公开发行证券的申请文件种类很多，内容也不一样，在证券法中难以对这些申请文件规定统一的格式；申请文件的报送随着技术的进步也将会不断改进，更便捷的方式会不断涌现。因此，在这种情况下，申请公开发行证券所应提交申请文件的格式和报送方式不宜在法律中作出具体规定，而应当由依法负责注册的机构或者部门，即国务院证券监督管理机构或者国务院授权的部门规定。这样既有利于规范，又便于根据实际的需要和可能及时作出调整。二是依法负责注册的机构或者部门有责任对申请公开发行证券所应提交的申请文件的格式和报送方式作出规定，以适应证券发行申请规范化的要求。三是发行人申请公开发行证券，应当按照依法负责注册的机构或者部门规定的格式和报送方式，报送申请文件。

第十九条 **发行人报送的证券发行申请文件，应当充分披露投资者作出价值判断和投资决策所必需的信息，内容应当真实、准确、完整。**

为证券发行出具有关文件的证券服务机构和人员，必须严格履行法定职责，保证所出具文件的真实性、准确性和完整性。

条文主旨

本条是关于与证券发行申请有关的文件要求的规定。

立法背景

按照注册制“以信息披露为核心”的要求，增加规定，发行人报送的证券发行申请文件，应当“充分披露投资者作出价值判断和投资决策所必需的信息”。

条文解读

证券发行注册制改革，强调证券发行是市场行为，强调在充分信息披露的基础上，充分发挥市场配置资源的决定性作用。在这一制度下，发行人应当完整、准确地披露自身财务、业务等相关信息，投资者根据发行人披露的相关信息判断证券的价值、作出适当的投资决策。本条按照注册制“以信息披露为核心”的要求，对证券发行申请文件应当“充分披露”和“真实、准确、完整”等作出专门规定：

一是明确规定，发行人报送的证券发行申请文件，应当充分披露投资者作出价值判断和投资决策所必需的信息。这是此次修改新增加的内容，体现了注册制改革的核心要求。

二是要求发行人的证券发行申请文件，应当真实、准确、完整。所谓真实，是指文件的内容必须反映实际情况，不得弄虚作假；所谓准确，是指文件应当按照规定的格式制作，对有关情况所作的陈述和提供的数据与实际情况应当相符或者是合乎逻辑的推测，不得有误导性陈述；所谓完整，是指所提交的申请文件的种类应当齐全，符合法定要求，每份申请文件的内容应当完整，不得有遗漏。

证券发行申请文件是发行人制作并提交给有关机构或部门

的，其内容反映的是发行人自身的情况，发行人对于申请文件的真实性、准确性、完整性负有最直接、最基本的责任，也是首要的责任。明确发行人的这一责任，是保证信息来源真实、准确的基本要求。同时，本法对发行人申请文件有虚假记载、误导性陈述和重大遗漏，使投资者在证券交易中遭受损失的，规定发行人应当承担赔偿责任。

三是要求为证券发行出具有关文件的证券服务机构和人员，必须严格履行法定职责，保证其所出具文件的真实性、准确性和完整性。在申请证券发行的过程中，发行人需要聘请律师事务所、会计师事务所、资产评估机构等专业机构和人员协助制作有关申请文件，并出具有关报告和证明文件。证券服务机构和人员既独立于发行人，又独立于投资者，它们依法为证券发行提供客观公正的服务，也是履行一种社会公证、社会监督的职能，为证券发行活动的顺利进行起到促进和保障作用。对于这些专业机构和人员来说，恪守独立、客观和公正的原则，谨慎诚实地为客户服务，维护社会公众利益，是其基本的执业准则，在律师法、注册会计师法、资产评估法等相关法律、行政法规中已经有这方面的规定。本条进一步规定为证券发行出具有关文件的证券服务机构和人员，应当保证其所出具文件的真实性、准确性和完整性，是为了明确这些专业机构在从事证券服务业务活动中的具体职责，有利于严格证券发行各个环节的责任。按照本条第二款的规定，证券服务机构和人员要严格履行法定职责。也就是说，只要他们严格按照法律规定，勤勉尽责地履行了职责，就视为尽到了义务，一些属于他们工作职责范围之内发现不了的问题，不应由他们来承担责任。本法第一百六十三条规定，证券服务机构制作、出具的文件有虚假记载、误导性陈述或者重大遗漏，给他人造成损失的，应当与委托人承担连带赔偿责任，但是能够证明自己没有过错的除外。

相关规定

《中华人民共和国证券法》第一百六十三条。

第二十条　发行人申请首次公开发行股票的，在提交申请文件后，应当按照国务院证券监督管理机构的规定预先披露有关申请文件。

条文主旨

本条是关于发行股票预先披露有关申请文件的规定。

立法背景

本条未作修改。

条文解读

所谓预披露，是指申请首次公开发行股票的发行人，在按照本法规定向国务院证券监督管理机构报送有关申请文件后，将有关申请文件向社会公众披露，不必等到国务院证券监督管理机构作出予以注册的决定后再进行披露。这是2005年修改证券法时增加的制度规定，此次修改未作调整。

发行人在提交发行申请文件后，依法负责注册的机构或者部门作出予以注册决定前，将有关的发行申请文件进行预披露，一方面，可以对发行注册工作形成监督；另一方面，也便于社会公众提前了解发行申请文件的内容，对股票价值进行分析判断，作出投资决策。对预披露制度的具体操作办法，本条授权国务院证券监督管理机构规定。

第二十一条 国务院证券监督管理机构或者国务院授权的部门依照法定条件负责证券发行申请的注册。证券公开发行注册的具体办法由国务院规定。

按照国务院的规定，证券交易所等可以审核公开发行证券申请，判断发行人是否符合发行条件、信息披露要求，督促发行人完善信息披露内容。

依照前两款规定参与证券发行申请注册的人员，不得与发行申请人有利害关系，不得直接或者间接接受发行申请人的馈赠，不得持有所注册的发行申请的证券，不得私下与发行申请人进行接触。

条文主旨

本条是关于证券发行注册程序的规定。

立法背景

本法规定的证券发行注册程序同修改前证券法规定的核准程序相比，主要有以下调整：一是取消了发行审核委员会制度；二是在规定国务院证券监督管理机构或者国务院授权的部门依照法定条件负责证券发行申请注册的基础上，明确按照国务院的规定，证券交易所等可以审核公开发行证券申请；三是授权国务院规定证券公开发行注册的具体办法。

条文解读

本条规定，主要包括以下三个方面的内容。

一、明确证券发行申请的注册机构，并授权国务院规定发行注册的具体办法

此次修订证券法，按照党中央关于推进注册制改革的相关决策部署，在总结科创板试点注册制实践经验的基础上，根据国务院方面关于全面推行证券发行注册制的意见，对证券发行制度进行了完善，明确实行证券发行注册制。本法第九条明确规定，公开发行证券应当依法报经国务院证券监督管理机构或者国务院授权的部门注册。本条第一款进一步明确了负责证券发行申请注册的机构，即国务院证券监督管理机构或者国务院授权的部门依照法定条件负责证券发行申请的注册。这里规定的“国务院授权的部门依照法定条件负责证券发行申请的注册”，主要是指实践中国家发展和改革委员会依照企业债券管理条例对部分公司债券的发行进行注册的情形。同时，考虑到注册制改革还在进行之中，证券发行注册的具体程序还可能根据改革实践进一步调整完善，本法授权国务院规定证券公开发行注册的具体办法。

二、规定证券交易所等可以按照国务院的规定审核证券公开发行申请

实践中，按照经党中央、国务院同意的证监会发布的《关于在上海证券交易所设立科创板并试点注册制的实施意见》，科创板试点注册制，由上海证券交易所负责科创板发行审核，受理企业公开发行股票申请，审核判断企业是否符合发行条件、信息披露要求，并通过提出问题、回答问题的方式，督促发行人完善信息披露内容；上海证券交易所审核通过后，将审核意见及发行人注册申请文件报送证监会履行注册程序，证监会依照规定的发行条件和信息披露要求，在20个工作日内作出是否同意注册的决定。本条第二款在第一款关于国务院证券监督管理机构和国务院授权的部门负责证券公开发行注册规定的基础上，总结科创板试点注册制的实践经验，根据国务院方面关于修改证券法的相关意见，对公开发行证券申请的具体审核机构作出授权性规定，即按照国务院的规定，证券交易所等可以审核公开发行证券申请，判断发行人是否符合发行条件、信息披露要求，督促发行人完善信息披露内容。需要说明的是：第一，负责证券发行申请注册的机构是国务院证券监督管理机构或者国务院授权的部门，证券交易所等可以按照国务院的规定对证券发行申请进行审核，但无权作出予以注册或者不予注册的决定，相关决定只能由国务院证券监督管理机构或者国务院授权的部门作出。第二，负责证券发行注册的国务院有关机构和部门，能否交由证券交易所等对证券发行申请进行审核，应当由国务院规定，相关部门无权自行决定。第三，本法关于证券发行申请审核机构的表述是“证券交易所等”，既可以由证券交易所进行，也可以由其他的机构或者组织进行，具体也应当由国务院规定。

三、对参与证券发行申请注册的人员提出要求

依照前两款规定参与证券发行申请注册的人员，包括国务院证券监督管理机构或者国务院授权的部门参与证券发行申请注册的人员，以及证券交易所等参与证券发行申请审核的人员，必须遵守以下四项行为规则：一是不得与发行申请人有利害关系，这种利害关系包括经济上的和其他方面的利益联系。与申请发行人有利害关系的人员，不能参与证券发行申请的注册或者审核。二是不得直接或者间接接受发行申请人的馈赠，这里所谓的馈赠，包括无偿获得的可以用金钱来计算的各种形式的利益。三是不得持有所注册的发行申请的证券，这也是避免注册或者审核人员与发行申请人发生利益关系。四是不得私下与发行申请人进行接触。这是防止私下拉关系、走后门，避免发生舞弊现象。本条规定这四项行为规则，主要是为了防止参与注册和审核证券发行申请的人员以权谋私，徇私舞弊，贪赃枉法，保证这些人员能够站在客观公正的立场上工作，维护证券市场秩序，保护投资者的利益。

相关规定

《中华人民共和国证券法》第九条。

第二十二条　国务院证券监督管理机构或者国务院授权的部门应当自受理证券发行申请文件之日起三个月内，依照法定条件和法定程序作出予以注册或者不予注册的决定，发行人根据要求补充、修改发行申请文件的时间不计算在内。不予注册的，应当说明理由。

条文主旨

本条是关于证券发行注册期限的规定。

立法背景

本条仅作了个别文字修改。

条文解读

本条规定，国务院证券监督管理机构或者国务院授权的部门应当自受理证券发行申请文件之日起3个月内，依照法定条件和法定程序作出予以注册或者不予注册的决定。这一规定既保证了依法负责证券发行申请注册的机构和部门有必要的工作时间，既确保工作质量，又促使其提高工作效率，防止不负责任的拖延，损害发行申请人的利益。需要说明的是，本法第二十一条规定，按照国务院的规定，证券交易所等可以审核公开发行证券申请。由于证券发行注册的机构是国务院证券监督管理机构和国务院授权的部门，证券交易所等只是按照国务院的规定可以进行审核，据此，证券交易所等进行审核的时间，及其审核后报送国务院有关机构和部门注册的时间，合计应当在3个月之内。国务院证券监督管理机构或者国务院授权的部门应当严格按照这一规定，在法定时限内依照法定条件和程序作出予以注册或者不予注册的决定。

从实践中科创板试点注册制的情况来看，上海证券交易所主要是通过提出问题、回答问题的方式，通过开展多轮问询，督促发行人完善信息披露内容。从实行注册制的相关国家的做法来看，发行人补充、修改发行申请文件的时间，均不计算在注册时限内。按照本条的规定，发行人根据依法负责注册的国务院有关机构和部门的要求，或者根据证券交易所等进行审核工作的要求，补充、修改发行申请文件的时间，不计算在3个月的时限内。

为了提高注册程序的公开、透明，便于发行申请人充分了解不予注册的原因，本条还规定国务院证券监督管理机构和国务院授权的部门对证券发行申请不予注册的，应当说明理由，将“说明理由”作为一项义务予以规定，是为了促使依法负责证券发行申请注册的机构和部门严格依法办事，对发行申请人负责，防止工作疏漏和随意性。

第二十三条　证券发行申请经注册后，发行人应当依照法律、行政法规的规定，在证券公开发行前公告公开发行募集文件，并将该文件置备于指定场所供公众查阅。

发行证券的信息依法公开前，任何知情人不得公开或者泄露该信息。

发行人不得在公告公开发行募集文件前发行证券。

条文主旨

本条是关于证券发行申请注册后公告公开发行募集文件的规定。

立法背景

本条仅作了个别文字修改。

条文解读

本法规定，证券的发行、交易活动，必须遵循公开、公平、公正的原则。信息公开是证券市场的一个重要特点，甚至可以说是证券市场生命力之所在。公开发行证券，是发行人进行的直接面向广大社会公众筹集资金的活动，这种活动本身就具有公开的性质。向社会公众公告发行文件，如招股说明书、公司债券募集办法等文件，使投资者了解筹资目的、用途、发行人自身的生产经营情况、给予投资者的回报等，是广大投资者作出投资决策的必要前提。本条对发行人公告发行文件义务进一步加以强调，要求发行人在证券发行申请经注册后，应当依照法律、行政法规的规定，公告公开发行募集文件，并将该文件置备于指定场所供公众查阅。同时明确，发行人不得在公告公开发行募集文件前发行证券。

本条第二款是基于平等披露原则，对发行证券信息知情人保密义务的规定。本法第八十三条确立了信息披露中平等披露的原则，即信息披露义务人披露的信息应当同时向所有投资者披露，不得提前向任何单位和个人泄露。强调平等披露，主要是保证所有投资者能够平等获得证券交易相关信息，保证证券交易的公平、公正、公开，防止个别投资者通过提前知悉相关信息而在交易中具有信息优势。基于这一原则，本条专门作出规定，强调发行证券的信息依法公开前，任何知情人不得公开或者泄露该信息。这里规定的知情人，既包括发行人的控股股东、实际控制人、董事、监事、高级管理人员，也包括参与证券发行申请注册的人员、为证券发行提供服务的证券服务机构的有关人员，以及因工作关系可以接触到发行证券信息的有关人员等。所谓依法公开前，是指发行证券的申请经注册后作出公告之前。

第二十四条 国务院证券监督管理机构或者国务院授权的部门对已作出的证券发行注册的决定，发现不符合法定条件或者法定程序，尚未发行证券的，应当予以撤销，停止发行。已经发行尚未上市的，撤销发行注册决定，发行人应当按照发行价并加算银行同期存款利息返还证券持有人；发行人的控股股东、实际控制人以及保荐人，应当与发行人承担连带责任，但是能够证明自己没有过错的除外。

股票的发行人在招股说明书等证券发行文件中隐瞒重要事实或者编造重大虚假内容，已经发行并上市的，国务院证券监督管理机构可以责令发行人回购证券，或者责令负有责任的控股股东、实际控制人买回证券。

条文主旨

本条是关于已注册的证券不符合法定条件和程序如何处理的规定。

立法背景

本条主要作了两处修改：一是加大了违法发行证券的发行人的控股股东、实际控制人的责任，将其对证券持有人的赔偿责任，由过错连带责任调整为过错推定连带责任。二是增加了关于股票欺诈发行上市的责令回购制度，规定对于欺诈发行股票并上市的，国务院证券监督管理机构可以责令发行人予以回购，或者责令负有责任的控股股东、实际控制人予以买回。

条文解读

本法第二十二条规定，国务院证券监督管理机构或者国务院授权的部门应当自受理证券发行申请文件之日起3个月内，依照法定条件和法定程序作出予以注册或者不予注册的决定。这里的法定条件和法定程序，既包括本法关于证券发行条件和程序的规定，也包括其他法律、相关行政法规、部门规章等关于证券发行的有关规定。对于已作出的证券发行决定，国务院证券监督管理机构或者国务院授权的部门发现其不符合法定条件或者法定程序的，如不符合公开发行证券条件的发行人，通过与证券服务机构进行串通、弄虚作假等手段提出发行申请并取得注册等，应当依法采取相应的处理措施，以维护证券市场秩序，保护广大投资者权益。具体来讲，国务院证券监督管理机构或者国务院授权的部门发现已作出的证券发行注册决定不符合法定条件和程序，区分情况作以下处理：

1. 如果该证券尚未发行，应当撤销发行注册决定，并责令发行人停止发行。

2. 如果该证券已经发行但尚未上市交易，应当撤销发行注册决定，同时，发行人应当按照发行价格并加算银行同期存款利息返还证券持有人。为了更好地保护投资者利益，本条在规定发行人承担返还相应款项义务的同时，还规定了其他机构的连带赔偿责任：（1）保荐人应当与发行人承担连带责任。本法规定保荐人具有对发行申请文件和信息披露资料进行核查、督导发行人规范运作、出具发行保荐书等义务。对于违法发行行为，保荐人应当与发行人承担连带责任，但是能够证明自己没有过错的除外。（2）发行人的控股股东、实际控制人也应当与发行人承担连带责任。按照公司法的规定，控股股东是指其出资额占有限责任公司资本总额百分之五十以上或者其持有的股份占股份有限公司股本总额百分之五十以上的股东；出资额或者持有股份的比例虽然不足百分之五十，但依其出资额或者持有的股份所享有的表决权已足以对股东会、股东大会的决议产生重大影响的股东。实际控制人是指虽不是公司的股东，但通过投资关系、协议或者其他安排，能够实际支配公司行为的人。发行人的控股股东、实际控制人对于发行人行为具有支配性的作用，往往是违法发行行为的决策者，应当与发行人承担连带责任。此次修改证券法，根据证券市场实际情况，进一步加大了对发行人控股股东、实际控制人的责任，将修改前的过错连带责任调整为过错推定连带责任，发行人控股股东、实际控制人不能证明自己没有过错的，应当与发行人承担连带赔偿责任。

3. 如果股票已经发行并上市，可以责令发行人回购，或者责令负有责任的控股股东、实际控制人买回证券。为保护投资者合法权益，预防和惩处股票欺诈发行的行为，本条第二款规定了股票欺诈发行上市的责令回购制度。发行人在招股说明书等证券发行文件中隐瞒重要事实或者编造重大虚假内容，已经发行并上市的，国务院证券监督管理机构可以根据股票上市交易的具体实际情况，责令由发行人回购已上市交易的股票，或者责令负有责任的控股股东、实际控制人买回已上市交易的股票。同时，本法第一百八十一条对证券欺诈发行规定了相应的行政处罚，发行人及其控股股东、实际控制人除回购或者买回相关股票外，还要依法接受相应的行政处罚。

相关规定

《中华人民共和国证券法》第二十二条、第一百八十一条。

第二十五条 股票依法发行后，发行人经营与收益的变化，由发行人自行负责；由此变化引致的投资风险，由投资者自行负责。

条文主旨

本条是关于发行人和投资者风险负担的规定。

立法背景

本条未作修改。

条文解读

任何投资都是有风险的，投资风险往往与投资收益相伴随，收益越高，风险也越大。股票投资也是如此。股票市场存在的风险，主要是由于股票的价格受公司自身经营情况和市场涨落的影响，而且这种变化具有一定的随机性，比较难以把握。由于股票市场具有这一特点，股票的发行人和股票的投资者必然要承担相应的投资风险。在法律中明确规定发行人、投资者的风险负担，有利于促使发行人、投资者增强风险意识，减少投资行为的随意性，也可以防止有的股民“赚了钱归自己，赔了钱找政府”的错误认识，有利于维护社会稳定。

本条规定的风险负担分为两种情况：一种是发行人的责任，这就是股票依法发行后，发行人经营与收益发生变化，如出现亏损，无法支付红利等致使股票价格下跌等，由发行人自行负责。另一种是投资者的责任，这是指股票依法发行后，由于发行人经营与收益情况变化导致投资股票所获收益减少的风险，由投资者自行负责。

第二十六条 发行人向不特定对象发行的证券，法律、行政法规规定应当由证券公司承销的，发行人应当同证券公司签订承销协议。证券承销业务采取代销或者包销方式。

证券代销是指证券公司代发行人发售证券，在承销期结束时，将未售出的证券全部退还给发行人的承销方式。

证券包销是指证券公司将发行人的证券按照协议全部购入或者在承销期结束时将售后剩余证券全部自行购入的承销方式。

条文主旨

本条是关于证券承销的情形以及承销方式的规定。

立法背景

本条未作修改。

条文解读

证券发行方式按照有无发行中介，可分为直接发行和间接发行两大类。发行人直接向投资者推销出售证券的为直接发行。这种方式可以节省发行手续费，降低发行成本，但发行人可能会由于缺乏有关证券销售专门知识和广泛的销售网络，自身要承担较大的发行风险，容易导致发行失败。发行人将证券委托给专门从事证券承销业务的机构代理销售的，就是间接发行。采用间接发行方式，对发行人来说，虽须支付一定的手续费，但比较简便，发行风险较小，可以凭借承销机构的销售网络，在短时间内筹集到资金。实践中，公开发行证券一般都是采取间接发行的方式。

本条是从监管证券发行的角度对发行方式作出的规定。即向不特定对象发行证券，法律、行政法规规定应当由证券公司承销的，发行人应当同证券公司签订承销协议，不允许发行人直接发行。根据本法第二十九条的规定，证券公司承销证券，应当对公开发行募集文件的真实性、准确性、完整性进行核查；如果发现有虚假记载、误导性陈述或者重大遗漏的，不得进行销售行动，已经销售的，必须立即停止，并采取纠正措施。也就是说，证券公司有义务和责任对其承销的公开发行的证券进行审查，一个方面，保证了公开发行募集文件的真实性，有利于保护投资者的利益；另一方面，通过证券公司发行证券，可以利用证券公司的销售网络和经验，有利于证券发行的成功，也是对投资者利益的保护。同时，按照本条的规定，向累计超过 200 人的特定对象发行证券，虽然也属于公开发行，但因不涉及公众投资的利益，不需要同证券公司签订承销协议，发行人可以直接发行。

根据本条规定，证券承销业务采取代销或者包销方式。这两种方式是证券承销业务的基本方式，也是法定方式。为了有效地规范证券承销业务，明确在证券承销业务中发行人与证券公司间的权利义务关系，本条第二款、第三款分别对证券代销和证券包销法律关系的内容作了具体规定，这些规定包含以下两层意思：第一，证券代销是指证券公司代发行人发售证券，在承销期结束时，将未售出的证券全部退还给发行人的承销方式。这一规定表明，在证券代销方式中，证券公司与发行人之间是委托代理关系，证券公司的责任是在承销期内尽力销售证券，期限届满时能销出去多少算多少，尚未售出的证券全部退还给发行人，基本上不承担什么风险。相应的，证券公司所收取的费用也较少。对发行人来说，自己要承担全部的发行风险，但发行成本较低。在实践中，代销证券的方式适合一些信誉好、知名度高、比较易于被社会公众接受的大公司的证券。第二，证券包销是指证券公司将发行人的证券按照协议全部购入或者在承销期结束时将售后剩余证券全部购入的承销方式。在证券包销方式中，证券公司与发行人是买卖关系，证券公司的责任是按协议购入发行人的全部证券或者在承销期结束时购入未售出的全部证券，发行风险全部由证券公司承担。对发行人来说既不必承担证券销售不出去的风险，又能迅速筹集到资金，实践中，包销证券是证券市场中最常见的承销方式。

第二十七条　公开发行证券的发行人有权依法自主选择承销的证券公司。

条文主旨

本条是关于发行人自主选择承销的证券公司的规定。

立法背景

将修改前本条中“证券公司不得以不正当竞争手段招揽证券承销业务”的规定，移作修改后的证券法第二十九条第二款第二项。

条文解读

公开发行证券是一种商事活动，发行人具体选择哪家证券公司承销证券，应当完全由发行人从发行费用、发行风险等方面考虑，自主作出决定。为此，本条规定，发行人有权依法自主选择承销的证券公司。目的是防止有些政府部门和证券监督管理机构的工作人员利用职务随意干预发行人的证券发行活动，为发行人指定承销的证券公司。

第二十八条 证券公司承销证券，应当同发行人签订代销或者包销协议，载明下列事项：

（一）当事人的名称、住所及法定代表人姓名；

（二）代销、包销证券的种类、数量、金额及发行价格；

（三）代销、包销的期限及起止日期；

（四）代销、包销的付款方式及日期；

（五）代销、包销的费用和结算办法；

（六）违约责任；

（七）国务院证券监督管理机构规定的其他事项。

条文主旨

本条是关于承销协议载明事项的规定。

立法背景

本条未作修改。

条文解读

本条规定，证券公司承销证券，应当同发行人签订承销协议。承销协议是确立证券公司与发行人在承销过程中的权利义务关系的文件。以协议的方式确定证券公司与发行人的承销法律关系，双方的权利义务比较明确，既有利于各方行使权利、履行义务，也有利于证券的顺利发行。

承销协议是要式合同。本条对承销协议应当载明的事项作了规定。在法律中规定承销协议为要式合同，主要是为了规范证券承销业务活动，使双方当事人建立起规范的权利义务关系，从而保障证券顺利发行。按照本法的规定，承销协议分为两种，一种是代销协议，另一种是包销协议，这两种协议应当载明的事项是共同的，包括以下内容：

1. 当事人的名称、住所及法定代表人姓名。这里规定的当事人的名称，应当是双方当事人在公司登记机关登记的正式名称；当事人住所应当是其在公司登记机关登记的法定住所。法定代表人是指公司的董事长、执行董事或者经理，具体由公司章程规定。

2. 代销、包销证券的种类、数量、金额及发行价格。这些事项是双方当事人权利义务的基本内容，因此必须载明。

3. 代销、包销的期限及起止日期。这实际上是要明确双方当事人之间代销、包销法律关系的存续期间。

4. 代销、包销的付款方式及日期。这里规定的付款方式及日期是对双方当事人而言的，如果是代销，应当载明发行人向证券公司支付手续费或者佣金的方式和日期；如果是包销，应当载明证券公司向发行人支付所购入的证券的价款的方式和日期。

5. 代销、包销的费用和结算办法。

6. 违约责任。这是指双方违反协议时各自应承担的民事责任。

7. 国务院证券监督管理机构规定的其他事项。这是授权国务院证券监督管理机构根据监督管理的需要和证券承销活动中的具体实际情况，对承销协议中必须载明的事项补充规定新的内容。

承销协议中应当载明上述事项，除此之外，双方当事人约定的其他事项也可以在承销协议中载明。

第二十九条　证券公司承销证券，应当对公开发行募集文件的真实性、准确性、完整性进行核查。发现有

虚假记载、误导性陈述或者重大遗漏的，不得进行销售活动；已经销售的，必须立即停止销售活动，并采取纠正措施。

证券公司承销证券，不得有下列行为：

（一）进行虚假的或者误导投资者的广告宣传或者其他宣传推介活动；

（二）以不正当竞争手段招揽承销业务；

（三）其他违反证券承销业务规定的行为。

证券公司有前款所列行为，给其他证券承销机构或者投资者造成损失的，应当依法承担赔偿责任。

条文主旨

本条是关于证券公司承销证券活动准则的规定。

立法背景

将修改前的证券法第二十九条中“证券公司不得以不正当竞争手段招揽证券承销业务”的规定，移作修改后证券法本条第二款并予以修改。

条文解读

一、关于证券公司承销证券的核查义务

为了保证证券公开发行募集文件的真实性，本法规定发行人应当依法聘请保荐人，由保荐人对发行人的申请文件进行审慎核查。本条第一款规定，证券公司承销证券，对公开发行募集文件的真实性、准确性、完整性负有核查义务，目的是层层把关，充分保证证券发行文件的真实、准确、完整，保护广大投资者的利益。按照本条规定，证券公司应当首先对所承销的证券的公开发

行募集文件进行核查，如果没有发现虚假记载、误导性陈述或者重大遗漏的，方可进行证券销售活动。反之，则不得进行销售活动，防止相关证券进入市场。如果在证券的销售过程中，发现证券公开发行募集文件有虚假记载、误导性陈述或者重大遗漏的，必须立即停止销售活动，并采取纠正措施。

证券公司违反上述核查义务的，应当按照本法第八十五条的规定，承担相应的民事赔偿责任，即发行文件有虚假记载、误导性陈述或者重大遗漏，致使投资者在证券交易中遭受损失的，承销的证券公司及其直接责任人员，与发行人承担连带赔偿责任，但是能够证明自己没有过错的除外。同时，还应当按照本法一百八十四条的规定，接受相应的行政处罚。

二、关于禁止证券承销不正当竞争

承销证券是证券公司的一项重要业务，承销业务收入是证券公司经营收入的一项重要来源，能否取得承销业务，对证券公司的经济利益有直接影响。对发行人和证券公司来说，应当有一种公平的市场机制，使发行人能够自主选择承销的证券公司，使证券公司能够在公平竞争中从事证券承销业务。有的证券公司为了取得证券承销业务，采取各种不正当的手段恶性竞争，如采取诋毁等方式贬损其他证券公司，给有关当事人回扣以取得承销合约等。这些行为违反了证券市场的公平原则，影响了正常的证券发行秩序，损害了有关当事人的合法权益，应当加以规制。据此，本条第二款规定，证券公司承销证券，不得有下列行为：

1. 进行虚假的或者误导投资者的广告宣传或者其他宣传推介活动。证券市场是一个高度依赖有效信息的市场，通过真实有效的信息，社会资源才能得到合理配置，投资者才能作出正确的判断和选择，市场调节机制才能发挥作用。如果证券公司承销证券时进行虚假的或者误导投资者的广告或者其他宣传推介活动，就会造成市场信息失真，给投资者带来损失。

2. 以不正当竞争手段招揽承销业务。证券公司以不正当竞争手段招揽承销业务，可能造成证券发行市场的混乱和证券公司经营风险的增大，对这类行为予以禁止，既有利于证券公司的自身发展和风险防范，也有利于加强对投资者合法权益的保护，维护证券市场健康发展。

3. 其他违反证券承销业务规定的行为。这是一项兜底规定，以避免挂一漏万。

证券公司在证券承销活动中有上述所列三项行为，给其他证券承销机构或者投资者造成损失的，应当依法承担赔偿责任。

相关规定

《中华人民共和国证券法》第一百八十四条。

第三十条　向不特定对象发行证券聘请承销团承销的，承销团应当由主承销和参与承销的证券公司组成。

条文主旨

本条是关于向不特定对象发行证券聘请承销团承销的规定。

立法背景

删去了修改前证券法关于证券票面总值超过 5000 万元应当由承销团承销的限制性规定。

条文解读

承销团是多家证券公司组成的承销证券的集团。承销团承销是证券发行中一种常见的方式。对于面向不特定对象、一次发行量特别大的证券，由承销团承销，可以分散发行风险，同时也可以集合各个证券公司的销售网点共同向市场推销，有利于保证迅速完成证券发行。

承销团应当由主承销和参与承销的证券公司组成。这一规定既明确了承销团的组成结构，也明确了承销团内部成员之间的基本法律关系。证券公司组织承销团承销证券发行业务，必须按照这一规定，确定主承销的证券公司和参与承销的证券公司。

第三十一条　证券的代销、包销期限最长不得超过九十日。

证券公司在代销、包销期内，对所代销、包销的证券应当保证先行出售给认购人，证券公司不得为本公司预留所代销的证券和预先购入并留存所包销的证券。

条文主旨

本条是关于证券承销期限和证券公司不得预留、预购所承销的证券的规定。

立法背景

本条未作修改。

条文解读

本法第二十八条规定，证券公司承销证券，应当同发行人签订代销或者包销协议，该协议中应当载明代销、包销的期限及起止日期，这是指证券公司与发行人签订承销协议时应当约定承销期限。本条第一款是对承销期限所作的限制性规定，即证券公司与发行人约定的承销期限最长不得超过 90 日。作出这一限制，既给了证券公司充足的时间进行证券销售活动，也有利于防止一些证券公司将代销的证券长期放在自己手中，根据证券市场形势择机销售给投资者，影响投资者的利益。

进行证券承销的证券公司，其职责是为发行人和投资者提供中介服务，在销售证券时，应当维护投资者的利益，不得利用承销证券的优势或便利牟取不正当利益，损害投资者利益。为此，本条第二款明确规定，证券公司在代销、包销期内，应当保证将所代销或包销的证券先行出售给认购人，证券公司不得为本公司预留所代销的证券和预先购入并留存所包销的证券。这一规定有以下两层含义：第一，在证券承销期内，有投资者认购证券公司所承销的证券的，证券公司应当将证券销售给认购人，优先满足他们的购买需要，当有人认购证券时，证券公司不得将证券留给自己而不销售给认购人。第二，在证券承销期内，证券公司不得为本公司预留所代销的证券和预先购入并留存所包销的证券。证券公司将所代销的证券预先留存在自己手里，不向投资者出售，根据证券市场形势择机销售给投资者，这种做法违背了市场公平原则，影响投资者的信心，不利于证券市场的健康发展。证券承销期满后，证券公司对于因包销而购入的售后剩余证券，是留存还是售出，由其自行决定。

第三十二条　股票发行采取溢价发行的，其发行价格由发行人与承销的证券公司协商确定。

条文主旨

本条是关于股票发行价格的规定。

立法背景

本条未作修改。

条文解读

股票发行价格是股票发行中最基本和最重要的内容，发行价格的确定既关系到发行人、承销的证券公司与投资者三方的利益，也关系到股票发行后在市场上的表现。发行价格定得过低，难以最大限度地满足发行人筹集资金的需要，不仅增大发行成本，甚至会损害原有股东的利益；发行价格定得过高，又将增大承销的证券公司的发行责任和风险，抑制投资者的认购需求。因此，合理确定股票发行价格，对于股票顺利发行，以及股票未来在市场上的表现，都具有重要意义。

按照公司法的规定，我国股票发行价格既可以按票面金额，也可以高于票面金额，但不得低于票面金额。一般情况下，我国股票都是采取溢价发行的，也就是说股票的发行价格高于票面金额。溢价发行股票的，在确定发行价格的过程中，发行人与承销的证券公司的利益往往是相互冲突对立的，发行人都想把价格定高一些，承销的证券公司总想把价格压低一些，结果往往要由双方根据发行公司的自身素质（包括行业前景、盈利水平、市场竞争地位等）、同类公司市盈率水平、主承销证券公司的信誉和经验以及二级市场的股价水平等条件经过讨价还价形成发行价。这样的价格机制是通过市场竞争形成的，对双方当事人来说形成的价格比较公平，既能满足发行人的需要，也能符合承销的证券公司的利益。因此，本条明确规定了股票发行采取溢价发行的，其发行价格由发行人与承销的证券公司协商确定。

相关规定

《中华人民共和国公司法》第一百二十七条。

第三十三条 股票发行采用代销方式，代销期限届

满，向投资者出售的股票数量未达到拟公开发行股票数量百分之七十的，为发行失败。发行人应当按照发行价并加算银行同期存款利息返还股票认购人。

条文主旨

本条是关于股票发行失败的规定。

立法背景

本条未作修改。

条文解读

股票发行采用代销方式，是指证券公司代发行人发行股票，在代销期限届满时，将未售出的股票全部退还给发行人的承销方式。在股票代销方式中，证券公司与股票发行人之间是委托代理关系，证券公司的责任是在承销期内尽力销售股票，期限届满时能销出去多少算多少，尚未售出的股票全部退还给发行人，证券公司所收取的费用也较少。对发行人来说，自己要承担全部的发行风险，但发行成本较低。在实践中，代销股票的方式适合一些信誉好、知名度高、比较易于被社会公众接受的大公司的股票。当证券公司以代销方式替股份公司发行股票，发行期限届满，有可能由于市场等方面的原因并未发行完全部或大部分的该公司股票，对发行股票的股份公司而言，是筹措资金计划的落空；对已购入股票的投资者而言，则是未能实现预期的投资盈利计划。

按照本条的规定，股票发行采用代销方式，发行期限届满，向投资者出售的股票数量未达到拟公开发行股票数量70%的，为发行失败。股票发行失败的，应当恢复发行前的状态，发行人应当按照发行价并加算银行同期存款利息返还股票认购人。

第三十四条　公开发行股票，代销、包销期限届满，发行人应当在规定的期限内将股票发行情况报国务院证券监督管理机构备案。

条文主旨

本条是关于股票发行备案管理的规定。

立法背景

本条未作修改。

条文解读

股票发行是否成功，影响到发行人、投资者、承销的证券公司等多个方面的利益。本条规定，公开发行股票，代销、包销期限届满，发行人应当在规定的期限内将股票发行情况报国务院证券监督管理机构备案。这是对股票发行和承销活动进行监督管理的一项措施，便于监督管理机构了解股票发行的实际情况。发行人报送备案的内容是股票发行情况，也就是股票承销协议的履行情况。证券公司代销证券的，股票发行人应将股票代销情况报国务院证券监督管理机构备案；证券公司包销证券的，股票发行人应将股票包销情况报国务院证券监督管理机构备案。

第三章　证券交易

第一节　一般规定

第三十五条　证券交易当事人依法买卖的证券，必须是依法发行并交付的证券。

非依法发行的证券，不得买卖。

条文主旨

本条是关于证券交易的标的物必须合法的规定。

立法背景

本条未作修改。

条文解读

证券交易是指证券所有人转移证券的所有权于买受人、买受人支付价款的法律行为。证券交易当事人买卖证券，必须依法进行。证券交易依法进行，包括：首先，交易当事人应当具有合法的资格，不具有民事行为能力的人，以及依法不得持有、买卖证券的人，不得进行证券交易。其次，交易场所和交易行为必须合法。依法公开发行证券的交易场所，应当是依法设立的证券交易所或者国务院批准的其他全国性证券交易场所，而且交易活动必须符合本法以及其他法律、行政法规的规定。最后，交易的标的物必须合法。本条即是对交易的标的物即证券的要求。

一、证券交易的标的物必须是依法发行的证券

依法发行的证券是指依照本法及其他有关法律、行政法规和规范性文件，公开发行或者非公开发行的证券。证券交易的前提条件是该证券已经发行，而只有依法发行的证券，才能作为证券交易的标的物。

依照本法第九条的规定，公开发行证券，必须符合法律、行政法规规定的条件，并依法报经国务院证券监督管理机构或者国务院授权的部门注册；未经依法注册，任何单位和个人不得公开发行证券。本法第二章还对证券发行作了专门的规定。因此，公开发行证券，必须依法报经注册，并按照法定的程序发行。非公开发行证券，也必须遵守本法的有关规定，不得采用广告、公开劝诱或者变相公开方式等。证券交易当事人依法买卖的证券，必须是依法发行的证券。凡未依法经过注册，未按照法定程序，擅自公开发行的证券，以及未按照规定向特定对象非公开发行的证券，不得进行买卖。

二、证券交易的标的物必须是已交付的证券

已交付的证券是指已经实际由发行人转移至购买人的证券。如果是纸面形式的证券，已交付的证券是指已由发行人交给购买人实际持有的证券；如果是电子形式的无纸化的证券，已交付的证券是指证券登记结算机构等有关电子系统已记录为购买人所有的证券。证券发行以后，并不一定立即交付给购买证券的人。例如，公司法规定，公司登记成立前不得向股东交付股票。即使是依法发行的证券，也必须在交付后才能转让。未交付的证券，不得进行买卖。

第三十六条 依法发行的证券，《中华人民共和国公司法》和其他法律对其转让期限有限制性规定的，在限定的期限内不得转让。

上市公司持有百分之五以上股份的股东、实际控制人、董事、监事、高级管理人员，以及其他持有发行人首次公开发行前发行的股份或者上市公司向特定对象发行的股份的股东，转让其持有的本公司股份的，不得违反法律、行政法规和国务院证券监督管理机构关于持有期限、卖出时间、卖出数量、卖出方式、信息披露等规定，并应当遵守证券交易所的业务规则。

条文主旨

本条是关于证券转让限制的规定。

立法背景

为加强股票转让过程中关联人员行为的规范、加强信息披露、保护投资者的合法权益，规制恶意减持等行为，根据我国证券市场的实际情况，增加第二款规定，对上市公司关联人员、持有非公开发行的股份的股东等特定对象转让股份作出限制，要求其遵守法律、行政法规和国务院证券监督管理机构关于股份转让的相关规定，并遵守证券交易所的业务规则。

条文解读

证券的一个基本特征是具有自由流通性，即证券依法发行并交付后，就可以依法进行交易，证券持有人可以依法将其证券自由转让给他人以获得价款，他人则取得证券。一般来说，不论是公开发行还是非公开发行的证券，都应当允许其通过转让变现。

同时，为规范证券转让过程中关联人员行为、加强信息披露、保护投资者的合法权益，也有必要在特定情形下对其转让作出一定限制。从有关国家和地区的实践来看，主要有以下三种情形：

一是对公开发行但未经过充分信息披露的股票。公开发行的股票，在发行时要进行充分的信息披露，并由监管部门对信息披露情况进行审查，履行公开发行核准或者注册程序。但在一些特殊情况下，股票公开发行可以豁免核准或者注册，并降低信息披露要求，如向合格投资者发行股票、向公司职工发行股票（员工持股）或者发行的股票数额较小（小额发行）等。这些豁免核准或注册的证券，由于在公开发行时没有进行充分的信息披露，在发行后进行公开转让要受到限制，如必须补充核准或注册，或者必须满足一定条件并进行充分的信息披露等。

二是对公司的关联人员（如控股股东、实际控制人、董事、高级管理人员等）持有的本公司股票。主要是对持股结构、持有期限以及转让比例、程序等进行限制，主要考虑是：一方面，为保持公司的关联人员与公司利益的一致性。公司公开发行股票融资，其主要目的在于谋求公司更好的发展，而不是为公司关联人员减持套现提供便利。另一方面，公司的关联人员在公司中处于控制地位，相对于外部投资者具有信息优势，为保护公众投资者的合法权益，防止关联人员利用控制权和信息优势牟取不正当利益，对其转让减持行为作出适当限制，也是必要的。

三是对非公开发行的股票。非公开发行的股票（包括公司公开发行股票前已非公开发行的股票）在发行时未履行核准或者注册程序，未经过充分的信息披露，其公开转让要受到限制，如必须补充核准或注册，或者必须满足一定条件并进行充分的信息披露等。

这次修改证券法，根据证券市场的实际情况，在本条对证券转让限制作出了专门规定，具体包括：

第一，在法律规定的限制转让期内禁止转让证券。

证券交易必须依法进行。法律出于特定目的，禁止某些证券在一定期限内转让，则在法律禁止转让的期限内，就不得对该证券进行交易。

从我国目前的法律规定来看，对证券的转让期限有限制性规定的情形，主要是公司法的相关规定：

1. 对股份有限公司发起人所持本公司股份转让的限制。公司法第一百四十一条规定，发起人持有的本公司股份，自公司成立之日起一年内不得转让。发起人是公司的创办者，与公司有着特殊的利益关系，规定发起人不得在公司设立登记后的一段时间内转让自己持有的本公司股份，有助于增强发起人在公司创办阶段的责任感，防止发起人利用创办公司的名义进行投机活动。

2. 对股份有限公司股东所持股份转让的限制。公司法第一百四十一条规定，公司公开发行股份前已发行的股份，自公司股票在证券交易所上市交易之日起一年内不得转让。公司公开发行股份前的股东，其地位类似于公司的发起人，规定其持有的股份自上市交易之日起一年内不得转让，有利于保护广大公众投资者的利益。

3. 对公司董事、监事、高级管理人员所持本公司股份转让的限制。公司法第一百四十一条规定，公司董事、监事、高级管理人员应当向公司申报所持有的本公司的股份及其变动情况，在任职期间每年转让的股份不得超过其所持有本公司股份总数的25%，所持本公司股份自公司股票上市交易之日起一年内不得转让。上述人员离职后半年内，不得转让其所持有的本公司股份。公司章程可以对公司董事、监事、高级管理人员转让其所持有的本公司股份作出其他限制性规定。公司的董事、监事、高级管理人员分别负责公司的经营决策、内部监督和日常生产经营管理，对公司的内幕信息十分了解，限制其转让所持有的本公司股票，既可以防止内幕交易，又可以将他们的股权收益与公司的经济效益紧密联系起来，有助于督促他们尽职尽责地履行公司职责。

除公司法外，其他相关法律对证券转让期限有限制性规定的，应当执行相关法律的规定，在限定的期限内不得转让。

第二，特定对象转让上市公司的股份，不得违反法律、行政法规和国务院证券监督管理机构关于持有期限、卖出时间、卖出数量、卖出方式、信息披露等规定，并应当遵守证券交易所的业务规则。

为加强股票转让过程中关联人员行为的规范、加强信息披露、保护投资者的合法权益，规制恶意减持等行为，根据我国证券市场的实际情况，此次修订证券法，在本条第二款增加规定，对上市公司关联人员转让股份、转让非公开发行的股份等特定情形作出限制，要求其遵守法律、行政法规和国务院证券监督管理机构关于股份转让的相关规定，并遵守证券交易所的业务规则。

1. 限制转让股份的股东，分为两类：一类是上市公司的关联人员，包括持有5%以上股份的股东，实际控制人、董事、监事、高级管理人员；另一类是持有发行人首次公开发行前发行股份的股东，以及持有上市公司向特定对象发行的股份的股东。

2. 上述股东转让其持有的本公司的股份的，应当遵守法律、行政法规和国务院证券监督管理机构关于持有期限、卖出时间、卖出数量、卖出方式、信息披露等规定。转让股票违反法律、行政法规或者国务院证券监督管理机构规定的，本法第一百八十六条规定了相应的行政处罚。

3. 上述股东转让其持有的本公司的股份的，还应当遵守证券交易所的业务规则。相关股东违反证券交易所业务规则的，由证券交易所给予纪律处分或者采取其他自律管理措施。

相关规定

《中华人民共和国公司法》第一百四十一条。

第三十七条　公开发行的证券，应当在依法设立的证券交易所上市交易或者在国务院批准的其他全国性证券交易场所交易。

非公开发行的证券，可以在证券交易所、国务院批准的其他全国性证券交易场所、按照国务院规定设立的区域性股权市场转让。

条文主旨

本条是关于证券转让场所的规定。

立法背景

根据我国证券市场的实际情况，增加了关于非公开发行证券转让场所的规定。

条文解读

一、关于公开发行证券的转让场所

公开发行证券，是指向不特定的对象发行证券，或者向特定对象发行证券累计超过200人，或者以法律、行政法规规定的其他发行行为发行证券。公开发行证券涉及的投资者人数较多，影响的范围较广。为了保护投资者的合法权益，维护社会经济秩序和社会公共利益，本条要求依法公开发行的证券应当在依法设立的证券交易所或者国务院批准的其他全国性证券交易场所转让。

1. 在证券交易所上市交易。证券交易所是为证券集中交易提供场所和设施，组织和监督证券交易，实行自律管理的法人。证券交易所的设立和解散，由国务院决定。上市交易是指已经依法公开发行的证券经证券交易所审核同意在证券交易所公开挂牌交易的行为。在我国，证券交易所具有完备的交易系统，并有健全的信息披露制度和监管措施，能够使证券得到高效流通，并能较好地保护投资者的利益，所以，证券交易所是依法公开发行证券的主要交易场所。

2. 在国务院批准的其他全国性证券交易场所转让。成熟的证券市场除证券交易所外，还有其他的证券交易场所，它们共同构成一个多层次的证券市场体系。按照党的十八届三中全会决定关于“健全多层次资本市场体系”的要求，此次修订证券法，增加关于多层次资本市场的原则规定，将证券市场划分为证券交易所、国务院批准的其他全国性证券交易场所、按照国务院规定设立的区域性股权市场三个层次。国务院批准的其他全国性证券交易场所，即全国中小企业股份转让系统（“新三板”）。根据2013年12月国务院发布的《关于全国中小企业股份转让系统有关问题的决定》，全国中小企业股份转让系统是经国务院批准，依据证券法设立的全国性证券交易场所，主要为创新型、创业型、成长型中小微企业发展服务。公开发行的证券，除在证券交易所上市交易外，还可以在全国中小企业股份转让系统进行挂牌转让。

依法公开发行的证券，除在依法设立的证券交易所上市交易或者在国务院批准的其他全国性证券交易场所转让外，不得在其他场所进行转让。

二、关于非公开发行证券的转让场所

非公开发行的证券，主要面向一定数量的特定对象发行，这种发行涉及人数较少，投资者往往对发行人的情况比较了解，或者具备一定的风险识别和承受能力，非公开发行行为对社会的影响较小。此次修订证券法，根据我国证券市场的实际情况，增加了关于非公开发行证券转让场所的规定。即非公开发行证券，可以在各个层次的证券交易场所，包括证券交易所、国务院批准的其他全国性证券交易场所、按照国务院规定设立的区域性股权市场进行转让。

相关规定

《中华人民共和国证券法》第九十六条、第九十八条。

第三十八条　证券在证券交易所上市交易，应当采用公开的集中交易方式或者国务院证券监督管理机构批准的其他方式。

条文主旨

本条是关于在证券交易所上市交易方式的规定。

立法背景

本条未作修改。

条文解读

一、公开的集中交易方式

集中交易方式是指在集中交易市场以竞价交易的方式进行交易。集中交易方式分为集中竞价交易和大宗交易。

1. 集中竞价。集中竞价又称集合竞价，是指在证券交易所市场内，所有参与证券买卖的各方当事人公开报价，按照价格优先、时间优先的原则撮合成交的证券交易方式。即所有买入的有效委托按照报价由高到低顺序排列，报价相同的，按照委托的先后时间顺序排列；所有卖出的有效委托，其报价按照由低到高的顺序排列，报价相同的，按照委托的先后时间顺序排列。按照各自的排列顺序，将排在前面的买入委托与卖出委托配对成交。在报价不同时，由排在前面的买方最高报价与卖方最低报价优先配对，即为价格优先的原则；在同等出价条件下，由排在前面的较早的委托优先配对，即为时间优先的原则。如果所有买入委托的报价均低于卖出委托的报价，则上述委托继续排队，等待新的委托报价，以此形成连续性的竞价撮合成交的交易活动。

2. 大宗交易。大宗交易是指单笔交易规模远大于市场平均单笔交易规模的交易。经中国证券监督管理委员会批准的上海、深圳证券交易所交易规则规定，经批准证券单笔买卖申报达到一定数额的，交易所可以采用大宗交易方式进行交易。大宗交易的成交价格，由买卖双方在当日已成交的最高和最低成交价格之间确定。该证券当日无成交的，以前日收盘价为成交价。大宗交易由买卖双方达成一致，并由交易所确认后方可成交。

二、国务院证券监督管理机构批准的其他方式

国外成熟证券市场上证券交易所的交易方式，除集中交易方式外，还有其他一些交易方式。例如，非竞价的做市商方式，即在证券市场上，作为做市商的证券公司，在开市期间，就其负责做市的证券一直保持双向买卖报价，向投资者报告其愿意买进和卖出的证券数量和买卖价位，并且证券市场的电子报价系统随时将每只证券的最优买卖报价通过其显示系统报告给投资者。如果投资者愿意以做市商报出的价格买卖证券，做市商必须按其报价以自有资金和证券与投资者进行交易。同时在投资者买入证券时，如果做市商报出的价格低于投资者委托买入的价格，双方即以做市商报出的价格成交；在投资者卖出证券时，如果做市商报出的价格高于投资者委托卖出的价格，双方即以做市商报出的价格成交。

为适应社会经济的不断发展，需要逐步丰富交易方式。但为了防止金融风险，保护投资者的合法权益，维护社会经济秩序和社会公共利益，证券交易所采取公开的集中交易方式以外的其他方式进行证券交易，必须经国务院证券监督管理机构批准。

第三十九条　证券交易当事人买卖的证券可以采用纸面形式或者国务院证券监督管理机构规定的其他形式。

条文主旨

本条是关于证券的凭证形式的规定。

立法背景

本条未作修改。

条文解读

传统的证券通常采用纸面形式，即在纸制品上载明应当记载的事项，并以此纸制品作为证明或者设定权利的凭证。通常将纸面形式的证券称为实物券。随着电脑技术在证券业的应用，证券的无纸化逐渐发展起来。无纸化后的股票、公司债券等证券，不再采用纸面形式，而是将有关事项输入电脑，以电脑所贮存的有关信息作为股权或债权的法律凭证。由于这种通过现代信息技术手段建立起来的证券的存管、登记以及交易清算系统，具有高效、保密、费用低等特点，所以，各国的证券都在朝着无纸化方向发展。

根据证券既有纸面形式，又有电脑记载等其他形式的实际情况，本条规定证券交易当事人买卖的证券既可以采用纸面形式，也可以不采用纸面形式，而采用其他形式。采用其他形式的，该形式必须是国务院证券监督管理机构规定的形式，以防止欺诈行为的发生，保护投资者的合法权益。

第四十条 证券交易场所、证券公司和证券登记结算机构的从业人员，证券监督管理机构的工作人员以及法律、行政法规规定禁止参与股票交易的其他人员，在任期或者法定限期内，不得直接或者以化名、借他人名义持有、买卖股票或者其他具有股权性质的证券，也不得收受他人赠送的股票或者其他具有股权性质的证券。

任何人在成为前款所列人员时，其原已持有的股票或者其他具有股权性质的证券，必须依法转让。

实施股权激励计划或者员工持股计划的证券公司的从业人员，可以按照国务院证券监督管理机构的规定持有、卖出本公司股票或者其他具有股权性质的证券。

条文主旨

本条是关于证券从业人员和证券监管工作人员买卖股票限制的规定。

立法背景

为便于证券公司实行员工持股或者进行股权激励，在禁止证券公司从业人员买卖股票的基础上，增加了例外规定，即允许实施股权激励计划或者员工持股计划的证券公司的从业人员，按照规定持有、卖出股票或者其他具有股权性质的证券。

条文解读

证券交易活动必须遵循公开、公平、公正的原则，而公平的证券市场应当具备两个因素：一是使所有的投资者能够最大限度地获得市场信息；二是所有投资者获得信息的机会应当是平等的。证券交易场所、证券公司和证券登记结算机构的从业人员以及证券监督管理机构的工作人员等，由于其地位、职务等便利条件，有先于其他投资者获得相关信息的机会。为了保证证券交易的公开、公平、公正，本条禁止有关人员持有、买卖或者收受他人赠与的股票或者其他具有股权性质的证券。这里的“其他具有股权性质的证券”，包括可转换为股票的公司债券、存托凭证等具有股权性质的证券。

一、禁止持有、买卖股票或者其他具有股权性质的证券的主体

本条规定的禁止持有、买卖股票或者其他具有股权性质的证券的主体有以下几类：

1. 证券交易场所、证券公司和证券登记结算机构的从业人员。证券交易场所、证券公司、证券登记结算机构的从业人员，因其所属机构或组织是专业从事证券交易和证券经营业务的单位，他们不仅有获得信息的便利条件，而且有业务上的优势。为防止他们利用其业务和信息优势参与股票交易而不利于其他投资者，保证证券交易活动的公开、公正、公平，本条将他们列入禁止持有、买卖股票或者其他具有股权性质的证券的主体范围。

2. 证券监督管理机构的工作人员。证券监督管理机构工作人员因其参与对证券活动的监督管理，其中包括拟定和制定有关证券市场监督管理的规章、规则，参与对股票公开发行的审核、注册，以及对证券活动实施调查和检查等，如果允许其参与证券交易活动，将与其所担负的职责发生利益冲突，有失公正。因此，本条将证券监督管理机构工作人员列入禁止持有、买卖股票或者其他具有股权性质的证券的主体范围。

3. 法律、行政法规禁止参与股票交易的其他人员。除上述两类人员外，还有其他一些人员，因其地位、职务和与有关人员的关系，而被法律、行政法规禁止参与股票交易，他们也属于禁止持有、买卖股票或者其他具有股权性质的证券的主体范围。

二、禁止上述人员在任期或者法定期限内以任何形式持有、买卖股票或者其他具有股权性质的证券

禁止持有、买卖股票或者其他具有股权性质的证券的人员，在任期或者法定的期限内，不得以自己的名义持有、买卖股票或者其他具有股权性质的证券；不得以虚假的名字持有、买卖股票或者其他具有股权性质的证券；不得实际是自己但却以家庭成员或者其他人员的名义持有、买卖股票或者其他具有股权性质的证券；不得接受他人无偿赠送的股票或者其他具有股权性质的证券。

三、上述人员原已持有的股票或者其他具有股权性质的证券必须依法转让

上述人员的身份，并不是与生俱来的，其到证券交易场所、证券公司、证券登记结算机构、证券监督管理机构任职前，或者在成为法律、行政法规禁止参与股票交易的人员之前，可能已经依法持有了股票或者其他具有股权性质的证券。当上述相关人员成为本条所列禁止持有、买卖相关证券范围的人员时，应当将其持有的股票或者其他具有股权性质的证券依法转让。

四、证券公司实施股权激励计划或者员工持股计划的例外规定

股权激励计划是公司以本公司股票为标的，对其董事、高级管理人员及其他员工进行的长期性激励；员工持股计划是公司根据员工意愿，通过合法方式使员工获得本公司股票并长期持有，股份权益按约定分配给员工的制度安排。实行股权激励计划或者员工持股计划，有利于建立和完善劳动者与所有者的利益共享机制，改善公司治理水平，提高职工的凝聚力和公司竞争力，使社会资金通过资本市场实现优化配置。按照本条第一款的规定，证券公司的从业人员在任期或者法定期限内不得持有、买卖股票或者其他具有股权性质的证券，但是为了便于证券公司实行员工持股或者进行股权激励，提高证券公司的治理水平和竞争能力，本条在原则禁止证券公司从业人员买卖股票的基础上，增加了例外规定，允许实施股权激励计划或者员工持股计划的证券公司的从业人员，按照国务院证券监督管理机构的规定持有、卖出股票或者其他具有股权性质的证券。具体实施，按照国务院证券监督管理机构的规定执行。

第四十一条　证券交易场所、证券公司、证券登记结算机构、证券服务机构及其工作人员应当依法为投资者的信息保密，不得非法买卖、提供或者公开投资者的信息。

证券交易场所、证券公司、证券登记结算机构、证券服务机构及其工作人员不得泄露所知悉的商业秘密。

条文主旨

本条是关于证券交易场所、证券公司、证券登记结算机构、证券服务机构及其工作人员保密义务的规定。

立法背景

本条第二款增加了关于相关机构和人员保守商业秘密的规定。

条文解读

依照本法的规定，投资者进行证券交易，应当依法开立账户，证券公司和证券登记结算机构应当依法为投资者开立账户。投资者申请开立账户，除国家另有规定的外，必须持有证明中国公民、法人合伙企业身份的合法证件。证券公司向投资者销售证券、提供服务，应当充分了解投资者的基本情况、财产状况、金融资产状况等信息。证券服务机构为投资者提供相关服务的过程中，也会知悉投资者的相关信息。证券交易场所为证券集中交易提供场所和设施，并组织和监督证券交易，对证券交易实行实时监控。因此，投资者的相关信息，证券交易场所、证券公司、证券登记结算机构、证券服务机构都有可能了解和掌握。为了保护投资者人身、财产等合法权益，本法明确禁止上述能够了解和知悉投资者相关信息的机构及其工作人员非法买卖、提供或者公开投资者的信息。

按照我国反不正当竞争法的相关规定，商业秘密是指不为公众所知悉、具有商业价值并经权利人采取相应保密措施的技术信息、经营信息等商业信息。商业秘密一旦被泄露，往往会给原拥有商业秘密的单位、个人的生产、经营活动带来不利的影响，造成经济损失。证券交易场所、证券公司、证券登记结算机构、证券服务机构及其工作人员在相关执业活动中，有可能了解和知悉投资者的商业秘密。本法明确规定，上述机构和人员对所知悉的商业秘密负有保密义务，不得泄露，否则将依法承担相应的法律责任。

第四十二条 为证券发行出具审计报告或者法律意见书等文件的证券服务机构和人员，在该证券承销期内和期满后六个月内，不得买卖该证券。

除前款规定外，为发行人及其控股股东、实际控制人，或者收购人、重大资产交易方出具审计报告或者法律意见书等文件的证券服务机构和人员，自接受委托之日起至上述文件公开后五日内，不得买卖该证券。实际开展上述有关工作之日早于接受委托之日的，自实际开展上述有关工作之日起至上述文件公开后五日内，不得买卖该证券。

条文主旨

本条是关于证券服务机构及人员在法定期限内买卖证券限制的规定。

立法背景

根据证券市场的实际情况，为保护公众投资者的权益，本条主要作了两处修改。一是将证券服务机构和人员限制买卖的证券范围，由原来的“股票”扩大到“证券”。二是扩大第二款规定的主体范围，将为“上市公司”出具相关文件的证券服务机构和人员，扩大到为“发行人及其控股股东、实际控制人，或者收购人、重大资产交易方”出具相关文件的证券服务机构和人员。

条文解读

一、为证券发行提供有关服务的机构及人员在法定期限内不得买卖相关证券

为证券发行提供有关服务的机构及人员，是指为证券发行出具审计报告或者法律意见书等文件的会计师事务所、律师事务所等证券服务机构，以及为准备、出具上述文件而进行相关活动的

人员。这些机构和人员履行职责的过程就是知悉公司的财务状况，了解公司的资产负债比例、资产经营状况和经营前景的过程，但这些信息在其出具审计报告或者法律意见书等文件时，并未被其他投资者所知悉。因此，需要禁止他们买卖其因业务活动而享有信息优势的证券，即不得买卖其出具了审计报告或者法律意见书等文件的证券。为证券发行提供有关服务的机构和人员所享有的信息优势，在证券发行以后，随着公司信息的不断披露，将不再存在。因此，本条将这些机构和人员不得买卖相关证券的期限规定为该证券承销期内和期满后六个月内。

二、为发行人及其控股股东、实际控制人或者收购人、重大资产交易方提供有关服务的机构及人员在法定期限内不得买卖相关证券

证券发行并上市交易后，为履行持续信息披露要求，会计师事务所、律师事务所也会为发行人及其控股股东、实际控制人，或者收购人、重大资产交易方出具审计报告或者法律意见书等文件。这些信息在其出具审计报告或者法律意见书等文件时，并未被其他投资者所知悉。为防止上述人员在相关信息披露前，利用信息优势从事证券交易，扰乱证券市场秩序，也需要对他们买卖为其出具了审计报告或者法律意见书等文件的相关证券进行限制。按照本条第二款的规定，限制买卖相关证券的期限为自接受委托之日起至上述文件公开后5日内。由于实践中存在证券服务机构在正式接受委托履行职责前就已经实际开展相关工作的情况，为避免证券服务机构及人员据此利用其实际获取的信息优势买卖证券牟利，此次修改证券法，专门针对上述情况作出规定：证券服务机构实际开展上述有关工作之日早于接受委托之日的，自实际开展上述有关工作之日起至上述文件公开后五日内，不得买卖该证券。

相关规定

《中华人民共和国证券法》第一百八十八条。

第四十三条　证券交易的收费必须合理，并公开收费项目、收费标准和管理办法。

条文主旨

本条是关于证券交易收费原则的规定。

立法背景

按照国务院“放管服”改革要求，删去了修改前证券法第四十六条第二款中的“证券交易的收费项目、收费标准和管理办法由国务院有关主管部门统一规定”。

条文解读

证券交易活动涉及证券交易场所、证券公司、投资者、证券服务机构、证券登记结算机构等多个方面，相关活动都会发生有偿服务的收费问题。这些收费项目的设置、收费标准的确定直接关系到证券投资的成本，对建立低廉费用、高效服务的证券市场有重要影响，也关系到我国证券市场的秩序。为此，本条对证券交易的收费专门作出了原则性的规定，包括证券交易收费的合理原则和公开原则两项内容。

证券交易收费的合理原则是指证券交易的收费必须合理，即在证券交易各个环节中，所收取的费用必须依据有关证券和所提供服务的社会平均成本、市场供求状况、国民经济与社会发展要求以及社会承受能力等因素来合理确定，不得过高或者过低。证券交易收费过高会使证券投资的成本激增，就会在一定程度上影响投资者参与证券市场的积极性，从而妨碍社会资源的有效配置。而证券收费过低，会使有关机构难以得到合理的收益，从而影响其提供服务的质量，也不利于证券市场的发展。只有合理的证券收费，才能照顾到证券交易活动各个方面当事人的利益，才能有利于证券市场的发展。

证券交易收费的公开原则是指证券交易的收费项目、收费标准和管理办法必须向社会公开。证券交易收费只有公开，对所有当事人公平一致，才能使证券交易各个环节的当事人对自己行为的成本作出比较准确的判断，对自己的行为作出合理的预期。同时，证券交易收费的公开，也有利于对收费进行监督管理。

第四十四条 上市公司、股票在国务院批准的其他全国性证券交易场所交易的公司持有百分之五以上股份的股东、董事、监事、高级管理人员，将其持有的该公司的股票或者其他具有股权性质的证券在买入后六个月内卖出，或者在卖出后六个月内又买入，由此所得收益归该公司所有，公司董事会应当收回其所得收益。但是，证券公司因购入包销售后剩余股票而持有百分之五以上股份，以及有国务院证券监督管理机构规定的其他情形的除外。

前款所称董事、监事、高级管理人员、自然人股东持有的股票或者其他具有股权性质的证券，包括其配偶、父母、子女持有的及利用他人账户持有的股票或者其他具有股权性质的证券。

公司董事会不按照第一款规定执行的，股东有权要求董事会在三十日内执行。公司董事会未在上述期限内

执行的，股东有权为了公司的利益以自己的名义直接向人民法院提起诉讼。

公司董事会不按照第一款的规定执行的，负有责任的董事依法承担连带责任。

条文主旨

本条是关于规制短线交易行为的规定。

立法背景

为加强对短线交易行为的规制，维护证券市场秩序，保护投资者权益，根据我国证券市场实际情况，本条主要作了两处修改。一是将短线交易规制的范围由原来的“上市公司”扩大到“上市公司和股票在国务院批准的其他全国性证券交易场所交易的公司”；并将买卖“股票”扩大到买卖“股票和其他具有股权性质的证券”。二是增加规定，在短线交易行为认定中，董事、监事、高级管理人员、自然人股东持有的证券，包括其配偶、父母、子女持有的及利用他人账户持有的股票或者其他具有股权性质的证券。

条文解读

短线交易是指在较短的时间内，将本公司股票或者其他具有股权性质的证券买入后又卖出或者卖出后又买入的行为。公司的董事、监事、高级管理人员，由其地位和职务所决定，不仅了解公司的各种信息，而且直接掌握公司的经营运作。持有上市公司、股票在国务院批准的其他全国性证券交易场所交易的公司股份5%以上的股东，往往是该公司的大股东，并由于其持股数量较大而控制公司。这时，他们在公司中处于特殊的地位，有时能直接掌握公司经营运作，易于接触公司的重要信息，拥有一般投资者无法比拟的信息优势。为了保护公司和中小股东的利益，本条禁止上市公司、股票在国务院批准的其他全国性证券交易场所的交易的公司持有5%以上股份的股东以及董事、监事、高级管理人员进行短线交易。对短线交易行为进行规制，目的在于通过明确上市公司内部人员从事有关短线交易的收益归属，来防范相关人员利用对公司的控制力和拥有的信息优势进行短线交易牟利。

一、公司有关人员短线交易的收益归公司所有

为了防止公司有关人员利用对公司的控制力和拥有的信息优势，通过频繁地买卖本公司的股票而影响公司的股票价格，操纵股市或者引起公司股票价格的动荡，损害其他小股东的利益，本条要求上市公司、股票在国务院批准的其他全国性证券交易场所交易的公司持有5%以上股份的股东以及董事、监事、高级管理人员，将其所持有的公司的股票或者其他具有股权性质的证券在买入后又卖出，或者在卖出后又买入，其必须间隔6个月的时间。如果未间隔6个月，在该股票或者其他具有股权性质的证券买卖中获取的收益，即差额收入，归该公司所有，公司也应当收回其所得收益。这里的“其他具有股权性质的证券”，包括可转换为股票的公司债券、存托凭证等具有股权性质的证券。

为加强对短线交易行为的规制，维护证券市场秩序，保护投资者权益，根据我国证券市场的实际情况，此次修订证券法，在本条第二款增加规定，在短线交易行为认定中，董事、监事、高级管理人员、自然人股东持有的证券，包括其配偶、父母、子女持有的及利用他人账户持有的股票或者其他具有股权性质的证券。主要是防止公司有关人员通过其配偶、父母、子女以及其他人的账户进行交易，以规避短线交易监管的情况。

在禁止公司有关人员短线交易的同时，本条也规定了例外情形。一是证券公司因包销购入售后剩余股票而持有5%以上股份的，卖出该股票时不受6个月的时间限制。包销是证券公司将公司发行的股票按照协议全部购入或者在承销期结束时将售后剩余证券全部自行购入的承销方式，而承销的目的是通过证券公司将公司发行的股票售出。为了便于证券公司尽早将其因包销而购入的售后剩余证券出售给社会公众，实现股权的分散，本条规定证券公司因包销购入售后剩余股票而成为大股东时，不受不得进行短线交易的限制。二是授权国务院证券监督管理机构根据证券市场实践需要，规定其他的例外情形。

二、股东对公司有关人员短线交易的收益有权要求董事会收回并可以依法行使请求权

对于公司有关人员短线交易所得的收益，公司应当收回，而具体实施收回行为的应当是公司的董事会。如果公司董事会不收回公司有关人员短线交易所得的收益，公司的任何股东，无论其持股多少，都有权要求董事会在三十日内执行，以促使董事会尽快收回应归公司所有的收益。经股东请求，公司董事会超过三十日仍未执行的，股东就有权为了公司的利益，以自己的名义直接向人民法院提起诉讼，由人民法院依法作出裁判。

三、负有责任的董事对公司董事会不作为的行为承担连带责任

对于应属于公司的收益，董事会应当及时收归公司所有，以维护公司的利益。如果公司董事会不依法将公司有关人员短线交易的收益收归公司所有，负有责任的董事就应当对公司损失依法承担连带责任。

相关规定

《中华人民共和国证券法》第一百八十九条。

第四十五条　通过计算机程序自动生成或者下达交易指令进行程序化交易的，应当符合国务院证券监督管理机构的规定，并向证券交易所报告，不得影响证券交易所系统安全或者正常交易秩序。

条文主旨

本条是关于证券程序化交易的规定。

立法背景

根据实践中程序化交易发展的情况，本条增加了关于规范证券程序化交易的相关规定。

条文解读

一、程序化交易

程序化交易又称算法交易（Algorithmic Trading），是指通过计算机程序自动确定订单的执行价格、执行数量、执行时机等参数，自动生成、执行交易指令的交易行为。

目前实践中的程序化交易主要是高频交易（High - Frequency Trading）。与一般的程序化交易相比，高频交易的算法更为复杂，交易更为迅捷，通常以毫秒（千分之一秒）计时。高频交易建仓和平仓的时间非常短暂，不隔夜持仓，大量的交易指令会在提交后极短的时间内撤销。同时，高频交易十分注重低延迟技术的运用，为了减少延迟，除采用更为先进的计算机硬件系统外，甚至会想方设法将服务器布置在交易所主机附近，以减少信息传输时间。高频交易的策略主要有做市策略、套利策略等：做市策略，即通过向市场双向报价赚取差额利益的交易策略。与其他的做市商相比，高频交易参与者可在极短的时间内频繁更新其报价，使其报价更加准确，从而取得交易机会。套利策略，即利用市场价格形成过程中出现的短暂不平衡赚取差额利益的交易策略。例如，高频交易参与者同时交易股指期货和跟踪该股指期货的 ETF 基金（交易型开放式指数基金），当股指期货价格发生变化时，其可利用速度优势抢在 ETF 基金价格同步变化之前进行相应操作，获取差额利益。

对于程序交易，有两种态度：支持者认为，程序化交易大大提高了市场流动性，优化了市场价格发现机制，降低了交易成本，进而降低了企业的融资成本，对实体经济产生贡献。同时，程序化交易还促使交易所在机制、技术、服务等领域进行创新，使投资者获益。反对者认为，程序化交易实质上是部分投资者利用经济、技术优势，抢夺普通投资者的交易机会或者从普通投资者处获利，破坏了市场公平。同时，程序化交易带有较大风险，一旦交易程序发生故障或者算法出现错误，会对交易者本身甚至整个市场带来冲击。

二、本法关于程序化交易的规定

此次修订证券法，根据实践中程序化交易发展的情况，按照积极审慎的原则，对规范证券程序化交易作了两个方面原则规定：

第一，明确了程序化交易的定义，即通过计算机程序自动生成或者下达交易指令进行的交易。

第二，考虑到程序化交易属于新兴事物，在我国尚处于发展阶段，在法律中对其作出全面规范的条件还有待进一步成熟，本条仅对程序化交易提出最基本的要求，一是要求进行程序化交易的，必须向证券交易所报告，使证券交易所能够了解和知悉程序化交易的基本情况，防范程序化交易风险，防止利用程序化交易实施证券违法行为。二是要求程序化交易不得影响证券交易所的系统安全或者正常交易秩序。对于采取程序化交易影响证券交易所系统安全或者正常交易秩序的，本法第一百九十条规定了相应的行政处罚。同时，本条还授权国务院证券监督管理机构对程序化交易作出具体规定。

相关规定

《中华人民共和国证券法》第一百九十条。

第二节　证券上市

第四十六条　**申请证券上市交易，应当向证券交易所提出申请，由证券交易所依法审核同意，并由双方签订上市协议。**

证券交易所根据国务院授权的部门的决定安排政府债券上市交易。

条文主旨

本条是关于证券上市交易程序的规定。

立法背景

本条未作修改。

条文解读

此次修改证券法，按照市场化的改革方向，对“证券上市”一节的规定进行了较大幅度的修改，取消了证券法中关于股票、公司债券申请上市和终止上市的条件，以及文件报送、信息披露等相关具体规定，对上述事项，修订后的证券法只提出原则性的要求，具体内容由证券交易所依照本法的原则要求，在其相关的业务规则中予以规定和明确。同时，取消证券暂停上市交易制度，畅通了上市公司退市渠道。

按照本法第三十七条第一款的规定，公开发行的证券，应当在依法设立的证券交易所上市交易或者在国务院批准的其他全国性证券交易场所转让。证券交易所是为证券集中交易提供场所和设施，组织和监督证券交易，实行自律管理的法人。证券交易所的设立和解散，由国务院决定。目前，我国设立了上海证券交易所和深圳证券交易所。按照本条第一款的规定，申请证券上市交易，应当向证券交易所提出申请，由证券交易所依照法律、行政法规、国务院证券监督管理机构的规定，根据其依法制定的上市规则，决定是否同意该证券上市交易。证券交易所同意证券上市交易的，由发行人与证券交易所签订上市协议。

本条第二款规定，证券交易所根据国务院授权的部门的决定安排政府债券上市交易。政府债券，是指政府为筹集资金向投资者发行并承诺在一定时期支付利息和偿还本金的债务凭证。政府债券的发行方式、时间、对象和还款期限都是由财政部门具体规定的。政府债券的上市交易，由证券交易所根据国务院授权的部门的决定作出相应安排。

第四十七条　申请证券上市交易，应当符合证券交易所上市规则规定的上市条件。

证券交易所上市规则规定的上市条件，应当对发行人的经营年限、财务状况、最低公开发行比例和公司治理、诚信记录等提出要求。

条文主旨

本条是关于证券上市条件的规定。

立法背景

按照市场化的改革方向，取消了修订前证券法关于股票、公司债券申请上市条件的具体规定，明确由证券交易所上市规则规定证券具体上市条件。同时，对上市规则应当包含的基本事项作出规定。

条文解读

本条第一款规定，申请证券上市交易，应当符合证券交易所上市规则规定的上市条件。按照本法第一百一十五条的规定，证券交易所依照法律、行政法规和国务院证券监督管理机构的规定，制定上市规则、交易规则、会员管理规则和其他有关业务规则，并报国务院证券监督管理机构批准。发行人申请证券上市交易的，应当符合证券交易所依法制定的上市规则规定的上市条件；不符合上市条件的，证券交易所有权拒绝该证券在本交易所上市交易。

此次修订证券法，按照市场化的改革方向，取消了关于股票、公司债券申请上市条件的具体规定，由证券交易所依法制定的上市规则规定具体的上市条件。同时，为加强对证券交易所制定上市规则、明确上市条件的规范，本条第二款对上市条件应当包含的基本事项作出规定，即证券交易所在上市规则关于上市条件的规定中，应当对发行人的经营年限、财务状况、最低公开发行比例和公司治理、诚信记录等提出要求。以上海证券交易所科创板试点注册制的相关安排为例，其上市规则从公开发行后股本总额、股权分布、市值、财务指标等方面，明确了多套科创板的上市条件，通过市值与收入、现金流、净利润和研发投入等财务指标进行组合，设置了五套差异化的上市指标。

第四十八条　上市交易的证券，有证券交易所规定的终止上市情形的，由证券交易所按照业务规则终止其上市交易。

证券交易所决定终止证券上市交易的，应当及时公告，并报国务院证券监督管理机构备案。

条文主旨

本条是关于证券终止上市交易的规定。

立法背景

一是按照市场化的改革方向，取消了修订前证券法关于股票、公司债券终止上市交易具体情形的规定，明确由证券交易所按照业务规则终止有关证券的上市交易。二是总结科创板注册制试点的实践经验，取消了证券暂停上市交易制度，明确对于有证券交易所规定的终止上市情形的，直接由证券交易所按照业务规则终止其上市交易，畅通退市通道。

条文解读

终止证券上市交易，也就是取消证券在证券交易所挂牌进行公开集中交易的资格，这是对发行人采取的较为严厉的措施。对于终止证券上市交易的具体情形，本条明确由证券交易所依法制定的相关业务规则规定。上市交易的证券，出现证券交易所规定的终止上市情形的，由证券交易所按照其业务规则决定终止该证券的上市交易。

修订前的证券法规定了证券暂停上市交易制度。即对于上市交易的证券，出现股本总额、股权分布等发生变化不再具备上市条件或者最近三年连续亏损等情形时，由证券交易所暂停证券上市交易，待发行人采取相应措施进行整改后，可恢复其证券上市交易。此次修订证券法，在总结科创板注册制试点实践经验的基础上，取消了证券暂停上市交易制度，严格证券退市管理，畅通证券退市通道，对有证券交易所规定的终止上市情形的证券，直接终止其上市交易。

按照本条第二款的规定，证券交易所决定终止证券上市交易的，应当及时发布公告，披露终止相关证券上市交易的信息，同时将终止有关证券上市交易的情况报国务院证券监督管理机构备案。

第四十九条　对证券交易所作出的不予上市交易、终止上市交易决定不服的，可以向证券交易所设立的复核机构申请复核。

条文主旨

本条是关于证券交易所有关决定复核的规定。

立法背景

本条与取消证券暂停上市交易制度相衔接，仅作个别文字修改。

条文解读

证券交易所是为证券集中交易提供场所和设施，组织和监督证券交易，实行自律管理的法人。证券交易所的设立和解散，由国务院决定。证券交易所依法制定章程，以及上市规则、交易规则、会员管理规则和其他有关业务规则，对从事证券交易违反业务规则的，给予纪律处分或者采取其他自律管理措施。按照本法的规定，证券交易所依法审核证券上市申请，依法决定证券终止上市交易。当事人对证券交易所作出的不予上市交易、终止上市交易的决定不服的，可以向证券交易所设立的复核机构申请复核，由证券交易所设立的复核机构，再一次按照上市规则和相关业务规则的条件和相关工作要求，进行重新审核，以维护当事人的合法权益。

第三节　禁止的交易行为

第五十条　禁止证券交易内幕信息的知情人和非法获取内幕信息的人利用内幕信息从事证券交易活动。

条文主旨

本条是关于禁止内幕交易的原则规定。

立法背景

1998 年证券法第六十七条规定，禁止证券交易内幕信息的知情人员利用内幕信息进行证券交易活动。2005 年修改证券法，扩大了内幕交易的主体范围：一是将“知情人员”修改为“知情人”，以包含自然人、法人和其他组织；二是增加“非法获取内幕信息的人”。此次未作修改。

条文解读

一、禁止内幕交易

内幕交易，是指证券交易内幕信息的知情人和非法获取内幕信息的人利用内幕信息进行的证券交易。证券交易的风险和收益，与信息的掌握程度、扩散范围密切相关。投资者需要了解和研究证券市场上披露的各种信息，如上市公司定期披露的财务会计报告、临时披露的可能对股票交易价格产生较大影响的重大事件（公司重大投资、重大亏损、股权结构重大变更）等，以判断是否以及何时对哪些证券进行投资、增加或者减少投资。如果掌握内幕信息的人，利用这种优势抢先于其他投资者作出有利的投资决策，占有更多的获利机会，就会破坏证券市场公平竞争秩序，使其他投资者遭受损失、对证券市场失去信心，最终损害证券市场的交易量、交易效率、资源配置功能和公信力。为维护公开、公平、公正的市场环境，保护投资者的合法权益，就需要严格禁止内幕交易，保证所有投资者有机会同时、平等地获得和利用对证券价格、投资决策有重要影响的信息。因此，本条明确规定：禁止证券交易内幕信息的知情人和非法获取内幕信息的人利用内幕信息从事证券交易活动。

本条禁止进行内幕交易的主体包括两类：一类是“内幕信息的知情人”，即通过合法途径获取内幕信息的人，本法第五十一条对此作了详细列举。例如，发行人的董事、监事、高级管理人员、持股百分之五以上的股东、实际控制人，因工作性质、所任职务、业务往来、监管职责等能够获取内幕信息的人等。内幕信息的知情人获取内幕信息本身是合法的，但其从事内幕交易的行为却是本条所禁止的。另一类是“非法获取内幕信息的人”，即本身无权获取内幕信息，而通过非法途径获得的人，如利用窃取、骗取、套取、窃听、利诱、刺探或者私下交易等手段获取内幕信息的人等。非法获取内幕信息的人自然也不得利用内幕信息从事证券交易活动。

所谓“内幕信息”，本法第五十二条作了明确界定，是指证券交易活动中，涉及发行人的经营、财务或者对该发行人证券的市场价格有重大影响的尚未公开的信息。本法第八十条第二款、第八十一条第二款还对属于内幕信息的典型情形作了列举。

所谓利用内幕信息“从事证券交易活动”，根据本法第五十三条的规定，是指在内幕信息公开前，买卖该公司的证券，或者泄露该信息，或者建议他人买卖该证券。

二、内幕交易的法律责任

从事内幕交易，需要承担相应的民事、行政、刑事责任。

1. 民事责任。本法第五十三条规定，内幕交易行为给投资者造成损失的，应当依法承担赔偿责任。

2. 行政责任。本法第一百九十一条规定，证券交易内幕信息的知情人或者非法获取内幕信息的人违反本法第五十三条的规定从事内幕交易，责令依法处理非法持有的证券，没收违法所得，并处以违法所得一倍以上十倍以下的罚款；没有违法所得或者违法所得不足50万元的，处以50万元以上500万元以下的罚款。单位从事内幕交易的，还应当对直接负责的主管人员和其他直接责任人员给予警告，并处以20万元以上200万元以下的罚款。国务院证券监督管理机构工作人员从事内幕交易的，从重处罚。

3. 刑事责任。刑法第一百八十条规定，证券、期货交易内幕信息的知情人员或者非法获取证券、期货交易内幕信息的人员，在涉及证券的发行，证券、期货交易或者其他对证券、期货交易价格有重大影响的信息尚未公开前，买入或者卖出该证券，或者从事与该内幕信息有关的期货交易，或者泄露该信息，或者明示、暗示他人从事上述交易活动，情节严重的，处五年以下有期徒刑或者拘役，并处或者单处违法所得一倍以上五倍以下罚金；情节特别严重的，处五年以上十年以下有期徒刑，并处违法所得一倍以上五倍以下罚金。

单位犯前款罪的，对单位判处罚金，并对其直接负责的主管人员和其他直接责任人员，处五年以下有期徒刑或者拘役。

相关规定

《中华人民共和国证券法》第五十一条至第五十三条、第八十条、第八十一条、第一百九十一条；《中华人民共和国刑法》第一百八十条。

第五十一条 证券交易内幕信息的知情人包括：

（一）发行人及其董事、监事、高级管理人员；

（二）持有公司百分之五以上股份的股东及其董事、监事、高级管理人员，公司的实际控制人及其董事、监事、高级管理人员；

（三）发行人控股或者实际控制的公司及其董事、监事、高级管理人员；

（四）由于所任公司职务或者因与公司业务往来可以获取公司有关内幕信息的人员；

（五）上市公司收购人或者重大资产交易方及其控股股东、实际控制人、董事、监事和高级管理人员；

（六）因职务、工作可以获取内幕信息的证券交易场所、证券公司、证券登记结算机构、证券服务机构的有关人员；

（七）因职责、工作可以获取内幕信息的证券监督管理机构工作人员；

（八）因法定职责对证券的发行、交易或者对上市公司及其收购、重大资产交易进行管理可以获取内幕信息

的有关主管部门、监管机构的工作人员；

（九）国务院证券监督管理机构规定的可以获取内幕信息的其他人员。

条文主旨

本条是关于证券交易内幕信息的知情人的范围的规定。

立法背景

1998年证券法第六十八条对“知悉证券交易内幕信息的知情人员”的范围作了列举，共计七项。2005年证券法第七十四条扩大了该范围，一是将总括表述修改为“证券交易内幕信息的知情人”，明确既包括自然人，也包括法人、其他组织；二是在外延上增加了持有公司百分之五以上股份的股东的“董事、监事、高级管理人员”“公司的实际控制人及其董事、监事、高级管理人员”“发行人控股的公司”“由于法定职责对证券的发行……进行管理的其他人员”“保荐人、承销的证券公司、证券交易所”等，仍为七项。此次修改证券法，根据实践发展变化和有关方面的建议，进一步扩大了“证券交易内幕信息的知情人”的范围，主要是增加“发行人”“发行人实际控制的公司”“因与公司业务往来可以获取公司有关内幕信息的人员”“上市公司收购人或者重大资产交易方及其控股股东、实际控制人、董事、监事和高级管理人员”“因法定职责……对上市公司及其收购、重大资产交易进行管理可以获取内幕信息的有关主管部门、监管机构的工作人员”，共九项，并对个别表述作了修改完善。

条文解读

证券交易内幕信息的知情人，也称为内幕人，是内幕交易行为最重要的主体，在法律中明确规定其范围，可以使禁止内幕交易的具体适用对象更加明确，有助于证券监督管理机构以及司法机关等在实际执行中认定内幕信息知情人，对内幕交易行为进行查处。确定内幕信息知情人，一般以是否知悉内幕信息（证券交易活动中，涉及发行人的经营、财务或者对该发行人证券的市场价格有重大影响的尚未公开的信息）为标准，不限于公司内部人，还包括公司外部的由于工作性质、所任职务、业务往来、监管职责等而知悉内幕信息的人。

根据本条规定，以下人员为证券交易内幕信息的知情人：

1. 发行人及其董事、监事、高级管理人员。（1）发行人最了解自身的信息。通常公司不得买卖自身股票，但公司法第一百四十二条允许公司在与持有本公司股份的其他公司合并，将股份用于员工持股计划或者股权激励，股东因对股东大会作出的公司合并、分立决议持异议要求公司收购其股份等情况下合法收购本公司股份，而且实践中也存在上市公司利用内幕信息操作自身股票而损害公众投资者利益的情形；特别是 2018 年修改公司法，还允许公司在将股份用于转换上市公司发行的可转换为股票的公司债券、上市公司为维护公司价值及股东权益所必需的情况下收购本公司股份，更加剧了对发行人从事内幕交易的担忧。因此，有必要明确发行人属于内幕信息知情人，禁止其从事内幕交易。（2）发行人的董事、监事、高级管理人员因其在公司中所处的地位和职权，最容易接触到公司内幕信息，属于内幕交易的多发群体，因此应将其纳入内幕信息知情人的范围。其中，高级管理人员，根据公司法第二百一十六条的规定，是指公司的经理、副经理、财务负责人、上市公司的董事会秘书和公司章程规定的其他人员。

2. 持有公司百分之五以上股份的股东及其董事、监事、高级管理人员，公司的实际控制人及其董事、监事、高级管理人员。(1）由于上市公司股权比较分散，持有公司5%以上股份的股东往往是公司的主要股东。这些人通过参加股东大会讨论决定公司重大事项，通过选派人员参与公司经营管理，能够知悉可能对公司证券交易价格产生较大影响的内幕信息。大股东是法人、非法人组织的，其董事、监事、高级管理人员也会先于他人获取到于公司的一些重要信息。因此，有必要将公司的大股东及其董事、监事、高级管理人员列为内幕信息知情人。（2）实际控制人，根据公司法第二百一十六条的规定，是指虽不是公司的股东，但通过投资关系、协议或者其他安排，能够实际支配公司行为的人。实际控制人及其董事、监事、高级管理人也能够知悉公司的内幕信息，也应属于内幕信息知情人。

3. 发行人控股或者实际控制的公司及其董事、监事、高级管理人员。发行人控股的公司是指发行人是该公司的控股股东的公司，即发行人持有该公司50%以上的股份；或者持有股份的比例虽然不足50%，但依其持有的股份所享有的表决权已足以对股东大会的决议产生重大影响。发行人实际控制的公司，是指发行人虽然不直接控股，但通过投资关系、协议或者其他安排，能够实际支配其行为的公司。发行人与其控股或者实际控制的公司之间往往是信息相通的，甚至有部分人员是交叉任职的。因此，发行人控股或者实际控制的公司及其董事、监事、高级管理人员也很可能知悉发行人的内幕信息，也应属于内幕信息知情人。

4. 由于所任公司职务或者因与公司业务往来可以获取公司有关内幕信息的人员。（1）在公司中，除公司董事、监事、高级管理人员外，还有一些人员因职务或者工作关系可以接触到或者获取内幕信息，如公司有关研究人员和业务人员、办公室秘书、打字员等，这类人员也应列为内幕信息知情人。（2）有的人员虽然不是公司的工作人员，但是从其与公司的业务往来中也能够接触或者获取公司的一些内幕信息，如接受公司委托从事重大产品研发的外部研究人员、为公司提供关键零部件的供应商等，这类人员也应列为内幕信息知情人。

5. 上市公司收购人或者重大资产交易方及其控股股东、实际控制人、董事、监事和高级管理人员。上市公司的并购重组信息、重大资产交易信息很可能对上市公司股票价格产生直接影响，而上市公司收购人和重大资产交易方作为交易参与方自然能掌握相关交易信息；同时，交易参与方在交易谈判过程中也可能接触或者获取上市公司其他对股票价格有重要影响的信息。上述主体的控股股东、实际控制人、董事、监事和高级管理人员也能够接触或者获取相关信息。因此，上市公司收购人或者重大资产交易方及其控股股东、实际控制人、董事、监事和高级管理人员，也应列为内幕信息知情人。

6. 因职务、工作可以获取内幕信息的证券交易场所、证券公司、证券登记结算机构、证券服务机构的有关人员。证券交易场所为证券集中交易提供场所和设施、组织和监督证券交易，证券公司为证券发行人提供承销、保荐等服务，证券登记结算机构为证券交易提供集中登记、存管与结算服务，证券服务机构为发行人出具审计报告、资产评估报告和法律意见书等文件，在这些过程中都可能接触或者获取发行人的内幕信息。这些机构的有关人员因职务、工作可以接触、获取内幕信息的，也应列为内幕信息知情人。

7. 因职责、工作可以获取内幕信息的证券监督管理机构工作人员。这里的证券监督管理机构工作人员，包括国务院证券监督管理机构的工作人员及其派出机构的工作人员。证券监督管理机构在依法对证券的发行、上市、交易等行为进行监督管理，依法对证券发行人等市场主体的证券业务活动进行监督管理，依法监督检查证券发行、上市、交易的信息披露，对发行人采取现场检查等监督管理措施过程中，都可能获取发行人的内幕信息。其相关工作人员因职责、工作可以接触、获取发行人的内幕信息的，也应列为内幕信息知情人。

8. 因法定职责对证券的发行、交易或者对上市公司及其收购、重大资产交易进行管理可以获取内幕信息的有关主管部门、监管机构的工作人员。有关主管部门、监管机构，均可能因法定职责对证券的发行、交易或者对上市公司及其收购、重大资产交易进行管理，从而接触或者获取发行人的内幕信息。其相关工作人员因履行法定职责接触、获取发行人的内幕信息的，也应列为内幕信息知情人。

9. 国务院证券监督管理机构规定的可以获取内幕信息的其他人员。证券市场的参与者比较多，情况比较复杂，本法不可能对所有的内幕信息知情人都作出明确的列举。因此，有必要授权国务院证券监督管理机构根据证券市场的实际情况，对本条规定以外的内幕信息知情人作出规定，以防止挂一漏万。

相关规定

《中华人民共和国证券法》第五十条、第五十二条、第五十三条、第八十条、第八十一条、第一百九十一条；《中华人民共和国刑法》第一百八十条。

第五十二条　证券交易活动中，涉及发行人的经营、财务或者对该发行人证券的市场价格有重大影响的尚未公开的信息，为内幕信息。

本法第八十条第二款、第八十一条第二款所列重大

事件属于内幕信息。

条文主旨

本条是关于内幕信息的规定。

立法背景

1998年证券法第六十九条采取定义加列举的方式对“内幕信息”作了规定。此前历次修改证券法对此都未作实质性修改。此次修改证券法，考虑到无论从立法本意还是从执法实践来看，信息披露制度中的“重大事件”与内幕交易中的“内幕信息”本质上是相同的（即具有价格敏感性及非公开性），其范围也应当是一致的，本条删除了对“内幕信息”典型情形的列举，转引本法第八十条第二款、第八十一条第二款对“重大事件”的列举。

条文解读

一、内幕信息的定义

本条第一款规定，内幕信息，是指证券交易活动中，涉及发行人的经营、财务或者对该发行人证券的市场价格有重大影响的尚未公开的信息。据此，内幕信息具有两个基本条件：

1. 内幕信息是涉及发行人的经营、财务或者对该发行人证券的市场价格有重大影响的信息，即具有价格敏感性（也称重大性）。内幕信息既可以是利好信息，也可以是利空信息，但一定是价格敏感信息，即可能会导致证券价格的波动。这类信息可以分为两大类：一类是涉及发行人的经营、财务状况的信息，这类信息是投资者判断发行人发展前景、确定发行人所发行的证券的投资价值、作出投资决策的必要依据，是内幕信息的最典型情形。另一类是对发行人证券的市场价格有重大影响的信息，这类信息有的来源于发行人内部，也有的来源于发行人外部，这些信息虽然不涉及发行人的经营、财务状况，但是传播开来，会对证券的市场价格产生重大影响。

2. 内幕信息是按照信息披露要求应当公开披露而尚未披露的信息，即具有非公开性。一方面，该信息属于依法应当披露的信息，即发行人应当在证券交易场所的网站和符合国务院证券监督管理机构规定条件的媒体发布该信息，同时将其置备于公司住所、证券交易场所，供社会公众查阅。另一方面，该信息尚未履行披露程序，社会公众仍未知悉。

二、内幕信息的范围

本条第二款规定，本法第八十条第二款、第八十一条第二款所列重大事件属于内幕信息。

本法第八十条第二款对可能对上市公司、“新三板”挂牌公司的股票交易价格产生较大影响的重大事件作了列举，包括：（1）公司的经营方针和经营范围的重大变化；（2）公司的重大投资行为，公司在一年内购买、出售重大资产超过公司资产总额30%，或者公司营业用主要资产的抵押、质押、出售或者报废一次超过该资产的30%；（3）公司订立重要合同、提供重大担保或者从事关联交易，可能对公司的资产、负债、权益和经营成果产生重要影响；（4）公司发生重大债务和未能清偿到期重大债务的违约情况；（5）公司发生重大亏损或者重大损失；（6）公司生产经营的外部条件发生重大变化的；（7）公司的董事、三分之一以上监事或者经理发生变动，董事长或者经理无法履行职责；（8）持有公司5%以上股份的股东或者实际控制人持有股份或者控制公司的情况发生较大变化，公司的实际控制人及其控制的其他企业从事与公司相同或者相似业务的情况发生较大变化；（9）公司分配股利、增资的计划，公司股权结构的重要变化，公司减资、合并、分立、解散及申请破产的决定，或者依法进入破产程序、被责令关闭；（10）涉及公司的重大诉讼、仲裁，股东大会、董事会决议被依法撤销或者宣告无效；（11）公司涉嫌犯罪被依法立案调查，公司的控股股东、实际控制人、董事、监事、高级管理人员涉嫌犯罪被依法采取强制措施；（12）国务院证券监督管理机构规定的其他事项。

本法第八十一条第二款对可能对上市交易公司债券的交易价格产生较大影响的重大事件作了列举，包括：（1）公司股权结构或者生产经营状况发生重大变化；（2）公司债券信用评级发生变化；（3）公司重大资产抵押、质押、出售、转让、报废；（4）公司发生未能清偿到期债务的情况；（5）公司新增借款或者对外提供担保超过上年末净资产的百分之二十；（6）公司放弃债权或者财产超过上年末净资产的百分之十；（7）公司发生超过上年末净资产百分之十的重大损失；（8）公司分配股利，作出减资、合并、分立、解散及申请破产决定，或者依法进入破产程序、被责令关闭；（9）涉及公司的重大诉讼、仲裁；（10）公司涉嫌犯罪被依法立案调查，公司的控股股东、实际控制人、董事、监事、高级管理人员涉嫌犯罪被依法采取强制措施；（11）国务院证券监督管理机构规定的其他事项。

相关规定

《中华人民共和国证券法》第五十条、第五十一条、第五十三条、第八十条、第八十一条、第一百九十一条；《中华人民共和国刑法》第一百八十条。

第五十三条　证券交易内幕信息的知情人和非法获取内幕信息的人，在内幕信息公开前，不得买卖该公司

的证券，或者泄露该信息，或者建议他人买卖该证券。

持有或者通过协议、其他安排与他人共同持有公司百分之五以上股份的自然人、法人、非法人组织收购上市公司的股份，本法另有规定的，适用其规定。

内幕交易行为给投资者造成损失的，应当依法承担赔偿责任。

条文主旨

本条是关于内幕交易行为及其民事赔偿责任的规定。

立法背景

1998 年证券法第七十条对内幕交易行为及其除外情形作了规定。2005 年修改证券法，一是增加了对禁止内幕交易行为的时间限定（在内幕信息公开前）；二是完善了例外情形，增加了一致行动人（通过协议、其他安排与他人共同持有公司百分之五以上股份的自然人、法人、非法人组织）收购；三是增加了关于内幕交易民事赔偿责任的规定。此次修改证券法，主要对个别文字表述作了调整。

条文解读

一、内幕交易行为

根据本条第一款的规定，内幕交易行为，是指证券交易内幕信息的知情人和非法获取内幕信息的人，在内幕信息公开前，买卖该公司的证券，或者泄露该信息，或者建议他人买卖该证券的行为。

1. 内幕交易的行为主体，包括“证券交易内幕信息的知情人”和“非法获取内幕信息的人”。前者是通过合法途径获取内幕信息的人。本法第五十一条对此作了详细列举。例如，发行人董事、监事、高级管理人员、持股5%以上的股东、实际控制人，因工作性质、所任职务、业务往来、监管职责等能够获取内幕信息的人等。后者是“非法获取内幕信息的人”，即本身无权获取内幕信息，而通过非法途径获得的人，例如利用窃取、骗取、套取、窃听、利诱、刺探或者私下交易等手段获取内幕信息的人等。上述主体既包括自然人，也包括法人和非法人组织。

2. 内幕交易行为的表现方式主要有三种：一是主体知悉内幕信息，并且在内幕信息公开前，从事了该证券的买卖，这是内幕交易最主要的表现形式。需要注意的是，要构成内幕交易，行为人买卖的应当是可能受内幕信息影响的证券，假如某位注册会计师为甲公司提供审计服务，知悉甲公司的财务状况信息，属于甲公司的内幕信息知情人，他在此期间买卖与甲公司毫无关系的乙公司的证券，并不构成内幕交易。二是主体将所知悉的内幕信息泄露给他人，导致他人从事相关证券交易。泄露内幕信息，其结果也是少数人利用内幕信息进行交易，获取不正当利益，并且通常泄露信息的人都能直接或者间接获利。三是主体知悉内幕信息，又建议他人买卖该种证券。这是指行为人并没有自行从事证券买卖，也没有直接向他人讲述内幕信息的内容，而是利用自己所了解的内幕信息向他人提出买卖将受该信息影响的证券建议的行为。对于内幕信息知情人来说，只要有上述三种行为，不论他是否有获利目的和动机，是否利用了内幕信息从事证券交易，以及是否从交易中获利，都视为进行了内幕交易。

本条第二款规定，持有或者通过协议、其他安排与他人共同持有公司5%以上股份的自然人、法人、非法人组织收购上市公司的股份，本法另有规定的，适用其规定。这里所谓的“共同持有”，既包括每个人均持有一定股份、合计持有公司5%以上股份的情况，也包括部分持有公司股份、部分不持有公司股份，但是通过协议、其他安排共同持有公司5%以上股份的情况。上市公司收购是一种以取得或者巩固对上市公司的控制权为目的的证券交易活动，是企业资产重组的一种重要形式。对收购方来讲，收购的前期工作通常是在非常秘密的条件下进行的。特别是通过证券交易所的公开市场交易进行的收购，如果过早暴露收购意图，致使被收购的公司股票上涨，将增加收购成本，甚至造成收购无法进行。按照本法有关上市公司收购的规定，投资者通过证券交易所的证券交易而持有一个上市公司已发行的有表决权股份的30%时，继续进行收购的，才应依法发出收购要约，而在持股比例达到30%之前，只需要在所持股份比例每增加1%、5%时依法进行报告、公告和通知，但无需披露收购意图；以协议方式收购上市公司时，收购人在达成协议后才须报告和公告收购事项。这表明投资者进行上市公司收购的，在符合法律规定的条件下，在有关收购方案公告前，是可以买卖目标公司的股票的。这样有利于促进企业并购重组。因此，依法进行的上市公司收购是内幕交易的一个例外。

二、内幕交易行为的民事赔偿责任

在证券市场中，如果投资者因内幕交易行为而遭受损失，其受损的利益不能得到充分赔偿，就会对资本市场失去信心，减少投资甚至不再投资，进而影响证券市场的健康繁荣发展。为支持投资者通过民事诉讼挽回或者减少自己的损失，加大对内幕交易行为人的制裁力度，有效打击、遏制证券市场中的内幕交易，本条第三款对内幕交易行为的民事赔偿责任作出明确规定：内幕交易行为给投资者造成损失的，应当依法承担赔偿责任。

内幕交易行为除依照本条规定承担民事赔偿责任外，还要依照本法第一百九十一条的规定承担行政责任，依照刑法第一百八十条的规定承担刑事责任。

相关规定

《中华人民共和国证券法》第五十条、第五十一条、第五十二条、第八十条、第八十一条、第一百九十一条；《中华人民共和国刑法》第一百八十条。

第五十四条　禁止证券交易场所、证券公司、证券登记结算机构、证券服务机构和其他金融机构的从业人员、有关监管部门或者行业协会的工作人员，利用因职务便利获取的内幕信息以外的其他未公开的信息，违反规定，从事与该信息相关的证券交易活动，或者明示、暗示他人从事相关交易活动。

利用未公开信息进行交易给投资者造成损失的，应当依法承担赔偿责任。

条文主旨

本条是关于禁止违反规定利用未公开信息进行证券交易的规定。

立法背景

2009 年的刑法修正案（七）增加了利用未公开信息交易罪的规定，在第一百八十条中明确，证券交易所、期货交易所、证券公司、期货经纪公司、基金管理公司、商业银行、保险公司等金融机构的从业人员以及有关监管部门或者行业协会的工作人员，利用因职务便利获取的内幕信息以外的其他未公开的信息，违反规定，从事与该信息相关的证券、期货交易活动，或者明示、暗示他人从事相关交易活动，情节严重的，依照内幕交易罪的规定处罚。2012 年修改证券投资基金法，增加了公募基金管理人及相关人员不得利用未公开信息进行交易（“老鼠仓”交易）的规定，在第二十条中明确，公开募集基金的基金管理人及其董事、监事、高级管理人员和其他从业人员不得泄露因职务便利获取的未公开信息、利用该信息从事或者明示、暗示他人从事相关的交易活动。此次修改证券法，根据资本市场监管的实际需要，对禁止利用未公开信息进行证券交易作了规定。

条文解读

一、禁止违反规定利用未公开信息进行证券交易

本条第一款规定，禁止证券交易场所、证券公司、证券登记结算机构、证券服务机构和其他金融机构的从业人员、有关监管部门或者行业协会的工作人员，利用因职务便利获取的未公开信息，违反规定，从事与该信息相关的证券交易活动或者明示、暗示他人从事相关交易活动。这里需要把握以下几点：

1. 禁止违规利用未公开信息进行证券交易的主体是证券交易场所、证券公司、证券登记结算机构、证券服务机构和其他金融机构的从业人员、有关监管部门或者行业协会的工作人员。这些金融机构、监管部门、行业协会的行为都可能对证券的市场价格产生重大影响。例如，证券交易场所、证券登记结算机构、有关监管部门或者行业协会掌握行业经济数据、管理对象情况，调整对特定产业的支持力度、税费政策，或者对特定发行人启动监督管理、自律管理程序等；证券公司、证券服务机构或者其他金融机构调整对特定产业、发行人、证券的投资策略、评价估值、融资额度等。这些机构、部门、协会的从业人员、工作人员如果在这些信息公开前，利用职务便利获取信息并借以不当牟利，就可能损害证券市场秩序，因此有必要对其作出专门规范。其中，“证券服务机构”比较典型的有会计师事务所、律师事务所以及

从事证券投资咨询、资产评估、资信评级、财务顾问、信息技术系统服务的机构等。“其他金融机构”比较典型的有基金公司、期货公司、商业银行、保险公司、信托公司等。

2. 禁止上述人员利用的是未公开信息，即内幕信息以外的对证券的市场价格有重大影响的尚未公开的信息。认定未公开信息，需要把握以下几点：（1）未公开信息是对证券的市场价格有重大影响的信息，即具有价格敏感性（也称具有重大性）。未公开信息既可以是利好信息，也可以是利空信息，但一定是价格敏感信息，即可能会导致证券价格的波动。（2）未公开信息具有非公开性，即尚未为社会公众所知悉；而且，很多未公开信息并不属于证券法上需要披露的信息。（3）未公开信息是指内幕信息以外的信息。广义上说，内幕信息也属于未公开信息，但由于其在证券交易中具有特殊重要性，证券法等法律对其作了专门规定；内幕信息以外的未公开信息，则适用本条以及相关法律关于禁止违规利用未公开信息进行证券交易行为的规定。

3. 本条禁止的行为，是利用因职务便利获取的未公开信息，违反规定，从事与该信息相关的证券交易活动，或者明示、暗示他人从事相关交易活动。（1）未公开信息是行为人利用职务便利获取的。那些因职务便利知悉信息的金融机构从业人员和监管部门、行业协会工作人员对信息有合法的知情权，因此负有比其他人更加严格的保密义务和自我约束义务，如因参与制定、执行产业政策、投资策略而获取信息，因参与相关审查、批准工作而获取信息等。如果行为人凭借自身能力分析得出与该未公开信息相同的结论，或者无意中听说该未公开信息，则不属于本条规范的情形。（2）利用未公开信息进行证券交易违反了相关规定。其中“违反规定”，是指违反法律、行政法规、部门规章等有关未公开信息保护的规定，以及行为人所在的金融机构有关信息保密、禁止交易、禁止利益输送等规定。如果行为人是依法依规利用未公开信息进行证券交易，则不属于本条禁止的情形。例如，基金管理人作出投资决策后，操盘手按照该决策为基金买卖证券，就不违反本条规定。（3）行为方式包括两种：一是行为人自己从事与未公开信息相关的证券交易活动。如果行为人虽然知悉该未公开信息，但从事的是与该未公开信息无关的证券交易，则不违反本条规定。二是行为人明示、暗示他人从事与未公开信息相关的证券交易活动。

二、违反规定利用未公开信息进行证券交易的民事赔偿责任

金融机构从业人员和监管部门、行业协会工作人员违反规定利用未公开信息进行证券交易，可能严重损害投资者利益。如果投资者受损失的利益不能得到充分赔偿，就会降低甚至丧失投资信心，减少甚至退出证券投资，进而影响证券市场的健康发展。对违反规定利用未公开信息进行证券交易的民事赔偿责任作出明确规定，更有利于投资者通过民事诉讼挽回或者减少自己的损失，加大对违法行为人的制裁力度，有效打击、遏制市场中违反规定利用未公开信息进行证券交易的行为。因此，本条第二款规定，利用未公开信息进行交易给投资者造成损失的，应当依法承担赔偿责任。

利用未公开信息进行证券交易除了依照本条规定承担民事赔偿责任外，还要依照本法第一百九十一条的规定承担行政责任，依照刑法第一百八十条的规定承担刑事责任。

相关规定

《中华人民共和国证券法》第一百九十一条；《中华人民共和国刑法》第一百八十条。

第五十五条 禁止任何人以下列手段操纵证券市场，影响或者意图影响证券交易价格或者证券交易量：

（一）单独或者通过合谋，集中资金优势、持股优势或者利用信息优势联合或者连续买卖；

（二）与他人串通，以事先约定的时间、价格和方式相互进行证券交易；

（三）在自己实际控制的账户之间进行证券交易；

（四）不以成交为目的，频繁或者大量申报并撤销申报；

（五）利用虚假或者不确定的重大信息，诱导投资者进行证券交易；

（六）对证券、发行人公开作出评价、预测或者投资建议，并进行反向证券交易；

（七）利用在其他相关市场的活动操纵证券市场；

（八）操纵证券市场的其他手段。

操纵证券市场行为给投资者造成损失的，应当依法承担赔偿责任。

条文主旨

本条是关于禁止操纵证券市场的规定。

立法背景

1998年证券法第七十一条禁止任何人以操纵证券交易价格手段获取不正当利益或者转嫁风险，并对其典型情形作了规定。2005年修改证券法，一是删除了“获取不正当利益或者转嫁风险”的限定，将此类行为统称为“操纵证券市场”，二是对有关典型情形的表述作出调整，删除了“相互买卖并不持有的证券”，将“以自己为交易对象，进行不转移所有权的自买自卖”修改为“在自己实际控制的账户之间进行证券交易”；三是增加了关于操纵证券市场的民事赔偿责任的规定。此次修改证券法，一是提炼了操纵证券市场的本质特征，即“影响或者意图影响证券交易价格或者证券交易量”，揭示行为人通过扭曲证券价格、市场供求关系欺诈投资者并从中牟取不当利益的违法性。二是根据市场实践发展，增加了操纵证券市场的典型情形：“不以成交为目的，频繁或者大量申报并撤销申报”（虚假申报操纵），“利用虚假或者不确定的重大信息，诱导投资者进行证券交易”（信息型操纵），“对证券、发行人公开作出评价、预测或者投资建议，并进行反向证券交易”（“抢帽子”交易操纵），以及“利用在其他相关市场的活动操纵证券市场”（跨市场操纵）等。

条文解读

操纵证券市场，是指行为人以不正当手段，影响或者意图影响证券交易价格或者证券交易量，扰乱证券市场秩序的行为。其实质是制造虚假的证券交易量和证券交易价格，欺诈不特定的投资者的行为。为了保护广大投资者的利益，维持证券交易秩序，必须严格禁止操纵证券市场的行为。

一、“操纵证券市场”的认定

认定“操纵证券市场”，要结合行为表现和行为性质两方面考虑。

（一）行为表现上，行为人采取了操纵证券市场的手段。随着证券市场的发展，操纵证券市场的手段越来越多，比较典型的有：

1. 单独或者通过合谋，集中资金优势、持股优势或者利用信息优势联合或者连续买卖，即“联合/连续交易操纵”。行为人通过连续、大量高价买入或者低价卖出某种证券，从而抬高、压低或者维持该证券的交易价格。连续交易操纵可以一个主体单独进行，也可以是两个以上主体合谋进行。认定连续交易操纵，要把握两点：（1）行为人具备资金优势、持股优势或利用信息优势。所谓“资金优势”，是指行为人为买卖证券所集中的资金相对于市场上一般投资者所能集中的资金具有数量上的优势；需要综合考虑行为人在行为期间动用的资金量及其所占相关证券的成交量的比例、同期市场交易活跃程度以及投资者参与交易状况等因素分析判断。所谓“持股优势”，是指行为人持有的证券相对于市场上一般投资者具有数量上的优势；需要综合考虑行为人在行为期间持有实际流通股份的总量及其所占相关证券的实际流通股份总量的比例、同期相关证券的投资者持股状况等因素判断。所谓“信息优势”，是指行为人相对于市场上一般投资者对标的证券及其相关事项的重大信息（如本法第八十条、第八十一条规定的重大事件）具有获取或者了解更早、更容易、更准确、更完整的优势。（2）行为人进行了联合或者连续买卖证券。所谓“联合买卖”，是指二个以上行为人，约定在某一时段内一起买入或卖出某种证券。所谓“连续买卖”，是指行为人在某一时段内连续多次买卖某种证券。

2. 与他人串通，以事先约定的时间、价格和方式相互进行证券交易，即“约定交易操纵”，又称为“对倒”，是较为古老的操纵形式之一。其特点是：第一，“与他人串通”，即两个以上行为人为了操纵证券市场，达成共同的意思联络。串通好的操纵者分别担任买方和卖方两个角色，证券交易在两方操纵者之间进行。第二，“以事先约定的时间、价格和方式相互进行证券交易”，即由一方作出交易委托，而另一方依据事先的约定作出时间相近、价格相近、数量相近、买卖方向相反的委托，双方相互之间进行证券交易。对倒的目的是抬高证券交易价格，制造市场虚假繁荣景象，诱导投资者跟进。

3. 在自己实际控制的账户之间进行证券交易，即“洗售操纵”。行为人用自己实际控制的一个证券账户买进，用自己实际控制的另一个证券账户卖出，实质上是自买自卖，证券所有权并没有发生转移。所谓“自己实际控制的账户”，是指行为人具有管理、使用或处分权益的账户，主要包括行为人以自己名义开设的实名账户，行为人以他人名义开设的账户，以及行为人虽然不是账户的名义持有人，但通过投资关系、协议或者其他安排，能够实际管理、使用或处分的他人账户。

4. 不以成交为目的，频繁或者大量申报并撤销申报，即“虚假申报操纵”。在证券交易中，投资者的报价即使未成交，也会反映在报价系统交易行情中；如果行为人不以成交为目的，频繁或者大量申报并撤销申报，可能会影响其他投资者对市场状况的判断并影响其投资决策，进而影响证券交易价格和交易量。近年来，随着计算机系统的进步、程序化交易的发展，频繁或者大量申报并撤销申报在技术上日益简单，其合法性界限问题日益引发关注，需要进一步加以规范。认定“频繁”申报和撤销申报，要考虑行为人在同一交易日内，在同一证券的有效竞价范围内，按照同一买卖方向进行申报和撤销申报达到的次数。认定“大量”申报并撤销申报量，则要综合考虑行为人的申报量占总申报量、成交量的比例等因素判断。

5. 利用虚假或者不确定的重大信息，诱导投资者进行证券交易，即“蛊惑交易操纵”。行为人利用虚假或者不确定的重大信息，诱导投资者在不了解事实真相的情况下作出投资决定，影响证券交易价格或交易量；行为人则在编造、传播虚假或者不确定的重大信息之前买入或卖出相关证券，而在该信息使股价发行预期的波动之后卖出或买入相关证券。

6. 对证券、发行人公开作出评价、预测或者投资建议，并进行反向证券交易，即“抢帽子交易操纵”。能够从事抢帽子交易操纵的主要是对部分投资者有一定影响力的主体，如证券公司、证券咨询机构、专业中介机构及其工作人员，电视广播中的“金融专家”“股市名嘴”，投资者圈子中的“明星导师”等。这些人通过公开作出评价、预测或者投资建议，引导投资者买入或者卖出证券，然后由自己或者相关人进行相反的证券交易，以获取利益。实践中，证券监督管理机构认为，行为人在报刊、电台、电视台等传统媒体上发布，或者在网站、社交通讯工具等电子网络媒体上发布，或者形式上通过传真、短信、电子信箱、电话、软件等工具点对点发送但实质上向大量投资者发送，对相关证券或其发行人作出评价、预测或者投资建议的，都属于“对证券、发行人公开作出评价、预测或者投资建议”。

7. 利用在其他相关市场的活动操纵证券市场，即“跨市场操纵”。随着我国证券市场的发展，尤其是股指期货、股票期货等衍生品种的发展，证券市场和证券衍生品等市场的联系越来越紧密，相互影响力越来越大。行为人通过在证券衍生品等市场采取拉抬、打压或者锁定价格等手段，都可能对证券市场的交易价格或者交易量产生较大影响，因此，应当予以禁止。

8. 操纵证券市场的其他手段。实践中操纵证券市场的手段层出不穷，无法逐一列举，因此本条规定了兜底条款，以适应证券市场的发展变化需要，为严厉打击通过其他手段操纵证券交易市场行为提供依据。

（二）行为性质上，行为人通过上述手段“影响或者意图影响证券交易价格或者证券交易量”：

1. “影响”证券交易价格或者证券交易量，即该行为产生了实质性的效果，致使证券交易价格异常或形成虚拟的价格水平，或者行为人的行为致使证券交易量异常或形成虚拟的交易量水平。

2. “意图影响”证券交易价格或者证券交易量，则是指该行为可能产生上述影响，即使由于各种原因损害后果未实际发生，也不影响其构成“操纵证券市场”。

二、操纵证券市场的民事赔偿责任

证券市场中恶性炒作、操纵股价获取暴利的行为，不仅严重危害了证券市场的秩序，而且造成了许多中小投资者的损失。对操纵证券市场行为的民事责任作出了明确规定，更有利于当事人通过民事诉讼挽回或者减少自己的损失，加大对操纵证券市场行为人的制裁力度，有效打击、遏制证券市场中的操纵证券市场行为。因此，本条第二款规定，操纵证券市场行为给投资者造成损失的，应当依法承担赔偿责任。

操纵证券市场除依照本条第二款规定承担民事赔偿责任外，还应当依照本法第一百九十二条的规定承担行政责任，依照刑法第一百八十二条的规定承担刑事责任。

相关规定

《中华人民共和国证券法》第一百九十二条；《中华人民共和国刑法》第一百八十二条。

第五十六条　禁止任何单位和个人编造、传播虚假信息或者误导性信息，扰乱证券市场。

禁止证券交易场所、证券公司、证券登记结算机构、证券服务机构及其从业人员，证券业协会、证券监督管

理机构及其工作人员，在证券交易活动中作出虚假陈述或者信息误导。

各种传播媒介传播证券市场信息必须真实、客观，禁止误导。传播媒介及其从事证券市场信息报道的工作人员不得从事与其工作职责发生利益冲突的证券买卖。

编造、传播虚假信息或者误导性信息，扰乱证券市场，给投资者造成损失的，应当依法承担赔偿责任。

条文主旨

本条是关于禁止编造、传播虚假信息或者误导性信息的规定。

立法背景

1998 年证券法对禁止编造并传播虚假信息作了规定。2005 年修改证券法对个别表述作了调整。此次修改证券法，一是在禁止编造、传播“虚假信息”的基础上增加禁止编造、传播“误导性信息”；二是将规范的对象从“国家工作人员、传播媒介从业人员和有关人员”扩大到“任何单位和个人”；三是增加关于传播媒介及其工作人员不得从事与其工作职责发生利益冲突的证券买卖的规定；四是增加关于民事赔偿责任的规定。

条文解读

在证券市场上，各种各样信息的传播都会对证券交易造成影响，公布真实、准确、完整的信息，有助于投资者了解市场的真实情况，作出正确的投资选择；而编造、传播虚假信息或者误导性信息，则会使投资者作出错误的判断，使利益受到损失。为提高证券市场信息传播的公正度和透明度，对编造、传播虚假信息或者误导性信息的行为，应当坚决予以禁止。

1. 禁止任何单位和个人编造、传播虚假信息或者误导性信息，扰乱证券市场。适用这一规定，需要把握以下两点：（1）禁止的对象是“任何单位和个人”。传统上，证券法主要禁止国家工作人员和传播媒介从业人员编造、传播虚假信息，因为这些主体具有较强的社会影响力，如果编造、传播虚假信息，很可能会扰乱证券市场。近年来，随着微信、微博等自媒体的发展，出现了一批有较大影响力的自然人、法人、非法人组织（如俗称的“网络大V”等)，这些主体没有统一的身份特征，但如果编造、传播虚假信息、误导性信息，也可能扰乱证券市场，因此有必要对其予以禁止。应当注意的是，我国公民均享有言论自由，除因其特定身份、特定职责而承担特殊注意义务外，不能仅因编造、传播的信息不真实、不准确就一律禁止其发表；区分合法与否的界限，就在于是否会“扰乱证券市场”。（2）禁止的行为包括编造、传播虚假信息、误导性信息。所谓“虚假信息”，即内容不真实，与实际情况不符的信息。编造虚假信息，例如，无中生有地宣称国家金融政策发生重大调整、发行人遭遇经营困难等。“误导性信息”，一般是指信息虽然真实，但是仅陈述了部分事实，容易引发错误联想的信息。编造误导性信息，例如，将监管机构到上市公司日常检查、了解情况描述为上市公司存在重大违法，暗示抛售其股票等。本条不但禁止“编造”虚假信息、误导性信息，而且禁止广泛“传播”虚假信息、误导性信息。传播虚假信息或者误导性信息的途径有很多，例如在报刊、电台、电视台等传统媒体上发布，在人数众多的公开场合发布，在网站、社交通讯工具等电子网络媒体上发布，或者形式上通过传真、短信、电子信箱、电话、软件等工具点对点发送但实质上向大量投资者发送。

2. 禁止证券交易场所、证券公司、证券登记结算机构、证券服务机构及其从业人员，证券业协会、证券监督管理机构及其工作人员，在证券交易活动中作出虚假陈述或者信息误导。证券交易所、证券公司、证券登记结算机构、证券服务机构、证券业协会、证券监督管理机构在证券市场的公信力高、影响力大，而且其工作之一就是制作、评价、报告、核准、公开证券发行人提交的招股说明书、上市公告书、年度报告、中期报告、临时报告、法律意见书、财务会计报告、资产评估报告等文件和材料，如果上述机构在证券交易活动中作出虚假陈述或者信息误导，必将对证券市场产生极大的影响。而上述机构的从业人员或者工作人员，由于工作性质的需要，可能会接触到证券发行、交易的许多信息，他们发布的信息比一般人发布的信息更具影响力。因此，本条第二款特别强调，禁止此类机构和人员在证券交易活动中作出虚假陈述或者信息误导。

3. 各种传播媒介传播证券市场信息必须真实、客观，禁止误导。证券信息主要通过各种传播媒介进行传播，其影响范围广，传播速度快，通常具有一定的权威性。如果各种传播媒介传播证券市场信息不真实、不客观，必将误导广大投资者，因此应当严格禁止。

4. 传播媒介及其从事证券市场信息报道的工作人员不得从事与其工作职责发生利益冲突的证券买卖。传播媒介及其从事信息报道的工作人员距离信息源近，接触证券市场敏感信息早，相对于普通投资者具备信息优势，如果他们利用这些信息从事相关证券交易，就可能损害其他投资者的利益，损害证券市场秩序。因此应予严格禁止。

5. 编造、传播虚假信息或者误导性信息，扰乱证券市场，给投资者造成损失的，应当依法承担赔偿责任。编造、传播虚假信息或者误导性信息，会对投资者造成欺骗、误导，影响投资者决策，从而扰乱证券市场、给投资者造成损失，因此，本条第四款对其规定了民事赔偿责任。需要注意的是，为了避免对个人言论自由造成过多干涉，本条对编造、传播虚假信息或者误导性信息的民事责任设置了后果要件，即只有扰乱了证券市场、给投资者造成了损失，才需要承担民事赔偿责任。

编造、传播虚假信息或者误导性信息，扰乱证券市场，除依照本条第四款规定承担民事赔偿责任外，还应当依照本法第一百九十三条的规定承担行政责任，依照刑法第一百八十一条的规定承担刑事责任。

相关规定

《中华人民共和国证券法》第一百九十三条；《中华人民共和国刑法》第一百八十一条。

第五十七条 禁止证券公司及其从业人员从事下列损害客户利益的行为：

（一）违背客户的委托为其买卖证券；

（二）不在规定时间内向客户提供交易的确认文件；

（三）未经客户的委托，擅自为客户买卖证券，或者假借客户的名义买卖证券；

（四）为牟取佣金收入，诱使客户进行不必要的证券买卖；

（五）其他违背客户真实意思表示，损害客户利益的行为。

违反前款规定给客户造成损失的，应当依法承担赔偿责任。

条文主旨

本条是关于禁止证券公司及其从业人员从事损害客户利益行为的规定。

立法背景

1998年证券法第七十三条对在证券交易中禁止证券公司及其从业人员从事损害客户利益的欺诈行为作了规定。2005年修改证券法，一是删除了“证券交易中”的限制性条件；二是将“私自买卖客户账户上的证券”修改为“未经客户委托，擅自为客户买卖证券”；三是增加了“利用传播媒介或者通过其他方式提供、传播虚假或者误导投资者的信息”；四是增加了欺诈客户的民事责任的规定。此次修改证券法，一是删除了“欺诈”的限定，只要是损害客户利益的行为，不论是否构成欺诈，都为本条所禁止；二是删除了“挪用客户所委托买卖的证券或者客户账户上的资金”，因为目前证券公司客户的证券由证券登记结算机构直接登记在客户的名下，客户的交易结算资金应当存放在商业银行，以每个客户的名义单独立户管理，这种情形在实践中已不可能发生；三是删除了“利用传播媒介或者通过其他方式提供、传播虚假或者误导投资者的信息”，因为这种情形在本法第五十六条已经作了规定。

条文解读

一、禁止证券公司及其从业人员从事损害客户利益的行为

在证券交易活动中，证券公司受客户的委托，代理客户进行证券买卖，应当诚实信用地履行受托义务和善良管理人的责任。证券公司的从业人员，在其履行职责时与证券公司是职务代理关

系，证券公司对客户所负的义务也就是其从业人员应当履行的义务。证券公司及其从业人员从事损害客户利益的行为，理应为法律所禁止。

本条第一款对损害客户利益的典型行为作了规定，主要有：

1. 违背客户的委托为其买卖证券。这种行为的构成有三个要件：第一，客户下达了买入或卖出证券的委托；第二，证券公司为客户买入了或者卖出了证券；第三，证券交易结果不符合委托的内容。

2. 不在规定时间内向客户提供交易的书面确认文件。在传统交易方式下，证券交易完成后证券公司应当在规定时间内制作买卖成交报告单并交付客户，以便客户及时了解交易结果。此次修改过程中，有意见提出，在电子化交易方式下已不必对“书面确认文件”提出要求。对此，笔者认为，在电子化的交易方式下，“书面确认文件”的表现形式不限于纸面，可以采取更加灵活的电子化方式，但这一要求仍有必要。

3. 未经客户的委托，擅自为客户买卖证券，或者假借客户的名义买卖证券。擅自为客户买卖证券是指证券公司或者其从业人员未经客户委托授权，擅自为客户买入证券或者卖出客户账户上的证券。假借客户的名义买卖证券，是指不动用客户账户上的证券和资金，而是借客户的账户为自己或者他人进行证券买卖。

4. 为牟取佣金收入，诱使客户进行不必要的证券买卖。所谓不必要的交易，是指对客户的经济利益来说是没有必要的，既不能获得多少利润，也不能减少多少损失的交易。证券公司一般按照客户交易额的一定比例抽取佣金，有的证券公司及其从业人员为了获取更多佣金收入，通过各种方式诱使客户尽可能多地进行证券买卖，而其中很多是没有必要的。对此应予严厉禁止。

5. 其他违背客户真实意思表示，损害客户利益的行为。这是一项兜底条款，主要是考虑实践中证券公司及其从业人员损害客户利益的行为可能多种多样，情况复杂，本法难以一一列举。行政法规和国务院证券监督管理机构可以对此作出补充规定，以有效防止和打击各种欺诈客户的行为。

二、证券公司及其从业人员损害客户利益的民事赔偿责任

证券公司及其从业人员损害客户利益行为的民事责任主要是合同责任，应当由合同法调整，给客户造成损失的，应当依照合同法的规定承担赔偿责任；同时，在特定情况下，这种行为还可能会涉及侵权责任。对此，客户既可以追究行为人的合同责任，也可以追究行为人的侵权责任，从而保证使客户所受到的损失能得到全面的赔偿。

证券公司及其从业人员从事损害客户利益的行为的，除承担民事赔偿责任外，还应当依照本法第一百九十四条的规定承担行政责任，依照刑法第一百八十一条的规定承担刑事责任。

相关规定

《中华人民共和国证券法》第一百九十四条；《中华人民共和国刑法》第一百八十一条。

第五十八条　任何单位和个人不得违反规定，出借自己的证券账户或者借用他人的证券账户从事证券交易。

条文主旨

本条是关于禁止出借、借用证券账户从事证券交易的规定。

立法背景

1998年证券法禁止法人以个人名义开立账户买卖证券。2005年修改证券法扩大了禁止的情形，禁止法人非法利用他人账户从事证券交易，禁止法人出借自己或者他人的证券账户。此次修改证券法，一方面将禁止的对象扩大到“任何单位和个人”，另一方面增加了限定条件“违反规定”。

条文解读

证券账户专门记载投资者所持有的证券种类和数量，既是投资者开展证券交易活动的基础，也是证券监督管理机构以及政府有关部门对证券交易进行监督管理的抓手，因此，本法对证券账户实名制作了严格的规定。本法第一百零六条、第一百零七条、第一百五十七条、第二百零一条明确规定，投资者委托证券公司进行证券交易，应当在证券公司实名开立账户，并通过证券公司申请在证券登记结算机构开立证券账户。投资者申请开立账户，应当持有证明中华人民共和国公民、法人、合伙企业身份的合法证件。证券公司为投资者开立账户，应当按照规定对投资者提供的身份信息进行核对；证券公司不得将投资者的账户提供给他人使用；投资者应当使用实名开立的账户进行交易。证券公司未对投资者开立账户提供的身份信息进行核对的，将受到行政处罚。

实践中，有的自然人、法人、非法人组织通过出借自己的证券账户或者借用他人的证券账户，从事内幕交易、操纵市场、场外配资以及规避证券法律法规对特定主体买卖证券的限制等证券违法行为，严重扰乱了证券交易秩序，给其他投资者造成损失，迫切需要进一步加以规范。例如，本法第五十条禁止证券交易内幕信息的知情人和非法获取内幕信息的人利用内幕信息从事证券交易活动；行为人要从事内幕交易，往往会借用他人账户。又如，在场外配资中，往往由配资公司向客户出借证券账户和资金，同时保留对该账户的控制权，在客户资金触及平仓线时强行平仓，一旦发生大规模平仓就会造成证券市场的剧烈波动。因此，本条规定，禁止任何单位和个人出借自己的证券账户或者借用他人的证券账户从事证券交易。

需要说明的是，这里作了一个特殊的限定，即“违反规定”，主要考虑是：实践中，自然人家人之间、亲戚朋友之间共同使用、相互借用证券账户炒股比较常见，除从事证券违法行为外，没有必要一律禁止。为此，本条在原则禁止的同时，增加了“违反规定”的限定，交由国务院或者有关主管部门区分合法和违法情形作进一步细化规定。

相关规定

《中华人民共和国证券法》第一百零六条、第一百零七条、第一百五十七条、第二百零一条。

第五十九条　依法拓宽资金入市渠道，禁止资金违规流入股市。

禁止投资者违规利用财政资金、银行信贷资金买卖证券。

条文主旨

本条是关于禁止资金违规流入股市的规定。

立法背景

1998 年证券法第一百三十三条第一款规定，禁止银行资金违规流入股市。2005 年修改证券法时，考虑到银行资金主要应当由商业银行法等其他法律调整，将这一规定修改为“依法拓宽资金入市渠道，禁止资金违规流入股市”。此次修改证券法，从投资者的角度增加规定，禁止投资者违规利用财政资金、银行信贷资金买卖证券。

1998 年证券法第七十五条规定，禁止任何人挪用公款买卖证券；此次修改证券法，考虑到这一规定具有浓重的计划经济时代烙印，而且刑法对挪用公款罪已经作了明确规定，因此删除了这一规定。

条文解读

证券市场的繁荣发展离不开大量的资金，因此，依法拓宽资金入市渠道就成了题中应有之义。在我国，由于散户投资者众多，导致投机氛围浓厚，股票价格波动率较高，不利于证券市场的健康发展。因此，有必要吸引更多长期资金入市，以更好保持证券市场稳定，促进证券市场长期健康发展。目前，我国已经允许部分社保基金、养老基金、保险资金、企业年金、职业年金等进入证券市场。同时，随着我国对外开放的不断推进，我国开通了 QFII（合格境外机构投资者）、RQFII（人民币合格境外机构投资者）、沪港通、深港通、沪伦通等境外资本投资境内证券市场的渠道，也有利于改善我国的证券市场资金结构。因此，本条第一款规定："依法拓宽资金入市渠道"。

同时，不是所有资金都可以随意进出股市。一方面，由于证券市场具有高风险、高收益的特点，对于社保基金、保险资金等追求稳定收益的资金，其投资股市的比例、策略等应当有所限制。另一方面，有的资金如果大量进出股市，可能使股市剧烈波动，不利于股市稳定健康发展，因此对其流入的方式、规模等也应当有所限制。例如，我国目前对境外资金流入股市实行额度审批。因此，本条第一款在规定"依法拓宽资金入市渠道"的同时，还规定了"禁止资金违规流入股市"。

在禁止资金违规流入股市方面，本条第二款特别强调"禁止投资者违规利用财政资金、银行信贷资金买卖证券”，主要考虑是：（1）财政资金是用于国家运行的资金，以保证安全为第一要务，不适宜在证券市场投资。投资者违规利用财政资金买卖证券，属于严重的违法行为，应当予以禁止。（2）企业融资包括直接融资和间接融资，直接融资的典型代表就是证券发行，间接融资的典型代表就是银行信贷。银行信贷资金流入证券市场，就减少了流入实体经济的资金数量，影响国家宏观调控效果。同时，利用银行信贷资金买卖证券，还会加剧证券市场波动，放大金融风险：在股市上行时，信贷资金入市会放大市场泡沫，造成非理性的虚假繁荣；在股市下行时，投资损失会形成银行坏账，银行收回信贷资金则会加剧股票价格下跌。因此，应当禁止投资者违规利用银行信贷资金买卖证券。

相关规定

《财政违法行为处罚处分条例》第五条；《金融违法行为处罚办法》第十八条。

第六十条　国有独资企业、国有独资公司、国有资本控股公司买卖上市交易的股票，必须遵守国家有关规定。

条文主旨

本条是关于国有独资企业、国有独资公司、国有资本控股公司买卖上市交易的股票的规定。

立法背景

1998年证券法第七十六条规定，国有企业和国有资产控股的企业，不得炒作上市交易的股票。2005年修改证券法时放松管制，修改为“国有企业和国有资产控股的企业买卖上市交易的股票，必须遵守国家有关规定”。此次修改证券法，参照企业国有资产法的规定，将“国有企业和国有资产控股的企业”的表述调整为“国有独资企业、国有独资公司、国有资本控股公司”。

条文解读

我国股票市场建立之初，有的国有企业和国有资产控股的企业，把本来应当用于生产经营的自有资金和从银行取得的信贷资金投入股市，炒作上市交易的股票。这种状况助长了股市的过度投机，也使国有资产处于高风险状态，严重危及国有资产的安全，同时又容易造成操纵证券交易市场，损害中小投资者的利益。为了整顿和规范证券市场秩序，防范金融风险，保证国有资产的安全，1998 年的证券法严禁国有企业生产经营资金进入股市。该规定是符合我国当时实际需要的，也是切实可行的。

2005 年修订证券法，考虑到企业作为一个独立的法律主体，拥有独立的法人财产权，尽管国有资产具有一定的特殊性，但是完全禁止国有企业和国有资产控股的企业买卖上市交易的股票，既不利于国有企业和国有资产控股的企业实现经营自主权，也不利于国有资产的流通和保值增值。为了整顿和规范证券市场秩序，发挥股票市场为经济建设筹集资金和促进企业转换经营机制的功能，法律应当允许国有企业和国有资产控股的企业在遵守国家有关规定的前提下买卖上市交易的股票。这里的“国家有关规定”，既包括有关市场主体法律，如公司法，也包括企业国有资产监管的专门法律，如企业国有资产法，还包括相关行政法规和国有资产监督管理机构制定的相关规定。

此外，与企业国有资产法的有关表述相衔接，此次修改证券法，将“国有企业和国有资产控股的企业”的表述调整为“国有独资企业、国有独资公司、国有资本控股公司”。

相关规定

《中华人民共和国企业国有资产法》

第六十一条　证券交易场所、证券公司、证券登记结算机构、证券服务机构及其从业人员对证券交易中发现的禁止的交易行为，应当及时向证券监督管理机构报告。

条文主旨

本条是关于金融机构发现禁止的交易行为应当进行报告的规定。

立法背景

1998 年证券法第七十七条规定，证券交易所、证券公司、证券登记结算机构、证券交易服务机构、社会中介机构及其从业人员对证券交易中发现的禁止的交易行为，应当及时向证券监督管理机构报告。2005 年修改证券法时删除了“社会中介机构”。此次未作修改。

条文解读

证券交易所、证券公司、证券登记结算机构、证券服务机构及其从业人员，在证券交易中发现有禁止的交易行为时，有义务向证券监督管理机构报告。禁止的交易行为主要是指本节规定的各种情形，如内幕交易，利用未公开信息进行证券交易，操纵证券交易市场，编造、传播虚假信息或者误导性信息，损害客户利益，违反规定出借或者借用证券账户，违规资金入市，国有独资企业、国有独资公司、国有资本控股公司违反国家规定买卖上市交易的股票等。

对于禁止的交易行为，任何单位和个人发现以后都有权检举揭发，向证券监督管理机构报告，这种广泛的监督模式是应当大力提倡的。但是，仅有一般的社会监督是不够的。这是因为一般情况下，不从事证券交易活动的单位或个人，很难发现证券交易中发生的禁止的交易行为。而证券交易所、证券公司、证券登记结算机构、证券服务机构是联结证券交易活动各个环节的纽带，它们各自都在交易活动的不同环节上履行重要职能。当禁止的交易行为在某一环节出现时，这些机构往往能够较早地发现。让这些机构及其从业人员担负起报告所发现的禁止的交易行为的责任，有利于加强对证券交易活动的监管，给予这些违法行为以有效地制裁。此外，证券交易活动日益多样化、复杂化，证券违法行为的手法也层出不穷，在这种情况下，仅依靠证券监督管理机构去监督检查也是不够的，必须充分发挥有关金融机构和人员的自律作用。

第四章　上市公司的收购

第六十二条　投资者可以采取要约收购、协议收购及其他合法方式收购上市公司。

条文主旨

本条是关于上市公司的收购方式的规定。

立法背景

1998 年证券法第七十八条规定，上市公司收购可以采取要约收购或者协议收购的方式；2005 年修改证券法，增加了“其他合法方式”。此次未作修改。

条文解读

一、上市公司收购

上市公司的收购，是指投资者公开收购已经依法上市交易的股份有限公司的股份，以获得或者巩固对该公司控制权的行为。上市公司收购有下列特征：（1）上市公司的收购是指对经证券交易所审核同意，股票在证券交易所上市交易的股份有限公司的收购。（2）上市公司的收购是指对上市公司股份的收购，不是指对上市公司资产的收购。（3）上市公司收购的收购主体是投资者，既可以是自然人，也可以是法人、非法人组织；投资者通过协议、其他安排与其他人共同收购上市公司，与投资者有协议或者其他安排的其他人也是上市公司收购的收购主体。（4）上市公司收购是一种投资者与投资者之间的股份转让行为，而不是投资者与上市公司之间的股份转让行为。（5）上市公司收购的目的是获得或者巩固对上市公司的控制权。在没有控制上市公司时，投资者收购上市公司是为了获得对上市公司的控制权；在上市公司控制者的控制地位受到挑战时，投资者收购上市公司是为了巩固其控制地位。投资者控制上市公司一般有两种方式：一是投资者单独持有上市公司的股份；二是投资者通过协议、其他安排与其他人共同持有上市公司的股份。

二、上市公司收购方式

收购上市公司的方式包括以下三种：

1. 要约收购。是指投资者向目标公司的所有股东发出要约，表明愿意以要约中的价格、时间、条件购买目标公司的股票，以期获得或者巩固对目标公司的控制权。以收购要约的发出是否源于法律强制为标准，要约收购可以分为强制要约收购和自愿要约收购。强制要约收购，是指投资者持有一个上市公司的股份达到一定比例时，如果愿意继续购入该公司的股份，应当依法向该上市公司的所有股东发出收购要约，表示愿意以收购要约中的条件购买该上市公司的股份。这是本法规范的重点。自愿要约收购，是指投资者在达到强制要约收购触发点之前，自愿决定向目标公司全体股东发出收购要约。

2. 协议收购。是指投资者在证券交易所外与目标公司的部分特定股东就股票的价格、数量等方面进行私下协商，购买目标公司的股票，以期获得和巩固对目标公司的控制权。

3. 其他合法方式。要约收购和协议收购是上市公司收购的两种最基本方式。随着社会经济的不断发展，上市公司收购将不断完善，收购方式也将不断创新。因此，本条为投资者采用其他方式收购上市公司预留了空间。上市公司收购方式的创新必须合法，不符合法律、行政法规规定的上市公司收购的方式，不得采用。

相关规定

《中华人民共和国证券法》第四章。

第六十三条 通过证券交易所的证券交易，投资者持有或者通过协议、其他安排与他人共同持有一个上市公司已发行的有表决权股份达到百分之五时，应当在该事实发生之日起三日内，向国务院证券监督管理机构、证券交易所作出书面报告，通知该上市公司，并予公告，在上述期限内不得再行买卖该上市公司的股票，但国务院证券监督管理机构规定的情形除外。

投资者持有或者通过协议、其他安排与他人共同持有一个上市公司已发行的有表决权股份达到百分之五后，其所持该上市公司已发行的有表决权股份比例每增加或者减少百分之五，应当依照前款规定进行报告和公告，在该事实发生之日起至公告后三日内，不得再行买卖该上市公司的股票，但国务院证券监督管理机构规定的情形除外。

投资者持有或者通过协议、其他安排与他人共同持有一个上市公司已发行的有表决权股份达到百分之五后，其所持该上市公司已发行的有表决权股份比例每增加或者减少百分之一，应当在该事实发生的次日通知该上市公司，并予公告。

违反第一款、第二款规定买入上市公司有表决权的

股份的，在买入后的三十六个月内，对该超过规定比例部分的股份不得行使表决权。

条文主旨

本条是关于大额持股信息披露的规定。

立法背景

1998年证券法第七十九条对大额持股信息披露制度作了规定。2005年修改证券法，一是进一步明确了信息披露时点是“达到”5%时；二是扩大了信息披露义务主体，增加了一致行动的情形（通过协议、其他安排与他人共同持有）。此次修改证券法，一是将股份性质明确为“有表决权股份”；二是将持股5%以后每增持5%股份禁止买卖股票的期限由该事实发生之日起至公告后“二日内”调整为“三日内”；三是增加了禁止买卖股票的除外规定（国务院证券监督管理机构规定的情形除外）；四是增加了持股5%以后每增减1%股份的通知和公告义务；五是增加了对违规增持股份的表决权限制。

条文解读

一、投资者持股达到百分之五的信息披露义务

投资者持有或者通过协议、其他安排与他人共同持有一个上市公司已发行的有表决权股份达到5%，即触发收购警戒线，又称首次举牌线，有必要对其信息披露义务提出要求：一是便于国务院证券监督管理机构、证券交易所了解情况，及时发现违法违规买卖股份行为，及时采取监督管理或者自律管理措施，维护证券市场秩序；二是便于目标公司了解情况，更新股东信息，及时作出应对；三是便于投资者了解情况，确保证券市场的信息公开，防止操纵证券市场，保护中小股东的利益。因此，本条第一

款对投资者持股达到5%的信息披露义务作了规定。

理解这一款，要把握以下几点：

1. 信息披露的条件。第一，投资者控制上市公司已经发行有表决权股份总数的5%。包括两种情况：一种是投资者单独持有上市公司已经发行有表决权股份总数的5%；另一种是投资者通过协议、其他安排与他人共同持有上市公司已经发行有表决权股份总数的5%。同时，本条在计算投资者持股比例时强调“有表决权”，剔除了无表决权的股份，这是因为，投资者只有获得大额股份的表决权，才会对公司生产经营活动产生影响，进而对其他股东产生影响；无表决权股份（如优先股）对公司经营事项没有影响力，对其他股东没有外部性影响。有表决权股份主要包括投资者拥有的普通股和恢复表决权的优先股。第二，投资者控制上市公司已经发行有表决权股份总数的5%，是通过证券交易所的证券交易产生的。

2. 信息披露的方式，是发布公告，以便广大投资者了解情况。按照本法第八十六条的规定，依法披露的信息，应当在证券交易场所的网站和符合国务院证券监督管理机构规定条件的媒体发布，同时将其置备于公司住所、证券交易场所，供社会公众查阅。

3. 信息披露的期限，是投资者持有或者通过协议、其他安排与他人共同持有一个上市公司已发行的有表决权股份达到5%之日起3日内。

4. 本法第六十四条对信息披露的内容作了规定，包括持股人的名称、住所，持有的股票的名称、数额，持股达到法定比例或者持股增减变化达到法定比例的日期、增持股份的资金来源，在上市公司中拥有有表决权的股份变动的时间及方式。实践中，国务院证券监督管理机构要求投资者及其一致行动人编制权益变动报告书。

5. 信息披露的义务主体，是通过证券交易所的证券交易，控制上市公司已经发行有表决权股份总数百分之五的投资者及其一致行为人。

6. 投资者的相关义务。一是信息披露前，投资者应当向国务院证券监督管理机构、证券交易所作出书面报告，并通知目标上市公司。二是信息披露期限内，投资者不得买卖该上市公司的任何股票。之所以这样规定，是为防止信息披露的内容和投资者真实的持股信息有出入，对社会公众造成误导，损害他们的利益。

7. 信息披露的除外情形。实践中，公募基金、约定购回式证券交易等证券业务也可能导致持股达到或超过5%，但相关活动遵循特定的业务规则进行，且其并不具有收购目的，要求其严格履行信息披露及停止买卖股票的义务可能影响创新业务开展。因此，本条第一款授权国务院证券监督管理机构规定大额持股信息披露的除外情形。

8. 违规增持部分将受到表决权限制。一段时间以来，一些投资者及其一致行动人违规增持上市公司股份，其目的主要是以较低成本获得上市公司股份，在上市公司的重大事项上行使表决权，以加大其对上市公司的影响力甚至控制力。这种对上市公司进行突然袭击的行为，损害了其他投资者的利益，损害了证券市场秩序，应当加强规制。对此，本条第四款规定，违反第一款规定买入上市公司有表决权的股份的，在买入后的36个月内，对超过规定比例部分的股份不得行使表决权。其中，违反第一款规定，既包括未依法履行报告、通知、公告义务，也包括未依法等足时间即继续买卖上市公司股票。

二、投资者持股百分之五后继续买卖的信息披露义务

（一）投资者持股5%后持股比例每增减5%，对上市公司的

影响力会发生较大变化，可能影响股票市场价格，为此，本条第二款对其信息披露义务作了规定。理解这一款，要把握以下几点：

1. 信息披露的条件。第一，投资者及其一致行动人控制上市公司已经发行有表决权股份总数的5%后，每增加或减少上市公司已经发行有表决权股份总数的5%。第二，投资者及其一致行动人持有的该上市公司有表决权股份未达到30%；如果达到了30%，将触发强制收购要约义务，不再适用本条规定。第三，投资者及其一致行动人增减上市公司已经发行有表决权股份总数的5%，是通过证券交易所的证券交易产生的。

2. 信息披露的方式，是发布公告。

3. 信息披露的期限及其计算起点。投资者应当在增减上市公司已经发行有表决权股份总数的5%当日起，三日内公告有表决权股份变动的情况。

4. 本法第六十四条对信息披露的内容作了与持股达到5%相同的规定。实践中，国务院证券监督管理机构要求投资者及其一致行动人编制权益变动报告书。

5. 信息披露的义务主体，是通过证券交易所的证券交易，增减上市公司已经发行有表决权股份总数5%的投资者及其一致行动人。

6. 投资者的相关义务。一是信息披露前，投资者应当向国务院证券监督管理机构、证券交易所作出书面报告。二是信息披露前、信息披露期限内和作出报告、公告后3日内，投资者不得买卖该上市公司的任何股票。

7. 与首次持股5%的信息披露义务相似，本款也授权国务院证券监督管理机构规定大额持股披露的除外情形，以满足证券创新业务的发展需要。

8. 未履行信息披露义务的法律后果。根据本条第四款规定，违反第二款规定买入上市公司有表决权的股份的，在买入后的36个月内，对超过规定比例部分的股份不得行使表决权。其中，违反第二款规定，既包括未依法履行报告、通知、公告义务，也包括未依法等足时间即继续买卖上市公司股票。

（二）投资者持股5%后持股比例每增减1%，对上市公司的影响力也可能发生变化，可能影响股票市场价格，为此，本条第三款对其信息披露也提出了要求。理解这一款，要注意把握其与投资者持股5%后持股比例每增减5%存在以下差异：

1. 信息披露的条件，是投资者及其一致行动人控制上市公司已经发行有表决权股份总数每增加或减少1%，而非5%。

2. 信息披露的期限，是发生上述变动的次日。

3. 本法第六十四条对信息披露的内容作了与持股达到5%相同的规定；但是，国务院证券监督管理机构对其内容与格式作出细化规定时，对其披露要求应当不高于变化5%时。

4. 在信息披露前，投资者及其一致行动人应当通知上市公司，并予公告；并未要求其向国务院证券监督管理机构、证券交易所作出书面报告，也未要求其停止买卖股票。

5. 未依照本条第三款履行信息披露义务，不适用本条第四款关于表决权限制的规定。

相关规定

《中华人民共和国证券法》第六十四条。

第六十四条 依照前条规定所作的公告，应当包括下列内容：

（一）持股人的名称、住所；

（二）持有的股票的名称、数额；

（三）持股达到法定比例或者持股增减变化达到法定比例的日期、增持股份的资金来源；

（四）在上市公司中拥有有表决权的股份变动的时间及方式。

条文主旨

本条是关于大额持股信息披露的内容的规定。

立法背景

1998 年证券法第八十条对大额持股信息披露的内容作了规定。此次修改证券法，增加了两项应当披露的内容："增持股份的资金来源""在上市公司中拥有有表决权的股份变动的时间及方式"。

条文解读

根据本法第六十三条的规定，通过证券交易所的证券交易，投资者持有或者通过协议、其他安排与他人共同持有一个上市公司已发行的有表决权股份达到 5% 时，以及此后其所持该上市公司已发行的有表决权股份比例每增加或者减少 5%、1% 时，都应当分别履行信息披露义务。本条对上述三种情形都应当披露的基本内容作出规定，以便于国务院证券监督管理机构、证券交易所以及社会公众更好地了解上市公司股权变动情况、对该投资者的股票买卖行为进行监督，从而更好地规范上市公司的收购及相关股份权益变动活动中的信息披露行为，保护投资者的合法权益，维护证券市场秩序。

大额持股信息披露的基本内容主要有：

1. 持股人的名称、住所。持股人是法人或者非法人组织的，应当披露其名称、注册地；是自然人的，应当披露其姓名（包括曾用名）、住所。

2. 持有的股票的名称、数额。即该持股人目前持有哪一家上市公司的哪一种股票以及所持有的股票数量。

3. 持股达到法定比例或者持股增减变化达到法定比例的日期、增持股份的资金来源。这是表明该持股人在什么时候所持有的股份比例达到了该上市公司所发行的有表决权股份的5%，或者表明该持股人在持股5%以后又在什么时候发生了5%、1%的持股变化。持股人增持股份的，还要公告其资金来源，以防止违规资金流入股市。

4. 在上市公司中拥有有表决权的股份变动的时间及方式。这是要求投资者及其一致行动人说明其拥有有表决权股份的每一次变动的时间及方式，以显示其是否依法履行了报告、通知、公告、暂停买卖等义务。

相关规定

《中华人民共和国证券法》第六十三条。

第六十五条　通过证券交易所的证券交易，投资者持有或者通过协议、其他安排与他人共同持有一个上市公司已发行的有表决权股份达到百分之三十时，继续进行收购的，应当依法向该上市公司所有股东发出收购上市公司全部或者部分股份的要约。

收购上市公司部分股份的要约应当约定，被收购公司股东承诺出售的股份数额超过预定收购的股份数额的，收购人按比例进行收购。

条文主旨

本条是关于强制要约收购义务的规定。

立法背景

1998年证券法第八十一条对强制要约收购义务作了规定。2005年修改证券法，一是扩大了要约收购义务人范围，将一致行动人作为要约收购义务人；二是明确了强制要约收购的临界点，即规定持有股份达到30%，继续进行收购的，应当发出收购要约；三是增加了部分要约收购制度；四是删除了国务院证券监督管理机构免除发出收购要约的规定。此次修改证券法，主要是明确了触发强制收购要约的计算标准是“有表决权”的股份。

条文解读

要约收购，是指投资者向目标公司的所有股东发出要约，表明愿意以要约中的价格、时间、条件购买目标公司的股票，以期获得或者巩固对目标公司的控制权。以收购要约的发出是否源于法律强制为标准，要约收购可以分为强制要约收购和自愿要约收购。强制要约收购，是指投资者持有一个上市公司的股份达到一定比例时，如果愿意继续购入该公司的股份，应当依法向该上市公司的所有股东发出收购要约。自愿要约收购，是指投资者在达到强制要约收购触发点之前，自愿决定向目标公司全体股东发出收购要约。强制要约收购是本条规范的内容。

规定强制要约收购，一方面，有利于所有股东在平等获得信息的基础上自主作出选择，防止内幕交易，保障全体股东特别是中小股东获得平等待遇，以同等的条件、价格卖出股票。另一方面，也有利于赋予非控股股东撤出公司的权利。中小股东持有上市公司股票，是出于对公司当前的经营控制者的信任，如果通过上市公司收购，公司的控制权发生转移，就应当赋予其选择是否退出的权利。因此，本条对强制要约收购作了规定。适用这一规定，需要把握以下几点：

一、强制投资者发出收购要约的条件

第一，投资者控制上市公司已经发行有表决权股份总数达到30%。投资者控制的有表决权股份方式可以分为两类，一类是投资者单独持有上市公司已经发行有表决权股份总数的30%，另一类是投资者通过协议、其他安排与他人共同持有上市公司已经发行有表决权股份总数的30%。第二，投资者控制上市公司已经发行有表决权股份总数的30%，是通过证券交易所的证券交易产生的。第三，投资者准备继续收购上市公司的有表决权股份。投资者控制上市公司已经发行有表决权股份总数的30%，继续收购上市公司的有表决权股份，是指一种意愿，不是一种事实。

二、投资者发出收购要约的对象

发出收购要约的对象，是上市公司的所有股东。本条允许投资者收购上市公司的部分股份，并不是允许投资者向被收购的上市公司的部分股东发出收购要约。即使投资者只收购上市公司的部分股份，也应当向被收购的上市公司的所有股东发出收购要约，以保障所有股东，特别是中小股东平等获得信息，平等获得对价，平等获得退出的机会。

三、投资者发出的收购要约应当包括的内容

按照本法第六十六条的规定，收购要约应当公告上市公司收购报告书，并载明下列事项：收购人的名称、住所；收购人关于收购的决定；被收购的上市公司名称；收购目的；收购股份的详细名称和预定收购的股份数额；收购期限、收购价格；收购所需资金及资金保证；报送上市公司收购报告书时持有被收购公司股份数占该公司已发行的股份总数的比例。

同时，本条第二款规定，收购上市公司部分股份的，应当约定，被收购的上市公司股东承诺出售的股份数额超过预定收购的股份数额的，收购人按比例进行收购。

四、全部要约收购和部分要约收购

投资者收购上市公司，既可以收购上市公司的全部股份，也可以收购上市公司的部分股份。投资者收购上市公司的全部股份，不论被收购的上市公司的股东出售的股份是多少，投资者都会收购。因此，出售被收购的上市公司的股份的股东的权利不受影响。

投资者收购上市公司的部分股份，被收购的上市公司的股东出售的股份数可能高于投资者打算收购的股份数，也可能低于投资者打算收购的股份数。被收购的上市公司的股东出售的股份数低于投资者打算收购的股份数时，出售被收购的上市公司的股份的股东的权利不受到影响；被收购的上市公司的股东出售的股份数高于投资者打算收购的股份数时，如果投资者只收购一部分股东的股份，不收购另外一部分股东的股份，就剥夺了这部分股东平等出售股份的权利。为了保证上市公司收购的公平性，保护被收购的上市公司的所有股东的权利，本条特别规定，以强制要约收购方式部分收购上市公司股份，应当在收购要约中约定收购人收购的股份数低于被收购的上市公司的股东出售的股份数时，收购人应当在收购要约中约定按比例收购。此处的比例就是指投资者打算收购的股份数和被收购的上市公司的股东出售的股份数的比例。

五、投资者发出收购要约必须依法进行

投资者发出收购要约应当依照法律、行政法规的规定进行，不能违背法律、行政法规的规定。本法对收购要约的发出时间、撤销和变更等都作出了规定，投资者发出收购要约时应当遵守。其他法律、行政法规对投资者发出收购要约有规定的，投资者发出收购要约时也要遵守。

相关规定

《中华人民共和国证券法》第六十六条至第七十条、第七十四条至第七十七条、第一百九十六条。

第六十六条 **依照前条规定发出收购要约，收购人必须公告上市公司收购报告书，并载明下列事项：**

（一）收购人的名称、住所；

（二）收购人关于收购的决定；

（三）被收购的上市公司名称；

（四）收购目的；

（五）收购股份的详细名称和预定收购的股份数额；

（六）收购期限、收购价格；

（七）收购所需资金额及资金保证；

（八）公告上市公司收购报告书时持有被收购公司股份数占该公司已发行的股份总数的比例。

条文主旨

本条是关于采取强制要约收购时应当公告的上市公司收购报告书的内容的规定。

立法背景

1998 年证券法第八十二条对强制要约收购中上市公司收购报告书的报送程序和内容都作了规定。2014 年修改证券法，为了简政放权，删除了收购人必须事先向国务院证券监督管理机构报送上市公司收购报告书、将上市公司收购报告书同时提交证券交易所的规定，并将下一条关于上市公司收购报告书应当“公告”的规定移至本条。此次未作修改。

条文解读

依照本法第六十五条的规定，收购人持有或者通过协议、其他安排共同持有一个上市公司已发行的有表决权股份的 30% 时，如果继续进行收购的，应当向该上市公司所有的股东发出收购上市公司全部或者部分股份的要约。发出收购要约的方式，就是公告上市公司收购报告书。上市公司收购报告书应当载明下列事项：

1. 收购人的名称、住所。收购人是法人或者非法人组织的，应当披露其名称、注册地；是自然人的，应当披露其姓名（包括曾用名）、住所。名称和住所必须真实、合法，并且收购人的名称应当和持有股份的人的名称一致。

2. 收购人关于收购的决定。收购人属于法人的，采取收购行动需要由该法人的意思决定机关或者意思表示机关作出决定，如收购人的董事会作出收购决议。收购人的收购决定必须合法、有效。

3. 被收购的上市公司名称。这是为了表明收购人要收购的目标是哪一家上市公司。被收购的上市公司的名称必须是上市公司的全称。

4. 收购目的。这是为了表明收购人是出于什么目的来收购上市公司的股份，例如，是否为了取得上市公司控制权、是否为履行法定要约收购义务、是否为终止上市公司的上市地位，是否拟在一定期限内继续增持上市公司股份或者处置其已拥有权益的股份。

5. 收购股份的详细名称和预定收购的股份数额。这是为了表明收购人主要是收购该上市公司哪一类的股份和准备收购多少数量的股份。

6. 收购期限、收购价格。这是为了表明收购要约在多长时间内具有效力，同时收购人是以什么样的价格收购该上市公司的剩余股份。这两项内容是收购要约中最主要的内容，因此，在上市公司收购报告书中必须准确地加以记载。按照本法第六十七条的规定，收购要约约定的收购期限不得少于40日，并不得超过60日。

7. 收购所需资金额及资金保证。这是为了表明收购人具有多大的收购能力。为了防止某些机构或者个人非出于真正收购目的而旨在影响该上市公司的股票交易，或者旨在影响其他收购者的收购行为而进行违规操作，有必要对该收购人的收购能力进行监督。作这样的规定，也是防止一些盲目的收购者不顾其收购能力实行收购行为，最终无力支付收购价款，损害广大中小股东的利益的情况。

8. 公告上市公司收购报告书时所持有被收购公司股份数占该公司已发行的股份总数的比例。这是表明收购人当时已经持有了被收购公司的多大比例的股份，以此来确定收购人应当按照哪些法定程序进行活动。

相关规定

《中华人民共和国证券法》第六十五条、第六十七条、第一百九十六条。

第六十七条　收购要约约定的收购期限不得少于三十日，并不得超过六十日。

条文主旨

本条是关于要约收购期限的规定。

立法背景

1998 年证券法第八十三条对收购人公告其收购要约以及收购要约的期限作了规定。2005 年修改证券法，进一步明确公告收购要约前要经过国务院证券监督管理机构的前置审查。2014 年修改证券法，为了简政放权，删除了国务院证券监督管理机构前置审查程序规定，并将公告收购要约的要求合并至前条，本条仅保留关于要约收购期限的规定。

条文解读

一、要约收购期限

要约收购期限，是指收购要约生效之日起到要约失效之日止的一段时间。收购期限既可以由法律规定，也可以由收购要约发出人规定。由法律规定的收购期限是法定收购期限，分为法定最短期限 30 天和法定最长期限 60 天。规定法定最短收购期限，是为了使被收购公司的股东有充分的时间考虑是否接受收购要约；规定法定最长收购期限，是为了防止使收购人的成本过高、被收购公司的股票长期处于不稳定的状态。收购要约发出人选定收购期限时，只能在法定的最短收购期限和法定的最长收购期限之间选择，即必须长于或者等于 30 天，短于或者等于 60 天。

收购期限以收购要约规定的时点起算，没有规定起算点的，以收购要约公告之日起计算。

二、要约收购期限的效力

一方面，根据本法第六十八条、第七十条的规定，在收购要约期限内，收购人受到下列约束：（1）不得撤销其收购要约。（2）收购人需要变更收购要约的，应当及时公告，载明具体变更事项，且不得存在降低收购价格、减少预定收购股份数额、缩短收购期限以及国务院证券监督管理机构规定的其他情形。（3）收购人既不得卖出被收购公司的股票，也不得采取要约规定以外的形式和超出要约的条件买入被收购公司的股票。

另一方面，收购要约期限内，同意接受收购要约的股东（预受股东），应当委托证券公司办理预受要约的相关手续。收购人应当委托证券公司向证券登记结算机构申请办理预受要约股票的临时保管。证券登记结算机构临时保管的预受要约的股票，在要约收购期间不得转让。

相关规定

《中华人民共和国证券法》第六十五条、第六十六条、第六十八条、第七十条、第一百九十六条。

第六十八条　在收购要约确定的承诺期限内，收购人不得撤销其收购要约。收购人需要变更收购要约的，应当及时公告，载明具体变更事项，且不得存在下列情形：

（一）降低收购价格；

（二）减少预定收购股份数额；

（三）缩短收购期限；

（四）国务院证券监督管理机构规定的其他情形。

条文主旨

本条是关于收购要约的撤销和变更的规定。

立法背景

1998 年证券法第八十四条对收购要约的撤回和变更作了规定。2005 年修改证券法，将“撤回”修改为“撤销”。2014 年修改证券法，为了简政放权，删除了变更收购要约必须事先向国务院证券监督管理机构及证券交易所提出报告并经批准的规定，修改为“应当及时公告”。此次修改证券法，增加了变更收购要约不得存在的情形的规定。

条文解读

一、禁止撤销收购要约

收购要约撤销，是指收购人公告收购要约后，将该收购要约取消，使收购要约的法律效力归于消灭的意思表示。投资者持有或者通过协议、其他安排与他人共同持有该上市公司 30% 以上的股份，其发出的收购要约已经将收购的有关信息作了披露，这属于上市公司的重大变化，会对该上市公司的股东的投资决策产生重要影响，对该上市公司股票的交易价格和交易量产生重要的影响。如果收购人撤销收购要约，会使股东基于此前披露所作的判断和预期落空，对广大中小股东造成严重损害，同时对该上市公司股票的交易价格和交易量造成新的影响，扰乱证券市场的正常运行。为了保护广大中小股东的利益，防止证券欺诈，维护证券市场的正常运行，本条规定，在收购要约确定的承诺期限内，收购人不得撤销其发出的收购要约。

二、收购要约的变更

收购要约变更，是收购要约生效后，收购要约发出人改变要约的内容的意思表示。一方面，上市公司收购在一些特殊情形下确实存在变更收购要约的必要性。例如，收购要约人面临其他要约人的竞争时，应当允许其变更原收购要约的内容以增强竞争力，这对被收购的上市公司的股东也是有利的。另一方面，收购要约是希望和他人订立股权转让合同的意思表示，预受股东承诺后合同已经成立，收购人理应无权变更收购要约的关键条款；同时，由于收购要约的各项内容是广大股东进行分析、判断和决策的依据，收购要约内容发生变更涉及被收购公司股东的切身利益和证券市场的正常运行。因此，对收购要约的变更应当进行必要的规范和约束。根据本条规定，在收购要约确定的承诺期限内，收购人需要变更收购要约的，应当满足以下要求：

一是变更收购要约应当及时公告，载明具体变更事项。收购要约变更自收购要约变更公告后开始生效。

二是变更收购要约不得存在下列情形：（1）降低收购价格。例如，原收购要约约定以每股100元的价格进行收购，后来变更为以每股80元的价格进行收购，这使被收购的上市公司股东获利减少，对被收购的上市公司股东不利，应予禁止。（2）减少预定收购股份数额。例如，原收购要约约定收购100万股，后来变更为收购80万股，这使被收购的上市公司股东可以按照约定价格卖出的股份数减少，对被收购的上市公司股东不利，应予禁止。（3）缩短收购期限。例如，原收购要约约定收购期限为60日，后来缩短为45日，缩短了被收购的上市公司股东搜集信息、作出是否卖出所持有股份的决策的时间，对被收购的上市公司股东不利，应予禁止。（4）国务院证券监督管理机构规定的其他情形。考虑到收购的规则比较复杂，为防止出现其他对被收购上市公司股东不利的情形，本条还规定了兜底条款，授权国务院证券监督管理机构规定变更收购要约不得存在的其他情形。

相关规定

《中华人民共和国证券法》第六十七条、第一百九十六条。

第六十九条　收购要约提出的各项收购条件，适用于被收购公司的所有股东。

上市公司发行不同种类股份的，收购人可以针对不同种类股份提出不同的收购条件。

条文主旨

本条是关于在要约收购中被收购的上市公司的股东地位平等的规定。

立法背景

1998 年证券法第八十五条规定了本条第一款，确立了要约收购中被收购的上市公司股东地位平等原则。此次修改增加了第二款，明确不同种类股份的股东地位平等原则。

条文解读

在上市公司要约收购中，要约人应当对被收购的上市公司的所有股东一视同仁，不得对部分股东实施歧视性待遇。具体可以从两个方面来理解：

一、收购要约提出的各项收购条件，适用于被收购公司的所有股东

根据我国公司法第一百零三条、第一百二十六条的规定，股份的发行，实行公平、公正的原则，同种类的每一股份应当具有同等权利，股东出席股东大会会议，所持每一股份有一表决权，即“同股同权”原则。在要约收购中，既然被收购的上市公司股票具有同等的权利，就具有同等的价值，应当获得同等的收购条件，而不应当因其持有人（股东）的不同给予差别待遇。具体要求包括：

第一，被收购的上市公司的全体股东都有平等参与要约收购的权利。要约人应当向被收购的上市公司的所有股东发出收购要约，不能仅向特定的股东发出收购要约。这种被收购的上市公司的全体股东都享有对要约承诺与否的权利，一般称之为“全体持有人规则”。

第二，要约收购条件应当具有统一性，应当适用于被收购的上市公司的全体股东，不能出现收购条件方面的差别待遇。这是因为收购要约是向被收购的上市公司的全体股东发出的，不是对被收购的上市公司的部分股东发出的，其提出的条件应当对被收购的上市公司的股东都一视同仁。

第三，如果在要约有效期间内，要约人需要变更要约条件或者提高要约价格的，则要约人应当对所有出售股份的股东适用变更后的价格，而无论该股东是在变更前接受要约，还是在变更后接受要约，称为“最高价格原则”，要约人变更其他条件的，应当与此同理。

二、上市公司发行不同种类股份的，收购人可以针对不同种类股份提出不同的收购条件

公司法遵循意思自治原则，实践中有一些公司希望对股东权利作出特别安排，例如，赋予部分股东优先于其他股东的资产收益权以换取其放弃全部或部分参与重大决策权和选择管理者权，赋予对公司具有特殊重要性的股东（如创始人、管理层）高于其他股东的参与重大决策权、选择管理者权，于是出现了优先股与普通股、不同投票权架构等不同种类股份的需求。因此，我国公司法在坚持“同股同权”原则的基础上，又为不同股则不同权留出了制度空间：第一百三十一条的规定，国务院可以对公司发行本法规定以外的其他种类的股份，另行作出规定，即授权国务院规定“类别股”。实践中，国务院于2013年11月发布《关于开展优先股试点的指导意见》，对优先股股东的权利义务、优先股的发行与交易等作出了制度安排；一些上市公司、“新三板”挂牌公司发行了优先股。2019年1月，中国证监会发布《关于在上海证券交易所设立科创板并试点注册制的实施意见》，其中明确提出，依照公司法第一百三十一条规定，允许科技创新企业发行具有特别表决权的类别股份，每一特别表决权股份拥有的表决权数量大于每一普通股份拥有的表决权数量，其他股东权利与普通股份相同；特别表决权股份一经转让，应当恢复至与普通股份同等的表决权。

优先股与普通股，特别表决权股份与普通股份权利不同、价值不同，收购人针对不同种类股份提出不同的收购条件就有其合理性，这是本法所允许的。

相关规定

《中华人民共和国证券法》第六十五条、第一百九十六条。

第七十条　采取要约收购方式的，收购人在收购期限内，不得卖出被收购公司的股票，也不得采取要约规定以外的形式和超出要约的条件买入被收购公司的股票。

条文主旨

本条是关于要约收购期限内收购人买卖被收购的上市公司股票的限制性规定。

立法背景

1998年证券法第八十八条规定，采取要约收购方式的，收购人在收购要约期限内，不得采取要约规定以外的形式和超出要约的条件买卖被收购公司的股票。2005年修改证券法，进一步完善表述，对禁止卖出和限制买入分别作出规定。此次未作修改。

条文解读

收购人发出收购要约以后，该收购要约就发生法律效力，被收购上市公司的全体股东对该收购要约都有权利获得平等待遇。因此，本条对收购人在收购期限内的股票买卖行为作出限制性规定：

一是收购人不得卖出被收购公司的股票。收购人公开发出收购要约，向目标公司全体股东表明了其收购该公司的目的，即为了控制该公司而进行收购。如果收购人在向一个上市公司发出收购要约的同时又卖出这个公司的股票，表明其并不具有真正的收购意图，而是有可能以收购上市公司为名操纵股票价格，谋取不正当利益。为了保护被收购公司股东利益，应当禁止收购人在收购期限内卖出被收购公司的股票。

二是收购人不得采取要约规定以外的形式或者超出要约的条件买入被收购公司的股票。如果收购人在发出收购要约以后，又在证券交易所通过集中竞价的方式买入目标公司的股票，或者与少数股东采取协议收购的方式买入目标公司的股票，就可能损害其他股东以同等机会、同等条件卖出股票的权利。例如，如果通过集中竞价交易收购股票的成交价格高于已经承诺收购要约的股东所接受的条件，那么就对这些承诺收购要约的股东造成了损失；同时，收购人在证券交易所通过集中竞价的方式买入目标公司股票，还会影响公开市场的证券交易价格和交易量，给接受要约的股东或者准备接受要约的股东造成信息误导。又如，收购人一方面发出部分收购要约，另一方面通过协议收购买入股票，其协议收购的对手方可以卖出二者达成协议的股票数量，而承诺收购要约的股东只能按照比例卖出股票，也会对这些承诺收购要约的股东造成不公平的对待。

相关规定

《中华人民共和国证券法》第六十五条至第六十七条、第一百九十六条。

第七十一条　采取协议收购方式的，收购人可以依照法律、行政法规的规定同被收购公司的股东以协议方式进行股份转让。

以协议方式收购上市公司时，达成协议后，收购人必须在三日内将该收购协议向国务院证券监督管理机构及证券交易所作出书面报告，并予公告。

在公告前不得履行收购协议。

条文主旨

本条是关于协议收购制度的规定。

立法背景

1998 年证券法第八十九条对协议收购作了规定。2005 年作了个别文字修改。此次未作修改。

条文解读

一、协议收购的适用范围

协议收购，是指投资者在证券交易所外与目标公司的股东（主要是持股比例较高的股东）就股票的价格、数量等事宜进行私下协商，购买目标公司的股票，以期获得和巩固对目标公司的控制权。与要约收购相比，协议收购具有以下特点：第一，协议收购的主体具有特定性。协议收购的出让方是目标公司的特定股东，基本交易结构是“一对一”；而要约收购的出让方是不特定的，基本交易结构是“一对多”。第二，协议收购以协议为基础，强调意思自治、契约自由，法律规制较少，收购人可以以较低成本、在较短时间内取得对目标公司的控制权；而要约收购涉及广大投资者，重视投资者保护，收购行为受到法律法规的约束较多，收购成本较高、时间较长。第三，协议收购时收购人与目标公司大股东基于友好协商达成收购协议，一般不会受到目标公司管理层的抵制，不会遭遇反收购措施；要约收购中则有一部分属于敌意收购，可能受到目标公司管理层的抵制，遭遇反收购措施。

采取协议收购的方式收购上市公司，必须依照法律、行政法规的规定进行。收购协议属于合同，应当遵守民事法律关于合同订立、履行等的规定。同时，本法和有关法律、行政法规对协议收购作出专门规定，收购人也应当遵守。例如，本法第七十三条规定，采取协议收购方式的，收购人收购或者通过协议、其他安排与他人共同收购一个上市公司已发行的有表决权股份达到30%时，继续进行收购的，应当依法向该上市公司所有股东发出收购上市公司全部或者部分股份的要约；但是，按照国务院证券监督管理机构的规定免除发出要约的除外。也就是说，协议收购一般不得超过30%，否则将触发强制要约收购义务。

二、协议收购的成立

收购人与被收购的上市公司的股东签订转让股份的协议，协议收购就成立。收购协议只能采取书面形式，不能采取口头等其他形式。收购协议的内容可参照收购要约及收购报告书的内容。协议收购具有交易行为的相对不公开性和交易条件的不统一性，其具体交易条件均依照双方的协议办理。

三、收购协议的报告和公告

上市公司协议收购虽不同于要约收购，但事关公司控制权的转移，如果未建立相应的报告和公告制度，使股份的协议转让过程处于“黑箱”操作状态，极易诱发内幕交易和操纵市场行为，造成二级市场震荡，损害公众股东的合法权益。因此，本条第二款规定，以协议方式收购上市公司时，达成协议后，收购人必须在三日内将该收购协议向国务院证券监督管理机构及证券交易所作出书面报告，并予公告，以便国务院证券监督管理机构、证券交易所和广大投资者及时了解被收购的上市公司的股权变化。

上市公司协议收购可能导致公司股权结构或者生产经营状况发生重大变化，对股票交易价格产生较大影响，应当在履行前向投资者作出披露。为了保护投资者合法权益，使投资者在充分了解信息的基础上及时作出投资决策，本条第三款规定，在公告前不得履行收购协议。否则，如果在收购协议公告之前协议收购双方就履行了协议，被收购的上市公司的股权结构已经发生实质性变化，投资者在不了解情况时就会受到实质性影响，无法及时作出应对，可能因此受到损害。

相关规定

《中华人民共和国证券法》第七十二条至第七十七条、第一百九十六条。

第七十二条　采取协议收购方式的，协议双方可以临时委托证券登记结算机构保管协议转让的股票，并将资金存放于指定的银行。

条文主旨

本条是关于收购协议履行的保全性措施的规定。

立法背景

1998年证券法对收购协议履行的保全性措施作了规定。此次未作修改。

条文解读

一、规定协议收购保全性措施的意义

一般情况下，协议收购所涉及的股份和金额规模都比较大，如果收购人在达成收购协议后没有足够的资金履行收购协议，或者被收购的上市公司的股东没有股票交付，欺骗协议的相对方，就会损害相对方的合法利益，并且会对该上市公司股票的交易价格产生很大的影响，误导一些投资者。为保护协议收购双方的合法权益，维护协议收购的正常秩序，防止利用协议收购进行违法、违规操作，有必要规定协议收购的当事人双方可以采取协议收购履行的保全性措施，保证协议收购的正常履行。

二、协议收购保全性措施的执行机构

证券登记结算机构作为负责办理股票过户登记的专门机构，对各上市公司的股东及股权变动情况最为清楚，由该机构临时保管股票，有助于控制风险。银行作为经营货币业务的专门机构，有较好的信誉和财力，由其代为存放资金，也有利于实现交易安

全。因此，本条规定，协议收购双方可以将协议转让的股票临时委托证券登记结算机构保管，将购买股票的资金存放于指定的银行，以保证交易安全，维护协议双方的合法权益。

三、协议收购保全性措施具有选择性

虽然采取协议收购方式的，协议双方临时委托证券登记结算机构保管协议转让的股票，并将资金存放于指定的银行，可以维护协议收购的正常秩序及协议收购双方当事人的合法权益，但是本条没有把这种做法规定为收购协议双方的法定义务，是否采取这种比较安全的办法，可以由协议双方进行选择。对于证券登记结算机构和银行来说，只有协议收购双方与他们签订了合同后，他们才受合同的约束，依法履行其义务。

相关规定

《中华人民共和国证券法》第七十一条。

第七十三条 **采取协议收购方式的，收购人收购或者通过协议、其他安排与他人共同收购一个上市公司已发行的有表决权股份达到百分之三十时，继续进行收购的，应当依法向该上市公司所有股东发出收购上市公司全部或者部分股份的要约。但是，按照国务院证券监督管理机构的规定免除发出要约的除外。**

收购人依照前款规定以要约方式收购上市公司股份，应当遵守本法第六十五条第二款、第六十六条至第七十条的规定。

条文主旨

本条是关于协议收购持股达到30%后的强制要约收购义务的规定。

立法背景

2005年修改证券法时新增了关于协议收购超过30%的强制收购要约义务的规定。此次修改证券法，一是明确30%的计算基础是“有表决权”股份；二是明确发出收购要约应当“依法”；三是对除外规定作了调整，由“经国务院证券监督管理机构免除发出要约的除外”，修改为“按照国务院证券监督管理机构的规定免除发出要约的除外”。

条文解读

一、强制收购人发出收购要约的条件

第一，收购人控制上市公司已经发行的有表决权股份总数的30%。收购人控制上市公司股份的方式可以分为两类：一类是收购人单独持有上市公司已经发行的有表决权股份总数的30%；另一类是收购人通过协议、其他安排与他人共同持有上市公司已经发行的有表决权股份总数的30%。同时，本条在计算投资者持股比例时强调“有表决权”，剔除了无表决权的股份，这是因为，投资者只有获得大额股份的表决权，才会对其他股东产生影响；无表决权股份（如优先股）对公司经营事项没有影响力，对其他股东没有外部性影响，不纳入计算。有表决权股份主要包括投资者拥有的普通股和恢复表决权的优先股。

第二，收购人控制上市公司已经发行的有表决权股份总数的30%，是通过协议收购的方式产生的。

第三，收购人继续收购上市公司的股份。收购人控制上市公司已经发行的有表决权股份总数的30%，继续收购上市公司的股份，指的是一种意愿，不是一种事实。也就是说，收购人控制上市公司已经发行股份总数的30%后，打算继续收购上市公司股份的，应当向上市公司的所有股东发出收购要约。需要注意的是，收购人拟通过协议方式收购一个上市公司的股份超过30%的，超过30%的部分，应当改为以要约方式进行；除非按照国务院证券监督管理机构的规定可以免除发出要约。

二、收购人发出收购要约的具体要求

首先，收购人可以发出全部收购要约或者部分收购要约，但是都应当向被收购的上市公司的所有股东发出收购要约，不能只向被收购的上市公司的部分股东发出收购要约。

其次，收购人发出收购要约应当依法进行。法律、行政法规对发出收购要约有规定的，收购人应当遵守其规定。例如，本条第二款规定，收购人依照前款规定以要约方式收购上市公司股份，应当遵守本法第六十五条第二款、第六十六条至第七十条的规定。包括：

1. 本法第六十五条第二款规定，收购上市公司部分股份的要约应当约定，被收购公司股东承诺出售的股份数额超过预定收购的股份数额的，收购人按比例进行收购。

2. 本法第六十六条规定，依照前条规定发出收购要约，收购人必须公告上市公司收购报告书，并载明下列事项：（1）收购人的名称、住所；（2）收购人关于收购的决定；（3）被收购的上市公司名称；（4）收购目的；（5）收购股份的详细名称和预定收购的股份数额；（6）收购期限、收购价格；（7）收购所需资金金额及资金保证；（8）公告上市公司收购报告书时持有被收购公司股份数占该公司已发行的股份总数的比例。

3. 本法第六十七条规定，收购要约约定的收购期限不得少于30日，并不得超过60日。

4. 本法第六十八条规定，在收购要约确定的承诺期限内，收购人不得撤销其收购要约。收购人需要变更收购要约的，应当及时公告，载明具体变更事项，且不得存在下列情形：（1）降低收购价格；（2）减少预定收购股份数额；（3）缩短收购期限；（4）国务院证券监督管理机构规定的其他情形。

5. 本法第六十九条规定，收购要约提出的各项收购条件，适用于被收购公司的所有股东。上市公司发行不同种类股份的，收购人可以针对不同种类股份提出不同的收购条件。

6. 本法第七十条规定，采取要约收购方式的，收购人在收购期限内，不得卖出被收购公司的股票，也不得采取要约规定以外的形式和超出要约的条件买入被收购公司的股票。

三、收购人发出收购要约义务的免除

要求协议收购持股达到30%时，继续进行收购的应当发出强制收购要约，主要是为了平等保护所有投资者，使中小投资者都有机会退出公司。但是，在一些特殊情况下，协议收购并不会损害投资者的合法权益（例如，投资者没有获得控制权的主观目的，或者实际控制权未发生变更，或者在其他股东的同意下获得股份)，就没有必要一律要求收购人发出收购要约。因此，本条第一款规定，按照国务院证券监督管理机构的规定免除发出要约的除外。

从监管实践来看，比较典型的免除发出收购要约的情形包括：（1）收购人与出让人能够证明本次股份转让是在同一实际控制人控制的不同主体之间进行，未导致上市公司的实际控制人发生变化；（2）上市公司面临严重财务困难，收购人提出的挽救公司的重组方案取得该公司股东大会批准，且收购人承诺3年内不转让其在该公司中所拥有的权益；（3）经政府或者国有资产管理部门批准进行国有资产无偿划转、变更、合并，导致投资者在一个上市公司中拥有权益的股份占该公司已发行股份的比例超过30%；（4）因上市公司按照股东大会批准的确定价格向特定股东回购股份而减少股本，导致投资者在该公司中拥有权益的股份超过该公司已发行股份的30%；（5）经上市公司股东大会批准（其中，关联股东应当回避，不得行使表决权），投资者取得上市公司向其发行的新股，导致其在该公司拥有权益的股份超过该公司已发行股份的30%，投资者承诺3年内不转让本次向其发行的新股，且公司股东大会同意投资者免于发出要约；（6）在一个上市公司中拥有权益的股份达到或者超过该公司已发行股份的30%的，自上述事实发生之日起一年后，每12个月内增持不超过该公司已发行股份的2%；（7）在一个上市公司中拥有权益的股份达到或者超过该公司已发行股份的50%的，继续增加其在该公司拥有的权益不影响该公司的上市地位；（8）证券公司、银行等金融机构在其经营范围内依法从事承销、贷款等业务导致其持有一个上市公司已发行股份超过30%，没有实际控制该公司的行为或者意图，并且提出在合理期限内向非关联方转让相关股份的解决方案；（9）因继承导致在一个上市公司中拥有权益的股份超过该公司已发行股份的30%；（10）因履行约定购回式证券交易协议购回上市公司股份导致投资者在一个上市公司中拥有权益的股份超过该公司已发行股份的30%，并且能够证明标的股份的表决权在协议期间未发生转移；（11）因所持优先股表决权依法恢复导致投资者在一个上市公司中拥有权益的股份超过该公司已发行股份的30%。

相关规定

《中华人民共和国证券法》第四章、第一百九十六条。

第七十四条 **收购期限届满，被收购公司股权分布不符合证券交易所规定的上市交易要求的，该上市公司的股票应当由证券交易所依法终止上市交易；其余仍持有被收购公司股票的股东，有权向收购人以收购要约的同等条件出售其股票，收购人应当收购。**

收购行为完成后，被收购公司不再具备股份有限公司条件的，应当依法变更企业形式。

条文主旨

本条是关于上市公司被收购导致终止上市、强制受让股份以及变更企业形式的规定。

立法背景

1998 年证券法第八十六条、第八十七条对上市公司收购导致终止上市、强制受让股份以及变更企业形式作了规定，并明确了触发终止上市、强制受让股份的收购人持股比例（75%、90%）。2005 年修改证券法，将两条合并为一条，并删除了持股比例的限定，统一修改为“不符合上市条件”。此次修改，将“不符合上市条件”修改为“不符合证券交易所规定的上市交易要求”。

条文解读

上市公司被收购导致终止上市，是指收购人通过要约收购等方式，使上市公司股权过于集中，不再符合证券交易所规定的上市交易要求，而终止上市，变成一家非上市公司的过程。

因收购导致上市公司终止上市，需要履行相关的程序，处理好后续事宜，保护好剩余投资者的利益。为此，本条规定：

一、上市公司被收购导致终止上市的程序

1. 终止上市的原因，是被收购公司股权分布不符合证券交易所规定的上市交易要求。收购人收购目标公司的股份，可能导致被收购的上市公司股权过于集中，不适合继续在证券交易所上市交易，就需要按照规定终止上市。2005 年证券法第五十六条对终止上市的情形作了规定，此次修改证券法，将终止上市的情形交由证券交易所另行规定（第四十八条）。

2. 终止上市的时间，是在收购期限届满时，即收购要约规定的收购期限到期，收购行为完成时。

3. 终止上市决定由证券交易所依法作出。终止上市不只是上市公司的私人行为，还涉及广大投资者，事关证券交易所的交易标的、交易秩序，应当由证券交易所依法作出决定，删除其在证券交易所的交易代码等。

二、强制受让股份

强制受让股份，是指收购期限届满，被收购的上市公司股权分布不符合上市条件，股票在证券交易所终止了上市交易，其余仍持有被收购的上市公司股票的股东向收购人提出以收购要约的同等条件出售其股票，收购人必须收购。

当收购人及其一致行动人持有被收购的上市公司的绝大多数股份，使该公司的股权分布不符合上市条件的时候，意味着收购人实际上已经完全控制了被收购的上市公司，其余仍持有被收购的上市公司股票的股东，已经处于明显的少数。收购人作为被收购的上市公司的控股股东或者实际控制人，有可能会利用优势地位，损害小股东的利益。本条规定强制受让股份，给予了小股东在公司被终止上市以后卖出其所持有的股票的机会，有利于保护这些小股东的利益。

三、企业形式变更

1. 变更企业形式的原因。公司法规定了设立股份有限公司的条件，收购人收购上市公司的股份导致被收购公司不再具备股份有限公司的设立条件，被收购的上市公司应当变更为其他形式的企业。例如，公司法第七十八条规定，设立股份有限公司，应当有二人以上二百人以下为发起人；如果收购人收购了被收购的上市公司的全部股份，被收购的上市公司的股东只有收购人一人，就应当将股份有限公司的形式变更为其他形式的企业。

2. 变更企业形式的时间，应当在收购完成之后，即收购人与被收购的上市公司同意出售其所持有的股份的股东进行了股权转让之后。

3. 变更企业形式的范围。依现行法律的规定，股份有限公司变更成为其他企业形式时，既可以变更为有限责任公司，也可以变更为法律、行政法规规定的有限责任公司形式以外的企业形式。股份有限公司变更企业形式应当办理变更登记。

4. 变更企业形式后债权债务的继承。股份有限公司变更企业形式后，股份有限公司的债权债务由新的企业继承。

相关规定

《中华人民共和国证券法》第四十八条、第一百九十六条。

第七十五条　在上市公司收购中，收购人持有的被收购的上市公司的股票，在收购行为完成后的十八个月内不得转让。

条文主旨

本条是关于收购人持有的被收购公司的股票在法定期限内不

得转让的规定。

立法背景

1998年证券法规定，在上市公司收购中，收购人对所持有的被收购的上市公司的股票，在收购行为完成后的六个月内不得转让。2005年修改证券法，为了防止利用上市公司收购操纵证券市场，更好保护中小投资者的合法权益，将限制转让期延长至12个月。此次修改进一步延长至18个月。

条文解读

上市公司收购是收购人为了获得或者巩固对被收购的上市公司的控制权而采取的行动。因此，收购人收购上市公司的股票后，必然要在一定期间内支配被收购的上市公司，不会在很短的期限内立即转让被收购的上市公司的股票。但是，有些机构、个人出于操纵该上市公司股票的市场行情，阻碍与之存在竞争关系的上市公司的正常经营等目的，往往在短时间内大量的买进或卖出该股票，假借上市公司收购的合法形式掩盖其违法目的。广大的中小股东和其他社会公众不了解大股东操纵市场的动机，无法把握证券市场的动向，很可能因此遭受损失。从防范操纵市场、保护广大中小股东和其他社会公众的合法利益出发，有必要在一定的期间内限制收购人转让其所持被收购的上市公司股票。需要强调的是，在限制转让期内，收购人不但不得转让其新收购的股票，也不得转让其在收购前持有的被收购的上市公司的股票。

收购人转让其持有的被收购的上市公司股票的限制期限是18个月，期限的起算点是收购行为完成之后。收购行为完成，在要约收购中是指收购期限届满办理完有关手续，在协议收购中是指收购协议生效后办理了清算交割，在其他合法的收购方式中则应当依具体的情况而定。

相关规定

《中华人民共和国证券法》第四章、第一百九十六条。

第七十六条 **收购行为完成后，收购人与被收购公司合并，并将该公司解散的，被解散公司的原有股票由收购人依法更换。**

收购行为完成后，收购人应当在十五日内将收购情况报告国务院证券监督管理机构和证券交易所，并予公告。

条文主旨

本条是关于收购行为完成后收购人更换股票、报告和公告义务的规定。

立法背景

1998 年证券法第九十二条、第九十三条对收购行为完成后收购人更换股票、报告和公告义务作了规定。2005 年修改证券法，主要作了个别文字修改。此次修改主要是将这两条合并为一条。

条文解读

一、收购行为完成后，收购人与被收购公司合并，并将该公司解散的，被解散公司的原有股票由收购人依法更换

收购行为完成后，需要更换被收购的上市公司的股票的情形是，收购人购入被收购的上市公司的具有控制权的股份，通过股东大会决议，将被收购的上市公司与收购人合并，解散被收购的上市公司。

收购人与被收购的上市公司合并，被收购的上市公司解散，成为收购人的一部分，其股东成为收购人的出资人，收购人应当给这部分出资人签发证明其对本企业出资的证明文件。收购人签发的出资证明依据收购人采用的企业形式的不同，适用不同的程序。但是不管是什么样的程序，都必须注销被收购的上市公司的股东所持有的被收购的上市公司的股票。

二、收购行为完成后，收购人应当在15日内将收购情况报告国务院证券监督管理机构和证券交易所，并予公告

1. 要求收购人在收购行为结束后报告和公告的目的。收购行为结束后，收购人应当在15日内将收购情况报告国务院证券监督管理机构和证券交易所。收购人的收购行为是否合法，是证券监督管理机构和证券交易所需要及时了解的，收购人及时将收购的情况报告证券监督管理机构和证券交易所，能够让他们及时确定收购活动是否合乎法律、行政法规和证券交易所规则的规定。收购人在收购结束后的公告义务，是指收购行为结束后，收购人应当在15日内将收购情况向社会公众公布。收购结果如何将影响广大投资者的判断和决策，收购人向社会公布收购的情况，能使广大投资者了解收购的结果，便于他们根据这一信息作出投资判断和决策。

2. 报告和公告的对象。收购人应当向证券监督管理机构和证券交易所同时报告，收购人报告的证券交易所，应当是被收购的上市公司的股票上市交易的证券交易所。同时，收购人应当发布公告，便于广大投资者了解信息。

3. 报告和公告的内容。收购人报告和公告的应当是收购的情况，而不是与收购情况无关的信息。收购人报告和公告的收购情况应当真实、准确、完整。所谓真实，是指公告的收购情况必须反映实际情况，不得弄虚作假；所谓准确，是指公告收购情况的陈述和提供的数据与实际情况应当符合；所谓完整，是指报告收购情况时应当没有遗漏。

4. 报告和公告的期限。收购人应当在收购行为结束后的15天内，履行其报告和公告义务。收购人未按时报告和公告，应当承担相应的法律责任。

相关规定

《中华人民共和国证券法》第一百九十六条。

第七十七条　国务院证券监督管理机构依照本法制定上市公司收购的具体办法。

上市公司分立或者被其他公司合并，应当向国务院证券监督管理机构报告，并予公告。

条文主旨

本条是关于制定上市公司收购具体办法和上市公司分立合并的规定。

立法背景

2005年修改证券法，在第一百零一条中增加规定，国务院证券监督管理机构应当依照本法的原则制定上市公司收购的具体办法。此次修改增加了第二款关于上市公司分立合并的规定。

条文解读

一、国务院证券监督管理机构依照本法制定上市公司收购的具体办法

本法对上市公司收购的方式、程序、收购人义务等作了规定，但是仍比较原则；为了更好地满足当前和今后规范上市公司收购、促进上市公司收购有序开展的需要，本条第一款规定，国务院证券监督管理机构应当制定上市公司收购的具体办法，对上市公司收购作出更为详细具体的规定。制定上市公司收购的具体办法不仅是国务院证券监督管理机构的一项法定权利，也是一项法定义务。国务院证券监督管理机构制定上市公司收购具体办法时，应当依照本法规定的原则制定，不得违背本法的有关规定。

二、上市公司分立或者被其他公司合并，应当向国务院证券监督管理机构报告，并予公告

上市公司分立或者被其他公司合并，可能因为上市公司股权结构等重大变化而对股票价格造成重大影响，影响广大投资者的合法权益。因此，本条第二款参照对上市公司收购的管理，对上市公司分立或者被其他公司合并的信息披露提出基本要求：一是应当向国务院证券监督管理机构报告，以便于国务院证券监督管理机构及时发现违法违规买卖股份行为，及时采取监督管理措施，维护证券市场秩序；二是应当予以公告，确保证券市场的信息公开透明，以便于投资者及时了解情况，采取应对措施，防止中小股东利益受到损害。

相关规定

《中华人民共和国证券法》第四章。

第五章　信息披露

第七十八条　发行人及法律、行政法规和国务院证券监督管理机构规定的其他信息披露义务人，应当及时依法履行信息披露义务。

信息披露义务人披露的信息，应当真实、准确、完整，简明清晰，通俗易懂，不得有虚假记载、误导性陈述或者重大遗漏。

证券同时在境内境外公开发行、交易的，其信息披露义务人在境外披露的信息，应当在境内同时披露。

条文主旨

本条是关于信息披露原则的规定。

立法背景

1998 年证券法第五十九条对“公司公告的股票或者公司债券的发行和上市文件”必须真实、准确、完整作了规定。2005 年修改证券法，扩大了信息披露的范围，调整为“发行人、上市公司依法披露的信息”。此次修改证券法，一是扩大了信息披露义务主体范围，由“发行人、上市公司”扩大至“发行人及法律、行政法规和国务院证券监督管理机构规定的其他信息披露义务人”，统称“信息披露义务人”；二是在第一款增加了及时披露、依法披露要求；三是增加规定，信息披露应当“简明清晰，通俗易懂”；四是增加第三款关于同时披露的规定。

条文解读

一、信息披露制度

信息披露制度，是指为了保护投资者合法权益，证券市场上的相关主体在证券的发行、上市、交易等环节中，依照法律、行政法规、国务院证券监督管理机构的规定，将公司的经营、财务等对证券价格有重要影响的信息，向社会公告的制度。完善的信息披露制度是证券市场健康发展的基础，有利于投资者及时、充分获得投资决策所需的信息，保护投资者合法权益；有利于加强证券市场监管，维护健康稳定的市场环境；有利于改进上市公司经营管理，提高证券市场效率。

理解信息披露制度，需要重点把握以下几点：

1. 信息披露的主体，即信息披露义务人，包括发行人及法律、行政法规和国务院证券监督管理机构规定的其他信息披露义务人。信息披露义务人中最典型的是“发行人”，包括发行证券时的发行人和发行证券后的发行人（上市公司）。此外，法律、行政法规和国务院证券监督管理机构还对其他信息义务人作了规定。例如，按照本法第六十三条的规定，投资者及其一致行动人持有一个上市公司已发行的有表决权股份达到5%时，以及此后其所持该上市公司已发行的有表决权股份比例每增加或者减少5%、1%时，都应当履行信息披露义务，这时投资者及其一致行动人就是信息披露义务人。

2. 信息披露义务按时间划分，包括证券发行时的信息披露和证券发行后的持续信息披露；持续信息披露又包括定期信息披露（年度报告、中期报告）和公司遇到重大事件时的临时信息披露。

3. 应当进行信息披露的内容，是投资者作出价值判断和投资决策所必需的有关信息。

二、信息披露原则

（一）信息披露义务人应当及时依法履行信息披露义务。具体要求包括：

1. 及时披露义务。也称为时效性标准，是指信息披露义务人应当以最快的速度披露其信息，并保持所披露信息处于最新状态。要求信息披露及时，可以使市场行情根据最新信息及时作出调整，使投资者根据最新信息及市场行情变化及时作出投资决策。按照及时性要求，发行人不得在公告公开发行募集文件前发行证券，定期披露应当在法定时限内披露，临时报告应当“立即”披露。例如，本法第七十九条规定，年度报告应当在每一会计年度结束之日起 4 个月内报送并公告，中期报告应当在每一会计年度的上半年结束之日起 2 个月内报送并公告。

2. 依法披露义务。主要是指信息披露应当符合法律、行政法规和国务院证券监督管理机构的规定，特别是其内容、格式和程序等应当遵守上述规定。例如，本法第八十条、第八十一条对应当临时披露的重大事件作了明确列举，发行人有相关情形的，都应当依法披露。又如，中国证监会发布了《上市公司信息披露管理办法》、公开发行证券的公司信息披露编报规则系列文件、公开发行证券的公司信息披露内容与格式准则系列文件等，对披露什么和如何披露等都作了明确，信息披露义务人都应当遵守。

（二）信息披露义务人披露的信息，应当真实、准确、完整，简明清晰，通俗易懂，不得有虚假记载、误导性陈述或者重大遗漏。这是对信息披露内容提出的要求，具体包括：

1. 真实性。是指披露的信息内容必须如实反映发行人和证券交易有关的客观实际情况，不得有虚假记载。真实性是信息披露的根本要求和前提假设，信息披露真实，证券价格才可能接近其价值，也才能最大限度地保护投资者的合法权益。

2. 准确性。是指信息披露义务人披露信息时，对有关情况所作的陈述和提供的数据与实际情况应当符合，或者是合乎逻辑的推测，其内容、表述方式应当确切，不得有误导性陈述。准确性强调的是信息发布者与信息接受者之间对同一信息在理解上应当具有一致性。也就是说，对所披露信息的描述应当客观中立，不能对有关情况作出偏颇、加重、贬抑的表述，不能使用含混不清、有歧义的语言，不能将未经核验的重大不确定信息作为确定的信息进行披露。

3. 完整性。也称为充分性标准，是指披露信息的文件应当齐全，符合法定要求，每份文件的内容应当完整，不得有重大遗漏。信息披露的完整性，对正确分析发行人的状况十分重要，否则容易导致投资者得出错误的结论。因此，信息披露时不能缺项、漏项，不能回避公司的弱项、不利信息。需要说明的是，信息披露应当具有完整性，是指信息披露义务人应当完整披露对证券交易价格和投资决策有重大影响的信息，而不是要求公司事无巨细都必须披露，那样会过度加重上市公司的成本，也容易造成信息过度冗余，不利于投资者发现有价值的信息。

4. 可理解性。即信息披露的内容应当简明清晰，通俗易懂，便于普通投资者理解。如果所披露的信息文件冗长、晦涩难懂、使用过多的专业术语或者行业术语，将会使投资者难以准确理解所披露的信息，在一定程度上干扰投资者的投资决策，降低信息披露的效果。特别是我国证券市场主要以中小投资者为主，从投资者保护的角度考量，更应当强调所披露的信息应当简明清晰，通俗易懂，便于投资者理解。

同时，本条第二款还从反面对信息披露应当具有真实性、准确性、完整性、可理解性作出重申，即不得有虚假记载、误导性陈述或者重大遗漏。信息披露义务人披露的信息是投资者作出投资决策的主要依据。如果披露的信息有虚假记载、误导性陈述或者重大遗漏，就会使投资者作出错误的判断，使其利益受到损失，就会破坏正常交易秩序，甚至影响到社会稳定。因此，信息披露义务人披露的信息不得有虚假记载、误导性陈述或者重大遗漏。否则，就要承担相应的法律责任，例如，本法第八十五条对其民事赔偿责任作了规定，第一百九十七条对其行政责任作了规定。

（三）证券同时在境内境外公开发行、交易的，其信息披露义务人在境外披露的信息，应当在境内同时披露。我国允许境内上市公司同时到境外上市，也允许境外上市公司到境内上市、发行存托凭证。证券在境外公开发行、交易的，应当遵守境外的信息披露规定，在境内公开发行、交易的，应当遵守境内的信息披露规定，但二者的要求可能不一致。为防止上市公司在境外披露的信息多于在境内披露的信息，使境内投资者在投资决策时处于比境外投资者不利的地位，本条第三款明确要求，信息披露义务人在境外披露的信息，应当在境内同时披露。

相关规定

《中华人民共和国证券法》第二十条、第二十三条、第四章、第五章、第一百八十一条、第一百九十七条。

第七十九条　上市公司、公司债券上市交易的公司、股票在国务院批准的其他全国性证券交易场所交易的公司，应当按照国务院证券监督管理机构和证券交易场所规定的内容和格式编制定期报告，并按照以下规定报送

和公告：

（一）在每一会计年度结束之日起四个月内，报送并公告年度报告，其中的年度财务会计报告应当经符合本法规定的会计师事务所审计；

（二）在每一会计年度的上半年结束之日起二个月内，报送并公告中期报告。

条文主旨

本条是关于定期报告的规定。

立法背景

1998 年证券法第六十条、第六十一条对股票或者公司债券上市交易的公司向国务院证券监督管理机构和证券交易所提交并公告中期报告、年度报告的时间和内容作了规定。2005 年修改证券法，增加了年度报告中应当包括“公司的实际控制人”的规定，并作了个别文字修改。此次修改证券法，一是将两条合并，将中期报告和年度报告统称“定期报告”。二是删除了对中期报告和年度报告内容的法定要求，改为“应当按照国务院证券监督管理机构和证券交易场所规定的内容和格式编制定期报告”。三是增加信息报告义务主体，在“上市公司”和“公司债券上市交易的公司”基础上增加“股票在国务院批准的其他全国性证券交易场所交易的公司”（“新三板”挂牌公司）。四是增加规定，“年度财务会计报告应当经符合本法规定的会计师事务所审计”。

条文解读

定期报告，是上市公司依照法定要求，在法定期限内制作完毕并报送和公告的公司文件。理解定期报告制度，应当把握以下几点：

1. 定期报告的义务主体包括上市公司、公司债券上市交易的公司、股票在国务院批准的其他全国性证券交易场所交易的公司（“新三板”挂牌公司）。

2. 定期报告的形式包括年度报告和中期报告。年度报告是指每个会计年度结束时，由上市公司依法制作并报送和公告的，反映公司本会计年度基本经营状况、财务状况等重大信息的法律文件。中期报告是指上市公司依法制作并报送和公告的，反映公司本会计年度前 6 个月的经营与财务状况，并向投资者提供预测该会计年度业绩及状况等重大信息的法律文件。

3. 定期报告应当按照国务院证券监督管理机构和证券交易场所规定的内容和格式编制。此次修改证券法，删除了对中期报告和年度报告内容的法定要求，交由国务院证券监督管理机构和证券交易所规定。实践中，国务院证券监督管理机构发布了《上市公司信息披露管理办法》《公开发行证券的公司信息披露内容与格式准则第 2 号——年度报告的内容与格式》《公开发行证券的公司信息披露内容与格式准则第 3 号——半年度报告的内容与格式》《公开发行证券的公司信息披露内容与格式准则第 38 号——公司债券年度报告的内容与格式》《公开发行证券的公司信息披露内容与格式准则第 39 号——公司债券半年度报告的内容与格式》等文件；上海证券交易所、深圳证券交易所、全国中小企业股份转让系统有限责任公司也分别发布了信息披露指引，信息披露义务人都应当遵守。

4. 定期报告的时间分别是：年度报告应当在每一会计年度结束之日起 4 个月内披露；中期报告应当在每一会计年度的上半年结束之日起 2 个月内披露。

5. 定期报告的方式包括两个方面：一是向国务院证券监督管理机构和证券交易场所报送。二是向社会公告。根据本法第八十六条的规定，依法披露的信息，应当在证券交易场所的网站和符合国务院证券监督管理机构规定条件的媒体发布，同时将其置备于公司住所、证券交易场所，供社会公众查阅。

6. 年度报告中的年度财务会计报告应当经符合本法规定的会计师事务所审计。

相关规定

《中华人民共和国证券法》第七十八条、第八十二条、第八十三条、第八十五条至第八十七条、第一百九十七条。

第八十条 发生可能对上市公司、股票在国务院批准的其他全国性证券交易场所交易的公司的股票交易价格产生较大影响的重大事件，投资者尚未得知时，公司应当立即将有关该重大事件的情况向国务院证券监督管理机构和证券交易场所报送临时报告，并予公告，说明事件的起因、目前的状态和可能产生的法律后果。

前款所称重大事件包括：

（一）公司的经营方针和经营范围的重大变化；

（二）公司的重大投资行为，公司在一年内购买、出售重大资产超过公司资产总额百分之三十，或者公司营业用主要资产的抵押、质押、出售或者报废一次超过该资产的百分之三十；

（三）公司订立重要合同、提供重大担保或者从事关联交易，可能对公司的资产、负债、权益和经营成果产生重要影响；

（四）公司发生重大债务和未能清偿到期重大债务的违约情况；

（五）公司发生重大亏损或者重大损失；

（六）公司生产经营的外部条件发生的重大变化；

（七）公司的董事、三分之一以上监事或者经理发生变动，董事长或者经理无法履行职责；

（八）持有公司百分之五以上股份的股东或者实际控制人持有股份或者控制公司的情况发生较大变化，公司的实际控制人及其控制的其他企业从事与公司相同或者相似业务的情况发生较大变化；

（九）公司分配股利、增资的计划，公司股权结构的重要变化，公司减资、合并、分立、解散及申请破产的决定，或者依法进入破产程序、被责令关闭；

（十）涉及公司的重大诉讼、仲裁，股东大会、董事会决议被依法撤销或者宣告无效；

（十一）公司涉嫌犯罪被依法立案调查，公司的控股股东、实际控制人、董事、监事、高级管理人员涉嫌犯罪被依法采取强制措施；

（十二）国务院证券监督管理机构规定的其他事项。

公司的控股股东或者实际控制人对重大事件的发生、进展产生较大影响的，应当及时将其知悉的有关情况书面告知公司，并配合公司履行信息披露义务。

条文主旨

本条是关于上市公司、股票在国务院批准的其他全国性证券交易场所交易的公司的临时报告义务的规定。

立法背景

1998年证券法第六十二条对上市公司临时报告义务作了规定，并列举了11项“重大事件”。2005年修改证券法，一是增加了临时报告的具体要求，将“说明事件的实质”修改为“说明事件的起因、目前的状态和可能产生的法律后果”；二是完善了重大事件范围，增加至12项，并将其中的兜底条款由“法律、行政法规规定的其他事项”修改为“国务院证券监督管理机构规定的其他事项”。此次修改，一是扩大了信息披露义务主体，在“上市公司”基础上增加“股票在国务院批准的其他全国性证券交易场所交易的公司”。二是进一步完善了信息披露事项：将“重大的购置财产的决定”修改为“公司在一年内购买、出售重大资产超过公司资产总额百分之三十”；将公司涉嫌犯罪被“司法机关”立案调查，公司董事、监事、高级管理人员涉嫌犯罪被“司法机关”采取强制措施，修改为被“依法”立案调查、采取强制措施，以包含司法机关和国家监察机关；增加“公司营业用主要资产的抵押、质押、出售或者报废一次超过该资产的百分之三十”；“提供重大担保或者从事关联交易”；公司的“董事长或者经理无法履行职责”；“公司的实际控制人及其控制的其他企业从事与公司相同或者相似业务的情况发生较大变化”；“公司分配股利、增资的计划，公司股权结构的重要变化”；公司“依法进入破产程序、被责令关闭”；涉及公司的重大“仲裁”；公司的“控股股东、实际控制人”被依法采取强制措施等情形。三是增加第二款关于公司的控股股东、实际控制人配合公司履行信息披露义务的规定。

条文解读

一、上市公司、“新三板”挂牌公司的临时报告义务

在证券交易中，有关上市公司、“新三板”挂牌公司的信息，特别是关于公司发生重大变化的信息，会对股票交易价格产生影响，甚至会引起股票价格的大幅度波动，如果投资者不能及时、公平地获得这些信息，就可能因此遭受损失。为了使所有的投资者都能够及时平等地了解上市公司的有关信息，保证公平、公正、公开原则的实现，本条第一款对上市公司、“新三板”挂牌公司的临时报告义务作了规定。理解该款规定，应当把握以下几点：（1）临时报告的义务主体，既包括上市公司，也包括“新三板”挂牌公司。（2）临时报告的触发事由包括两个方面：一是发生对该公司的股票交易价格产生较大影响的重大事件；二是投资者尚未得知。（3）临时报告的时间，是公司应当立即报告并公告。（4）临时报告的方式，是公司将有关该重大事件的情况向国务院证券监督管理机构和证券交易场所报送，并予公告。（5）临时报告的内容，应当包括说明重大事件的起因、目前的状态和可能产生的法律后果。

相比于定期报告，临时报告具有以下特点：一是及时性、公平性要求更高。定期报告的披露期限较长，而且其中的很多信息投资者在公司披露前已经知悉；而临时报告要求在重大事件发生、投资者尚未得知时立即披露，以确保所有投资者及时、公平地获得信息。二是对短期投资影响更大。定期报告主要披露公司整体的股权结构、经营情况、财务数据等信息，对判断公司长期投资价值更具有意义；而临时报告披露的重大事件可能立即对公

司的股票交易价格产生较大影响。因此，对短期投资更具有价值，在我国这种以散户为主的市场更应当高度重视。

二、上市公司、“新三板”挂牌公司应当披露的“重大事件”

根据本条第二款的规定，重大事件包括下列情况：

（1）公司的经营方针和经营范围的重大变化。经营方针是指公司进行经营活动的方向和最终要达到的目标。经营范围是指公司生产经营的商品类别、品种及服务项目，反映企业法人业务活动的内容和生产经营方向。公司的经营方针和经营范围的重大变化。例如，公司主营业务由传统行业转向互联网行业，可能存在较大的不确定性，可能对公司的股票交易价格产生较大影响，应当进行临时报告。

（2）公司的重大投资行为，公司在一年内购买、出售重大资产超过公司资产总额的30%，或者公司营业用主要资产的抵押、质押、出售或者报废一次超过该资产的30%。其中，重大投资行为是指公司进行数额较大的投资或者对公司的经营将产生重大影响的项目进行投资等行为。本项规定的情形都可能造成公司资产的较大变化。公司的资产是指公司拥有或者控制的，预期会给企业带来经济利益的资源。公司的资产直接关系到公司的持续经营能力、盈利能力，如果发生重大变化，可能对公司的股票交易价格产生较大影响，应当进行临时报告。

（3）公司订立重要合同、提供重大担保或者从事关联交易，可能对公司的资产、负债、权益和经营成果产生重要影响。其中，“提供重大担保”既包括为公司自己的债务提供重大担保，也包括为他人的债务提供重大担保。“关联交易”是指公司与在本公司直接或间接占有权益、存在利害关系的关联方之间所进行的交易。需要注意的是，公司订立的合同、提供的担保，并不是一律要进行临时报告，只有具有重大性，才需要进行临时报告；而公司从事关联交易，则没有重大性限定。“资产”是指公司拥有或者控制的，预期会给企业带来经济利益的资源。“负债”是指由过去或现在已发生的经济业务所引起，使公司负有在当前或未来某个具体的或可确定的时间用现金、劳务或其他资产进行偿付的经济责任。“权益”是指公司的全部资产扣除全部负债后的金额。“经营成果”是指公司在一定时期内从事生产经营活动所取得的利润或发生的亏损。公司订立重要合同、提供重大担保或者从事关联交易，可能对公司的资产、负债、权益和经营成果产生重要影响的，可能进而对公司的股票交易价格产生较大影响，应当进行临时报告。

（4）公司发生重大债务和未能清偿到期重大债务的违约情况。公司发生重大债务，就意味着公司将要以较大数额的资产清偿债务，从而造成公司资产的减少，有可能影响公司的经营。公司未能清偿到期重大债务，其后果可能是被依法强制执行甚至被宣告破产。所以，公司发生重大债务和未能清偿到期重大债务的违约情况，可能进而对公司的股票交易价格产生较大影响，应当进行临时报告。

（5）公司发生重大亏损或者重大损失。重大亏损是指公司发生的对公司有重大影响的净损失。公司一旦发生了重大亏损或者重大损失时，必然会影响公司的经营能力、偿债能力，影响到股东、债权人的利益，从而可能对上市公司股票交易价格产生较大的影响，因此应当进行临时报告。

（6）公司生产经营的外部条件发生的重大变化。公司生产经营的外部条件是指非公司本身，而是在公司以外的、影响公司生产经营的各种条件。公司在进行生产经营时，其经营成果的好坏不仅要受到公司本身的决策、管理等内部因素的影响，而且要受到各种外部条件如银行利率的调整、国家产业政策的变化等的影响。公司生产经营的外部条件发生重大变化，会对公司的生产经营产生直接影响，从而可能对上市公司股票交易价格产生较大的影响，因此应当进行临时报告。

（7）公司的董事、1/3 以上监事或者经理发生变动，董事长或者经理无法履行职责。根据公司法的规定，董事会是公司的决策机关，负责行使公司经营决策权和管理权；监事会代表全体股东对公司经营管理进行监督，是公司的监督机关。董事长召集和主持董事会会议，检查董事会决议的实施情况；经理是公司的执行机关，负责公司具体事务的执行和日常经营管理。因此，公司董事、监事、董事长和经理对公司的运行具有重要的影响。当公司的董事、1/3 以上监事或者经理发生变动时，公司的生产经营能力、管理水平等都可能发生较大变化；当董事长或者经理无法履行职责时，公司的生产经营活动就可能出现困难，这些都可能对上市公司股票交易价格产生较大的影响，因此应当进行临时报告。

（8）持有公司 5% 以上股份的股东或者实际控制人持有股份或者控制公司的情况发生较大变化，公司的实际控制人及其控制的其他企业从事与公司相同或者相似业务的情况发生较大变化。实际控制人，是指虽不是公司的股东，但通过投资关系、协议或者其他安排，能够实际支配公司行为的人。由于上市公司的股份可能较为分散，持有公司 5% 以上股份的股东，对公司的生产经营有举足轻重的影响。持有公司 5% 以上股份的股东或者实际控制人持有或者控制的股份情况发生较大变化，就可能对公司的生产经营决策产生较大影响；公司的实际控制人及其控制的其他企业从事与公司相同或者相似业务的情况发生较大变化，会导致公司的竞争环境发生较大变化，实际控制人对公司的经营决策发生较大变化；这些都很可能对上市公司股票交易价格产生较大的影响，因此应当进行临时报告。

（9）公司分配股利、增资的计划，公司股权结构的重要变化，公司减资、合并、分立、解散及申请破产的决定，或者依法进入破产程序、被责令关闭。公司分配股利，是指公司向股东分派股利，是企业利润分配的一种形式。公司增资，是指公司依照法定条件和程序，增加公司的资本总额。公司股权结构的重要变化，是指股份公司总股本中，不同性质的股份所占的比例及其相互关系发生的重要变化，特别是股权集中度、股权构成发生的重大变化。公司减资，是指公司依照法定条件和程序，减少公司的资本总额。公司合并，是指两个或两个以上的公司订立合并协议，合并为一个公司的法律行为。公司分立，是指一个公司分为两个或两个以上的公司的法律行为。公司解散，是指公司因发生法律或章程规定的解散事由而停止业务活动，并进行清算，最后可能使公司终止的法律行为。公司破产，是指公司因严重亏损，不能清偿到期债务，由法院依据公司或债权人的申请，按法定程序对公司财产进行清算的法律制度。公司被责令关闭，是指公司有严重违法行为，被有关主管部门责令关闭。上述情形都会对公司的生产经营活动产生较大影响，进而可能对上市公司股票交易价格产生较大的影响，因此应当进行临时报告。

（10）涉及公司的重大诉讼、仲裁，股东大会、董事会决议被依法撤销或者宣告无效。涉及公司的重大诉讼、仲裁，是指与公司有关，其结果将对该公司造成重大影响的诉讼、仲裁活动。公司法规定，公司股东大会、董事会的决议内容违反法律、行政法规的无效。股东大会、董事会的会议召集程序、表决方式违反法律、行政法规或者公司章程，或者决议内容违反公司章程的，股东可以自决议作出之日起六十日内，请求人民法院撤销。由于股东大会、董事会所决议的事项，都是公司的重要事项，在股东大会、董事会作出决议以后，法院依法撤销其决议或者宣告无效，可能对公司生产经营活动造成较大影响。这些情形都可能对公司股票交易价格产生较大的影响，因此应当进行临时报告。

（11）公司涉嫌犯罪被依法立案调查，公司的控股股东、实际控制人、董事、监事、高级管理人员涉嫌犯罪被依法采取强制措施。公司涉嫌犯罪被立案调查，很可能影响公司经营状况；公司的经营管理活动，是要靠其控股股东、实际控制人、董事、监事、高级管理人员来进行的，一旦这些人员由于涉嫌犯罪被司法机关拘留或逮捕，可能会使公司的经营管理活动陷入混乱，影响到公司的生产经营。这些情形都可能对公司生产经营活动造成较大影响，可能对公司股票交易价格产生较大的影响，因此应当进行临时报告。需要说明的是，此处的涉嫌犯罪“被依法立案调查”“被依法采取强制措施”，既包括被司法机关立案调查、采取强制措施，也包括被监察机关立案调查、采取强制措施。

（12）国务院证券监督管理机构规定的其他事项。除上述事项外，还可能存在其他一些可能对上市公司股票交易价格产生较大影响的事项，本条无法逐一列举，因而授权国务院证券监督管理机构规定。

三、控股股东、实际控制人的信息告知和配合披露义务

实践中，对上市公司、“新三板”挂牌公司的股票交易价格产生重大影响的许多事项，一般发生或决定于其控股股东或实际控制人层面。如果控股股东、实际控制人怠于告知公司相关信息，将使公司及其他投资者无法及时获悉相关信息。因此，本条第三款规定，公司的控股股东或者实际控制人对重大事件的发生、进展产生较大影响的，应当及时将其知悉的有关情况书面告知公司，并配合公司履行信息披露义务。理解这一规定，需要把握以下几点：第一，控股股东、实际控制人的信息告知和配合披露义务的前提是其对重大事件的发生、进展产生较大影响。第二，控股股东或者实际控制人的义务包括两个方面，一是信息告知义务，即应当及时将其知悉的有关情况书面告知公司；二是配合披露义务，即配合公司履行信息披露义务。

相关规定

《中华人民共和国证券法》第五十二条。

第八十一条 发生可能对上市交易公司债券的交易价格产生较大影响的重大事件，投资者尚未得知时，公司应当立即将有关该重大事件的情况向国务院证券监督管理机构和证券交易场所报送临时报告，并予公告，说明事件的起因、目前的状态和可能产生的法律后果。

前款所称重大事件包括：

（一）公司股权结构或者生产经营状况发生重大变化；

（二）公司债券信用评级发生变化；

（三）公司重大资产抵押、质押、出售、转让、报废；

（四）公司发生未能清偿到期债务的情况；

（五）公司新增借款或者对外提供担保超过上年末净资产的百分之二十；

（六）公司放弃债权或者财产超过上年末净资产的百分之十；

（七）公司发生超过上年末净资产百分之十的重大

损失；

（八）公司分配股利，作出减资、合并、分立、解散及申请破产的决定，或者依法进入破产程序、被责令关闭；

（九）涉及公司的重大诉讼、仲裁；

（十）公司涉嫌犯罪被依法立案调查，公司的控股股东、实际控制人、董事、监事、高级管理人员涉嫌犯罪被依法采取强制措施；

（十一）国务院证券监督管理机构规定的其他事项。

条文主旨

本条是关于公司债券上市交易的公司的临时报告义务的规定。

立法背景

本条是新增加的规定。此前的证券法仅针对上市交易的股票规定了临时报告披露义务，没有对公司债券上市交易的公司的临时报告披露义务作出规定。鉴于债券信息披露要求、重点与股票不尽相同，有必要对上市交易公司债券的交易价格产生较大影响的重大事件的临时报告义务作出单独规定。

条文解读

一、公司债券上市交易的公司的临时报告义务

在证券交易中，有关公司债券上市交易的公司的信息，特别是关于该公司发生重大变化的信息，会对债券交易价格产生影响，甚至会引起债券价格的大幅度波动，如果投资者不能及时、公平地获得这些信息，就可能因此遭受损失。为了使所有的投资

者都能够及时平等地了解上市公司的有关信息，保证公平、公正、公开原则的实现，本条第一款对公司债券上市交易的公司的临时报告义务作了规定。理解该规定，应当把握以下几点：（1）临时报告的义务主体，是公司债券上市交易的公司。（2）临时报告的触发事由包括两个方面：一是发生对该公司的债券交易价格产生较大影响的重大事件；二是投资者尚未得知。（3）临时报告的时间，是公司应当立即报告并公告。（4）临时报告的方式，是公司将有关该重大事件的情况向国务院证券监督管理机构和证券交易场所报送，并予公告。（5）临时报告的内容，应当包括说明重大事件的起因、目前的状态和可能产生的法律后果。

二、公司债券上市交易的公司应当披露的“重大事件”

根据本条第二款的规定，重大事件包括下列情况：

（1）公司股权结构或者生产经营状况发生重大变化。公司股权结构发生重大变化，是指股份公司总股本中，不同性质的股份所占的比例及其相互关系发生的重大变化，特别是股权集中度、股权构成发生重大变化。公司生产经营状况发生重大变化，如公司的经营方针、经营范围或者生产经营的外部条件发生重大变化等。这些变化都可能对公司的债券交易价格产生较大影响，应当进行临时报告。

（2）公司债券信用评级发生变化。公司债券信用评级，是指由资信评级机构对公司所发行特定债券按期还本付息的可靠程度进行评估，并标示其信用程度的等级。公司债券信用评级发生变化，表示公司还本付息的可能性发生变化，直接关系到投资者的切身利益，可能对公司的债券交易价格产生较大影响，应当进行临时报告。

（3）公司重大资产抵押、质押、出售、转让、报废。公司的资产是指公司拥有或者控制的，预期会给企业带来经济利益的资源。公司重大资产抵押、质押、出售、转让、报废，直接关系到公司的持续经营能力、盈利能力、偿债能力，可能对公司的债券交易价格产生较大影响，应当进行临时报告。

（4）公司发生未能清偿到期债务的情况。公司未能清偿到期债务，直接表明公司的偿债能力出现问题，其后果可能是被依法强制执行甚至被宣告破产，该公司对投资者购买的由其公开发行的债券到期无法还本付息的可能性上升，可能对公司的债券交易价格产生较大影响，应当进行临时报告。

（5）公司新增借款或者对外提供担保超过上年末净资产的20%。公司新增借款，导致公司债务增加；公司对外提供担保，形成公司或有债务，可能导致公司债务实际增加。"对外提供担保"既包括为公司自己的债务提供重大担保，也包括为他人的债务提供重大担保。如果这种变化超过一定比例（本项设定为上年末净资产的20%），很可能降低该公司对公开发行的公司债券还本付息的能力，可能对公司的债券交易价格产生较大影响，应当进行临时报告。

（6）公司放弃债权或者财产超过上年末净资产的10%。公司放弃债权或者财产，都导致公司可用于还本付息的财产的减少；如果这种变化超过一定比例（本项设定为上年末净资产的10%），很可能降低该公司对公开发行的公司债券还本付息的能力，可能对公司的债券交易价格产生较大影响，应当进行临时报告。

（7）公司发生超过上年末净资产10%的重大损失。公司发生重大损失，导致公司可用于还本付息的财产减少，甚至影响公司的持续经营能力、盈利能力；如果这种变化超过一定比例（本项设定为上年末净资产的10%），很可能降低该公司对公开发行的公司债券还本付息的能力，可能对公司的债券交易价格产生较大影响，应当进行临时报告。

（8）公司分配股利，作出减资、合并、分立、解散及申请破产的决定，或者依法进入破产程序、被责令关闭。分配股利，是指公司向股东分派股利，是企业利润分配的一种形式；公司减资，是指公司依照法定条件和程序，减少公司的资本总额；这些都直接导致公司可用于还本付息的财产减少。公司合并，是指两个或两个以上的公司订立合并协议，合并为一个公司的法律行为；公司分立，是指一个公司分为两个或两个以上的公司的法律行为；公司解散，是指公司因发生法律或章程规定的解散事由而停止业务活动，并进行清算，最后可能使公司终止的法律行为；这些都导致公开发行的债券的偿债主体发生变化，可能影响公司对债券的偿还能力。公司破产，是指公司因严重亏损，不能清偿到期债务，由法院依据公司或债权人的申请，按法定程序对公司财产进行清算，必然导致公开发行的公司债券无法获得足额偿还。公司被责令关闭，是指公司有严重违法行为，被有关主管部门责令关闭；这些都导致公开发行债券的公司主体消灭，必然影响公司债券的偿还。上述情形，都可能对公司的债券交易价格产生较大影响，应当进行临时报告。

（9）涉及公司的重大诉讼、仲裁。涉及公司的重大诉讼、仲裁，是指与公司有关，其结果将对该公司造成重大影响的诉讼、仲裁活动。这可能对公司生产经营活动造成较大影响，可能对公司债券交易价格产生较大的影响，因此应当进行临时报告。

（10）公司涉嫌犯罪被依法立案调查，公司的控股股东、实际控制人、董事、监事、高级管理人员涉嫌犯罪被依法采取强制措施。公司涉嫌犯罪被立案调查，很可能影响公司经营状况；公司的经营管理活动，是要靠其控股股东、实际控制人、董事、监事、高级管理人员来进行的，一旦这些人员由于涉嫌犯罪被依法采取强制措施，可能会使公司的经营管理活动陷入混乱，影响到公司的生产经营。这些情形都可能对公司债券交易价格产生较大的影响，因此应当进行临时报告。需要说明的是，此处的涉嫌犯罪“被依法立案调查”“被依法采取强制措施”，既包括被司法机关立案调查、采取强制措施，也包括被监察机关立案调查、采取强制措施。

（11）国务院证券监督管理机构规定的其他事项。除上述事项外，还可能存在其他一些可能对上市公司债券交易价格产生较大影响的事项，本条无法逐一列举，因此授权国务院证券监督管理机构规定。

相关规定

《中华人民共和国证券法》第五十二条。

第八十二条　发行人的董事、高级管理人员应当对证券发行文件和定期报告签署书面确认意见。

发行人的监事会应当对董事会编制的证券发行文件和定期报告进行审核并提出书面审核意见。监事应当签署书面确认意见。

发行人的董事、监事和高级管理人员应当保证发行人及时、公平地披露信息，所披露的信息真实、准确、完整。

董事、监事和高级管理人员无法保证证券发行文件和定期报告内容的真实性、准确性、完整性或者有异议的，应当在书面确认意见中发表意见并陈述理由，发行

人应当披露。发行人不予披露的，董事、监事和高级管理人员可以直接申请披露。

条文主旨

本条是关于发行人的董事、监事、高级管理人员对发行人信息披露所负义务的规定。

立法背景

2005 年修改证券法，增加了关于上市公司的董事、监事、高级管理人员对发行人信息披露所负义务的规定。此次修改，一是将相关信息披露主体由“上市公司”扩大至“发行人”，同时将相关信息披露文件在“定期报告”基础上增加“证券发行文件”，即明确董事、监事、高级管理人员对证券发行时的信息披露和发行后的持续信息披露都负有义务。二是增加监事义务性规定，“监事应当签署书面确认意见”。三是进一步强化信息披露要求，在“真实、准确、完整”的基础上，增加“及时、公平”的要求。四是增加第四款规定，督促董事、监事、高级管理人员充分发表意见，赋予其充分表达意见的渠道。

条文解读

发行人披露的信息是投资者决定是否以及何时买卖该发行人的证券的主要依据。发行人披露信息的最重要载体就是证券发行文件和定期报告。其中，对公开发行的股票而言，证券发行文件的核心是招股说明书；对公开发行的债券而言，证券发行文件的核心是公司债券募集办法；公司的定期报告主要是指公司的年度报告、中期报告。在发行人编制证券发行文件和定期报告过程中，发行人的董事、监事、高级管理人员作为公司的经营管理者、监督者发挥着关键的作用。为了保证发行人信息披露的真实、准确、完整，保证投资者及时、公平地获得发行人的应当披露的信息，本条对发行人的董事、监事、高级管理人在发行人信息披露过程中所负的义务作出了明确规定。主要有：

一、发行人的董事、高级管理人员应当对证券发行文件和定期报告签署书面确认意见；发行人的监事会应当对董事会编制的证券发行文件和定期报告进行审核并提出书面审核意见；监事应当签署书面确认意见。董事、监事、高级管理人员签署书面意见、监事会提出书面审核意见后，如果所披露的信息存在虚假记载、误导性陈述或者重大遗漏，自然可以追究签字人的责任。通过这项要求，有利于督促董事、监事、高级管理人员忠于职守、勤勉尽责。

同时，本条第四款在董事、监事和高级管理人员无法保证证券发行文件和定期报告内容的真实性、准确性、完整性或者有异议时，为其提供了责任豁免制度。要获得豁免，需要满足以下条件：（1）董事、监事和高级管理人员应当在书面确认意见中发表意见并陈述理由，发行人应当披露。（2）发行人不予披露的，董事、监事和高级管理人员可以直接申请披露。通过豁免制度，有利于董事、监事、高级管理人员披露发行人不愿意披露的信息，为国务院证券监督管理机构及时发现违法违规问题、投资者作出投资决策提供更加全面的信息。

二、发行人的董事、监事和高级管理人员应当保证发行人及时、公平地披露信息，所披露的信息真实、准确、完整。具体要做到使所披露的信息符合以下条件：（1）及时性，即发行人应当以最快的速度披露其信息，并保持所披露信息处于最新状态。（2）公平性，即发行人披露的信息应当同时向所有投资者披露，不得提前向任何单位和个人泄露。（3）真实性，即披露的信息内容必须如实反映发行人和证券交易有关的客观实际情况，不得有虚假记载。（4）准确性，即发行人披露信息时，对有关情况所作的陈述和提供的数据应当与实际情况符合，或者是合乎逻辑的推测，其内容、表述方式应当确切，不得有误导性陈述。（5）完整性，即披露信息的文件应当齐全，符合法定要求，每份文件的内容应当完整，不得有重大遗漏。

三、发行人的董事、监事和高级管理人员未遵守本条规定，应当承担相应的法律责任。依照本法第八十五条、第一百九十七条的规定，发行人未按照规定披露信息，或者公告的证券发行文件、定期报告、临时报告及其他信息披露资料存在虚假记载、误导性陈述或者重大遗漏，致使投资者在证券交易中遭受损失的，发行人的董事、监事、高级管理人员应当与发行人承担连带赔偿责任，但是能够证明自己没有过错的除外；同时属于直接负责的主管人员和其他直接责任人员的，还将受到相应的行政处罚。

相关规定

《中华人民共和国证券法》第八十五条、第一百九十七条。

第八十三条 信息披露义务人披露的信息应当同时向所有投资者披露，不得提前向任何单位和个人泄露。但是，法律、行政法规另有规定的除外。

任何单位和个人不得非法要求信息披露义务人提供依法需要披露但尚未披露的信息。任何单位和个人提前获知的前述信息，在依法披露前应当保密。

条文主旨

本条是关于信息披露公平性原则的规定。

立法背景

1998 年证券法第十七条第二款规定，发行证券的信息依法公开前，任何知情人不得公开或者泄露该信息；第六十五条第二款规定，证券监督管理机构、证券交易所、承销的证券公司及有关人员，对公司依照法律、行政法规规定必须作出的公告，在公告前不得泄露其内容。2005 年修改证券法，增加了义务主体“保荐人”。此次修改大幅度完善了信息披露公平性要求和披露前保密义务：第一款明确信息披露义务人应当公平披露；第二款明确任何单位和个人不得非法要求信息披露义务人提供依法需要披露但尚未披露的信息，并对提前获知的信息负有保密义务。

条文解读

实践中，有的信息披露义务人向大股东、实际控制人、专业投资机构披露如并购重组计划、盈利预测等上市公司信息时，却未将该信息同时向公众投资者进行披露，使得那些提早获知该信息的投资者获得套利机会或规避损失，而未获得该信息的投资者却错失投资机会或者遭受额外损失。这种选择性信息披露，损害了中小投资者的知情权，违背了证券市场公开、公平、公正的原则，影响证券市场的正常秩序，损害了投资者对证券市场的信心，应当予以禁止。因此，本条对信息披露的公平性原则作了规定。主要有：

一、信息披露义务人披露的信息应当同时向所有投资者披露，不得提前向任何单位和个人泄露。所谓的“信息披露义务人”，既包括发行人，又包括法律、行政法规和国务院证券监督管理机构规定的其他信息披露义务人，如上市公司收购人。信息披露义务人披露的“信息”，应是关于上市公司的，与投资者作出价值判断和投资决策有关的信息。对这些信息，信息披露义务人应当同时向所有投资者披露，不得提前向任何单位和个人泄露。如果泄露，就可能构成本法第五十三条规定的内幕交易。

同时，本法对同时披露也作了例外规定，即“法律、行政法规另有规定的除外”。例如，依据有关法律、行政法规的规定，上市公司需要在公开披露前，向监管部门报告有关信息，以满足监管或审批需要。这种情况，不违反本法关于信息披露公平性的要求。

二、任何单位和个人不得非法要求信息披露义务人提供依法需要披露但尚未披露的信息；任何单位和个人提前获知的前述信息，在依法披露前应当保密。按照公平披露原则，任何单位和个人，不论是大股东、实际控制人，还是机构投资者，只要不是依法应当知道该信息的主体，在信息向公众投资者披露前，都不得非法要求信息披露义务人提前提供该信息。即使其提前知道该信息符合法律规定，在信息披露义务人向公众投资者披露前，也对该信息负有保密义务，不得提前泄露。

相关规定

《中华人民共和国证券法》第五十三条、第一百九十七条。

第八十四条 除依法需要披露的信息之外，信息披露义务人可以自愿披露与投资者作出价值判断和投资决策有关的信息，但不得与依法披露的信息相冲突，不得误导投资者。

发行人及其控股股东、实际控制人、董事、监事、高级管理人员等作出公开承诺的，应当披露。不履行承诺给投资者造成损失的，应当依法承担赔偿责任。

条文主旨

本条是关于自愿披露和公开承诺的规定。

立法背景

本条是此次修改新增加的规定。第一款增加自愿信息披露制度，鼓励信息披露义务人自愿披露与公司相关的重要信息，方便投资者更加深入地了解上市公司。第二款针对上市公司及其实际控制人、股东、关联方、收购人超期不履行承诺、恶意拖延、逃避承诺义务的情况，增加了关于公开承诺以及不履行承诺的赔偿责任的规定，以加强对投资者合法权益的保护。

条文解读

一、自愿信息披露制度

自愿信息披露，是指发行人等信息披露义务人除依法强制披露的信息外，主动披露信息的行为。随着证券市场的不断发展变化，特别是新经济、新业态、新模式的不断涌现，自愿信息披露的需求越来越大。一方面，发行人希望通过自愿信息披露，进一步突出公司的核心竞争优势、提升公司形象、改善投资者关系、降低融资成本。另一方面，投资者作出投资决策对信息的广度和深度要求越来越高，不仅需要了解发行人的股权结构、财务状况、经营状况等强制披露的信息，而且需要了解公司盈利预测、主要交易对象、行业知识背景、履行社会责任情况等信息，而后者主要依靠发行人的自愿披露。因此，本条第一款对自愿信息披露制度作了规定。理解这一款，需要把握以下几点：

1. 自愿披露的主体，是信息披露义务人，包括发行人及法律、行政法规和国务院证券监督管理机构规定的其他信息披露义务人。

2. 自愿披露的信息，是依法需要披露的信息以外的信息。本法对信息披露义务人披露证券发行文件、定期报告、临时报告、收购股票信息等都作了明确规定；国务院证券监督管理机构、证券交易场所等也对各市场主体应当披露的信息作了规定；这些都是法定披露义务、强制披露义务。发行人披露上述信息之外的信息，才适用本款规定。

3. 自愿披露的信息，应当是与投资者作出价值判断和投资决策有关的信息。信息披露义务人应当充分考虑投资者作出决策的信息需求，披露的内容应当有助于投资者更加充分地理解、判断公司的价值；如果披露大量冗余、无关信息，反而可能干扰投资者发现有价值的信息，甚至扰乱证券市场。

4. 自愿披露的信息，不得与依法披露的信息相冲突，不得误导投资者。自愿披露的信息，应当是依法披露的信息的有益补充，帮助投资者更好地理解依法披露的信息；如果与依法披露的信息相冲突，或者误导投资者，反而起到负面作用，应当予以禁止。例如，不能只披露对公司有利的信息，淡化甚至隐瞒对公司不利的信息；如果在一个事项发生好的变化时进行了自愿披露，那么在其发生不好的变化时也应当相应披露。

二、公开承诺制度

在公司进行股票发行上市、再融资和并购重组等活动时，发行人及其控股股东、实际控制人、董事、监事、高级管理人员等往往对业绩、资产注入、解决同业竞争、关联交易、稳定股价等问题作出承诺，以获取证券监督管理机构和投资者的信任。然而，这些主体作出承诺时较为随意，承诺后又不履行、不适当履行或者迟延履行的现象也时有发生，有的还可能造成投资者的误判、引发相关证券价格的巨大波动，造成投资者的重大损失。因此，本条第二款对公开承诺作出了明确规范。理解这一款，需要把握以下几点：

1. 公开承诺的主体包括发行人及其控股股东、实际控制人、董事、监事、高级管理人员等。这些主体的言行对证券价格具有较大影响，应当避免信口开河，随意作出公开承诺。

2. 发行人等主体作出公开承诺的，应当披露。承诺应当以合适的方式公开，向所有投资者披露，便于投资者作出价值判断。通过信息披露，公开承诺就对发行人等主体具有了约束力。

3. 不履行承诺给投资者造成损失的，应当依法承担赔偿责任。市场基于发行人等主体的承诺对证券价格作出反应，投资者基于发行人等主体的承诺作出投资决策，发行人等主体不履行承诺，就会造成市场预期落空、股票价格波动，可能致使投资者遭受重大损失。因此，发行人等主体不履行承诺，给投资者造成损失的，应当依法承担赔偿责任。这样规定，一方面有利于从源头上促使发行人等主体谨言慎行；另一方面有利于从结果上保护投资者的合法权益。

相关规定

《中华人民共和国证券法》第一百九十七条。

第八十五条　信息披露义务人未按照规定披露信息，或者公告的证券发行文件、定期报告、临时报告及其他信息披露资料存在虚假记载、误导性陈述或者重大遗漏，致使投资者在证券交易中遭受损失的，信息披露义务人应当承担赔偿责任；发行人的控股股东、实际控制人、董事、监事、高级管理人员和其他直接责任人员以及保荐人、承销的证券公司及其直接责任人员，应当与发行人承担连带赔偿责任，但是能够证明自己没有过错的除外。

条文主旨

本条是关于违反信息披露义务的民事赔偿责任的规定。

立法背景

1998年证券法第六十三条对信息披露不实时发行人、承销的证券公司及其负有责任的董事、监事、经理应当承担的赔偿责任作了规定。2005年修改证券法，一是增加“上市公司”“保荐人”“控股股东、实际控制人”作为责任主体，二是对各类主体的民事赔偿责任作了分类规定：发行人、上市公司应当承担赔偿责任；发行人、上市公司的董事、监事、高级管理人员和其他直接责任人员以及保荐人、承销的证券公司，承担过错推定责任；发行人、上市公司的控股股东、实际控制人承担过错责任。此次修改，一是将违法主体由“发行人、上市公司”扩大到所有“信息披露义务人”，并增加保荐人、承销的证券公司的直接责任人员作为责任主体；二是增加一种违法情形“未按照规定披露信息”；三是考虑到发行人的控股股东、实际控制人对发行人的违法行为往往具有重要影响力，将其民事责任形式由过错责任调整为过错推定责任。此外还作了个别文字调整。

条文解读

一、信息披露义务人违反信息披露义务的民事赔偿责任

信息披露义务人披露的信息，是投资者作出投资决策的基础。本法对信息披露义务人的披露义务作了明确规定。例如，本法第二十三条规定，证券发行申请经注册后，发行人应当在证券公开发行前公告公开发行募集文件，并将该文件置备于指定场所供公众查阅；第七十九条规定，发行人应当在每一会计年度结束之日起四个月内报送并公告年度报告，在每一会计年度的上半年

结束之日起二个月内报送并公告中期报告；第八十条、第八十一条规定，发生可能对股票、公司债券交易价格产生较大影响的重大事件，投资者尚未得知时，发行人应当立即报送临时报告并予公告，说明事件的起因、目前的状态和可能产生的法律后果。如果信息披露义务人未按照要求披露信息，就会导致投资者缺乏投资决策所必需的信息，可能作出错误或者对自己不利的投资决策，并因此在证券交易中遭受损失。由于投资者的这种损失是由信息披露义务人未按照规定披露信息造成的，所以不论信息披露义务人主观上有无过错，对投资者因此遭受的损失，都应当予以赔偿。

同时，本法对信息披露的标准也提出了明确要求。例如，第七十八条中规定，信息披露义务人披露的信息，应当真实、准确、完整，简明清晰，通俗易懂，不得有虚假记载、误导性陈述或者重大遗漏。如果信息披露义务人披露的信息存在虚假记载、误导性陈述或者重大遗漏，投资者得到的信息就不真实、不准确、不完整，在此基础上作出的投资决策就可能对自己不利，并因此在证券交易中遭受损失。由于投资者的这种损失是由信息披露义务人披露的信息有虚假记载、误导性陈述或者有重大遗漏造成的，所以不论信息披露义务人主观上有无过错，对投资者因此遭受的损失，都应当予以赔偿。

二、发行人违反信息披露义务时，相关人员的民事赔偿责任

发行人是证券市场最重要的信息披露义务主体，为督促其依法真实、准确、完整地披露信息，本法对其相关人员的披露义务也提出了明确要求。例如：（1）对发行人的控股股东、实际控制人，本法第八十条规定，发行人的控股股东或者实际控制人对重大事件的发生、进展产生较大影响的，应当及时将其知悉的有关情况书面告知公司，并配合公司履行信息披露义务。从实践中的情况来看，发行人违反信息披露义务，往往也是在其控股股东、实际控制人的组织、指示下发生的。（2）对发行人的董事、监事、高级管理人员，本法第八十二条规定，发行人的董事、高级管理人员应当对证券发行文件和定期报告签署书面确认意见；发行人的监事会应当对董事会编制的证券发行文件和定期报告进行审核并提出书面审核意见，监事应当签署书面确认意见；发行人的董事、监事和高级管理人员应当保证发行人及时、公平地披露信息，所披露的信息真实、准确、完整；董事、监事和高级管理人员无法保证证券发行文件和定期报告内容的真实性、准确性、完整性或者有异议的，应当在书面确认意见中发表意见并陈述理由，发行人应当披露。发行人不予披露的，董事、监事和高级管理人员可以直接申请披露。（3）对发行人的保荐人，本法第十条规定，保荐人应当对发行人的申请文件和信息披露资料进行审慎核查，督导发行人规范运作。（4）对承销的证券公司，本法第二十九条规定，证券公司承销证券，应当对公开发行募集文件的真实性、准确性、完整性进行核查。发现有虚假记载、误导性陈述或者重大遗漏的，不得进行销售活动；已经销售的，必须立即停止销售活动，并采取纠正措施。

如果上述主体依法履职尽责，就能够有效督促发行人依法履行信息披露义务，保证所披露的文件真实、准确、完整。如果发行人未按照规定披露信息，或者公告的证券发行文件、定期报告、临时报告及其他信息披露资料存在虚假记载、误导性陈述或者重大遗漏，致使投资者在证券交易中遭受损失的，就可以推定上述主体存在过错，因此，应当与发行人承担连带赔偿责任。如果上述主体想要免责，就要举证证明自己已经依法履职尽责，没有过错。也就是说，本条对发行人的控股股东、实际控制人、董事、监事、高级管理人员以及保荐人、承销的证券公司规定的是过错推定责任。

同时，发行人的信息披露工作，保荐人、承销的证券公司的核查工作，都是由具体人员承办的。发行人未按照规定披露信息，或者公告的证券发行文件、定期报告、临时报告及其他信息披露资料存在虚假记载、误导性陈述或者重大遗漏，就说明直接承办人员存在过错，因此，应当与发行人承担连带赔偿责任。如果上述主体想要免责，就要举证证明自己已经依法履职尽责，没有过错。也就是说，本条对直接责任人员规定的也是过错推定责任。

相关规定

《中华人民共和国证券法》第十条、第二十三条、第二十九条、第七十八条至第八十二条。

第八十六条　依法披露的信息，应当在证券交易场所的网站和符合国务院证券监督管理机构规定条件的媒体发布，同时将其置备于公司住所、证券交易场所，供社会公众查阅。

条文主旨

本条是关于信息披露方式的规定。

立法背景

1998 年证券法第六十四条对公告的刊登和置备作了规定。2005 年修改证券法，将“应当在国家有关部门规定的报刊上或者在专项出版的公报上刊登”修改为“应当在国务院证券监督管理机构指定的媒体发布”；此次进一步修改为“应当在证券交易场所的网站和符合国务院证券监督管理机构规定条件的媒体发布”。

条文解读

信息披露制度是证券交易的一项基本制度，是公开、公平、公正原则的具体体现，是投资者作出投资决策的重要依据。而信息披露的方式，一方面应当有利于投资者及时、方便地获取发行人披露的信息，特别是应当适应证券交易和资讯获取电子化的方向；另一方面应当降低信息披露义务人披露的成本，避免对其造成过大负担。因此，本条对信息披露方式提出了以下要求：

1. 依法披露的信息，应当在证券交易场所的网站发布。证券交易场所网站是投资者获取证券市场信息的重要渠道。将各类证券、信息披露义务人应当披露的信息汇集到证券交易场所网站，有利于投资者便捷地查找、获取所需的信息。而且，通过电子化的方式在证券交易场所披露信息，还可以提高信息披露的及时性，使投资者第一时间获得其所关心的重要信息。

2. 依法披露的信息，应当在符合国务院证券监督管理机构规定条件的媒体发布。证券法此次修改前，上市公司信息披露通常要在国务院证券监督管理机构指定的有限的几家媒体上披露。此次修改，放宽了对可以依法披露信息的媒体的限制，不再限于国务院证券监督管理机构指定的媒体，而是由国务院证券监督管理机构就承接信息披露业务的媒体应当符合的条件作出规定，信息披露义务人在符合条件的媒体披露信息都是符合本法要求的。

3. 依法披露的信息，应当置备于公司住所、证券交易场所，供社会公众查阅。有的投资者对特定发行人特别关注，希望到发行人的公司住所查阅所披露的信息；也有的投资者希望到证券交易场所查阅信息。这是比较传统的信息披露方式，但是考虑到部分投资者仍有此需求，信息披露义务人、证券交易场所也应当为其提供便利，将依法披露的信息，置备于公司住所、证券交易场所，供投资者查阅，使投资者能有更多的途径充分获知信息，从而保障投资者在证券发行、证券交易中的知情权。

第八十七条 **国务院证券监督管理机构对信息披露义务人的信息披露行为进行监督管理。**

证券交易场所应当对其组织交易的证券的信息披露义务人的信息披露行为进行监督，督促其依法及时、准确地披露信息。

条文主旨

本条是关于信息披露的监督的规定。

立法背景

1998 年证券法第六十五条第一款规定，国务院证券监督管理机构对上市公司年度报告、中期报告、临时报告以及公告的情况进行监督；第一百一十条第二款规定，证券交易所应当对上市公司披露信息进行监督，督促上市公司依法及时、准确地披露信息。2005 年修改证券法，增加规定，国务院证券监督管理机构对上市公司控股股东和信息披露义务人的行为进行监督。此次修改，将两款合并作为一条，同时将监督对象统一表述为“信息披露义务人的信息披露行为”。

条文解读

信息披露是公开原则在证券市场中的体现，发行人等的信息披露对于投资者的决策具有重要的参考作用。信息披露要达到预期的效果，离不开有效的监督管理。因此，依照本法和有关行政法规、国务院证券监督管理机构的规定，发行人在信息披露之前或者之时应当向国务院证券监督管理机构报送证券发行文件、上市文件、年度报告、中期报告、临时报告等。国务院证券监督管理机构收到上述材料以后，不应当束之高阁，而应当对这些报告的真实性、准确性、完整性进行监督，审查其是否存在虚假记载、误导性陈述或者重大遗漏。同时，国务院证券监督管理机构对发行人及法律、行政法规和国务院证券监督管理机构规定的其他信息披露义务人，是否在法定的期限内，在证券交易场所网站和符合国务院证券监督管理机构规定的媒体发布了上述文件，是否将上述文件置备于公司住所、证券交易场所供社会公众查阅等进行监督，以切实保证信息公开原则的实现。实践中，中国证监会对信息披露文件有疑义的，可以要求信息披露义务人对有关信息披露问题作出解释、说明或者提供相关资料，要求发行人提供保荐人或者证券服务机构的专业意见等，信息披露义务人应当配合。

同时，证券交易场所对证券交易负有自律管理职责必须以维护投资者利益、充分保障公平交易为基本原则，证券交易场所应当尽责监督上市公司及相关信息披露义务人依法及时、准确地披露信息，保证投资者及时获取上市公司的信息。同时，证券交易场所处于证券市场的第一线，有能力、有条件及时发现信息披露义务人的是否依法及时、准确地履行了信息披露义务，并及时采取自律管理措施。因此，本条第二款规定，证券交易场所应当对其组织交易的证券的信息披露义务人的信息披露行为进行监督，督促其依法及时、准确地披露信息。

第六章　投资者保护

第八十八条　证券公司向投资者销售证券、提供服务时，应当按照规定充分了解投资者的基本情况、财产状况、金融资产状况、投资知识和经验、专业能力等相关信息；如实说明证券、服务的重要内容，充分揭示投资风险；销售、提供与投资者上述状况相匹配的证券、服务。

投资者在购买证券或者接受服务时，应当按照证券公司明示的要求提供前款所列真实信息。拒绝提供或者未按照要求提供信息的，证券公司应当告知其后果，并按照规定拒绝向其销售证券、提供服务。

证券公司违反第一款规定导致投资者损失的，应当承担相应的赔偿责任。

条文主旨

本条是关于投资者适当性管理的规定。

立法背景

我国此前的证券法没有规定投资者适当性管理制度。2008年，国务院发布的《证券公司监督管理条例》首次提出，证券公司从事证券资产管理业务、融资融券业务，销售证券类金融产品，应当履行投资者适当性管理义务。随后，中国证监会《证券公司融资融券业务试点管理办法》《创业板市场投资者适当性管理暂行规定》《关于建立股指期货投资者适当性制度的规定（试行)》《证券公司客户资产管理业务管理办法》《全国中小企业股份转让系统有限责任公司管理暂行办法》《私募投资基金监督管理暂行办法》等规章，以及深圳证券交易所、中国期货交易所、证券业协会制定的配套业务规则、业务指引等，对创业板、新三板、金融期货、融资融券、私募基金等市场、业务、产品都提出了投资者适当性管理要求。2016 年，中国证监会发布了《证券期货投资者适当性管理办法》，对投资者适当性管理制度作出了系统规定。此次修改证券法，在总结此前实践经验的基础上提高立法位阶，新增加了本条规定。

条文解读

投资者适当性管理，主要是指证券公司在销售证券产品或提供相关服务时，应当在对相关证券产品、服务以及投资者进行合理调查的基础上，向投资者推荐、销售符合其投资能力、投资需求以及风险承受能力的证券，主要目的在于减少投资者的不适当投资，更好地保护投资者。

一、主要国家和地区的投资者适当性管理制度

投资者适当性管理制度肇始于美国。在 20 世纪 30 年代，一些美国证券经纪商在为客户提供投资建议时，开始收集客户的资产状况等信息，评估客户的风险承受能力，以便将适当的产品卖给适当的投资者。最初，这一做法只是证券经纪商行业的商业道德规则，后来逐步得到美国证券交易商协会和纽约证券交易所自律规则、美国证监会监管规则、司法判例的确认，并被总结为“投资者适当性管理”规则，或称“认识你的客户”规则。后来，其他主要市场经济国家和地区也纷纷在其证券法律或监管规

则中规定了投资者适当性管理制度。如欧盟《金融工具市场指令》（2004/39/EC）及其执行指令（2006/73/EC）、日本2000年的《金融商品销售法》和2006年的《金融商品交易法》、我国香港地区证监会的监管规则中，都对投资者适当性管理制度作了规定。2008年，巴塞尔银行监管委员会、国际证券监管组织和国际保险监管组织联合发布了《金融产品和服务零售领域的客户适当性》报告，将投资者适当性管理制度作为保护投资者利益的重要手段。目前，投资者适当性管理已经成为主要国家和地区证券市场监管的普遍做法。

二、本法的投资者适当性管理要求

本条参照国际通行做法，总结实践经验，对证券公司的投资者适当性管理义务作出了明确规定，主要有：

1. 证券公司应当“了解客户”，即向投资者销售证券、提供服务时，应当按照规定充分了解投资者的基本情况、风险承受能力（财产状况、金融资产状况等）和风险识别能力（投资知识和经验、专业能力等）等相关信息。其中，投资者的“基本情况”主要是指自然人的姓名、住址、职业、年龄、联系方式，法人或者其他组织的名称、注册地址、办公地址、性质、资质及经营范围等情况；投资者的“财产状况”主要是投资者的收入来源和数额、资产、债务等状况；投资者的“金融资产状况”主要是投资者持有银行存款、股票、债券、基金份额、资产管理计划、银行理财产品、信托计划、保险产品、期货及其他衍生产品等金融资产的数额及其构成等状况；投资者的“投资知识和经验”主要是投资者与投资相关的学习、工作经历及投资经验；投资者的“专业能力”主要是指投资者是否具备证券行业相关职业资格、资质水平等。

2. 证券公司应当履行说明义务、风险揭示义务，即如实说明证券、服务的重要内容，充分揭示投资风险。证券公司应当通过向投资者介绍产品或服务的内容、性质、特点、业务规则等，特别是与预期收益、投资风险等有关的重要信息，保证投资者在充分了解投资风险的基础上独立作出投资判断。证券公司对不同投资者的说明义务可以有所不同：对普通投资者应当详细说明证券相关信息，对专业投资者则可以简化说明义务。

3. 证券公司应当履行匹配义务，即销售、提供与投资者的状况相匹配的证券、服务。证券公司要对特定证券是否适合特定投资者作出判断，向投资者推荐、销售的证券应当与其风险承受能力和风险识别能力相匹配。实践中，国务院证券监督管理机构要求证券公司了解所销售产品或者所提供服务的信息，根据风险特征和程度，对销售的产品或者提供的服务划分风险等级；根据产品的不同风险等级，对其适合销售产品的投资者类型作出判断；根据投资者的不同分类，对其适合购买的产品作出判断。

4. 证券公司应当履行拒绝义务。投资者拒绝提供或者未按照要求提供证券公司进行投资者适当性管理所必需的信息的，证券公司应当告知其后果，并按照规定拒绝向其销售证券、提供服务。

5. 证券公司违反投资者适当性管理义务导致投资者损失的，应当承担相应的赔偿责任。如果证券公司没有依法履行投资者适当性管理义务，向投资者销售了与其风险承受能力和风险识别能力不相匹配的证券，因此导致投资者损失的，就应当按其过错程度承担相应的赔偿责任。

为匹配证券公司的投资者适当性管理义务，本条第二款规定了投资者负有如实提供信息的义务。即投资者在购买证券或者接受服务时，应当按照证券公司明示的要求提供证券公司投资者适当性管理必需的真实信息。如果投资者不提供必要信息或者提供虚假信息，导致证券公司对其风险承受能力和风险识别能力作出错误判断，就对自己的损失负有责任，相应减轻证券公司所应承担的赔偿责任。

相关规定

《中华人民共和国证券法》第八十九条、第一百九十八条。

第八十九条　根据财产状况、金融资产状况、投资知识和经验、专业能力等因素，投资者可以分为普通投资者和专业投资者。专业投资者的标准由国务院证券监督管理机构规定。

普通投资者与证券公司发生纠纷的，证券公司应当证明其行为符合法律、行政法规以及国务院证券监督管理机构的规定，不存在误导、欺诈等情形。证券公司不能证明的，应当承担相应的赔偿责任。

条文主旨

本条是关于投资者分类和对普通投资者的特别保护的规定。

立法背景

实践中，证券交易场所、证券业协会等自律组织首先对投资者分类作出规定。2016 年，证监会发布了《证券期货投资者适当性管理办法》，对专业投资者和普通投资者的分类、认定、转化作出了系统规定。此次修改证券法，在总结此前实践经验的基础上提高了立法位阶，新增加了本条规定。

条文解读

一、投资者分类

投资者分类是实施投资者适当性管理的前提，即按照投资者的财产状况、金融资产状况、投资知识和经验、专业能力等因素，将投资者分为专业投资者和普通投资者。其中，投资者的“财产状况”主要是投资者的收入来源和数额、资产、债务等状况；投资者的“金融资产状况”主要是投资者持有银行存款、股票、债券、基金份额、资产管理计划、银行理财产品、信托计划、保险产品、期货及其他衍生产品等金融资产的数额及其构成等状况；投资者的“投资知识和经验”，主要是指投资者与投资相关的学习、工作经历及投资经验；投资者的“专业能力”，主要是指投资者是否具备证券行业相关职业资格、资质水平等。

同时，考虑到专业投资者的标准也可能随着实践的发展不断变化，本条第一款授权国务院证券监督管理机构对专业投资者的标准作出规定。国务院证券监督管理机构作出规定时，应当重点按照投资者的财产状况、金融资产状况、投资知识和经验、专业能力等因素作出细化规定。目前，国务院证券监督管理机构将下列投资者认定为专业投资者：（1）经有关金融监管部门批准设立的金融机构，包括证券公司、期货公司、基金管理公司及其子公司、商业银行、保险公司、信托公司、财务公司等；经行业协会备案或者登记的证券公司子公司、期货公司子公司、私募基金管理人。（2）上述机构面向投资者发行的理财产品，包括但不限于证券公司资产管理产品、基金管理公司及其子公司产品、期货公司资产管理产品、银行理财产品、保险产品、信托产品、经行业协会备案的私募基金。（3）社会保障基金、企业年金等养老基金、慈善基金等社会公益基金，合格境外机构投资者

（QFII）、人民币合格境外机构投资者（RQFII）。（4）同时符合下列条件的法人或者其他组织：①最近 1 年年末净资产不低于 2000 万元；②最近 1 年年末金融资产不低于 1000 万元；③具有 2 年以上证券、基金、期货、黄金、外汇等投资经历。（5）同时符合下列条件的自然人：①金融资产不低于 500 万元，或者最近 3 年个人年均收入不低于 50 万元；②具有 2 年以上证券、基金、期货、黄金、外汇等投资经历，或者具有 2 年以上金融产品设计、投资、风险管理及相关工作经历，或者属于第 1 点规定的专业投资者的高级管理人员、获得职业资格认证的从事金融相关业务的注册会计师和律师。此外，普通投资者和专业投资者在一定条件下还可以互相转化。

二、对普通投资者的特别保护

专业投资者财产状况好、金融资产状况好、投资知识和经验丰富、具有专业能力，因此其风险承受能力和风险识别能力较强，应当给予其较大的自由投资空间，允许其购买高风险高收益的产品；同时，专业投资者与证券公司发生纠纷时，也有较强的能力维护自身合法权益，因此不需要对其提供特别的保护。而对于普通投资者，由于其风险承受能力、风险识别能力较弱，维护自身合法权益的能力也较弱，因此本条第二款对其提供了特别保护，即普通投资者与证券公司发生纠纷的，证券公司应当证明其行为符合法律、行政法规以及国务院证券监督管理机构的规定，不存在误导、欺诈等情形；证券公司不能证明的，应当承担相应的赔偿责任。也就是说，普通投资者与证券公司发生纠纷的，实行举证责任倒置，证券公司有责任证明其已经依法充分履行了投资适当性管理义务，不存在误导、欺诈等情形（例如，在投资者填写风险承受能力测试问卷时，诱导投资者填写与其实际情况不符的信息，以便购买高风险产品）；证券公司在向普通投资者提供产品和服务时，应当注意留存相应证据资料。需要注意的是，本款规定仅适用于证券公司与普通投资者发生的与其销售的产品、提供的服务有关的纠纷，不适用于证券公司与普通投资者发生的其他纠纷，如证券公司工作人员与普通投资者发生冲突造成的人身损害赔偿纠纷等。

相关规定

《中华人民共和国证券法》第八十八条。

第九十条 上市公司董事会、独立董事、持有百分之一以上有表决权股份的股东或者依照法律、行政法规或者国务院证券监督管理机构的规定设立的投资者保护机构（以下简称投资者保护机构），可以作为征集人，自行或者委托证券公司、证券服务机构，公开请求上市公司股东委托其代为出席股东大会，并代为行使提案权、表决权等股东权利。

依照前款规定征集股东权利的，征集人应当披露征集文件，上市公司应当予以配合。

禁止以有偿或者变相有偿的方式公开征集股东权利。

公开征集股东权利违反法律、行政法规或者国务院证券监督管理机构有关规定，导致上市公司或者其股东遭受损失的，应当依法承担赔偿责任。

条文主旨

本条是关于征集股东权利制度的规定。

立法背景

2013年《国务院办公厅关于进一步加强资本市场中小投资者合法权益保护工作的意见》，以及中国证监会发布的《上市公司章程指引》《上市公司治理准则》等文件对上市公司征集投票权制度作了规范。此次修改证券法，在总结实践经验并加以完善的基础上，新增加了本条规定。

条文解读

一、征集股东权利制度的意义

征集股东权利制度，又称征集投票权，是伴随着经济发展、公司规模的不断扩大而产生的。公司制度产生之初，股东人数较少，股东较为关心公司治理情况，乐于行使股东权利。而在上市公司出现后，公司规模急剧扩张，股东人数大幅增加，出现了大量中小股东。中小股东在专业知识、信息、资金等方面处于弱势地位，难以真正影响公司运营、决策，如果他们对公司治理不满，往往只能“用脚投票”卖出股票；同时，大多数中小股东以追求股票买卖投资收益为目的，对于行使股东权利也并不积极。这就可能导致公司治理出现两个方面问题：一是上市公司被大股东、高级管理人员等少数人控制，不利于保护中小股东的合法权益。二是上市公司需要较高比例投票权通过的事项因出席人数较少、投票比例较低而无法表决，影响公司运作效率。为解决上述问题，有必要引入征集股东权利制度，一方面有利于中小股东通过集中行使股东权利参与、影响公司决策，促进公司运作的民主化；另一方面有利于股东大会达到法定出席比例、表决权比例而顺利召开、作出有效决议，提高公司运作效率。但是，征集投票权的不当行使也可能成为公司经营权争夺的工具，影响公司的正常运营，因此也应当对其作出必要限制。

二、征集股东权利制度的适用

适用本条关于上市公司征集股东权利的规定，应当注意把握以下几点：

1. 征集人的范围限于上市公司董事会、独立董事、持有百分之一以上有表决权股份的股东或者依照法律、行政法规或者国务院证券监督管理机构的规定设立的投资者保护机构。董事会负责上市公司的经营管理，当其提出重大议案希望在股东大会表决通过，而其所代表的股东权利不足时，应当允许其征集股东权利，以提高公司的决策效率。独立董事站在客观、公正立场上监督管理层，保护公司利益，特别是中小股东利益；持有1%以上有表决权股份的股东，往往与广大中小股东具有共同的利益；投资者保护机构设立的目的，就是为了保护上市公司广大投资者的合法权益；当这些主体与大股东、管理层意见不一致时，其自身持有的股东权利往往不足以在股东大会上提出、通过或者阻止某项议案，因此应当允许其通过征集股东权利，更好地维护中小投资者的合法权益。同时，对股东征集投票权设定1%的下限，有利于防止持有公司极少股份的股东滥用征集投票权制度，影响股东大会的正常进行，扰乱公司经营。

2. 征集股东权利的方式既可以是自行征集，也可以委托证券公司、证券服务机构征集。自行征集有利于降低征集成本，但征集到足够股东权利的难度较大。委托证券公司、证券服务机构征集，有利于提高征集效率，但会产生一定费用。

3. 征集的内容是请求上市公司股东委托其代为出席股东大会，并代为行使提案权、表决权等股东权利。征集人应当向被征集人具体说明拟征集的行使提案权、表决权的事项，以及提案的内容、行使表决权的投票意向等信息；而不能要求被征集人笼统给予授权。

4. 征集必须公开进行，征集人应当披露征集文件，上市公司应当予以配合。征集人披露征集信息，应当遵守信息披露要求，真实、准确、完整地披露相关信息，不能有虚假记载、误导性陈述或者重大遗漏，以保证被征集股东在充分了解委托授权所需的必要信息的前提下作出决定，保证被征集股东的利益和意志通过征集人的代理行为充分体现。

5. 不得以有偿或者变相有偿的方式公开征集股东权利。征集股东权利的目的，应当是为了保护公司的利益、中小股东的共同利益，而不是征集人的特殊利益。如果允许有偿征集股东权利，就可能出现征集人通过收买部分股东的股东权利而损害公司利益、其他股东利益的情况。因此，本条禁止以有偿或者变相有偿的方式公开征集股东权利。

三、违规征集股东权利的法律责任

公开征集股东权利应当依照法律、行政法规和国务院证券监督管理机构的规定进行。如果违反规定运用该制度争夺上市公司控制权，影响上市公司正常经营、通过一些对上市公司或者其股东不利的决议，给上市公司或者其股东造成损失的，征集人就应当依法承担民事赔偿责任。

同时，本法第一百九十九条还对违规征集股东权利规定了行政处罚，即责令改正，给予警告，可以处50万元以下的罚款。

相关规定

《中华人民共和国证券法》第一百九十九条。

第九十一条 上市公司应当在章程中明确分配现金股利的具体安排和决策程序，依法保障股东的资产收益权。

上市公司当年税后利润，在弥补亏损及提取法定公积金后有盈余的，应当按照公司章程的规定分配现金股利。

条文主旨

本条是关于现金分红制度的规定。

立法背景

督促上市公司现金分红有助于强化上市公司股东的回报意识，培育市场股权文化，保障投资者的资产收益权。实践中，中国证监会等部门对上市公司现金分红提出了明确要求，取得了较好的效果。此次修改在总结实践经验的基础上，新增加了本条规定，在法律层面确立了上市公司现金分红制度。

条文解读

一、现金分红的意义

股东购买上市公司股票，主要目的是获得收益；取得资产收益，是上市公司股东的基本权利。通过现金分红，有利于吸引股东持有上市公司股票，而不是频繁进行投机交易，有利于保持上市公司股价稳定和资本市场稳定，更好地发挥资本市场的投融资功能。资本市场发达国家的上市公司常常以最大化股东利益为目的，根据自身的盈利能力和未来发展的现金需求来合理制定现金分红政策。然而我国不少业绩优良、现金流充足的上市公司却摆出种种借口搪塞投资者，极力推卸其分红派现的义务。为此，有必要对上市公司现金分红提出要求，以更好地保护投资者的合法权益。同时，不同上市公司处于不同的发展阶段，资金需求各不相同（例如，一些高成长型的公司在上市初期资金需求量大而后期回报率高，在上市初期不分红或者少分红，投资者往往也能够接受)，如果规定一律实行强制分红也无法满足资本市场的多样性需求，不符合实际。因此，本条规定，上市公司应当在章程中明确分配现金股利的具体安排和决策程序，并依照章程严格执行，使投资者在买入股票时即对上市公司的分红有明确的预期，并能够确实获得这种预期的收益。

二、本法对现金分红的具体要求

1. 上市公司应当在章程中明确分配现金股利的具体安排。2019 年修订的《上市公司章程指引》规定，公司应当在公司章程中明确现金分红相对于股票股利在利润分配方式中的优先顺序；并载明公司的利润分配政策尤其是现金分红政策的具体内容，利润分配的形式，利润分配尤其是现金分红的期间间隔，现金分红的具体条件，发放股票股利的条件，各期现金分红最低金额或比例（如有）等。

2. 上市公司应当在章程中明确分配现金股利的决策程序。《上市公司章程指引》规定，公司应当在公司章程中明确公司董事会、股东大会对利润分配尤其是现金分红事项的决策程序和机制，对既定利润分配政策尤其是现金分红政策作出调整的具体条件、决策程序和机制，以及为充分听取独立董事和中小股东意见所采取的措施。

3. 上市公司当年税后利润，在弥补亏损及提取法定公积金后有盈余的，应当按照公司章程的规定分配现金股利。这一规定包括两个方面：（1）分配现金股利的前提是有盈余，上市公司税后利润应当先弥补亏损及提取法定公积金，此后仍有盈余的，才可以进行现金分红；否则，必然影响企业持续经营能力。按照公司法第一百六十六条的规定，公司分配当年税后利润时，应当提取利润的 10% 列入公司法定公积金；公司法定公积金累计额为公司注册资本的 50% 以上的，可以不再提取。公司的法定公积金不足以弥补以前年度亏损的，在提取法定公积金之前，应当先用当年利润弥补亏损。公司从税后利润中提取法定公积金后，经股东大会决议，还可以从税后利润中提取任意公积金。股份有限公司弥补亏损和提取公积金后所余税后利润，才可以向股东分配。（2）上市公司在弥补亏损及提取法定公积金后有盈余的，应当按照公司章程的规定分配现金股利，以落实公司在章程中对现金分红所作的承诺，依法保障股东的资产收益权。

相关规定

《中华人民共和国公司法》第一百六十六条。

第九十二条　公开发行公司债券的，应当设立债券持有人会议，并应当在募集说明书中说明债券持有人会议的召集程序、会议规则和其他重要事项。

公开发行公司债券的，发行人应当为债券持有人聘请债券受托管理人，并订立债券受托管理协议。受托管理人应当由本次发行的承销机构或者其他经国务院证券监督管理机构认可的机构担任，债券持有人会议可以决议变更债券受托管理人。债券受托管理人应当勤勉尽责，公正履行受托管理职责，不得损害债券持有人利益。

债券发行人未能按期兑付债券本息的，债券受托管理人可以接受全部或者部分债券持有人的委托，以自己名义代表债券持有人提起、参加民事诉讼或者清算程序。

条文主旨

本条是关于债券持有人会议和债券受托管理人的规定。

立法背景

公司债券持有人会议制度常见于大陆法系国家，债券受托管理人制度常见于英美法系国家，日本、我国台湾地区等地同时采用了这两项制度。我国资本市场自发行公司债券以来，一直要求发行人同时建立债券持有人会议和债券受托管理人制度。此次修改证券法，将这两项实践中行之有效的制度上升为法律。

条文解读

在我国，债券市场投资者的专业知识、风险防范和自我保护意识较为薄弱。随着债券市场的发展，债券违约事件时有发生，而公开发行债券的持有人自行维权成本较高、难度较大。因此，亟需建立起保护债券投资者权益、方便债权投资者维权的法律制度。主要包括两个方面：

一、债券持有人会议制度

债券持有人人数众多，但个体力量弱小，无法有效制衡发行债券的公司；为保护债券持有人利益，需要建立一个机制，协调广大债券持有人的利益诉求，放大债券持有人的声音，扩大债券持有人对公司重大事项的参与权和发言权。因此，本条第一款规定了债券持有人会议制度：公开发行公司债券的，应当设立债券持有人会议，并应当在募集说明书中说明债券持有人会议的召集程序、会议规则和其他重要事项。

所谓债券持有人会议，是指由同次发行的公司债券持有人组成，就有关公司债券持有人的共同利害关系事项依法作出决议，其决议对全体同次发行的公司债券持有人均发生效力的临时合议机构。其主要职权是当债券价值、偿付方式及发行人履约能力发生重大变化时，以全体债券持有人的名义作出决议。实践中，下列事项一般应当召开债券持有人会议审议：（1）拟变更债券募集说明书的约定；（2）拟修改债券持有人会议规则；（3）拟变更债券受托管理人或受托管理协议的主要内容；（4）发行人不能按期支付本息；（5）发行人减资、合并、分立、解散或者申请破产；（6）保证人、担保物或者其他偿债保障措施发生重大变化；（7）发行人、单独或合计持有本期债券总额百分之十以上的债券持有人书面提议召开；（8）发行人管理层不能正常履行职责，导致发行人债务清偿能力面临严重不确定性，需要依法采取行动的；（9）发行人提出债务重组方案的；（10）发生其他对债券持有人权益有重大影响的事项。

公开发行公司债券的，还应当在募集说明书中说明债券持有人会议的召集程序、会议规则和其他重要事项。（1）债券持有人会议的召集程序，一般包括应当召集债券持有人会议的情形、会议召集人、会议通知、拟审议事项、会议的延期和取消、债权登记日等事项。（2）债券持有人会议规则应当明确债券持有人通过债券持有人会议行使权利的范围，债券持有人会议的召集、通知、决策机制和其他重要事项。债券持有人会议规则应当公平、合理。

二、债券受托管理人制度

债券受托管理人是根据债券受托管理协议而设立的维护债券持有人利益的机构。其主要职能为在债券存续期内，监督发行人保管担保物或其权利凭证，如发现出现或者可能出现影响债券持有人重大权益的事项时，召集债券持有人会议，并代表债券持有人进行维权。本条第二款、第三款对债券受托管理人制度作了规定，主要有：

1. 关于债券受托管理人的选任。按照本条第二款的规定，公开发行公司债券的，发行人应当为债券持有人聘请债券受托管理人，并订立债券受托管理协议；债券持有人会议可以决议变更债券受托管理人。债券受托管理人受债券持有人委托管理债券事务，本来应当由债券持有人聘请；但由于公开发行公司债券时，尚没有债券持有人，所以债券受托管理人只能由发行人代为聘请；同时，本法也赋予了债券持有人充分的选任权，如果债券持有人对发行人聘请的债券受托管理人不满意，可以召开债券持有人会议，通过决议变更债券受托管理人。考虑到受托管理人在债券管理中发挥的重要作用，对债券持有人利益有重大影响，本法第二款对其资质也作出了限制，即受托管理人应当由本次发行的承销机构或者其他经国务院证券监督管理机构认可的机构担任。此外，国务院证券监督管理机构要求，对于债券受托管理人在履行受托管理职责时可能存在的利益冲突情形及相关风险防范、解决机制，发行人应当在债券募集说明书及债券存续期间的信息披露文件中予以充分披露，并同时在债券受托管理协议中载明。

2. 债券受托管理人的义务。债券受托管理人虽然最初是由发行人聘请的，管理费用也是发行人支付的，但是，债券受托管理人实质上是受债券持有人的委托管理债券事务，应当为债券持有人的利益勤勉尽责，公正履行受托管理职责，不得损害债券持有人利益，本条第二款对此作了明确规定。实践中，公开发行公司债券的受托管理人应当履行下列职责：（1）持续关注发行人和保证人的资信状况、担保物状况、增信措施及偿债保障措施的实施情况，出现可能影响债券持有人重大权益的事项时，召集债券持有人会议；（2）在债券存续期内监督发行人募集资金的使用情况；（3）对发行人的偿债能力和增信措施的有效性进行全面调查和持续关注，并至少每年向市场公告一次受托管理事务报告；（4）在债券存续期内持续督导发行人履行信息披露义务；

（5）预计发行人不能偿还债务时，要求发行人追加担保，并可以依法申请法定机关采取财产保全措施；（6）在债券存续期内勤勉处理债券持有人与发行人之间的谈判或者诉讼事务；（7）发行人为债券设定担保的，债券受托管理协议可以约定担保财产为信托财产，债券受托管理人应在债券发行前或债券募集说明书约定的时间内取得担保的权利证明或其他有关文件，并在担保期间妥善保管；（8）债券发行人未能按期兑付债券本息的，债券受托管理人可以接受全部或者部分债券持有人的委托，以自己的名义代表债券持有人提起、参加民事诉讼或者清算程序。

第九十三条　发行人因欺诈发行、虚假陈述或者其他重大违法行为给投资者造成损失的，发行人的控股股东、实际控制人、相关的证券公司可以委托投资者保护机构，就赔偿事宜与受到损失的投资者达成协议，予以先行赔付。先行赔付后，可以依法向发行人以及其他连带责任人追偿。

条文主旨

本条是关于先行赔付制度的规定。

立法背景

此次修改证券法，在总结万福生科、海联讯、欣泰电气等上市公司赔偿案例的基础上，新增了先行赔付制度。

条文解读

一、先行赔付制度的意义

在发生欺诈发行、虚假陈述等重大违法行为时，发行人是赔偿投资者损失的第一责任人。但是，由投资者向发行人主张赔偿，往往需要通过诉讼程序，维权周期较长，维权成本较高。为保障投资者的救济权、求偿权，本条规定了先行赔付制度，由发行人的控股股东、实际控制人、相关的证券公司委托投资者保护机构，就赔偿事宜与受到损失的投资者达成协议，予以先行赔付；先行赔付后，可以依法向发行人以及其他连带责任人追偿。引入先行赔付制度，具有以下意义：一是先行赔付能够降低投资者维权的成本，缩短维权周期，避免因发行人无力赔偿而导致投资者难以获得有效赔偿，有利于维护投资者的合法权益；二是先行赔付通过自愿签订和解协议方式解决纠纷，而不是采用对抗性较强的诉讼方式，有利于定分止争，维护证券市场稳定和社会稳定；三是先行赔付制度有利于促使发行人的控股股东、实际控制人谨言慎行，相关的证券公司勤勉尽责，提高上市公司信息披露质量，减少欺诈发行、虚假陈述等重大违法行为。

二、先行赔付制度的适用

适用本条规定的先行赔付制度，应当把握以下几点：

1. 先行赔付的适用情形是发行人因欺诈发行、虚假陈述或者其他重大违法行为给投资者造成损失。所谓“欺诈发行”，是指证券发行文件不符合真实性、准确性、完整性要求，存在虚假记载、误导性陈述或者重大遗漏。所谓“虚假陈述”，是指证券信息披露文件不符合真实性、准确性、完整性要求，存在虚假记载、误导性陈述或者重大遗漏。发行人有欺诈发行和虚假陈述等重大违法情形，都可能导致投资者在其提供的不真实、不准确或者不完整的信息基础上作出错误或者不利的投资决策，造成损失。

2. 所谓“先行赔付”，是指赔付行为发生在相关主体因证券违法行为而需要承担的赔偿责任确定之前。如果赔偿责任已经确定，如人民法院作出判决后，所进行的赔付不属于先行赔付。先行赔付的发起主体是发行人的控股股东、实际控制人、相关的证券公司。其中，发行人的“控股股东”，是指其持有的股份占发行人股本总额50%以上的股东；或者持有股份的比例虽然不足50%，但依其持有的股份所享有的表决权已足以对股东大会的决议产生重大影响的股东。发行人的“实际控制人”，是指虽不是发行人的股东，但通过投资关系、协议或者其他安排，能够实际支配公司行为的人。“相关的证券公司”主要包括发行人的保荐人和承销机构等。

3. 先行赔付的具体方式是先行赔付人委托投资者保护机构，就赔偿事宜与受到损失的投资者达成协议，予以先行赔付。先行赔付人与投资者利益对立冲突，双方直接达成协议较为困难；同时，先行赔付涉及众多的投资者，先行赔付人与投资者直接协商也难以操作。因此，有必要引入中间机构协调解决纠纷。投资者保护机构是为保护投资者利益而专门设立的机构，拥有较强的风险处置经验、专业知识和能力，能够较好地保持中立性、公益性，由其从中协调沟通，有利于达成和解协议，解决纠纷。从此前的实践来看，多是先行赔付人出资设立专项补偿基金，委托投资者保护机构作为基金管理人，由后者通过发布公告、与异议投资者协商等方式，确定适格投资者名单和补偿金额，与受到损失的投资者达成协议，并向投资者支付补偿金。需要说明的是，先行赔付是纠纷一方当事人提出的和解要约，如果投资者不接受先行赔付方案，可以另行提起民事赔偿诉讼。

4. 先行赔付后，先行赔付人可以依法向发行人以及其他连带责任人追偿。先行赔付属于当事人的自愿赔付，不是履行法定赔偿责任；在相关赔偿责任确定后，应由相关主体依法履行法定赔偿义务。对于先行赔付人先行垫付的赔偿资金，应由相关责任主体承担。因此，本条规定，先行赔付人可以依法向发行人以及其他连带责任人追偿。

需要注意的是，本法规定的先行赔付并不是法律的强制性义务，而是在依法赔偿之外，提供了一种当事人自愿解决纠纷的方式。证券纠纷发生后，相关主体既可以自愿选择通过先行赔付方式解决纠纷，也可以选择通过司法程序解决。

第九十四条　投资者与发行人、证券公司等发生纠纷的，双方可以向投资者保护机构申请调解。普通投资者与证券公司发生证券业务纠纷，普通投资者提出调解请求的，证券公司不得拒绝。

投资者保护机构对损害投资者利益的行为，可以依法支持投资者向人民法院提起诉讼。

发行人的董事、监事、高级管理人员执行公司职务时违反法律、行政法规或者公司章程的规定给公司造成损失，发行人的控股股东、实际控制人等侵犯公司合法权益给公司造成损失，投资者保护机构持有该公司股份的，可以为公司的利益以自己的名义向人民法院提起诉讼，持股比例和持股期限不受《中华人民共和国公司法》规定的限制。

条文主旨

本条是关于投资者保护机构调解、支持诉讼和股东代表诉讼的规定。

立法背景

我国证券市场以中小投资者居多，由于证券诉讼具有信息不对称、举证困难、诉讼成本高等特点，中小投资者维权能力有限，往往很难通过诉讼维权，甚至会直接放弃维权。此次修改证券法，新增加了本条规定，充分发挥投资者保护机构在纠纷解决中的作用，通过强制调解、支持诉讼和股东代表诉讼等方式，更好地维护投资者的合法权益。

条文解读

一、投资者保护机构调解制度

1. 投资者与发行人、证券公司等发生纠纷的，双方可以向投资者保护机构申请调解。近年来，我国大力推进资本市场多元化纠纷解决机制，其中，调解因其快捷、自愿、低成本等优势而为人们所乐于接受。但是，证券调解具有较强的专业性，不宜交给一般的人民调解组织，而应当交给专业的调解组织。因此，本条明确规定，投资者与发行人、证券公司等发生纠纷的，双方“可以”向投资者保护机构申请调解。其中，投资者保护机构，是指依照法律、行政法规或者国务院证券监督管理机构的规定设立的投资者保护机构，例如中证中小投资者服务中心有限责任公司等。

2. 普通投资者与证券公司发生证券业务纠纷，普通投资者提出调解请求的，证券公司不得拒绝。一般情况下，调解应当在双方当事人合意的基础上，提交调解组织调解。但是，考虑到普通投资者自力救济的能力比较弱，如果证券公司不同意调解，普通投资者寻求其他救济途径的可能性较小。为了更好地保护普通投资者的合法权益，本条规定了投资者保护机构的强制调解制度，即在普通投资者与证券公司发生证券业务纠纷时，普通投资者向投资者保护机构申请调解的，证券公司不得拒绝。

二、投资者保护机构支持诉讼制度

民事诉讼法第十五条对支持诉讼制度作了规定，明确机关、社会团体、企业事业单位对损害国家、集体或者个人民事权益的行为，可以支持受损害的单位或者个人向人民法院起诉。证券诉讼具有举证难、周期长、成本高等特点，投资者与上市公司、证券公司、证券服务机构等相比，诉讼能力、知识和经验方面存在显著差距，对后者损害投资者利益的行为，通过诉讼维护自身权益的难度很大。从实践情况来看，投资者私人维权的比例也不高。长此以往，将会损伤投资者对资本市场的信心，不利于资本市场繁荣发展。为更好支持投资者通过诉讼维护自身权益，补足投资者的诉讼意愿和诉讼能力，本条第二款依据民事诉讼法的规定，明确投资者保护机构对损害投资者利益的行为，可以依法支持投资者向人民法院提起诉讼。

三、投资者保护机构股东代表诉讼制度

股东代表诉讼，又称股东派生诉讼，是公司法中股东维护公司权益的一项重要制度。公司法第一百五十一条规定，董事、高级管理人员执行公司职务时违反法律、行政法规或者公司章程的规定，给公司造成损失的，“有限责任公司的股东、股份有限公司连续一百八十日以上单独或者合计持有公司百分之一以上股份的股东，可以书面请求监事会或者不设监事会的有限责任公司的监事向人民法院提起诉讼；监事有上述情形的，前述股东可以书面请求董事会或者不设董事会的有限责任公司的执行董事向人民法院提起诉讼。”“监事会、不设监事会的有限责任公司的监事，或者董事会、执行董事收到前款规定的股东书面请求后拒绝提起诉讼，或者自收到请求之日起三十日内未提起诉讼，或者情况紧急、不立即提起诉讼将会使公司利益受到难以弥补的损害的”，上述股东有权为了公司的利益以自己的名义直接向人民法院提起诉讼。“他人侵犯公司合法权益，给公司造成损失的，本条第一款规定的股东可以依照前两款的规定向人民法院提起诉讼。”

在证券领域，普通投资者提起股东代表诉讼的资格、意愿和能力不足，为了充分发挥股东代表诉讼的作用，本条第三款规定，投资者保护机构持有该公司股份的，可以为公司的利益以自己的名义向人民法院提起诉讼。但是，实践中投资者保护机构持有发行人的股份数量有限，很难符合公司法规定的“股份有限公司连续一百八十日以上单独或者合计持有公司百分之一以上股份的股东”的要求，无法按照公司法直接提起股东代表诉讼。因此，本条第三款作了特别规定，即投资者保护机构以自己的名义向人民法院提起诉讼，持股比例和持股期限不受公司法规定的限制。

相关规定

《中华人民共和国公司法》第一百四十七条、第一百四十九条、第一百五十一条。

第九十五条　投资者提起虚假陈述等证券民事赔偿诉讼时，诉讼标的是同一种类，且当事人一方人数众多的，可以依法推选代表人进行诉讼。

对按照前款规定提起的诉讼，可能存在有相同诉讼请求的其他众多投资者的，人民法院可以发出公告，说明该诉讼请求的案件情况，通知投资者在一定期间向人民法院登记。人民法院作出的判决、裁定，对参加登记的投资者发生效力。

投资者保护机构受五十名以上投资者委托，可以作为代表人参加诉讼，并为经证券登记结算机构确认的权利人依照前款规定向人民法院登记，但投资者明确表示不愿意参加该诉讼的除外。

条文主旨

本条是关于证券代表人诉讼的规定。

立法背景

我国民事诉讼法第五十三条、第五十四条对人数确定的代表人诉讼、人数不确定的代表人诉讼作了规定。此次修改证券法，前两款重申了民事诉讼法的有关规定，第三款针对证券市场的特点，增加了投资者保护机构作为代表人参加诉讼的特别规定，并借鉴有关国家经验，明确了“默示加入、明示退出”规则。

条文解读

民事诉讼法对代表人诉讼制度作了规定。第五十三条规定，当事人一方人数众多的共同诉讼，可以由当事人推选代表人进行诉讼。代表人的诉讼行为对其所代表的当事人发生效力，但代表人变更、放弃诉讼请求或者承认对方当事人的诉讼请求，进行和解，必须经被代表的当事人同意。第五十四条规定：“诉讼标的是同一种类、当事人一方人数众多在起诉时人数尚未确定的，人民法院可以发出公告，说明案件情况和诉讼请求，通知权利人在一定期间向人民法院登记。”“向人民法院登记的权利人可以推选代表人进行诉讼；推选不出代表人的，人民法院可以与参加登记的权利人商定代表人。”“代表人的诉讼行为对其所代表的当事人发生效力，但代表人变更、放弃诉讼请求或者承认对方当事人的诉讼请求，进行和解，必须经被代表的当事人同意。”“人民法院作出的判决、裁定，对参加登记的全体权利人发生效力。未参加登记的权利人在诉讼时效期间提起诉讼的，适用该判决、裁定。”

本条依据民事诉讼法，结合证券市场的特定性，对证券代表人诉讼作了规定。

一、人数确定的证券代表人诉讼

本条第一款对人数确定的代表人诉讼作了规定。适用这一款，需要把握以下几点：

1. 这一制度适用于投资者提起的虚假陈述等证券民事赔偿案件。

2. 诉讼标的应当是同一种类。例如，某一证券发行人在信息披露时作出虚假陈述，众多投资者基于该虚假的信息进行交易而遭受损失，都因此提出民事赔偿请求。

3. 当事人一方应当人数众多。实践中，人民法院认为，一方当事人 10 人以上即构成人数众多；在发行人虚假陈述等案件中，受到损害的投资者往往成千上万，只要起诉人数超过 10 人，即符合条件。

4. 投资者可以依法推选代表人进行诉讼。需要注意的是，人数确定的代表人诉讼中，每个投资者的诉讼请求都是独立的、可分的，只是出于便利审判的目的，将这些诉讼标的是同一种类的案件合并审理，当事人既可以推选代表人进行诉讼，也可以不推选代表人进行诉讼。

5. 按照民事诉讼法第五十三条的规定，推选代表人是当事人的意思表示，因此代表人一旦产生，其诉讼行为（如提出管辖权异议、提供证据、进行法庭辩论、申请证据保全、申请顺延诉讼期间等）对所代表的当事人发生效力；但是，代表人不得未经授权处分被代表人的重大实体性权利，代表人变更、放弃诉讼请求或者承认对方当事人的诉讼请求，进行和解，必须经被代表的当事人同意。

二、人数不确定的代表人诉讼

本条第二款对人数不确定的代表人诉讼作了规定。适用这一款，需要把握以下几点：

1. 适用人数不确定的代表人诉讼的前提包括两个方面：一是人数众多的投资者提起虚假陈述等证券民事赔偿诉讼，且诉讼标的是同一种类；二是人民法院认为可能存在有相同诉讼请求的其他众多投资者。某一证券发行人在信息披露时作出虚假陈述，基于该虚假的信息进行交易而遭受损失的投资者可能很多，但提起民事诉讼的往往只是少数人，如果人民法院认为还可能存在有相同诉讼请求的其他众多投资者，就可以采用人数不确定的代表人诉讼方式。

2. 人民法院寻找有相同诉讼请求的其他众多投资者的方式，是发出公告，说明该诉讼请求的案件情况，通知投资者在一定期限向人民法院登记。在具体操作上，人民法院在公告时需要初步划定有相同诉讼请求的其他投资者的范围，例如，在发行人虚假陈述后多长期间内，进行了什么样的交易的投资者。

3. 向人民法院登记的投资者可以推选代表人进行诉讼；推选不出代表人的，人民法院可以与参加登记的投资者商定代表人。原则上，代表人必须从起诉的当事人中推选，这样才能保证代表人和被代表人具有共同利益。

4. 代表人的诉讼行为对其所代表的当事人发生效力，但代表人变更、放弃诉讼请求或者承认对方当事人的诉讼请求，进行和解，必须经被代表的当事人同意。

5. 人民法院作出的判决、裁定，对参加登记的全体投资者发生效力。未参加登记的投资者在诉讼时效期间提起诉讼的，适用该判决、裁定。

三、投资者保护机构作为代表人参加诉讼

为解决证券民事赔偿诉讼中单个投资者起诉意愿不强、诉讼能力不足的问题，本条第三款对投资者保护机构作为代表人参加诉讼作了规定，以更好地发挥投资者保护机构在证券民事诉讼中的作用，提高证券违法成本，保护投资者合法权益。适用这一款，需要把握以下几点：

1. 投资者保护机构作为代表人参加诉讼的前提，包括两个方面。一是人民法院决定采用人数不确定的代表人诉讼，发出公告，通知投资者在一定期限内向人民法院登记。二是投资者保护机构受50名以上投资者委托。实践中，投资者保护机构虽然持有每一个发行人的股票，但是，其在虚假陈述期间很可能并未进行交易，不属于受到损害的投资者，不具有与起诉的投资者同一种类的诉讼标的，不能直接作为代表人参加诉讼；对此，本条第三款对其诉讼地位作了特别规定，即只要受五十名以上投资者委托，投资者保护机构就可以作为代表人参加诉讼。

2. 投资者保护机构可以为经证券登记结算机构确认的权利人向人民法院登记。在电子化交易的背景下，所有投资者的证券交易信息在证券登记结算机构都有记录，只要人民法院划定了有相同诉讼请求的其他投资者的范围，投资者保护机构就可以请求证券登记结算机构把相关投资者都找出来并予以确认。投资者保护机构可以直接为这些投资者向人民法院办理人数不确定的代表人诉讼的登记手续。

3. 投资者可以“默示加入，明示退出”。投资者保护机构应当以适当方式，将拟代为向人民法院办理登记的信息通知相关投资者；投资者没有相反意思表示的，视为其同意加入该诉讼；投资者不愿意参加该诉讼的，应当作出明确意思表示，投资者保护机构应当为投资者退出该诉讼提供便利条件。投资者退出人数不确定的代表人诉讼的，可以另行起诉。

相关规定

《中华人民共和国民事诉讼法》第五十三条、第五十四条。

第七章　证券交易场所

第九十六条　证券交易所、国务院批准的其他全国性证券交易场所为证券集中交易提供场所和设施，组织和监督证券交易，实行自律管理，依法登记，取得法人资格。

证券交易所、国务院批准的其他全国性证券交易场所的设立、变更和解散由国务院决定。

国务院批准的其他全国性证券交易场所的组织机构、管理办法等，由国务院规定。

条文主旨

本条是关于证券交易场所法律地位以及授权国务院规定有关事项的规定。

立法背景

1998年证券法第九十五条规定，证券交易所是提供证券集中竞价交易场所的不以营利为目的的法人。证券交易所的设立和解散，由国务院决定。2005年修改证券法时将该条改为第一百零二条，第一款改为证券交易所是为证券集中交易提供场所和设施，组织和监督证券交易，实行自律管理的法人。此次修改增加了国务院批准的其他全国性证券交易场所的规定，明确了证券交易所、国务院批准的其他全国性证券交易场所都要取得法人资格，并授权国务院制定由其批准的其他全国性证券交易场所规则。

条文解读

一、证券交易场所的种类

本法所称“证券交易场所”包括证券交易所、国务院批准的其他全国性证券交易场所、按照国务院规定设立的区域性股权市场。本条对其中的证券交易所、国务院批准的其他全国性证券交易场所的职能、法律地位、适用规则等作出了规定。

证券交易所目前包括上海证券交易所、深圳证券交易所。国务院批准的其他全国性证券交易场所目前有全国中小企业股份转让系统。

（一）证券交易所

证券交易所依组织形式可分为两类：一类是会员制证券交易所，另一类是公司制证券交易所。

1. 会员制证券交易所由会员自愿出资共同组成，交易所为会员所有和控制，只对会员服务，只有会员才能利用交易所的交易系统进行交易。会员制证券交易所的会员主要由证券公司组成，会员依章程规定出资，除依章程规定分担经费外，其对交易所承担的责任，以其出资额为限。会员制证券交易所的组织机构由会员大会、理事会、监事会、总经理和职能部门组成。会员大会为权力机构，理事会由会员选举产生的理事组成，为交易所的经营管理事务决策机构，决定交易所运营、管理等重要事项。

2. 公司制证券交易所是由股东出资设立，以公司形式出现的法人。公司制证券交易所由股东会员出资设立，并以股东出资为限对外承担有限责任。公司制证券交易所的股东一般由银行、证券公司、投资信托公司等组成。有资格入场进行证券交易的证券公司可能是股东，也可能不是股东。公司制证券交易所的权力机构为股东大会，决定与股东利益直接相关的重大事项；经营决策机构为董事会，负责处理交易所的经营管理的重要事项。

我国上海、深圳两个证券交易所都在章程中规定其为“实行自律管理的会员制法人”，因此，我国证券交易所目前的组织形式为会员制。

（二）国务院批准的其他全国性证券交易场所

随着我国“多层次资本市场体系”的不断丰富和完善，国务院可以根据市场需要批准建立其他全国性证券交易场所。例如，新三板是经国务院批准的全国性证券交易场所，2012 年9 月正式注册成立，主要服务于创新型、创业型、成长型中小微企业，是我国“多层次资本市场体系”的重要组成部分。

二、证券交易场所的职能和法律地位

证券交易场所，为证券集中交易提供场所和设施，组织和监督证券交易，实行自律管理，依法登记，取得法人资格。

一方面，证券交易所、国务院批准的其他全国性证券交易场所的职能是为证券集中交易提供场所和设施，组织和监督证券交易，实行自律管理。交易场所及设施由交易主机、交易大厅、参与者交易业务单元、报盘系统及相关的通信系统等组成。证券交易场所作为证券市场的核心，在证券市场中的角色是多重的：第一，它是证券市场集中交易的组织者，为投资者、证券公司、上市公司提供场地、设施和服务，为市场参与者提供交易平台和服务；第二，它是重要的自律监管者，通过契约、法律规定或者监管部门的授权，对证券公司、上市公司、证券市场进行第一线的监管，以维护证券市场交易秩序、促进市场效率的提高。所谓自律管理，就是通过内部组织机制的运行，规范其成员的行为，实现其团体内的秩序，主要体现为自我规范、自我约束、自我管理和自我控制。证券交易场所的自律管理是证券市场监管体系的重要组成部分；第三，它是被监管者，要接受政府监管部门的依法监管：一是证券交易场所的设立要受到监管；二是证券交易场所的自律管理活动要受到监督。证券交易场所的自律管理必须置于中国证监会的监督管理之下。

另一方面，证券交易所、国务院批准的其他全国性证券交易场所必须依法登记，取得法人资格。所谓法人，按照民法总则第五十七条的规定，是指具有民事权利能力和民事行为能力，依法独立享有民事权利和承担民事义务的组织。法人的民事权利能力和民事行为能力，从法人成立时产生，到法人终止时消灭。证券交易场所不仅有严密的组织形式和组织机构，而且有整套的交易规则和交易制度，作为市场主体，从事民事活动必须依法登记，取得法人资格，并符合民法总则的有关规定。

三、证券交易场所的设立、变更和解散

本条第二款规定，证券交易所、国务院批准的其他全国性证券交易场所的设立、变更和解散由国务院决定。

证券交易场所的设立是指创设提供证券集中交易场所这一法人的法律行为。证券交易场所的变更是指对最初登记设立证券交易场所这一法人的相关内容进行变更的法律行为。证券交易场所的解散是指已经存在的证券交易场所停止提供证券交易活动的场所、不再进行有关活动的法律行为。

证券交易场所的设立、变更和解散由国务院决定是一个强制性的规定。也就是说，未经过国务院的批准，任何单位和个人均无权决定证券交易所的设立、变更和解散。否则，要承担相应的法律责任。本条规定证券交易场所的设立、变更和解散由国务院来决定，主要考虑到三个方面的因素：一是证券市场是一个非常敏感的市场，通常认为，证券市场是反映一个国家经济发展的晴雨表。我国证券市场经过这些年的实践，积累了一些经验，但是相对于发达国家的证券市场来讲，经验还是比较少，这就需要慎重行事。因证券交易所、国务院批准的其他全国性证券交易场所是我国证券交易的主要场所，涉及面很广，如果设立不合适，或者变更、解散的不合适，就有可能影响国家的经济秩序，甚至造成社会混乱。对此，国家需要进行宏观调控。二是关于证券交易场所的设立、变更和解散，许多国家管理也是比较严格的，设立证券交易场所必须经过主管部门审核批准，作为我们这个证券市场还不成熟的国家来讲，更需要严格控制，加强管理。三是我国的投资者总体上对证券市场的认识还不够，投资心理还不够成熟，在这种情况下，也需要国家加强对证券交易场所设立、变更和解散的宏观管理。

四、国务院规定其他全国性证券交易场所有关事项

考虑到国务院批准的其他全国性证券交易场所目前的发展情况，本法对其只作原则规定，授权国务院制定相关具体管理办法。本条第三款规定，国务院批准的其他全国性证券交易场所的组织机构、管理办法等，由国务院规定。

相关规定

《中华人民共和国证券法》第一百零五条；《中华人民共和国民法总则》第五十七条。

第九十七条　证券交易所、国务院批准的其他全国性证券交易场所可以根据证券品种、行业特点、公司规模等因素设立不同的市场层次。

条文主旨

本条是关于证券交易场所可以设立不同的市场层次的规定。

立法背景

本条是此次修改新增加的条款，在法律中明确了证券交易所、国务院批准的其他全国性证券交易场所设立不同市场层次的权利。

条文解读

资本市场上，投资需求的多样性和融资需求的多样性导致了对资本市场金融服务多样性的需求，这样就决定了资本市场应该是一个多层次的资本市场。目前，证券交易所、国务院批准的其他全国性证券交易场所根据证券品种、行业特点、公司规模等因素已经形成了以下几个市场层次：主板市场（含中小板）；科创板；创业板；全国中小企业股份转让系统构成的新三板市场。

1. 主板和中小板。一级证券市场包括主板市场和中小板。主板市场是资本市场最重要的组成部分，目前包括上海证券交易所和深圳证券交易所，主要为成熟的大中型企业提供上市服务。同时，2004 年 5 月，经国务院批准，深圳证券交易所在主板市场内设立中小企业板块（中小板），服务于中小型稳定发展、但还未达到主板上市要求的企业，该板块也属于一级市场。

2. 创业板。创业板市场，主要是为高成长性的中小企业特别是创业型高新技术企业服务，附属于深圳证券交易所。创业板市场在上市的门槛、监管制度、信息披露、投资风险等方面与主板市场均有很大区别。

3. 科创板

科创板是在上海证券交易所设立的独立于现有主板市场的新

设板块，主要服务于有发展潜力、市场认可度高的科技创新企业。2018 年 11 月，国家主席习近平出席首届中国国际进口博览会开幕式并发表主旨演讲，宣布在上海证券交易所设立科创板并试点注册制。2019 年 1 月 30 日，中国证监会发布《关于在上海证券交易所设立科创板并试点注册制的意见》。2019 年 6 月 13 日，科创板正式开板；2019 年 7 月 22 日，科创板首批公司上市。科创板对发行人的包容性更强，同时为了保护公众投资者，对个人投资设置了比较高的门槛，并且退市条件和程序更加严格。

4. 新三板

全国中小企业股份转让系统构成了三级证券市场（新三板），新三板主要面对机构投资者和高净值人群，主要是为中小微型企业提供融资交易。

结合我国资本市场的发展实际，为了进一步建立多层次资本市场体系，完善资本市场结构，丰富资本市场产品，本条规定，证券交易所、国务院批准的其他全国性证券交易场所可以根据证券品种、行业特点、公司规模等因素设立不同的市场层次。随着我国资本市场的不断发展，市场层次会越来越丰富，不断满足不同层级投融资主体的多样化需求。

相关规定

《中华人民共和国证券法》第九十六条。

第九十八条　按照国务院规定设立的区域性股权市场为非公开发行证券的发行、转让提供场所和设施，具体管理办法由国务院规定。

条文主旨

本条是关于区域性股权市场的职能和管理的规定。

立法背景

本条是此次修改新增加的条款，对区域性股权市场作了原则规定。

条文解读

一、区域性股权市场按照国务院规定设立

区域性股权市场是为其所在省级行政区域内中小微企业证券非公开发行、转让及相关活动提供设施与服务的场所。区域性股权市场是我国多层次资本市场的重要组成部分，也是完善我国多层次资本市场建设中必不可少的部分，对于促进企业尤其是中小微企业股权交易和融资具有积极的作用。2008 年，《国务院关于天津滨海新区综合配套改革试验总体方案的批复》下达，其中明确提出“积极支持在天津滨海新区设立全国性非上市公众公司股权交易市场”，促成我国第一家区域性股权市场——天津股权交易所的诞生。此后，各省陆续设立了一批区域性股权市场，目前基本形成“一省一市场”的格局。

区域性股权市场所进行的证券交易具有特殊金融属性，关系到相关区域内的经济金融安全和社会稳定，设立事项必须根据实际需要，统筹考虑，不能任由各地自主决定，一哄而上。因此，本条规定，区域性股权市场应当按照国务院的规定设立。

二、区域性股权市场的职能

此次修订证券法，根据我国证券市场的实际情况，增加了关于非公开发行证券转让场所的规定，即本法第三十七条第二款规定，非公开发行的证券，可以在证券交易所、国务院批准的其他全国性证券交易场所、按照国务院规定设立的区域性股权市场转让。这样一来，就明确了按照国务院规定设立的区域性股权市场可以转让非公开发行的证券。而本条进一步明确了区域性股权市场的基本职能，是为非公开发行证券的发行、转让提供场所和设施。非公开发行的证券，主要面向一定数量的特定对象发行，这种发行涉及人数较少，投资者往往对发行人的情况比较了解，或者具备一定的风险识别和承受能力，非公开发行行为对社会的影响较小。

区域性股权市场的定位是，主要服务于所在省级行政区域内中小微企业的私募股权市场，是多层次资本市场体系的重要组成部分，是地方人民政府扶持中小微企业政策措施的综合运用平台。在区域性股权市场发行或转让证券的，限于股票、可转换为股票的公司债券以及国务院有关部门按程序认可的其他证券，不得违规发行或转让私募债券；在区域性股权市场进行有限责任公司股权融资或转让的，不得违反通知相关规定。

三、区域性股权市场的具体管理办法由国务院规定

本条授权国务院规定区域性股权市场的具体管理办法。目前，国务院已出台的关于区域性股权市场具体管理办法的文件主要是2017年1月国务院办公厅发布的《关于规范发展区域性股权市场的通知》，主要包括以下几个方面具体要求：一是市场定位，即区域性股权市场是主要服务于所在省级行政区域内中小微企业的私募股权市场，是多层次资本市场体系的重要组成部分，是地方人民政府扶持中小微企业政策措施的综合运用平台。二是监管模式，即区域性股权市场由所在地省级人民政府按规定实施监管，并承担相应风险处置责任；证监会要依法依规履职尽责，加强对省级人民政府开展区域性股权市场监管工作的指导、协调和监督，制定统一的区域性股权市场业务及监管规则，对市场规范运作情况进行监督检查。三是管理运营机构，即区域性股权市场运营机构负责组织区域性股权市场的活动，对市场参与者进行自律管理，保障市场规范稳定运行。四是活动规则，即区域性股权市场的各项活动应遵守法律法规和证监会制定的业务及监管规则。五是确定合格投资者，即合格投资者应是依法设立且具备一定条件的法人机构、合伙企业，金融机构依法管理的投资性计划，以及具备较强风险承受能力且金融资产不低于50万元人民币的自然人。六是信息系统应符合有关法律法规和证监会制定的信息技术管理规范。七是区域性股权市场不得为所在省级行政区域外的企业私募证券或股权的融资、转让提供服务。八是国务院有关部门和地方人民政府要在职责范围内采取必要措施，为区域性股权市场规范健康发展创造良好环境。

相关规定

《中华人民共和国证券法》第三十七条。

第九十九条　证券交易所履行自律管理职能，应当遵守社会公共利益优先原则，维护市场的公平、有序、透明。

设立证券交易所必须制定章程。证券交易所章程的制定和修改，必须经国务院证券监督管理机构批准。

条文主旨

本条是关于证券交易所自律管理的规定。

立法背景

本条对原证券法第一百零三条进行了修改，增加一款规定作为第一款："证券交易所履行自律管理职能，应当遵守社会公共利益优先原则，维护市场的公平、有序、透明。”

条文解读

一、证券交易所履行自律管理职能应当遵守的原则和目标

本法第九十六条中已经明确规定，证券交易所实行自律管理；本条则进一步规定了证券交易所履行自律管理职能时，应当遵守的原则和维护的目标，即应当遵守社会公共利益优先原则，维护市场的公平、有序、透明。

证券交易所应当按照所制定的自律规则进行自律管理。证券交易所自律规则是资本市场制度体系的重要组成部分，是证券交易所进行自律管理的重要依据。我国上海、深圳证券交易所即通过制定一系列自律性规则进行自律管理，内容涉及证券的发行、上市、交易和会员管理规则等方面，如《上海证券交易所交易规则》《深圳证券交易所交易规则》《上海证券交易所会员管理规则》《深圳证券交易所会员管理规则》，等等。

证券交易所履行自律管理职能，首先，应当遵守社会公共利益优先原则，即不仅不得违反社会公共利益，而且应当以社会公共利益作为优先选择的价值取向。其次，证券交易所履行自律管理职能的目的是维护市场的公平、有序、透明。公平是指证券市场参与者在法律上地位平等，在证券市场中的机会平等，证券交易所应当保障发行人、投资者等证券市场参与主体不因所有制性质、身份等因素受到不合理的区别对待，能够公平地参与市场竞争，公平地面对机会和风险。有序是指证券交易所是进行有序交易的平台，证券交易所应当维护市场的秩序。透明是指证券交易具有较强的社会性和公开性，证券交易所应当维护市场的公开透明。

二、关于证券交易所的章程的要求

（一）设立证券交易所必须制定章程

无论是会员制证券交易所还是公司制证券交易所，其设立都必须具备章程，这是设立证券交易所的必备条件。证券交易所章程，是指由证券交易所会员大会或者股东会制定的对证券交易所及其会员、内部组织机构具有约束力的并经过国务院证券监督管理机构批准的内部行为规范。对证券交易所章程可作如下理解：一是证券交易所章程是由会员大会或者股东会议通过的。二是证券交易所的章程对证券交易所及其会员、内部组织机构均有约束力，也就是说，证券交易所和证券交易所的会员、股东、内部组织机构均必须遵守其规定。三是证券交易所章程必须经过证券监督管理机构批准。四是它是一种内部行为规范，即是证券交易所及其有关机构、成员的行为准则。

目前，我国证券法律、法规所规定的证券交易所章程的记载事项集中体现在《证券交易所管理办法》中。根据该办法的规定，证券交易所章程应当包括下列事项：（1）设立目的；（2）名称；（3）主要办公及交易场所和设施所在地；（4）职能范围；（5）会员的资格和加入、退出程序；（6）会员的权利和义务；（7）对会员的纪律处分；（8）组织机构及其职权；（9）理事、监事、高级管理人员的产生、任免及其职责；（10）资本和财务事项；（11）解散的条件和程序；（12）其他需要在章程中规定的事项。

（二）章程的制定和修改须经国务院证券监督管理机构批准

证券交易所的章程是设立证券交易所必须具备的条件之一，证券交易所章程的制定或修改，应当符合法律对证券交易所的有关规定，为了保证章程的合法性，本条规定，证券交易所章程必须经过国务院证券监督管理机构批准。

相关规定

《中华人民共和国证券法》第九十六条。

第一百条　证券交易所必须在其名称中标明证券交易所字样。其他任何单位或者个人不得使用证券交易所或者近似的名称。

条文主旨

本条是关于证券交易所名称的规定。

立法背景

本条未作修改。

条文解读

证券交易所的名称是指证券交易所的称谓，它是区别于其他单位或者个人的标志。在法律上以专门条文设定名称的规范，是为了便于主管机关监管，也有利于投资者识别。根据我国的有关法律规定，法人名称的构成、确定及效力应遵循以下原则：（1）法人名称的构成必须符合法律规定；（2）法人只能使用一个名称；（3）法人名称不得包含禁用文字；（4）法人的名称使用权受到法律保护；（5）法人名称具有排他的和禁止仿冒的效力。证券交易所的名称应当遵循上述一般性规定。

本条关于证券交易所名称规定了下述两个方面的内容：

第一，证券交易所名称中必须标明证券交易所字样。这是证券交易所名称的强制使用制度，即要求其名称使用规范化。证券交易所是一个特定化的被人们认可的名称，本法规定必须标明证券交易所字样也是为了更好地使人们认识它、了解它。

第二，其他任何单位或者个人不能使用证券交易所或者与其近似的名称。这是为了防止该名称被滥用，造成混乱。不能使用证券交易所或者与其相似的名称是指不得直接使用证券交易所的字样或者容易被人误解的字样，如不得使用“某某证券买卖所”“某某证券所”“某某证交所”等。“其他任何单位或者个人”的概念应当理解为不受地域、行业限制的国内所有单位和个人。

第一百零一条　证券交易所可以自行支配的各项费用收入，应当首先用于保证其证券交易场所和设施的正常运行并逐步改善。

实行会员制的证券交易所的财产积累归会员所有，其权益由会员共同享有，在其存续期间，不得将其财产积累分配给会员。

条文主旨

本条是关于证券交易所收入支配规则的规定。

立法背景

本条沿袭原证券法第一百零五条的内容，此次未作修改。

条文解读

一、证券交易所可以自行支配费用收入的优先用途

本条所指可以自行支配的各项费用收入，是指证券交易所在提供证券交易的场所、设施和服务过程中收取的为证券交易所管理的那些费用，比如证券交易费用、会员费、席位费及其他业务收入等。证券交易所有权自行支配上述费用收入。对于这部分费用应当用于下述两个方面：

第一，保证证券交易场所和设施的正常运行。证券交易场所是指交易大厅及与交易有关的其他场所。证券交易所的设施是指保证证券交易的各种设备，如显示屏幕、电话、电脑、电路、网络等。证券交易场所和设施是证券交易所的核心部分，这一部分不正常或者出了问题，整个证券交易所就会引起混乱或者造成交易中断，给社会造成不良的影响。为此，本条要求证券交易所对其可以自行支配的各项费用收入，必须首先用于保证证券交易场所和设施的正常运行，这就要求证券交易所必须对场所和设施进行保养和维修，及时处理存在的问题或者隐患。

第二，用于场所和设施的改善。所谓改善，是指在现有的自行运用的资金范围内根据实际需要使现有的交易场所和设施有所改观，不断提高现有的条件，不断更新证券交易结算系统和市场监测系统以及行情和信息发布系统。例如，近年来，上海、深圳证券交易所加大投入建设升级监管系统，运用大数据、人工智能等新技术，提高监管能力。这一规定是保证证券交易高效运行的一项措施。

二、实行会员制的证券交易所的财产权益

本条第二款规定，实行会员制的证券交易所的财产积累归会员所有，其权益由会员共同享有，在其存续期间，不得将其财产积累分配给会员。证券交易所除了支出有关费用以外，剩余的费用即证券交易所的财产积累。实行会员制的证券交易所，其财产积累由会员共同享有，由于会员制证券交易所属于非营利性法人，该财产积累如果分配给会员，即构成会员的营利回报，这与会员制的非营利性不符。因此，证券交易所在存续期间不得将其财产积累分配给会员，只有在证券交易所解散时才能将剩余财产分配给会员。

相关规定

《中华人民共和国证券法》第九十六条。

第一百零二条　实行会员制的证券交易所设理事会、监事会。

证券交易所设总经理一人，由国务院证券监督管理机构任免。

条文主旨

本条是关于证券交易所设理事会、监事会、总经理的规定。

立法背景

本条将原证券法第一百零六条、第一百零七条合并后修改，增加规定了实行会员制的证券交易所设监事会的内容。

条文解读

一、关于设立理事会

本条第一款中规定，实行会员制的证券交易所设理事会。

我国证券交易所目前的组织形式为会员制。会员大会是证券交易所的最高权力机构，决定证券交易所的重大问题。但是会员大会只是一个议事机构，需要一个常设机构处理日常事务，这个常设机构就是证券交易所的理事会。

对于证券交易所的理事会，可作如下理解：（1）理事会是证券交易所的决策机构，依照法律规定和证券交易所章程设置。（2）理事会是证券交易所的日常管理机构，负责证券交易所的日常业务活动的管理与指挥，并执行会员大会的有关决议。（3）理事会由证券交易所会员大会选举产生。

对于理事会与会员大会的关系这一问题，本法没有作出具体的规定，一般来讲，理事会和会员大会的关系为理事会对会员大会负责。具体讲：理事会成员由会员大会产生，理事会必须执行会员大会的各项决议；理事会必须忠于职守，认真履行各项法定的和会员大会确定的各项义务；理事会必须督促自己的下属机构依法履行职务；理事会必须按照法定的程序将自己的工作情况向会员大会进行报告；理事会如果不履行职务出现了违法行为必须依法承担责任。

实践中，理事会一般履行下列职责：(1) 召集会员大会，并向会员大会报告工作；(2) 执行会员大会的决议；(3) 审定总经理提出的工作计划；(4) 审定总经理提出的年度财务预算、决算方案；(5) 审定对会员的接纳和退出；(6) 审定取消会员资格的纪律处分；(7) 审定证券交易所业务规则；(8) 审定证券交易所上市新的证券交易品种或者对现有上市证券交易品种作出较大调整；(9) 审定证券交易所收费项目、收费标准及收费管理办法；(10) 审定证券交易所重大财务管理事项；(11) 审定证券交易所重大风险管理和处置事项，管理证券交易所风险基金；(12) 审定重大投资者教育和保护工作事项；(13) 决定高级管理人员的聘任、解聘及薪酬事项，但中国证监会任免的除外；(14) 会员大会授予和证券交易所章程规定的其他职权。

二、关于设立监事会

本条第一款中还规定，实行会员制的证券交易所设监事会。

监事会是实行会员制的证券交易所的监督机构，通常行使下列职权：(1) 检查证券交易所财务；(2) 检查证券交易所风险基金的使用和管理；(3) 监督证券交易所理事、高级管理人员执行职务行为；(4) 监督证券交易所遵守法律、行政法规、部门规章和证券交易所章程、协议、业务规则以及风险预防与控制的情况；（5）当理事、高级管理人员的行为损害证券交易所利益时，要求理事、高级管理人员予以纠正；（6）提议召开临时会员大会；（7）提议召开临时理事会；（8）向会员大会提出提案；（9）会员大会授予和证券交易所章程规定的其他职权。

三、关于设立总经理一人

本条第二款规定，证券交易所设总经理一人，由国务院证券监督管理机构任免。

1. 总经理的设置。总经理在理事会领导下负责证券交易所的日常管理工作，通常行使下列职权：（1）执行会员大会和理事会决议，并向其报告工作；（2）主持证券交易所的日常工作；（3）拟订并组织实施证券交易所工作计划；（4）拟订证券交易所年度财务预算、决算方案；（5）审定业务细则及其他制度性规定；（6）审定除取消会员资格以外的其他纪律处分；（7）审定除应当由理事会审定外的其他财务管理事项；（8）理事会授予的和证券交易所章程规定的其他职权。

2. 总经理由国务院证券监督管理机构任免。这是根据我国资本市场的实际情况所作的特别规定。通常情况下，会员制的证券交易所，总经理一般是由理事会任免的，而我国规定由国务院证券监督管理机构任免，理事会无权任免总经理。这样规定的目的是加强对证券交易所总经理的监管，保障交易所合法合规稳定运行。

相关规定

《中华人民共和国民法总则》第八十九条。

第一百零三条　有《中华人民共和国公司法》第一百四十六条规定的情形或者下列情形之一的，不得担任

证券交易所的负责人：

（一）因违法行为或者违纪行为被解除职务的证券交易场所、证券登记结算机构的负责人或者证券公司的董事、监事、高级管理人员，自被解除职务之日起未逾五年；

（二）因违法行为或者违纪行为被吊销执业证书或者被取消资格的律师、注册会计师或者其他证券服务机构的专业人员，自被吊销执业证书或者被取消资格之日起未逾五年。

条文主旨

本条是关于证券交易所的负责人任职资格的限制条件的规定。

立法背景

本条对原证券法第一百零八条第二项的内容作了部分文字修改，将原来的"被撤销资格"改为"被吊销执业证书或者被取消资格"，将原来的"投资咨询机构、财务顾问机构、资信评级机构、资产评估机构、验证机构"概括性地表述为"其他证券服务机构"。

条文解读

所谓证券交易所的负责人任职资格，是指担任证券交易所负责人的条件。对于证券交易所负责人的范围，本法未作规定，一般认为包括证券交易所的理事、监事、总经理、副总经理等。按照本条规定，以下两种情况不能担任证券交易所的负责人：

一、有公司法第一百四十六条规定的情形之一

公司法对公司董事、监事、高级管理人员的任职资格作了规定，根据本条的指引性规定，证券交易所的负责人也适用该规定。按照公司法第一百四十六条的规定，有下列情形之一的，不得担任公司的董事、监事、高级管理人员：（1）无民事行为能力或者限制民事行为能力；（2）因贪污、贿赂、侵占财产、挪用财产或者破坏社会主义市场经济秩序，被判处刑罚，执行期满未逾五年，或者因犯罪被剥夺政治权利，执行期满未逾五年；（3）担任破产清算的公司、企业的董事或者厂长、经理，对该公司、企业的破产负有个人责任的，自该公司、企业破产清算完结之日起未逾三年；（4）担任因违法被吊销营业执照、责令关闭的公司、企业的法定代表人，并负有个人责任的，自该公司、企业被吊销营业执照之日起未逾三年；（5）个人所负数额较大的债务到期未清偿。结合本条规定，有公司法上述规定情形之一的不能担任证券交易所的负责人。

二、属于本条规定的两种情形之一

（一）因违法行为或者违纪行为被解除职务的证券交易场所、证券登记结算机构的负责人或者证券公司的理事、监事、高级管理人员，自被解除职务之日起未逾五年。这一规定，应从以下两个方面理解：

1. 任职限制的对象。限制对象包括三大类：第一类是被证券交易场所解除职务的负责人，包括理事、监事、总经理、副总经理等；第二类是被证券登记结算机构解除职务的董事、监事、经理等负责人员；第三类是被证券公司解除职务的董事、监事和高级管理人员。上述三类人员均应当是因违反法律、法规、行政规章的规定或者违反本行业、本所或者本公司的纪律而被解除职务的人员。

2. 任职限制的时间。上述三类人员被限制任职的时间为五年，这五年的起算点为其被解除职务之日。需要说明的是，这里限制对象均是被解除职务的人员。所谓解除职务，是指由证券交易所的会员大会、其他证券交易场所的权力机构、证券登记结算机构的权力机构或者证券公司的权力机构，根据法律、行政法规和内部规章制度的规定，免去其担任的高级行政职务，但是还可以在该单位继续担任从事其他业务活动的一般职务。

（二）因违法行为或者违纪行为被吊销执业证书或者被取消资格的律师、注册会计师或者其他证券服务机构的专业人员，自被吊销执业证书或者被取消资格之日起未逾五年。这一项是对中介服务机构有关专业人员的限制，应从以下两个方面理解：

1. 任职限制的对象。限制对象为因违法行为或者违纪行为被吊销执业证书或者被取消资格的中介服务机构的专业人员，具体包括：

第一类是因违法行为或者违纪行为被吊销执业证书的律师。根据律师法第四十九条的规定，律师有下列行为之一，情节严重的，由省、自治区、直辖市人民政府司法行政部门吊销其律师执业证书：（1）违反规定会见法官、检察官、仲裁员以及其他有关工作人员，或者以其他不正当方式影响依法办理案件的；（2）向法官、检察官、仲裁员以及其他有关工作人员行贿，介绍贿赂或者指使、诱导当事人行贿的；（3）向司法行政部门提供虚假材料或者有其他弄虚作假行为的；（4）故意提供虚假证据或者威胁、利诱他人提供虚假证据，妨碍对方当事人合法取得证据的；（5）接受对方当事人财物或者其他利益，与对方当事人或者第三人恶意串通，侵害委托人权益的；（6）扰乱法庭、仲裁庭秩序，干扰诉讼、仲裁活动的正常进行的；（7）煽动、教唆当事人采取扰乱公共秩序、危害公共安全等非法手段解决争议的；

（8）发表危害国家安全、恶意诽谤他人、严重扰乱法庭秩序的言论的；（9）泄露国家秘密的。律师因故意犯罪受到刑事处罚的，由省、自治区、直辖市人民政府司法行政部门吊销其律师执业证书。此外，根据律师法第五十一条的规定，律师因违反律师法的规定，在受到停止执业处罚期满后二年内又发生应当给予停止执业处罚情形的，由省、自治区、直辖市人民政府司法行政部门吊销其律师执业证书。

第二类是因违法行为或者违纪行为被吊销注册会计师证书的注册会计师。根据注册会计师法第十三条的规定，除法定情形外，注册后有下列情形之一的，由准予注册的注册会计师协会撤销注册，收回注册会计师证书：（1）完全丧失民事行为能力的；（2）受刑事处罚的；（3）因在财务、会计、审计、企业管理或者其他经济管理工作中犯有严重错误受行政处罚、撤职以上处分的；（4）自行停止执行注册会计师业务满一年的。结合本条规定，这里所指的是因违法行为或者违纪行为被吊销注册会计师证书的注册会计师，即仅指因受刑事处罚或者因在财务、会计、审计、企业管理或者其他经济管理工作中犯有严重错误受行政处罚、撤职以上处分而被吊销注册会计师证书的注册会计师。

第三类是因违法行为或者违纪行为被吊销执业证书或者被取消资格的其他证券服务机构的专业人员。其他证券服务机构的专业人员，如投资咨询机构、财务顾问机构、资信评级机构、资产评估机构、验证机构的取得从业资格或者执业证书的专业人员，如果因违反法律、法规和内部纪律，被有关法定的机构吊销执业证书或者取消资格，也不能担任证券交易所的负责人。

2. 任职限制的时间。上述三类人员被限制担任证券交易所的负责人的时间为五年，这五年的起算点为被吊销执业证书或者被取消资格之日。

相关规定

《中华人民共和国公司法》第一百四十六条；《中华人民共和国律师法》第四十九条、第五十一条；《中华人民共和国注册会计师法》第十三条。

第一百零四条　因违法行为或者违纪行为被开除的证券交易场所、证券公司、证券登记结算机构、证券服务机构的从业人员和被开除的国家机关工作人员，不得招聘为证券交易所的从业人员。

条文主旨

本条是关于招聘证券交易所从业人员的限制条件的规定。

立法背景

本条对原证券法第一百零九条作了个别文字修改。

条文解读

对本条可以从以下几个方面理解：

1. 限制的对象。限制对象为五类人员：第一类人员是被开除的证券交易场所的从业人员。证券交易场所的从业人员，是指所有在证券交易所、国务院批准的其他全国性证券交易场所、按照国务院规定设立的区域性股权市场正式任职的、负责证券交易操作和监管业务的工作人员，如理事、监事、总经理及其他正式聘用或签订了劳务协议的从业人员。第二类人员是被开除的证券公司的董事、监事、高级管理人员及其他工作人员。第三类人员是被开除的证券登记结算机构的从业人员。第四类人员是被开除的证券服务机构的从业人员，包括投资咨询机构、财务顾问机构、资信评级机构、资产评估机构、验证机构等从事证券业务的专业人员。第五类人员是被开除的国家机关的工作人员。

2. 限制的原因。上述人员是因为违反法律、法规或者内部组织纪律被开除。之所以不允许这些人员被招聘为证券交易所从业人员，主要考虑的是这些人员是因违法行为或者违纪行为被开除，其道德操守已经有了瑕疵，在一定程度上已经失去人们的信任，而证券交易所的从业人员应当正直诚实、品行良好；同时，对这些违法违纪者未来从业进行限制，也可以对其他证券从业人员和国家机关工作人员起到警示作用，警示他们注意遵纪守法，不要干违法违纪的事。

3. 限制的时间。因违法行为或者违纪行为被开除的证券交易场所、证券公司、证券登记结算机构、证券服务机构的从业人员和被开除的国家机关工作人员，自被开除之日起，终身不得被招聘为证券交易所的从业人员。

第一百零五条　进入实行会员制的证券交易所参与集中交易的，必须是证券交易所的会员。证券交易所不得允许非会员直接参与股票的集中交易。

条文主旨

本条是关于参与会员制证券交易所集中交易的主体的规定。

立法背景

本条对原证券法第一百一十条作了修改，将“进入证券交易所参与集中交易的”改为“进入实行会员制的证券交易所参与集中交易的”，并增加规定“证券交易所不得允许非会员直接参与股票的集中交易”。

条文解读

会员制证券交易所由会员自愿出资共同组成，交易所为会员所有和控制，只对会员服务，只有会员才能利用交易所的交易系统进行交易。我国现有的上海、深圳证券交易所都是会员制证券交易所，因此本条规定，进入实行会员制的证券交易所参与集中交易的，必须是证券交易所的会员。按照上述规定，投资者进行证券交易，应当委托证券交易所的会员即证券公司进行，投资者不能直接利用交易所的交易系统进行交易，否则将造成交易秩序的混乱，影响交易的公平性。这次修改证券法，针对实践中存在的问题，专门强调：证券交易所不得允许非会员直接参与股票的集中交易。

证券交易所的会员种类，会员资格及权利、义务由证券交易所章程和业务规则规定。实践中，证券交易所接纳的会员主要是经批准设立并具有法人地位的境内证券经营机构。境外证券经营机构设立的驻华代表处，经申请可以成为证券交易所的特别会员。

例如，2018 年修订的《上海证券交易所章程》规定证券交易所的会员必须同时具备下列条件：（1）经中国证监会依法批准设立、具有法人地位的境内证券经营机构；（2）具有良好信誉和经营业绩；（3）组织机构和业务人员符合中国证监会和证券交易所规定的条件，符合证券交易所对内部管理制度、技术系统及风险防范提出的各项要求；（4）承认并遵守证券交易所章程和业务规则，按规定交纳会员费用；（5）证券交易所要求的其他条件。具备上述规定条件的证券公司，在向证券交易所提出申请并提供相应的申报文件，经理事会批准后，方可成为证券交易所的会员。证券交易所接纳会员应当在决定后的五个工作日内向中国证监会报告。

第一百零六条　投资者应当与证券公司签订证券交易委托协议，并在证券公司实名开立账户，以书面、电话、自助终端、网络等方式，委托该证券公司代其买卖证券。

条文主旨

本条是关于投资者买卖证券程序的规定。

立法背景

本条对原证券法第一百一十一条作了部分文字修改，将在证券公司“开立证券交易账户”改为“实名开立账户”，将“以及其他方式”改为“自助终端、网络等方式”。

条文解读

本条所称投资者，是指买卖证券的单位或者个人。投资者在证券交易所买卖证券必须通过有会员资格的证券公司进行，自己不能直接在证券交易所内进行交易。

投资者买卖证券的程序包括下列几项：

1. 与证券公司签订证券交易委托协议。

投资者买卖证券，应当与证券公司签订证券交易委托协议，未签订证券交易委托协议的，不得买卖证券。证券交易委托协议一般由证券公司统一印制，供委托人使用。协议一经签订，投资者即成为该证券公司的客户。证券交易委托协议应当包括但不限于下列内容：

（1）证券公司与客户遵守有关业务规则的承诺；

（2）证券公司已向客户揭示证券买卖的各类风险，包括不同委托方式的风险；

（3）客户表明证券公司已向其说明证券买卖的各类风险；

（4）会员受托业务范围和权限；

（5）指定交易或转托管有关事项；

（6）客户开户所需证件及其有效性的确认方式和程序；

（7）委托、交收的方式、时间、内容和要求；

（8）交易结算资金及证券管理的有关事项；

（9）交易费用及其他收费说明；

（10）证券公司对客户委托事项的保密责任；

（11）客户应当履行的交收责任；

（12）违约责任及免责条款；

（13）争议解决办法。

证券交易委托协议经双方盖章或者签字成立。证券公司不得接受客户的全权委托而决定证券买卖、选择证券种类、决定买卖数量或者买卖价格，也不得对客户买卖证券的收益或者赔偿证券买卖的损失作出承诺。

2. 在证券公司实名开立账户。这次修改证券法，强化了交易实名制的要求，明确要求投资者要在证券公司实名开立账户。投资者到证券公司实名开立账户的程序包括：

（1）向证券公司办理名册登记。投资者必须持自己的身份证或者法人证明向证券公司办理名册登记。名册登记主要包括：就个人投资者来说，名册主要登记投资者个人的姓名、性别、身份证号码、家庭住址、职业、联系电话，同时留存印鉴和签名卡样；就法人投资者来说，主要包括法人证明，法定代表人委托代理人的书面委托书及法定代表人和代理人的姓名、性别等。

（2）开立证券和资金账户。证券账户是为了证券交易方便，在证券登记结算机构开立的专门保存证券的账户，用于记录投资者所持有的证券种类和数量。除国家法律、法规禁止的一些自然人和法人外，其他任何自然人或法人持有效证件，均可向证券登记机构申请开设证券账户。已开立证券账户的投资者应当持证券账户和本人身份证向具有证券交易所会员资格的证券公司申请开立资金账户。资金账户用于存放投资者买入证券所需的资金和卖出证券取得的价款等。根据本法第一百三十一条第一款的规定，证券公司客户的交易结算资金应当存放在商业银行，以每个客户的名义单独立户管理。

3. 确定证券买卖委托方式。是指投资者向证券公司发出买卖证券的指令，由证券公司在证券交易所代其完成证券交易。按照本条规定，投资者可以选择下述证券买卖委托方式：

（1）书面方式，是指由投资者以书面的形式如现场填写委托书、电报、传真、信函等向证券公司写出自己的委托内容和要求，由证券公司代为买卖证券。书面委托是历史最悠久的一种委托方式。

（2）电话方式，是指由投资者以电话的形式将委托的内容和要求向证券公司提出，证券公司根据委托代为买卖证券。

（3）自助终端、网络等方式。随着交易技术的不断发展，证券公司相继开办了电脑终端委托、触摸屏委托、移动终端委托等方式。目前，我国上海、深圳证券交易所接受客户买卖委托的形式主要有柜台委托、电话委托、电脑和移动终端委托。近年来，随着计算机互联网技术的迅速发展，使得网上证券委托交易方式逐渐成熟，中国证监会于 2000 年 4 月 13 日正式发布实施《网上证券委托暂行管理办法》，对证券公司网上委托业务的业务规程、技术准备和信息披露等进行了规范，这标志着我国网上证券委托交易步入了规范发展的轨道。

此外，按委托价格方式不同，委托又可分为市价委托和限价委托。市价委托，是指投资者要求所委托的证券公司按照市场的价格买卖证券，也就是按照最高价卖出或者最低价买进。这种委托的特点是速度快，常常是在出售证券时，特别是在市场价格下跌时采用。限价委托，是指投资者要求自己委托的证券公司按照限定的价格幅度买卖证券，即投资者限定买进的最高价或者卖出的最低价，证券公司也应当按照限定的价格标准进行买卖。证券公司以低于限价买进或者高于限价卖出，属于允许的范围。

相关规定

《中华人民共和国证券法》第一百三十一条。

第一百零七条　证券公司为投资者开立账户，应当按照规定对投资者提供的身份信息进行核对。

证券公司不得将投资者的账户提供给他人使用。

投资者应当使用实名开立的账户进行交易。

条文主旨

本条是关于证券账户实名制管理的规定。

立法背景

本条是此次修改新增加的条款。

条文解读

本条对证券账户实名制管理提出了三点要求：

一、证券公司核对投资者身份信息的义务

本条第一款对证券公司管理投资者账户提出要求，即证券公司为投资者开立账户，应当按照规定对投资者提供的身份信息进行核对。例如，投资者开立证券账户，根据相关法律法规规定，个人投资者应当提供真实有效的身份信息资料，包括但不限于：姓名、性别、国籍、职业、住所地或者工作单位地址、联系方式、身份证件或者身份证明文件的种类、号码和有效期限等；法人或其他组织等非自然人投资者应当提供的身份信息资料包括但不限于：名称、住所、经营范围以及控股股东或实际控制人、法定代表人、负责人和授权办理业务人员的姓名、身份证件或者身份证明文件的种类、号码和有效期限等。证券公司应当按照规定对投资者提供的上述身份信息进行核对，如果投资者提供的身份信息资料不完整、不准确、有待完善或发生变更的，证券公司应当及时督促投资者更新补充。随着互联网和移动终端技术的发展，除在经营场所的现场服务外，许多证券公司还推出了互联网自助开户和手机自助开户服务，这对证券公司核实投资者身份信息提出了新的要求，但无论采用何种途径开设证券账户，证券公司都必须履行核对投资者身份信息的义务。证券公司不履行该义务的，应当承担相应的法律责任，根据本法第二百零一条第一款规定，证券公司未对投资者开立账户提供的身份信息进行核对的，责令改正，给予警告，并处以 5 万元以上 50 万元以下的罚款。对直接负责的主管人员和其他直接责任人员给予警告，并处以 10 万元以下的罚款。

二、证券公司不得将投资者账户提供他人使用

证券账户实名制管理要求投资者开立的证券账户应当严格由其个人所有和使用，任何其他人都无权使用。然而实践中，一些内幕交易、市场操纵、非法经营证券业务等证券违法案件中，不法分子通过借用他人账户来掩盖自身违法行为，规避监管，逃避制裁；同时，有些证券公司守法合规意识淡薄，将客户的账户提供给他人使用，为违法违规行为提供便利，严重扰乱了证券市场秩序。为进一步加强投资者账户管理，落实证券公司对投资者账户实名使用的管理责任，本条第二款规定，证券公司不得将投资者的账户提供给他人使用。证券公司应当严格遵守投资者账户实名制的有关要求，不得以任何形式将投资者的账户提供给他人使用。证券公司违反该项规定的，应当承担相应的法律责任，根据本法第二百零一条第二款规定，证券公司将投资者的账户提供给他人使用的，责令改正，给予警告，并处以 10 万元以上 100 万元以下的罚款。对直接负责的主管人员和其他直接责任人员给予警告，并处以 20 万元以下的罚款。

三、投资者应使用实名账户交易

本法第一百零六条已经建立了证券账户实名制，要求投资者在证券公司实名开立账户。为进一步加强对证券账户使用的管理，本条第三款确立了证券账户交易环节实名制，要求投资者应当使用实名开立的账户进行交易。账户持有人应严格遵守账户实名制的有关要求，使用实名开立的账户进行证券交易，不得通过在证券账户下设立子账户、分账户、虚拟账户等方式违规进行证券交易。证券公司应当履行客户证券账户交易环节实名制的审核监督义务，监督是否存在违规使用证券账户的行为。

相关规定

《中华人民共和国证券法》第一百零六条、第二百零一条。

第一百零八条　证券公司根据投资者的委托，按照证券交易规则提出交易申报，参与证券交易所场内的集中交易，并根据成交结果承担相应的清算交收责任。证券登记结算机构根据成交结果，按照清算交收规则，与证券公司进行证券和资金的清算交收，并为证券公司客户办理证券的登记过户手续。

条文主旨

本条是关于证券公司接受委托买卖证券的程序的规定。

立法背景

本条是原证券法第一百一十二条，此次未作修改。

条文解读

一、证券公司提出交易申报、参与场内集中交易

根据本条规定，证券公司根据投资者的委托，按照证券交易规则提出交易申报，参与证券交易所场内的集中交易。所谓根据投资者的委托，是指证券公司必须根据证券交易委托协议，按照投资者的指令提出交易申报。按照证券交易规则提出交易申报，是指证券公司应当按照证券交易规则中申报内容、方式及程序等有关规定进行交易申报。参与证券交易所场内的集中交易，是指具有证券交易所会员资格的证券公司参与该证券交易所组织的集中交易市场内的证券集中竞价交易。

二、成交

成交是指证券公司相互间通过就买卖证券的价格、数量达成一致，成立证券买卖合同的过程。现以电脑竞价成交方式为例对成交作一说明。证券公司接受投资者委托后，将交易申报通过电脑输入证券交易所电脑主机，电脑主机收到申报后按证券品种、价格、数量排列，并发出已接受的通知，再将各方交易申报按规定的顺序和原则自动撮合成交，并通知双方在成交单上签字盖章，交易即告成立。成交的同时，电脑主机将成交情况输送显示在行情显示屏上。证券交易于成立时生效，买卖双方必须承认交易结果，履行清算交收义务，任何一方不得反悔。如证券公司的业务人员未按照投资者的委托进行买卖申报或者操作失误，证券公司根据成交结果承担相应的责任，投资者有权要求证券公司赔偿其经济损失。

三、证券登记结算机构根据成交结果，按照清算交收规则，与证券公司进行证券和资金的清算交收

清算是指证券公司将接受委托而代理买进或卖出证券的数量、金额相互抵冲核销后，按其差额进行结算的过程。交收是指证券买卖成交后，买方支付价款，收取证券，卖方交付证券、收取价款的过程。清算交收是证券交易的最后履约阶段。证券买卖成交后，买卖双方的投资者需通过各自委托的证券公司进行价款金额和证券的交收。买入证券者获得证券，同时交付成交价款金额；卖出证券者交付证券，同时获得成交价款金额。清算交收分为两个阶段：一是证券公司与证券登记结算机构进行清算交收；二是投资者与证券公司进行清算交收。在我国，由于实行无纸化电脑交收，采用集中保管证券方式，所以在一般情况下，办理证券交收时，由证券登记结算机构通过证券集中保管库存账户划转完成，从而使清算交收的时间大大缩短。本条所称的按照“清算交收规则”是指通常遵循的“净额交收”规则，即每一证券公司在一个清算期间，对价款的清算，只交收其应收、应付相抵后的净额，在每个营业日交易所闭市后，由交易所编制当日“清算交收表”和“资金结算一览表”，发送证券公司清算交收人员。证券公司核对无误后，即在交收期限内履行交收手续。证券公司必须按照“清算交收表”中所载小项足额办理交收。在办理价款交收时，如果是应付价款，则须如数将款项划到证券登记结算机构的账户；如果是应收价款，则由证券登记结算机构将款项划至收款人的账户。证券公司必须按规定的时间办理清算交收。如果不按规定时间办理清算交收，或者交收的价款、证券有错，证券公司必须承担相应的责任。

四、证券登记结算机构为证券公司客户办理证券的登记过户手续

登记过户是指证券交易成交后，由证券登记结算机构根据成交结果，将证券所有权从卖方转移到买方，并进行过户登记的过程。由于我国证券交易实行结账保管和无纸化交易，实行电脑交易过户一体化后，所有的登记过户手续全部由电脑过户系统一次完成。在交易完成后，对买入证券的投资者立即在其证券账户内增加该证券数量，同时在卖出方证券账户上减少相应的证券数量，并提供交割单，投资者无须再另外办理登记过户手续。

第一百零九条 证券交易所应当为组织公平的集中交易提供保障，实时公布证券交易即时行情，并按交易日制作证券市场行情表，予以公布。

证券交易即时行情的权益由证券交易所依法享有。未经证券交易所许可，任何单位和个人不得发布证券交易即时行情。

条文主旨

本条是关于证券交易保障和证券交易行情的管理的规定。

立法背景

本条对原证券法第一百一十三条作了修改，在第一款中的“公布证券交易即时行情”前加上“实时”，并在第二款中增加规定“证券交易即时行情的权益由证券交易所依法享有”。

条文解读

一、为组织公平的集中交易提供保障

为组织公平的集中交易提供保障是证券交易所的义务之一。国家设立证券交易所的目的是确保证券交易有序运行，保证证券投资者有一个公平交易的场所。因此，本条要求证券交易所应当为组织公平的集中交易提供保障。这里所说的保障应当是一种综合性保障，包括技术保障、场地保障、设施保障、人员保障等。随着科学技术的发展，电脑技术被大量运用以提高证券交易所的运作效率。上海、深圳证券交易所经过多年的发展，已经逐步实现了高度的无形化和电脑网络化运行。在这种情况下，传统的针对原始形式的有形席位的一些保障措施已逐渐不再使用，最重要的保障对象成为证券交易所的电脑运行系统。证券交易所的电脑运行架构分为交易系统、结算系统、信息系统、监察系统四大模块，保障这一系统的正常、安全运行已经成为证券交易所的一项重要任务。尤其是近年来随着互联网技术的发展，网络犯罪行为如黑客等日益频繁，维护电脑运行系统的安全运行，提高交易效率便成为证券交易所一项繁重的任务。

二、实时公布证券交易行情

公布证券交易信息也是证券交易所的义务之一。信息公开是证券市场的一个重要规则，也是保证证券交易正常运行的基础，只有信息公开，才能保护投资者的利益，使投资者根据市场的基本情况作出是否进行投资的判断。证券交易行情按照时效的不同分为即时行情和历史行情。证券交易即时行情是投资者对证券投资作出客观判断的重要依据。因此，本条规定了证券交易所实时公布证券交易即时行情的义务，也就是指证券交易所应当实时地将证券交易的即时行情公布出来。目前上海、深圳证券交易所是

通过交易所电子系统进行实时公布即时行情。开盘集合竞价期间、收盘集合竞价期间公布的即时行情内容一般包括：证券代码、证券简称、前收盘价格、集合竞价虚拟参考价格、虚拟匹配量和虚拟未匹配量。连续竞价期间，公布的即时行情内容一般包括：证券代码、证券简称、前收盘价格、最新成交价格、当日最高成交价格、当日最低成交价格、当日累计成交数量、当日累计成交金额、实时最高5个买入申报价格和数量、实时最低5个卖出申报价格和数量。

证券交易所应当履行的另一项交易信息公开义务是按交易日制作并公布证券市场行情表。也就是说，证券交易所在每个交易日结束后，应当将该日的交易情况整理清楚，制作证券市场行情表，并在中国证监会指定的媒体上和证券交易所官方网站上进行公布。该行情表一般记载下列事项：上市证券的名称；开市、最高、最低及收市价格；与前一个交易日收市比较后的涨跌情况；成交量、值的分计及合计；股价指数及其涨跌情况；证监会要求的其他事项。

三、证券交易即时行情的权益和发布

本条第二款规定，证券交易即时行情的权益由证券交易所依法享有。未经证券交易所许可，任何单位和个人不得发布证券交易即时行情。这样一来，就明确了证券交易所依法享有证券交易即时行情的权益和独占发布权。

证券交易即时行情，是证券交易的数字记录，由电子系统进行处理后，形成的一组数据信息，是在证券交易所的交易系统中产生后立即予以发布的信息，不仅是证券交易所内证券交易情况的即时体现，而且是投资者作出投资决策的重要依据。证券交易所依法享有和证券交易即时行情相关的权利和利益。

发布证券交易即时行情必须准确及时，不能延迟和出现差错，否则会给投资者造成不必要的损失。发布虚假的证券交易即时行情更是会造成严重的后果。因此，对发布证券交易即时行情的主体必须要有严格的要求，即由证券交易所发布；未经证券交易所许可，任何单位和个人不得发布证券交易即时行情。

第一百一十条　上市公司可以向证券交易所申请其上市交易股票的停牌或者复牌，但不得滥用停牌或者复牌损害投资者的合法权益。

证券交易所可以按照业务规则的规定，决定上市交易股票的停牌或者复牌。

条文主旨

本条是关于上市交易股票的停复牌的规定。

立法背景

本条是此次修改新增加的内容。

条文解读

一、上市公司申请上市交易股票的停牌或者复牌

（一）股票停牌和复牌的含义

股票停牌，是指股票因某种消息或某种情况可能引起股价异常波动持续性地上涨或下跌，由证券交易所暂停其在股票市场上进行交易的措施。停牌后，只要上市公司按要求充分、准确、完整地披露对公司股票交易价格可能产生较大影响的信息，公司股票就可以申请复牌，也就是申请恢复股票交易。

（二）上市公司可以申请上市交易股票的停牌或者复牌

上市公司发生证券交易所股票上市规则所规定的停牌事项，应当向交易所申请上市交易股票的停牌或者复牌；股票上市规则

未有明确规定的，公司可以以交易所认为合理的理由，申请对其股票的停牌与复牌。

根据2019年版《上海证券交易所股票上市规则》和2018年版《深圳证券交易所股票上市规则》，证券交易所决定股票停牌的情形主要包括但不限于以下几类：一是上市公司有重要信息公布时，如公布年报、半年度报告、季度报告等定期报告，临时报告，召开股东会，增资扩股，公布分配方案，重大收购兼并，投资以及股权变动等；二是公共媒体中出现上市公司尚未披露的信息，可能或者已经对公司股票价格产生较大影响的；三是证券监管机关认为上市公司必须就有关对公司有重大影响的问题进行澄清和公告时；四是财务会计报告存在重大会计差错或者虚假记载，被证监会责令改正但未在规定期限内改正；五是上市公司在公司运作和信息披露方面涉嫌违法违规被有关部门调查。停牌的期限一般取决于停牌的原因，应在证券交易所股票上市规则中予以规定。此外，实践中，上市公司可以申请停牌的其他理由主要包括：公司股票连续涨停或跌停，筹划重大事项，筹划重大资产重组，筹划控制权变更、要约收购事项，澄清新闻媒体的报道，等等。

（三）上市公司不得滥用停牌或者复牌

停牌和复牌是证券交易所为了维护投资者的利益和证券市场信息披露的及时与公平，以及对上市公司行为进行监管约束所采取的必要措施。上市公司应当维护证券交易连续性，审慎申请停牌。上市公司向证券交易所提出停牌申请的，应当说明停牌理由、计划停牌时间以及预计恢复时间。上市公司在其股票停牌后，应当及时处理导致股票停牌的事项或者积极采取行动以符合复牌要求。然而，实践中常常出现一些上市公司随意停牌复牌或者停牌时间过长，损害了投资者的交易权和知情权的现象。针对这一问题，本条规定上市公司“不得滥用停牌或者复牌损害投资者的合法权益”。

在实践中，2018 年 11 月 6 日，证监会发布了《关于完善上市公司股票停复牌制度的指导意见》，明确以不停牌为原则、停牌为例外，短期停牌为原则、长期停牌为例外，间断性停牌为原则、连续性停牌为例外。同时要求上市公司发生重大事项，应当按照及时披露的原则，分阶段披露有关事项的具体情况，不得以相关事项不确定为由随意申请股票停牌，不得以申请股票停牌代替相关各方的保密义务。

二、证券交易所决定上市交易股票的停牌或者复牌

为了对证券交易所决定上市交易股票的停牌或者复牌作出进一步规范，本条第二款规定，证券交易所可以依据业务规则的规定，决定上市交易股票的停牌或者复牌。即授权证券交易所制定上市交易股票的停牌和复牌的业务规则，并依据该业务规则作出停牌或者复牌决定。2019 年版《上海证券交易所股票上市规则》和 2018 年版《深圳证券交易所股票上市规则》均对停牌和复牌的具体情形作出了专门规定。实践中，证券交易所对在其交易所上市交易的股票进行定期或不定期的审核，如果发现某上市交易的股票出现不宜继续上市的情形时，交易所可以作出停牌决定，暂停其上市。公司停牌后，证券交易所发现公司的停牌事由不成立，或者其停牌申请不符合规定的条件和要求的，可以要求公司立即申请复牌。公司未按要求申请复牌的，证券交易所予以强制复牌，并要求上市公司披露相关情况，作出解释说明。停止股票上市交易一般有规定的期限，停牌的原因消除后，由证券交易所开具“恢复上市通知书”，即作出复牌决定，恢复该公司股票上市交易。

第一百一十一条 因不可抗力、意外事件、重大技术故障、重大人为差错等突发性事件而影响证券交易正常进行时，为维护证券交易正常秩序和市场公平，证券交易所可以按照业务规则采取技术性停牌、临时停市等处置措施，并应当及时向国务院证券监督管理机构报告。

因前款规定的突发性事件导致证券交易结果出现重大异常，按交易结果进行交收将对证券交易正常秩序和市场公平造成重大影响的，证券交易所按照业务规则可以采取取消交易、通知证券登记结算机构暂缓交收等措施，并应当及时向国务院证券监督管理机构报告并公告。

证券交易所对其依照本条规定采取措施造成的损失，不承担民事赔偿责任，但存在重大过错的除外。

条文主旨

本条是关于影响证券交易正常进行的突发性事件处置措施的规定。

立法背景

本条对原证券法第一百一十四条作了修改完善。

条文解读

一、突发事件下证券交易所可以采取的处置措施

根据本条规定，因不可抗力、意外事件、重大技术故障、重大人为差错等突发性事件而影响证券交易正常进行时，为维护证券交易正常秩序和市场公平，证券交易所可以按照业务规则采取技术性停牌、临时停市等处置措施。

1. 技术性停牌和临时停市的含义。除正常情况下的临时停

牌外，证券交易所可以采取技术性停牌的措施。技术性停牌是指因突发性事件而影响证券交易的正常进行时，证券交易所采取的暂时停止某种证券交易的措施。突发性事件，是指在证券交易过程中无法预测或者难以预测的、对证券交易具有重大影响的事件，包括但不限于不可抗力、意外事件、重大技术故障、重大人为差错。例如，买卖股票的订单输入错误、交易系统被入侵均属于突发性事件。此外，根据突发性事件的严重程度，证券交易所还可以采取临时停市的措施。临时停市是指证券交易所在一定时期内暂停所有证券交易的措施。由于在临时停市期间，相关市场的所有证券交易暂停，影响很大，因此证券交易所作出临时停市决定必须十分慎重。我国资本市场建立以来，临时停市措施很少运用。技术性停牌或临时停市原因消除后，证券交易所可以决定恢复交易。

2. 技术性停牌和临时停市的适用条件。证券交易所对证券交易实行实时监控，有权在证券市场出现重大异常情况时采取技术性停牌、临时停市等处置措施，但应当符合以下条件：(1) 发生了不可抗力、意外事件、重大技术故障、重大人为差错或者非证券交易所能够控制的其他突发性事件；（2）突发性事件的发生影响证券交易正常进行；（3）为维护证券交易正常秩序和市场公平；（4）按照证券交易所的业务规则决定；也就是说，证券交易所的业务规则应当对技术性停牌和临时停市的适用情形、标准、程序等作出明确规定。

3. 技术性停牌和临时停市的报告。根据本条第一款规定，证券交易所按照业务规则采取技术性停牌、临时停市等处置措施，应当及时向国务院证券监督管理机构报告。由于技术性停牌、临时停市是一种较为严重的应急措施，其涉及面广，影响也较大。因此，技术性停牌和临时停市的决定应当由证券交易所按照其业务规则作出，但证券交易所应当及时向国务院证券监督管理机构报告相关情况。

技术性停牌和临时停市的意义。总体来看，证券交易所在出现突发性事件而影响证券交易正常进行时采取技术性停牌和临时停市等处置措施，有利于保护投资者的利益，使投资者赢得时间对市场行情及其走向进行充分的分析和预测，减少了投资的盲目性，对于维护证券交易所的正常交易秩序具有重要的意义。

二、突发性事件导致交易结果重大异常的处理

一般来说，除证券交易所认定的特殊情况外，技术性停牌和临时停市前交易主机已经接受的申报有效。但是，因本条第一款规定的突发性事件导致证券交易结果出现重大异常，按交易结果进行交收将对证券交易正常秩序和市场公平造成重大影响的，证券交易所按照业务规则可以采取取消交易、通知证券登记结算机构暂缓交收等措施，并应当及时向国务院证券监督管理机构报告并公告。

三、证券交易所的法律责任

证券交易所采取技术性停牌和临时停市措施难免会给证券市场交易方造成一定的损失，但如果让证券交易所承担一切责任，将使其不敢采取应当采取的上述处置措施；但如果完全免除证券交易所的责任，对证券交易所就起不到约束作用。为了解决这一问题，本条第三款规定，证券交易所对其依照本条规定采取措施造成的损失，不承担民事赔偿责任，但存在重大过错的除外。也就是说，原则上证券交易所对其依照本条第一款规定采取技术性停牌和临时停市等处置措施造成的损失，不承担民事赔偿责任，但能证明证券交易所采取处置措施时存在重大过错的除外。

第一百一十二条 证券交易所对证券交易实行实时监控，并按照国务院证券监督管理机构的要求，对异常的交易情况提出报告。

证券交易所根据需要，可以按照业务规则对出现重大异常交易情况的证券账户的投资者限制交易，并及时报告国务院证券监督管理机构。

条文主旨

本条是关于证券交易所对证券交易实行监控、对异常证券账户限制交易的规定。

立法背景

本条对原证券法第一百一十五条作了一些文字修改。

条文解读

证券交易所是证券市场的组织者，直接面对上市公司、投资者、证券公司和广大中介机构，能够对证券交易进行实时监控。这种特殊的角色、职能和优势，客观上要求证券交易所承担起对会员公司、上市公司、证券交易的一线监管责任。证券交易所在提供证券交易场所和设施的同时，还负有监督管理证券交易正常有序进行的职能，这是国际上通行的做法。

证券交易所对证券交易实行自律监管是我国证券监管体制的重要一环。首先，证券交易所的先天条件决定了其比行政机关更加熟悉证券行业的运作，更加容易掌握证券市场的真实情况；其次，作为证券交易的组织者，证券交易所拥有大量的第一手信息，这就意味着由其进行检查和监督会更有效率。本法明确赋予证券交易所一定的监管职能，对证券交易的实时监控权和对重大异常证券账户限制交易权就是其中重要的部分。

1. 实时监控证券交易

所谓实时监控证券交易，是指证券交易所为实现对证券交易的有效监督和管理，通过电脑运行系统对证券交易情况进行统计分析并及时警示非正常交易的监控措施。证券交易所的电脑运行系统均设有监控系统，专门履行实时监控职责。证券交易所的实时监控主要包括四个方面的内容：

（1）行情监控。它是指对交易行情进行实时监控，观察股票价格、股价指数、成交量等的变化情况，如果出现股价或指数突然大幅度波动或者成交量突然放大等，监控人员可以立即掌握情况，作出判断。

（2）交易监控。它是指对异常交易进行跟踪，如果异常交易是由违规行为引起的，则对违规者进行调查。

（3）证券监控。它是指对证券卖出情况进行监控，如果发现某证券账户中没有证券或数量不足而卖出证券，构成卖空，则对相应的证券商进行处罚。

（4）资金监控。它是指对证券交易和新股发行的资金进行监控，如果买入证券未及时补足清算头寸，构成买空，监控系统可以立即根据实际情况，作出判断。

本条第一款还规定证券交易所有义务将本交易所内发生的异常交易情况，按照国务院证券监督管理机构的要求，向国务院证券监督管理机构报告。

2. 对重大异常证券账户限制交易

本条第二款规定，证券交易所根据需要，可以按照业务规则对出现重大异常交易情况的证券账户的投资者限制交易，并及时报告国务院证券监督管理机构。

异常交易行为会损害投资者利益，严重危害证券市场发展。

因此，应当赋予证券交易所限制证券交易的权力，强化交易所一线监管职能。交易所实时监控系统可以捕捉到部分违反交易规则的异常交易行为，将预先设置合理监控指标，对证券交易价格剧烈波动或者严重背离指标的情形，及时检查、专项监控，对出现重大异常交易情况的证券账户限制交易，并及时报告国务院证券监督管理机构。如果存在内幕交易或市场操纵嫌疑，要上报国务院证券监督管理机构立案查处。根据本条的要求，证券交易所可以制定相关业务规则，对出现重大异常交易情况的证券账户的投资者限制交易的具体情形作出规定。

第一百一十三条　证券交易所应当加强对证券交易的风险监测，出现重大异常波动的，证券交易所可以按照业务规则采取限制交易、强制停牌等处置措施，并向国务院证券监督管理机构报告；严重影响证券市场稳定的，证券交易所可以按照业务规则采取临时停市等处置措施并公告。

证券交易所对其依照本条规定采取措施造成的损失，不承担民事赔偿责任，但存在重大过错的除外。

条文主旨

本条是关于重大异常波动时证券交易所可以采取的处置措施的规定。

立法背景

本条是此次修改新增加的条款。

条文解读

随着我国证券市场规模的不断扩大，证券市场风险隐患也越来越突出，证券交易所面临日益艰巨的风险监测挑战。本条对证券交易所的风险监测工作提出了要求，即证券交易所应当加强对证券交易的风险监测，出现重大异常波动的，证券交易所可以按照业务规则采取限制交易、强制停牌等处置措施，并向国务院证券监督管理机构报告。所谓重大异常波动，是证券交易所根据市场情形，认定股票交易是否出现重大异常波动，例如在短时间内涨跌幅超过一定比例的股票。所谓限制交易，即根据证券法及证券交易所业务规则的相关规定，由证券交易所根据需要，对出现重大异常交易情况的证券账户采取限制买卖的措施。限制交易包括盘中限制交易和盘后限制交易。实践中，证券交易所一般采取的限制交易措施包括：禁止买入指定或者全部交易品种，但允许卖出；禁止卖出指定或者全部交易品种，但允许买入；禁止买入和卖出指定或者全部交易品种等。所谓强制停牌，即当股票价格出现重大异常波动时，由证券交易所强制暂停其在证券市场上进行交易。证券交易所采取限制交易、强制停牌等处置措施，必须向国务院证券监督管理机构报告，说明相关情况。证券交易所应当在其业务规则中对重大异常波动的情形，以及采取限制交易、强制停牌等处置措施的情形和程序作出具体规定。

同时，根据本条规定，如果证券市场出现的重大异常波动足以严重影响证券市场稳定的，证券交易所可以按照业务规则采取临时停市等处置措施并公告，以维护证券交易正常秩序和市场公平。临时停市是一种较为严重的应急措施，其涉及面广，影响也较大。因此，临时停市的决定应当由证券交易所按照其业务规则作出，但证券交易所应当及时向国务院证券监督管理机构报告相关情况并公告。

证券交易所采取限制交易、强制停牌和临时停市等处置措施难免会给证券市场交易方造成一定的损失，如果证券交易所不能免除责任，将使其不敢采取上述处置措施；但如果完全免除证券交易所的责任，对证券交易所就起不到约束作用。为了解决这一问题，本条第二款规定，证券交易所对其依照本条规定采取措施造成的损失，不承担民事赔偿责任，但存在重大过错的除外。也就是说，原则上证券交易所对其依照本条第一款规定采取技术性停牌和临时停市等处置措施造成的损失，不承担民事赔偿责任，但能证明证券交易所采取处置措施时存在重大过错的除外。

第一百一十四条　证券交易所应当从其收取的交易费用和会员费、席位费中提取一定比例的金额设立风险基金。风险基金由证券交易所理事会管理。

风险基金提取的具体比例和使用办法，由国务院证券监督管理机构会同国务院财政部门规定。

证券交易所应当将收存的风险基金存入开户银行专门账户，不得擅自使用。

条文主旨

本条是关于证券交易所设立风险基金及基金管理的规定。

立法背景

本条是将原证券法第一百一十六条、第一百一十七条合并后的条款。

条文解读

一、风险基金的设立和管理

证券交易所风险基金是指用于弥补证券交易所重大经济损失，防范与证券交易所业务活动有关的重大风险事故，以保证证券交易活动正常进行而设立的专项基金。但是，这一基金并不保护投资者由于市场欺诈行为而遭受到的证券价值损失，也不保护因不可抗力事件导致的损失。

根据本条规定，风险基金由证券交易所的理事会进行管理。证券交易所的理事会应当指定专门机构，负责风险基金的日常管理和使用。

对于风险基金提取的具体比例和使用办法，本条规定由国务院证券监督管理机构和国务院财政部门作出具体的规定。也就是说，本法授予了国务院证券监督管理机构和国务院财政部门一项法定的职权，即制定风险基金提取的具体比例和使用办法。2000年4月4日，中国证监会、财政部颁布了《证券交易所风险基金管理暂行办法》（2016年最新修订）。对风险基金的概念、基金来源和提取的具体比例、使用办法等作了详细的规定。

二、不得擅自使用风险基金

风险基金是一种法定的有特殊用途的基金，只有发生了特定的情况时才能动用。只有这样才能保护广大客户、会员的利益，保证证券交易的正常运行。为此，本条给证券交易所设定了一项法定的义务，即专款专用，不得擅自动用。具体来讲包括：

（1）存入专门的账户。证券交易所收存的风险基金是具有特殊用途的基金，应当以专户方式全部存入证券交易所开户的国有商业银行，存款利息全部转入基金专户。不得和其他有关资金存入同一个账户，以免同其他资金混同。

（2）风险基金资产与证券交易所资产分开列账。风险基金应当下设分类账，分别记录基金资产、利息收入及对应的资产本息使用情况。

（3）不得擅自使用。不得擅自使用是指不得违反本法的规定任意动用风险基金，将风险基金挪作他用，或者不按照规定的数额使用等。证券交易所动用风险基金时，必须报经证监会商财政部后批准。动用风险基金后，证券交易所应当向有关责任方追偿，追偿款转入本基金。

第一百一十五条　证券交易所依照法律、行政法规和国务院证券监督管理机构的规定，制定上市规则、交易规则、会员管理规则和其他有关业务规则，并报国务院证券监督管理机构批准。

在证券交易所从事证券交易，应当遵守证券交易所依法制定的业务规则。违反业务规则的，由证券交易所给予纪律处分或者采取其他自律管理措施。

条文主旨

本条是关于证券交易所制定、执行业务规则的规定。

立法背景

本条是将原证券法第一百一十八条、第一百二十一条合并后作出修改形成的。

条文解读

一、证券交易所制定业务规则权

证券交易市场是一个有秩序的市场，而市场要有秩序就必须有自己的制度建设。制度建设可以规范证券业务经营活动，可以强化证券交易所的自律监管职能。证券交易所负有制定业务规则对证券市场进行规范的权利和义务，其业务规则是证券经营活动的自律性规范。业务规则是证券交易所管理证券市场以及证券市场参与者参与市场活动的主要依据。证券市场参与者应当受业务规则的约束。

根据本法、有关行政法规和中国证监会制定的《证券交易所管理办法》等的有关规定，证券交易所制定的业务规则，可以通过制定《证券交易所章程》《证券交易所交易规则》等形式制定相关业务规则，主要包括：

（1）上市规则，是证券交易所规范上市公司上市行为的规定。主要规范了证券交易所的职权和上市公司的义务。主要内容包括：证券上市的条件、申请和批准程序以及上市协议的内容及格式；上市公告书的内容及格式；上市保荐人的资格、责任、义务；上市费用及其他有关费用的收取方式和标准；对违反上市规则行为的处理规定；其他需要在上市规则中规定的事项。

（2）交易规则，是证券交易所与参与证券交易的会员之间达成的有关证券交易的行为规范。内容包括：交易证券的种类和期限；证券交易方式和操作程序；证券交易中的禁止行为；清算交收事项；交易纠纷的解决；上市证券的暂停、恢复与取消交易；证券交易所的开市、收市、休市及异常情况的处理；交易手续费及其他有关费用的收取方式和标准；对违反交易规则行为的处理规定；证券交易所证券交易信息的提供和管理；股价指数的编制方法和公布方式；其他需要在交易规则中规定的事项。

（3）会员管理规则，是指证券交易所对会员管理的基本规则。主要内容包括：取得会员资格的条件和程序；席位管理办法；与证券交易和清算业务有关的会员内部监督、风险控制、电脑系统的标准及维护等方面的要求；会员的业务报告制度；会员所派的出市代表在交易场所内的行为规范；会员及其出市代表违法、违规行为的处罚；包括其他需要在会员管理规则中规定的事项。

（4）其他有关业务规则，如证券交易所从业人员规则、证券交易所营业细则等。

证券交易所应当在其职能范围内制订业务规则，不得违反法律、行政法规的有关规定。业务规则由证券交易所理事会通过后，必须经过国务院证券监督管理机构批准方能生效。

二、证券交易所业务规则的遵守及责任追究

按照本条第二款规定，在证券交易所从事证券交易，应当遵守证券交易所依法制定的业务规则。违反业务规则的，由证券交易所给予纪律处分或者采取其他自律管理措施。

（一）在证券交易所从事证券交易的主体，应当遵守证券交易所依照法律、行政法规和国务院证券监督管理机构的规定制定的上市规则、交易规则、会员管理规则和其他有关业务规则。这些规则应当包括《证券交易所章程》《证券交易所交易规则》等规定中的所有有关证券交易的规则，如证券交易方式和操作程序、交易中的禁止行为、交易合同生效和废止条件、清算交收事项、证券交易所和开市、收市、休市及异常情况的处理等。

（二）在证券交易所从事证券交易的主体，违反业务规则的，由证券交易所给予纪律处分或者采取其他自律管理措施。对这一规定，有以下几点需要说明：

1. 给予纪律处分或者采取其他自律管理措施的前提必须是违反了证券交易所制定的有关业务规则。

2. 有权追究责任的主体是证券交易所，因为违反的是证券交易所制定的有关业务规则。也就是说，违反了一个组织规定，这个组织当然有权对其进行处理。违反证券交易所有关业务规则，证券交易所自然有权处理违反规则的人员和机构。

3. 追究责任的方式包括给予纪律处分或者采取其他自律管理措施两类。以《深圳证券交易所自律监管措施和纪律处分实施细则（2018 年修订）》为例，证券交易所采取的纪律处分和其他自律管理措施情况如下：

（1）关于纪律处分。证券交易所作为法人实体，对相关当事人的纪律处分不同于国家行政机关的行政处分或司法机关的司法处分。纪律处分的种类包括：通报批评，公开谴责，公开认定不适合担任相关职务，建议法院更换上市公司破产管理人或者管理人成员，暂不受理专业机构或者其相关人员出具的文件，收取惩罚性违约金，暂停或者限制交易权限，取消交易权限，取消会员或者其他交易参与人资格，报请中国证监会认定会员的董事、监事、高级管理人员为不适当人选等。

（2）关于其他自律管理措施。根据违规主体不同，采取的自律管理措施也有区别。例如，对违规的发行人、管理人、上市公司及相关主体，主要采取下列自律管理措施：口头警示；书面警示；约见谈话；要求中介机构或者要求聘请中介机构核查并发表意见；要求限期改正；要求公开致歉；要求限期召开投资者说明会；要求限期参加培训或者考试；建议更换相关任职人员；暂停受理或者办理相关业务；暂停适用信息披露直通车业务；限制交易；上报中国证监会；向相关主管部门出具监管建议函。对交易所会员、其他交易参与人及相关主体出现违规行为的，主要采取下列自律监管措施：口头警示；书面警示；约见谈话；暂停受理或者办理相关业务；限制交易；上报中国证监会。对投资者出现违规行为的，主要采取下列自律监管措施：口头警示；书面警示；约见谈话；限制交易；上报中国证监会；要求提交书面承诺；将证券账户列入重点监控账户。

第一百一十六条　证券交易所的负责人和其他从业人员执行与证券交易有关的职务时，与其本人或者其亲属有利害关系的，应当回避。

条文主旨

本条是关于证券交易所负责人和其他从业人员执行职务应当回避的规定。

立法背景

本条是原证券法第一百一十九条，此次未作实质修改。

条文解读

证券交易所只有做到公开、公平、公正才能够起到其应有的作用。证券交易所应当保证参与证券交易的各方的利益不受侵犯并保证证券交易过程中的高效和秩序。为了达到公开、公平、公正的目的，本条对证券交易所的负责人和其他从业人员作了回避的规定。所谓回避，是指证券交易所的理事、监事、总经理等负责人和其他从事证券交易工作的人员在执行与证券交易有关的职务与自己本人或者自己的亲属有利害关系时，应当退出，由他人来执行相关职务。

根据本条规定，回避的人员包括以下两类：第一类是证券交易所的负责人。对于证券交易所负责人的范围，本法未作规定，一般认为包括证券交易所的理事、监事、总经理、副总经理等。第二类是证券交易所负责人以外的其他从业人员。其他从业人员是指各部门经理、专业技术人员等人员。这些人在执行与证券交易有关的职务时，凡与其本人或者其亲属有利害关系的，也应当回避。

本条规定了上述人员回避的条件：

其一，执行的是与证券交易有关的职务。例如，审查上市公司是否符合上市的基本条件、上市公司在交易过程中是否有违法行为等。如果其执行的不是与证券交易有关的职务，则没有回避的问题。其二，与其本人或者其亲属有利害关系。所谓有利害关系，是指执行有关的职务时，处理的相对方是和自己或者自己的亲属有一定的恩怨纠葛或人情往来，或者处理的结果是对自己或自己的亲属有利而对他人不利的情形等。上述两个条件必须同时具备，缺少其中任何一项，都不需要回避。需要说明的是，本条对于如何回避，谁提出回避等具体的情况，并没有作出具体的规定，为便于操作，证券交易所的业务规则应当依据本条规定的基本原则作出具体的规定。

第一百一十七条　按照依法制定的交易规则进行的交易，不得改变其交易结果，但本法第一百一十一条第二款规定的除外。对交易中违规交易者应负的民事责任不得免除；在违规交易中所获利益，依照有关规定处理。

条文主旨

本条是关于依交易规则进行的交易不得改变交易结果及其例外、违规交易的法律责任的规定。

立法背景

本条基本保留了原证券法第一百二十条的内容，在“不得改变其交易结果”后增加规定“但本法第一百一十一条第二款规定的除外”。

条文解读

一、交易结果确定及其例外情况

本条首先规定，按照依法制定的交易规则进行的交易，不得改变其交易结果。由于证券交易市场主体变化很大，涉及众多的投资者，如果交易结果得以确认后，可以随意改变，整个市场交易秩序就会混乱，影响到众多投资者的利益。因此，只要是依据证券交易所制定的交易规则进行的交易，不论其交易主体是否发生违规行为，均应予以确认。由此，可以看出这一规则和其他市场的交易规则是不完全一致的，因为在其他的交易活动中，有可能改变已经完成的交易结果。一般情况下，在证券交易场所的成交申报、成交结果一经交易所确认，不得撤销或变更。买卖双方必须承认交易结果、履行清算交收义务。但是，本条还规定了上述情况的例外，即本法第一百一十一条第二款规定的除外，也就是说，因本法第一百一十一条第一款规定的突发性事件导致证券交易结果出现重大异常，按交易结果进行交收将对证券交易正常秩序和市场公平造成重大影响的，证券交易所按照业务规则可以采取取消交易、通知证券登记结算机构暂缓交收等措施，并应当及时向国务院证券监督管理机构报告并公告。

二、违规交易者的法律责任

本条还规定，对交易中违规交易者应负的民事责任不得免除；在违规交易中所获利益，依照有关规定处理。交易结果的确认并不否定交易中违规交易者应当承担的责任。在交易活动中，虽然交易结果不得改变，但是存在过错的一方应当承担民事赔偿责任。本条规定违规交易者的民事责任不得免除，还有一层意思就是在追究违规交易者的行政责任甚至刑事责任的同时，其应当承担的民事责任亦不得免除。

至于违规交易者在违规交易中所获利益，应当按照有关规定进行处理。如果因违规交易给他人造成损失的，违规交易者应当承担赔偿责任。在违规交易中所获利益如果属于非法获得的利益，除用于承担民事赔偿责任外，应当依法没收上缴国库。

相关规定

《中华人民共和国证券法》第一百一十一条。

第八章　证券公司

第一百一十八条　设立证券公司，应当具备下列条件，并经国务院证券监督管理机构批准：

（一）有符合法律、行政法规规定的公司章程；

（二）主要股东及公司的实际控制人具有良好的财务状况和诚信记录，最近三年无重大违法违规记录；

（三）有符合本法规定的公司注册资本；

（四）董事、监事、高级管理人员、从业人员符合本法规定的条件；

（五）有完善的风险管理与内部控制制度；

（六）有合格的经营场所、业务设施和信息技术系统；

（七）法律、行政法规和经国务院证券监督管理机构规定的其他条件。

未经国务院证券监督管理机构批准，任何单位和个人不得以证券公司名义开展证券业务活动。

条文主旨

本条是关于设立证券公司必须经批准以及应当符合的条件的规定。

立法背景

本条对原证券法第一百二十二条、第一百二十三条和第一百二十四条作了合并、修改。主要修改有五处：一是对设立证券公司应具备的条件作了修改。二是考虑到证券公司的组织形式采取公司法规定的形式是应有之义，此次修改删去了原证券法第一百二十三条“本法所称证券公司是指依照公司法和本法规定设立的经营证券业务的有限责任公司或者股份有限公司”的规定。三是取消了证券公司董事、监事、高级管理人员的任职资格核准。四是取消了从事证券业务的人员（即证券从业人员）必须具有证券从业资格的要求。五是将原证券法第一百二十二条中“任何单位和个人不得经营证券业务”改为“任何单位和个人不得以证券公司名义开展证券业务活动”。

条文解读

一、关于证券公司设立的管理制度

对于证券公司的设立，国际上的通行做法有两种：一是审批制；二是注册制。所谓审批制是指证券管理机关对申请人提出的设立证券公司的申请，不仅要求申请人按照法定程序提交法律规定的各种申请文件，还要对其提交的申请文件的真实性、准确性和完整性进行实质审查，对符合法定条件的设立申请，予以批准，不符合法定条件的设立申请，不予批准的管理制度。所谓注册制，是指证券管理机关对申请人提出的设立证券公司的申请，不进行实质审查，只要申请人按照法定程序提交了法律规定的各种申请文件，并且申请文件所记载的事项符合法律规定，即可获准设立注册的管理制度。对证券公司的设立实行审批制，可以防止信誉不好、资产不良、内部组织机构不健全和缺乏法定条件的经营管理人员的证券公司进入资本市场，有助于净化市场环境，增强交易安全，具有一定的防范市场风险的作用。对证券公司的设立实行注册制则可以使设立证券公司更加便利，有利于提高市场效率，降低市场运作成本。

依照本条规定，在我国设立证券公司经营证券业务，实行审批制，即必须经国务院证券监督管理机构审查批准，未经国务院证券监督管理机构批准，任何单位和个人不得以证券公司名义开展证券业务活动，这是结合我国现阶段国情作出的立法选择。我国证券市场，以20世纪90年代初上海、深圳两个证券交易所的设立为标志，至今已有近30年的发展，与发达国家相比，投资者、管理者、中介机构依然不够成熟。证券公司作为筹资企业与投资者的桥梁和经营证券业务的主要金融机构，是证券市场的重要参与者，没有规范、守法的证券公司，就不可能有稳定、健康的证券市场。同时，证券公司从事的证券承销、经纪、自营、资产管理及其他证券业务，具有高流动性和高风险性的特点，需要有专门人才、健全的内部管理机制和必要的经营条件。此外，证券公司的数量也要与证券市场的规模、证券业务量的大小以及经济发展的需要相适应。因此，由国务院证券监督管理机构依照法定条件和审慎监管原则对证券公司的设立进行审批，从源头上对证券公司的质量把一道关是必要的。

对证券公司的设立实行审批制，也就意味着除经批准设立的证券公司外，其他未经国务院证券监督管理机构批准的任何单位和个人，都不得以证券公司名义开展证券业务活动。

二、关于设立证券公司应具备的具体条件

根据本条规定，设立证券公司应当具备下列条件：

1. 有符合法律、行政法规规定的公司章程。公司章程是关于公司组织和行为的自治规则，对公司具有约束力，也是公司设立的法定必备文件之一。根据公司法和有关行政法规的规定，证券公司的章程应当主要载明下列事项：公司的名称和住所；公司经营范围；公司注册资本；公司的机构及其产生办法、职权、议事规则；公司法定代表人。此外，有限责任公司还需在章程中载明：股东的姓名或者名称；股东的出资方式、出资额和出资时间。股份有限公司还需在章程中载明：公司股份总数、每股金额和注册资本；发起人的姓名或者名称、认购的股份数、出资方式和出资时间；公司的解散事由与清算办法等。同时，考虑到证券公司的特殊性，本法及有关行政法规对其注册资本、人员、机构、风险管理和内部控制制度以及行为规范有特殊要求的，证券公司的章程不得与这些要求相违背，并应当在其公司章程中有所体现。

2. 主要股东及公司的实际控制人应符合法定条件。从国外的情况看，证券公司的股东多为金融机构，这有利于利用这些机构的金融业务经验、良好的信誉和丰富的金融信息资源为投资者提供优良的服务。从目前我国的实践来看，证券公司的主要股东多为商业银行、大型集团公司、国家授权投资的机构和一些上市公司。为在提高证券公司质量，维护投资者合法利益的同时，进一步激发市场活力，相对于本次修订前设立证券公司要求“主要股东具有持续盈利能力，信誉良好，最近三年无重大违法违规记录，净资产不低于人民币二亿元”的规定，本条取消了对主要股东持续盈利和净资产的要求，改为要求良好的财务状况和诚信记录，同时将对主要股东的要求扩大到主要股东及公司的实际控制人。公司的实际控制人，公司法第二百一十六条的规定，是指虽不是公司的股东，但通过投资关系、协议或者其他安排，能够实际支配公司行为的人。实际控制人控制公司的手段往往比较隐蔽，不易被直接轻易察觉，如通过多层的投资方式实现直接或者间接地控制目标公司。实际控制人虽不是公司的股东，但由于对公司行为可以构成实际支配，有必要对其予以规制。也就是说，证券公司的主要股东、实际控制人的构成及其资信情况，对证券公司的规范化、专业化运作有重要影响，关系到社会公众对证券公司的信任度。证券公司作为金融企业，与一般企业不同，对其主要股东及实际控制人也应有更高的要求：一是要求具有良好的财务状况和诚信记录，其具体标准由行政法规或者国务院证券监督管理机构规定；二是要求最近三年无重大违法违规记录，即没有因违法违规行为而受到行政处罚和刑事处罚的记录。

3. 有符合本法规定的公司注册资本。注册资本是公司承担债务的最低物质保障，注册资本的多寡一定程度上反映出公司债务承担能力的强弱。为了强调证券公司的风险和责任，加强对债权人和客户的保护，各国证券法均规定了证券公司注册资本的最低限额。根据我国证券法的规定，证券公司经营证券经纪、证券投资咨询、与证券交易、证券投资活动有关的财务顾问这三项业务中的一项或者多项的，注册资本不得低于人民币五千万元。经营证券承销与保荐、证券融资融券、证券做市交易、证券自营、其他证券业务之一的，注册资本不得低于人民币一亿元；经营其中两项以上的，注册资本不得低于人民币五亿元。不论是经营何种证券业务的证券公司，其注册资本都应当是实缴资本。

4. 董事、监事、高级管理人员、从业人员符合本法规定的条件。证券公司的高级管理人员，是指证券公司的经理、副经理、财务负责人，上市公司的董事会秘书和公司章程规定的其他人员。证券公司的从业人员，是指在证券公司中任职，并具体经办公司业务的各类人员，不包括后勤劳务人员。由于证券市场的高风险性和证券公司的经营活动对证券市场健康发展的重大影响，许多国家对证券公司的管理人员和从业人员的任职条件都有明确的法律规定。此次证券法修改，为落实“放管服”改革要求：一是取消了证券公司董事、监事、高级管理人员的任职资格核准，同时明确，担任证券公司董事、监事、高级管理人员的，应当正直诚实、品行良好，熟悉证券法律、行政法规，并具有履行职责所需的经营管理能力。为加强事中事后监管，继续保持对证券公司监管的有效性，明确证券公司任免董事、监事、高级管理人员的，应当报国务院证券监督管理机构备案。二是取消了从事证券业务的人员（即证券从业人员）必须具有证券从业资格的要求，改为要求其应当品行良好，具备从事证券业务所需的专业能力。

5. 有完善的风险管理与内部控制制度。证券公司是资本市场功能最全的综合机构，又是可能调动各种资源的最有实力的机构投资者，还是潜在的最大风险来源。因此，必须加强对证券公司的监管，从证券公司设立时即要求其具备完善的风险管理与内部控制制度。证券公司的风险管理与内部控制，是指证券公司为实现经营目标，根据经营环境变化，对证券公司经营与管理过程中的风险进行识别、评价和管理的制度安排、组织体系和控制措施。完善的风险管理与内部控制制度应当符合健全、合理、制衡、独立的原则，确保风险管理与内部控制的有效。健全性是指风险管理与内部控制应当覆盖证券公司的所有业务、部门和人员，落实到经营管理的各个环节。合理性是指风险管理与内部控制应当与证券公司经营规模、业务范围、风险状况及经营环境相适应。制衡性是指证券公司部门和岗位的设置应当权责分明、相互制约。独立性是指证券公司专门负责风险管理与内部控制的部门应当独立于证券公司其他部门。

6. 有合格的经营场所、业务设施和信息技术系统。合格的经营场所、业务设施和信息技术系统，是指符合条件的与证券公司业务相适应的办公场所、营业场所、电子信息处理系统、报价系统、与证券交易所主机联网的电脑终端及其他必要的经营场所、业务设施和信息技术系统。合格的经营场所、业务设施和信息技术系统是证券公司开展证券业务的必备基础。为了维护证券市场的交易安全，设立证券公司必须要有合格的经营场所、业务设施和信息技术系统。

7. 法律、行政法规和经国务院批准的国务院证券监督管理机构规定的其他条件。除本条规定的条件外，本法的其他条款对证券公司的有些要求在设立证券公司时也是适用的，如本法第一百二十四条、第一百二十五条对证券公司管理人员和从业人员的要求等。此外，其他有关法律、行政法规及经国务院批准的国务院证券监督管理机构对公司设立条件的规定和对证券公司设立条件作出的补充或者细化规定，如公司法关于股份有限公司的发起人及股份发行的要求等，在证券公司设立时也应当具备。

相关规定

《中华人民共和国公司法》第二条、第七条、第二十五条、第八十一条、第二百一十六条；《中华人民共和国证券法》第一百二十一条、第一百二十四条、第一百二十五条。

第一百一十九条　国务院证券监督管理机构应当自受理证券公司设立申请之日起六个月内，依照法定条件和法定程序并根据审慎监管原则进行审查，作出批准或者不予批准的决定，并通知申请人；不予批准的，应当说明理由。

证券公司设立申请获得批准的，申请人应当在规定的期限内向公司登记机关申请设立登记，领取营业执照。

证券公司应当自领取营业执照之日起十五日内，向

国务院证券监督管理机构申请经营证券业务许可证。未取得经营证券业务许可证，证券公司不得经营证券业务。

条文主旨

本条是关于证券公司设立审批、登记和申领经营证券业务许可证的程序规定。

立法背景

本条未作修改。

条文解读

1. 证券公司设立审批时限。由于证券业务与众多投资者的利益及证券市场的稳定关系密切，对证券公司设立申请的审批应当严格、慎重。因此，本条对证券公司设立申请的审批时限作出了不同于一般行政许可事项的规定（按照行政许可法，一般行政许可的审查时限是20日，经批准可延长10日），即国务院证券监督管理机构应当自受理证券公司设立申请之日起6个月内审查完毕，作出批准或者不予批准的决定，并通知申请人。对设立申请不予批准的，国务院证券监督管理机构还应当向申请人说明理由，以保障申请人的知情权。

2. 证券公司设立审批依据。国务院证券监督管理机构在审批证券公司设立申请时，除应当依据本法和有关法律、行政法规规定的条件和程序外，还应当依据审慎监管原则。审慎监管是各国的通行规则，要求监管机构根据已发布的监管规定以及监管机构认可的内部政策、程序和管理制度来决定是否作出批准。一般来说，审慎监管涉及对资本充足率、流动性、风险集中度、金融集团关联交易的控制以及早期风险处置等方面的要求。具体到我国，审慎监管原则是指国务院证券监督管理机构对证券公司提出的旨在防范和控制其经营风险，确保经营业务的稳健运行和客户资产安全所必需的监管要求和标准，包括风险管理、内部控制、资本充足率、资产质量、资产流动性等方面的要求和标准。

3. 证券公司的设立登记。证券公司设立申请获得批准的，申请人应当在规定的期限内，提交设立登记申请书、公司章程、验资证明、国务院证券监督管理机构的批准文件以及法律、行政法规规定的其他文件，向公司登记机关申请设立登记，领取营业执照。

4. 申领经营证券业务许可证。证券公司应当自领取营业执照之日起十五日内，向国务院证券监督管理机构申请经营证券业务许可证。未取得经营证券业务许可证，证券公司不得经营证券业务。

相关规定

《中华人民共和国行政许可法》第四十二条；《中华人民共和国公司法》第六条。

第一百二十条　**经国务院证券监督管理机构核准，取得经营证券业务许可证，证券公司可以经营下列部分或者全部证券业务：**

（一）证券经纪；

（二）证券投资咨询；

（三）与证券交易、证券投资活动有关的财务顾问；

（四）证券承销与保荐；

（五）证券融资融券；

（六）证券做市交易；

（七）证券自营；

（八）其他证券业务。

国务院证券监督管理机构应当自受理前款规定事项申请之日起三个月内，依照法定条件和程序进行审查，作出核准或者不予核准的决定，并通知申请人；不予核准的，应当说明理由。

证券公司经营证券资产管理业务的，应当符合《中华人民共和国证券投资基金法》等法律、行政法规的规定。

除证券公司外，任何单位和个人不得从事证券承销、证券保荐、证券经纪和证券融资融券业务。

证券公司从事证券融资融券业务，应当采取措施，严格防范和控制风险，不得违反规定向客户出借资金或者证券。

条文主旨

本条是关于证券公司经营证券业务的规定。

立法背景

本条对原证券法第一百二十五条、第一百四十二条作了合并、修改。主要修改有五处：一是证券公司可以经营的证券业务中增加了证券做市交易业务；二是明确了业务许可的审批流程和期限；三是明确证券公司经营证券资产管理业务的，应当符合《中华人民共和国证券投资基金法》等法律、行政法规的规定；四是将证券承销、证券保荐、证券经纪和证券融资融券业务作为证券核心业务，明确只有证券公司可以经营；五是对从事证券融资融券业务提出了特别要求。

条文解读

一、证券业务的范围

根据本条规定，证券公司可以经营下列证券业务：

1. 证券经纪业务。是指证券公司在核定业务范围内，通过收取证券买卖佣金，促成买卖双方证券交易的中介业务活动。由于在证券市场交易的证券种类繁多，数额巨大，交易所交易席位有限，投资者一般不能直接进入证券交易所进行交易；此外，证券投资者数量众多，直接从事证券交易成本高，不易成交。因此，有必要通过专门的中介机构——证券公司促成证券交易。在证券经纪业务中，证券公司与投资者之间属于委托关系。投资者是委托方，证券公司为受托方，投资者向证券公司发出交易指令，证券公司依照该指令办理证券买卖。在这个过程中，投资者要向证券公司缴纳必要费用或者佣金，并自行承担投资风险。如果证券公司违反指令给投资者造成损失，应当向投资者承担相应的赔偿责任。

2. 证券投资咨询业务。广义上，凡与证券投资咨询活动有关的答复咨询、专题研究、业务或者行业分析、投资建议，无论采取口头或者书面形式，还是采取发送信件或者散发印刷品等形式，或者是专业机构及其人员向他人提供意见等，均可以视为证券投资咨询。本法所称证券投资咨询业务，是指为投资人或者客户提供证券投资分析、预测或者建议等直接或者间接有偿咨询服务的活动。包括：接受客户委托，提供证券投资咨询服务；举办有关证券投资咨询的讲座、报告会、分析会等；在报刊上发表证券投资咨询的文章、评论、报告，通过电视、自媒体等传播媒介提供证券投资咨询服务；通过电话、传真、网络等电信设备系统，提供证券投资咨询服务等。

3. 与证券交易、证券投资活动有关的财务顾问业务。是指证券公司根据客户需求，为客户的证券投融资、资本运作、证券资产管理等活动提供咨询、分析、方案设计等服务，如证券投融资顾问，改制、并购、资产重组顾问，债券发行顾问，证券资产管理顾问，企业常年财务顾问等。证券公司从事财务顾问业务，须受到以下限制：一是限于证券交易和证券投资咨询范围之内。二是须根据委托人的委托并有权收取财务顾问费用。三是应当遵守证券法等法律法规的相关规定。

4. 证券承销、保荐业务。证券承销业务是指证券公司通过与证券发行人签订证券承销协议，在规定的证券发行期限内协助证券发行人推销其所发行的证券的业务活动。证券承销方式有两种：一是代销，即证券公司代发行人发售证券，在承销期结束时，将未售出的证券全部退还给发行人的承销方式。二是包销，即证券公司将发行人发行的证券按照协议全部购入或者在承销期结束时，将售后剩余的证券全部自行购入的承销方式。证券保荐业务是指证券公司对发行人的发行文件进行实质性核查，保证其真实、准确、完整，推荐发行人证券发行的业务活动。按照本法的有关规定，保荐人应当遵守业务规则和行业规范，诚实守信，勤勉尽责，对发行人的申请文件和信息披露资料进行审慎核查，督促发行人规范运作。

5. 证券融资融券业务。融资融券交易，又称保证金交易或者信用交易，是指客户按照法律规定，在买卖证券时只向证券公司支付一定数额的保证金或交付部分证券，其应当支付的价款和应交付的证券不足时，由证券公司垫付的一种交易方式。具体来讲，融资，是投资者按照较低市场价格向证券公司借入证券，待证券市场价格上涨后，卖出证券，偿还融资款并赚取差价的行为。融券，是指投资者在预期股票价格将会下跌的情况下，以市场价格向证券公司借入证券并卖出，待证券价格下跌时买进证券并归还证券公司的行为。

6. 证券做市交易。是指在资本市场上，一般由证券公司作为特许交易商，不断向投资者报出某些特定证券的买卖价格，如新三板股票，并在该价位上接受投资者的买卖要求，以其自有资金和证券与投资者进行证券交易。在做市交易中，做市商不断双向报价，既报买入价，又报卖出价，所以买卖双方无需等待交易对手出现，只要有做市商出面承担交易对手方即可达成交易。通过做市交易，一是可以维持市场的流动性，满足投资者的投资需求；二是做市商可以通过买卖报价的适当差额来补偿所提供服务的成本费用，并实现一定利润。

7. 证券自营业务。是指证券公司以自己的名义和资金进行证券买卖，并从中获取收益的业务活动。证券公司从事自营业务，应当专门开设自营账户，与经纪账户分开管理，不得混合操作。证券公司自营业务的资金，可以是自有资金，也可以是依法融资获得的资金，但不得违规使用资金从事证券交易。由于证券公司自营业务的盈亏不仅取决于证券公司的决策，也受制于证券市场的价格波动，故有必要加强对证券公司自营业务的监管，在证券公司自营证券总值与公司净资本的比例、持有一种证券的价值与公司净资本的比例、持有一种证券的数量与该证券发行总量的比例等风险控制指标方面对其作出一定限制。

8. 其他证券业务。除上述业务外，证券公司还可以经营经国务院证券监督管理机构核准的其他证券业务，如代销政府债券、证券投资基金份额业务等。

二、关于经营证券业务许可证的审批程序

由于经营某一项证券业务许可证的取得，不仅事关证券公司的业务范围，还与众多投资者的利益及证券市场的稳定关系密切，故国务院证券监督管理机构在审查时，应当依照法定条件和程序进行。此外，本条对证券公司经营证券业务许可证的审批时限作出了不同于一般行政许可事项的规定（按照行政许可法，一般行政许可的审查时限是 20 日，经批准可延长 10 日），即国务院证券监督管理机构应当自受理相关业务申请之日起 3 个月内审查完毕，作出核准或者不予核准的决定，并通知申请人。对相关业务申请不予核准的，国务院证券监督管理机构还应当向申请人说明理由，以保障申请人的知情权。

三、关于证券资产管理业务

证券资产管理，是指证券公司依照与客户签订的资产管理合同，根据合同约定的方式、条件及要求，运用客户资产进行证券投资的业务活动。其中，投资所产生的收益由客户享有，损失由客户承担，证券公司可以按照约定收取管理费用。证券资产管理业务分为一般资产管理业务和集合资产管理业务。一般资产管理业务是指证券公司为单一客户运用该客户资产进行证券投资的业务。集合资产管理业务是指证券公司将多个客户的资产集中起来，根据集合资产管理计划，以组合投资方式进行证券投资的业务活动。

本次修改证券法，将证券公司经营证券资产管理业务纳入《中华人民共和国证券投资基金法》的适用范围，同时取消了必须经国务院证券监督管理机构批准的规定，主要有以下两个方面的原因：一是证券资产管理业务可分为非公开募集基金（私募）和公开募集基金（公募）两类，均已纳入《中华人民共和国证券投资基金法》的适用范围。二是无论是私募还是公募，实践中除证券公司外，期货公司、基金公司等已经广泛开展相关业务，并按照《中华人民共和国证券投资基金法》的规定分别实施备案制和注册制，对于证券公司开展证券资产管理业务，不宜继续坚持原有审批制度。即证券公司经营证券资产管理业务的，应当符合《中华人民共和国证券投资基金法》等法律、行政法规的规定。

四、关于证券公司的专属证券业务

考虑到证券承销、证券保荐、证券经纪与证券融资融券业务属于证券市场的核心业务范围，有必要将经营这些证券业务的主体限制为证券公司。另外，由于会计师事务所、律师事务所等机构可以从事证券投资咨询业务、财务顾问业务，除证券公司以外的其他机构也可从事自营业务、做市业务，对于证券投资咨询、财务顾问、做市交易、自营业务等证券业务，不宜再对其经营主体予以限制，以适当增加法律规定弹性，适应资本市场快速发展的需要。即本条第四款明确了证券承销、证券保荐、证券经纪与证券融资融券业务只有证券公司可以经营。

五、证券公司从事证券融资融券业务的特别要求

本条虽然允许证券公司在经国务院证券监督管理机构核准，取得相关业务许可证后从事融资融券业务，但由于融资融券交易在提高市场活跃度的同时，本身带有一定杠杆作用，引发风险的可能性较高。所以，本条第五款明确规定证券公司从事融资融券业务，应当采取措施，严格防范和控制风险，不得违反规定向客户出借资金或者证券，以对融资融券进行严格监管。相关防范和控制风险的措施包括但不限于：证券公司从事融资融券业务，应当与客户签订融资融券合同，并为每一客户单独开立授信账户。证券公司向客户融资，应当使用自有资金或者依法筹集的资金；向客户融券，应当使用自有证券或者依法取得处分权的证券。证券公司向客户融资融券时，客户应当交存一定比例的保证金（可以证券充抵）。

相关规定

《中华人民共和国行政许可法》第四十二条；《中华人民共和国证券投资基金法》。

第一百二十一条　证券公司经营本法第一百二十条第一款第（一）项至第（三）项业务的，注册资本最低限额为人民币五千万元；经营第（四）项至第（八）项业务之一的，注册资本最低限额为人民币一亿元；经营第（四）项至第（八）项业务中两项以上的，注册资本最低限额为人民币五亿元。证券公司的注册资本应当是实缴资本。

国务院证券监督管理机构根据审慎监管原则和各项业务的风险程度，可以调整注册资本最低限额，但不得少于前款规定的限额。

条文主旨

本条是关于证券公司注册资本最低限额的规定。

立法背景

由于证券公司可以经营的证券业务作了修改，本条相应作了文字修改。

条文解读

一、经营不同业务的证券公司的注册资本最低限额

证券公司经营证券经纪、证券投资咨询和与证券交易、证券投资活动有关的财务顾问业务中的一项或者数项的，注册资本最低限额为人民币 5000 万元。证券公司接受投资者委托，代理买卖证券，或者为证券投资提供咨询、财务顾问服务，不直接从事

证券交易，不承担客户证券交易的风险，风险程度较低，因此，本条对其注册资本最低限额的要求也较低。

证券公司经营证券承销与保荐、证券融资融券、证券做市交易、证券自营和其他证券业务中的一项的，注册资本最低限额为人民币1亿元；经营其中两项以上的，注册资本最低限额为人民币五亿元。证券公司经营证券承销与保荐业务，所需资金量大，并要为证券发行文件的真实、准确、完整负保证责任；融资融券业务为证券公司提供了杠杆机会和对冲机会，也为证券交易提供了更多的资金，是证券公司收入的重要来源，但该业务也可能会给证券公司、证券市场乃至整个金融系统带来很大风险；做市交易要求证券公司需要具备相当的资金实力；自营业务则要证券公司承担交易的全部风险；因此，本条对经营以上业务的注册资本最低限额的要求较高。

值得注意的是，证券公司从事第一百二十条第一款第一项至第三项业务（证券经纪、证券投资咨询、财务顾问）的，同时还从事第四项至第八项业务（证券承销与保荐、证券融资融券、证券做市交易、证券自营和其他证券业务）的，对于其注册资本的最低限额按照就高原则执行。

二、证券公司的注册资本应当是实缴资本

证券公司经营证券业务，风险较高，涉及众多投资者的利益，法律应当对其注册资本作严格要求。因此，本条规定，证券公司的注册资本应当实缴，不得分期缴付，以保证证券公司的资本足额按时到位，维持较好的偿付能力，保护客户的利益。

三、国务院证券监督管理机构对证券公司最低注册资本限额的调整

本条第一款关于证券公司注册资本最低限额的规定，是根据目前证券市场实际情况作出的要求。由于证券市场处于不断的变化之中，有些证券业务的风险会随着市场变化剧增，为了提高证券公司承担市场风险的能力，维护证券市场稳定，有必要授权国务院证券监督管理机构根据审慎监管原则和证券公司各项业务的风险程度，在必要时调整证券公司注册资本最低限额，同时要求这种调整不得少于本条第一款规定的限额。

相关规定

《中华人民共和国证券法》第一百二十条。

第一百二十二条　证券公司变更证券业务范围，变更主要股东或者公司的实际控制人，合并、分立、停业、解散、破产，应当经国务院证券监督管理机构核准。

条文主旨

本条是关于证券公司重要事项变更应当经国务院证券监督管理机构核准的规定。

立法背景

本条对原证券法第一百二十九条作了修改，减少了须经核准的证券公司重要变更事项的范围，删除了证券公司设立、收购或者撤销分支机构，增加注册资本且股权结构发生重大调整，减少注册资本，变更公司章程中的重要条款，在境外设立、收购或者参股证券经营机构的核准规定。

条文解读

一、依据本条的规定，证券公司下列事项的变更，应当经国务院证券监督管理机构核准：

1. 变更证券业务范围。是指证券公司改变其经国务院证券监督管理机构依法核准的证券业务，扩大或者缩小其证券业务范围。

2. 变更主要股东或者公司的实际控制人。是指对证券公司的主要股东予以变更，或者对虽不是证券公司的股东，但通过投资关系、协议或者其他安排，能够实际支配公司行为的人予以变更。

3. 公司合并。是指证券公司与其他公司进行资产重组，合并设立新公司，或者吸收合并其他公司，或者被其他公司吸收合并。

4. 公司分立。是指证券公司将其财产作相应分割，设立两家以上新公司。

5. 公司停业。是指证券公司决定暂时停止经营证券业务。

6. 公司解散。是指符合《中华人民共和国公司法》第一百八十条规定的解散事由对公司予以解散，如证券公司因章程规定的营业期限届满或者章程规定的其他解散事由出现、股东会或者股东大会决议而解散。

7. 公司破产。是指证券公司不能清偿到期债务，并且资产不足以清偿全部债务或者明显缺乏清偿能力而被人民法院宣告破产。

二、证券公司上述事项的变更，对公司股东、债权人及客户的利益具有重要影响。为了保证交易安全，维护证券公司股东、债权人及客户的利益，本条要求证券公司上述事项的变更，必须事先报经国务院证券监督管理机构核准。

相关规定

《中华人民共和国公司法》第一百七十二条、第一百七十五条、第一百八十条、第二百一十六条；《中华人民共和国企业破产法》第二条

第一百二十三条 国务院证券监督管理机构应当对证券公司净资本和其他风险控制指标作出规定。

证券公司除依照规定为其客户提供融资融券外，不得为其股东或者股东的关联人提供融资或者担保。

条文主旨

本条是关于证券公司风险控制指标，以及除按照规定外，禁止证券公司为其股东或者股东的关联人提供融资或者担保的规定。

立法背景

本条对原证券法第一百三十条作了修改。

为增强有关风险控制指标的适应性，较为全面地覆盖证券行业在不同经济形势和发展阶段所面临的风险点，除继续强调公司净资本这一核心指标外，本条将原证券法中关于风险控制指标详细的列举式规定改为原则规定，以解决原有规定过于具体，与行业发展需要不相匹配的问题。实践中，国务院证券监督管理机构针对证券公司风险控制指标，已出台一系列较为详细的配套规定，作为上位法的证券法，可以采用相对原则的规定，赋予证券监督管理机构在情势变化时调整相应指标的主动性和灵活性。

另外，根据本法第一百二十条的规定，证券公司经国务院证券监督管理机构核准，可以经营证券融资融券业务，并应当按照规定向客户出借资金或者证券。因此，本条在原证券法规定的基础上，进一步明确，证券公司除依照规定为其客户提供融资融券外，不得为其股东或者股东的关联人提供融资或者担保。

条文解读

第一，证券公司风险控制指标包括公司的净资本以及国务院证券监督管理机构规定的其他指标。根据目前证券监督管理机构的有关规定，其他风险控制指标还包括风险覆盖率、资本杠杆率、流动性覆盖率和净稳定资金率等。其中，净资本是指根据证券公司资产流动性情况对其净资产进行调整后的资产价值，是证券公司净资产中流动性较高的部分，是表现证券公司资本充足状况的一种风险监控指标。风险覆盖率是指净资本占各项风险资本准备之和的比重。资本杠杆率是指核心净资本占表内外资产总额的比重。流动性覆盖率是指优质流动性资产占未来30天现金净流出量的比重。净稳定资金率是指可用稳定资金占所需稳定资金的比重。证券公司作为证券市场的重要参与者，其面临的主要风险是流动性风险。证券监督管理机构对证券公司的监管重点，是保护投资者的利益，以及避免单个公司的流动性风险引发系统风险。因此，对证券公司的风险控制指标予以规定，可进一步规范证券公司的行为，提高证券公司的偿付能力，从制度上防范证券公司经营风险。

第二，由于证券公司风险控制指标的计算涉及许多因素，对经营不同证券业务的证券公司又有不同的要求，情况比较复杂，因此有必要授权国务院证券监督管理机构对证券公司风险控制指标作出规定。证券公司的净资本及其他风险控制指标不符合规定的，国务院证券监督管理机构应当责令其限期改正；逾期未改正，或者其行为严重危及该证券公司的稳健运行、损害客户合法权益的，国务院证券监督管理机构可以区别情形，对其采取本法第一百四十条规定的措施。

第三，根据本法第一百二十条的规定，证券公司在经国务院证券监督管理机构核准后，可以经营融资融券业务，但必须采取措施严格防范和控制风险，并且应当按照规定向客户出借资金或者证券。除此之外，证券公司不得为其股东或者股东的关联人提供融资或者担保。股东的关联人，是指受证券公司股东直接或者间接控制，或者与证券公司股东之间存在可能导致公司利益转移的其他关系的企业和个人。由于实践中仍然存在股东或者股东的关联人通过向证券公司借款或者要求证券公司为其提供无偿担保等关联交易，借此转移公司资产或者向证券公司转移风险的现象，因此，除允许证券公司依照规定为其客户提供融资融券外，仍然禁止证券公司为其股东或者股东的关联人提供融资或者担保。

相关规定

《中华人民共和国证券法》第一百二十条、第一百四十条。

第一百二十四条　证券公司的董事、监事、高级管理人员，应当正直诚实、品行良好，熟悉证券法律、行政法规，具有履行职责所需的经营管理能力。证券公司任免董事、监事、高级管理人员，应当报国务院证券监督管理机构备案。

有《中华人民共和国公司法》第一百四十六条规定的情形或者下列情形之一的，不得担任证券公司的董事、监事、高级管理人员：

（一）因违法行为或者违纪行为被解除职务的证券交易场所、证券登记结算机构的负责人或者证券公司的董事、监事、高级管理人员，自被解除职务之日起未逾五年；

（二）因违法行为或者违纪行为被吊销执业证书或者被取消资格的律师、注册会计师或者其他证券服务机构的专业人员，自被吊销执业证书或者被取消资格之日起

未逾五年。

条文主旨

本条是关于证券公司董事、监事、高级管理人员任职条件的规定。

立法背景

本条对原证券法第一百三十一条作了修改，主要是取消了对证券公司董事、监事、高级管理人员的任职资格的审批要求，改为向国务院证券监督管理机构备案，为证券公司自主经营留出更大空间的同时，不放松对其事中和事后的监管。

条文解读

证券公司的董事、监事、高级管理人员共同组成公司的经营管理层，负责公司的经营管理，有权依照法律和公司章程的规定，处理公司经营管理中的重大问题。他们的素质如何，能否忠实地履行自己的职责，不仅事关公司的命运，而且对证券市场的稳定与发展也有重大影响。为了使公司的管理层能够依照法律和公司章程的规定，忠实、勤勉地履行自己的职责，因此有必要对证券公司的董事、监事、高级管理人员的任职条件作出严格要求。

一、证券公司的董事、监事、高级管理人员任职的积极条件

具体包括：（1）应当正直诚实，品行良好。证券公司的管理人员通过其业务知识和经验，为投资者提供专业服务，对投资者负有诚实信用、勤勉尽责的义务，正直诚实、品行良好是对其道德水准、职业操守的基本要求。（2）熟悉证券法律、行政法规。市场经济是法制经济，知法是守法的必要前提，证券公司的董事、监事、高级管理人员只有了解和掌握证券法律、行政法规，才能以此规范自己的行为。（3）具有履行职责所需的经营管理能力。证券公司的董事、监事、高级管理人员仅有一定的道德水准和证券法律知识是不够的，还应当具有证券业务经营管理方面的专业知识和实践经验，具有履行职责所需的经营管理能力，才能为其客户提供专业化的优质服务。

二、证券公司的董事、监事、高级管理人员任职的消极条件

对于违反法律、法规，在从业活动中有违背诚信义务及欺诈行为的人员，应当禁止其成为证券公司的董事、监事、高级管理人员。根据本法和公司法的规定，具体情形包括：（1）无民事行为能力或者限制民事行为能力；（2）因贪污、贿赂、侵占财产、挪用财产或者破坏社会主义市场经济秩序，被判处刑罚，执行期满未逾五年，或者因犯罪被剥夺政治权利，执行期满未逾5年；（3）担任破产清算的公司、企业的董事或者厂长、经理，对该公司、企业的破产负有个人责任的，自该公司、企业破产清算完结之日起未逾3年；（4）担任因违法被吊销营业执照、责令关闭的公司、企业的法定代表人，并负有个人责任的，自该公司、企业被吊销营业执照之日起未逾3年；（5）个人所负数额较大的债务到期未清偿；（6）因违法行为或者违纪行为被解除职务的证券交易场所（具体包括证券交易所、国务院批准的其他全国性证券交易场所、按照国务院规定设立的区域性股权市场）、证券登记结算机构的负责人或者证券公司的董事、监事、高级管理人员，自被解除职务之日起未逾5年；（7）因违法行为或者违纪行为被吊销执业证书或者被取消资格的律师、注册会计师或者其他证券服务机构（如投资咨询机构、资产评估机构、资信评级机构、财务顾问机构等）的专业人员，自被吊销执业证书或者被取消资格之日起未逾5年。根据公司法的规定，证券公司违反上述规定选举、委派董事、监事或者聘任高级管理人员的，该选举、委派或者聘任无效。董事、监事、高级管理人员在任职期间出现上述情形的，公司应当解除其职务。

此外，对于证券公司任免董事、监事、高级管理人员的，还应当报国务院证券监督管理机构备案，使其及时掌握证券公司经营管理层的变动。

相关规定

《中华人民共和国公司法》第一百四十六条；《中华人民共和国证券法》第九十六条、第九十八条、第一百六十条。

第一百二十五条　证券公司从事证券业务的人员应当品行良好，具备从事证券业务所需的专业能力。

因违法行为或者违纪行为被开除的证券交易场所、证券公司、证券登记结算机构、证券服务机构的从业人员和被开除的国家机关工作人员，不得招聘为证券公司的从业人员。

国家机关工作人员和法律、行政法规规定的禁止在公司中兼职的其他人员，不得在证券公司中兼任职务。

条文主旨

本条是关于证券公司从业人员任职条件的规定。

立法背景

本条对原证券法第一百三十二条、第一百三十三条作了合并、修改，并增加了证券公司从业人员任职的积极条件，即证券公司从事证券业务的人员应当品行良好，具备从事证券业务所需的专业能力。

条文解读

一、证券公司从业人员任职的积极条件

证券公司的从业人员，是指在证券公司中任职，依照证券公司章程的规定，经办所任职业务的证券公司的职员。包括证券公司的管理人员和业务人员。证券公司的从业人员依其职务经办的每项业务，对外都代表其所任职的公司，其素质高低直接影响证券公司的形象、信誉和发展前景，对维护证券市场秩序，保障交易安全也至关重要。因此，有必要对证券公司从事证券业务的人员的任职条件提出一定要求，具体包括：（1）应当品行良好。证券从业人员直接服务于客户，品行良好是对其道德水准、职业操守的基本要求。（2）应当具备从事证券业务所需的专业能力。证券业务可分为经纪业务、投资咨询业务、融资融券业务，等等，每一项业务专业性都很强，并具有特定的业务规则和风险控制制度等，只有具备相应证券业务所需专业能力的证券从业人员，才可能在为客户提供好服务的同时，为公司创造收益。

二、不得招聘为证券公司从业人员的情形

目前，我国证券市场仍然在快速发展，一些证券公司基于扩充自身业务的需要，仍存在将一些有违法、违纪行为，甚至被所在单位开除的人员，招聘为公司的从业人员的情形。为了加强对证券市场的监管，保护投资者的合法权益，本法在总结证券市场监督管理经验的基础上规定，因违法行为或者违纪行为被开除的证券交易场所（具体包括证券交易所、国务院批准的其他全国性证券交易场所、按照国务院规定设立的区域性股权市场）、证券公司、证券登记结算机构、证券服务机构（如律师事务所、会计师事务所投资咨询机构、资产评估机构等）的从业人员和被开除的国家机关工作人员，不得招聘为证券公司的从业人员。证券公司招聘从业人员要严格把关，对已招聘的从业人员如果发现有上述规定的情形的，应当依法予以解聘。

三、关于在证券公司兼职的限制条件

国家机关工作人员，是指在各级国家权力机关、行政机关、司法机关及其他履行国家管理职能的机关中从事公务的人员。之所以禁止国家机关工作人员在证券公司中兼职，是因为他们手中掌握国家赋予的管理公共事务的职权，这种权力不应当用于公司的经营。否则，将使国家权力与公司的经营活动结合在一起，弊端很大。第一，容易使国家权力被滥用，为非法经营提供方便；第二，容易让国家机关中的腐败分子钻空子，以权谋私；第三，容易削弱国家对社会经济生活的监管职能，损害党和政府的威信。

除本条规定的国家机关工作人员外，有关法律、行政法规可能还会根据需要禁止一些不宜在证券公司中兼职的人员在证券公司兼任职务。例如，证券交易所总经理、副总经理、非会员理事、非会员监事及其他工作人员，担负着通过证券交易所进行的证券交易活动的组织和监管职责，了解并掌握大量有关证券交易的信息和上市公司的情况，这些信息和情况在依法公开前均属内幕信息，禁止泄露，禁止利用内幕信息进行证券交易。如果允许这些人员在证券公司兼职，无异于将内幕信息泄露出去，并可能出现内幕交易。这不仅会严重损害证券公司和投资者的利益，也会严重损害证券交易所的信誉。因此，根据有关规定，证券交易所的总经理、副总经理、非会员理事、非会员监事及其他工作人员不得以任何形式在证券交易所的会员公司中兼职。

相关规定

《中华人民共和国证券法》第一百二十条、第一百六十条。

第一百二十六条 国家设立证券投资者保护基金。证券投资者保护基金由证券公司缴纳的资金及其他依法筹集的资金组成，其规模以及筹集、管理和使用的具体办法由国务院规定。

条文主旨

本条是关于证券投资者保护基金的规定。

立法背景

本条在原证券法第一百三十四条规定的基础上，增加了保护基金的规模也由国务院予以明确的规定。

条文解读

一、建立证券投资者保护基金制度的必要性

证券投资者保护基金制度是资本市场发达的国家和地区普遍建立的一种保护证券投资者的制度。第二次世界大战后，西方发达国家证券市场得到了快速发展，但到20世纪70年代初期出现了券商破产倒闭导致投资者现金和股票损失的问题，证券投资者对证券市场的信心受到打击。为了维护投资者信心，保证证券市场稳定发展，各个国家和地区开始建立保护中小投资者利益的投资者保护基金制度。例如，美国于1970年制定的《证券投资保护法》中规定，设立证券投资者保护协会（简称SIPC），要求所有在证券交易所注册的投资银行都必须成为该协会的会员，并按照经营毛利的千分之五缴纳会费，以建立保险基金，用于投资银行财务困难或破产时的债务清偿。我国香港1970年的证券条例规定，在证券事务监察委员会下设赔偿专门委员会，要求各证券经纪商缴纳规定数额的现金，建立赔偿基金，以备破产或无力偿还债务时的债务清偿。此外，澳大利亚1987年颁布的《国家担

保基金法》、德国1988年颁布的《存款保护和投资者赔偿法案》、爱尔兰1988年颁布的《投资者赔偿法》、英国2000年颁布的《金融服务和市场法》等均以立法形式，对设立证券投资者赔偿计划作出规定，并据此设立了证券投资者保护基金。

证券公司作为证券市场最重要的中介机构，其规范发展直接关系到我国资本市场改革开放和稳定发展的大局。近30年来，我国证券公司的成长，对证券市场的培育和发展发挥了十分重要的作用，但也积累了若干问题。特别是20世纪末至21世纪初期，随着市场的结构性调整和持续低迷，证券公司存在的问题充分暴露，风险集中爆发，一批公司的状况十分严峻。为从根本上解决证券公司存在的问题，国家对证券公司进行了综合治理，化解现有风险，同时有效防范新的风险，为证券公司规范、持续、稳定发展奠定基础。作为综合治理配套措施之一，我国从2004年开始研究设立证券投资保护基金。作为投资者保护体系的重要组成部分，保护基金的设立：一是可以在证券公司出现关闭、破产等重大风险时弥补投资者的损失，通过简捷的渠道快速地对投资者特别是中小投资者予以保护。二是有助于稳定和增强投资者对我国金融体系的信心，有助于防止证券公司个案风险的传递和扩散。三是对现有的国家行政监管部门，证券交易所等自律组织，会计师事务所等市场中介机构组成的全方位、多层次监管体系的一个重要补充，可以在监测证券公司风险、推动证券公司积极稳妥地解决遗留问题和处置证券公司风险方面发挥重要作用。四是有助于我国建立国际成熟市场通行的证券投资者保护机制。

二、我国《证券投资者保护基金管理办法》的颁布及主要内容

考虑到证券投资者保护基金的规模、筹集、管理和使用，主要是为防范和处置证券公司风险，因此证券法仅作原则规定，同

时授权国务院规定具体办法。2005 年 9 月 29 日，经国务院批准，中国证监会、财政部、中国人民银行联合发布了《证券投资者保护基金管理办法》，并于 2016 年进行了修订。根据 2016 年修订后《证券投资者保护基金管理办法》的规定，证券投资者保护基金的来源主要有以下几个方面：（1）上海、深圳证券交易所在风险基金分别达到规定的上限后，交易经手费的 20% 纳入基金；（2）所有在中国境内注册的证券公司，按其营业收入的 0.5%—5% 缴纳基金；（3）发行股票、可转债等证券时，申购冻结资金的利息收入；（4）依法向有关责任方追偿所得和从证券公司破产清算中受偿收入；（5）国内外机构、组织及个人的捐赠；（6）其他合法收入。基金的用途为：（1）证券公司被撤销、关闭和破产或被证监会实施行政接管、托管经营等强制性监管措施时，按照国家有关政策规定对债权人予以偿付；（2）国务院批准的其他用途。基金的资金运用限于银行存款、购买国债、中央银行债券（包括中央银行票据）和中央级金融机构发行的金融债券以及国务院批准的其他资金运用形式。

第一百二十七条　证券公司从每年的业务收入中提取交易风险准备金，用于弥补证券经营的损失，其提取的具体比例由国务院证券监督管理机构会同国务院财政部门规定。

条文主旨

本条是关于证券公司交易风险准备金的提取和使用的规定。

立法背景

本条对原证券法第一百三十五条作了修改。

随着我国资本市场的快速发展，证券公司经营证券业务的综合性、复杂性和风险性都相应提高，有必要提高交易风险准备金的计提基数。此外，考虑到原规定“用于弥补证券交易的损失”并未明确是指证券公司自营证券交易的损失，还是指经纪客户证券交易的损失，由于证券公司可以经营的各项证券业务都存在着一定的经营风险，因此有必要对交易风险准备金覆盖的风险范围予以明确规定。具体来说，一是将从“税后利润中提取”改为从“业务收入中提取”，提高计提基数；二是将“用于弥补证券交易的损失”改为“用于弥补证券经营的损失”，明确交易风险准备金覆盖到每一项证券业务；三是将“由国务院证券监督管理机构规定”改为“由国务院证券监督管理机构会同国务院财政部门”规定。

条文解读

证券市场是一个高风险的市场，这种风险主要来自证券价格的不确定性，证券市场运作的复杂性和投机性。从本质上看，证券是一种价值符号，其价格是市场对资本未来收益的货币折现，其预期收益受利率、汇率、通货膨胀率、所属行业前景、经营者能力和社会心理等多种因素影响，难以准确估计。证券的这种本质属性，决定了以它为基础的证券市场从一开始就具有高风险性。此外，证券市场运作的复杂性和投机性也必然导致证券市场价格的不断波动。客观上，证券市场涉及面广、敏感度高，社会生活中的许多变化都会对市场风险的集聚产生影响，任何重大政治、经济事件都可能触发危机。因此，对市场中的所有风险因素难以全面把握和控制。主观上，受监管能力和市场自律程度的局限，各类不规范行为难以杜绝，对违法、违规行为的发现和纠正也需要时间。面对这样一个高风险的市场，证券公司作为主要的参与者和重要的中介组织，其抗风险能力如何，不仅事关自身的业务安全，同时还牵连广大投资者的利益。为了防范和化解市场风险，巩固证券公司自身的财产基础和保护投资者的利益，本条规定，证券公司从每年的业务收入中提取交易风险准备金，用于弥补证券经营的损失，其提取的具体比例由国务院证券监督管理机构会同国务院财政部门规定。

本条规定的交易风险准备金有以下特征：（1）交易风险准备金是法定风险准备金，而非任意准备金，证券公司必须依法提取。（2）交易风险准备金必须从公司每年的业务收入中提取。（3）交易风险准备金只能用于弥补证券经营的损失，不得挪作他用，以确保证券公司遇到意外经营损失时能够及时得到资金补充。（4）交易风险准备金的提取比例由国务院证券监督管理机构会同国务院财政部门，根据我国证券市场发育程度和证券公司抗风险能力作出具体规定，证券公司必须执行。

第一百二十八条　证券公司应当建立健全内部控制制度，采取有效隔离措施，防范公司与客户之间、不同客户之间的利益冲突。

证券公司必须将其证券经纪业务、证券承销业务、证券自营业务、证券做市业务和证券资产管理业务分开办理，不得混合操作。

条文主旨

本条是关于证券公司内部控制制度的规定。

立法背景

由于证券公司可以经营的证券业务有变化，本条相应作出调整，增加了证券做市业务独立性的要求。

条文解读

一、证券公司的内部控制制度

证券公司内部控制是指证券公司为实现经营目标，根据经营环境变化，对证券公司经营与管理过程中的风险进行识别、评价和管理的制度安排、组织体系和控制措施。完善的内部控制制度有利于保证证券公司经营的合法合规，防范经营风险和道德风险，保障客户及证券公司资产的安全、完整，提高证券公司经营效率和效果。完善的内部控制制度应当符合健全、合理、制衡、独立的原则，确保内部控制有效。健全性是指风险管理与内部控制应当覆盖证券公司的所有业务、部门和人员，渗透到决策、执行、监督、反馈等各个环节。合理性是指风险管理与内部控制应当与证券公司经营规模、业务范围、风险状况及经营环境相适应。制衡性是指证券公司部门和岗位的设置应当权责分明、相互制约。独立性是指承担内部控制职能的专门部门应当独立于证券公司其他部门。证券公司应当按照本法的要求和证券业务的内在需要，建立健全内部控制制度，采取有效隔离措施，主要包括证券公司经营与管理中的授权与审批、复核与查证、业务规程与操作程序、岗位权限与职责分工、相互独立与制衡、应急与预防等措施，以防范公司与客户之间、不同客户之间的利益冲突。

二、证券公司的相关业务必须分开办理

证券公司依法经国务院证券监督管理机构核准，可以同时经营证券经纪业务、证券承销业务、证券自营业务、证券做市业务和证券资产管理业务。证券公司经营上述业务，其利益归属于自己或者不同的客户，这些利益或者获利机会可能会产生冲突。比如，在证券市场行情不利时，证券公司可能利用兼营证券经纪业务和证券自营业务的条件，在接受客户的委托后，先于客户的委

托抛出所持有的证券；反之，则先于客户的委托买进看涨的证券，其自营业务将会获利或者可以减少损失。为了防止有的证券公司利用兼业条件，将应当属于某个客户的利益或者获利机会转给自己或者其他客户，本条规定，证券公司必须将上述业务分开办理，不得混合操作，这是证券公司建立健全内部控制制度的最重要的要求。这里所说的分开办理，指的是证券公司应当分别开立自有资金账户、客户资金账户和证券账户，分别存储其自有资金、客户的交易结算资金和证券。同时，从事某项业务的人员不得办理其他业务。

相关规定

《中华人民共和国证券法》第一百二十条。

第一百二十九条　证券公司的自营业务必须以自己的名义进行，不得假借他人名义或者以个人名义进行。

证券公司的自营业务必须使用自有资金和依法筹集的资金。

证券公司不得将其自营账户借给他人使用。

条文主旨

本条是关于证券公司自营业务管理的规定。

立法背景

本条未作修改。

条文解读

证券公司自营业务必须以自己的名义进行，是指证券公司从事自营业务必须使用自己的真实名称。证券公司的名称是该公司区别于其他公司的标志，证券公司从事经营活动必须以自己的真实名称，行使民事权利，承担民事责任。为了防止证券公司违反有关交易规则进行自营业务，逃避责任和监管，本条要求，证券公司从事自营业务必须以自己的名义进行，不得假借他人名义或者以个人名义进行。

证券公司的自营业务必须使用自有资金和依法筹集的资金，这一规定明确了证券公司自营业务的资金来源。证券公司的自有资金主要是指证券公司的资本金以及由使用该资本金而产生的收益。证券公司依法筹集的资金，包括证券公司通过发行公司债券募集的资金、通过同业拆借市场拆借的资金及其他依法筹集的资金。证券公司不得挪用客户交易结算资金从事证券自营业务，也不得以客户的交易结算资金和证券作抵押贷款从事证券自营业务。

证券公司经营证券业务，应当符合本法规定的条件，并取得国务院证券监督管理机构的许可，证券公司不得将其自营账户借给他人使用，以防止不符合法律规定条件的企业甚至个人以证券公司的名义从事证券自营买卖，逃避证券监督管理机构的监管，增加证券市场风险，扰乱证券市场秩序。

第一百三十条　证券公司应当依法审慎经营，勤勉尽责，诚实守信。

证券公司的业务活动，应当与其治理结构、内部控制、合规管理、风险管理以及风险控制指标、从业人员构成等情况相适应，符合审慎监管和保护投资者合法权益的要求。

证券公司依法享有自主经营的权利，其合法经营不受干涉。

条文主旨

本条是关于证券公司经营的基本原则以及享有自主经营权的规定。

立法背景

此次修改，增加了证券公司经营的基本原则，即审慎经营，勤勉尽责、诚实守信；并对其经营具体业务活动提出了要求。

条文解读

一、证券公司经营的基本原则

证券公司如果过分追求业务发展，极可能在合规风控方面埋下隐患；反之，合规风控做到位了，将为证券公司的长远发展和证券市场的稳健运行添加一道“保险”。因此，有必要对证券公司的经营基本原则予以明确，即证券公司应当依法审慎经营，勤勉尽责，诚实守信。

二、证券公司经营业务活动的具体要求

本条第二款则从审慎监管和保护投资者合法权益的角度出发，对证券公司经营业务活动，提出了应当与其治理结构、内部控制、合规管理、风险管理以及风险控制指标、从业人员构成等情况相适应的具体要求。其中，治理结构包括但不限于董事会、监事会以及经理层的配置及运行。内部控制是指证券公司为实现经营目标，根据经营环境变化，对证券公司经营与管理过程中的风险进行识别、评价和管理的制度安排、组织体系和控制措施，有效的内部控制可以为证券公司实现其经营目标提供合理保证。合规管理是指证券公司及其工作人员的经营管理和执业行为符合法律、法规、规章及规范性文件、行业规范和自律规则、公司内部规章制度，以及行业普遍遵守的职业道德和行为准则。风险管

理是指对证券公司经营中的流动性风险、市场风险、信用风险、操作风险等各类风险，进行准确识别、审慎评估、动态监控、及时应对和管理。风险控制指标与风险管理相对应，包括净资本、风险覆盖率、资本杠杆率、流动性覆盖率、净稳定资金率等各项指标。证券公司经营业务活动，不得出现与其治理结构、内部控制、合规管理、风险管理以及风险控制指标、从业人员构成等情况不相匹配的情形，并应当符合审慎监管和保护投资者合法权益的要求。

三、证券公司的自主经营权

证券公司依法享有自主经营的权利。证券公司是依法设立的，以盈利为目的的企业法人，依法享有以下自主经营的权利：(1) 名称权。即确定公司名称和使用公司名称的权利。公司的名称是本公司与其他公司相区别的标志，依法经注册登记，即取得专用权，是公司的无形资产，任何单位和个人不得冒用。(2) 人事权。即公司的用人权。证券公司根据业务发展和经营管理的需要，有权自行决定公司内部机构的设置和人员编制，有权决定员工的工资、任免和奖惩事项。(3) 财产权。即公司法人财产的占有、使用、处分的权利。证券公司作为企业法人，有自己的独立财产，并对其财产享有法人财产权，有权自行决定财产的使用、管理和处分。(4) 决策权。即决定公司经营管理重大问题权。证券公司作为独立法人，有权根据参与市场竞争和自身发展的需要，就公司经营管理中的重大问题，如公司的发展方向、经营管理目标、业务范围等，自行作出决定，自主经营，自负盈亏。但是证券公司行使决策权，不得违反法律、行政法规的规定。(5) 收益权。即公司依法获取经营收益的权利。证券公司依法从事证券经纪业务、证券投资咨询业务、证券承销业务及其他证券业务，有权就其提供的服务获取佣金、报酬和其他合法收入。（6）其他自主经营的权利，如依法设立或者撤销分支机构的权利等。

证券公司依法自主经营受法律保护。法律为证券公司依法维护自身合法权益提供了依据，证券公司要学会运用法律武器维护自身合法权益。各级政府部门、监督管理机构、证券业协会应当维护证券公司的合法权益。其合法权益受到侵害时，证券公司可以通过申请行政复议或者诉讼等方式保护自身的合法权益。

第一百三十一条　证券公司客户的交易结算资金应当存放在商业银行，以每个客户的名义单独立户管理。

证券公司不得将客户的交易结算资金和证券归入其自有财产。禁止任何单位或者个人以任何形式挪用客户的交易结算资金和证券。证券公司破产或者清算时，客户的交易结算资金和证券不属于其破产财产或者清算财产。非因客户本身的债务或者法律规定的其他情形，不得查封、冻结、扣划或者强制执行客户的交易结算资金和证券。

条文主旨

本条是关于证券公司客户资产管理的规定。

立法背景

本条对原证券法第一百三十九条作了文字修改，删除了“具体办法和实施步骤由国务院规定”的表述。

条文解读

一、客户交易结算资金的独立存管

2005 年修改证券法时，针对当时证券公司内控制度不完善，风险防范意识不够，实践中存在比较严重的挪用客户交易结算资金的情况，明确要求证券公司客户的交易结算资金应当存放在商业银行，以每个客户的名义单独立户管理，即在商业银行独立存管，有利于从制度上防止证券公司挪用客户交易结算资金。考虑到目前依然有必要强调证券公司对其客户资产单独立户管理的重要性，相关要求未作修改。

所谓存放在商业银行，以每个客户的名义单独立户管理，是指证券公司客户的交易结算资金应当以客户的名义，而不是以证券公司的名义存放于商业银行，每个客户账户中的交易结算资金的收付，由该商业银行根据证券公司向其发出的指令（该指令必须为按客户要求办理）进行管理。

二、证券公司客户资产的独立性

证券公司的客户资产可以分为交易结算资金与证券两部分。交易结算资金和证券均是客户委托证券公司进行证券买卖的，其中的交易结算资金按照本法规定独立存管于商业银行，证券资产则存管于证券登记结算机构，独立于证券公司的自有财产。这种独立性体现在：

1. 证券公司客户的交易结算资金和证券，与证券公司的自有财产相区别，证券公司不得将其归入自有财产。所谓不得归入其自有财产，是指证券公司不得将其客户的交易结算资金和证券由客户的账户划入自己的账户，作为自己的财产。

2. 任何单位或者个人不得以任何形式挪用客户的交易结算资金和证券。所谓挪用客户的交易结算资金和证券，是指接受客户委托的证券公司或者其他单位、个人将客户的交易结算资金或者证券用于为客户买卖证券以外的其他用途。实践中，这种“其他用途”主要包括：用于证券公司的自营业务；用于其他客户的证券买卖；用作证券公司或者其他客户借款的担保物等。客户的交易结算资金和证券的用途应当由客户自行决定，禁止任何单位或者个人以任何形式挪用。

3. 证券公司破产或者清算时，客户的交易结算资金和证券不属于其破产财产或者清算财产，应当从其破产财产或者清算财产中去除，并将该财产返还给客户，证券公司的债权人不得对其客户的交易结算资金和证券主张权利。

4. 非因客户本身的债务或者法律规定的其他情形，不得查封、冻结、扣划或者强制执行客户的交易结算资金和证券。客户本身的债务不仅包括客户委托证券公司进行证券买卖而产生的债务，还包括与客户证券委托买卖无关的合同债务及侵权债务。法律规定的其他情形包括客户拖欠税款，受到没收财产、没收违法所得、罚款、罚金处罚及法律规定的其他情形。因证券公司、证券交易所、证券登记结算机构、证券公司其他客户的债务或者其他人的债务，不得查封、冻结、扣划或者强制执行证券公司客户的交易结算资金和证券。

本条从法律上明确了客户资产的独立属性，对保护投资者合法权益，维护证券市场的安全稳定运行具有重要意义。

第一百三十二条　证券公司办理经纪业务，应当置备统一制定的证券买卖委托书，供委托人使用。采取其他委托方式的，必须作出委托记录。

客户的证券买卖委托，不论是否成交，其委托记录应当按照规定的期限，保存于证券公司。

条文主旨

本条是关于证券买卖委托管理的规定。

立法背景

本条未作修改。

条文解读

证券公司办理经纪业务，首先要与客户订立委托契约，明确双方的权利义务，然后才能按照客户的委托要求代客户进行证券买卖，这是证券公司办理经纪业务的必经程序。为了方便客户办理委托，证券公司有义务置备证券买卖委托书供客户使用。证券买卖委托书是统一制定的具有固定格式和内容的合同书，目的在于规范客户与证券公司之间的委托与受托行为。按照客户买进与卖出证券的不同，证券买卖委托书可以分为两种，即购买委托书和出售委托书。证券买卖委托书应当记载以下主要内容：(1) 委托人的姓名（名称）、居民身份号码和住所；(2) 委托人的账号；(3) 委托的日期和时间；(4) 证券的种类和名称；(5) 买进或者卖出证券的数量；(6) 买卖限价；(7) 委托的有效期限；(8) 委托人和证券公司经办人员的签章；(9) 其他事项。

客户委托证券公司代其买卖证券的方式很多，当前使用最多的委托方式主要有三种：(1) 当面委托，即柜台委托，是指投资者到证券公司的营业柜台，亲自填写证券买卖委托书，委托证券公司代其买卖证券；(2) 电话委托，是指投资者通过电话向证券公司计算机系统输入委托指令，以完成证券买卖委托和有关信息查询的委托方式。进行电话委托，证券公司首先应当与投资者签订电话委托协议，置备专门的电话委托交易系统，在客户接通上述系统发出交易指令，由该系统确认后，客户的交易指令生效，并进入证券交易所电脑系统自动撮合成交；（3）电脑委托，是指投资者通过与证券公司自动委托交易系统联结的电脑终端，按照系统发出的指示输入买卖委托指令，以完成买卖委托和有关信息查询的一种委托方式。上述三种委托方式，可以由客户根据自己的实际情况进行选择，其中电话委托和电脑委托完全由客户自己操作，委托指令在输入证券交易所自动交易电脑系统之前，首先应当在证券公司作出记录。证券公司应当置备电话录音或者其他能够记录并保存客户交易委托的设备，对客户的电话委托和电脑委托进行同步记录，并予以保存，以备查询。

客户的证券买卖委托记录是证明客户与证券公司权利义务的法律文件，是证券公司代客户买卖证券的重要凭据。不论根据客户的委托进行的证券交易是否成交，也无论证券买卖委托记录是柜台委托保存的书面委托书，还是电话委托、电脑委托保存的录音及其他委托记录，都必须按照国务院证券监督管理机构规定的期限，保存于证券公司，以备日后查询。要求证券买卖委托记录按照国务院证券监督管理机构规定的期限予以保存，有利于保证证券公司按照客户的真实指令，代客户进行证券买卖和结算，防止证券公司借用客户的名义为自己进行证券买卖，也可以防止证券公司挪用客户资金或者证券，减少证券公司与客户之间的纠纷，并为处理证券公司与客户之间可能发生的纠纷提供可靠的证据。

第一百三十三条　证券公司接受证券买卖的委托，应当根据委托书载明的证券名称、买卖数量、出价方式、价格幅度等，按照交易规则代理买卖证券，如实进行交易记录；买卖成交后，应当按照规定制作买卖成交报告单交付客户。

证券交易中确认交易行为及其交易结果的对账单必须真实，保证账面证券余额与实际持有的证券相一致。

条文主旨

本条是关于证券买卖委托执行的规定。

立法背景

本条对原证券法第一百四十一条仅作了文字修改，删去了“并由交易经办人员以外的审核人员逐笔审核”的规定。

条文解读

一、证券公司代理客户买卖证券，必须严格按照客户的委托执行

客户的证券买卖委托是证明客户与证券公司权利义务的法律文件，是证券公司代客户买卖证券的凭据。客户的证券买卖委托书对所买卖的证券名称、买卖数量、出价方式、价格幅度等作出了明确的指示。证券公司执行客户的委托指令应当及时、准确，如有错漏或者其他违背客户意思表示的行为，给客户造成损失的，证券公司应当对客户的损失承担赔偿责任。

二、证券公司应当按照交易规则代理买卖证券

证券交易规则是法律、行政法规规定的或者国务院证券监督管理机构以及证券交易所制定的进行证券交易应当遵守的规范。证券公司接受客户委托后，应当严格按照交易规则和委托书载明的客户的委托要求，通知其在证券交易所的出市代表，将客户指令输入交易所的自动交易系统，或者通过与证券交易所自动交易系统联网的计算机终端直接将客户指令输入证券交易所自动交易系统进行撮合。当客户委托的交易成交后，证券公司必须按照证券交易、结算规则的规定办理证券交易的清算、交收，为客户办理资金的收付和证券的过户，并对证券交易的所有环节作出交易记录。证券公司作出的交易记录必须真实、准确、完整，不得有虚假记载。

三、证券公司接受客户委托买卖证券成交后，应当制作买卖成交报告单交付客户

买卖成交报告单是证券公司按照本法和国务院证券监督管理机构以及证券交易规则的规定制作的，记载证券交易成交情况的文件。证券买卖成交报告单一般应当包括以下主要内容：(1) 客户的姓名（名称）和代码；(2) 客户的账号；(3) 进行证券交易的场所；(4) 买进或者卖出证券的种类、名称、数量、价格；(5) 委托的日期、时间和序号；(6) 成交的日期、时间和成交的情况；(7) 应收和应付的款项及金额；(8) 证券公司经办人员的签章或者代号。证券买卖成交报告单应于买卖成交后，在证券交易所交易规则规定的时间交付客户。

四、证券买卖对账单是证券公司编制的，在一定期间内客户在该证券公司的交易行为及其交易结果的情况记录

证券买卖对账单应当按照本法和国务院证券监督管理机构以及证券交易规则的规定编制，正本交客户存查，副本保存于证券公司备查。证券买卖对账单一般包括以下内容：(1) 客户姓名或者名称；(2) 客户代码；(3) 资金账号；(4) 委托日期、时间和序号；(5) 交易场所；(6) 成交时间；(7) 成交的证券名称、数量、价格；(8) 交易费用；(9) 其他事项。证券买卖对账单必须真实、准确、完整，即与实际交易情况完全一致，不得作虚假记载，并保证账面证券余额与实际持有的证券相一致。

第一百三十四条　证券公司办理经纪业务，不得接受客户的全权委托而决定证券买卖、选择证券种类、决

定买卖数量或者买卖价格。

证券公司不得允许他人以证券公司的名义直接参与证券的集中交易。

条文主旨

本条是关于禁止全权委托买卖证券以及禁止证券公司出租席位的规定。

立法背景

针对实践中突出存在的证券公司出租席位给他人，使其进场直接参与证券集中交易的情况，本条新增一款作为第二款，明确禁止他人以证券公司的名义直接参与证券的集中交易。

条文解读

一、禁止证券公司接受全权委托买卖证券

全权委托，又称授权委托，是指客户出于投资获利的愿望，在委托证券公司代其买卖证券时，对证券的买进或者卖出，或者买卖证券的种类、数量、价格不加任何限制，完全由证券公司代为决定。全权委托的基础是客户对证券公司的充分信任。因为客户委托证券公司代其买卖证券的目的是获取收益，但买卖证券风险很大，特别是对众多的中小投资者来说，由于缺乏专业的证券知识和投资技巧，往往是输的多、赢的少，而对于证券公司来说，则无论在资金、技术、人才和信息方面都比一般的投资者具有更多的优势。因此，有不少客户为了减少投资风险，希望全权委托证券公司代其买卖证券。但是由于证券市场受社会环境、经济等各个方面因素的影响很大，行市变幻莫测，即使具有丰富投资经验的证券公司也难免失误，况且不是所有的证券公司及其从业人员都能忠实地履行诚信义务，有些甚至利用客户的授权为自

己谋取私利，如利用客户的账户和资金翻炒证券，或者为证券公司牟利而损害客户利益等。如果证券公司客户全权委托买卖后没有使客户获利，就可能会使客户与证券公司之间产生纠纷；证券公司借全权委托的名义去进行证券的投机和炒作，就可能严重损害客户的利益。证券公司利用全权委托来集中资金买卖证券，还可能造成证券市场的价格波动。为了防止过度投机和保护中小投资者的利益，本条禁止全权委托买卖证券，即证券公司在接受客户委托买卖证券时，不得接受其全权委托，自行决定是否买卖证券、买卖何种证券、买卖多少数量的证券或者以何种价格买卖证券。

二、禁止他人以证券公司的名义直接参与证券的集中交易

进入实行会员制的证券交易所参与集中交易的，必须是证券交易所的会员。目前，上海证券交易所和深圳证券交易所均采用会员制，会员由证券公司组成，故作为非会员的买卖双方，只有通过具有会员资格（即交易席位）的证券公司才能达成证券交易，即证券公司在证券交易上具有天然的优势。集中交易作为证券交易的主要方式，可分为集中竞价、集合竞价和大宗交易，这种方式对时间要求极高。正是因为证券公司的天然优势，以及集中交易对时间的颇高要求，所以实践中出现了一些证券公司将自己的交易席位出租给他人（主要是机构投资者），使其直接参与证券的集中交易从而获得丰厚的投资回报的情况。但此类情况有悖于公平，给证券市场的发展带来了非常恶劣的影响，因此有必要对证券公司出借交易席位的行为予以规制，即证券公司不得允许他人以证券公司的名义直接参与证券的集中交易。

相关规定

《中华人民共和国证券法》第三十八条、第一百零五条。

第一百三十五条　证券公司不得对客户证券买卖的收益或者赔偿证券买卖的损失作出承诺。

条文主旨

本条是关于禁止证券公司承诺证券交易结果的规定。

立法背景

本条对原证券法第一百四十四条作了文字修改，删去了“以任何方式”的表述。

条文解读

对客户证券买卖的收益作出承诺，是指向客户保证其进行证券买卖将会获得一定数额的收入。对赔偿证券买卖的损失作出承诺，是指向客户保证其进行证券买卖，在受到损失时将会由证券公司赔偿其一定数额的损失或者全部的损失。有些证券公司为了招揽客户，以多种方式预先对客户证券买卖的收益或者赔偿证券买卖的损失作出承诺，这种行为不仅是一种不正当竞争行为，而且也是对证券市场有严重危害的欺诈客户的行为，必须予以禁止。买卖证券是一项投资风险很大的金融活动，再高明的证券公司也难以保证在证券市场上永远获利。如果证券公司对客户证券买卖的收益或者赔偿证券买卖的损失作出承诺，那么，一旦出现损失或者没有获得承诺的收益，就需要证券公司兑现。但证券公司的收入，依照公司法的规定，依法弥补亏损和提取公积金后的余额属于股东的权益，应当按照股东的出资比例、持股比例或者有限责任公司全体股东约定的方式、股份有限公司章程规定的方式分配给股东。而提取的公积金只能用于弥补公司的亏损、扩大公司的生产经营或者转增为公司的资本。因此，公司没有任何资金可用于增加客户的收益或者赔偿客户的损失。也就是说，证券公司既没有保证客户买卖收益的能力，也没有赔偿客户买卖损失的可能。如果有证券公司对客户的买卖收益或者赔偿客户买卖的损失作出承诺，该承诺根本不可能兑现，只能是对客户的一种诱骗，而且容易引发证券公司之间的恶性竞争。为了保护客户利益，创造公平的竞争环境，本条规定，证券公司接受客户委托买卖证券不得对客户买卖证券的收益或者赔偿买卖证券的损失作出承诺。

相关规定

《中华人民共和国公司法》第三十四条、第一百六十六条、第一百六十八条。

第一百三十六条　证券公司的从业人员在证券交易活动中，执行所属的证券公司的指令或者利用职务违反交易规则的，由所属的证券公司承担全部责任。

证券公司的从业人员不得私下接受客户委托买卖证券。

条文主旨

本条是关于证券公司应当依法对其从业人员违反交易规则的行为承担责任以及禁止证券公司的从业人员私下接受委托的规定。

立法背景

本条将原证券法第一百四十五条、第一百四十六条作了合并，并作文字修改。

条文解读

一、证券公司应当依法对其从业人员违反交易规则的行为承担责任

证券公司的从业人员是指在证券公司中担任职务并负责、承办证券公司各项证券业务的人员。承担全部责任是指证券公司对其从业人员的行为依法承担所有的民事责任、行政责任和刑事责任。由于证券公司的从业人员从事职务或者授权行为，是以证券公司的名义进行的，代表了证券公司的意志，因此他们的行为就是证券公司的行为。如果他们在履行职务的过程中违反了交易规则，就应当由所属的证券公司承担全部责任。第一，证券公司应当对因执行其指令而违反交易规则的所属从业人员的行为承担责任。证券公司的从业人员不是独立的证券经纪人，他们代表其所属的证券公司，并按照其所属证券公司的指令，进行证券交易活动。在其所属公司的指令违反了交易规则时，由于他们执行该指令所进行的行为，并不是他们个人的行为，而是其所属证券公司的行为，所以，因违反交易规则而导致的全部责任，就应当由其所属的证券公司承担。第二，证券公司应当对利用职务违反交易规则的所属从业人员的行为承担责任。利用职务违反交易规则，是指证券公司从业人员利用其所担任的职务进行违反交易规则的行为，如证券公司从业人员在代理客户买卖证券时，擅自挪用客户的资金和证券等。证券公司从业人员在进行其职务行为时，代表了证券公司，其行为就是证券公司的行为，因此，即使他们是在证券公司未知悉的情况下利用职务擅自违反交易规则，他们的行为也是证券公司的行为，应当由所属的证券公司承担全部责任。

本条第一款的规定，既有利于对客户利益的保护，又有利于促使证券公司严格公司纪律，加强对其从业人员的教育和监管。

二、证券公司的从业人员不得私下接受客户委托买卖证券

私下接受客户的委托，是指证券公司的从业人员，在依法设立的营业场所之外，直接接受客户委托买卖证券的行为。证券公司的从业人员私下接受客户委托买卖证券，经常伴有行贿受贿、内幕交易等违法犯罪行为，弊端很多，危害很大。有效规范证券公司从业人员的经纪行为，对避免买卖纠纷、预防违法犯罪、维护公平竞争具有重要作用。为此，本条第二款禁止证券公司的从业人员私下接受客户委托买卖证券。

第一百三十七条 **证券公司应当建立客户信息查询制度，确保客户能够查询其账户信息、委托记录、交易记录以及其他与接受服务或者购买产品有关的重要信息。**

证券公司应当妥善保存客户开户资料、委托记录、交易记录和与内部管理、业务经营有关的各项信息，任何人不得隐匿、伪造、篡改或者毁损。上述信息的保存期限不得少于二十年。

条文主旨

本条是关于证券公司负有为客户办理信息查询以及依法保存有关信息的义务的规定。

立法背景

本条对原证券法第一百四十七条作了修改，增加了证券公司为客户办理信息查询的义务，并明确信息查询的具体内容。

条文解读

开户资料是指投资者是否在证券公司开户以及开户时所提供的各种信息，如姓名或者名称、公民身份证明的号码、法人合法证件的有关情况等。委托记录是指客户委托证券公司买卖证券时所填写的证券买卖委托书，以及以电话委托、计算机委托时保存的录音、电子数据等委托记录。交易记录是指记载客户所进行的证券交易活动的资料，如交易的时间、买卖证券的种类、交易的数额等。

一、客户有权从证券公司查询与其接受服务或者购买产品有关的重要信息

投资者作为从证券公司接受服务或者购买产品的客户，有权通过证券公司，了解自己的账户信息、委托记录、交易记录以及其他与接受服务或者购买产品有关的重要信息。即证券公司应当建立客户信息查询制度，保证客户在证券公司营业时间内能够随时查询其账户信息、委托记录、交易记录等与接受服务或者购买产品有关的重要信息。

二、证券公司应当依法妥善保存有关信息

客户开户资料、委托记录、交易记录和与内部管理、业务经营有关的各项信息是记录和反映证券交易活动、证券公司运行状况和业务状况的重要证据。通过这些信息，客户不但可以了解证券交易的有关情况以及证券公司的管理、业务情况，还可以了解证券公司遵守国家的法律、法规和金融政策的情况。为了真实了解有关情况，减少和防止客户与证券公司之间的纠纷，并为处理纠纷提供可靠的证据，本条第二款规定证券公司负有依法保存有关资料的义务。

第一，客户开户资料、委托记录、交易记录和与证券公司内部管理、业务经营有关的各项信息，都形成于证券公司，处于证券公司的控制之中，因此，保存这些资料的义务应当由证券公司承担，证券公司应当真实、准确、完整地将这些资料予以保存。

第二，任何人不得隐匿、伪造、篡改或者毁损有关信息。隐匿是指将这些信息隐藏起来。伪造是指有意制作虚假的信息的行为。篡改是指将原始的真实信息用各种方式予以改动，以改变这些信息的真实记录。毁损是指把真实的信息予以毁灭或者损坏。由于客户开户资料、委托记录、交易记录和与证券公司内部管理、业务经营有关的各项信息是记录和反映证券交易活动、证券公司运行状况和业务状况的重要证据，所以，本条第二款规定任何人不得隐匿、伪造、篡改或者毁损。

第三，有关信息的保存期限不得少于 20 年。客户开户资料、委托记录、交易记录和与内部管理、业务经营有关的各项信息，如果保存时间过短，就难以了解有关的来龙去脉，也难以查清有关的事实；保存时间过长，查阅这些资料的可能性很小，又会给证券公司造成不必要的负担。考虑到证券市场的实际情况，本条第二款规定有关信息的保存期限不得少于 20 年。

第一百三十八条　证券公司应当按照规定向国务院证券监督管理机构报送业务、财务等经营管理信息和资料。国务院证券监督管理机构有权要求证券公司及其主要股东、实际控制人在指定的期限内提供有关信息、资料。

证券公司及其主要股东、实际控制人向国务院证券监督管理机构报送或者提供的信息、资料，必须真实、准确、完整。

条文主旨

本条是关于证券公司及其主要股东、实际控制人负有依法报送和提供有关信息和资料义务的规定。

立法背景

本条对原证券法第一百四十八条作了文字修改。

条文解读

一、证券公司应当按照规定报送有关信息和资料

业务、财务等经营管理信息和资料是指反映证券公司的业务情况、财务状况、经营成果及客户资产状况等的信息和资料，一般是证券公司在经营过程中生成、收集的，往往被证券公司独占。由于通过证券公司的业务、财务等经营管理信息和资料，可以了解证券公司的经营管理的真实情况，所以，本条规定证券公司应当按照规定向国务院证券监督管理机构报送上述信息和资料，以便国务院证券监督管理机构发现问题并分析问题，及时采取相关对策纠正和处理有关问题，也便于国务院证券监督管理机构根据证券公司的整体状况，制定有关政策，促使证券市场和经济的健康发展。

证券公司应当报送的业务、财务等经营管理信息和资料的范围，分别规定在有关的法律、行政法规、规章和规范性文件中。例如,《证券公司监督管理条例》第七十四条规定，证券公司聘请或者解聘会计师事务所的，应当自作出决定之日起 3 个工作日内报国务院证券监督管理机构备案。证券公司与客户签订证券交易委托、证券资产管理、融资融券等业务合同的必备条款和风险揭示书的标准格式，由中国证券业协会制定，并报国务院证券监督管理机构备案。《证券发行上市保荐业务管理办法》第二十四条规定，证券公司作为保荐机构推荐发行人证券上市，应当向证券交易所提交上市保荐书以及证券交易所要求的其他与保荐业务有关的文件，并报中国证监会备案。《客户交易结算资金管理办法》第二十八条规定，证券公司与其确定的存管银行、主办存管银行应当签订有关资金存管的合同，明确双方的权利和义务，并报证监会备案。证券公司应当按照该办法制定客户交易结算资金操作办法和规程，报证监会备案。证券公司及其证券营业部开立的客户交易结算资金专用存款账户，证券公司开立的自有资金专用存款账户，应当在开立后 3 个工作日内向证监会报备。证券公司自营证券账户应当向证监会备案。证券公司应当制定客户交易结算资金操作办法和规程，报证监会备案。《证券公司和证券投资基金管理公司境外设立、收购、参股经营机构管理办法》第十三条规定，证券公司的境外子公司在境内设立机构，从事后台支持或者辅助等中国证监会认可活动的，证券公司应当事先报中国证监会备案。证券公司对境外子公司增资，或者依法为境外子公司提供融资、担保以及其他类似增信措施的，应当履行内部的决策程序，并在作出决议之日起五个工作日内向中国证监会备案。

二、国务院证券监督管理机构有权要求证券公司及其主要股东、实际控制人在指定的期限内提供有关信息和资料

证券公司对其业务、财务等经营管理信息和资料，应当按照规定主动报送国务院证券监督管理机构。同时，国务院证券监督管理机构也有权要求证券公司及其主要股东、实际控制人在国务院证券监督管理机构指定的期限内提供有关信息、资料，如《证券公司检查办法》第九条规定，证监会及其派出机构进行检查时，可要求被检查的公司向检查人员提供以下文件：公司的会计报表、相关账簿和凭证以及其他涉及会计报表的资料；公司的自营、资产管理等业务开展的交易记录、电脑数据、合同文本、公司有关管理制度文件等；公司的股东大会、董事会、监事会的会议记录，决议文本，公司经理办公会议文件等。

应当注意的是，国务院证券监督管理机构有权要求提供有关信息、资料的人，不仅包括证券公司，还包括其主要股东和实际控制人。

三、提供或者报送的信息、资料必须真实、准确、完整

真实是指有关的信息、资料是客观事实的反映，没有虚假的成分。准确是指有关的信息、资料完全与客观事实相一致，没有偏差。完整是指有关的信息、资料反映了客观事实的全貌，没有缺少的部分。有关信息、资料的真实、准确、完整，是对证券市场进行正确分析，从而得出正确结论、采取正确措施的前提，为此，本条要求证券公司及其股东、实际控制人向国务院证券监督管理机构提供或者报送的信息，必须真实、准确、完整。

第一百三十九条　国务院证券监督管理机构认为有必要时，可以委托会计师事务所、资产评估机构对证券公司的财务状况、内部控制状况、资产价值进行审计或者评估。具体办法由国务院证券监督管理机构会同有关主管部门制定。

条文主旨

本条是关于国务院证券监督管理机构可以依法委托有关证券服务机构对证券公司进行审计或者评估的规定。

立法背景

本条未作修改。

条文解读

一、国务院证券监督管理机构可以委托有关证券服务机构对证券公司进行审计或者评估

本法规定证券公司应当按照规定向国务院证券监督管理机构报送业务、财务等经营管理信息和资料，同时，证券公司及其主要股东、实际控制人在国务院证券监督管理机构要求时，应当在指定的期限内向国务院证券监督管理机构提供有关信息、资料。提供或者报送的信息、资料，必须真实、准确完整。相关信息、资料是否反映了证券公司的真实状况，还需要国务院证券监督管理机构进行具体的分析。

由于国务院证券监督管理机构对证券公司财务和经营状况能否准确掌握，直接影响监督管理的质量，但证券公司的财务和经营状况如何，不能完全按照证券公司的表述来判断，而国务院证券监督管理机构又没有足够的具有专业知识的人员来对众多的证券公司进行审计、评估。因此，本条规定，国务院证券监督管理机构认为有必要时，可以委托会计师事务所、资产评估机构对证券公司的财务状况、内部控制状况、资产价值进行审计或者评估。

二、国务院证券监督管理机构委托有关证券服务机构对证券公司进行审计或者评估的具体办法由国务院证券监督管理机构会同有关主管部门制定

国务院证券监督管理机构委托有关证券服务机构对证券公司进行审计或者评估，既涉及证券公司的权益，审计、评估结果也涉及国务院证券监督管理机构对证券公司及证券市场的监管。因此，国务院证券监督管理机构具体在什么情况下、怎样委托会计师事务所或者资产评估机构对证券公司进行审计或者评估等，需要进行规范，规范的具体办法由国务院证券监督管理机构会同有关主管部门制定。

相关规定

《中华人民共和国证券法》第一百三十八条。

第一百四十条 证券公司的治理结构、合规管理、风险控制指标不符合规定的，国务院证券监督管理机构应当责令其限期改正；逾期未改正，或者其行为严重危及该证券公司的稳健运行、损害客户合法权益的，国务院证券监督管理机构可以区别情形，对其采取下列措施：

（一）限制业务活动，责令暂停部分业务，停止核准新业务；

（二）限制分配红利，限制向董事、监事、高级管理人员支付报酬、提供福利；

（三）限制转让财产或者在财产上设定其他权利；

（四）责令更换董事、监事、高级管理人员或者限制其权利；

（五）撤销有关业务许可；

（六）认定负有责任的董事、监事、高级管理人员为不适当人选；

（七）责令负有责任的股东转让股权，限制负有责任的股东行使股东权利。

证券公司整改后，应当向国务院证券监督管理机构提交报告。国务院证券监督管理机构经验收，治理结构、合规管理、风险控制指标符合规定的，应当自验收完毕之日起三日内解除对其采取的前款规定的有关限制措施。

条文主旨

本条是关于国务院证券监督管理机构对治理结构、合规管理、风险控制指标不符合规定的证券公司的处理程序和采取有关措施的规定。

立法背景

一是原证券法第一百五十条设定的7项监管措施仅适用于证券公司的净资本或者其他风险控制指标不符合规定的情形，而对证券公司治理结构不健全、经营管理混乱等问题，未规定相应的监管措施。此次修改，扩大了监管措施的适用范围，增加证券公司的“治理结构、合规管理不符合规定”的情形。

二是按照简政放权的要求，证券公司设立营业性分支机构不再需要审批，本条相应删除原证券法的有关规定。

三是新增一项“认定负有责任的董事、监事、高级管理人员为不适当人选”作为第六项监管措施，并作了一些文字修改。

条文解读

证券公司经营业务的基本原则之一是与其治理结构、合规管理、风险控制指标相适应，符合审慎监管和保护投资者合法权益的要求。证券公司的治理结构、合规管理、风险控制指标是否符合规定，是衡量证券公司是否有风险以及风险大小的一个重要标准。一旦不符合规定，就有可能影响证券公司的运营，给投资者造成损害，并引起证券市场的动荡。为此，本条对治理结构、合规管理、风险控制指标不符合规定的证券公司，规定由国务院证券监督管理机构依法处理。

一、责令证券公司限期改正

对治理结构、合规管理、风险控制指标不符合规定的证券公司，国务院证券监督管理机构一旦发现，就应当责令该证券公司在一定期限内予以改正，使该证券公司主动在限定的时间内，采取有效的措施，达到规定的治理结构、合规管理要求和风险控制指标。

二、对逾期未改正或者有法定情形的证券公司依法采取有关措施

治理结构、合规管理、风险控制指标不符合规定的证券公司，国务院证券监督管理机构责令其限期改正，但超过国务院证券监督管理机构限定的时间却仍未改正，或者该证券公司的行为严重危及证券公司的稳健运行、损害客户合法权益的，国务院证券监督管理机构可以区别不同的情形，例如不符合风险控制指标规定的数额的大小、比例的多少，严重危及证券公司稳健运行、损害客户合法权益的程度大小等，对该证券公司采取下列措施：

1. 限制业务活动，责令暂停部分业务，停止批准新业务。限制业务活动是指对证券公司正在进行的业务活动予以限制。责令暂停部分业务是指将证券公司经批准可以经营的业务，如证券经纪业务、证券投资咨询业务、与证券交易及证券投资活动有关的财务顾问业务、证券承销与保荐业务、证券融资融券业务、证券自营业务、证券做市交易业务等，责令其暂时停止其中的某些部分。停止批准新业务是指对证券公司要求在现有的业务以外增加某种新业务的申请，不予批准。治理结构、合规管理、风险控制指标与证券公司的业务密切相关，因此，国务院证券监督管理机构可以根据情形，对证券公司采取限制业务活动、责令暂停部分业务以及停止批准新业务的措施。

2. 限制分配红利，限制向董事、监事、高级管理人员支付报酬、提供福利。分取红利是股东的一项权利，董事、监事、高级管理人员获得报酬和有关福利也是董事、监事、高级管理人员的一项权利。但在证券公司的治理结构、合规管理、风险控制指标不符合规定的情形下，有必要对他们的权利予以一定限制，以促使证券公司的治理结构、合规管理、风险控制指标尽快符合要求。

3. 限制转让财产或者在财产上设定其他权利。证券公司的治理结构、合规管理、风险控制指标不符合规定时，其转让财产的行为，或者在财产上设定其他权利的行为，可能会给证券公司的运营和客户带来更大的风险。为了防范风险，本条规定国务院证券监督管理机构可以根据情形，采取限制转让财产或者在财产上设定其他权利的措施。

4. 责令更换董事、监事、高级管理人员或者限制其权利。高级管理人员是指公司的经理、副经理、财务负责人，上市公司董事会秘书和公司章程规定的其他人员。责令更换董事、监事、高级管理人员是指责令证券公司解除其现任的部分或者全部董事、监事、高级管理人员的职务，并重新任命新的人员来担任这些职务。限制董事、监事、高级管理人员的权利是指要求这些人员不得行使法律或者公司章程规定的某些权利。为了促使董事、监事和高级管理人员认真履行职责，本条规定国务院证券监督管理机构可以根据情形，采取责令调整这些人员或者限制其权利的措施。

5. 撤销有关业务许可。撤销有关业务许可是指将原来对证券公司从事有关业务的批准撤销，证券公司不得再从事原批准的有关业务。证券公司的治理结构、合规管理、风险控制指标不符合规定，达到一定程度，就可能严重损害投资者的利益，并给证券市场带来极大的风险。为了防范风险的发生，保护投资者的合法权益，本条规定国务院证券监督管理机构可以根据情形，对证券公司采取撤销有关业务许可的措施。

6. 认定负有责任的董事、监事、高级管理人员为不适当人选。认定为不适当人选，是指认为相关董事、监事、高级管理人员不适宜再继续担任相关职务，并且在一定期限内，不得再担任任意一家证券公司的董事、监事、高级管理人员或者分支机构负责人。对于治理结构、合规管理、风险控制指标不符合规定的证券公司，国务院证券监督管理机构可以根据情形，认为对此负有责任的董事、监事、高级管理人员不再具备履行相应职责所需具备的经营管理能力，从而认定其为不适当人选。

7. 责令负有责任的股东转让股权或者限制负有责任的股东行使股东权利。负有责任的股东，是指对证券公司的治理结构、合规管理、风险控制指标不符合规定负有责任。责令负有责任的股东转让股权，是指责令上述股东将其股权部分或者全部转让给他人。对于此类股东，由于其行使股东权利的行为，对造成证券公司的治理结构、合规管理、风险控制指标不符合规定的结果负有不可推卸的责任，有必要对其行使股东权利的行为予以限制。因此，本条规定国务院证券监督管理机构可以根据情形，采取责令负有责任的股东转让股权或者限制负有责任的股东行使股东权利的措施。

三、证券公司的整改情况应当向国务院证券监督管理机构报告

无论是责令限期改正的证券公司，还是国务院证券监督管理机构依法采取了措施的证券公司，该证券公司在自己整顿并改正以后，都应当向国务院证券监督管理机构提交报告，说明有关的整改情况。

四、国务院证券监督管理机构对治理结构、合规管理、风险控制指标符合规定的证券公司，应当在法定的期限内解除有关限制措施

国务院证券监督管理机构采取的上述各项措施，极大地影响证券公司或者有关人员的利益和权利。为在加强监管的同时，确保当事人的合法权益，防止权力滥用，国务院证券监督管理机构在收到证券公司的报告后，应当及时对该证券公司进行验收。国务院证券监督管理机构经验收，对治理结构、合规管理、风险控制指标符合规定的证券公司，应当自验收完毕之日起 3 日内解除对其采取的有关限制措施。

相关规定

《中华人民共和国公司法》第二百一十六条；《中华人民共和国证券法》第一百三十条。

第一百四十一条　证券公司的股东有虚假出资、抽逃出资行为的，国务院证券监督管理机构应当责令其限期改正，并可责令其转让所持证券公司的股权。

在前款规定的股东按照要求改正违法行为、转让所持证券公司的股权前，国务院证券监督管理机构可以限制其股东权利。

条文主旨

本条是对虚假出资、抽逃出资的股东采取的措施的规定。

立法背景

本条未作修改。

条文解读

一、对虚假出资、抽逃出资的股东应当责令其限期改正

虚假出资是指股东采取各种方式，不向公司交付其作为出资的货币，或者不依法办理向公司转移其作为出资的实物、知识产权、土地使用权等非货币财产出资的财产权的行为。抽逃出资是指公司登记成立后，股东采取各种方式，将其在公司中的出资无偿转移出公司的行为。

股东的出资，是公司设立并从事生产经营活动的物质基础，股东出资形成的全部法人财产，是公司对外承担债务的保证。所以，确保股东出资到位，防止股东抽逃出资而使公司财产减少，是维护公司的正常经营与发展，保证公司必要的偿债能力，维护债权人利益的必要条件。为此，公司法作出规定，有限责任公司的股东在公司成立后，不得抽回出资。股份有限公司的发起人、认股人缴纳股款或者交付抵作股款的出资后，除未按期募足股份、发起人未按期召开创立大会或者创立大会决议不设立公司的情形外，不得抽回其股本。

证券公司是依照公司法和证券法规定设立的从事证券业务的有限责任公司或者股份有限公司，因此，证券公司的股东也不得虚假出资、抽逃出资。对虚假出资、抽逃出资的股东，国务院证券监督管理机构应当责令其在一定的期限内改正，并要求其在限定时间内，将未交付的作为出资的货币或者非货币财产，向证券公司交付，将抽逃的出资归还证券公司。

二、对虚假出资、抽逃出资的股东可以责令其转让所持证券公司的股权

股东转让所持证券公司的股权是指证券公司的股东将其所持有的证券公司股权的部分或者全部转让给他人。对虚假出资、抽逃出资的股东，国务院证券监督管理机构在责令其限期改正的同时，根据该股东虚假出资、抽逃出资的情节、所造成的后果等，还可以责令其转让所持证券公司的股权，使其持有的证券公司的股权减少，或者不再成为证券公司的股东。

三、对虚假出资、抽逃出资的股东可以依法限制其股东权利

限制股东权利是指限制股东行使其某些权利，如分红的权利，股东会或者股东大会决定公司的经营方针和投资计划时的表决权，股东会或者股东大会选举和更换董事、监事时的表决权，等等。股东的出资是股东行使权利的基础。股东虚假出资、抽逃出资时，由于其出资已经减少或者完全丧失，其行使现有权利的基础也就丧失了。只有当其改正了虚假出资、抽逃出资的行为，将未交付的作为出资的货币或者非货币财产向公司交付，将抽逃的出资归还公司时，才重新有了行使股东权利的基础。为此，本条赋予了国务院证券监督管理机构依法限制虚假出资、抽逃出资的股东行使其股东权利的权力。即虚假出资、抽逃出资的证券公司的股东，被国务院证券监督管理机构责令限期改正，但并未被责令转让其所持证券公司的股权的，在按照要求改正其虚假出资、抽逃出资的行为之前，国务院证券监督管理机构可以限制其行使股东权利；被国务院证券监督管理机构责令限期改正，同时被责令转让所持证券公司的部分股权的，在按照要求改正其虚假出资、抽逃出资的行为，并且转让所持证券公司相应部分的股权之前，国务院证券监督管理机构可以限制其行使股东权利。

相关规定

《中华人民共和国公司法》第三十五条、第九十一条。

第一百四十二条　证券公司的董事、监事、高级管理人员未能勤勉尽责，致使证券公司存在重大违法违规行为或者重大风险的，国务院证券监督管理机构可以责令证券公司予以更换。

条文主旨

本条是关于国务院证券监督管理机构在法定情形下可以对证券公司的董事、监事、高级管理人员采取相应措施的规定。

立法背景

由于证券公司董事、监事、高级管理人员的任职资格核准已经取消，本条相应删除了与任职资格有关的文字表述。

条文解读

董事、监事和高级管理人员在证券公司中执行公司的各项业务活动，或者监督公司董事、高级管理人员履行职责，证券公司的行为和经营管理状况，与他们的行为密切相关。鉴于董事、监事、高级管理人员在公司中所处的地位和对公司的重要作用，许多国家的法律都规定了他们对公司负有的忠实义务和勤勉义务。我国公司法也规定，董事、监事、高级管理人员应当遵守法律、行政法规和公司章程，对公司负有忠实义务和勤勉义务。为了保证证券公司的董事、监事、高级管理人员能够切实履行其职责，本法还规定，证券公司的董事、监事、高级管理人员应当正直诚实，品行良好，熟悉证券法律、行政法规，具有履行职责所需的经营管理能力。

对证券公司负有忠实和勤勉义务的董事、监事、高级管理人员，在履行自己的职责时，没有能够勤勉尽责，从而导致证券公司存在重大的违反法律、行政法规或者有关规定的行为，或者导致证券公司存在重大风险的，国务院证券监督管理机构根据证券公司的董事、监事、高级管理人员未能勤勉尽责的具体情形，可以责令公司将该董事、监事、高级管理人员予以更换，使其不再担任董事、监事、高级管理人员。

相关规定

《中华人民共和国公司法》第五十三条、第五十四条、第一百一十八条、第一百四十七条、第二百一十六条；《中华人民共和国证券法》第一百二十四条。

第一百四十三条　证券公司违法经营或者出现重大风险，严重危害证券市场秩序、损害投资者利益的，国务院证券监督管理机构可以对该证券公司采取责令停业整顿、指定其他机构托管、接管或者撤销等监管措施。

条文主旨

本条是关于在证券公司违法经营或者出现重大风险并造成严重后果的情形下国务院证券监督管理机构可以采取的监管措施的规定。

立法背景

本条未作修改。

条文解读

证券公司在成立以后，依法享有自主经营的权利，也承担守法经营的义务。如果证券公司违反了其义务，在经营活动中违反法律、行政法规以及有关规定或者出现了重大风险，严重危害了证券市场秩序、损害了投资者利益，国务院证券监督管理机构就可以对该证券公司采取一些处置风险的监管措施。从处置证券公司风险的实践来看，基于证券公司风险的社会性和复杂性、证券交易的连续性、证券市场运行的系统性和一体性，明确国务院证券监督管理机构可以采取哪些处置手段，有利于在解决证券公司风险的同时，维护证券市场的正常交易，防范证券市场的系统性风险。为此，本条赋予了国务院证券监督管理机构在对证券公司进行风险处置时可以采取一系列监管措施的权力。

一、责令停业整顿

责令停业整顿是指国务院证券监督管理机构责令证券公司停止营业，要求其查找存在的违法违规行为或者存在的重大风险，并主动采取措施予以改正。在证券公司违法经营或者出现重大风险，严重危害证券市场秩序、投资者利益的情形下，如果让其继续经营，其对证券市场秩序、损害投资者利益的严重危害就会继续下去，并给国家经济秩序和社会秩序的稳定造成极大的隐患。因此，本条规定国务院证券监督管理机构在这种情形下，可以采取责令停业整顿的监管措施。

二、指定其他机构托管

指定其他机构托管是指国务院证券监督管理机构为处置证券公司风险、保证证券公司业务正常开展，委托其他机构经营证券公司业务的监管措施。当证券公司违法经营或者出现重大风险，严重危害证券市场秩序、损害投资者利益时，国务院证券监督管理机构可以指定其他机构托管。被指定的托管机构一般都是具有专业知识、熟悉证券公司经营管理和有关法律法规规定的机构，能够较好并有效地处理有关的问题，因而托管是化解证券公司金融风险的一种有效方式。

三、接管

接管是指当金融机构出现财务危机时，由监管机构以及政府强制性接管其经营管理的监管措施。在接管期间，由接管机构派出的人员全面负责证券公司的经营管理，行使公司权力，证券公司的股东大会、董事会、监事会暂停履行职责，董事、监事和高级管理人员暂停履行职务。同时，证券公司的业务正常经营，但机构债务暂缓偿付。

由于国务院证券监督管理机构是依法对全国证券市场实行集中统一监督管理的机构，所以，国务院证券监督管理机构采取接管的监督措施，能够迅速控制和有效化解风险，最大限度减少风险处置成本和市场波动。

四、撤销

撤销是指国务院证券监督管理机构对经其批准设立的证券公司，依法终止其经营活动，并予以解散的监管措施。当证券公司违法经营或者出现重大风险，严重危害证券市场秩序、损害投资者利益时，如果不予撤销将严重危害证券市场的正常秩序、损害社会公众利益，则国务院证券监管管理机构就可以对该证券公司采取撤销的监管措施。

除上述监管措施以外，当证券公司违法经营或者出现重大风险，严重危害证券市场秩序、损害投资者利益时，国务院证券监督管理机构还可以依法采取其他监管措施，以有效监管市场，维护证券市场的正常秩序，保护国家利益和社会公众利益。

第一百四十四条　在证券公司被责令停业整顿、被依法指定托管、接管或者清算期间，或者出现重大风险时，经国务院证券监督管理机构批准，可以对该证券公司直接负责的董事、监事、高级管理人员和其他直接责任人员采取以下措施：

（一）通知出境入境管理机关依法阻止其出境；

（二）申请司法机关禁止其转移、转让或者以其他方式处分财产，或者在财产上设定其他权利。

条文主旨

本条是关于可以依法对证券公司直接负责的董事、监事、高级管理人员和其他直接责任人员采取有关措施的规定。

立法背景

本条未作修改。

条文解读

一、可以依法采取本条所规定措施的条件

对证券公司直接负责的董事、监事、高级管理人员和其他直接责任人员采取本条所规定的措施，必须符合本条所规定的条件，即证券公司正处于被依法接管、指定托管、停业整顿或者清算期间，或者证券公司出现了重大风险。

二、可以依法采取本条所规定措施的程序

对证券公司直接负责的董事、监事、高级管理人员和其他直接责任人员采取本条所规定的措施，必须符合本条所规定的程序，即必须经国务院证券监督管理机构批准。否则，不得采取本条所规定的措施，以防止权力滥用。

三、可以依法采取本条所规定措施的对象

本条所规定的措施，仅适用于证券公司直接负责的董事、监事、高级管理人员和其他直接责任人员，即在证券公司因严重危害证券市场秩序、损害投资者利益，而被国务院证券监督管理机构采取责令停业整顿、指定其他机构托管、接管或者撤销的监管措施，或者证券公司出现重大风险的情况下，直接负有责任的董

事、监事、经理、副经理、财务负责人，上市公司董事会秘书和公司章程规定的其他人员，以及其他直接负责、承办该项具体事务的人员。对除此之外的其他人，不得采取本条所规定的措施。

四、可以依法采取的措施

本条规定可以依法采取的措施有两种：

1. 通知出境入境管理机关依法阻止其出境。证券公司直接负责的董事、监事、高级管理人员和其他直接责任人员，对于证券公司违法经营或者出现重大风险，负有直接的责任。如果他们在证券公司被责令停业整顿、依法接管、指定托管或者清算期间，或者出现重大风险时，离开我国国境，到其他国家或者地区，就会由于他们在我国行政和司法管辖权之外，使我国有关机构和司法机关在对证券公司进行调查处理时，因无法对他们进行询问、调查而难以查清有关事实和问题，而且在应当依法追究他们的法律责任时，也难以使其真正承担相应的责任。为此，本条规定在法定的情形下，经国务院证券监督管理机构批准，可以通知出境入境管理机关，对企图出境的证券公司直接负责的董事、监事、高级管理人员或者其他直接责任人员，依法不允许其出境。

2. 申请司法机关禁止其转移、转让或者以其他方式处分财产，或者在财产上设定其他权利。证券公司直接负责的董事、监事、高级管理人员和其他直接责任人员，在依法应当承担责任时，可能需要以其财产来承担责任，如进行民事赔偿、支付罚款和罚金时，需要以自己的财产来赔偿、支付。为了保证证券公司直接负责的董事、监事、高级管理人员和其他直接责任人员在必要时能够真正承担责任，本条规定在法定的情形下，经国务院证券监督管理机构批准，可以申请司法机关禁止证券公司直接负责的董事、监事、高级管理人员或者其他直接责任人员将财产转移至他处、将财产转让给他人或者以其他方式处分财产，如将财产赠与他人等，或者在财产上设定其他权利，如在财产上设定担保等。

相关规定

《中华人民共和国公司法》第二百一十六条；《中华人民共和国证券法》第一百四十三条。

第九章　证券登记结算机构

第一百四十五条　证券登记结算机构为证券交易提供集中登记、存管与结算服务，不以营利为目的，依法登记，取得法人资格。

设立证券登记结算机构必须经国务院证券监督管理机构批准。

条文主旨

本条是关于证券登记结算机构的主要职能、性质、法律地位、设立审批的规定。

立法背景

本条在原证券法第一百五十五条的基础上仅作文字修改。

条文解读

一、证券登记结算机构的主要职能

在本法中规定证券登记结算机构为证券交易提供集中的登记、存管与结算服务，这就清楚地表明证券登记结算机构的三项法定职能，也是其为证券市场提供的三项最重要服务。

（一）证券登记

证券登记，是指证券登记结算机构受证券发行人委托维护证券持有人名册从而确认证券权属状态的行为。证券登记对于证券发行人来说，是为其维护证券持有人名册；对于证券持有人来说，是对其持有证券的事实及权属状态予以确认。证券登记具有公示效力。

在证券市场发展的早期，证券登记往往由发行人自己办理。随着证券市场的发展，逐渐出现了专门代理发行人从事登记服务的登记机构或者过户代理机构。登记机构作为发行人的代理人，为发行人维护证券持有人名册，向持有人发放股息、红利，向持有人提供年报等公司信息，与持有人保持联系沟通等。此外，在仍有实物证券流通的市场，登记机构还负责处理实物证券丢失、被盗、损坏等事宜。

根据本法的规定，证券登记结算机构是我国证券市场的法定登记机构，发行人必须委托其办理证券登记。证券登记业务包括发行登记、变更登记、退出登记以及其他相关业务。如发行人首次发行证券或进行增发、配股时，证券登记结算机构根据发行结果，为发行人办理证券的发行登记，有时也称为初始登记。在发生证券集中交易过户、非交易过户（如继承、赠与等）、股份回购等证券权属变动情况，或者发生司法冻结、质押等证券权属状态变动情况时，证券登记结算机构根据证券清算交收变动结果和相关的法律文件办理证券的变更登记。

（二）证券存管

证券存管，是指证券登记结算机构受托集中保管证券公司交存的客户证券和自有证券，并提供相关权益维护服务的行为。证券存管的具体业务包括通过簿记系统维护证券公司交存的客户证券和自有证券的余额，提供查询和代收红利等服务，记录证券公司和客户的托管关系的产生、变更和终止等。

与存管密切相关的一项业务是托管业务。托管是指证券公司接受客户委托，代其保管证券并提供代收红利等权益维护服务的行为。存管和托管的主要区别在于承办主体和服务对象不同。存管一般由中央证券存管机构办理，其服务对象主要是证券公司、托管银行等托管人，一个国家的证券市场的中央证券存管机构一般只有一家，通常由登记结算机构担任。而托管业务一般由证券公司、托管银行办理，托管的服务对象一般是证券持有人或者下一层的证券托管人。证券公司等托管机构对其托管的客户证券负有保管责任，应当采取有效措施，保证其托管的客户证券的安全。证券登记结算机构对其存管的证券负有保管责任，应当采取有效措施，保证证券公司交存证券的安全。

证券的集中存管是指将全部证券集中存放于中央证券存管机构，由中央证券存管机构以电子化簿记形式记录证券的归属及变动，从而替代实物证券交付的制度。证券集中存管的出现源于现代证券市场对结算体系效率要求的不断提高。20 世纪 60 年代末期，美国证券市场发生了“纸上作业危机”。当时证券交易量不断激增，结算部门每天需要处理大量纸面证券的转移交付和登记工作，严重影响了交易效率。据说，纽约证券交易所甚至被迫在每周三暂停交易并缩短交易日的交易时间。为了适应市场发展的需要，提高证券交收效率，各国逐步采用了证券集中存管（又称“证券非移动化”）制度。证券集中存管以后，证券的交收不再采用实物交付形式，而是通过在簿记系统加以记录就可以了。

证券实现集中存管以后，实物证券的作用就大大弱化了。后来发展到发行人不再发行实物证券，仅以电子记录形式表明证券的存在，就出现了“证券无纸化”。证券的集中存管和无纸化简便了证券发行、交易、结算流程，提高了证券发行、交易、结算效率，大大降低了市场参与者的运作成本。我国证券市场在建立初期就实现了证券的集中存管和发行、交易、结算的无纸化，建立了证券结算的电子簿记系统。

（三）证券结算

证券结算是指证券交易成交后交易双方确定和履行相应权利义务的过程，包括清算和交收两个步骤。

证券交易，清算是指在交易指令得到确认后，结算机构根据成交结果，计算出交易双方应收应付的证券数额与资金数额，确认交易双方在结算日的债权、债务关系，为交易双方办理交收提供依据的过程。

证券交收是结算机构根据清算的结果，组织交易双方通过相互进行证券交割与资金交付，了结彼此间的债权债务关系，解除履约责任的过程。即卖方将其卖出的证券交付给买方，买方将其应付资金交付给卖方的过程。

只有交收完成之后，一笔交易才算在真正意义上完成了，下一步的交易才能开始。可以说，结算是证券市场交易持续进行的基础和保证。

二、证券登记结算机构的性质

根据本条的规定，证券登记结算机构提供服务，不以营利为目的，这是在法律上为这个机构确定了性质，即它的服务是有偿提供的，但目的不在于追求利润，而是为证券交易提供集中登记、存管与结算服务，为整个证券市场的安全、稳定、有效运行提供保障。

三、证券登记结算机构的法律地位

本条规定，证券登记结算机构经依法登记，取得法人资格。即证券登记结算机构在法律上具有法人地位，这说明它是一个独立存在的组织，有独立的财产，有自己的名称、组织机构和住所，能够独立享有权利和承担责任。

四、证券登记结算机构设立审批的规定

证券登记结算机构在证券交易中处于关键的环节，承担重要的责任，关系到买卖双方的利益关系，对整个证券市场的运行起着不可或缺的作用。因此，必须由国家实施严格的监督管理，它的设立需要由国务院证券监督管理机构批准，不得擅自设立，其他部门也不得越权审批。

第一百四十六条　设立证券登记结算机构，应当具备下列条件：

（一）自有资金不少于人民币二亿元；

（二）具有证券登记、存管和结算服务所必须的场所和设施；

（三）国务院证券监督管理机构规定的其他条件。

证券登记结算机构的名称中应当标明证券登记结算字样。

条文主旨

本条是关于证券登记结算机构的设立条件和名称标识的规定。

立法背景

在证券登记结算机构的设立条件中，取消了主要管理人员和从业人员必须具有证券从业资格的要求。

条文解读

一、证券登记结算机构是具有法定职责的机构，必须具有与之相适应的设立条件

1. 资金条件，即自有资金不少于人民币 2 亿元。由于证券登记结算机构日常业务涉及巨额资金流动，为保障其正常业务活动顺利开展，有必要要求其具备较高的自有资金数额。

2. 场地与设施的基础条件，即具有证券登记、存管和结算服务所必须的场所和设施。提供这三个方面的服务都要求有与之相适应的场所和设施，也就是要有基本的物质条件，包括相应的办公场所和设备。

3. 对于证券登记结算机构的设立，除了上述两项条件之外，国务院证券监督管理机构还可以规定其他的条件。因为上述两项条件仅仅是主要条件，还有必要规定其他条件，所以在法律上作出授权的规定。

二、关于证券登记结算机构的名称标识

本条第二款专门作出规定，即需要在名称中显示出这个机构的特征，标明证券登记结算字样。究其立法目的，一是通过名称表明其承担的特殊职能，便于辨认；二是防止其他机构使用同样或类似名称造成混乱，更防止其他机构利用这个名称进行欺诈或误导社会公众。

第一百四十七条　证券登记结算机构履行下列职能：

（一）证券账户、结算账户的设立；

（二）证券的存管和过户；

（三）证券持有人名册登记；

（四）证券交易的清算和交收；

（五）受发行人的委托派发证券权益；

（六）办理与上述业务有关的查询、信息服务；

（七）国务院证券监督管理机构批准的其他业务。

条文主旨

本条是关于证券登记结算机构职能的具体规定。

立法背景

此次修改，将证券登记结算机构履行清算和交收职能的业务范围扩展到所有的证券交易，不再局限于证券交易所的证券交易。

条文解读

对于证券登记结算机构，不但在法律中确定它具有提供登记、存管与结算服务的性质，而且还在法律中明确规定了相应的职能，也可以说是法定的服务职能，共有 7 项：

1. 设立证券账户与结算账户。投资者买卖证券需要开立证券账户。证券账户相当于投资者的证券存折，用于记录投资者持有证券的余额及其变动情况。证券账户的记录，是投资者持有证券的法定证明，具有证券登记的功能，记载于证券账户内的证券资产归属于投资者所有。结算账户是证券登记结算机构仅为证券公司等结算参与人开立的，用于办理钱券交割的账户。所谓结算参与人，是指获得证券登记结算机构结算参与人资格，直接进入登记结算系统参与结算业务的机构。我国证券和资金的结算，实行分级结算，即证券登记结算机构负责办理证券登记结算机构与结算参与人之间的集中清算交收，结算参与人负责办理结算参与人与客户之间的清算交收。也就是说，结算账户不同于投资者申请开立的证券账户，是结算参与人与证券登记结算机构相互关系的体现。

2. 证券存管和过户。存管就是证券登记结算机构受托集中保管证券持有人持有的进行交易的证券，这样便于交易结算，也比较安全。过户就是根据证券交易清算交收的结果，将证券持有人持有证券的事实记录下来，所用的形式是将一个所有者账户上的证券转移到另一个所有者账户上，这种转移是证券所有权的转移，由证券登记结算机构经办。

3. 证券持有人名册登记。它是指证券登记结算机构根据发行人的委托，通过设立和维护证券持有人名册，根据证券交易中结算、交收、过户的结果进行的，确认证券持有人持有证券事实的行为。通过登记，可将登记名册提供给证券发行人、投资者以及其他相关人员使用。证券登记结算机构制作的持有人名册，具有权利证明效力。当此名册与发行人编制的名册发生冲突时，应当以证券登记结算机构编制的持有人名册为准。

4. 证券交易的清算与交收。清算是指证券登记结算机构按照确定的规则计算证券和资金的应收、应付数额的行为。交收是指证券登记结算机构根据确定的清算结果，通过转移证券和资金履行相关债权债务的行为。证券交易的清算与交收统称为证券交易的结算。根据我国证券市场分级结算的原则，只有证券公司等结算参与人才能直接参与证券登记结算机构的集中结算，即证券登记结算机构与证券公司进行资金和证券的一级结算，证券公司再与其客户进行二级结算。

5. 受发行人委托派发证券权益。一般来说，证券在发行并上市交易后，在投资者之间流动，发行人难以掌握哪些人持有证券，但还要向股东派发权益，或者向债权人支付利息，这种情况有必要委托证券登记结算机构依据证券持有人登记名册派发，就可以做到准确、便捷，有利于保护投资者利益。

6. 办理查询和信息服务。证券登记结算机构办理查询和信息服务必须是与上述业务有关的事项，这是合理的，也可以说是相关业务的延伸，是证券登记结算机构的又一项法定职能。

7. 除上述6项业务外，还会有一些是证券登记结算机构可以提供的服务，但它需要经过国务院证券监督管理机构的批准。

相关规定

《中华人民共和国证券法》第一百五十七条。

第一百四十八条　在证券交易所和国务院批准的其他全国性证券交易场所交易的证券的登记结算，应当采取全国集中统一的运营方式。

前款规定以外的证券，其登记、结算可以委托证券登记结算机构或者其他依法从事证券登记、结算业务的机构办理。

条文主旨

本条是关于证券登记结算的运营方式的规定。

立法背景

此次修改，不再要求证券业所有的登记结算都必须采取全国集中统一的运营方式，将证券登记结算机构的法定业务范围限于在证券交易所和国务院批准的其他全国性证券交易场所交易的证券，在保证证券市场安全稳定运行的基础上，进一步体现市场化的原则。

条文解读

一、在证券交易所和国务院批准的其他全国性证券交易场所交易的证券的登记结算，采取全国集中统一的运营方式

在证券交易所和国务院批准的其他全国性证券交易场所交易的证券，主要是公开发行的证券，由于其实行统一的交易规则，由统一的法律规范进行调整，对这些证券的登记结算也实行全国集中统一的运营方式是必要的。一是有助于实现统一监管，推动证券交易的统一、安全运作。二是有助于实现证券交易和结算的高效率。三是有助于减少证券交易风险。如果各证券交易所和国务院批准的其他全国性证券交易场所可自行设立登记结算机构，则该机构难以独立运作并发挥其特有的监督职能，因此实行全国集中统一的运营方式，可以实现对证券交易所和国务院批准的其他全国性证券交易场所的制约，从而降低交易风险。

二、除在证券交易所和国务院批准的其他全国性证券交易场所交易的证券以外的其他证券，其登记、结算可以委托证券登记结算机构或者其他依法从事证券登记、结算业务的机构办理

对于非在证券交易所和国务院批准的其他全国性证券交易场所交易的证券以外的其他证券，由于是非公开发行的证券，没有必要对其登记结算作法定要求，即这些证券的登记、结算既可以委托证券登记结算机构办理，也可以委托其他依法从事证券登记、结算业务的机构办理。

相关规定

《中华人民共和国证券法》第三十七条。

第一百四十九条　证券登记结算机构应当依法制定章程和业务规则，并经国务院证券监督管理机构批准。证券登记结算业务参与人应当遵守证券登记结算机构制定的业务规则。

条文主旨

本条是关于证券登记结算机构章程、业务规则的制定及业务规则效力的规定。

立法背景

此次修改，主要增加了证券登记结算机构业务规则对证券登记结算业务参与人具有约束力的规定。

条文解读

一、证券登记结算机构章程、业务规则的制定

证券登记结算机构作为有法人资格的组织，应当制定章程，同时，证券登记结算机构从事服务，需要有适应自身特点的业务规则，以保证提供的各项服务符合证券市场的要求，但其章程和业务规则都要体现法律的要求，即依法制定，并要接受国务院证券监督管理机构的监督，经过批准才能生效。

二、证券登记结算机构业务规则的约束力

证券登记结算机构的业务规则虽然既不属于法律法规或者规则的范畴，也不是当事人签订的格式合同，但是其作为证券登记结算机构依法制定的关于业务运行和业务办理的特殊规范，应当具有特殊的法律地位和效力。因此，本条明确规定证券登记结算机构的业务规则对参与人具有约束力，即证券登记结算业务的参与人应当遵守证券登记结算机构制定的业务规则。

第一百五十条　**在证券交易所或者国务院批准的其他全国性证券交易场所交易的证券，应当全部存管在证券登记结算机构。**

证券登记结算机构不得挪用客户的证券。

条文主旨

本条是关于在证券交易所或者国务院批准的其他全国性证券交易场所交易的证券存管，以及保护客户证券应有权益的规定。

立法背景

此次修改，增加了在国务院批准的其他全国性证券交易场所交易的证券也应当全部存管在证券登记结算机构的要求。

条文解读

本条明确了两项规则，前一项是对证券的要求，后一项是对证券登记结算机构的限制。

1. 在证券交易所或者国务院批准的其他全国性证券交易场所交易的证券，应当全部存管在证券登记结算机构。法定要求存管的证券为在证券交易所或者国务院批准的其他全国性证券交易场所交易的证券。对于没有在证券交易所或者国务院批准的其他全国性证券交易场所交易的证券，则没有这种集中全部存管的法定要求。

2. 证券登记结算机构不得挪用客户的证券。挪用客户的证券，是指证券登记结算机构未经客户同意，将客户存管的证券用于为客户证券交易结算以外的其他用途，主要包括以下情形：（1）据为己有；（2）用于其他客户的证券交易结算；（3）出借给他人；（4）用作自己或者他人借款的担保物等。客户证券的用途应当由客户自行决定，禁止证券登记结算结构以任何形式挪用。需要注意的是，证券登记结算机构不得挪用的客户证券，不仅包括在证券交易所或者国务院批准的其他全国性证券交易场所交易的证券，即公开发行的证券，也包括非公开发行的证券。

相关规定

《中华人民共和国证券法》第三十七条。

第一百五十一条　证券登记结算机构应当向证券发行人提供证券持有人名册及有关资料。

证券登记结算机构应当根据证券登记结算的结果，确认证券持有人持有证券的事实，提供证券持有人登记资料。

证券登记结算机构应当保证证券持有人名册和登记过户记录真实、准确、完整，不得隐匿、伪造、篡改或者毁损。

条文主旨

本条是关于证券持有人名册及有关登记资料的形成和使用的规定。

立法背景

本条未作修改。

条文解读

证券登记结算机构的重要职能之一是确认证券持有人的权利，并有责任提供有关文件加以证实，因此本条规定：

1. 证券登记结算机构有责任向证券发行人提供证券持有人名册及其有关资料。发行人首次发行证券之后，由于证券流通速度快，范围广，具有不特定性，发行人自身无法掌握该种证券的情况，这时只有登记结算机构掌握证券登记行为完成后的相关业务数据，因此，必须由证券登记结算机构向发行人提供这方面的情况，法定形式如证券持有人登记名册，这种名册对发行股票的上市公司来说，就等于是股东名册。

2. 证券登记结算机构确认证券持有人持有证券的事实，所根据的应当是证券登记结算的结果，因为这种结果是反映交易的实际后果，是经过既定程序之后形成的，应当作为确认投资者权利的一种可靠的依据。

3. 对于证券持有人名册和登记过户资料，证券登记结算机构应当保证其真实、准确、完整。这是最基本的要求，也是证券登记结算机构的法定责任。因为证券持有人名册和登记过户资料都记载了投资者合法权益，关系到投资者的直接利益，所以必须完全真实，否则就会侵害投资者或者其他合法权利人的合法权益。证券持有人名册及登记资料的准确，就是如实记载，数量准确，权属明确，无差错。关于完整，则要求全面地反映持有人的权利和义务，不能片面或者有重大遗漏。

对于证券持有人名册和登记资料，由于它关系到投资者的切身利益，关系到证券登记结算机构的责任，因此，对于在业务中形成的各种资料必须妥善保存，不得有隐匿、伪造、篡改或者毁损行为。

第一百五十二条　证券登记结算机构应当采取下列措施保证业务的正常进行：

（一）具有必备的服务设备和完善的数据安全保护措施；

（二）建立完善的业务、财务和安全防范等管理制度；

（三）建立完善的风险管理系统。

条文主旨

本条是关于证券登记结算机构的正常运行及其保证措施的规定。

立法背景

本条未作修改。

条文解读

证券登记结算机构是证券市场的必不可少的组成部分，是维持证券交易持续进行的前提和基础，为了保证证券市场持续不断的正常运转，就要求证券登记结算机构正常地提供服务，因此必须具有一系列的保障措施，并以法律形式加以规定，以求得到更有效地实施。本法具体要求如下：

1. 必备的服务设备。这是从设备上保证证券登记结算机构的正常运行，也就是保证其正常地提供登记、存管、结算服务。

2. 完善的数据安全保护措施。这是因为证券登记结算机构的业务要生成、储存、运算大量的数据，这些数据直接关系到证券市场参与者多方面利益，因此需要强大的软件和硬件设备作为开展登记结算业务的物质基础，并采取有效措施做好数据保密，防止数据泄露等情况发生。

3. 完善的业务、财务和安全防范等管理制度。一是建立健全业务管理制度，要求证券登记结算机构的登记、存管、结算及其他日常业务的开展有条不紊，同时对证券市场的交易新品种应及时制定配套业务规则，对其他国家和地区的登记结算制度，积极研究借鉴。二是建立健全财务管理制度，证券登记结算机构除自有资金外，还管理多项专门用途的资金，这就要求证券登记结算机构必须强化财务管理制度，保证各项资金各尽其用。三是建立健全安全防范制度，由于证券登记结算机构的重要性，其办公场所、业务开展场所、硬件设备存放场所等需要特别注意安全保障问题。上述规定，有利于保证证券登记结算机构的运行质量和管理水平，特别是增强其防范风险的能力，避免因业务、财务和安全防范等管理制度的漏洞导致的不利后果。

4. 完善的风险管理系统。这是一项比较高的要求。证券登记结算系统的风险主要指结算风险。证券结算风险主要是指证券交易的结算过程中交易一方或各方不能按照约定条件足额、及时履行交收义务，交收被延迟或者交收失败，或者由于资金与证券保管、操作系统和法律环境等因素，导致结算对手方资金损失或整个结算系统不能正常运转的可能性。证券结算风险的来源是多方面的，根据其成因不同，大致可分为来自结算对手方面的风险、来自结算系统运作环境方面的风险以及系统性风险。实践中，可通过建立完善的法律法规体系和健全业务规则体系，强化结算参与人管理，加强结算机构内部管理，提高快速处置风险能力等措施防范结算风险。总之，只有证券登记结算机构建立完善的风险管理系统，才能增强抵御结算风险的能力，更好地履行其在证券市场中的职能。

第一百五十三条　证券登记结算机构应当妥善保存登记、存管和结算的原始凭证及有关文件和资料。其保存期限不得少于二十年。

条文主旨

本条是关于证券登记、存管和结算原始凭证及有关文件和资料保存的规定。

立法背景

本条未作修改。

条文解读

证券登记结算机构为证券交易提供登记过户、存管、结算服务而形成的清算交收、登记过户记录等原始凭证以及会计账簿、财务会计报告等文件和资料，是记录和反映证券登记、存管、结算、过户业务活动的重要史料和证据。通过这些文件和资料，可以了解证券登记结算机构每项业务活动的真实情况，是检查证券登记结算机构是否遵守客户委托和法律、行政法规及登记结算规则的书面证明，其中有些文件和资料作为证券交易活动的权利证明，也是证券监督管理机构查处证券违法行为的重要线索和凭据。正是由于在证券登记、存管、结算过程中形成的原始凭证及有关文件和资料的重要性，因此证券登记结算机构有责任妥善保存。同时本条还规定，重要的原始凭证及有关文件和资料的保存期限不得少于20年，这是从法律上限定重要的原始凭证及有关文件和资料最短的保存期限。关于确定重要原始凭证及有关文件和资料的标准，由国务院证券监督管理机构具体加以规定并对此加以监督管理。

第一百五十四条 **证券登记结算机构应当设立证券结算风险基金，用于垫付或者弥补因违约交收、技术故障、操作失误、不可抗力造成的证券登记结算机构的损失。**

证券结算风险基金从证券登记结算机构的业务收入和收益中提取，并可以由结算参与人按照证券交易业务

量的一定比例缴纳。

证券结算风险基金的筹集、管理办法，由国务院证券监督管理机构会同国务院财政部门规定。

条文主旨

本条是关于证券结算风险基金用途、来源和管理办法制定的规定。

立法背景

本条未作修改。

条文解读

一、证券结算风险基金设立的必要性和用途的规定

因证券登记结算机构的重要性以及结算系统的风险所产生后果的严重性，证券登记结算机构应有必要的财力来对这种风险造成的经济损失进行补偿，即必须设立证券结算风险基金，作为防范和化解结算风险的重要手段。此外，证券结算风险基金的用途是由法律规定的，不是自行决定，更不是任意决定的。根据本条规定，该基金的用途为垫付或者弥补因违约交收、技术故障、操作失误、不可抗力造成的证券登记结算机构的损失。这些用途限定在与证券结算直接有关，并且有造成损失的后果。

二、证券结算风险基金来源的规定

将证券结算风险基金的来源法定化，使之有稳定、合理的来源和维持一定的资金数额。法定的基金来源有三项，一是从证券登记结算机构的业务收入中提取；二是从证券登记结算机构的收益中提取；三是由结算参与人缴纳，就是按结算参与人证券交易业务量的一定比例确定缴纳数额。本法之所以确定证券结算风险基金的这三项来源，是为了体现证券市场结算参与人风险共担的原则。

三、证券结算风险基金管理办法的规定

本条规定，由国务院证券监督管理机构会同国务院财政部门规定证券结算风险基金的筹集、管理办法。对于证券结算风险基金的筹集、管理办法，一是要规定基金如何筹集，如有关的缴纳单位、缴纳的具体比例、时间上的限制等；二是规定基金如何管理，如确定管理的机构、使用的权限、使用的程序、监督检查等。对这些问题的细化规定，是有效地筹集基金，并管好、用好基金的制度保证。

第一百五十五条　证券结算风险基金应当存入指定银行的专门账户，实行专项管理。

证券登记结算机构以证券结算风险基金赔偿后，应当向有关责任人追偿。

条文主旨

本条是关于证券结算风险基金专项管理和证券登记结算机构追偿权的规定。

立法背景

本条未作修改。

条文解读

一、证券结算风险基金专户专项管理的规定

本条第一款规定，应当专项管理、专项存放证券结算风险基金，其目的在于确保它的使用方向，正确地发挥作用，避免与其他资金混合管理，交叉使用带来的弊端，特别是防止影响甚至改变证券结算风险基金的真正作用。

二、证券登记结算机构追偿权的规定

证券结算风险基金是作为一项经济补偿制度设立的，但是用这项基金赔偿损失后，如果就此结束，对控制风险和合理承担风险责任是不利的，所以在法律上确立了证券登记结算机构的追偿权。具体要求是，一旦出现因违约交收、技术故障、操作失误、不可抗力造成的证券登记结算机构的损失，由证券结算风险基金先行赔偿，然后由证券登记结算机构向有关责任人提出承担赔偿责任的要求，依法追回应由有关责任人承担的那一部分，体现责任自负原则。

第一百五十六条　证券登记结算机构申请解散，应当经国务院证券监督管理机构批准。

条文主旨

本条是关于证券登记结算机构解散须经审批的规定。

立法背景

本条未作修改。

条文解读

证券登记结算机构并不是一般的商业机构，其负有组织管理证券登记结算业务的特殊职能，对于这样一个关系到证券市场多方参与者利益，与证券市场正常运行有密切联系的机构，它的设立与解散都必须慎重、严密，以保护投资者以及有关当事人的合法权益。所以，证券登记结算机构的解散须经国务院证券监督管理机构的批准，而不能擅自解散，进入证券交易服务领域需要经过法定程序，退出也要经过法定的程序。

第一百五十七条 投资者委托证券公司进行证券交易，应当通过证券公司申请在证券登记结算机构开立证券账户。证券登记结算机构应当按照规定为投资者开立证券账户。

投资者申请开立账户，应当持有证明中华人民共和国公民、法人、合伙企业身份的合法证件。国家另有规定的除外。

条文主旨

本条是关于投资者开立证券账户的规定。

立法背景

此次修改，增加了合伙企业可以开立证券账户的规定，并作了文字修改。

条文解读

根据本法规定，在证券交易所或者国务院批准的其他全国性证券交易场所交易的证券，是全部存管在证券登记结算机构的，上述证券的交易也是由证券登记结算机构统一进行清算交收、登记过户的，这就要求投资者在委托证券公司进行证券交易时，必须通过证券公司在证券登记结算机构开立证券账户。证券登记结算机构应当按照规定为投资者开立证券账户。

本条第二款规定了开立账户的条件，即投资者申请开立账户，必须持有合法的身份证明。投资者买卖证券，需要开立证券账户和资金账户。个人开户必须持有公安机关制发的证明中国公民身份的有效居民身份证，法人或者合伙企业开户必须持有工商行政管理部门颁发的证明其具有中国法人或者合伙企业资格的合法文件。这样规定的目的在于证券行业实施证券交易实名制。证券行业作为金融体系的重要一环，通过确保开户资料真实性的方式，保证证券交易当事人使用本人账户，便于加强对证券市场的监管，维护证券市场正常秩序。鉴于我国证券市场已经有条件的部分对外资开放。因此，本条还作了例外规定，即“国家另有规定的除外”。

相关规定

《中华人民共和国证券法》第一百四十七条、第一百四十八条、第一百五十条。

第一百五十八条　证券登记结算机构作为中央对手方提供证券结算服务的，是结算参与人共同的清算交收对手，进行净额结算，为证券交易提供集中履约保障。

证券登记结算机构为证券交易提供净额结算服务时，应当要求结算参与人按照货银对付的原则，足额交付证券和资金，并提供交收担保。

在交收完成之前，任何人不得动用用于交收的证券、资金和担保物。

结算参与人未按时履行交收义务的，证券登记结算机构有权按照业务规则处理前款所述财产。

条文主旨

本条是关于证券净额结算的业务模式、货银对付原则、结算履约优先原则和违约交收处理权限的规定。

立法背景

此次修改，主要是进一步明确了证券登记结算机构进行结算时，是作为中央对手方提供结算服务的。

条文解读

一、净额结算

证券交易的结算方式可以分为全额结算和净额结算。

全额结算是指交易双方对所有达成的交易实行逐笔清算，并通过某种机制交换全部证券和资金。全额结算是最基本的结算方式，但这种方式对交易双方的资金量、结算系统处理能力和自动化程度要求较高，更适合用于交易量较小、参与人较少的市场。

净额结算是指证券登记结算机构以结算参与人为单位，对其买入和卖出交易的余额进行轧差（简单来说，就是对同一结算参与人的所有交易结果进行互相抵销），以轧差得到的净额（具体包括该结算参与人的应收应付证券和资金净额），组织结算参与人进行证券和资金的交收的制度。现代证券市场参与证券买卖的投资者数量众多，每天的成交笔数和金额都很大，而且很多交易是通过电子交易方式进行。如果对所有交易逐笔交收，不仅效率低、成本高，还不能满足现代证券市场快速发展的需要。因此，现代证券交易结算一般采取净额结算的方式，这也是国际证券市场较为通行的做法。相对于全额结算，净额结算大大降低了结算处理量，提高了市场运行效率。

净额结算又可分为双边净额结算和多边净额结算两种方式。双边净额结算是指证券登记结算机构对交易双方之间达成的全部交易的余额进行轧差，交易双方按照轧差得到的净额进行交收的结算方式。多边净额结算是指登记结算机构介入证券交易双方的交易关系中，成为“所有买方的卖方”和“所有卖方的买方”，然后以结算参与人为单位对其达成的所有交易的应收应付证券和资金进行轧差，每个结算参与人根据轧差所得净额，与证券登记结算机构这一个交收对手进行交收的结算方式。

多边净额结算与双边净额结算的最大区别是，多边净额结算时交易双方的交收对手发生了变化，所有交易结算都必须通过登记结算机构这个共同的对手方（即中央对手方）完成。根据本条第一款的规定可知，我国证券交易的结算采用了多边净额结算的方式，证券登记结算机构承担其中的中央对手方角色。

二、中央对手方制度

中央对手方，又叫共同对手方，是指对证券交易而言，同时作为所有买方的卖方和作为所有卖方的买方的主体。中央对手方的出现是证券市场发展和结算制度革新的必然结果。中央对手方最初出现于金融衍生产品交易中，由于金融衍生产品交易存在风险的杠杆效应和参与者对冲交易的要求，原先证券交易一对一、全额结算的传统模式无法适应市场需要。于是出现了结算机构充当中央对手方，介入合同双方之间的做法，不仅解决了对冲交易的困难，同时由于结算机构承担了对手方的信用风险，也活跃了衍生产品的交易。随着中央对手方作用的日益显现，其应用范围很快超越了衍生品交易的范围。证券交易参与者不断增多以及证券市场对交易结算效率和风险防范水平要求的不断提高，许多证券市场都采用了中央对手方机制，其在股票、债券等交易市场中的应用越来越广。目前，全球主要的证券市场都设有中央对手方。

中央对手方制度的核心内容是担保交收。担保交收是指中央对手方对结算参与人的履约义务，并且该义务的履行是不以任何一个参与人能否正常履约为前提的。即中央对手方介入买卖双方合同关系，买卖双方只与结算机构这一个对手方发生债权或债务关系，并与之进行资金和证券的交收。中央对手方实际上对买卖双方提供了一种保证：即使买卖中的一方不能正常向中央对手方履约，中央对手方也应当先对守约一方履约，然后按照结算规则对违约方采取相应的处置措施，弥补其因违约造成的损失。而在非担保交收的情况下，登记结算机构仅作为结算工作的组织者，对交易双方达成的交易进行清算和组织双方进行证券、资金的交收。登记结算机构不介入证券交易合同、不成为证券交易的结算主体，仍由原交易双方作为结算主体，自行承担其对方的交收违约风险。交易一方未能履行对另一方的证券或资金交收义务的，则宣布交收失败，由双方自行解决。

中央对手方制度的作用主要体现为以下四个方面：（1）重新分配交易风险，解决了多边净额交收失败的问题。对于参与人众多的证券市场，市场参与者自行控制对手方风险的困难较大、成本较高。中央对手方的介入承接了交易双方的对手方风险，解决了个别参与人交收违约引起连锁交收失败的问题。（2）降低结算参与人的交收风险。中央对手方对每个参与人应收应付的金额和证券进行轧差，不仅减少了每个参与人的风险，也使整个证券市场的总风险显著减少。（3）提高结算效率和资金使用效率。中央对手方组织多边净额结算，简化了参与人交收过程，减少了参与人资金和证券实际交收的数量，大大提高了结算效率；同时也减少了结算参与人在结算系统内占用的资金量，提高了资金的使用效率。（4）活跃市场交易。中央对手方提供担保交收并实施严格的风险管理制度，使市场参与者无须再顾虑对手方的信用风险，有助于增强投资信心，活跃市场交易。

根据本条第一款的规定，证券登记结算机构是作为中央对手方提供证券结算服务的，并采取净额结算的方式对结算参与人进行清算交收。

三、货银对付原则

货银对付，通俗地说就是“一手交钱、一手交货”，是指在证券登记结算机构的组织管理下，结算参与人进行的证券交收和资金交收同时完成，且不可撤销。

按照货银对付的原则组织交收是有效控制结算风险的必然要求。当结算机构提供净额结算服务时，实行货银对付尤为重要。在多边净额结算制度下，结算机构作为中央对手方提供担保交收，将所有结算参与人的对手方风险集于一身。任何结算参与人出现交收违约，结算机构都必须为违约参与人垫付其应当交付的证券和资金，以维护结算的正常秩序，保证市场有效运行。如果违约方无法及时弥补违约交收的证券和资金，且达到相当程度，就可能导致证券结算系统无法正常完成结算，甚至引发系统性风险，危及整个证券市场的正常运行。而按照货银对付的原则进行风险管理时，一旦结算参与人出现资金或者证券的交收违约，结算机构就可以暂时不向该参与人交付其买入的证券或应收的资金，从而保障结算机构在结算参与人违约时不会发生本金的损失。

按照货银对付的原则组织结算活动，是维护结算系统安全、保证市场正常运行的重要手段。根据本条第二款的规定，证券登记结算机构为证券交易提供净额结算服务时，不仅要求执行货银对付的原则，还要求结算参与人足额交付证券和资金，并提供交收担保，以保障货银对付原则的落实。

四、结算履约优先原则

卖方卖出的证券或者买方用于买入证券的资金，在交收完成前虽然尚未交付，但这些证券和资金已指定了特定的用途，进入了特定的结算法律关系中，属于已进入交收程序的财产。同理，证券登记结算机构按照业务规则要求结算参与人提供的担保物，是结算参与人的履约保证，在参与人没有足额资金或证券完成交收时必须用这些担保物完成向交易对手方的交收。此外，证券登记结算机构作为中央对手方提供证券结算服务，对结算参与人的履约义务，是不以其他任何一个对手方正常履约为前提的。如果这些财产在完成交收前被挪作他用，将会打乱正常的交收秩序，甚至影响结算和交易系统的政策运行，并最终损害广大投资者的合法权益。

为维护证券市场的正常秩序，保证证券交易的连续性，本条第三款规定，在交收完成之前，任何人不得动用用于交收的证券、资金和担保物。这一规定确立了证券交易结算履约优先的重要原则，即证券交易达成后，履约义务人已进入清算交收程序的财产应优先用于清算交收。

五、违约交收的处理

本条第四款规定，结算参与人未按时履行交收义务的，证券登记结算机构有权按照业务规则处理有关交收财产。这一规定可以有效保障证券登记结算机构按照业务规则进行交收，维护正常交收秩序的权威性。

第一百五十九条　**证券登记结算机构按照业务规则收取的各类结算资金和证券，必须存放于专门的清算交收账户，只能按业务规则用于已成交的证券交易的清算交收，不得被强制执行。**

条文主旨

本条是关于清算交收履约财产的存放制度和执行豁免制度的规定。

立法背景

本条未作修改。

条文解读

一、清算交收履约财产的存放制度

证券登记结算机构为保证按时准确完成交收，按照业务规则向结算参与人收取的各类结算资金和证券，必须存放于专门设立的清算交收账户，不得与其他资金、证券混合存放，并且仅限用于按业务规则已成交的证券交易的清算交收。

二、清算交收履约财产执行豁免制度

强制执行，应当以被执行人的责任财产为标的。在执行实践中，由于现代社会财产往往有复杂的性质和多种存在形式，有些财产因其性质不应被强制执行。证券登记结算机构收取用于交收的证券、资金、担保品，并非是为了其自身的利益。作为中央对手方，证券登记结算机构从一方结算参与人获得的证券与资金，必须向另外一方结算参与人交付。如果前者结算参与人不能向证券登记结算机构交付证券和资金，证券登记结算机构向其他结算参与人交付资金和证券必然产生严重困难，进而造成结算参与人向投资者履约困难。同理，这些证券、资金、担保品，如果在证券登记结算机构收取之后又被强制执行，也将造成上述一系列困难，打乱正常的交收秩序。并且，证券登记结算机构作为中央对手方，为履行职责，是不能以进入交收程序的财产被强制执行为由对抗其他结算参与人的，结果只能被迫垫支。长此以往，必将影响整个结算和交易系统的正常运行，并最终导致投资者的合法权益遭到损害。本条特别规定清算交收履约财产执行豁免制度，可以防止证券公司因法律纠纷而使已交由证券登记结算机构存放的各类结算资金或者证券被强制执行，有效降低清算交收的风险和不确定性。此外，清算交收履约财产执行豁免与保护申请执行人的合法权益并不矛盾。在清算交收完成之后，证券交易的履行宣告完成，作为交易标的的证券、资金权属不再属于清算交收履约财产，可被强制执行。

本条明确了各类结算资金和证券的存放方式以及用途，通过法定资金和证券的存放方式和用途、并且排除强制执行的可能性后，可以避免与其他资金混合管理、交叉使用所引起的各种弊端，确保该类资金和证券的安全、使用方向与正确地发挥作用，从而保证结算机构的正常运转和结算秩序的稳定。

第十章　证券服务机构

第一百六十条　会计师事务所、律师事务所以及从事证券投资咨询、资产评估、资信评级、财务顾问、信息技术系统服务的证券服务机构，应当勤勉尽责、恪尽职守，按照相关业务规则为证券的交易及相关活动提供服务。

从事证券投资咨询服务业务，应当经国务院证券监督管理机构核准；未经核准，不得为证券的交易及相关活动提供服务。从事其他证券服务业务，应当报国务院证券监督管理机构和国务院有关主管部门备案。

条文主旨

本条是关于证券服务机构的业务原则以及从事相关业务核准的规定。

立法背景

本条对原证券法第一百六十九条的内容作了修改。

条文解读

一、证券服务机构的义务

随着证券行业的发展，专业化程度不断提高，相关服务业务也得到快速发展，为证券发行、交易提供服务的机构很多，包括：会计师事务所、律师事务所以及从事证券投资咨询、资产评估、资信评级、财务顾问、信息技术系统服务的机构等。

根据本条规定，会计师事务所、律师事务所以及从事证券投资咨询、资产评估、资信评级、财务顾问、信息技术系统服务的机构，作为参与证券业务的重要服务机构，应当履行勤勉尽责、恪尽职守的义务，并按照相关业务规则为证券的交易及相关活动提供服务。例如，对于律师事务所从事证券法律服务的规则，中国证监会和司法部在 2007 年就颁布实施了《律师事务所从事证券法律业务管理办法》；对于会计师事务所从事证券会计服务，财政部和中国证监会也陆续发布了《注册会计师执行证券期货相关业务许可证管理规定》《关于会计师事务所从事证券期货相关业务有关问题的通知》等规范。上述规定要求证券服务机构在提供证券服务业务时应当忠实地履行自己的职责，不得有违法和违规行为。

二、从事证券服务业务的核准和备案

证券服务机构从事证券投资咨询服务业务质量的高低，在一定程度上影响着广大投资者的权益的保护状况和证券市场的运行秩序。从保护广大投资者和维护证券市场正常运行的角度出发，不能让从事证券投资咨询服务业务的证券服务机构随意进入证券服务市场。因此，根据本条规定，从事证券投资咨询服务业务的证券服务机构应当经国务院证券监督管理机构核准；未经核准，不得为证券的交易及相关活动提供服务。

同时，为了进一步推进证券监管领域的简政放权，本条还规定证券服务机构从事其他证券服务业务，应当报国务院证券监督管理机构和国务院有关主管部门备案。这一规定便于国务院证券监督管理机构和国务院有关主管部门对证券服务机构从事其他证券服务业务进行监督。

相关规定

《中华人民共和国律师法》第二十五条、第二十八条、第四十条；《中华人民共和国注册会计师法》第六条、第十五条、第十六条。

第一百六十一条 证券投资咨询机构及其从业人员从事证券服务业务不得有下列行为：

（一）代理委托人从事证券投资；

（二）与委托人约定分享证券投资收益或者分担证券投资损失；

（三）买卖本证券投资咨询机构提供服务的证券；

（四）法律、行政法规禁止的其他行为。

有前款所列行为之一，给投资者造成损失的，应当依法承担赔偿责任。

条文主旨

本条是关于证券投资咨询机构及其从业人员从事证券服务业务的禁止行为的规定。

立法背景

本条对原证券法第一百七十一条的内容作了一些文字修改。

条文解读

一、证券投资咨询机构及其从业人员从事证券服务业务的禁止行为

所谓证券投资咨询机构，是指向投资者或者客户提供证券投资分析、预测或者建议等咨询服务并收取一定费用的机构。为了稳定证券市场、保护投资者利益、规范证券投资咨询机构及其从业人员从事证券服务的行为，证券投资咨询机构及其从事证券服务业务的人员不得从事下列行为：

1. 不得代理委托人从事证券投资。证券投资咨询机构的职能和证券投资咨询机构从业人员的职责就是为投资者、交易者和筹资者提供证券市场信息和咨询服务，代理委托人从事证券投资已经超出其业务范围，应当被禁止。此外，允许证券投资咨询机构及其从业人员代理委托人从事证券投资，容易导致其和委托人联手操纵证券交易市场，扰乱证券市场秩序，从而难以尽职从事证券咨询服务业务。禁止证券投资咨询机构及其从业人员代理委托人从事证券投资，能防止这些问题的出现。

2. 不得与委托人约定分享证券投资收益或者分担证券投资损失。禁止证券投资咨询机构及其从业人员与委托人达成约定分享证券投资收益或者分担证券投资损失的协议，就明确限制了证券投资咨询机构及其从业人员与委托人之间的利益关系，从而确保了委托人和被委托人之间的正常委托与被委托关系。

3. 不得买卖本证券投资咨询机构提供服务的证券。禁止证券投资咨询机构及其从业人员买卖本咨询机构提供服务的证券，是为了防止其利用所掌握的内幕信息牟取不正当利益，给其他投资者带来不必要的损失，保证证券市场的公平性。

4. 不得从事法律、行政法规禁止的其他行为。这是一项兜底性规定，是指法律、行政法规所规定的其他禁止事项。之所以作出这样的兜底性规定，主要是因为证券市场禁止行为具有特殊性和专业性，很难在本条中实现穷尽式列举。作出兜底性规定，可以防止挂一漏万，确保证券投资咨询机构及其从业人员公正、客观、诚实地为委托人服务。因此，只要法律、行政法规有具体的规定，证券投资咨询机构及其从业人员就必须严格遵守。

例如，广告法第二十五条规定："招商等有投资回报预期的商品或者服务广告，应当对可能存在的风险以及风险责任承担有合理提示或者警示，并不得含有下列内容：（1）对未来效果、收益或者与其相关的情况作出保证性承诺，明示或者暗示保本、无风险或者保收益等，国家另有规定的除外；（2）利用学术机构、行业协会、专业人士、受益者的名义或者形象作推荐、证明。"对于上述规定，证券投资咨询机构应当严格遵守。

二、证券投资咨询机构及其从业人员从事禁止行为的法律责任

证券投资咨询机构及其从业务人员代理委托人从事证券投资，与委托人约定分享证券投资收益或者分担证券投资损失，买卖本咨询机构提供服务的上市公司股票，以及从事法律、行政法规禁止的其他行为，给投资造成损失的，应当依法承担赔偿责任，赔偿其给投资者造成的损失。

相关规定

《中华人民共和国广告法》第二十五条。

第一百六十二条　证券服务机构应当妥善保存客户委托文件、核查和验证资料、工作底稿以及与质量控制、内部管理、业务经营有关的信息和资料，任何人不得泄露、隐匿、伪造、篡改或者毁损。上述信息和资料的保存期限不得少于十年，自业务委托结束之日起算。

条文主旨

本条是关于证券服务机构及其从业人员的保管义务的规定。

立法背景

本条是此次修改新增加的内容。

条文解读

为加强对证券服务机构的监管，根据本条的规定，会计师事务所、律师事务所以及从事证券投资咨询、资产评估、资信评级、财务顾问、信息技术系统服务的机构，应当妥善保存客户委托文件、核查和验证资料、工作底稿以及与质量控制、内部管理、业务经营有关的信息和资料。对于所保存的客户委托文件、核查和验证资料、工作底稿以及与质量控制、内部管理、业务经营有关的信息和资料，证券服务机构的任何人不得泄露、隐匿、伪造、篡改或者毁损。客户委托文件、核查和验证资料、工作底稿以及与质量控制、内部管理、业务经营有关的信息和资料的保存期限不得少于10年，自业务委托结束之日起算。

妥善保存本条所规定的客户的信息和资料是证券服务机构的法定义务，未按照本条规定履行保管义务的证券服务机构，应当承担相应的法律责任。根据本法第二百一十四条的规定，证券服务机构未按照规定保存有关文件和资料的，责令改正，给予警告，并处以10万元以上100万元以下的罚款；泄露、隐匿、伪造、篡改或者毁损有关文件和资料的，给予警告，并处以20万元以上200万元以下的罚款；情节严重的，处以50万元以上500万元以下的罚款，并处暂停、撤销相关业务许可或者禁止从事相关业务。对直接负责的主管人员和其他直接责任人员给予警告，并处以10万元以上100万元以下的罚款。

相关规定

《中华人民共和国证券法》第二百一十四条。

第一百六十三条 **证券服务机构为证券的发行、上市、交易等证券业务活动制作、出具审计报告及其他鉴证报告、资产评估报告、财务顾问报告、资信评级报告或者法律意见书等文件，应当勤勉尽责，对所依据的文件资料内容的真实性、准确性、完整性进行核查和验证。其制作、出具的文件有虚假记载、误导性陈述或者重大遗漏，给他人造成损失的，应当与委托人承担连带赔偿责任，但是能够证明自己没有过错的除外。**

条文主旨

本条是关于证券服务机构的义务和责任的规定。

立法背景

本条基本保留了原证券法第一百七十三条的内容，在“审计报告”后增加了“及其他鉴证报告”，同时，将证券机构与“发行人、上市公司”承担连带赔偿责任变更为与“委托人”承担连带责任。

条文解读

一、证券服务机构为证券的发行、上市、交易等证券业务活动制作、出具审计报告及其他鉴证报告、资产评估报告、财务顾问报告、资信评级报告或者法律意见书等文件应履行的义务

1. 勤勉义务。证券服务机构在提供证券服务业务时应当忠实地履行自己的职责，不得有违法和违规行为。

2. 核查和验证义务。证券服务机构在提供证券服务时，应当建立核查和验证制度，对其制作、出具文件所依据的文件资料内容的真实性、准确性、完整性进行核查和验证，避免其制作、出具的文件有虚假记载、误导性陈述或者重大遗漏。

二、证券服务机构制作、出具有虚假记载、误导性陈述或者重大遗漏的文件的法律责任

证券服务机构制作和出具的证券服务性文件有虚假记载、误导性陈述或者重大遗漏，给买卖接受服务的证券的人造成损失，应当与证券发行人、上市公司共同承担连带赔偿责任，除非证券服务机构能够证明自己没有过错。在证券服务机构应当对提供的证券服务承担连带责任时，受害人可以向证券服务机构提出请求赔偿损失的要求，也可以直接向发行人、上市公司提出赔偿请求，还可以同时向二者提出赔偿请求。

第十一章　证券业协会

第一百六十四条　证券业协会是证券业的自律性组织，是社会团体法人。

证券公司应当加入证券业协会。

证券业协会的权力机构为全体会员组成的会员大会。

条文主旨

本条是关于证券业协会的特点和权力机构的规定。

立法背景

本条是原证券法第一百七十四条的内容，未作修改。

条文解读

一、证券业协会的特点

根据本条第一款的规定，证券业协会具有以下特点：

1. 证券业协会是社会团体法人。所谓法人，根据民法总则第五十七条的规定，是指具有民事权利能力和民事行为能力，依法独立享有民事权利和承担民事义务的组织。根据民法总则第七十六条和第八十七条的规定，法人可以分为：营利法人和非营利法人。营利法人包括有限责任公司、股份有限公司和其他企业法人等；非营利法人包括事业单位、社会团体、基金会、社会服务机构等。证券业协会属于社会团体法人。

这里需要特别指出两点：第一，社会团体法人成立必须具备一定的条件，不具备条件的不得成立。根据民法总则的规定，社会团体法人应当具备下述条件：一是依法成立；具备法人条件，基于会员共同意愿，为公益目的或者会员共同利益等非营利目的设立的社会团体，经依法登记成立，取得社会团体法人资格，依法不需要办理法人登记的，从成立之日起，具有社会团体法人资格；二是有必要的财产或者经费；三是有自己的名称、组织机构和场所；四是能够独立承担民事责任。社会团体法人的成立须符合上述条件，证券业协会的成立也不例外，必须符合上述条件。第二，作为社会团体法人的证券业协会成立除符合民法总则和证券法的规定以外，还必须符合有关法律、行政法规及规章制度的规定，如《社会团体登记管理条例》的规定。

2. 证券业协会是自律性组织。所谓自律，是指由协会会员通过订立章程对协会进行自我管理自我约束。

3. 证券业协会会员。关于成为证券业协会会员，通行的做法有两种：一种是自愿入会，即是否加入证券业协会由会员自己决定。美国采取这种做法。另一种是强制入会，即不论会员是否同意，法律规定必须入会。

本条第二款规定，证券公司必须加入证券业协会，即对证券公司实行强制入会制度，证券公司以外的其他会员属于自愿入会。可见我国证券法采取的是自愿入会与强制入会相结合的办法。

二、证券业协会的权力机构

本条第三款规定，证券业协会的权力机构为由全体会员组成的会员大会。根据民法总则第九十一条第二款的规定，社会团体法人应当设会员大会或者会员代表大会等权力机构。所谓权力机构，是指证券业协会中有权决定协会的重大问题的内部机构，即全体会员组成的会员大会。根据中国证券业协会章程的规定，会员大会的职权是：制定和修改章程；审议理事会工作报告和财务报告；审议监事会工作报告；选举和罢免会员理事、监事；决定会费收缴标准；决定协会的合并、分立、终止；决定其他应由会员大会审议的事项。

相关规定

《中华人民共和国民法总则》第五十七条、第七十六条、第八十七条、第九十条、第九十一条；《中华人民共和国证券法》第一百六十六条。

第一百六十五条　证券业协会章程由会员大会制定，并报国务院证券监督管理机构备案。

条文主旨

本条是关于证券业协会章程的规定。

立法背景

本条沿袭原证券法第一百七十五条的内容，未作修改。

条文解读

一、制定证券业协会章程

根据民法总则第九十一条第一款的规定，设立社会团体法人应当依法制定法人章程。作为社会团体法人的证券业协会应当依法制定协会章程。

所谓证券业协会章程，是指由证券业协会的会员大会制定的对所有会员具有约束力的会员之间的一个协议。可以将该协议称为会员的守则、规则等。章程一般应载明下列事项：

1. 协会的名称和住所。所谓名称，是指一个市场主体区别于其他市场主体的符号。所谓住所，是指协会的主要办事机构所在地。

2. 协会的宗旨和职责。所谓协会的宗旨，是指成立协会的基本目的。所谓协会的职责，是指协会对内对外的职权和责任。除本法第一百六十六条规定的法定职责外，证券业协会还可以在章程中规定具体职责，例如：（1）制定证券业执业标准和业务规范，对会员及其从业人员进行自律管理；（2）负责证券业从业人员资格考试、执业注册；（3）负责组织证券公司高级管理人员、保荐代表人及其他特定岗位专业人员的资质测试或胜任能力考试；（4）负责对首次公开发行股票网下投资者进行注册和自律管理；（5）负责非公开发行公司债券事后备案和自律管理；（6）负责场外证券业务事后备案和自律管理。

3. 协会的领导机构及其产生办法、任期。协会的领导机构是指高级管理机构，如理事会、监事会等；产生办法是指理事会、监事会是如何成立的，其人员是如何产生的，如理事会成员应有几个人，理事长如何产生等。任期是指领导机构的成员的任职期限。

4. 协会的活动规则。如何时召开会员大会、大会由谁召集、会员大会如何作出决议等。

5. 协会会员的权利和义务，对协会会员的纪律处分。例如，根据中国证券业协会章程规定，会员享有下列权利：（1）法定会员和普通会员享有选举权、被选举权和审议权、表决权，特别会员享有审议权、表决权；（2）要求协会维护其合法权益不受损害的权利；（3）通过协会向有关部门反映意见和建议的权利；（4）对协会给予的纪律处分有听证、陈述和申辩的权利；（5）参加协会举办的活动和获得协会服务的权利；（6）对协会工作的批评、建议和监督权；（7）会员大会决议规定的其他权利。

会员履行下列义务：（1）遵守协会的章程、自律规则、行业标准和业务规范；（2）执行协会的决议；（3）维护协会的声誉；（4）积极参加协会组织的活动，完成协会交办的工作；（5）向协会反映情况，按规定提供有关资料；（6）按规定交纳会费；（7）服从协会的监督与管理，接受协会的检查与协调；（8）会员大会决议规定的其他义务。

6. 协会的经费及管理。一般应包括：经费的来源、开支，由什么机构进行管理等。比如，根据中国证券业协会章程的规定，协会经费来源包括：（1）会费；（2）政府资助、社会捐赠；（3）在核准的业务范围内开展活动或提供服务的收入；（4）利息收入；（5）其他合法收入。协会经费必须用于本章程规定的业务范围和事业发展，不在会员中分配。协会经费开支一般包括：（1）组织各项活动、会议的经费；（2）编辑、印刷有关资料、刊物的经费；（3）常设办公机构的办公经费及其他经费开支；（4）拨付协会下设机构经费；（5）对本行业及协会工作做出特殊贡献的团体、个人的奖励；（6）其他正当开支。

7. 其他事项。即其他涉及协会自律管理的事项。

二、证券业协会章程报备案制度

根据本条规定，证券业协会制定协会章程应当报国务院证券监督管理机构备案。这一规定便于国务院证券监督管理机构的指导和监督。

相关规定

《中华人民共和国民法总则》第九十一条。

第一百六十六条　证券业协会履行下列职责：

（一）教育和组织会员及其从业人员遵守证券法律、

行政法规，组织开展证券行业诚信建设，督促证券行业履行社会责任；

（二）依法维护会员的合法权益，向证券监督管理机构反映会员的建议和要求；

（三）督促会员开展投资者教育和保护活动，维护投资者合法权益；

（四）制定和实施证券行业自律规则，监督、检查会员及其从业人员行为，对违反法律、行政法规、自律规则或者协会章程的，按照规定给予纪律处分或者实施其他自律管理措施；

（五）制定证券行业业务规范，组织从业人员的业务培训；

（六）组织会员就证券行业的发展、运作及有关内容进行研究，收集整理、发布证券相关信息，提供会员服务，组织行业交流，引导行业创新发展；

（七）对会员之间、会员与客户之间发生的证券业务纠纷进行调解；

（八）证券业协会章程规定的其他职责。

条文主旨

本条是关于证券业协会职责的规定。

立法背景

本条对原证券法第一百七十六条作了部分修改。

条文解读

根据本条规定，证券业协会履行下列职责：

1. 教育和组织会员及其从业人员遵守证券法律、行政法规，组织开展证券行业诚信建设，督促证券行业履行社会责任。证券法律、行政法规是维护证券市场秩序，保障证券交易参与人的合法权益，促进证券市场健康发展的根本保证。证券业协会作为证券业的自律性组织，有义务、有责任组织会员及其从业人员学习证券法律、行政法规，并教育、督促会员及其从业人员贯彻、遵守证券法律、行政法规。

此次修改在第一项中新增加了组织开展证券行业诚信建设，督促证券行业履行社会责任的职责。诚信是证券企业及其从业人员的基本道德规范，是证券行业良好运行的基础，一个健康的证券市场一刻也离不开诚信。因此，证券业协会应当组织开展证券行业诚信建设，对证券企业及其从业人员开展诚信道德教育，强化诚信道德观念和意识，增强证券行业诚实守信的自觉性。所谓社会责任，是指证券行业的企业对社会应负的责任，它主要是道德层面上的要求，是出于社会义务的自愿行为。证券业协会应当积极督促证券行业履行社会责任。实践中，中国证券业协会自2011年起，每年编制并发布的《证券公司履行社会责任情况报告》，对于督促证券企业提升履行社会责任能力发挥了积极作用。

2. 依法维护会员的合法权益，向证券监督管理机构反映会员的建议和要求。本项职责是指当会员的合法权益受到侵害时，证券业协会应当根据法律、行政法规的规定来维护会员的合法权益，也可以向证券监督管理机构反映，或将会员提出的合法合理的有关证券业发展的建议和要求向证券监督管理机构反映。

3. 督促会员开展投资者教育和保护活动，维护投资者合法权益。本项职责是此次修改新增加的内容，旨在要求证券业协会在教育、保护投资者，维护投资者合法权益方面发挥积极作用。一方面，证券业协会要督促会员开展投资者教育活动，即督促证券经营机构建立完善相关管理机制和制度流程，面向投资者开展宣传证券政策法规、普及证券知识、传导理性投资理念、揭示投资风险、引导依法维权等活动；另一方面，要督促、引导会员有效落实适当性管理要求，建立健全投资者保护内部工作机制，预警潜在风险，有效维护投资者资金安全，认真回应投资者诉求，切实维护投资者合法权益。

4. 制定和实施证券行业自律规则，监督、检查会员及其从业人员行为，对违反法律、行政法规、自律规则或者协会章程的，按照规定给予纪律处分或者实施其他自律管理措施。本项职责是将原证券法第一百七十六条第四项和第七项合并后修改形成的，包括两层含义：一是证券业协会有权制定和实施证券行业自律规则，如会员管理办法、证券业从业人员执业行为准则、证券经营机构投资者教育工作指引等；二是证券行业协会有权监督、检查会员及其从业人员从事证券业务的行为，发现或者得知会员及其从业人员有违反法律、行政法规、自律规则或者协会章程的，按照规定给予纪律处分或者实施其他自律管理措施。纪律处分是协会针对较重违规行为采取的自律措施。自律管理措施是协会针对较轻违规行为采取的自律措施。一般来说，对会员实施的自律管理措施包括：（1）谈话提醒；（2）要求提交书面承诺；（3）要求参加强化培训；（4）警示；（5）责令改正；（6）责令进行合规检查；（7）暂不接受备案或注册。对从业人员实施的自律管理措施包括：（1）谈话提醒；（2）要求提交书面承诺；（3）要求参加强化培训；（4）警示；（5）责令改正；（6）责令所在机构给予处理。

需要强调的是，证券业协会实施自律措施应当遵循以下原则：（1）惩教结合。坚持宽严相济、惩戒与教育相结合，引导督促自律管理对象自我纠正、自我完善、自我提高。（2）依据正确。实施自律措施应当以公布的授权规定或协会自律规则为依据。没有依据的，不得实施自律措施。（3）程序规范。严格遵守相关程序规定，保障自律管理对象享有和行使陈述、申辩、听证、复议等权利。（4）归责适当。合理区分个人责任与机构责任，主要责任与次要责任，直接责任与管理责任、监督责任，做到归责适当。（5）过罚相当。坚持实事求是、依法依规、客观公正，综合考量违规性质、危害后果、社会影响、过错程度等主客观因素，做到事实清楚、证据确凿、过罚相当。

5. 制定证券行业业务规范，组织从业人员的业务培训。制定证券行业业务规范，是指证券业协会针对证券行业的业务活动所制定的专门规定，可以是制定证券服务标准，也可以是制定行为指引；如证券公司柜台交易业务规范、证券公司全面风险管理规范，证券公司金融衍生品柜台交易业务规范、证券公司投资者适当性制度指引等。

组织从业人员的业务培训，是指证券业协会组织会员单位的从业人员进行业务培训，培训应当包括政策法规的培训和专业技术知识的培训。

6. 组织会员就证券行业的发展、运作及有关内容进行研究，收集整理、发布证券相关信息，提供会员服务，组织行业交流，引导行业创新发展。此项职责包括以下几层含义：一是证券业协会组织自己的会员就证券业的发展、运作及有关内容进行讨论研究。二是证券业协会收集整理、发布证券相关信息，为会员提供服务。三是证券业协会定期或不定期地组织证券行业交流，以推广、交流行业先进经验和管理方法等最新成果，引导证券行业的创新发展。

7. 对会员之间、会员与客户之间发生的证券业务纠纷进行调解。本项职责是指证券业协会会员之间、会员与客户之间发生纠纷后，证券业协会根据法律、行政法规的规定，对纠纷各方所进行的民间性调解。该调解只是民间性的，如果对于调解结果不满意，则纠纷各方均可以依法提起诉讼或者仲裁。

8. 证券业协会章程规定的其他职责。除上述 7 项职责外，证券业协会可以根据证券业协会的任务与宗旨、会员的要求和决定以及证券市场发展的实际情况和需要，通过制定协会章程赋予协会其他自律管理、自我服务职责。

第一百六十七条　证券业协会设理事会。理事会成员依章程的规定由选举产生。

条文主旨

本条是关于证券业协会理事会的规定。

立法背景

本条是原证券法第一百七十七条的内容，未作修改。

条文解读

根据民法总则第九十一条的规定，社会团体法人应当设理事会等执行机构。本法进一步明确规定，证券业协会设理事会。理事会成员依章程的规定由选举产生。

理事会成员依章程的规定由选举产生。这是一个授权性规定，协会章程中应对此作出具体的规定，包括：理事会成员的人数，选举产生的程序（如是经多数同意产生，还是经三分之二或者四分之三以上的会员同意产生等）等内容。实践中，根据中国证券业协会章程，理事会的相关规则如下：

理事会是会员大会的执行机构，在会员大会闭会期间领导协会开展日常工作，对会员大会负责。理事会由会员理事和非会员理事组成。会员理事由会员单位推荐，经会员大会选举产生。非会员理事由中国证监会委派。非会员理事不超过理事总数的五分之一。理事任期 4 年，可连选连任。协会因特殊情况确需提前或延期换届的，须由理事会表决通过，报中国证监会审查并经民政部批准同意，但延期换届最长不超过 1 年。理事会每年至少召开一次会议；既可采用现场方式，也可采用视频或其他通信方式召开。常务理事会认为有必要或 1/3 以上理事联名提议时，可召开理事会临时会议。理事会会议须有 2/3 以上理事出席，其决议须经到会理事 2/3 以上表决通过。

相关规定

《中华人民共和国民法总则》第九十一条。

第十二章　证券监督管理机构

第一百六十八条　国务院证券监督管理机构依法对证券市场实行监督管理，维护证券市场公开、公平、公正，防范系统性风险，维护投资者合法权益，促进证券市场健康发展。

条文主旨

本条是关于国务院证券监督管理机构基本职能和主要任务的规定。

立法背景

本条对原证券法第一百七十八条的内容进行了完善，将原来的表述“维护证券市场秩序，保障其合法运行”改为“维护证券市场公开、公平、公正，防范系统性风险，维护投资者合法权益，促进证券市场健康发展”。

条文解读

证券市场是商品经济、信用经济高度发展的产物，是市场经济的一种高级组织形态，证券价格具有很大的波动性、不确定性。因此，证券市场是一个高风险的市场，这种风险一旦发生，就会对社会、经济造成较大的冲击和破坏力。为了防范证券风险的发生，就需要加强对证券市场的监管。同时，证券市场中又存在着多个利益主体，筹资者与投资者、上市公司与股东、证券公司与客户等之间有着各自不同的利益，存在着种种矛盾和冲突，这就需要有一个权威、高效的机构来规范各个主体的行为。从我国的实际情况出发，为了使证券市场能够公平、公正、高效地运转，更好地保护投资者的合法权益，本法在总则中确立了集中统一监管的原则，规定国务院证券监督管理机构依法对全国证券市场实行集中统一监督管理（第七条）。本条又进一步规定了国务院证券监督管理机构的基本职能和主要任务。

一、国务院证券监督管理机构的基本职能

证券市场需要进行强有力监管的现实状况，决定了我国应当设置专门的监管机构，来实现对证券市场的有效监管。为此，国家设置了国务院证券监督管理机构，其职能是依法对证券市场实行监管。国务院证券监督管理机构依照法律赋予的权力范围，履行法律规定的监督管理职责，对证券发行、交易的各个环节进行监督和管理。国务院证券监督管理机构指的是中国证券监督管理委员会，它是国务院直属事业单位，依照有关法律法规和国务院授权，统一对全国证券市场实行监督管理。为了切实有效地对全国证券市场进行监督管理，目前，中国证监会还在省、自治区、直辖市和计划单列市设立了36个证券监管局以及上海、深圳证券监管专员办事处，其作为派出机构，按照中国证监会的授权履行监督管理职责。

二、国务院证券监督管理机构的主要任务

根据本条的规定，国务院证券监督管理机构的根本任务是维护证券市场公开、公平、公正，防范系统性风险，维护投资者合法权益，促进证券市场健康发展。

1. 维护证券市场公开、公平、公正。公开性，要求证券市场的运作和有关信息公开化。公平性，要求证券市场的所有参与者具有平等的法律地位，合法权益能得到公平的保护。公正性，要求证券监管部门依法履职，对一切被监管对象给予公正对待，做到法律面前人人平等，确保证券市场拥有公正的交易环境。“公开、公平、公正”是证券市场健康发展的基石，是维护证券市场正常秩序、促进证券市场持续健康发展的必然要求，因此，国务院证券监督管理机构的首要任务就是维护证券市场公开、公平、公正。

2. 防范系统性风险。证券市场是高风险的市场，有些风险一旦处理不当，就会“牵一发而动全身”，可能迅速传导，在金融体系内产生连锁反应，还可能对实体经济产生重大影响，甚至引发系统性风险，危及国家经济安全和社会稳定。证券市场的稳定，关系到国家金融安全、经济发展和社会稳定。各国都把风险防范作为证券监管的重要目标。因此，防范系统性风险，应当是国务院证券监督管理机构的重要任务。

3. 维护投资者合法权益。随着我国证券市场快速发展，投资者队伍不断扩大，其中中小投资者占绝大多数，为我国证券市场的发展作出了巨大的贡献。与国外相对成熟的证券市场相比，我国证券市场总体上还处于“新型加转轨”时期，结构还有待进一步完善，市场投机性表现较为明显，投资者保护方面还存在一些短板。历史和实践充分证明，证券市场要发展，必须取信于投资者，必须切实保护投资者的合法权益。国务院证券监督管理机构应当把维护投资者合法权益作为重点任务之一。一方面，对于侵害投资者合法权益的证券违法违规行为，要坚决依法处罚；另一方面，在日常工作中，要建立维护投资者合法权益的长效机制，切实维护投资者合法权益。

4. 促进证券市场健康发展。证券市场是市场经济发展的一个重要的组成部分。证券市场在我国经济社会发展中发挥的作用越来越大，健康的证券市场有利于促进我国社会主义市场经济持续繁荣发展。国务院证券监督管理机构应当依法监管，保障证券发行、证券交易活动依法进行，维护“公开、公平、公正”原则，保障证券发行、证券交易活动依法进行，进一步规范市场参与者的行为，从而促进我国的证券市场健康有序地发展。

相关规定

《中华人民共和国证券法》第七条。

第一百六十九条 国务院证券监督管理机构在对证券市场实施监督管理中履行下列职责：

（一）依法制定有关证券市场监督管理的规章、规则，并依法进行审批、核准、注册，办理备案；

（二）依法对证券的发行、上市、交易、登记、存管、结算等行为，进行监督管理；

（三）依法对证券发行人、证券公司、证券服务机构、证券交易场所、证券登记结算机构的证券业务活动，进行监督管理；

（四）依法制定从事证券业务人员的行为准则，并监督实施；

（五）依法监督检查证券发行、上市、交易的信息披露；

（六）依法对证券业协会的自律管理活动进行指导和监督；

（七）依法监测并防范、处置证券市场风险；

（八）依法开展投资者教育；

（九）依法对证券违法行为进行查处；

（十）法律、行政法规规定的其他职责。

条文主旨

本条是关于国务院证券监督管理机构职责的规定。

立法背景

本条对原证券法第一百七十九条的内容进行了修改完善。

条文解读

根据本条的规定，国务院证券监督管理机构履行下列职责：

一、依法制定有关证券市场监督管理的规章、规则，并依法进行审批、核准、注册，办理备案

（一）依法制定有关证券市场监督管理的规章、规则

健全的法律制度和规则体系，是建立健康有序的证券市场的基础，没有健全的法律制度和规则体系，证券市场只能处于混乱无序的状态，无法健康有序地发展。由于证券市场参与者多、投机性强、敏感度高，是一个高风险的市场，而且证券市场的风险又具有突发性强、影响面广、传导速度快的特点，因此，证券市场要求相关规范能够对市场作出快速反应，以便证券监督管理机构能够依法对证券市场的各种行为进行监督管理。为了保证国家有健全的法律制度来规范证券市场，本条授权国务院证券监督管理机构依照法律及行政法规的规定，制定有关证券市场监督管理的规章、规则。

（二）依法进行审批、核准、注册，办理备案

本条授权国务院证券监督管理机构依照法律及行政法规的规定进行审批、核准、注册，办理备案。

1. 依法进行审批的事项。国务院证券监督管理机构依据本法规定有权对下列事项进行依法审查，予以“批准”或不予

“批准”：(1) 证券交易所章程的制定和修改；(2) 证券在证券交易所上市交易采用公开的集中交易方式以外的其他方式；(3) 设立证券公司、以证券公司的名义开展证券业务活动；(4) 设立证券登记结算机构；(5) 证券登记结算机构履行其他业务；(6) 证券登记结算机构依法制定章程和业务规则；(7) 证券登记结算机构申请解散。

2. 依法进行核准的事项。国务院证券监督管理机构依据本法规定有权对以下事项进行核准：(1) 证券公司经营业务核准；(2) 证券公司变更证券业务范围，变更主要股东或者公司的实际控制人，合并、分立、停业、解散、破产，应当经核准；(3) 从事证券投资咨询服务业务，应当经核准。

3. 依法进行注册的事项。主要是证券公开发行注册。依据本法第九条的规定，公开发行证券，应当符合法律、行政法规规定的条件，并经国务院证券监督管理机构或者国务院授权的部门注册。

4. 依法办理备案的事项。依据本法，下列事项应当向国务院证券监督管理机构备案：(1) 公开发行股票，代销、包销期限届满，发行人应当在规定的期限内将股票发行情况报国务院证券监督管理机构备案；(2) 证券交易所决定终止证券上市交易的，应当及时公告，并报国务院证券监督管理机构备案；(3) 证券公司任免董事、监事、高级管理人员，应当报国务院证券监督管理机构备案；(4) 从事证券投资咨询服务以外的其他证券服务业务，应当报国务院证券监督管理机构和国务院有关主管部门备案；(5) 证券业协会章程应当报国务院证券监督管理机构备案。

二、依法对证券的发行、上市、交易、登记、存管、结算等行为，进行监督管理

国务院证券监督管理机构依法进行审批、核准、注册，办理备案的过程，就是依法对证券市场进行监督管理的过程。除此之外，国务院证券监督管理机构还通过法定程序，依法对证券的发行、上市、交易、登记、存管、结算等行为，进行其他形式的监督管理。

三、依法对证券发行人、证券公司、证券服务机构、证券交易场所、证券登记结算机构的证券业务活动，进行监督管理

国务院证券监督管理机构在依法对证券的发行、交易、登记、存管、结算进行监督管理的过程中，同时对有关主体，即证券发行人、证券公司、证券交易场所、证券登记结算机构，以及会计师事务所、律师事务所和从事证券投资咨询、资产评估、资信评级、财务顾问、信息技术系统服务的证券服务机构所进行的证券业务活动，进行监督管理。

四、依法制定从事证券业务人员的行为准则，并监督实施

证券公司、证券交易场所、证券登记结算机构，以及会计师事务所、律师事务所和从事证券投资咨询、资产评估、资信评级、财务顾问、信息技术系统服务的证券服务机构进行证券业务活动，其业务人员不仅需要具备从事相关业务活动所需的专业知识和技能，而且应当遵守一定的行为准则，以使证券市场能够高效有序地运行。国务院证券监督管理机构的职责之一就是依法制定从事证券业务人员的行为准则，并监督实施。例如，2018 年 6 月，中国证监会颁布了《证券期货经营机构及其工作人员廉洁从业规定》，要求证券期货经营机构及其工作人员在开展证券期货业务及相关活动中，严格遵守法律法规、中国证监会的规定和行业自律规则，遵守社会公德、商业道德、职业道德和行为规范，公平竞争，合规经营，忠实勤勉，诚实守信，不直接或者间接向他人输送不正当利益或者谋取不正当利益。

五、依法监督检查证券发行、上市、交易的信息披露

保护投资者利益是证券市场监督管理的核心任务。保护投资者的利益，关键是要建立起公平合理的市场环境，为投资者提供平等的交易机会和获取信息的机会，使投资者能够在公平的基础上，自主地决定交易行为。因此，建立和维护证券市场的公开、公平、公正原则，是保护投资者合法利益不受侵犯的基本原则，也是保护投资者利益的基础。而公开原则的核心要求是实现市场信息的公开化，即要求市场具有足够的透明度。公开原则既要求在证券发行、上市时依法公开有关的信息，又要求在证券发行、上市后依法持续披露有关的信息。为保证证券发行、上市和交易的信息披露做到及时、真实、准确，国务院证券监督管理机构负有依法监督检查证券发行、上市和交易的信息披露的职责。

六、依法对证券业协会的自律管理活动进行指导和监督

证券业协会是证券业的自律性组织，依法履行自我管理、自我教育以及为会员服务的各种法定的职责。证券市场的健康发展，不仅离不开国务院证券监督管理机构的监督管理，而且也离不开证券业协会的行业自律管理。为了更好地发挥证券业协会的自律管理作用，促使其合法、有效地履行职责，本条规定国务院证券监督管理机构依法对证券业协会的自律管理活动进行指导和监督。

七、依法监测并防范、处置证券市场风险

本项职责是此次修改新增加的内容。证券市场是商品经济高度发展的产物，也是高风险的市场，历来被视为“国民经济的晴雨表”。宏观经济形势的变化，财政、货币政策的调整，国际局势的变化，汇率的波动等，都会引起证券市场的波动。因此，防范、化解证券市场风险是我国证券监管的长期任务。本条明确授权国务院证券监督管理机构依照本法和其他法律、行政法规的规定监测并防范、处置证券市场风险。具体来说，一是要建立一套科学的风险监测体系，对证券市场风险进行监测，以便及时捕捉到风险因素，并进行风险预警。二是要积极采取措施防范风险的发生。为防范证券市场风险，维护市场秩序，国务院证券监督管理机构可以采取责令改正、监管谈话、出具警示函等措施。三是当证券市场风险已经发生时，要及时采取有效措施处置证券市场风险，使广大投资者的损失降到最低。比如建立和完善市场退出机制和风险补偿机制。

八、依法开展投资者教育

本项职责是此次修改新增加的内容。我国证券市场投资者以中小投资者为主，保护中小投资者就是保护我国资本市场的未来。但很多中小投资者缺乏证券投资的专业知识和足够的风险意识，自我保护能力不强。此次修改的证券法突出强调投资者保护，特别是中小投资者权益保护这一主线，并围绕保护投资者权益进行了相关制度设计，赋予国务院证券监督管理机构依法开展投资者教育这一职责也是相关制度的一个组成部分。保护投资者权益首先要从开展投资者教育开始。国务院证券监督管理机构应当依法开展投资者教育，持续提高投资者特别是中小投资者的专业知识水平和风险防范意识，引导投资者正确认识资本市场，坚持长期投资、价值投资、理性投资，为证券市场的长期稳定的健康发展奠定基础。

九、依法对证券违法行为进行查处

任何人违反证券市场监督管理的法律、行政法规，都应当承担相应的法律责任，包括民事责任、行政责任和刑事责任。在实践中，对于当事人是否违反证券市场监督管理的法律、行政法规，是否应当承担相应的法律责任等，需要有法定的机构去调查处理。国务院证券监督管理机构作为依法对全国证券市场进行集中统一监督管理的机构，有能力和条件对证券违法行为进行查处。为此，本条赋予国务院证券监督管理机构依法对违反证券市场监督管理法律、行政法规的行为进行查处的职责。当证券市场中发生了违反有关法律、行政法规的行为时，国务院证券监督管理机构不得视而不见或者故意推诿，而应当依照法定的权限和程序，及时进行调查，在查明事实真相的基础上，及时依法作出处理，以维护证券交易的正常秩序。

十、法律、行政法规规定的其他职责

为了有效地维护社会经济秩序和社会公共利益，保障证券市场的正常运行，除上述职责外，根据本条规定，国务院证券监督管理机构还应当履行法律、行政法规规定的其他职责。

相关规定

《中华人民共和国证券法》第九条、第十条、第十一条、第十二条、第十六条、第十八条、第二十条、第二十一条、第二十二条、第二十四条、第二十八条、第三十四条、第三十六条、第三十八条、第三十九条、第四十条、第四十四条、第四十五条、第四十八条、第五十一条、第六十一条、第六十三条、第六十八条、第七十一条、第七十三条、第七十六条、第七十七条、第七十八条、第七十九条、第八十条、第八十一条、第八十六条、第八十七条、第八十九条、第九十条、第九十二条、第九十九条、第一百零二条、第一百一十一条、第一百一十二条、第一百一十三条、第一百一十四条、第一百一十五条、第一百一十八条、第一百一十九条、第一百二十条、第一百二十一条、第一百二十二条、第一百二十三条、第一百二十四条、第一百二十七条、第一百三十八条、第一百三十九条、第一百四十条、第一百四十一条、第一百四十二条、第一百四十三条、第一百四十四条、第一百四十五条、第一百四十七条、第一百四十九条、第一百五十四条、第一百五十六条、第一百六十条、第一百六十五条。

第一百七十条 国务院证券监督管理机构依法履行职责，有权采取下列措施：

（一）对证券发行人、证券公司、证券服务机构、证券交易场所、证券登记结算机构进行现场检查；

（二）进入涉嫌违法行为发生场所调查取证；

（三）询问当事人和与被调查事件有关的单位和个人，要求其对与被调查事件有关的事项作出说明；或者要求其按照指定的方式报送与被调查事件有关的文件和资料；

（四）查阅、复制与被调查事件有关的财产权登记、通讯记录等文件和资料；

（五）查阅、复制当事人和与被调查事件有关的单位和个人的证券交易记录、登记过户记录、财务会计资料及其他相关文件和资料；对可能被转移、隐匿或者毁损的文件和资料，可以予以封存、扣押；

（六）查询当事人和与被调查事件有关的单位和个人的资金账户、证券账户、银行账户以及其他具有支付、托管、结算等功能的账户信息，可以对有关文件和资料进行复制；对有证据证明已经或者可能转移或者隐匿违法资金、证券等涉案财产或者隐匿、伪造、毁损重要证据的，经国务院证券监督管理机构主要负责人或者其授权的其他负责人批准，可以冻结或者查封，期限为六个月；因特殊原因需要延长的，每次延长期限不得超过三个月，冻结、查封期限最长不得超过二年；

（七）在调查操纵证券市场、内幕交易等重大证券违法行为时，经国务院证券监督管理机构主要负责人或者其授权的其他负责人批准，可以限制被调查的当事人的证券买卖，但限制的期限不得超过三个月；案情复杂的，可以延长三个月；

（八）通知出境入境管理机关依法阻止涉嫌违法人员、涉嫌违法单位的主管人员和其他直接责任人员出境。

为防范证券市场风险，维护市场秩序，国务院证券监督管理机构可以采取责令改正、监管谈话、出具警示函等措施。

条文主旨

本条是关于国务院证券监督管理机构有权采取有关措施的规定。

立法背景

本条对原证券法第一百八十条的内容进行了修改完善。

条文解读

一、依法履职有权采取的措施

国务院证券监督管理机构依法履行职责，有权采取的措施包括下列几项：

1. 现场检查。即对证券发行人、证券公司、证券服务机构、证券交易场所、证券登记结算机构进行现场检查。

现场检查是指国务院证券监督管理机构可以派检查人员进入发行人、证券公司、证券服务机构、证券交易场所、证券登记结算机构所在的场地，通过听取汇报、查验有关资料等方式进行实地检查。具体来说，可以对发行人、有关的公司和机构经营的合规性，如贯彻执行国家金融证券法律、法规、制度以及各项规定的情况进行检查；对发行人、有关的公司和机构经营的正常性进行检查；对发行人、有关的公司和机构经营的安全性进行检查，等等。

2. 调查取证。即进入涉嫌违法行为发生场所调查取证。

一旦有涉嫌违法的行为发生，国务院证券监督管理机构就需要在查明事实、了解事实真相的基础上确定该行为是否构成违法行为，如果构成违法行为，应当依法进行处罚。查明事实的重要途径之一是到涉嫌违法行为发生的场所进行调查取证，因此，本条规定国务院证券监督管理机构有权进入涉嫌违法行为发生的场所，对违法行为发生的情况、所造成的后果等进行调查，并获取有关的证据，以便为依法确认和处理有关的违法行为提供事实依据。需要强调的是，对于与涉嫌违法行为无关的场所，不得进入调查取证。

3. 询问有关的单位和人员。即询问当事人和与被调查事件有关的单位和个人，要求其对与被调查事件有关的事项作出说明；或者要求其按照指定的方式报送与被调查事件有关的文件和资料。国务院证券监督管理机构要了解事件的事实真相，就应当从各个角度进行调查，其中包括询问当事人和与被调查事件有关的单位和个人，要求他们对与被调查事件有关的事项作出说明，然后谨慎甄别去伪存真，真正做到作出的处理决定以事实为依据。此外，根据需要，还可以要求当事人和与被调查事件有关的单位和个人按照指定的方式报送与被调查事件有关的文件和资料。

4. 查阅、复制有关文件和资料。即查阅、复制与被调查事件有关的财产权登记、通讯记录等文件和资料。在证券市场，证券违法行为具有资金转移快、调查取证难、社会危害性大等特点，如果国务院证券监督管理机构没有必要的强制查处手段，就会对有效打击证券违法行为不利。为此，2005 年修改证券法时增加了国务院证券监督管理机构有权采取的措施，包括查阅、复制与被调查事件有关的财产权登记、通讯记录等资料。因为财产权登记文件和资料能够真实反映有关单位和人员的财产状况，而通讯记录能够反映有关当事人与他人的联系情况，据此能够查明其有关的活动。这里需要强调两点：第一，宪法第四十条规定："中华人民共和国公民的通信自由和通信秘密受法律的保护。除因国家安全或者追查刑事犯罪的需要，由公安机关或者检察机关依照法律规定的程序对通信进行检查外，任何组织或者个人不得以任何理由侵犯公民的通信自由和通信秘密。"因此，这里规定的查阅、复制与被调查事件有关的通讯记录，应当仅限于通信公司提供的通话时间、通话对象，而不包括有关的通信内容。第二，查阅、复制的文件和资料必须是与被调查事件有关的财产权登记、通讯记录等文件和资料，不得扩大查阅、复制文件和资料的范围。

5. 查阅、复制、封存、扣押有关文件和资料。即查阅、复制当事人和与被调查事件有关的单位和个人的证券交易记录、登记过户记录、财务会计资料及其他相关文件和资料；对可能被转移、隐匿或者毁损的文件和资料，可以予以封存、扣押。为了查明事实、保存证据，防止有关的单位和个人转移、隐匿、损毁有关的文件和资料，国务院证券监督管理机构有权查阅、复制当事人和与被调查事件有关的单位和个人的证券交易记录、登记过户记录、财务会计资料及其他相关文件和资料。通过查阅、复制这些文件和资料，可以掌握当事人是否实施了证券违法行为，其行为的性质、情节轻重、危害后果如何，从而能够为国务院证券监督管理机构作出处罚决定提供依据。此外，对有可能被有关的单位和个人转移到他处、可能被隐匿起来或者可能被销毁、损坏，使今后查找有困难的文件和资料，国务院证券监督管理机构有权将其封存、扣押。“扣押”是此次修改时新增加的措施。所谓封存，是指采取张贴封条或者其他必要措施，将相关文件和资料就地予以封存。所谓扣押，是指将相关文件和资料转移至他处予以扣留封存。这里需要指出的是，采取封存、扣押措施对当事人和与被调查事件有关的单位和个人的影响很大，国务院证券监督管理机构在决定采取这一措施时一定要慎重，必须在有一定证据的情况下才能采取这一措施。如果发现采取封存、扣押措施不当的，应当立即解除封存、扣押措施。封存、扣押的程序应当依照行政强制法的有关规定执行。

6. 查询并冻结、查封有关的账户。人们进行资金的往来、证券的买卖，必然通过其资金账户、证券账户。因此，查询有关的资金账户、证券账户和银行账户以及其他具有支付、托管、结算等功能的账户信息，可以比较容易地了解当事人的证券交易情况，发现违法行为。为此，本法赋予国务院证券监督管理机构查询当事人和与被调查事件有关的单位和个人的资金账户、证券账户和银行账户以及其他具有支付、托管、结算等功能的账户信息的权力，并可以对有关文件和资料进行复制。此外，对有证据证明已经或者可能转移或者隐匿违法资金、证券等涉案财产或者隐匿、伪造、毁损重要证据的，经国务院证券监督管理机构主要负责人或者其授权的其他负责人批准，可以冻结或者查封，期限为 6 个月；因特殊原因需要延长的，每次延长期限不得超过 3 个月，冻结、查封期限最长不得超过 2 年。冻结、查封的程序应当依照行政强制法的有关规定执行。

7. 依法限制被调查的当事人的证券买卖。即在调查操纵证券市场、内幕交易等重大证券违法行为时，经国务院证券监督管理机构主要负责人或者其授权的其他负责人批准，可以限制被调查的当事人的证券买卖，但限制的期限不得超过 3 个月；案情复杂的，可以延长 3 个月。

当事人在操纵证券市场、进行内幕交易时，可能会引起证券市场价格的巨大波动，如果任其继续买卖，将会严重破坏证券交易秩序。为此，本条授权在调查操纵证券市场、内幕交易等重大证券违法行为时，国务院证券监督管理机构可以依法限制被调查事件当事人的证券买卖。由于限制证券买卖是以行政权力干涉当事人的民事权利，会使当事人的利益受到较大的影响，本条对国务院证券监督管理机构限制被调查事件当事人证券买卖的权力，规定了严格的程序，即应当经国务院证券监督管理机构主要负责人或者其授权的其他负责人批准，并规定限制的期限一般不得超过 3 个月。如果案情复杂，在 3 个月内无法查明事实，需要延长限制时间的，可以延长 3 个月，即限制的期限最长可以达 6 个月。

8. 限制相关人员出境。即国务院证券监督管理机构有权通知出境入境管理机关依法阻止涉嫌违法人员、涉嫌违法单位的主管人员和其他直接责任人员出境。这项措施是此次修改时新增加的内容。所谓出境，根据出境入境管理法的规定，是指由中国内地前往其他国家或者地区，由中国内地前往我国香港特别行政区、澳门特别行政区，由中国大陆前往我国台湾地区。

二、为防范证券市场风险可以采取的措施

本条第二款规定，为防范证券市场风险，维护市场秩序，国务院证券监督管理机构可以采取责令改正、监管谈话、出具警示函等措施。这项措施是这次修改时新增加的内容。所谓责令改正，是指国务院证券监督管理机构可以责令证券违法违规行为人停止和纠正证券违法违规行为，以恢复原状，维持正常的秩序或状态的一种行政监管措施。所谓监管谈话，是指国务院证券监督管理机构可以对证券违规行为人或者涉嫌证券违规的行为人进行谈话规劝或者批评的一种行政监管措施。所谓出具警示函，是指国务院证券监督管理机构对出现证券违法违规事项的单位或者相关人员发出警示函予以警示、要求其进行整改或者停止不当行为的一种行政监管措施。需要强调的是，国务院证券监督管理机构采取上述措施，应当以防范证券市场风险，维护市场秩序为目的和出发点。

相关规定

《中华人民共和国行政强制法》；《中华人民共和国出境入境管理法》第十二条、第八十九条。

第一百七十一条 国务院证券监督管理机构对涉嫌证券违法的单位或者个人进行调查期间，被调查的当事人书面申请，承诺在国务院证券监督管理机构认可的期限内纠正涉嫌违法行为，赔偿有关投资者损失，消除损害或者不良影响的，国务院证券监督管理机构可以决定中止调查。被调查的当事人履行承诺的，国务院证券监督管理机构可以决定终止调查；被调查的当事人未履行承诺或者有国务院规定的其他情形的，应当恢复调查。具体办法由国务院规定。

国务院证券监督管理机构决定中止或者终止调查的，应当按照规定公开相关信息。

条文主旨

本条是关于涉嫌证券违法行为人承诺制度的规定。

立法背景

本条是此次修改新增加的内容。

条文解读

对涉嫌证券违法行为进行调查的目的主要不是处罚违法者，而是预防和制止证券违法行为，维护证券市场的正常运行，从而保护投资者利益。对证券监管机构而言，证券违法行为的调查取证困难，且一般较为复杂，研究分析结果具有较大的不确定性，是一项耗时长、成本高的工作，而且如果没有被调查的证券经营机构的配合，消除证券违法行为的后果也比较困难。对于被调查的涉嫌证券违法的当事人而言，一旦接受证券违法调查将有损其声誉，如果最终被认定为违反证券法，面临的严厉处罚更会对其证券经营活动造成不利影响。

为了鼓励、促使涉嫌证券违法行为的单位或者个人主动承认证券违法行为，降低调查成本，最大限度地消除证券违法行为的后果。一些国家和地区（如美国、德国、我国台湾地区）建立了证券监管和解制度，即证券监管机构通过与被监管者协商，就特定的被调查行为达成和解，以被监管者自愿的作为或者不作为代替行政处罚，从而终结案件调查的一种证券执法机制。本法根据我国证券监管的实际情况，并借鉴其他国家和地区的类似做法，在本条中设计了涉嫌证券违法行为人承诺制度，被调查的当事人书面申请，承诺在国务院证券监督管理机构认可的期限内纠正涉嫌违法行为，赔偿有关投资者损失，消除损害或者不良影响，以换取国务院证券监督管理机构的中止调查，从而获得一个多赢的结果。

具体制度设计可以从以下几个方面加以理解：

一、中止调查的情形

一般情况下，证券违法案件被正式受理后就会进入调查程序，并且要经过调查、审理、作出裁决才能结束。但调查多数情况下是一个漫长的过程，而且调查期间还可能出现一些情况变化影响调查。为了解决这个问题，本条规定，国务院证券监督管理机构对涉嫌证券违法的单位或者个人进行调查期间，被调查的当事人书面申请，承诺在国务院证券监督管理机构认可的期限内纠正涉嫌违法行为，赔偿有关投资者损失，消除损害或者不良影响的，国务院证券监督管理机构可以决定中止调查。因此，中止调查的实质要求包括：

第一，提出承诺申请的时间限制，是国务院证券监督管理机构对涉嫌证券违法的单位或者个人进行调查期间，即已经受理案件且调查正在进行中，尚未结束。

第二，提出承诺申请必须是自愿的，即由被调查的当事人自愿提出书面申请，也就是说，被调查的当事人不能是在受到胁迫或者违背其真实意愿的情况下提出申请。

第三，承诺采取的措施应当能够在国务院证券监督管理机构认可的合理期限内纠正涉嫌违法行为，赔偿有关投资者损失，消除损害或者不良影响。国务院证券监督管理机构接受承诺，一个重要的考虑就是在尽可能短的时间内将涉嫌证券违法行为的不良影响降到最低，因此，合理的期限是承诺制度的必要条件。

第四，执法机构有接受承诺的裁量权，即对于被调查的当事人的承诺，国务院证券监督管理机构没有必须接受的义务。从其他一些国家和地区的执法经验看，对于一些严重的证券违法行为，被调查的当事人往往希望通过承诺来避免或者延缓处罚，其结果可能使执法结果大打折扣。为了避免这种情况，本条的规定是“国务院证券监督管理机构可以决定中止调查”，即将是否接受承诺的判断权交由国务院证券监督管理机构裁量决定。如果接受承诺，就应当作出中止调查的决定，并在决定中载明承诺的具体内容；如果不接受承诺，调查继续进行。

二、终止调查的情形

在中止调查期间，国务院证券监督管理机构应该对被调查的当事人履行承诺的情况进行监督，视情况是否得到改善而决定采取进一步措施。如果被调查的当事人切实履行了承诺，即在国务院证券监督管理机构认可的期限内纠正了涉嫌违法行为，赔偿了有关投资者的损失，消除了损害或者不良影响，国务院证券监督管理机构可以作出终止调查，撤销案件的决定。此处的“可以”表明，决定终止调查属于国务院证券监督管理机构的自由裁量权，由其根据承诺履行情况和实际效果决定。如果国务院证券监督管理机构决定终止调查，应当作出终止调查的决定书，决定书应当载明被调查的当事人承诺的具体内容和其履行承诺的情况。

三、恢复调查的情形

在中止调查期间，被调查的当事人未履行承诺或者有国务院规定的其他情形的，应当恢复调查。也就是说，在两种情形下国务院证券监督管理机构应当立即作出撤销中止调查的决定并恢复调查程序：第一种情形是在中止调查期间，被调查的当事人未履行承诺，即未能在国务院证券监督管理机构认可的合理期限内纠正涉嫌违法行为，赔偿有关投资者损失，消除损害或者不良影响。“未履行”包括根本没有履行和未充分履行，后者的判断标准不仅应当考虑承诺规定的内容，还应当考虑履行承诺的实际效果。第二种情形是有国务院规定的其他情形，即授权国务院来规定恢复调查的其他情形。

需要强调的是，虽然本法设立了涉嫌证券违法行为人承诺制度，但对于其具体的运行规则并未作详细规定，而是授权国务院规定具体办法。

四、信息公开的要求

为了保证国务院证券监督管理机构证券执法活动的透明度和向公众公开信息，本条还规定，国务院证券监督管理机构决定中止或者终止调查的，应当按照规定公开相关信息。也就是说，要按照法律、行政法规、规章的规定，公开中止调查决定和终止调查决定的内容。

相关规定

《中华人民共和国立法法》第六十二条。

第一百七十二条　国务院证券监督管理机构依法履行职责，进行监督检查或者调查，其监督检查、调查的人员不得少于二人，并应当出示合法证件和监督检查、调查通知书或者其他执法文书。监督检查、调查的人员少于二人或者未出示合法证件和监督检查、调查通知书或者其他执法文书的，被检查、调查的单位和个人有权拒绝。

条文主旨

本条是关于国务院证券监督管理机构进行监督检查、调查时应当遵守的程序的规定。

立法背景

本条对原证券法第一百八十一条的内容进行了修改完善，在

"调查通知书"后加上了"或者其他执法文书"，在"被检查、调查的单位"后面加上了"和个人"。

条文解读

为了提高监管效能，本法赋予国务院证券监督管理机构较大的权力，包括准司法权。但是，如果权力不加以约束，就可能导致滥用。严格的程序就是约束权力的一种有效的方法。为此，本条规定了国务院证券监督管理机构依法履行职责，进行监督检查或者调查时应当遵守的程序。

一、监督检查、调查的人员不得少于二人

进行监督检查、调查的人员不得少于二人，是指国务院证券监督管理机构在进行监督检查或者调查时，实际到场进行监督检查、调查的工作人员，至少应当为二人或者在二人以上。本条规定监督检查、调查的人员不得少于二人，目的是使国务院证券监督管理机构的工作人员互相监督制约，保证其依法履行职责，防止一个人在没有监督制约的情况下滥用权力甚至做出违法犯罪的行为。

二、监督检查、调查的人员应当出示合法证件和监督检查、调查通知书或者其他执法文书

合法证件是指能证明国务院证券监督管理机构工作人员身份的文件，如工作证等。监督检查、调查通知书或者其他执法文书，是指国务院证券监督管理机构出具的、告知当事人有权对其进行监督检查、调查的书面文件。国务院证券监督管理机构工作人员依法履行职责，进行监督检查或者调查时，向当事人出示合法证件就是表明监督检查、调查人员是国务院证券监督管理机构的工作人员，同时也使有关的单位和人员明悉监督检查、调查人员的身份。向当事人出示监督检查、调查通知书或者其他执法文书，就是表明监督检查、调查人员是在依法履行职责，而不是个人随意的行为，他们有权对有关的单位和人员、有关的场所、有关的行为等进行监督检查、调查。为了防止他人假冒国务院证券监督管理机构工作人员，以监督检查、调查的方式非法获取有关信息或者进行其他侵害有关单位和个人合法权益的行为，也为了防止国务院证券监督管理机构工作人员擅自进行监督检查、调查，侵害有关单位和个人的合法权益，本条要求监督检查、调查的人员不仅应当出示合法证件，而且应当出示监督检查、调查通知书或者其他执法文书。

三、未依法定程序进行监督检查、调查，被检查、调查的单位和个人有权拒绝

依据本条规定，如果监督检查、调查的人员少于二人，或者进行监督检查、调查的人员不出示合法证件和监督检查、调查通知书或者其他执法文书，被检查、调查的单位和个人就可以拒绝对其进行的检查、调查，并且不会为此承担任何法律后果。

第一百七十三条　国务院证券监督管理机构依法履行职责，被检查、调查的单位和个人应当配合，如实提供有关文件和资料，不得拒绝、阻碍和隐瞒。

条文主旨

本条是关于被检查、调查的单位和个人负有配合义务的规定。

立法背景

本条沿袭了原证券法第一百八十三条的内容，未作修改。

条文解读

对当事人及有关的单位和个人进行检查和调查，是国务院证券监督管理机构在依法履行职责的过程中有权采取的措施。为了保证国务院证券监督管理机构检查和调查的顺利进行，本条规定被检查、调查的单位和个人负有配合检查、调查的义务。

一、被检查、调查的单位和个人应当配合

对于国务院证券监督管理机构依法进行的检查和调查，被检查、调查的单位和个人，应当主动进行配合，为国务院证券监督管理机构查明事实真相提供便利条件，接受询问调查，如实提供有关文件和资料，如证券交易记录、登记过户记录、财务会计资料等。

二、被检查、调查的单位和个人不得拒绝、阻碍和隐瞒

国务院证券监督管理机构依法进行检查、调查时，如果要求被检查、调查的单位和个人予以配合，如实提供有关文件和资料，被检查、调查的单位和个人不得以任何理由拒绝，不予提供；也不得采用暴力、威胁或者其他手段阻碍国务院证券监督管理机构行使职权，获得真实可靠的文件和资料；更不得对有关的文件和资料进行隐瞒，掩盖事实真相。被检查、调查的单位和个人不配合国务院证券监督管理机构依法履行职责的，应当依法承担相应的法律责任。根据本法第二百一十八条的规定，拒绝、阻碍证券监督管理机构及其工作人员依法行使监督检查、调查职权，由证券监督管理机构责令改正，处以 10 万元以上 100 万元以下的罚款，并由公安机关依法给予治安管理处罚。根据治安管理处罚法第五十条的规定，阻碍国家机关工作人员依法执行职务的，处警告或者 200 元以下罚款；情节严重的，处 5 日以上 10 日以下拘留，可以并处 500 元以下罚款。

相关规定

《中华人民共和国证券法》第二百一十八条；《中华人民共和国治安管理处罚法》第五十条。

第一百七十四条　国务院证券监督管理机构制定的规章、规则和监督管理工作制度应当依法公开。

国务院证券监督管理机构依据调查结果，对证券违法行为作出的处罚决定，应当公开。

条文主旨

本条是关于国务院证券监督管理机构规则依法公开和行政处罚决定公开的规定。

立法背景

本条对原证券法第一百八十四条的内容作了个别文字修改。

条文解读

一、规则应当依法公开

公开、公平、公正原则是证券市场的基本原则，而公开原则是公平、公正原则的前提。公开原则既要求证券发行、证券交易的有关信息公开，也要求和证券市场有关的行为规则公开，这样才能使证券市场的所有参与者都知晓并遵照执行，也才能使国务院证券监督管理机构的运行具有透明度，避免暗箱操作，防止各种证券违法行为的发生，保证证券市场能够健康、有效地运行。因此，根据本条规定，国务院证券监督管理机构依照宪法、法律、行政法规制定的规章、规则以及国务院证券监督管理机构本身的监督管理工作制度应当依法公开，不得秘而不宣。

二、行政处罚决定应当公开

国务院证券监督管理机构在对证券市场实施监督管理中，有依法对违反证券市场监督管理法律的行为进行查处的职责。国务院证券监督管理机构在履行其职责时，依据其调查结果，对证券违法行为依法作出处罚决定的，由于其处罚决定对当事人具有强制力，不仅会影响被处罚的当事人，也可能会影响投资人和其他利益相关方，甚至影响整个证券市场，使证券市场出现较大幅度的波动，因此只有处罚决定公开，才能确保行政决定的执行以及受到社会的监督。因此，本条第二款规定国务院证券监督管理机构依据调查结果，对证券违法行为作出的处罚决定，应当公开。

这一规定涉及国务院证券监督管理机构在行政执法中的行政公开，即在实施行政执法的过程中，除涉及国家秘密、个人隐私和商业秘密外，应当向行政相对人和社会公开的行政事项。行政公开是对行政权进行制约的有效途径。行政处罚决定公开是行政公开的重要内容之一。行政结果的公开，使得行政相对人可以维护自己的合法权益，社会公众可以对行政机关的行政执法进行有效监督。

相关规定

《中华人民共和国行政处罚法》第四条。

第一百七十五条　国务院证券监督管理机构应当与国务院其他金融监督管理机构建立监督管理信息共享机制。

国务院证券监督管理机构依法履行职责，进行监督检查或者调查时，有关部门应当予以配合。

条文主旨

本条是关于国务院证券监督管理机构与其他有关机构和部门的关系的规定。

立法背景

本条沿袭了原证券法第一百八十五条的内容，未作修改。

条文解读

一、国务院证券监督管理机构应当与国务院其他金融监督管理机构建立监督管理信息共享机制

证券市场是金融市场的组成部分。在金融市场上，各种金融活动之间紧密联系，相互影响。例如，当存款利率降低时，货币就会从银行账户流向证券市场；当股市下跌时，资金就会从股市转到货币市场。金融市场各类金融活动之间的紧密联系，也决定了金融市场上的各种违法活动不仅会损害违法活动所在的单一金融市场秩序，而且可能损害其他金融市场的正常秩序。这就需要各金融监督管理机构间互通信息，以防范和化解系统性金融风险。此外，资金、证券在各个金融市场间流动性较大，这也需要各个金融监督管理机构在发现金融违法活动后互通信息，互相配合，以查明有关违法活动的真实情况，并有效执行对违法单位和个人的判决、处罚决定。为了使各项金融监管政策相互协调，为金融机构创造公平竞争的环境，避免出现监管真空和重复监管的状况，降低监管成本，提高监管效率，从而使所有金融机构及其从事的金融业务都能得到持续有效的监管，保障金融业稳健运行和健康发展，本条要求国务院证券监督管理机构与国务院其他金融监督管理机构，如中国人民银行、中国银行保险监督管理委员会等，建立监督管理信息共享机制。各金融监督管理机构相互交流和沟通有关信息，一个金融监督管理机构在履行监督管理职责中所获得的监管信息，可以被其他金融监督管理机构获得。

对建立监督管理信息共享机制，其他有关法律也有相关的要求。例如，中国人民银行法第三十五条第二款规定，中国人民银行应当和国务院银行业监督管理机构、国务院其他金融监督管理机构建立监督管理信息共享机制。银行业监督管理法第六条规定，国务院银行业监督管理机构应当和中国人民银行、国务院其他金融监督管理机构建立监督管理信息共享机制。与上述相关法律相呼应，本条第一款规定，国务院证券监督管理机构应当与国务院其他金融监督管理机构建立监督管理信息共享机制。事实上，原银监会、证监会、原保监会曾通过《中国银行业监督管理委员会、中国证券监督管理委员会、中国保险监督管理委员会在金融监管方面分工合作的备忘录》建立了监督管理信息共享机制，2018 年政府机构改革，将原银监会和原保监会的职责整合，组建中国银行保险监督管理委员会。

二、有关部门应当配合国务院证券监督管理机构的监督检查、调查

本法虽然规定国务院证券监督管理机构有权依法进行监督检查和调查，但如果被检查、调查的当事人不予配合，国务院证券监督管理机构无权采取强制措施，此时就需要得到有关机关的协助和配合，才能使检查、调查工作顺利进行。为此，本条规定，国务院证券监督管理机构依法履行职责，进行监督检查或者调查时，有关部门如公安机关等，应当予以配合。

相关规定

《中华人民共和国人民银行法》第三十五条；《中华人民共和国银行业监督管理法》第六条。

第一百七十六条 对涉嫌证券违法、违规行为，任何单位和个人有权向国务院证券监督管理机构举报。

对涉嫌重大违法、违规行为的实名举报线索经查证属实的，国务院证券监督管理机构按照规定给予举报人奖励。

国务院证券监督管理机构应当对举报人的身份信息保密。

条文主旨

本条是关于涉嫌证券违法违规行为的举报制度的规定。

立法背景

本条是此次修改新增加的内容。

条文解读

一、单位和个人的举报权

我国证券市场规模庞大，交易频繁，参与主体数量众多且情况十分复杂，致使证券执法机关仅凭自身的人力、财力和物力资源难以及时发现和查处各种证券违法、违规行为。因此，有必要鼓励知情者对证券违法、违规行为进行举报。基于这种情况，本条明确赋予任何单位和个人对证券违法、违规行为的举报权利。通过知悉真相的单位和个人的举报，国务院证券监督管理机构可以及时发现证券违法违规行为线索，并迅速立案、开展调查和作出处理决定。这样一来，就可以大大提高和增强证券执法的效率和效果。本法没有对举报的形式加以限定，也就是说，举报人无论是采用书信方式，还是以电话、传真、电子邮件、即时通信工具、来访或委托他人转达等形式进行举报，国务院证券监督管理机构均应予以受理，不得拒绝。国务院证券监督管理机构应当设立举报信箱、举报电话等，创造方便知情人举报的条件，充分发挥社会监督的重要作用。

二、举报奖励制度

为了进一步加强对证券活动的社会监督，鼓励举报重大证券违法、违规行为，及时发现并排除证券市场的风险隐患，制止和惩处证券违法违规行为，本条第二款规定了举报奖励制度，即对涉嫌重大违法、违规行为的实名举报线索经查证属实的，国务院证券监督管理机构按照规定给予举报人奖励。这一举报制度的实施应满足以下几个条件：第一，举报奖励制度适用于涉嫌重大违法、违规行为的实名举报。第二，举报线索必须经查证确实属实，即被举报人确实存在证券重大违法、违规行为。建立举报奖励制度有几个好处：一是鼓励实名举报；二是对有证券违法、违规行为的单位和个人形成巨大威慑；三是举报人有动力去举报。

三、为举报人保密的义务

为了避免举报人因举报而遭受各种打击报复，达到保护举报人的目的，本法还规定了国务院证券监督管理机构的保密义务，即应当对举报人的身份信息予以保密。也就是说，国务院证券监督管理机构应当对提供重要线索、主要证据的举报人的身份信息予以保密，即对举报人的姓名、联系方式、工作单位、家庭住址、家庭成员情况等可以表明举报人身份的信息予以严格保密，切实保护举报人的人身安全和合法权利。

第一百七十七条 **国务院证券监督管理机构可以和其他国家或者地区的证券监督管理机构建立监督管理合作机制，实施跨境监督管理。**

境外证券监督管理机构不得在中华人民共和国境内

直接进行调查取证等活动。未经国务院证券监督管理机构和国务院有关主管部门同意，任何单位和个人不得擅自向境外提供与证券业务活动有关的文件和资料。

条文主旨

本条是关于国务院证券监督管理机构可以和其他国家或者地区建立监督管理合作机制的规定。

立法背景

本条将原证券法第一百七十九条第二款的内容予以保留作为第一款，同时增加了新的规定作为第二款，即“境外证券监督管理机构不得在中华人民共和国境内直接进行调查取证等活动。未经国务院证券监督管理机构和国务院有关主管部门同意，任何单位和个人不得擅自向境外提供与证券业务活动有关的文件和资料”。

条文解读

一、建立跨境监管合作机制

本条第一款规定：“国务院证券监督管理机构可以和其他国家或者地区的证券监督管理机构建立监督管理合作机制，实施跨境监督管理。”

在经济全球化的今天，国家和地区间的经济联系日益紧密，投资者跨境投资的行为也越来越多。投资者在跨境投资时，投资的范围不仅涉及工业、农业、贸易等行业，而且还涉及证券业。此外，随着我国资本市场双向开放的不断推进，跨境证券发行和证券交易活动日益增多，相应地，跨境证券欺诈、内幕交易等违法操纵证券市场的行为也日益增多。要想适应这些新情况，加强对跨境投资者在证券市场上进行的各种投资行为的监督管理，防范系统性风险问题，就需要不同国家和地区的证券监督管理机构进行合作。为此，本条规定国务院证券监督管理机构可以和其他国家或者地区的证券监督管理机构建立监督管理合作机制，实施跨境监督管理。

我国证券跨境监管合作已经有了一定的基础，早在 1994 年，国务院就颁布了《关于股份有限公司境外募集股份及上市的特别规定》，赋予中国证监会与境外证券监管机构签订谅解备忘录、开展跨境执法合作的权限。2005 年证券法修订时，在法律层面确立了中国证监会开展跨境执法合作的权限。据统计，截至 2019 年 12 月底，中国证监会已经与 64 个国家和地区的证券监管机构建立了跨境监管与执法合作机制。应该看到，随着我国资本市场双向开放的不断深入，境内外资本市场的互通程度进一步加深，跨境执法合作的需求和频率必将进一步提升。证券跨境执法合作还应当遵守我国其他法律的一般规定，如民事诉讼法、刑事诉讼法、保守国家秘密法以及审计法等有关法律对跨境司法协助、对外提供信息等事项作了明确规定，也为证券跨境监管合作提供了依据和路径。

二、境外证券监管机构不得在我国境内直接进行调查取证等活动

在建立跨境监管合作机制的同时，基于主权原则，本条第二款中规定，境外证券监督管理机构不得在中华人民共和国境内直接进行调查取证等活动。

三、不得擅自向境外提供相关文件和资料

本条第二款还规定，未经国务院证券监督管理机构和国务院有关主管部门同意，任何单位和个人不得擅自向境外提供与证券业务活动有关的文件和资料。也就是说，禁止任何单位和个人未经国务院证券监督管理机构和国务院有关主管部门同意，擅自向境外提供与证券业务活动有关的文件和资料，如会计账簿、财务会计报告、股票交易记录，等等。

相关规定

《中华人民共和国民事诉讼法》第二百七十七条。

第一百七十八条　国务院证券监督管理机构依法履行职责，发现证券违法行为涉嫌犯罪的，应当依法将案件移送司法机关处理；发现公职人员涉嫌职务违法或者职务犯罪的，应当依法移送监察机关处理。

条文主旨

本条是关于涉嫌犯罪的证券违法案件和涉嫌职务违法或职务犯罪的公职人员移送的规定。

立法背景

本条对原证券法第一百八十六条的内容进行了修改完善，强调应当“依法”将案件移送司法机关处理，同时，增加规定“发现公职人员涉嫌职务违法或者职务犯罪的，应当依法移送监察机关处理”。

条文解读

一、涉嫌犯罪的证券违法案件依法移送司法机关处理

国务院证券监督管理机构作为对全国证券市场实行统一监督管理的主管机构，依法查处证券违法行为是法律赋予的一项重要职责。同时，在依法履行其职责的过程中，会遇到各种情况，如果国务院证券监督管理机构在查处证券违法行为时，发现有涉嫌犯罪的案件，就应当依法及时将该案件移送到有关的司法机关，

由有关的司法机关进行处理。根据行政处罚法的相关规定，违法行为构成犯罪的，行政机关必须将案件移送司法机关，依法追究刑事责任，不得以行政处罚代替刑事处罚。这里所说的“涉嫌犯罪”，是指根据已有证据，能够初步认定证券违法行为已经达到刑法规定的犯罪构成要件。例如，涉嫌证券犯罪的案件，应当移送公安机关，由公安机关进行立案侦查，如刑法第一百六十条规定的“欺诈发行股票罪”、第一百六十一条规定的“违规披露、不披露重要信息罪”，等等。司法机关对移送的案件，依据刑事诉讼法的规定立案、侦查，对需要提起公诉的案件，一律由人民检察院审查决定。人民检察院认为犯罪嫌疑人的犯罪事实已经查清，证据确实、充分，依法应当追究刑事责任的，应当作出起诉决定，按照审判管辖的规定，向人民法院提起公诉，并将案卷材料、证据移送人民法院。人民法院依法进行审理，作出判决。

本条规定国务院证券监督管理机构应当依法移送涉嫌犯罪的案件，其目的在于要求国务院证券监督管理机构在查处证券违法案件时，严格依法办案。对于涉嫌犯罪的案件，应当依法由有关的司法机关依照相关法律规定来处理，构成犯罪的，由人民法院依法判处刑罚，而绝不能让国务院证券监督管理机构以罚代刑，以维护国家法律的尊严。

二、公职人员涉嫌职务违法或者职务犯罪依法移送监察机关处理

2018 年 3 月 20 日，第十三届全国人民代表大会第一次会议通过了《中华人民共和国监察法》。根据该法第三条的规定，各级监察委员会依照监察法对所有行使公权力的公职人员进行监察，调查职务违法和职务犯罪。根据该法第十一条的规定，监察委员会对涉嫌贪污贿赂、滥用职权、玩忽职守、权力寻租、利益输送、徇私舞弊以及浪费国家资财等职务违法和职务犯罪进行调查；对违法的公职人员依法作出政务处分决定；对履行职责不力、失职失责的领导人员进行问责；对涉嫌职务犯罪的，将调查结果移送人民检察院依法审查、提起公诉。

为了与监察法的规定相衔接，此次修改证券法，在本条中增加规定，发现公职人员涉嫌职务违法或者职务犯罪的，应当依法移送监察机关处理。即国务院证券监督管理机构依法履行职责，发现公职人员涉嫌职务违法或者职务犯罪的，应当依照《监察法》的规定移送监察机关处理。

相关规定

《中华人民共和国刑事诉讼法》第一百六十九条、第一百七十条；《中华人民共和国刑法》第一百六十条、第一百六十一条；《中华人民共和国行政处罚法》第二十二条；《中华人民共和国监察法》第三条、第十一条。

第一百七十九条　国务院证券监督管理机构工作人员必须忠于职守、依法办事、公正廉洁，不得利用职务便利牟取不正当利益，不得泄露所知悉的有关单位和个人的商业秘密。

国务院证券监督管理机构工作人员在任职期间，或者离职后在《中华人民共和国公务员法》规定的期限内，不得到与原工作业务直接相关的企业或者其他营利性组织任职，不得从事与原工作业务直接相关的营利性活动。

条文主旨

本条是关于国务院证券监督管理机构工作人员所负义务和任职限制的规定。

立法背景

本条将原证券法第一百八十二条和第一百八十七条的内容进行合并之后予以修改完善。

条文解读

一、国务院证券监督管理机构工作人员所负义务

证券市场是一个高风险的市场，证券市场风险对社会、经济的冲击力、破坏力都很大，而证券市场风险控制的难度也很大，因此，国务院证券监督管理机构对证券市场的监督管理直接影响着证券市场的良好运行，影响着社会经济的发展和社会秩序的稳定。由于国务院证券监督管理机构对市场的监督管理是通过其工作人员的职务行为来实现的，为了保证国务院证券监督管理机构对证券市场实行有效、公正的监督管理，本条第一款规定了国务院证券监督管理机构工作人员所负的义务。

（一）国务院证券监督管理机构工作人员必须忠于职守

忠于职守是指在自己的工作岗位上认真履行职责。作为代表国务院证券监督管理机构行使国家监督管理权力的国家工作人员，其首要义务就是忠于职守，在工作岗位上尽职尽责，不得不履行、不正确履行或者放弃履行其职责，也不得滥用职权。

（二）国务院证券监督管理机构工作人员必须依法办事

依法办事是指严格依照国家法律、行政法规、规章及其他规范性文件规定的内容和程序，行使权力，履行职责。依法办事是对行使国家权力的公职人员的基本要求，国务院证券监督管理机构的工作人员也不例外。

（三）国务院证券监督管理机构工作人员必须公正廉洁

公正廉洁是指公平正直、毫不偏私地履行职责，对一切证券

市场参与者给予公正的待遇，不利用手中的权力为自己谋取私利。公正廉洁是对行使国家权力的人员的基本要求，国务院证券监督管理机构的工作人员也不例外。

（四）国务院证券监督管理机构工作人员不得利用职务便利牟取不正当的利益

职务便利是指利用本人职务范围内的权力，即自己职务上主管、负责或者承办某种公共事务的职权所造成的便利条件。不正当的利益是指根据法律法规及有关政策不应当得到的利益。利用职务便利牟取不正当的利益是法律严格禁止的行为，本条也禁止国务院证券监督管理机构工作人员利用职务便利牟取不正当的利益。

（五）国务院证券监督管理机构工作人员负有保密义务

国务院证券监督管理机构工作人员在依法履行职责、进行监督检查或者调查的过程中，有可能涉及、知悉被监督检查或者调查的单位和个人以及有关的单位和个人的商业秘密，而商业秘密一旦被泄露，往往会给原拥有商业秘密的单位和个人的生产、经营活动带来不利的影响，造成经济损失。为了避免国务院证券监督管理机构工作人员因泄露商业秘密而给被监督检查或者调查的单位和个人以及有关的单位和个人造成不必要的损失，本条规定国务院证券监督管理机构工作人员负有保密的义务，不得将其所知道、了解的有关单位和个人的商业秘密，泄露给他人，也不得利用该商业秘密牟取不正当的利益。

二、国务院证券监督管理机构工作人员的任职限制

为了对国务院证券监督管理机构工作人员进一步进行规范，本条第二款还规定了国务院证券监督管理机构的工作人员在任职期间、离职后的一定期限内的任职限制。

（一）国务院证券监督管理机构工作人员在任职期间的任职限制

国务院证券监督管理机构依法对证券活动实施监督管理，掌握着制定规则、审核批准、注册备案、检查指导、查处惩戒等职权。如果允许其工作人员在被监管机构中担任职务，则会出现监管机构“既当裁判员，又当运动员”的情况，难以避免发生偏袒庇护所兼职的被监管机构、为其牟取不正当利益等问题，违背公务人员廉洁自律的基本要求，影响证券市场的公平竞争和健康发展，损害国务院证券监督管理机构的公正性和权威性。因此，本条第二款明确规定，国务院证券监督管理机构工作人员在任职期间，不得到与原工作业务直接相关的企业或者其他营利性组织任职，不得从事与原工作业务直接相关的营利性活动。与原工作业务直接相关的企业或者其他营利性组织实际上是被监管机构，包括但不限于：公开发行股票的公司、证券投资基金管理公司、股票或者公司债券上市交易的公司、证券交易所、证券公司、证券登记结算机构以及从事证券服务业务的投资咨询机构、财务顾问机构、资信评估机构、资产评估机构、律师事务所、会计师事务所以及其他直接或者间接与证券的公开发行、上市、交易有关的机构，等等。任职是指担任某种职务。国务院证券监督管理机构依法对全国证券市场实行集中统一监督管理，这些监督管理都是由其工作人员的行为来完成的，如果国务院证券监督管理机构的工作人员同时在被监管的机构中担任职务，那么，他们就既是监管者，又是被监管者，这样就违背了自己不能为自己裁判的原则，他们在履行职责时，必然会发生利益冲突，不仅可能导致减弱甚至丧失国务院证券监督管理机构的监督管理作用，失去国务院证券监督管理机构行为的公正性，而且很容易滋生以权谋私或者权钱交易的不正之风。国务院证券监督管理机构工作人员在任职期间不但不得到与原工作业务直接相关的企业或者其他营利性组织任职，而且不得从事与原工作业务直接相关的营利性活动，如不得从事证券投资经营活动。

（二）国务院证券监督管理机构工作人员在离职后的一定期限内的任职限制

国务院证券监督管理机构工作人员不但在任职期间不得，而且在离职后的一定期间内也不得到与原工作业务直接相关的企业或者其他营利性组织任职，不得从事与原工作业务直接相关的营利性活动。这是因为国务院证券监督管理机构工作人员在任职期间掌握着公权力，对与原工作业务直接相关的企业或者其他营利性组织具有一定的影响力。个别违法分子在担任国务院证券监督管理机构的监督管理职务时，利用公权力为与原工作业务直接相关的企业或者其他营利性组织牟取不正当利益，但却不要即时利益，而是等离职后再换取企业的“期权”。这种行为具有一定的隐蔽性和欺骗性，但本质上同样违背了公务人员廉洁自律的基本要求，影响证券市场的公平竞争和健康发展，损害国务院证券监督管理机构的公正性和权威性。因此，本条第二款明确规定，国务院证券监督管理机构工作人员在任职期间，或者离职后在公务员法规定的期限内，不得到与原工作业务直接相关的企业或者其他营利性组织任职，不得从事与原工作业务直接相关的营利性活动。

2019 年 6 月 1 日起施行的公务员法第一百零七条第一款作出规定：“公务员辞去公职或者退休的，原系领导成员、县处级以上领导职务的公务员在离职三年内，其他公务员在离职两年内，不得到与原工作业务直接相关的企业或者其他营利性组织任职，不得从事与原工作业务直接相关的营利性活动。”

相关规定

《中华人民共和国公务员法》第一百零七条。

第十三章　法律责任

第一百八十条　违反本法第九条的规定，擅自公开或者变相公开发行证券的，责令停止发行，退还所募资金并加算银行同期存款利息，处以非法所募资金金额百分之五以上百分之五十以下的罚款；对擅自公开或者变相公开发行证券设立的公司，由依法履行监督管理职责的机构或者部门会同县级以上地方人民政府予以取缔。对直接负责的主管人员和其他直接责任人员给予警告，并处以五十万元以上五百万元以下的罚款。

条文主旨

违法公开发行证券的法律责任。

立法背景

本条对原证券法第一百八十八条的内容进行了修改：一是根据全面推行注册制的要求，修改原证券法中关于核准制要求的表述，即删除“未经法定机关核准”，将违法行为指引到本法第九条；二是加大对擅自公开或者变相发行证券的行为、擅自公开或者变相公开发行证券设立公司的行为的处罚，提高罚款的额度。

条文解读

公开发行证券必须符合相应法律要求、履行相应法定程序，这在世界各国证券市场都是通例。本法第九条第一款明确规定：“公开发行证券，必须符合法律、行政法规规定的条件，并依法报经国务院证券监督管理机构或者国务院授权的部门注册。未经依法注册，任何单位和个人不得公开发行证券。……”该条还对构成证券公开发行的情形作了界定。同时，本法有关条款，对股票、公司债券的公开发行条件、申请文件要求、证券公开发行申请注册审核程序等内容都作了明确规定。公开发行证券，应当符合本法和有关法律、行政法规规定的条件，履行相应的法定程序。

未经法定机关，即国务院证券监督管理机构或者国务院授权的部门注册，擅自公开或者变相公开发行证券的行为，是一种严重的违法行为，依法应当承担相应的法律责任。根据本条规定，违反本法第九条的规定，擅自公开或者变相公开发行证券的，依法负有对违反证券市场监督管理行为进行查处职责的国务院证券监督管理机构或者国务院授权的部门，将会责令发行人停止证券发行、退还所募资金并加算银行同期存款利息，同时处以非法所募资金金额 5% 以上 50% 以下的罚款；对擅自公开或者变相公开发行证券设立的公司，由依法履行监督管理职责的机构或者部门会同县级以上地方人民政府予以取缔。在处理有上述违法行为的单位的同时，对其直接负责的主管人员和其他直接责任人员也应当给予警告，并根据行为的情节处以 50 万元以上 500 万元以下的罚款。

本条所规定的“警告”，是指证券监督管理机构发现发行人有本条规定的违法行为时，对其直接负责的主管人员和直接责任人员提出告诫，使其认识到自己违法所在以及如何改正的一种行政处罚，属于申诫罚。“罚款”，是指行政机关对违反行政管理秩序的公民、法人或者其他组织，依法强制其缴纳一定数量货币的一种行政处罚，属于财产罚。“直接负责的主管人员”，是指在公司违法行为中负有直接领导责任的人员，包括违法行为的决策人，事后对公司违法行为予以认可和支持的领导人员，以及由于疏于管理或者放任，因而对公司违法行为负有不可推卸责任的领导人员。“其他直接责任人员”，是指直接实施公司违法行为的人员。之所以规定对直接负责的主管人员和其他直接责任人员予以处罚，是因为发行人作为法人组织，其运作是通过自然人来实现的，为有效防止法人违法，除必须追究法人的责任外，负有重大责任的法人成员也必须承担其相应的责任。

相关规定

《中华人民共和国证券法》第九条、第十一条、第十二条、第十三条、第十五条、第十六条、第十七条、第十八条、第十九条、第二十一条。

第一百八十一条　**发行人在其公告的证券发行文件中隐瞒重要事实或者编造重大虚假内容，尚未发行证券的，处以二百万元以上二千万元以下的罚款；已经发行证券的，处以非法所募资金金额百分之十以上一倍以下的罚款。对直接负责的主管人员和其他直接责任人员，处以一百万元以上一千万元以下的罚款。**

发行人的控股股东、实际控制人组织、指使从事前款违法行为的，没收违法所得，并处以违法所得百分之十以上一倍以下的罚款；没有违法所得或者违法所得不足二千万元的，处以二百万元以上二千万元以下的罚款。对直接负责的主管人员和其他直接责任人员，处以一百

万元以上一千万元以下的罚款。

条文主旨

本条是关于欺诈发行法律责任的规定。

立法背景

本条对原证券法第一百八十九条的内容进行了修改：一是根据注册制的要求，突出强调信息披露的真实性、准确性、完整性，将“发行人不符合发行条件，以欺骗手段骗取发行核准”修改为发行证券的“发行人在其公告的证券发行文件中隐瞒重要事实或者编造重大虚假内容”，以信息披露为着眼点，突出信息披露中“隐瞒重要事实”和“编造重大虚假内容”两大违法情形和具体表现；二是提高罚款的倍数和定额罚款的金额，加大了处罚的力度；三是强化对发行人的控股股东、实际控制人的处罚，即对发行人的控股股东、实际控制人组织、指使发行人从事欺诈发行这一违法行为的法律责任进行了细化，明确了有违法所得、没有违法所得或者违法所得不足2000万元时的不同罚款数额。

条文解读

充分的信息披露是注册制改革的核心，重点在于要求发行人报送的证券发行申请文件内容真实、准确、完整，充分披露投资者作出价值判断和投资决策所必需的信息，按照法律规定和招股说明书的要求，对公司状况、公司经营计划、业务现状和预测、财务状况等进行披露。本法第十九条第一款明确规定：“发行人报送的证券发行申请文件，应当充分披露投资者作出价值判断和投资决策所必需的信息，内容应当真实、准确、完整。”一旦发行人在其公告的证券发行文件中隐瞒重要事实或者编造重大虚假内容，通过招股说明书和其他的信息披露资料隐瞒真相、制造假象，将在资本市场上造成后续一系列的失信、违法、犯罪行为，给监管造成重大负担和隐患，严重侵害投资者的合法财产权益。因此，法律必须对此予以严惩，让违法者承担较重的法律责任。

一、发行人的法律责任

资本市场上，存在一些发行人为了达到公司上市的目的，隐瞒公司真实情况，采取包装、伪装、欺骗等手段，虚构条件骗取发行注册的现象，这些行为严重扰乱证券市场正常秩序，干扰投资者决策、损害投资者利益，依法必须给予严厉处罚。

按照本条第一款的规定，对于不符合法定条件，发行人在其公告的证券发行文件中隐瞒重要事实或者编造重大虚假内容的，应当承担相应的法律责任：尚未发行证券的，处以 200 万元以上 2000 万元以下的罚款；已经发行证券的，处以非法所募资金金额百分之十以上一倍以下的罚款。对发行人直接负责的主管人员和其他直接责任人员，也应处以 100 万元以上 1000 万元以下的罚款。

发行人在其公告的证券发行文件中隐瞒重要事实或者编造重大虚假内容，严重违反信息披露制度的要求，严重破坏市场诚信基础。提高发行人在其公告的证券发行文件中隐瞒重要事实或者编造重大虚假内容行为的违法成本，保护投资者权益，早已成为市场各方的共识。2000 万元的处罚额度，在本法所有罚款中是额度最高的，由此也可见证券法对这一行为的态度。

二、发行人的控股股东、实际控制人的法律责任

按照本条第二款的规定，发行人的控股股东、实际控制人组织、指使从事前款违法行为的，没收违法所得，并处以违法所得百分之十以上一倍以下的罚款；没有违法所得的或者违法所得不足 2000 万元的，处以 200 万元以上 2000 万元以下的罚款。“控股股东”，是指出资额占有限责任公司资本总额的50%以上或者其持有的股份占股份有限公司股本总额的50%以上的股东；出资额或者持有股份的比例虽然不足50%，但依其出资额或者持有的股份所享有的表决权已足以对股东会、股东大会的决议产生重大影响的股东。“实际控制人”，是指虽不是公司的股东，但通过投资关系、协议或者其他安排，能够实际支配公司行为的人。由于控股股东、实际控制人能够对发行人的行为施加重大影响或者实际支配公司行为，而且实践中很多欺诈发行行为都是在发行人的控股股东、实际控制人的组织、指使下进行的，因此对控股股东、实际控制人的违法行为要给予严厉的处罚。

相关规定

《中华人民共和国证券法》第九条、第十二条、第十五条、第十九条；《中华人民共和国公司法》第二百一十六条。

第一百八十二条　保荐人出具有虚假记载、误导性陈述或者重大遗漏的保荐书，或者不履行其他法定职责的，责令改正，给予警告，没收业务收入，并处以业务收入一倍以上十倍以下的罚款；没有业务收入或者业务收入不足一百万元的，处以一百万元以上一千万元以下的罚款；情节严重的，并处暂停或者撤销保荐业务许可。对直接负责的主管人员和其他直接责任人员给予警告，并处以五十万元以上五百万元以下的罚款。

条文主旨

保荐人不履行保荐义务的法律责任。

立法背景

本条对原证券法第一百九十二条的内容进行了修改：一是加重了对违法的保荐人的处罚，提高了罚款的数额；二是考虑到实践中依据本法和国务院的规定，按照“放管服”改革的要求，取消了证券公司相关人员的任职资格和证券从业资格要求，同时与之衔接，删除了对保荐人有关人员“撤销任职资格或者证券从业资格”的处罚。

条文解读

本条是关于保荐人出具有虚假记载、误导性陈述或重大遗漏的保荐书，或者不履行其他法定职责的行为所应当承担的法律责任的规定。

保荐制度源于英国，是指由证券发行人聘请保荐人为其出具保荐意见，以确认其证券发行、交易等行为符合法律等相关规定的条件和要求的制度。2005 年修改证券法时，增加了关于证券发行保荐制度的规定，主要目的是通过保荐人对发行文件进行核查，督导其规范运作，以加强对公开发行证券行为的规范，保证公开发行证券符合法定条件，保护投资者的利益。

一、保荐人应当依法履行保荐义务

本法第十条前两款规定了发行人申请公开发行股票、可转换为股票的公司债券，依法采取承销方式的，或者公开发行法律、行政法规规定实行保荐制度的其他证券的，应当聘请证券公司担任保荐人。保荐人应当遵守业务规则和行业规范，诚实守信，勤勉尽责，对发行人的申请文件和信息披露资料进行审慎核查，督导发行人规范运作。这是对保荐人法定职责和法定义务的规定，保荐人在出具发行保荐书、上市保荐书等文件时，必须严格履行法定职责，保证其所出具文件的真实性、准确性和完整性，不得有虚假记载、误导性陈述或者重大遗漏。

二、保荐人不履行保荐义务的法律责任

如果保荐人出具有虚假记载、误导性陈述或者重大遗漏的保荐书，或者不履行其他法定职责，如未对发行人申请文件进行尽职调查，审慎核查，以及发行人证券上市后，未持续督导发行人履行规范运作、信守承诺、信息披露等义务，违背了保荐制度设立的初衷，不利于从源头上提高上市公司质量和确保上市公司规范运作，是一种严重的违法行为，应当依法承担相应的法律责任。

1. 民事责任。依据本法第八十五条的规定，信息披露义务人未按照规定披露信息，或者公告的证券发行文件、定期报告、临时报告及其他信息披露资料存在虚假记载、误导性陈述或者重大遗漏，致使投资者在证券交易中遭受损失的，信息披露义务人应当承担赔偿责任，此时，保荐人及其直接责任人员，应当与发行人承担连带赔偿责任，但是能够证明自己没有过错的除外。

2. 行政责任。按照本条的规定，保荐人出具有虚假记载、误导性陈述或者重大遗漏的保荐书，或者不履行其他法定职责的，由国务院证券监督管理机构责令改正，给予警告，没收相关业务收入，并处以业务收入一倍以上十倍以下的罚款；如果没有业务收入或者业务收入不足100万元的，处以100万元以上1000万元以下的罚款；如果行为的情节严重，那么，行为人除罚款外，还将受到暂停或者撤销保荐业务许可的处罚。与此同时，对于直接负责的主管人员和其他直接责任人员，也将给予警告，并处以50万元以上500万元以下的罚款。

本条规定的“暂停或者撤销保荐业务许可”，是指行政机关依法限制或者剥夺违法者原有的特许权利或者资格的一种行政处罚，属于行为罚。按照本法第一百二十条的规定，证券公司经营证券保荐业务，应当经国务院证券监督管理机构核准。保荐人违反保荐义务的，监管机构可以限制其在一定期限内停止从事保荐业务，或者撤销保荐业务许可，剥夺其从事证券保荐业务的资格。

相关规定

《中华人民共和国证券法》第十条、第十一条第二款、第十三条第二款、第十六条第二款、第八十五条、第一百二十条。

第一百八十三条　证券公司承销或者销售擅自公开发行或者变相公开发行的证券的，责令停止承销或者销售，没收违法所得，并处以违法所得一倍以上十倍以下的罚款；没有违法所得或者违法所得不足一百万元的，处以一百万元以上一千万元以下的罚款；情节严重的，并处暂停或者撤销相关业务许可。给投资者造成损失的，应当与发行人承担连带赔偿责任。对直接负责的主管人员和其他直接责任人员给予警告，并处以五十万元以上五百万元以下的罚款。

条文主旨

本条是关于违法承销或销售擅自公开发行证券的法律责任的规定。

立法背景

本条对原证券法第一百九十条的内容进行了修改：一是根据股票发行注册制的要求，不再出现“未经核准”的表述；二是加重处罚，提高罚款额度，增加“暂停或者撤销相关业务许可”

的处罚；三是考虑到证券公司有关人员的任职资格和证券从业资格要求已经取消，对直接负责的主管人员和其他直接责任人员，不再规定“撤销任职资格或者证券从业资格”的处罚；四是提升了罚款的额度。

条文解读

修改后的证券法，对申请公开发行证券实行注册制，根据第九条的规定，未经依法注册，任何单位和个人不得公开发行证券。未经依法注册擅自公开发行证券的行为是一种严重的违法行为，应当严格予以禁止。证券公司作为依法经批准从事证券经营业务的证券市场主要参与者和重要的中介组织，对于维护证券市场正常秩序、保障交易安全和投资者的合法权益负有重要责任，必须规范、守法经营。如果只顾追求利益最大化，见利忘法，对未经注册擅自公开发行的证券进行违法承销或者销售，不仅会给投资者带来风险和损失，而且会扰乱证券市场的正常秩序，所以必须给予严格的惩处。

按照本条的规定，证券公司承销或者销售未经核准擅自公开发行的证券的，由证券监督管理机构责令其停止承销或者销售，同时没收证券公司在承销或者销售非法证券的行为中所获取的违法所得，还要处以违法所得一倍以上十倍以下的罚款；对于有上述行为但没有违法所得或者违法所得不足100万元的，也应当处以100万元以上1000万元以下的罚款。如果行为情节严重，还将“并处暂停或者撤销相关业务许可”，即监管机构可以限制其在一定期限内停止从事证券承销业务，或者撤销承销业务许可，剥夺其从事证券承销业务的资格。

对于承销或者销售未经核准擅自公开发行的证券，给投资者造成损失的，证券公司还应当与发行人承担连带赔偿责任。另外，对证券公司直接负责的主管人员和其他直接责任人员也要给予警告，同时处以 50 万元以上 500 万元以下的罚款。本法所述的“没收违法所得”，是指行政机关根据法律、法规的规定，将当事人的非法所得强制无偿收归国有的一种行政处罚。

本条规定较重的法律责任，主要是考虑证券公司违反法律规定进行上述非法经营行为，严重扰乱证券市场秩序、情节恶劣，具有更为广泛的社会危害性，必须给予严惩，唯其如此，才能真正体现权利义务的对等，同时能够使受害者得到有效的法律救济，也才有可能制止这种违法行为，以从根本上保证证券的交易安全和证券市场的正常秩序。

相关规定

《中华人民共和国证券法》第九条、第一百四十三条。

第一百八十四条　证券公司承销证券违反本法第二十九条规定的，责令改正，给予警告，没收违法所得，可以并处五十万元以上五百万元以下的罚款；情节严重的，暂停或者撤销相关业务许可。对直接负责的主管人员和其他直接责任人员给予警告，可以并处二十万元以上二百万元以下的罚款；情节严重的，并处以五十万元以上五百万元以下的罚款。

条文主旨

本条是关于违法承销的法律责任的规定。

立法背景

本条对原证券法第一百九十一条的内容进行了修改：一是不

再在本条中列举违法行为的表现形式，而是在本法第二十九条中加以规定；二是考虑到证券公司有关人员任职资格和证券从业资格要求已经取消，对直接负责的主管人员和其他直接责任人员，不再规定“撤销任职资格或者证券从业资格”的处罚；三是大幅提升了罚款的额度。

条文解读

证券市场是一个高度依赖有效信息的市场，通过真实有效的信息，社会资源才能得到合理配置，投资者才能做出正确的判断和选择，市场调节机制才能发挥作用。但是，如果证券公司承销证券时进行虚假的或者误导投资者的广告等宣传推介活动，就会造成市场信号失真，给投资者带来重大损失。以不正当竞争手段招揽承销业务的行为，则会造成证券发行市场的混乱和证券公司经营风险的增大。因此，对于证券公司违反证券承销业务规定的行为给予严厉惩处，既有利于证券公司的自身发展和风险防范，也有利于加强对投资者合法权益的保护，是维护证券市场持续稳定健康发展的重要法律手段。

一、证券公司应当依法承销或者销售证券

根据本法第二十六条的规定，发行人向不特定对象发行的证券，法律、行政法规规定应当由证券公司承销的，发行人应当同证券公司签订承销协议，由证券公司承销（代销或者包销）。本法第二十九条对证券公司从事证券业务提出了原则要求，例如，证券公司承销证券，应当对公开发行募集文件的真实性、准确性、完整性进行核查，发现有虚假记载、误导性陈述或者重大遗漏的，不得进行销售活动；如果已经进行销售，必须立即停止销售活动，并采取纠正措施；证券公司承销证券，不得进行虚假的或者误导投资者的广告或者其他宣传推介活动，不得以不正当手段招揽承销业务，不得有其他违反证券承销业务规定的行为等。

二、违法承销证券应当承担相应的法律责任

根据本条的规定，如果证券公司承销证券违反本法第二十九条的规定，由国务院证券监督管理机构责令其改正，给予警告，没收违法所得，可以同时处以50万元以上500万元以下的罚款；情节严重的，还可以“暂停或者撤销相关业务许可”，监管机构可以限制其在一定期限内停止从事证券承销业务，或者撤销承销业务许可，剥夺其从事证券承销业务的资格。对直接负责的主管人员和其他直接责任人员给予警告，可以并处20万元以上200万元以下的罚款；情节严重的，并处以50万元以上500万元以下的罚款。

相关规定

《中华人民共和国证券法》第二十六条第一款、第二十九条。

第一百八十五条 发行人违反本法第十四条、第十五条的规定擅自改变公开发行证券所募集资金的用途的，责令改正，处以五十万元以上五百万元以下的罚款；对直接负责的主管人员和其他直接责任人员给予警告，并处以十万元以上一百万元以下的罚款。

发行人的控股股东、实际控制人从事或者组织、指使从事前款违法行为的，给予警告，并处以五十万元以上五百万元以下的罚款；对直接负责的主管人员和其他直接责任人员，处以十万元以上一百万元以下的罚款。

条文主旨

本条是关于擅自改变募集资金用途的法律责任的规定。

立法背景

本条对原证券法第一百九十四条的内容进行了修改，主要是加重了对相关违法行为的处罚，提高了罚款额度。

条文解读

发行人公开发行证券所募集到的资金，必须规范使用，这是因为招股说明书和公司债券募集办法是发行人向投资者所作的具有法律约束力的承诺，对投资者来说，其投资决定是依据招股说明书或公司债券募集办法的内容作出的，所以招股说明书或公司债券募集办法所列的用途，是使用募集资金的法定依据，发行人不得随意改变。

实践中，公司改变募集资金使用用途的情况比较复杂，有的是因为公司自身生产经营情况或公司外部经营环境发生了较大变化，需要改变资金原来的用途，以适应变化了的情况；也有的是因为招股说明书或者其他公开发行募集文件所列的投资项目，是公司为获准发行股票刻意安排的，并没有进行周密的可行性研究，或者并不打算真正投资于这些项目，等等。改变募股资金用途的行为，很可能会损害投资者利益，有必要从法律上加以规范。根据本法第十四条的规定，公司对公开发行股票所募集资金，必须按照招股说明书或者其他公开发行募集文件所列资金用途使用；改变资金用途，必须经股东大会作出决议。根据本法第十五条第二款的规定，公开发行公司债券筹集的资金，必须按照公司债券募集办法所列资金用途使用；改变资金用途，必须经债券持有人会议作出决议。公开发行公司债券筹集的资金，不得用于弥补亏损和非生产性支出。

发行人公开发行证券所募集资金应当按照招股说明书或者其他公开发行的募集文件所列资金用途进行使用，擅自改变公开发行证券所募集资金用途的行为是一种严重的违法行为，依法应当给予惩处。根据本条的规定，发行人违反本法规定，擅自改变公开发行证券所募集资金的用途的，由国务院证券监督管理机构责令改正，处以 50 万元以上 500 万元以下的罚款；对直接负责的主管人员和其他直接责任人员给予警告，同时处以 10 万元以上 100 万元以下的罚款。如果发行人的控股股东、实际控制人从事或者组织、指使从事前款违法行为，则由国务院证券监督管理机构给予警告，并处以 50 万元以上 500 万元以下的罚款。同时，对于直接负责的主管人员和其他直接责任人员，也要处以 10 万元以上 100 万元以下的罚款。

相关规定

《中华人民共和国证券法》第十四条、第十五条第二款。

第一百八十六条　违反本法第三十六条的规定，在限制转让期内转让证券，或者转让股票不符合法律、行政法规和国务院证券监督管理机构规定的，责令改正，给予警告，没收违法所得，并处以买卖证券等值以下的罚款。

条文主旨

本是关于在转让限制期限内买卖证券的法律责任的规定。

立法背景

本条对原证券法第二百零四条的规定进行了修改：一是将行为指引到本法第三十六条，同时细化了违法行为的表现形式，即

"在限制转让期内转让证券或者转让股票不符合法律、行政法规和国务院证券监督管理机构的规定"；二是完善了处罚规定。

条文解读

为了维护证券市场的正常秩序，保护社会公众投资者利益，防止操纵股市、转嫁风险等证券违法行为的发生，本法和公司法对依法发行的证券在特定情况下规定了一定的转让期限的限制：例如根据本法第三十六条的规定，依法发行的证券，公司法和其他法律对其转让期限有限制性规定的，在限定的期限内不得转让。上市公司的持股5%以上的股东、实际控制人、董事、监事、高级管理人员，以及其他持有上市公司首次公开发行前发行的股份或者上市公司向特定对象发行的股份的股东，转让其持有的本公司股份的，不得违反法律、行政法规和国务院证券监督管理机构关于持有期限、卖出时间、卖出数量、卖出方式、信息披露等规定，此外还要遵守证券交易所的业务规则。例如，本法第七十五条规定："在上市公司收购中，收购人持有的被收购的上市公司的股票，在收购行为完成后的十八个月内不得转让。"公司法第一百四十一条规定："发起人持有的本公司股份，自公司成立之日起一年内不得转让。公司公开发行股份前已发行的股份，自公司股票在证券交易所上市交易之日起一年内不得转让。公司董事、监事、高级管理人员应当向公司申报所持有的本公司的股份及其变动情况，在任职期间每年转让的股份不得超过其所持有本公司股份总数的25%；所持本公司股份自公司股票上市交易之日起1年内不得转让。上述人员离职后的半年时间内，不得转让其所持有的本公司股份。公司章程可以对公司董事、监事、高级管理人员转让其所持有的本公司股份作出其他限制性规定。"这些都是对在法定限制转让期限内买卖证券行为的禁止性规定。对违反上述法律相关规定，在限制转让期限内买卖证券的行为，应当给予相应的处罚。

按照本条的规定，在限制转让期内转让证券，或者转让股票不符合法律、行政法规和国务院证券监督管理机构规定的，将由国务院证券监督管理机构责令其改正，给予警告，还将没收违法所得，收归国库，同时处以买卖证券等值以下的罚款。

相关规定

《中华人民共和国证券法》第三十六条、第七十五条；《中华人民共和国公司法》第一百四十一条。

第一百八十七条　法律、行政法规规定禁止参与股票交易的人员，违反本法第四十条的规定，直接或者以化名、借他人名义持有、买卖股票或者其他具有股权性质的证券的，责令依法处理非法持有的股票、其他具有股权性质的证券，没收违法所得，并处以买卖证券等值以下的罚款；属于国家工作人员的，还应当依法给予处分。

条文主旨

本条是关于禁止参与股票交易的人员买卖股票的法律责任的规定。

立法背景

本条对原证券法第一百九十九条的内容进行了修改：一是将行为指引到本法第四十条；二是将禁止持有、买卖的范围从“股票”扩展到“股票或者其他具有股权性质的证券”。

条文解读

证券市场上的各种信息，是投资者进行投资决策的依据，少数人利用其特殊地位或机会取得内部消息，先行一步对市场作出反应，就有更多的获利机会，从而增加了其他投资者蒙受损失的可能，影响了证券市场的公平秩序。参与证券交易的中介机构或者证券登记结算机构、证券服务机构的从业人员，证券监督管理机构工作人员以及基于法定的职责对证券交易进行管理的其他人员，由于其地位、职务等便利条件，有先于其他投资者获得相关信息的机会和可能。不允许他们直接或者以化名、借他人名义持有、买卖股票，目的是保护其他广大投资者的合法权益，维护证券市场公开、公正、公平，同时，这也是防止内幕交易的重要措施之一。

本法第四十条规定："证券交易场所、证券公司和证券登记结算机构的从业人员，证券监督管理机构的工作人员以及法律、行政法规规定禁止参与股票交易的其他人员，在任期或者法定限期内，不得直接或者以化名、借他人名义持有、买卖股票或者其他具有股权性质的证券，也不得收受他人赠送的股票或者其他具有股权性质的证券。任何人在成为前款所列人员时，其原已持有的股票或者其他具有股权性质的证券，必须依法转让。实施股权激励计划或者员工持股计划的证券公司的从业人员，可以按照国务院证券监督管理机构的规定持有、卖出本公司股票或者其他具有股权性质的证券。"这是对证券业从业人员、证券监督管理机构工作人员和法律、行政法规禁止参与股票交易的其他人员参与股票交易从中牟利行为的禁止性规定。

按照本条的规定，法律、行政法规规定禁止参与股票交易的人员，直接或者以化名、借他人名义持有、买卖股票或者其他具有股权性质的证券的，责令依法处理非法持有的股票、其他具有股权性质的证券，没收违法所得，并处以买卖股票等值以下的罚款。

同时，如果违法行为人属于国家工作人员，还应当依法给予处分。处分的依据包括监察法和公务员法等。根据监察法第四十五条第二款的规定，监察机关根据监督、调查结果对违法的公职人员依照法定程序作出警告、记过、记大过、降级、撤职、开除等政务处分决定。根据公务员法第六十一条、第六十二条和第六十四条的规定，公务员因违法违纪应当承担纪律责任的，依照公务员法给予处分，处分分为：警告、记过、记大过、降级、撤职、开除。处分的期限为：警告，6 个月；记过，12 个月；记大过，18 个月；降级、撤职，24 个月。受撤职处分的，按照规定降低级别。有处分权的单位可根据违法的国家工作人员所犯违法行为的情节轻重，分别对其给予不同的处分，以达到教育惩戒的目的。

相关规定

《中华人民共和国证券法》第四十条；《中华人民共和国监察法》第四十五条第二款；《中华人民共和国公务员法》第六十一条、第六十二条、第六十四条。

第一百八十八条　证券服务机构及其从业人员，违反本法第四十二条的规定买卖证券的，责令依法处理非法持有的证券，没收违法所得，并处以买卖证券等值以下的罚款。

条文主旨

本条是关于证券服务机构和人员违法买卖股票的法律责任的

规定。

立法背景

本条对原证券法第二百零一条的内容进行了修改，主要是一些文字修改。

条文解读

本法第四十二条前两款规定："为证券发行出具审计报告或者法律意见书等文件的证券服务机构和人员，在该证券承销期内以及期满后六个月内，不得买卖该证券。除前述规定外，为发行人及其控股股东、实际控制人，或者收购人、重大资产交易方出具审计报告或者法律意见书等文件的证券服务机构和人员，自接受委托之日起至上述文件公开后五日内，不得买卖该证券。"第三款又规定，如果实际开展上述有关工作之日早于接受委托之日，那么，自实际开展上述有关工作之日起至上述文件公开后5日内，不得买卖该证券。

证券服务机构是依法设立的从事证券服务业务的法人机构，主要包括律师事务所、会计师事务所、证券投资咨询机构、资信评级机构、资产评估机构等，从投资者角度看，判断发行股票的公司的盈利能力，往往需要以会计师事务所和注册会计师对发行人财务资料的审查和鉴证结论、律师事务所和律师出具的法律意见书等为必要前提和重要基础；从发行人的角度看，也希望通过审计报告来揭示公司财务报表的公信力，通过法律意见书确认申请文件的合法性，通过资产评估报告等吸引更多的投资者和资金。因此，审计报告、法律意见书等文件的内容已不仅要对投资者和发行人负责，还要面向社会，发挥社会公证的作用。

正是由于为股票发行、上市、交易出具审计报告或者法律意见书等文件的证券服务机构和人员在证券市场中的重要作用，以及因其业务活动可能接触或者获得内幕信息，所以，上述人员均为知悉证券交易内幕信息的知情人员。与此同时，他们本身就是证券活动的重要参与者，熟悉证券业务规则和运行规律、方式，如果他们滥用其特殊地位，违背职业道德，不遵守法律规定的期限，利用所掌握的内幕信息买卖接受委托提供服务公司的股票来牟取非法利益，就违反了他们所承担的法律义务，构成了一种违法行为，依法要受到相应的法律制裁。

按照本条的规定，证券服务机构及其从业人员，如果违反本法第四十二条的规定，进行证券买卖的，由国务院证券监督管理机构责令依法处理非法持有的证券，没收违法所得，同时处以买卖证券等值以下的罚款。这样规定的目的是通过经济上的制裁，使违法的证券服务机构及其从业人员不仅得不到任何好处，而且还要付出惨重代价，起到惩罚、警示和震慑作用。

相关规定

《中华人民共和国证券法》第四十二条。

第一百八十九条　上市公司、股票在国务院批准的其他全国性证券交易场所交易的公司的董事、监事、高级管理人员、持有该公司百分之五以上股份的股东，违反本法第四十四条的规定，买卖该公司股票或者其他具有股权性质的证券的，给予警告，并处以十万元以上一百万元以下的罚款。

条文主旨

本条是关于短线交易的法律责任的规定。

立法背景

本条对原证券法第一百九十五条的内容进行了修改：一是主体方面，将“股票在国务院批准的其他全国性证券交易场所交易的公司”的董事、监事、高级管理人员纳入管理范围；二是增加“其他具有股权性质的证券”；三是提高了处罚额度。

条文解读

由于上市公司、股票在国务院批准的其他全国性证券交易场所交易的公司的董事、监事、高级管理人员、持有该公司5%以上股份的股东，要么是公司经营情况的内幕知情人，要么是在决定公司重大问题上有较多的表决权，因此为了防止其利用职务便利或者优势地位，不履行诚信义务，通过频繁地买卖本公司的股票来影响股票价格，或从中谋利，或转嫁风险，从而损害其他中小股东的合法权益，有必要依法规范上市公司、股票在国务院批准的其他全国性证券交易场所交易的公司的董事、监事、高级管理人员以及大股东买卖本公司股票的行为，对违反法律规定买卖本公司股票的行为应当认定为违法行为，并且依法承担相应的法律责任。

本次修改证券法，在第四十四条对短线交易的行为进行了进一步规范，主要体现在扩大了短线交易主体、扩大了短线交易所涉证券范围、利用他人账户进行交易纳入短线交易监管，本条则加重了对短线交易行为的处罚力度。

一、禁止短线交易的原因

法律禁止短线交易行为，目的就是减少上市公司内部人员利用自身的信息和控制权优势进行交易，以谋取短期不正当利益。作为上市公司董事、监事、高级管理人员和持有上市公司股份5%以上的股东，对促进公司健康发展、保护中小股东合法权益、维护资本市场稳定负有不可推卸的责任，应当严格遵守法律，规范自身交易行为，以保护中小投资者的合法权益，维护证券市场的健康发展。

二、禁止短线交易的法律规定

根据本法第四十四条的规定，上市公司、股票在国务院批准的其他全国性证券交易场所交易的公司董事、监事、高级管理人员以及持有该公司5%以上股份的股东，将其持有的该公司的股票或者其他具有股权性质的证券在买入后6个月内卖出，或者在卖出后6个月内又买入，由此所得收益归该公司所有，公司董事会应当收回其所得收益。但是，证券公司因购入包销售后剩余股票而持有5%以上股份，以及有国务院证券监督管理机构规定的其他情形的除外。前款所称董事、监事、高级管理人员、自然人股东持有的股票或者其他具有股权性质的证券，包括其配偶、父母、子女持有的及利用他人账户持有的股票或者其他具有股权性质的证券。公司董事会不按照第一款规定执行的，股东有权要求董事会在30内执行。公司董事会未在上述期限内执行的，股东有权为了公司的利益以自己的名义直接向人民法院提起诉讼。公司董事会不按照第一款的规定执行的，负有责任的董事将依法承担连带责任。这是对上市公司董事、监事、高级管理人员以及大股东买卖本公司股票的限制性规定。

短线交易并不以获利为要件，即无论当事人是否获利、获利多少，都不影响这一违法行为的成立。

三、短线交易的法律责任

按照本条的规定，如果上市公司、股票在国务院批准的其他全国性证券交易场所交易的公司的董事、监事、高级管理人员、持有该公司5%以上股份的股东，出现了违反本法第四十四条的规定，买卖该公司股票或者其他具有股权性质的证券的行为，将由国务院证券监督管理机构对其给予警告，与此同时，还要处以10 万元以上 100 万元以下的罚款。

相关规定

《中华人民共和国证券法》第四十四条。

第一百九十条　违反本法第四十五条的规定，采取程序化交易影响证券交易所系统安全或者正常交易秩序的，责令改正，并处以五十万元以上五百万元以下的罚款。对直接负责的主管人员和其他直接责任人员给予警告，并处以十万元以上一百万元以下的罚款。

条文主旨

关于违法程序化交易的法律责任的规定。

立法背景

本条是本次证券法修改中新增的条款。

条文解读

随着信息技术飞速发展以及计算机技术在证券交易中的运用，证券的交易方式发生了重大变化，通过计算机程序自动生成或者下达交易指令进行程序化交易，已经成为非常普遍的现象。所谓的程序化交易，目前学术界和产业界并没有一个统一权威的定义，通常意义上的程序化交易是指通过既定程序或者特定软件，自动生成或执行交易指令的交易行为。一般是应用计算机和现代化网络系统，按照预先设置好的交易模型和规则，模型条件被触发的时候，由计算机瞬间完成组合交易指令，实现自动交易。但是，程序化交易具有频繁申报等特征，能够在一定程度上产生助涨助跌的作用，特别是在股市大幅度波动期间，对市场的影响更为明显，如果被人不当利用，依据编码交易规则（即所谓“算法”）发出投资指令，抢占先机买卖股票或者其他证券，在各交易场所之间套利，故意影响证券交易所的系统安全或者证券交易所正常交易秩序，那么这种行为不但会对交易所的管理和正常运行造成严重威胁，也会侵害其他合法投资者的利益，法律对此应当有所规制和回应。

鉴于上述现象和原因，本法第四十五条规定，通过计算机程序自动生成或者下达交易指令进行程序化交易的，应当符合国务院证券监督管理机构的规定，并向证券交易所报告，不得影响证券交易所系统安全或者正常交易秩序。本条是违反本法第四十五条的行为的法律责任，即如有采取程序化交易影响证券交易所系统安全或者正常交易秩序的行为，则由国务院证券监督管理机构责令其改正，并对相关主体处以 50 万元以上 500 万元以下的罚款。对直接负责的主管人员和其他直接责任人员也要给予警告，同时处以 10 万元以上 100 万元以下的罚款。

相关规定

《中华人民共和国证券法》第四十五条。

第一百九十一条　证券交易内幕信息的知情人或者非法获取内幕信息的人违反本法第五十三条的规定从事内幕交易的，责令依法处理非法持有的证券，没收违法所得，并处以违法所得一倍以上十倍以下的罚款；没有违法所得或者违法所得不足五十万元的，处以五十万元以上五百万元以下的罚款。单位从事内幕交易的，还应当对直接负责的主管人员和其他直接责任人员给予警告，

并处以二十万元以上二百万元以下的罚款。国务院证券监督管理机构工作人员从事内幕交易的，从重处罚。

违反本法第五十四条的规定，利用未公开信息进行交易的，依照前款的规定处罚。

条文主旨

内幕交易的法律责任的规定。

立法背景

本条对原证券法第二百零二条的内容进行了修改：一是将行为指引到本法第五十三条的规定；二是增加了对利用未公开信息进行交易的处罚，作为第二款；三是提高了罚款的倍数和定额罚款的额度。

条文解读

证券市场是对信息高度依赖的市场，利用证券内幕信息、未公开信息进行交易，严重破坏了证券市场的公开、公平、公正，可能损害在资金和信息等方面处于劣势地位的中小投资者的利益，扰乱市场秩序，属于典型证券违法行为，应当依法予以严惩。

一、法律禁止内幕交易的行为

本法第五十条规定："禁止证券交易内幕信息的知情人和非法获取内幕信息的人利用内幕信息从事证券交易活动。"本法第五十三条第一款的规定："证券交易内幕信息的知情人和非法获取内幕信息的人，在内幕信息公开前，不得买卖该公司的证券，或者泄露该信息，或者建议他人买卖该证券。"本法第五十四条规定："禁止证券交易场所、证券登记结算机构、证券公司、证券服务机构和其他金融机构的从业人员、有关监管部门或者行业协会的工作人员，利用因职务便利获取的内幕信息以外的其他未公开的信息，违反规定，从事与该信息相关的证券交易活动，或者明示、暗示他人从事相关交易活动。”这些都是对内幕交易行为、利用未公开信息进行交易行为的禁止性规定。

二、内幕交易行为的法律责任

按照本条的规定，证券交易内幕信息的知情人或者非法获取内幕信息的人，在内幕信息公开前，买卖该证券，或者泄露该信息，或者建议他人买卖该证券的，由证券监督管理机构责令依法处理非法持有的证券，没收违法所得，同时还要处以违法所得金额一倍以上十倍以下的罚款；如果没有违法所得或者违法所得金额不足50万元，则直接处以50万元以上500万元以下的罚款。如果是单位从事内幕交易，还应当对直接负责的主管人员和其他直接责任人员给予警告，同时处以20万元以上200万元以下的罚款。国务院证券监督管理机构工作人员从事内幕交易的，还要从重处罚。

需要说明的是，本条中所称“非法获取内幕信息的人”，主要是指利用骗取、套取、偷听、监听或者私下交易等手段获取证券交易内幕信息的人员；所谓“泄露该信息”，主要是指以明示或者暗示的方式透露、提供给与公司没有关系的第三人。泄露者或者建议者本人虽然不一定有直接的证券买卖行为，但通过为他人提供内幕信息，间接地参与了证券交易，与直接买卖证券相比，泄露内幕信息或者建议他人买卖证券，对证券市场、投资者及相关公司所造成的损失，可能更为严重，因此与本人买卖证券一样都应当给予相应的处罚。

三、证券监督管理机构工作人员进行内幕交易，从重处罚

本条同时规定，证券监督管理机构工作人员进行内幕交易的，从重处罚。这是因为证券监督管理机构的工作人员在对证券市场实施监督管理中负有重要职责，所处的监督管理地位使其能够接触并且获得有关证券交易的内幕信息，如果他们利用自己的职务便利从事内幕交易牟取非法利益，知法犯法，将会给证券市场带来更为严重的危害，性质恶劣、影响极坏。因此，对证券监督管理机构工作人员进行内幕交易的，规定了更为严厉的处罚，即在前面规定处罚的法定幅度内，对其适用相对较重的处罚。

四、相关概念

1. 内幕信息，依据本法第五十二条的规定，是指在证券交易活动中，涉及公司的经营、财务或者对该公司证券的市场价格有重大影响的尚未公开的信息。同时，本法第八十条第二款可能对上市公司、“新三板”挂牌公司的股票交易价格产生较大影响的重大事件，第八十一条第二款可能对上市交易公司债券的交易价格产生较大影响的重大事件，也属于内幕信息。

2. 未公开信息，是指内幕信息以外的、对证券的市场价格有重大影响的、尚未公开的信息。

3. 内幕交易，依据本法第五十三条的规定，是指证券交易内幕信息的知情人和非法获取内幕信息的人，在内幕信息公开前，买卖该公司的证券，或者泄露该信息，或者建议他人买卖该证券的行为。

4. 内幕信息知情人，本法第五十一条的规定，具体包括：(1）发行人及其董事、监事、高级管理人员；(2）持有公司5%以上股份的股东及其董事、监事、高级管理人员，公司的实际控制人及其董事、监事、高级管理人员；（3）发行人控股或者实际控制的公司及其董事、监事、高级管理人员；（4）由于所任公司职务或者因与公司业务往来可以获取公司有关内幕信息的人员；（5）上市公司收购人或者重大资产交易方及其控股股东、实际控制人、董事、监事和高级管理人员；（6）因职务、工作可以获取内幕信息的证券交易场所、证券登记结算机构、证券公司、证券服务机构的有关人员；（7）因职责、工作可以获取内幕信息的证券监督管理机构工作人员；（8）因法定职责对证券的发行、交易或者对上市公司及其收购、重大资产交易进行管理，可以获取内幕信息的有关主管部门、监管机构的工作人员；（9）国务院证券监督管理机构规定的可以获取内幕信息的其他人员。

相关规定

《中华人民共和国证券法》第五十条、第五十一条、第五十二条、第五十三条、第五十四条、第八十条、第八十一条。

第一百九十二条　违反本法第五十五条的规定，操纵证券市场的，责令依法处理其非法持有的证券，没收违法所得，并处以违法所得一倍以上十倍以下的罚款；没有违法所得或者违法所得不足一百万元的，处以一百万元以上一千万元以下的罚款。单位操纵证券市场的，还应当对直接负责的主管人员和其他直接责任人员给予警告，并处以五十万元以上五百万元以下的罚款。

条文主旨

本条是关于操纵证券市场的法律责任的规定。

立法背景

本条对原证券法第二百零三条的内容进行了修改，主要是提升了处罚额度。

条文解读

一、法律禁止操纵证券市场的行为

（一）操纵证券市场的概念

操纵证券市场，是指个人或者机构背离市场自由竞争和供求关系原则，人为地操纵证券交易价格，或者制造证券交易的虚假价格或者证券交易量，以引诱他人参与证券交易，为自己牟取不正当利益或者转嫁风险的行为。在证券市场上，由供求关系自然形成的价格是正常的，而操纵证券交易价格的行为却人为地扭曲了证券市场的正常价格，实质上是一种对不特定人的欺诈行为。操纵证券市场的行为主要有连续交易、约定交易、在自己实际控制的账户之间进行证券交易、“抢帽子”（证券公司、证券咨询机构、专业中介机构及其工作人员，买卖或者持有相关证券，并对该证券或者其发行人、上市公司公开作出评价、预测或者投资建议，以便通过市场波动取得经济利益），以及虚假申报、尾市交易、集中抛售、恶意做空等，利用非法手段，造成虚假供求，误导资金流向，并从中获取不正当利益或者转嫁风险，这种行为对证券市场的秩序造成极大危害，必须严格禁止。同时，操纵证券市场行为的认定，不以行为人获取不正当利益或者转嫁了风险为构成要件。理由在于：第一，不论操纵证券市场的行为人是否获取不正当利益或者转嫁风险，都会操纵或者影响证券交易价格或者交易量，从而对投资者形成错误引导，损害投资者的利益；第二，行为人是否获取不正当利益或者转嫁风险，是很复杂和隐蔽的，往往也很难查证，而依据行政处罚法，对证据不足的，行政机关无法作出行政处罚，这就会严重影响证券市场的公信力。

（二）法律的规定

根据本法第五十五条第一款的规定，禁止任何人以下列手段操纵证券市场，影响或者意图影响证券交易价格或者证券交易量：（1）单独或者通过合谋，集中资金优势、持股优势或者利用信息优势联合或者连续买卖；（2）与他人串通，以事先约定的时间、价格和方式相互进行证券交易；（3）在自己实际控制的账户之间进行证券交易；（4）不以成交为目的，频繁或者大量申报并撤销申报；（5）利用虚假或者不确定的重大信息，诱导投资者进行证券交易；（6）对证券、发行人公开作出评价、预测或者投资建议，并进行反向证券交易；（7）利用在其他相关市场的活动操纵证券市场；（8）操纵证券市场的其他手段。这是对操纵市场行为的禁止性规定。其中，“影响”证券交易价格或者证券交易量，即该行为产生了实质性的效果，致使证券交易价格异常或形成虚拟的价格水平，或者行为人的行为致使证券交易量异常或形成虚拟的交易量水平。“意图影响”证券交易价格或者证券交易量，则是指该行为可能产生上述影响，即使由于各种原因损害后果未实际发生，也不影响其构成“操纵证券市场”。

二、操纵证券市场行为的法律责任

各国法律对操纵证券市场行为都是明令禁止的，并均规定了严厉的制裁措施，我国也不例外。禁止操纵证券市场既是我国证券市场规范化建设的一个重要内容，也是我国证券市场健康发展的客观需要。依法从严惩处操纵证券市场行为，对于防止证券市场出现过度投机现象，保护广大投资者的合法利益，都具有十分重要的意义。本次证券法修改，加大了对操纵证券市场行为的处罚力度。

按照本条的规定，违反本法第五十五条的规定，操纵证券市场的，由国务院证券监督管理机构责令依法处理其非法持有的证券，没收违法所得，同时处以违法所得一倍以上十倍以下的罚款；如果没有违法所得或者违法所得不足100万元，则处以100万元以上1000万元以下的罚款。如果是单位操纵证券市场，国务院证券监督管理机构还应当对直接负责的主管人员和其他直接责任人员给予警告，同时处以50万元以上500万元以下的罚款。

相关规定

《中华人民共和国证券法》第五十五条。

第一百九十三条 违反本法第五十六条第一款、第三款的规定，编造、传播虚假信息或者误导性信息，扰乱证券市场的，没收违法所得，并处以违法所得一倍以上十倍以下的罚款；没有违法所得或者违法所得不足二十万元的，处以二十万元以上二百万元以下的罚款。

违反本法第五十六条第二款的规定，在证券交易活动中作出虚假陈述或者信息误导的，责令改正，处以二十万元以上二百万元以下的罚款；属于国家工作人员的，还应当依法给予处分。

传播媒介及其从事证券市场信息报道的工作人员违反本法第五十六条第三款的规定，从事与其工作职责发生利益冲突的证券买卖的，没收违法所得，并处以买卖证券等值以下的罚款。

条文主旨

本条是关于编造、传播虚假信息或者误导性信息的法律责任的规定。

立法背景

本条对原证券法第二百零六条、第二百零七条的规定进行了整合修改：一是增加了传播媒介及其从事证券市场信息报道的工作人员违法从事与其工作职责发生利益冲突的证券买卖的行为的法律责任；二是提升了处罚的倍数和定额罚款的额度。

条文解读

本条针对的主要是三类违法行为：

一、法律禁止编造、传播虚假信息或者误导性信息

根据本法第五十六条第一款、第三款的规定，禁止任何单位和个人编造、传播虚假信息或者误导性信息，扰乱证券市场。各种传播媒介传播证券市场信息必须真实、客观，禁止误导。这是对编造、传播虚假信息扰乱证券市场行为的禁止性规定。

虚假信息主要可分为三类：一是正式文告中的虚假信息，此类不实信息隐蔽深、危害大；二是传播媒介、证券咨询机构从业人员进行股评营销方面的虚假信息，目前各种股评活动比较混乱，很容易误导投资者，其危害亦不容忽视；三是一些机构和人员为操纵证券市场蓄意散布的谣传。误导性信息，不但容易影响市场信心，也会对投资者的财富和利益产生影响，而且，一旦出现且形成一定规模的影响力，也容易引发资本市场的大幅波动，对国家宏观经济和金融资本市场的风险控制造成不良影响。

本条中的“扰乱证券市场”，通常是指虚假信息引起了股票价格重大波动，或在股民中引起了心理恐慌，大量抛售或者买进某种股票，给股民造成重大经济损失，或者造成恶劣社会影响等。至于如何认定编造、传播扰乱证券市场的虚假信息行为，主要还是要看行为人主观上是否有故意，即有无编造、传播虚假信息扰乱证券市场的目的，客观上是否实施了编造、传播扰乱证券市场的虚假信息或者误导性信息的行为。具体来讲，编造、传播扰乱证券市场的虚假信息或者误导性信息，主要是指编造、传播可能误导投资者，对上市公司股票交易价格产生较大影响的虚假信息，如涉及公司分配股利或者增资的计划；公司债务担保的重大变更；公司发生重大亏损或遭受重大损失；公司减资、合并、分立、解散等虚假信息等。行为人必须有编造、传播扰乱证券市场的虚假信息或者误导性信息的行为，至于行为人是否从中谋利，并不影响这一行为的成立。

根据本条的规定，如果任何单位和个人有编造、传播虚假信息或者误导性信息，扰乱证券市场的行为，将被没收违法所得，并处以违法所得一倍以上十倍以下的罚款；即便没有违法所得或者违法所得不足 20 万元，也将被处以 20 万元以上 200 万元以下的罚款。

二、法律禁止传播媒介及其从事证券市场信息报道的工作人员从事与其工作职责发生利益冲突的证券买卖

根据本法第五十六条第三款的规定，传播媒介及其从事证券市场信息报道的工作人员不得从事与其工作职责发生利益冲突的证券买卖。从事证券市场信息报道的工作人员，因工作职责的关系，能够接触到大量信息和数据，也了解证券市场运行的规律和投资者心理，一旦利用自己所掌握的信息，从事与工作职责发生利益冲突的证券买卖，将严重影响证券市场的公平稳定，必须给予严厉的处罚。因此，本条规定，传播媒介及其从事证券市场信息报道的工作人员违反本法第五十六条第三款的规定，从事与其工作职责发生利益冲突的证券买卖的行为，将被没收违法所得，同时处以买卖证券等值以下的罚款。这一规定的目的在于不能让违法行为人从所做的违法行为中获利，同时还要让他们接受严格的处罚。

三、法律禁止在证券交易活动中作出虚假陈述或者信息误导

证券市场的相关从业人员，由于其工作职责和身份，即便其作出虚假陈述或者信息误导，也容易让人信以为真，从而影响投资者的投资行为，而一旦交易量形成一定规模，又或者产生某些有影响力的错误市场信号等，就会严重影响证券市场的正常秩序，造成金融风险。因此，必须对证券市场相关从业人员的行为作出限制。本法第五十六条第二款规定："禁止证券交易场所、证券公司、证券登记结算机构、证券服务机构及其从业人员，证券业协会、证券监督管理机构及其工作人员，在证券交易活动中作出虚假陈述或者信息误导。"

按照本条的规定，证券交易场所、证券公司、证券登记结算机构、证券服务机构及其从业人员，证券业协会、证券监督管理机构及其工作人员，在证券交易活动中作出虚假陈述或者信息误导，扰乱证券市场的，应承担的行政责任是：由证券监督管理机构责令其改正违法行为，处以20万元以上200万元以下的罚款；如果行为人属于国家工作人员，还应当依据行为的性质和情节，依法给予警告、记过、记大过、降级、撤职、开除等处分。

相关规定

《中华人民共和国证券法》第五十六条。

第一百九十四条　证券公司及其从业人员违反本法第五十七条的规定，有损害客户利益的行为的，给予警告，没收违法所得，并处以违法所得一倍以上十倍以下的罚款；没有违法所得或者违法所得不足十万元的，处以十万元以上一百万元以下的罚款；情节严重的，暂停

或者撤销相关业务许可。

条文主旨

本条是关于证券公司及其从业人员背信行为的法律责任的规定。

立法背景

本条对原证券法第二百一十条的内容进行了修改：一是将行为主体由“证券公司”扩展到“证券公司及其从业人员”；二是不再对违法行为的表现形式进行表述，而是指引到本法第五十七条；三是加重了对相关违法行为的处罚。

条文解读

客户与证券公司一旦就委托买卖证券事项签订了协议，双方就建立起一种民事法律关系，各自享有约定的权利并承担相应义务，其中本着诚实信用原则执行客户委托是证券公司的一项最主要义务。证券公司接受客户证券买卖的委托，应当根据委托书载明的证券名称、买卖数量、出价方式、价格幅度等，按照交易规则代理客户买卖证券，买卖成交后，还应当按规定制作买卖成交报告单交付客户。如果证券公司违背客户的委托为其买卖证券、办理交易事项，或者有其他违背客户真实意思表示，损害客户利益的行为，是一种严重的违法行为，应当依法承担相应的法律责任。

根据本法第五十七条的规定，禁止证券公司及其从业人员从事下列损害客户利益的行为：（1）违背客户的委托为其买卖证券；（2）不在规定时间内向客户提供交易的确认文件；（3）未经客户的委托，擅自为客户买卖证券，或者假借客户的名义买卖证券；（4）为牟取佣金收入，诱使客户进行不必要的证券买卖；

（5）其他违背客户真实意思表示，损害客户利益的行为。这是对证券公司及其从业人员从事损害客户利益行为的禁止性规定。

根据本条规定，如果证券公司及其从业人员违反本法第五十七条的规定，从事损害客户利益的行为，将由国务院证券监督管理机构给予警告，没收违法所得，同时处以违法所得一倍以上十倍以下的罚款；没有违法所得或者违法所得不足 10 万元的，处以 10 万元以上 100 万元以下的罚款。如果损害客户利益的行为情节严重，可以认为该证券公司及其从业人员不再适合从事相关业务，此时视情节轻重处以暂停或撤销相关业务许可。

相关规定

《中华人民共和国证券法》第五十七条。

第一百九十五条　违反本法第五十八条的规定，出借自己的证券账户或者借用他人的证券账户从事证券交易的，责令改正，给予警告，可以处五十万元以下的罚款。

条文主旨

本条是关于违法使用证券账户买卖证券的法律责任的规定。

立法背景

本条对原证券法第二百零八条的规定进行了修改，主要是根据第五十八条的修改，对相关违法行为的法律责任的表述作相应调整。

条文解读

证券账户专门记载投资者所持有的证券种类和数量，是投资者开展证券交易活动、证券监督管理机构以及政府有关部门对证券交易进行监督管理的基础。因此，本法对证券账户实名制作出严格的规定。但是在实践中，有的自然人、法人、非法人组织通过出借自己的证券账户或者借用他人的证券账户，以从事内幕交易、操纵市场、场外配资以及规避证券法律法规对特定主体买卖证券的限制等证券违法行为，严重扰乱了证券交易秩序，给其他投资者造成损失，迫切需要进一步加以规范。本法第五十八条明确规定："任何单位和个人不得违反规定，出借自己的证券账户或者借用他人的证券账户从事证券交易。"这是对出借自己的证券账户或者借用他人账户买卖证券的禁止性规定。这里作了一个特殊的限定，即"违反规定"，主要考虑的是实践中自然人的家人之间、亲戚朋友之间共同使用、相互借用证券账户炒股，是一种常见的现象，除非从事证券违法行为，否则没有必要一律禁止。为此，本条在原则禁止的同时，增加了"违反规定"的限定，交由国务院或者有关主管部门对如何区分合法和违法情形作进一步的细化规定。

对违反本法第五十八条的规定，出借自己的证券账户或者借用他人的证券账户从事证券交易的单位和个人，根据本条规定，由证券监督管理机构责令改正其违法行为，给予警告，同时可以处50万元以下的罚款。

相关规定

《中华人民共和国证券法》第五十八条、第一百零六条、第一百零七条、第一百五十七条。

第一百九十六条 收购人未按照本法规定履行上市公司收购的公告、发出收购要约义务的，责令改正，给予警告，并处以五十万元以上五百万元以下的罚款。对直接负责的主管人员和其他直接责任人员给予警告，并处以二十万元以上二百万元以下的罚款。

收购人及其控股股东、实际控制人利用上市公司收购，给被收购公司及其股东造成损失的，应当依法承担赔偿责任。

条文主旨

本条是关于违法收购的法律责任的规定。

立法背景

本条对原证券法第二百一十三条的规定进行了修改：一是不再规定违法收购行为改正前，收购人对其收购或者通过协议、其他安排与他人共同收购的股份不得行使表决权；二是增加规定，收购人及其控股股东、实际控制人利用上市公司收购，给被收购公司及其股东造成损失的，应当依法承担赔偿责任；三是提升了罚款的额度。

条文解读

一、上市公司收购应当依法进行

上市公司收购，是指投资者公开收购已经依法上市交易的股份有限公司的股份，以获得或者巩固对该公司控制权的行为，包括要约收购、协议收购和以其他合法方式收购。证券市场收购上市公司的股权，是公司资产重组、优化资源配置、调整产业结构的有效途径，实践中为很多公司采用。同时，上市公司收购是一项极为复杂的股权运作活动，应当遵守一定的规则和程序，否则可能会导致信息垄断、大股东和实际控制人进行内幕交易和操纵市场，从而损害广大中小投资者的利益。因此，本法专设第四章对上市公司的收购方式、收购条件和程序、收购活动的监管等作出了具体规定，如规定投资者持有或者通过协议、其他安排与他人共同持有上市公司股份超过5%的，应将其持股情况和数量变化进行报告和公告：规定投资者持有或者通过协议、其他安排与他人共同持有一个上市公司股份达到30%时，继续进行收购的，应当依法向该上市公司所有股东发出收购上市公司全部或者部分股份的要约；规定在收购要约确定的期限内，收购人不得撤销该要约，如需变更收购要约的必须向国务院证券监督管理机构及证券交易所提出报告并经批准，等等。对于本法规定的上述义务，收购人在进行上市公司收购时，应当严格遵守，违反者要根据本条的规定承担相应的法律责任。

二、违法收购的法律责任

根据本条规定，收购人在进行上市公司收购活动时未履行有关法定义务的，首先应责令其改正；未履行报告和公告义务的，应当依法进行报告和公告；未履行发出收购要约义务的，应当依法发出收购要约；未履行报送收购报告书义务的，应当依法报送；擅自变更收购要约的，应当改正或在报请批准后变更。对于本法关于上市公司收购应履行的其他义务，收购人未履行的，也应在监督机关的命令下予以履行。同时，收购人有本条规定的违法行为的，还要承担以下法律责任：（1）给予警告，由监督机关对收购人提出告诫，使收购人认识到其行为的违法性和如何改正；（2）罚款，具体数额是50万元以上500万元以下，具体处罚数额根据收购人违法行为及其造成的后果等情况确定。同时，还将对收购人的直接负责的主管人员和其他直接责任人员给予警告，同时处以20万元以上200万元以下的罚款。

同时，收购人及其控股股东、实际控制人利用上市公司收购，实施不正当交易，损害被收购人及其股东的合法权益的，违法者要依据本条第二款的规定承担民事赔偿责任，对被收购公司及其股东因恶意收购行为而产生的损失进行赔偿。

相关规定

《中华人民共和国证券法》第六十三条、第六十五条、第六十八条。

第一百九十七条 信息披露义务人未按照本法规定报送有关报告或者履行信息披露义务的，责令改正，给予警告，并处以五十万元以上五百万元以下的罚款；对直接负责的主管人员和其他直接责任人员给予警告，并处以二十万元以上二百万元以下的罚款。发行人的控股股东、实际控制人组织、指使从事上述违法行为，或者隐瞒相关事项导致发生上述情形的，处以五十万元以上五百万元以下的罚款；对直接负责的主管人员和其他直接责任人员，处以二十万元以上二百万元以下的罚款。

信息披露义务人报送的报告或者披露的信息有虚假记载、误导性陈述或者重大遗漏的，责令改正，给予警告，并处以一百万元以上一千万元以下的罚款；对直接负责的主管人员和其他直接责任人员给予警告，并处以五十万元以上五百万元以下的罚款。发行人的控股股东、实际控制人组织、指使从事上述违法行为，或者隐瞒相关事项导致发生上述情形的，处以一百万元以上一千万元以下的罚款；对直接负责的主管人员和其他直接责任人员，处以五十万元以上五百万元以下的罚款。

条文主旨

本条是关于违反信息披露义务的法律责任的规定。

立法背景

本条对原证券法第一百九十三条的内容进行了修改：一是本条由按照不同主体进行分款，变为依据信息披露义务人的不同违法行为进行分款。将原证券法第一百九十三条规定的行为，即“发行人、上市公司或者其他信息披露义务人未按照规定披露信息，或者所披露的信息有虚假记载、误导性陈述或者重大遗漏的”，重新进行了区分，把“信息披露义务人未按照本法规定报送有关报告或者履行信息披露义务”单列出来，以区分于“虚假记载、误导性陈述或者重大遗漏”，并加重了对后者的行政处罚责任，体现了不同的信息披露责任和信息披露要求；二是提升了定额罚款的额度。

条文解读

为了对投资风险和收益做出合理的判断，进行正确的投资选择，投资者需要了解和掌握发行人、上市公司的经营状况和财务变化等有关信息，而发行人、上市公司则必须通过公开法定文件承担信息披露义务，并保证信息公开达到全面性、真实性、时效性、易得性、易解性和适法性等法律标准，这是各国法律对发行人、上市公司进行规范和管理的主要制度之一。信息披露一般是通过招股说明书、上市公告书、财务会计报告、定期报告、临时报告等进行的。

从目前的情况看，发行人、上市公司或者其他信息披露义务人在信息披露方面主要存在以下问题：一是信息披露不真实，发布或散布虚假信息问题比较普遍；二是信息披露不及时；三是信息披露不规范。这些失信行为，造成了市场信号失真，影响了市场机制的发挥。信息披露是注册制的核心要求，同时也是我国证券市场的薄弱环节，规范信息披露是保障证券市场健康发展的当务之急，必须对不按有关规定披露信息或者披露虚假信息现象采取严格的监督和严厉的处罚措施。

一、信息披露义务人应当依法及时履行信息披露义务

股票发行注册制的核心在于信息披露，因此本法第五章对信息披露作出专门规定。其中，第七十八条作出原则要求，规定发行人及法律、行政法规和国务院证券监督管理结构规定的其他信息披露义务人应当及时依法履行信息披露义务。信息披露义务人披露的信息，应当真实、准确、完整，简明清晰，通俗易懂，不得有虚假记载、误导性陈述或者重大遗漏。证券同时在境内境外公开发行、交易的，在境外披露的信息，应当在境内同时披露。第七十九条、第八十条、第八十一条、第八十二条、第八十六条分别就信息披露的程序、内容等作出详细规定和要求，信息披露义务人必须按照这些规定履行信息披露义务。例如，股票或者公司债券上市交易的公司，应当分别在每一会计年度的上半年结束之日起2个月内、每一会计年度结束之日起4个月内，或者发生可能对上市公司股票交易价格产生较大影响，而投资者尚未得知的重大事件时，向国务院证券监督管理机构和证券交易所报送中期报告、年度报告或者临时报告，并予公告。

这些相关规定是发行人、上市公司、公司债券上市交易的公司、股票在国务院批准的全国性证券交易场所交易的公司等信息披露义务人应履行的法定报送信息披露报告义务，发行人以及法律、行政法规和国务院证券监督管理机构规定的其他信息披露义务人必须严格遵守并且认真执行。如果信息披露义务人未按照本法规定报送有关报告或者履行信息披露义务，就需要按照本条第一款的规定，由国务院证券监督管理机构责令其改正，给予警告，同时处以 50 万元以上 500 万元以下的罚款；对直接负责的主管人员和其他直接责任人员给予警告，同时处以 20 万元以上 200 万元以下的罚款。

二、信息披露应当真实、准确、完整，不得存在虚假记载、误导性陈述或者重大遗漏

本法第八十五条规定，信息披露义务人未按照规定披露信息，或者公告的证券发行文件、定期报告、临时报告及其他信息披露资料存在虚假记载、误导性陈述或者重大遗漏，致使投资者在证券交易中遭受损失的，信息披露义务人应当承担赔偿责任；发行人的控股股东、实际控制人、董事、监事、高级管理人员和其他直接责任人员以及保荐人、承销的证券公司及其直接责任人员，应当与发行人承担连带赔偿责任，但是能够证明自己没有过错的除外。可见，信息披露义务人报送的报告或者披露的信息有虚假记载、误导性陈述或者重大遗漏，是一种严重的违法行为。因此，本条第二款明确规定，如果信息披露义务人报送的报告或者披露的信息有虚假记载、误导性陈述或者重大遗漏，由国务院证券监督管理机构责令其改正，给予警告，同时处以 100 万元以上 1000 万元以下的罚款。

三、发行人的控股股东、实际控制人应当承担相应的法律责任

本条第一款、第二款都对发行人的控股股东、实际控制人组织、指使从事违法行为或者隐瞒相关事项导致发生前述情形时，所应当承担的法律责任作出了规定。所谓控股股东，是指其持有的股份占股份有限公司股本总额 50% 以上的股东；或者持有股份的比例虽然不足 50%，但依其持有的股份所享有的表决权已足以对股东大会的决议产生重大影响的股东。所谓实际控制人，是指虽不是公司的股东，但通过投资关系、协议或者其他安排，能够实际支配公司行为的人。由于控股股东、实际控制人能够对发行人、上市公司的行为产生重大影响或者实际支配公司行为，因此，如果他们指使发行人、上市公司或者其他信息披露义务人从事前两款的违法行为，对社会的危害极大，会严重影响投资者对证券市场的信心，必须给予严惩，使其承担相应的法律责任。

发行人的控股股东、实际控制人组织、指使信息披露义务人不按照本法规定报送有关报告或者履行信息披露义务，或者隐瞒相关事项导致发生的，由国务院证券监督管理机构处以 50 万元以上 500 万元以下的罚款。与此同时，还要对直接负责的主管人员和其他直接责任人员，处以 20 万元以上 200 万元以下的罚款。

信息披露义务人报送的报告或者披露的信息有虚假记载、误导性陈述或者重大遗漏，是由于发行人的控股股东、实际控制人组织、指使从事上述违法行为，或者隐瞒相关事项导致发生上述情形时，由国务院证券监督管理机构对其处以 100 万元以上 1000 万元以下的罚款。与此同时，对直接负责的主管人员和其他直接责任人员，处以 50 万元以上 500 万元以下的罚款。

相关规定

《中华人民共和国证券法》第七十八条、第七十九条、第八十条、第八十一条、第八十二条、第八十五条、第八十六条。

第一百九十八条　证券公司违反本法第八十八条的规定未履行或者未按照规定履行投资者适当性管理义务的，责令改正，给予警告，并处以十万元以上一百万元以下的罚款。对直接负责的主管人员和其他直接责任人员给予警告，并处以二十万元以下的罚款。

条文主旨

本条是关于证券公司违反适当性管理义务的法律责任的规定。

立法背景

本条是本次修改证券法新增加的条款。

条文解读

证券期货市场是一个有风险的专业化市场，股票、债券、期货、期权等各种产品的功能、特点、复杂程度和风险收益特征千差万别，而广大投资者在专业水平、风险承受能力、风险收益偏好等方面都存在很大差异，对金融产品的需求也不尽相同，资本市场的长期稳定发展需要投资者的专业化程度和风险承受能力与产品相匹配。因此，在资本市场发展实践中有必要注重对投资者进行分类管理，“将适当的产品销售给适当的投资者”，防止不当销售产品或提供服务。境外成熟市场均高度重视适当性管理，建立了全面有效的制度机制，取得了良好效果。我国资本市场以中小投资者为主，更需要采取针对性措施来保护投资者特别是中小投资者的权益，引导市场健康、有序发展，建立投资者适当性制度尤显重要。经营机构与投资者同为资本市场的参与者，但两者的定位和角色迥然不同。经营机构通过提供金融产品和服务获取收益，具有天然的开发更多客户、销售更多产品的冲动，投资者则处于信息不对称的相对弱势地位，在金融产品日益丰富、产品结构日趋复杂、交叉销售日益频繁的当今资本市场，两者的这种差别往往更加明显。投资者适当性管理制度正是平衡双方利益诉求、约束经营机构短期利益冲动、增强经营机构长期竞争力，同时提升投资者自我保护意识和能力的一剂良方。适当性管理构筑的是投资者进入资本市场的第一道防线，从一定意义上讲，没有健全并有效落实的适当性管理制度，就不会有成熟的经营机构和投资者，也不会有稳定健康的资本市场。

依据本法第八十八条的规定，证券公司的投资者适当性管理义务主要包括：（1）证券公司向投资者销售证券、提供服务时，应当按照规定充分了解投资者的基本情况、风险承受能力（财产状况、金融资产状况等）和风险识别能力（投资知识和经验、专业能力等）等相关信息；（2）应当如实说明证券、服务的重要内容，充分揭示投资风险；（3）应当销售、提供与投资者的状况相匹配的证券、服务；（4）投资者拒绝提供或者未按照要求提供证券公司进行投资者适当性管理所必需的信息的，证券公司应当告知其后果，并按照规定拒绝向其销售证券、提供服务。

根据本条的规定，如果证券公司违反本法第八十八条的有关规定，没有履行或者没有按照规定履行投资者适当性管理义务的，将由国务院证券监督管理机构责令改正，给予警告，同时处以 10 万元以上 100 万元以下的罚款。与此同时，对直接负责的主管人员和其他直接责任人员，也将由国务院证券监督管理机构给予警告，并对其处以 20 万元以下的罚款。

相关规定

《中华人民共和国证券法》第八十八条。

第一百九十九条　违反本法第九十条的规定征集股东权利的，责令改正，给予警告，可以处五十万元以下的罚款。

条文主旨

本条是关于违法征集股东权利的法律责任的规定。

立法背景

本条是本次修改证券法新增加的条款。

条文解读

征集股东投票权，有利于中小股东通过集中行使股东权利参与、影响公司决策，促进公司运作的民主化，也有利于股东大会达到法定出席比例、表决权比例而顺利召开、作出有效决议，提高公司运作效率。依据本法第九十条的规定，上市公司董事会、独立董事、持有1%以上有表决权股份的股东或者依照法律、行政法规或者国务院证券监督管理机构的规定设立的投资者保护机构，可以作为征集人，自行或者委托证券公司、证券服务机构，公开请求上市公司股东委托其代为出席股东大会，并代为行使提案权、表决权等股东权利。依照前述规定征集股东权利的，征集人应当披露征集文件，上市公司应当予以配合。禁止以有偿或者变相有偿的方式公开征集股东权利。

由于征集投票权的不当行使也可能成为公司经营权争夺的工具，影响公司的正常运营，因此也应当对其作出必要限制。公开征集股东权利应当依照法律、行政法规和国务院证券监督管理机构的规定严格进行。如果违反规定运用该制度争夺上市公司控制权，影响上市公司正常经营、通过一些对上市公司或者其股东不利的决议，给上市公司或者其股东造成损失的，征集人就应当依法承担民事赔偿责任。同时还要根据本条的规定接受有关行政机关的处罚。根据本条规定，违反本法第九十条的规定征集股东权利的，由国务院证券监督管理机构责令改正，给予警告，同时，还可以处50万元以下的罚款。

相关规定

《中华人民共和国证券法》第九十条。

第二百条　非法开设证券交易场所的，由县级以上人民政府予以取缔，没收违法所得，并处以违法所得一倍以上十倍以下的罚款；没有违法所得或者违法所得不足一百万元的，处以一百万元以上一千万元以下的罚款。对直接负责的主管人员和其他直接责任人员给予警告，并处以二十万元以上二百万元以下的罚款。

证券交易所违反本法第一百零五条的规定，允许非会员直接参与股票的集中交易的，责令改正，可以并处五十万元以下的罚款。

条文主旨

非法开设证券交易场所及允许非会员直接参与股票集中交易的法律责任。

立法背景

本条对原证券法第一百九十六条的内容进行了修改：一是在第二款中增加允许非会员直接参与股票集中交易的违法行为的法律责任；二是提升了罚款的额度。

条文解读

一、不得非法开设证券交易场所

根据本法第三十七条的有关规定，公开发行的证券，应当在依法设立的证券交易所上市交易或者在国务院批准的其他全国性证券交易场所交易。非公开发行的证券，可以在证券交易所、国务院批准的其他全国性证券交易场所、按照国务院规定设立的区域性股权市场转让。根据本法第九十六条的有关规定，证券交易所、国务院批准的其他全国性证券交易场所为证券集中交易提供场所和设施，组织和监督证券交易，实行自律管理，依法登记，取得法人资格。证券交易所、国务院批准的其他全国性证券交易场所的设立、变更和解散由国务院决定。国务院批准的其他全国性证券交易场所的组织机构、管理办法，由国务院规定。从上述规定中我们可以清楚地看出，我国证券交易必须在依法设立的证券交易场所进行。同时将设立证券交易场所的决定权集中在国务院，充分说明国家对开设证券交易场所问题的重视。一些地区未经国务院批准，擅自设立产权交易所、证券交易中心和证券交易自动报价系统等机构，从事非上市公司股票、股权证等证券的场外非法交易活动，扰乱了证券市场的正常秩序，隐藏着很大的金融风险，极易诱发影响社会稳定的事端。因此，本法明确规定，非法开设证券交易场所是一种严重的违法行为，应当依法承担相应的法律责任。

按照本条第一款的规定，对于非法开设证券交易场所的，县级以上人民政府一经发现，就应当立即予以取缔，同时没收非法开设证券交易场所违法活动的一切所得，并处以违法所得一倍以上十倍以下的罚款；如果没有违法所得或者违法所得不足 100 万元的，也应当处以 100 万元以上 1000 万元以下的罚款。对直接负责的主管人员和其他直接责任人员，还应给予警告，同时处以 20 万元以上 200 万元以下的罚款。本条对这一行为规定较重的处罚，目的是使违法开设证券交易场所的行为人不仅得不到任何好处，而且要付出惨重的代价，真正起到惩戒、震慑的作用。

二、证券交易所不得允许非会员直接参与股票的集中交易

根据本法第一百零五条的规定，进入实行会员制的证券交易所参与集中交易的，必须是证券交易所的会员。证券交易所不得允许非会员直接参与股票的集中交易。

本条第二款对此规定了相应的法律责任，即如果允许非会员直接参与股票的集中交易的，由国务院证券监督管理机构责令其改正，同时可以处50万元以下的罚款。

相关规定

《中华人民共和国证券法》第三十七条、第九十六条、第一百零三条。

第二百零一条 证券公司违反本法第一百零七条第一款的规定，未对投资者开立账户提供的身份信息进行核对的，责令改正，给予警告，并处以五万元以上五十万元以下的罚款。对直接负责的主管人员和其他直接责任人员给予警告，并处以十万元以下的罚款。

证券公司违反本法第一百零七条第二款的规定，将投资者的账户提供给他人使用的，责令改正，给予警告，并处以十万元以上一百万元以下的罚款。对直接负责的主管人员和其他直接责任人员给予警告，并处以二十万元以下的罚款。

条文主旨

本条是关于证券公司未核对投资者信息及违规提供投资者账户的法律责任的规定。

立法背景

本次修改证券法增加的条款。

条文解读

本法第一百零七条第一款规定，证券公司为投资者开立账户，应当按照规定对投资者提供的身份信息进行核对。随着互联网和移动终端技术的发展，许多证券公司推出了互联网自助开户和手机自助开户服务，这对证券公司核实投资者身份信息提出了新的要求，但无论采用何种途径开设证券账户，证券公司都必须履行核对投资者身份信息的义务。如果不对投资者的身份信息进行核对，将造成投资账户信息的混乱，对证券市场秩序造成不良影响，也会不利于保护投资者和身份信息所有人的合法权益。因此，依据本条的规定，证券公司未对投资者开立账户提供的身份信息进行核对的，由国务院证券监督管理机构责令其改正，给予警告，并处以5万元以上50万元以下的罚款。对直接负责的主管人员和其他直接责任人员给予警告，并处以10万元以下的罚款。

本法第一百零七条第二款规定："证券公司不得将投资者的账户提供给他人使用。"证券公司将投资者的账户提供给他人使用的行为，会严重损害投资者的合法权益，使得证券市场的管理秩序出现混乱。因此，为进一步加强投资者账户管理，落实证券公司对投资者账户实名使用的管理责任，本条第二款规定，如果出现这一现象，将由国务院证券监督管理机构责令改正，给予警告，同时处以10万元以上100万元以下的罚款。对直接负责的主管人员和其他直接责任人员也将给予警告，同时处以20万元以下的罚款。

相关规定

《中华人民共和国证券法》第一百零七条。

第二百零二条 违反本法第一百一十八条、第一百二十条第一款、第四款的规定，擅自设立证券公司、非法经营证券业务或者未经批准以证券公司名义开展证券业务活动的，责令改正，没收违法所得，并处以违法所得一倍以上十倍以下的罚款；没有违法所得或者违法所得不足一百万元的，处以一百万元以上一千万元以下的罚款。对直接负责的主管人员和其他直接责任人员给予警告，并处以二十万元以上二百万元以下的罚款。对擅自设立的证券公司，由国务院证券监督管理机构予以取缔。

证券公司违反本法第一百二十条第五款规定提供证券融资融券服务的，没收违法所得，并处以融资融券等值以下的罚款；情节严重的，禁止其在一定期限内从事证券融资融券业务。对直接负责的主管人员和其他直接责任人员给予警告，并处以二十万元以上二百万元以下的罚款。

条文主旨

本条是关于非法经营证券业务以及违法融资融券的法律责任的规定。

立法背景

本条对原证券法第一百九十七条、第二百零五条的内容进行了修改整合，完善了相关违法行为法律责任的规定，加大了惩处的力度，提高了罚款的数额。

条文解读

一、证券公司的设立和经营应当符合法律规定

为了规范从事证券业务的经营机构、将证券公司的经营活动纳入法制轨道，本法对证券公司的设立及经营业务许可等作出了一系列具体规定。依据本法第一百一十八条的规定，设立证券公司，应当具备下列条件，并经国务院证券监督管理机构批准：(1) 有符合法律、行政法规规定的公司章程；(2) 主要股东及公司的实际控制人具有良好的财务状况和诚信记录，最近3年无重大违法违规记录；(3) 有符合本法规定的公司注册资本；(4) 董事、监事、高级管理人员、从业人员符合本法规定的条件；(5) 有完善的风险管理与内部控制制度；(6) 有合格的经营场所、业务设施和信息技术系统；(7) 法律、行政法规和经国务院批准的国务院证券监督管理机构规定的其他条件。未经国务院证券监督管理机构批准，任何单位和个人不得以“证券公司”名义开展证券业务活动。依据本法第一百二十条第一款、第四款的规定，经国务院证券监督管理机构核准，取得经营证券业务许可证，证券公司可以经营下列部分或者全部证券业务：(1) 证券经纪；(2) 证券投资咨询；(3) 与证券交易、证券投资活动有关的财务顾问；(4) 证券承销与保荐；(5) 证券融资融券；(6) 证券做市交易；(7) 证券自营；(8) 其他证券业务。除证券公司外，任何单位和个人不得从事证券承销、证券保荐、证券经纪和证券融资融券业务。

依据本法第一百一十九条第二款、第三款的规定，证券公司设立申请获得批准的，申请人应当在规定的期限内向公司登记机关申请设立登记，领取营业执照。证券公司应当自领取营业执照

之日起 15 日内，向国务院证券监督管理机构申请经营证券业务许可证。未取得经营证券业务许可证，证券公司不得经营证券业务。由此可见，我国对设立证券公司经营证券业务采取严格的审批许可制，未经批准并取得经营证券业务许可证，擅自设立证券公司、非法经营证券业务或者未经批准以“证券公司”名义开展证券业务活动是严重的违法行为，依法应承担相应的法律责任。

按照本条的规定，如果擅自设立证券公司或者非法经营证券业务，首先由证券监督管理机构予以取缔，严加禁止，还要没收因擅自设立证券公司或者非法经营证券业务所获的一切违法所得，依法收归国有，同时处以违法所得金额一倍以上十倍以下的罚款；如果没有违法所得或者违法所得不足 100 万元，也要处以 100 万元以上 1000 万元以下的罚款。对直接负责的主管人员和其他直接责任人员还应当给予警告，同时处以 20 万元以上 200 万元以下的罚款。对擅自设立的证券公司，则由国务院证券监督管理机构依法予以取缔。

二、证券公司进行融资融券业务应当符合法律规定

依据本法第一百二十条第五款的规定，证券公司从事融资融券业务，应当采取措施，严格防范和控制风险，不得违反规定向客户出借资金或者证券。

所谓“融资融券”，又称信用交易，是指客户在买卖证券时只向证券公司交付一定数额的保证金或部分证券，其应支付价款或应支付证券不足时，由证券公司垫付的交易方式，其中客户融资买进证券为买空，融券卖出证券为卖空，融资融券交易是存在一定风险的买空卖空行为。融资融券作为资本市场发展应具有的基本功能，建立证券融资融券交易制度，可增加市场流动性，提供风险回避手段，提高资金利用率。但是，融资融券业务必须在严格监管条件下进行，否则，将会使证券市场面临严重的风险。因此，对于证券公司违反本法规定，在没有采取必要措施的情况下提供融资融券的行为，依法还应给予一定的处罚。按照本条的规定，首先应当由证券监督管理机构没收违法所得，依法收归国有，同时处以证券公司融资融券等值以下的罚款；如果行为的情节严重，将在一定期限内被禁止从事证券融资融券业务。对于直接负责的主管人员和其他直接责任人员，还要由证券监督管理机构给予警告，同时处以20万元以上200万元以下的罚款。

相关规定

《中华人民共和国证券法》第一百一十八条，第一百一十九条第二款、第三款，第一百二十条第一款、第四款、第五款。

第二百零三条　提交虚假证明文件或者采取其他欺诈手段骗取证券公司设立许可、业务许可或者重大事项变更核准的，撤销相关许可，并处以一百万元以上一千万元以下的罚款。对直接负责的主管人员和其他直接责任人员给予警告，并处以二十万元以上二百万元以下的罚款。

条文主旨

本条是关于骗取证券业务许可的法律责任的规定。

立法背景

本条对原证券法第二百二十一条的内容进行了修改，一是将"骗取证券业务许可"扩大为"骗取证券公司设立许可、业务许可或者重大事项变更核准"；二是在完善了相关法律责任，除撤销相关许可外，还增加了罚款的处罚，同时，规定了直接负责的主管人员和其他直接责任人员的法律责任。

条文解读

一、证券公司应当依法获得相关许可

根据本法第一百一十八条的规定，设立证券公司，必须具备下列条件，并经国务院证券监督管理机构批准：（1）有符合法律、行政法规规定的公司章程；（2）主要股东及公司的实际控制人具有良好的财务状况和诚信记录，最近3年无重大违法违规记录；（3）有符合本法规定的公司注册资本；（4）董事、监事、高级管理人员、从业人员符合本法规定的条件；（5）有完善的风险管理与内部控制制度；（6）有合格的经营场所、业务设施和信息技术系统；（7）法律、行政法规和经国务院批准的国务院证券监督管理机构规定的其他条件。未经国务院证券监督管理机构批准，任何单位和个人不得以“证券公司”名义开展证券业务活动。同时，按照本法第一百二十一条的有关规定，证券公司经营相关的证券业务必须满足法定的注册资本要求。只有具备了上述各项条件的要求，才可以凭各种证明文件向国务院证券监督管理机构提出设立证券公司并从事相关业务的申请，之后再由国务院证券监督管理机构通过审查所提交的证明文件来批准证券公司的设立，并颁发经营相关证券业务的许可证。

二、骗取证券业务许可的法律责任

依据有关规定，在申请设立证券公司和相关证券业务许可时，应当提交的证明文件，包括由依法设立的注册会计师事务所等法定验资机构对申请人的出资所出具的验资报告、验资证明等材料；固定经营场所的所有权或使用权证明和交易设施的合格证明；管理制度健全的证明文件等。如果所提交的上述文件是虚假

的，或者采取其他欺诈手段隐瞒重要事实骗取了证券公司设立许可、业务许可或者重大事项变更核准，那么就破坏了国家对证券公司的管理制度，不仅存在着巨大的经营风险，而且极易损害投资者的权益，因此是一种严重的违法行为，应当依法承担相应的法律责任。批准设立证券公司并允许从事相关证券业务，属于一种许可行为，按照行政许可法第七十九条的规定，被许可人以欺骗、贿赂等不正当手段取得行政许可的，行政机关应当依法给予行政处罚。因此，本条规定，提交虚假证明文件或者采取其他欺诈手段隐瞒重要事实骗取证券公司设立许可、业务许可或者重大事项变更核准的，由证券监督管理机构撤销其相关许可，同时处以 100 万元以上 1000 万元以下的罚款。对于直接负责的主管人员和其他直接责任人员，由国务院证券监督管理机构给予警告，同时还要处以 20 万元以上 200 万元以下的罚款。

相关规定

《中华人民共和国证券法》第一百一十八条、第一百二十条；《中华人民共和国行政许可法》第七十九条。

第二百零四条 **证券公司违反本法第一百二十二条的规定，未经核准变更证券业务范围，变更主要股东或者公司的实际控制人，合并、分立、停业、解散、破产的，责令改正，给予警告，没收违法所得，并处以违法所得一倍以上十倍以下的罚款；没有违法所得或者违法所得不足五十万元的，处以五十万元以上五百万元以下的罚款；情节严重的，并处撤销相关业务许可。对直接负责的主管人员和其他直接责任人员给予警告，并处以二十万元以上二百万元以下的罚款。**

条文主旨

本条是关于证券公司重大事项违法的法律责任的规定。

立法背景

本条对原证券法第二百一十八条的内容进行了修改：一是将原条文第二款与第一款合并，对“擅自变更有关事项”进行细化，在第一款规定的违法行为中增加“未经核准变更证券业务范围，变更主要股东或者公司的实际控制人”，删除“擅自设立、收购、撤销分支机构”“在境外设立、收购、参股证券经营机构”；二是对违法情节严重的，规定并处撤销相关业务许可；三是除对直接负责的主管人员进行处罚外，还将其他直接责任人员纳入处罚范围；四是提高了罚款的倍数和定额罚款的额度。

条文解读

本法第一百二十二条规定：“证券公司变更证券业务范围，变更主要股东或者公司的实际控制人，合并、分立、停业、解散、破产，应当经过国务院证券监督管理机构核准。”这是因为，上述事项的发生，都会对证券公司自身的资信状况以及其他经营情况产生影响，会在一定程度上影响广大投资者对证券公司的选择，很可能损害证券公司客户的利益。从保护投资者和控制证券公司风险的角度出发，法律作出了限制性规定，要求证券公司在从事上述行为时，必须履行审批手续。对于法律的这一限制，证券公司必须严格遵守，否则就要承担相应的法律责任。因此，本条规定，证券公司未经批准变更证券业务范围，未经批准变更主要股东或者公司的实际控制人，未经批准进行合并、分立、停业、解散、破产的，由国务院证券监督管理机构责令改正，给予警告，对违法所得予以没收，同时处以违法所得金额一倍以上十倍以下的罚款；如果没有违法所得或者违法所得不足 50 万元，则直接处以 50 万元以上 500 万元以下的罚款；情节严重的，还要撤销相关业务许可。此外，国务院证券监督管理机构要对直接负责的主管人员和其他直接责任人员给予警告，同时处以 20 万元以上 200 万元以下的罚款。

相关规定

《中华人民共和国证券法》第一百二十二条。

第二百零五条　证券公司违反本法第一百二十三条第二款的规定，为其股东或者股东的关联人提供融资或者担保的，责令改正，给予警告，并处以五十万元以上五百万元以下的罚款。对直接负责的主管人员和其他直接责任人员给予警告，并处以十万元以上一百万元以下的罚款。股东有过错的，在按照要求改正前，国务院证券监督管理机构可以限制其股东权利；拒不改正的，可以责令其转让所持证券公司股权。

条文主旨

本条是关于证券公司违法进行融资或者担保的法律责任的规定。

立法背景

本条对原证券法第二百二十二条第二款的内容进行了修改，主要是提升了罚款的额度。

条文解读

证券公司为其股东或者股东的关联人提供融资或者担保，可能会产生股东利用关联关系从证券公司转移资产的情况，增加证券公司运营风险，并可能损害广大证券公司客户的利益。本法对此予以了严格规范，第一百二十三条第二款规定，证券公司除依照规定为其客户提供融资融券外，不得为其股东或者股东的关联人提供融资或者担保。违反这一规定的证券公司要根据本条规定承担相应的法律责任。

根据本条规定，证券公司除依照规定为其客户提供融资融券外，为其股东或者股东的关联人提供融资或者担保的，首先应当由国务院证券监督管理机构责令其改正：正在进行融资或者担保行为的应当停止，已经完成融资或者担保行为的应当撤销。同时，还要对违法的证券公司给予警告以及罚款的行政处罚，罚款的数额是 50 万元以上 500 万元以下。此外，对违法的证券公司直接负责的主管人员和其他直接责任人员，由国务院证券监督管理机构处以 10 万元以上 100 万元以下的罚款。

证券公司违法为其股东或者股东的关联人提供融资或者担保，往往是股东利用其在公司中的优势地位，通过其代理人如董事而使公司作出的，这些股东的意愿是证券公司实施违法行为的根本原因。因此，股东在本条规定的违法行为中有过错的，在公司改正其违法行为前，国务院证券监督管理机构可以限制其股东权利的行使，如限制其表决权的行使、限制其获得分红等。此外，如果证券公司拒绝改正其违法行为，不停止或者撤销融资或担保行为，国务院证券监督管理机构可以责令有过错的股东转让所持证券公司股权，将其从证券公司中驱逐出去。

相关规定

《中华人民共和国证券法》第一百二十三条第二款。

第二百零六条　证券公司违反本法第一百二十八条的规定，未采取有效隔离措施防范利益冲突，或者未分开办理相关业务、混合操作的，责令改正，给予警告，没收违法所得，并处以违法所得一倍以上十倍以下的罚款；没有违法所得或者违法所得不足五十万元的，处以五十万元以上五百万元以下的罚款；情节严重的，并处撤销相关业务许可。对直接负责的主管人员和其他直接责任人员给予警告，并处以二十万元以上二百万元以下的罚款。

条文主旨

本条是关于混合操作证券业务的法律责任的规定。

立法背景

本条对原证券法第二百二十条的规定进行了修改：一是不再对证券公司不得混合操作的各项业务类别进行列举，而是直接将行为指引到本法第一百二十八条，同时增加"未采取有效隔离措施防范利益冲突"的表述；二是完善了法律责任，加大了对相关违法行为的处罚力度；三是考虑到实践中依据本法和国务院的规定，按照"放管服"改革的要求，取消了证券公司相关人员的任职资格和证券从业资格要求，与之衔接，删除了对证券公司直接负责的主管人员和其他责任人员"情节严重的，撤销任职资格或者证券从业资格"的处罚。

条文解读

一、证券公司不得将相关证券业务混合操作

按照本法的有关规定，证券公司经批准后，是可以同时从事证券经纪、证券投资咨询、证券交易及投资活动有关的财务顾问、证券承销与保荐、证券融资融券、证券做市交易、证券自营等不同的证券业务的。但是，不同的证券业务由于其性质的不同，代表的利益群体和经营目的也不同，难免会发生利益上的冲突。例如，证券公司在从事自营业务时，如果允许与其经纪业务混合操作，就可能产生证券公司以自营商的身份将自己持有的证券卖给自己以经纪商身份受理的客户的现象，即自买自卖。在这种交易中，不可能实现证券公司和公司客户的利益同时得到满足，而往往是证券公司为了自己自营业务的利益而损害以自己为经纪商的客户的利益，以便实现既取佣金又赚利润的目的。因此，证券公司的自营业务、经纪业务、承销业务等，如果混合操作，存在的问题很多，潜伏着相当大的风险。为维护证券市场秩序，降低市场经营风险，保护投资者合法权益，必须在法律中明确规定证券公司应当将这些业务分开操作。

二、证券公司混合操作证券业务的法律责任

本法第一百二十八条第一款明确规定："证券公司应当建立健全内部控制制度，采取有效隔离措施，防范公司与客户之间、不同客户之间的利益冲突。"而根据本条的规定，证券公司对其证券经纪业务、证券承销业务、证券自营业务、证券资产管理业务，不依法分开办理，混合操作的，首先应当责令停止其违法行为，停止正在进行的违法业务操作，并要求其予以改正，将各项业务分开办理。同时，违法的证券公司还要承担以下法律责任：

1. 没收违法所得。即将证券公司通过实施本条规定的违法行为所获得的金钱收入和其他财物，如赚取的利润、获取的佣金等，都依法予以没收。

2. 罚款。本条规定的罚款处罚，是一种“并处”的处罚，即只要证券公司有本条规定的违法行为，就要对其处以罚款。在具体的数额上，可以由证券监督管理机构根据违法行为的形式及后果等实际情况，在本条规定的范围内决定。

3. 情节严重的，撤销相关业务许可。按照本法的规定，证券公司从事证券经纪业务或者其他证券业务，必须经国务院证券监督管理机构批准并取得经营证券业务许可证后方可进行；如果证券公司有本条规定的违法行为，且情节严重、危害较大，处罚机关可以撤销其相关的业务许可，以剥夺违法的证券公司从事相关业务的资格。

三、证券公司直接负责的主管人员和其他直接责任人员的法律责任

由于违法的证券公司的直接负责的主管人员和其他直接责任人员，在证券公司违法行为的整体意志的形成和违法的整体行为的实施上，都有着不可推卸的责任，因此，同本法其他条款一样，本条也规定了对上述人员要给予警告以及罚款的行政处罚，即由国务院证券监督管理机构对直接负责的主管人员和其他直接责任人员给予警告，同时处以20万元以上200万元以下的罚款。

相关规定

《中华人民共和国证券法》第一百二十八条。

第二百零七条　证券公司违反本法第一百二十九条的规定从事证券自营业务的，责令改正，给予警告，没收违法所得，并处以违法所得一倍以上十倍以下的罚款；

没有违法所得或者违法所得不足五十万元的，处以五十万元以上五百万元以下的罚款；情节严重的，并处撤销相关业务许可或者责令关闭。对直接负责的主管人员和其他直接责任人员给予警告，并处以二十万元以上二百万元以下的罚款。

条文主旨

本条是关于违法从事证券自营业务的法律责任的规定。

立法背景

本条对原证券法第二百零九条的规定进行了修改：一是将违法行为的表现指引到本法第一百二十九条的规定；二是行为情节严重时，将原法中“暂停或者撤销证券自营业务许可”修改为“并处撤销相关业务许可或者责令关闭”；三是考虑到实践中，依据本法和国务院的规定，按照“放管服”改革的要求，取消了证券公司相关人员的任职资格和证券从业资格要求，与之衔接，删除了对证券公司直接负责的主管人员和其他责任人员“情节严重的，撤销任职资格或者证券从业资格”的处罚；四是提升了罚款的额度。

条文解读

一、证券公司依法从事证券自营业务

证券自营业务，是指证券公司以自己的名义和资金买卖上市证券从而获取利润的证券业务，它强调的是以自己的名义和使用自己的资金来完成。但是在现实生活中，确有一些证券公司的交易行为不够规范，假借他人的名义或者以个人的名义进行证券交易，这种行为不仅干扰了正常的交易秩序，不利于交易安全，而且损害了广大投资者的合法权益，应当加以禁止。因此，为了规

范证券公司自营业务行为，维护证券市场秩序，降低市场经营风险，保护投资者合法权益，本法第一百二十九条明确规定，证券公司的自营业务必须以自己的名义进行，不得假借他人名义或者以个人名义进行。证券公司的自营业务必须使用自有资金和依法筹集的资金。证券公司不得将其自营账户借给他人使用。如果证券公司违反上述规定，就应当承担相应的法律责任。

二、证券公司违法从事证券自营业务的法律责任

根据本条规定，证券公司违法假借他人名义或者以个人名义从事证券自营业务的，国务院证券监督管理机构应当责令其改正违法行为，给予警告，没收违法所得，依法收归国有，同时处以违法所得一倍以上十倍以下的罚款；对于没有违法所得或者违法所得不足50万元的，也要处以50万元以上500万元以下的罚款；如果行为的情节严重，除上述法律责任外，还要由证券监督管理机构依法撤销相关业务许可或者责令关闭。对证券公司直接负责的主管人员和其他直接责任人员还要给予警告，同时处以20万元以上200万元以下的罚款。鉴于在实际生活中发生的证券公司假借他人名义或者以个人名义从事自营业务的情况非常复杂多样，对于“情节严重”的掌握，还有待于证券监督管理机构在执法实践中总结经验、予以细化。

相关规定

《中华人民共和国证券法》第一百二十九条。

第二百零八条 违反本法第一百三十一条的规定，将客户的资金和证券归入自有财产，或者挪用客户的资金和证券的，责令改正，给予警告，没收违法所得，并处以违法所得一倍以上十倍以下的罚款；没有违法所得

或者违法所得不足一百万元的，处以一百万元以上一千万元以下的罚款；情节严重的，并处撤销相关业务许可或者责令关闭。对直接负责的主管人员和其他直接责任人员给予警告，并处以五十万元以上五百万元以下的罚款。

条文主旨

本条是关于违法将客户的资金和证券归入自有财产或者挪用客户的资金和证券的法律责任的规定。

立法背景

本条对原证券法第二百一十一条的内容进行了修改：一是将行为指引到本法第一百三十一条，行为描述方面将“挪用客户的资金或者证券，或者未经客户的委托，擅自为客户买卖证券的”，修改为“将客户的资金和证券归入自有财产，或者挪用客户的资金和证券的”；二是考虑到实践中依据本法和国务院的规定，按照“放管服”改革的要求，取消了证券公司相关人员的任职资格和证券从业资格要求，与之衔接，删除了对证券公司直接负责的主管人员和其他责任人员“情节严重的，撤销任职资格或者证券从业资格”的处罚；三是提高了罚款的数额。

条文解读

本法第一百三十一条规定，证券公司客户的交易结算资金应当存放在商业银行，以每个客户的名义单独立户管理。证券公司不得将客户的交易结算资金和证券归入其自有财产。禁止任何单位或者个人以任何形式挪用客户的交易结算资金和证券。证券公司破产或者清算时，客户的交易结算资金和证券不属于其破产财产或者清算财产。非因客户本身的债务或者法律规定的其他情形，不得查封、冻结、扣划或者强制执行客户的交易结算资金和证券。这是为了维护证券市场的正常秩序，规范证券交易行为，保护投资者利益，防止欺诈投资者行为的发生，保障证券市场健康、稳定的发展，而对证券公司的经营业务规则作出的一系列规定。

按照本条的规定，如果出现将客户的资金和证券归入自有财产，或者挪用客户的资金和证券的行为，将由国务院证券监督管理机构责令改正其违法行为，给予相应的警告，同时没收违法所得，依法收归国有，并处以违法所得一倍以上十倍以下的罚款；如果没有违法所得或者违法所得不足 100 万元，也要处以 100 万元以上 1000 万元以下的罚款；如果情节严重，还要责令关闭违法的证券公司或者撤销其相关业务许可。对于直接负责的主管人员和其他直接责任人员，要由国务院证券监督管理机构给予警告，同时处以 50 万元以上 500 万元以下的罚款。

相关规定

《中华人民共和国证券法》第一百三十一条。

第二百零九条　证券公司违反本法第一百三十四条第一款的规定接受客户的全权委托买卖证券的，或者违反本法第一百三十五条的规定对客户的收益或者赔偿客户的损失作出承诺的，责令改正，给予警告，没收违法所得，并处以违法所得一倍以上十倍以下的罚款；没有违法所得或者违法所得不足五十万元的，处以五十万元以上五百万元以下的罚款；情节严重的，并处撤销相关业务许可。对直接负责的主管人员和其他直接责任人员给予警告，并处以二十万元以上二百万元以下的罚款。

证券公司违反本法第一百三十四条第二款的规定，

允许他人以证券公司的名义直接参与证券的集中交易的，责令改正，可以并处五十万元以下的罚款。

条文主旨

本条是关于证券公司违法接受委托、进行承诺及允许他人使用证券公司名义直接参与集中交易的法律责任的规定。

立法背景

本条对原证券法第二百一十二条的内容进行了修改：一是将行为指引到本法第一百三十四条和第一百三十五条；二是完善了相关违法行为法律责任的规定，加大了处罚力度；三是考虑到实践中依据本法和国务院的规定，按照“放管服”改革的要求，取消了证券公司相关人员的任职资格和证券从业资格要求，与之衔接，删除了对证券公司直接负责的主管人员和其他直接责任人员“情节严重的，撤销任职资格或者证券从业资格”的处罚；四是在第二款中增加了证券公司允许他人以证券公司名义直接参与证券集中交易的行为的法律责任。

条文解读

一、证券公司应当依法办理经纪业务

本法第一百三十四条第一款规定，证券公司办理经纪业务，不得接受客户的全权委托而决定证券买卖、选择证券种类、决定买卖数量或者买卖价格。第一百三十五条规定，证券公司不得对客户证券买卖的收益或者赔偿证券买卖的损失作出承诺。上述这些规定，都是根据我国证券市场的实际情况而作出的。我国证券市场上的投资者大多是普通的公众投资者，他们往往因为自身对证券知识的缺乏和投资理念的不成熟而过分相信或者高度依赖专业的证券公司。如果允许证券公司接受客户的全权委托，极易产

生证券公司利用其掌握的客户资金，操纵股票价格，扰乱市场秩序的情况，也很容易损害投资者利益。同样，证券公司对客户买卖证券的收益作出承诺或者对赔偿客户证券买卖的损失作出承诺的行为，也是一种不规范的行为，违反了投资者盈亏自负的原则。证券市场是复杂多变的，没有人能保证在证券投资中只赚不赔，因此，证券公司的承诺往往只是一种吸引客户的噱头和手段，实践中不但不可能实现的，反而会产生不必要的纠纷，从而影响证券市场的稳定。因此，本法对上述两种行为都明令禁止，违反者要依照本条规定承担相应的法律责任。

二、证券公司不得接受客户的全权委托买卖证券、对客户买卖证券的收益或者赔偿证券买卖的损失作出承诺

根据本条规定，证券公司接受客户的全权委托买卖证券、对客户买卖证券的收益或者赔偿证券买卖的损失作出承诺的，首先由证券监督管理机构责令其改正。责令改正并不是行政处罚法中规定的行政处罚种类，而是行政机关在实施行政处罚时，必须采取的一种行政措施，即行政处罚法第二十三条规定的“行政机关实施行政处罚时，应当责令当事人改正或者限期改正违法行为”。根据这一规定，对违法行为不管是否处以行政处罚，执法机关都必须首先责令其改正。同时，违法的证券公司还要承担以下法律责任：

1. 警告。警告，是指行政处罚法第八条规定的行政处罚的一种。这里是指证券监督管理机构发现证券公司有本条规定的违法行为时，对其提出告诫，使其认识到自己违法所在和如何改正的一种行政处罚，属于申诫罚。

2. 没收违法所得。没收违法所得，是指行政机关根据法律、法规的规定，将当事人的非法所得强制无偿收归国有的一种行政处罚。此处所称违法所得，是指证券公司通过实施本条规定的违法行为而获得的金钱收入和其他财物。按照本条规定，这些非法所得应当予以没收。

3. 罚款。罚款，是指行政机关依法强制违反行政管理秩序的公民、法人或者其他组织缴纳一定数量的货币的一种行政处罚，是一种财产罚。本条规定的罚款处罚，是一种“并处”的处罚，即只要证券公司有本条规定的违法行为，就要对其处以罚款的行政处罚。具体数额是违法所得的一倍以上十倍以下；如果没有违法所得或者违法所得不足50万元，则直接处以50万元以上500万元以下的罚款。

4. 撤销相关业务许可。撤销许可，是指行政机关依法剥夺违法者原有的特许权利或者资格的一种行政处罚，属于行为罚。按照本法的规定，证券公司从事证券经纪业务或者其他证券业务，必须经过国务院证券监督管理机构批准、并且取得经营证券业务许可证后方可进行；在证券公司有本条规定的违法行为时，处罚机关可以根据其违法行为的情节轻重，在违法情节严重时，决定撤销相关业务许可，剥夺违法的证券公司从事相关业务的资格。这一处罚对证券公司的影响较大，需要由处罚机关根据实际情况，在其违法行为严重时适用。

本条是关于证券公司的违法行为的规定，即关于法人违法行为的规定。法人违法，法律责任应当由法人承担；但是，法人作为一个社会系统，它的主体是自然人，法人整体的活动都是通过有意识、有目的的自然人的自觉活动实现的。法人只是一个人格化的社会关系主体，其违法行为的整体意志的形成和违法的整体行为的实施，都有赖于作为其构成要素的自然人。因此，为了有效地防止法人违法，除必须追究法人的责任外，对负有重大责任的法人成员也必须进行处罚。

为此，本条规定，证券公司有本条规定的违法行为的，除追究公司的责任外，对证券公司直接负责的主管人员和其他直接责任人员也要追究责任，具体包括：（1）警告。警告是行政处罚法第八条规定的行政处罚的一种。这里是指证券监督管理机构发现证券公司有本条规定的违法行为时，对其直接负责的主管人员和其他直接责任人员提出告诫，使其认识自己违法所在和如何改正的一种行政处罚，属于申诫罚。（2）罚款。具体数额在20万元以上200万元以下。此处的“直接负责的主管人员”，是指在公司违法行为中负有直接领导责任的人员，包括违法行为的决策人，事后对公司违法行为予以认可和支持的领导人员，以及由于疏于管理或放任，因而对公司违法行为负有不可推卸责任的领导人员；“其他直接责任人员”是指直接实施公司违法行为的人员。

三、证券公司不得允许他人以证券公司的名义直接参与证券的集中交易

本法第一百三十四条第二款规定，证券公司不得允许他人以证券公司的名义直接参与证券的集中交易。证券公司违反上述规定的，由监管机构责令改正，可以并处50万元以下的罚款。

相关规定

《中华人民共和国证券法》第一百三十四条、第一百三十五条；《中华人民共和国行政处罚法》第八条、第二十三条。

第二百一十条　证券公司的从业人员违反本法第一百三十六条的规定，私下接受客户委托买卖证券的，责令改正，给予警告，没收违法所得，并处以违法所得一倍以上十倍以下的罚款；没有违法所得的，处以五十万元以下的罚款。

条文主旨

本条是关于私下接受客户委托买卖证券的法律责任的规定。

立法背景

本条对原证券法第二百一十五条进行了修改：一是将行为指引到本法第一百三十六条；二是将行为主体由“证券公司及其从业人员”修改为“证券公司的从业人员”；三是不再以违法所得的数额对处罚进行分类，而是直接以是否有违法所得确定法律责任，将“没有违法所得或者违法所得不足十万元的”修改为“没有违法所得”；四是提高了罚款的倍数和定额罚款的额度。

条文解读

一、证券公司的从业人员私下接受客户委托买卖证券

证券公司的从业人员属于因其职权和业务可能接触或者获得内幕信息的知情人员，如果他们利用所掌握的内幕信息，私下接受了客户证券买卖的委托，在依法设立的营业场所之外，直接接受客户委托买卖证券，就有可能为客户牟取不正当利益，从而损害其他投资者的合法权益。即使他们不掌握内幕信息，私下接受了客户证券买卖的委托，也可能会因其所处地位和便利条件给客户带来更多的获利机会，从而增加其他投资者蒙受损失的可能。再者，证券公司的从业人员私下接受客户委托买卖证券，经常伴有行贿受贿、内幕交易等违法犯罪行为，弊端很多，危害很大。因此，为了保障证券市场的公开、公平和公正，有效规范证券公司从业人员的经纪行为，避免买卖纠纷、预防违法犯罪、维护公平竞争，防止证券公司及其从业人员与客户之间进行私下交易，必须对这一行为加以限制。因此，本法第一百三十六条明确规定，证券公司从业人员不得私下接受客户委托买卖证券，违反者

要依法追究其法律责任。

二、证券公司的从业人员私下接受客户委托买卖证券的法律责任

根据本条规定，证券公司的从业人员私下接受客户委托买卖证券的，首先由国务院证券监督管理机构责令其改正，同时还应当承担以下法律责任：（1）警告，即由监管部门对违法的证券公司从业人员予以告诫。（2）没收违法所得，即由监管部门将证券公司的从业人员私下接受客户委托买卖证券所获得的佣金等收入予以没收。（3）罚款，罚款的数额分为两档：如果违法的证券公司从业人员没有通过私下接受客户委托买卖证券获得非法收入，罚款的数额为50万元以下；如果违法的证券公司从业人员通过私下接受客户委托买卖证券获取了非法收入，罚款的数额为违法所得数额的一倍以上十倍以下。

实践中，判断某一私下接受委托买卖证券的行为是证券公司的行为还是证券公司从业人员的行为，应当依据本法第一百三十六条第一款的规定执行，即如果证券公司的从业人员在证券交易活动中，是执行证券公司的指令或者利用职务违反交易规则，那么由其所属的证券公司承担全部责任，除此之外的其他行为属于从业人员的个人行为，应当由该从业人员承担责任。

相关规定

《中华人民共和国证券法》第一百三十六条。

第二百一十一条 证券公司及其主要股东、实际控制人违反本法第一百三十八条的规定，未报送、提供信息和资料，或者报送、提供的信息和资料有虚假记载、误导性陈述或者重大遗漏的，责令改正，给予警告，并

处以一百万元以下的罚款；情节严重的，并处撤销相关业务许可。对直接负责的主管人员和其他直接责任人员，给予警告，并处以五十万元以下的罚款。

条文主旨

本条是关于报送信息违法的法律责任的规定。

立法背景

本条对原证券法第二百二十二条第一款的内容进行了修改：一是加大了处罚力度，提高了罚款数额；二是考虑到实践中依据本法和国务院的规定，按照“放管服”改革的要求，取消了证券公司相关人员的任职资格和证券从业资格要求，与之衔接，删除了对证券公司直接负责的主管人员和其他责任人员撤销任职资格或者证券从业资格”的处罚；三是依据“情节严重”程度分别规定处罚。

条文解读

本法第一百三十八条规定，证券公司应当按照规定向国务院证券监督管理机构报送业务、财务等经营管理信息和资料。国务院证券监督管理机构有权要求证券公司及其主要股东、实际控制人在指定的期限内提供有关信息、资料。同时，该条第二款明确要求，证券公司及其主要股东、实际控制人报送或者提供的信息和资料，应当真实、准确、完整。

要求证券公司及其主要股东、实际控制人报送有关资料，目的在于让证券监督管理机构及时、准确地了解证券公司的运营情况，适时地对证券公司进行监督，保证证券公司各项风险控制指标符合规定，从而最终实现控制证券公司风险、保护广大投资者利益的目的。对于法律的这一规定，证券公司及有关人员不得违反，否则就要承担相应的法律责任。

根据本条规定，证券公司及其主要股东、实际控制人违反本法第一百三十八条的规定未报送、提供信息和资料，或者报送、提供的信息和资料有虚假记载、误导性陈述或者重大遗漏的，由证券监督管理机构给予警告，使其认识到违法行为所在并予以改正，拒绝提供或者报送的，应当及时补报；提供的材料不真实的，应当进行纠正，并重新提供真实、准确、完整的资料和信息。同时，证券监督管理机构对于有本条规定的违法行为的证券公司及其主要股东、实际控制人，应当给予100万元以下的罚款，并可以根据其违法行为的情节轻重作出不同的处罚，如果情节严重，在责令改正、给予警告和罚款的基础上，可以决定撤销证券公司相关的业务许可。此外，对于其直接负责的主管人员和其他直接责任人员，也要给予处罚，处罚的形式是：对其进行警告，同时给予50万元以下的罚款。

相关规定

《中华人民共和国证券法》第一百三十八条。

第二百一十二条　违反本法第一百四十五条的规定，擅自设立证券登记结算机构的，由国务院证券监督管理机构予以取缔，没收违法所得，并处以违法所得一倍以上十倍以下的罚款；没有违法所得或者违法所得不足五十万元的，处以五十万元以上五百万元以下的罚款。对直接负责的主管人员和其他直接责任人员给予警告，并处以二十万元以上二百万元以下的罚款。

条文主旨

本条是关于擅自设立证券登记结算机构的法律责任的规定。

立法背景

本条对原证券法第二百二十六条第一款的内容进行了修改：一是将行为指引到本法第一百四十五条；二是加大了对相关违法行为的处罚力度，提高了罚款数额。

条文解读

本法第一百四十五条第一款规定，证券登记结算机构为证券交易提供集中登记、存管与结算服务，不以营利为目的，依法登记，取得法人资格。证券登记结算机构的基本职能是从事证券登记、托管、过户和资金结算与交收，它是证券市场的重要组成部分，登记结算业务是保障证券交易连续进行必不可少的环节。为了保证证券交易活动中证券保管、清算交割、登记过户业务的顺利进行，维护证券交易安全和防范交收风险，本法规定对证券登记结算机构的设立采取严格的审批制。本法第一百四十五条第二款规定，设立证券登记结算机构必须经国务院证券监督管理机构批准。

未经批准擅自设立证券登记结算机构，即属于违法行为，应由证券监督管理机构依法予以取缔。对于通过设立证券登记结算机构所获得的金钱和其他非法收入，也应当予以没收。同时，证券监督管理机构还要对违法行为人处以违法所得金额一倍以上十倍以下的罚款。如果没有违法所得或者违法所得不足 50 万元，则由国务院证券监督管理机构根据实际情况，处以 50 万元以上 500 万元以下的罚款。对于直接负责的主管人员和其他直接责任人员，要给予警告，同时处以 20 万元以上 200 万元以下的罚款。

相关规定

《中华人民共和国证券法》第一百四十五条。

第二百一十三条 证券投资咨询机构违反本法第一百六十条第二款的规定擅自从事证券服务业务，或者从事证券服务业务有本法第一百六十一条规定行为的，责令改正，没收违法所得，并处以违法所得一倍以上十倍以下的罚款；没有违法所得或者违法所得不足五十万元的，处以五十万元以上五百万元以下的罚款。对直接负责的主管人员和其他直接责任人员，给予警告，并处以二十万元以上二百万元以下的罚款。

会计师事务所、律师事务所以及从事资产评估、资信评级、财务顾问、信息技术系统服务的机构违反本法第一百六十条第二款的规定，从事证券服务业务未报备案的，责令改正，可以处二十万元以下的罚款。

证券服务机构违反本法第一百六十三条的规定，未勤勉尽责，所制作、出具的文件有虚假记载、误导性陈述或者重大遗漏的，责令改正，没收业务收入，并处以业务收入一倍以上十倍以下的罚款，没有业务收入或者业务收入不足五十万元的，处以五十万元以上五百万元以下的罚款；情节严重的，并处暂停或者禁止从事证券服务业务。对直接负责的主管人员和其他直接责任人员给予警告，并处以二十万元以上二百万元以下的罚款。

条文主旨

本条是关于证券服务机构违法行为的法律责任的规定。

立法背景

本条对原证券法第二百二十三条、第二百二十六条整合后进行了修改：一是加大了对相关违法行为的处罚力度，提高了罚款数额；二是增加了从事证券投资咨询以外的其他证券服务业务、应备案而未备案的行为的法律责任。

条文解读

一、证券投资咨询机构违法从事证券服务业务的法律责任

本法第一百六十条第二款规定，从事证券投资咨询服务业务，应当经国务院证券监督管理机构核准；未经核准，不得为证券的交易及相关活动提供服务。本法第一百六十一条规定，投资咨询机构及其从业人员从事证券服务业务不得有下列行为：(1) 代理委托人从事证券投资；(2) 与委托人约定分享证券投资收益或者分担证券投资损失；(3) 买卖本证券投资咨询机构提供服务的证券；(4) 法律、行政法规禁止的其他行为。证券投资咨询服务机构违反上述规定，应当承担相应的法律责任

根据本条的规定，证券投资咨询服务机构未经批准擅自从事证券服务业务的，或者从事证券服务业务有本法规定的违法行为的，由国务院证券监督管理机构或国务院有关主管部门责令改正。对于证券咨询服务机构违法进行证券服务业务所获得的非法收入，也应予以没收。同时，国务院证券监督管理机构或者国务院有关主管部门还要对违法的专业服务机构给予罚款的行政处罚，罚款的数额是其违法所得的一倍以上十倍以下。在没有违法所得或者违法所得不足 50 万元的情况下，也要处以 50 万元以上

500 万元以下的罚款。与此同时，对于直接负责的主管人员和其他直接责任人员，由国务院证券监督管理机构或国务院有关主管部门对其给予警告，同时处以 20 万元以上 200 万元以下的罚款。

二、从事证券服务业务但未按规定进行备案的法律责任

证券市场的健康有序发展和正常运行，有赖于各种专业服务机构为其提供的服务。例如，注册会计师审计是会计师事务所最主要的职能，在证券市场上，注册会计师执行的业务与会计师事务所发挥的作用，不仅要对某个公司的投资者和债权人负责，而且要面向社会，发挥社会公证的作用。因此，会计师事务所已经成为证券市场监督体系中不可缺少的组成部分，它是证券市场形成公开、公平、公正市场环境的必要环节。按照执业规则，注册会计师应对其出具的审计报告真实性和合法性负责，审计报告的真实性是指应如实反映注册会计师的审计范围、审计依据、实施的审计程序和应发表的审计意见；审计报告的合法性是指审计报告的编制和出具必须符合有关法律和职业规范的规定。此外，在证券市场上进行证券发行、上市公司收购兼并及财务报告的披露，一般都要进行资产评估。由于资产评估的结果是确定交易价格的关键，需要得到交易双方或多方的确认，因此，必须由大众公认的、独立的、专业化的机构来进行，这一机构就是资产评估事务所。正因为资产评估事务所出具的资产评估报告在证券市场上发挥着重要作用，所以，资产评估报告中一旦出现弄虚作假的内容，极有可能给依赖于资产评估报告作出投资、交易决策的利害关系人造成损失。律师事务所从事证券法律业务的内容主要有以下两个方面：一是为公开发行和上市证券的公司出具有关法律意见书，二是审查、修改、制作各种有关法律文件。律师事务所的工作，是推动整个证券市场法制化建设的重要组成部分。律师及所在律师事务所应对出具的法律意见书的真实性、准确性及完

整性进行核查和验证，如果律师事务所就其所应负责的法律意见书的内容弄虚作假，依法应承担相应的法律责任。

为了保证各种专业服务机构为证券市场提供的服务真实、高效，保证证券市场的安全、稳定，本法对专业服务机构从事证券业务专门规定了备案手续。本法第一百六十条第二款作出规定，要求从事证券投资咨询以外的其他证券服务业务，应当报国务院证券监督管理机构和国务院有关主管部门备案。

如果会计师事务所、律师事务所以及从事资产评估、资信评级、财务顾问、信息技术系统服务的机构违反了本法第一百六十条第二款的规定，从事证券服务业务却没有向国务院证券监管管理机构和国务院有关主管部门备案，将被责令改正，同时还要处以 20 万元以下的罚款。

三、证券服务机构未勤勉尽责，制作、出具的文件有虚假记载、误导性陈述或者重大遗漏的法律责任

本法第一百六十三条规定，证券服务机构为证券的发行、上市、交易等证券业务活动制作、出具审计报告及其他鉴证报告、资产评估报告、财务顾问报告、资信评级报告或者法律意见书等文件，应当勤勉尽责，对所依据的文件资料内容的真实性、准确性、完整性进行核查和验证。证券服务机构如果违反第一百六十三条的规定，未能履行勤勉尽责的义务和要求，制作、出具有关文件有虚假记载、误导性陈述或者重大遗漏，根据本条规定，首先应责令其改正，同时还要承担以下法律责任：（1）没收违法所得，即由证券监督管理机构将上述专业机构通过违法行为所获取的一切非法业务收入，依法收归国有；（2）罚款，罚款的数额是其非法收入的一倍以上十倍以下，没有业务收入或者业务收入不足 50 万元的，处以 50 万元以上 500 万元以下的罚款；（3）暂停或者禁止从事证券服务业务。

同时，对于有本条规定的违法行为的证券服务机构，根据本条规定还要对其直接负责的主管人员和其他直接责任人员给予警告和罚款的行政处罚，罚款额度为 20 万元以上 200 万元以下。

相关规定

《中华人民共和国证券法》第一百六十条、第一百六十一条、第一百六十三条。

第二百一十四条 **发行人、证券登记结算机构、证券公司、证券服务机构未按照规定保存有关文件和资料的，责令改正，给予警告，并处以十万元以上一百万元以下的罚款；泄露、隐匿、伪造、篡改或者毁损有关文件和资料的，给予警告，并处以二十万元以上二百万元以下的罚款；情节严重的，处以五十万元以上五百万元以下的罚款，并处暂停、撤销相关业务许可或者禁止从事相关业务。对直接负责的主管人员和其他直接责任人员给予警告，并处以十万元以上一百万元以下的罚款。**

条文主旨

本条是关于资料保存违法的法律责任的规定。

立法背景

本条对原证券法第二百二十五条的内容进行了修改：一是行为主体方面，将“上市公司、证券交易所”修改为“发行人”；二是加大了对相关违法行为的处罚力度，提高了罚款数额；三是增加了对直接负责的主管人员和其他责任人员的处罚。

条文解读

根据本法的有关规定，证券监督管理机构在依法履行对证券市场的监管时，有权查阅、复制当事人和与被调查事件有关的单位和个人的证券交易记录、登记过户记录、财务会计资料以及其他相关文件。查阅有关文件，有助于证券监督管理机构了解所调查事项的真实情况，发现有关机构在业务活动中的违法行为，是履行监督职责的一个重要手段。而保证这一手段能够得以实施的前提，是有关机构必须妥善保存有关文件。因此，本法和有关法律、法规、规章，对发行人、证券交易所、证券登记结算机构、证券服务机构保存有关文件和资料提出了要求，如根据本法第八十六条的规定，依法披露的信息，应当在证券交易场所的网站和符合国务院证券监督管理机构规定条件的媒体发布，同时将其置备于公司住所、证券交易场所，供公众查阅。根据本法第一百三十七条第二款规定，证券公司应当妥善保存客户开户资料、委托记录、交易记录和与内部管理、业务经营有关的各项信息，任何人不得隐匿、伪造、篡改或者毁损，同时规定上述信息的保存期限不得少于 20 年；根据本法第一百五十三条的规定，证券登记结算机构应当妥善保存登记、存管和结算的原始凭证及有关文件和资料，保存期限不得少于 20 年。对于其他法律、行政法规和规章关于文件和资料保存的要求，发行人和证券登记结算机构、证券公司、证券服务机构也要遵守，违反者要根据本条的规定承担法律责任。

根据本条规定，发行人、有关机构未按照有关规定保存文件和资料的，由国务院证券监督管理机构给予警告，使其认识到违法行为所在，并要求其改正，同时处以 10 万元以上 100 万元以下的罚款，具体罚款数额根据其违法行为的情节等实际情况决定；发行人有关机构隐匿、伪造、篡改或者毁损有关文件和资料的，也要对其处以警告和罚款的行政处罚，由于这种行为的性质更为恶劣、危害更大，所以罚款的数额是 20 万元以上 200 万元以下。如果情节严重，还将对行为人处以 50 万元以上 500 万元以下的罚款，同时处以暂停、撤销相关业务许可或者禁止从事相关业务。与此同时，对于直接负责的主管人员和其他直接责任人员还将给予警告，同时处以 10 万元以上 100 万元以下的罚款。

相关规定

《中华人民共和国证券法》第八十六条、第一百三十七条、第一百五十三条。

第二百一十五条　国务院证券监督管理机构依法将有关市场主体遵守本法的情况纳入证券市场诚信档案。

条文主旨

本条是关于纳入证券市场诚信档案的规定。

立法背景

本条是这次修改证券法新增加的条款。

条文解读

证券法是规范证券市场行为人的基本法律，参与证券市场各类活动的主体都应当严格遵守。但是不可否认的是，目前我国证券市场上，不诚信的现象并不罕见，甚至可以说触目惊心、危害极大。

根据 2018 年 5 月 10 日中国证监会对证券市场诚信情况通报的数据，从违法失信主体的情况看，2018 年度存在违法失信记录的机构共1251家。其中，上市公司相关责任主体、非上市公众公司、公司债券发行人、证券公司、基金管理公司、期货公司、证券投资咨询机构、基金销售机构、资信评级机构、会计师事务所、资产评估机构、律师事务所、私募基金管理人、机构投资者等各类证券市场相关主体均存在失信行为。与此同时，存在违法失信记录的个人也达到2333人。这其中，既包括上市公司、公司债券发行人、证券公司、基金管理公司、期货公司、证券投资咨询机构、私募基金管理人的相关人员和从业人员，也包括个人投资者。失信的个人，以上市公司“董、监、高”，上市公司控股股东、实际控制人，上市公司持股5%以上的个人投资者，上市公司并购重组交易对方“董、监、高”，拟上市公司“董、监、高”为主，占比50%以上。

诚信是证券市场的基石，也是现代经济的黄金规则，违法违规行为会使市场经济的健康发展受到威胁，因此，将违法违规行为纳入信用信息系统，能够有效规范市场各类主体的行为，维护经济秩序的良性运转。随着国家信用管理体系的不断完善，诚信档案、信用记录在惩戒失信行为人方面正在发挥着越来越重要的作用。因此，本次修改证券法在法律责任部分专门增加这一条款，目的就在于倡导证券市场的所有主体，本着诚实信用的基本原则参与证券活动，严格遵守法律、行政法规、规章和依法制定的自律规则，共同努力，营造证券市场诚信环境，保护投资者切身利益。违法违规的行为除承担本章各项条款所规定的法律责任外，还将导致社会信用评价的降低，将来可能还会承担失信的惩戒。

第二百一十六条　国务院证券监督管理机构或者国务院授权的部门有下列情形之一的，对直接负责的主管

人员和其他直接责任人员，依法给予处分：

（一）对不符合本法规定的发行证券、设立证券公司等申请予以核准、注册、批准的；

（二）违反本法规定采取现场检查、调查取证、查询、冻结或者查封等措施的；

（三）违反本法规定对有关机构和人员采取监督管理措施的；

（四）违反本法规定对有关机构和人员实施行政处罚的；

（五）其他不依法履行职责的行为。

条文主旨

本条是关于相关人员不依法履行监管职责的法律责任的规定。

立法背景

本条对原证券法第二百二十七条的内容进行了修改，主要作了一些文字修改。

条文解读

国务院证券监督管理机构和国务院授权的部门作为对证券市场实施监督的行政机关，应依法行使其行政权力，在法定的职权范围内按照法律规定条件和程序履行职责，实施各项行政许可、行政检查、行政强制措施和行政处罚。上述机构或部门未依法履行职责的，要承担相应的法律责任。

一、违法行为的表现形式

本条列举了四种违法行为，具体如下：

1. 未依法履行行政许可。例如，设立证券公司，必须经国务院证券监督管理机构批准。有关机构或者部门在实施本法规定的行政许可时，必须严格依法进行，不得对不符合法定条件的予以许可，否则即构成违法。

2. 违法实施行政检查和采取行政强制措施。根据本法第一百七十条的有关规定，国务院证券监督管理机构为履行其监督管理职责，有权对有关单位和个人采取现场检查、调查取证、查询、冻结或者查封等措施。但是，国务院证券监督管理机构实施上述措施时，应严格依法进行。如本法第一百七十二条规定，进行监督检查或者调查时，检查、调查的人员不得少于二人，并应当出示合法证件和监督检查、调查通知书或者其他执法文书。又如行政许可法第六十三条规定，行政机关实施监督检查，不得妨碍被许可人正常的生产经营活动，不得索取或者收受被许可人的财物，不得谋取其他利益。国务院证券监督管理机构违反有关规定采取有关措施的，也属于违法行为。

3. 违反规定实施监督管理措施。根据本法的规定，国务院证券监督管理机构和国务院授权的部门，有权对违反本法规定的单位和个人实施监督管理措施，但是，这些措施的实施必须严格依照法律程序和条件进行。违反规定实施监督管理措施的，应当承担相应的法律责任。

4. 违反规定实施行政处罚。根据本法规定，国务院证券监督管理机构和国务院授权的部门，有权对违反本法规定的单位和个人实施行政处罚。上述机构和部门在实施行政处罚时，必须严格按照行政处罚法规定的条件和程序进行，不得违反，否则也要承担相应的法律责任。

二、依法对直接负责的主管人员和其他直接责任人员作出处分

根据本条规定，国务院证券监督管理机构或者国务院授权的部门不依法履行职责的，对其直接负责的主管人员和其他直接责任人员要给予处分。本条规定的处分对象是违法的机构或者对部门直接负责的主管人员和其他直接责任人员，即在单位违法行为中负有直接领导责任的人员，包括违法行为的决策人，事后对单位违法行为予以认可和支持的领导人员，由于疏于管理或放任，而对单位违法行为负有不可推卸责任的领导人员，以及直接实施单位违法行为的人员。

按照监察法第四十五条和公务员法第五十五条、第五十六条等条款的规定，行政处分的种类包括：警告、记过、记大过、降级、撤职、开除六种。同时，按照公务员法的规定，公务员在受处分期间不得晋升职务和级别，其中受记过、记大过、降级、撤职处分的，不得晋升工资档次；受处分的期间为：警告，6 个月；记过，12 个月；记大过，18 个月；降级、撤职，24 个月。

相关规定

《中华人民共和国证券法》第一百七十条、第一百七十二条；《中华人民共和国行政许可法》第六十三条；《中华人民共和国监察法》第四十五条；《中华人民共和国公务员法》第五十五条、第五十六条。

第二百一十七条　国务院证券监督管理机构或者国务院授权的部门的工作人员，不履行本法规定的职责，滥用职权、玩忽职守，利用职务便利牟取不正当利益，或者泄露所知悉的有关单位和个人的商业秘密的，依法追究法律责任。

条文主旨

本条是关于相关工作人员渎职的法律责任的规定。

立法背景

本条对原证券法第二百二十八条的内容进行了修改，删除“发行审核委员会的组成人员”，增加“国务院授权的部门的工作人员”。原因主要是注册制框架下，不再设置发行审核委员会，原证券法第二十二条关于发行审核委员会的条款也在本次修改中删除。

条文解读

一、具有证券领域相关职权的工作人员应当依法履职

根据本法第一百七十九条的规定，国务院证券监督管理机构工作人员必须忠于职守，依法办事，公正廉洁，不得利用自己的职务便利牟取不正当的利益，不得泄露所知悉的有关单位和个人的商业秘密。国务院证券监督管理机构工作人员在任职期间，或者离职后在公务员法规定的期限内，不得到与原工作业务直接相关的企业或者其他营利性组织任职，不得从事与原工作业务直接相关的营利性活动。这是对证券监督管理机构工作人员基本行为规则的明确规定。除此之外，本法还有许多条款对证券监督管理机构工作人员的职责作了具体规定。证券监督管理机构的工作人员和国务院授权的部门的工作人员，应该严格按照本法的规定履行职责，不得有滥用职权、玩忽职守等违法行为。这里所说“滥用职权”，是指国家机关工作人员违反法律规定的权限和程序，滥用职权或者超越职权的行为。例如，证券监督管理机构的工作人员违法对不符合条件的公开发行证券的申请予以注册等。

二、渎职行为的法律责任

本条中的“玩忽职守”，是指不履行法律所规定的职责或者不认真、不正确或者放弃履行职责，致使国家利益、公共利益遭受重大损失的行为。此外，有关人员利用职务便利牟取不正当利益，或者泄露所知悉的有关单位和个人的商业秘密，也属于本条规定的违法行为。按照本条的规定，证券监督管理机构的工作人员和国务院授权的部门的工作人员，不履行本法规定的职责，有本条规定的违法行为的，要依照本法和有关法律的规定追究其法律责任。

1. 依据监察法和公务员法的有关规定给予其行政处分。根据监察法第四十五条第一款的规定，监察机关根据监督、调查结果对违法的公职人员依照法定程序作出警告、记过、记大过、降级、撤职、开除等政务处分决定。根据公务员法第六十一条、第六十二条的规定，公务员因违法违纪应当承担纪律责任的，依照公务员法给予处分，处分分为：警告、记过、记大过、降级、撤职、开除。

处分的种类有警告、记过、记大过、降级、撤职、开除等；受处分的期限为：警告，6 个月；记过，12 个月；记大过，18 个月；降级、撤职，24 个月。受撤职处分的，按照规定降低级别。有处分权的单位可根据违法的国家工作人员所犯违法事实的情节轻重分别给予不同的处分，以达到教育惩戒的目的。

2. 情节严重，构成犯罪的，依照刑法追究其刑事责任。刑法第三百九十七条对滥用职权罪、玩忽职守罪作出了规定，除刑法另有规定外，国家机关工作人员滥用职权或者玩忽职守，致使公共财产、国家和人民利益遭受重大损失的，将处以三年以下有期徒刑或者拘役；如果情节特别严重的，将处三年以上七年以下有期徒刑。国家机关工作人员徇私舞弊，犯前款罪的，处以五年以下有期徒刑或者拘役；情节特别严重的，处以五年以上十年以下有期徒刑。

3. 其他法律、行政法规、规章对上述人员的违法行为规定了法律责任的，依照其规定执行。

相关规定

《中华人民共和国证券法》第一百七十九条第一款；《中华人民共和国监察法》第四十五条第一款；《中华人民共和国公务员法》第六十一条、第六十二条；《中华人民共和国刑法》第三百九十七条。

第二百一十八条　拒绝、阻碍证券监督管理机构及其工作人员依法行使监督检查、调查职权，由证券监督管理机构责令改正，处以十万元以上一百万元以下的罚款，并由公安机关依法给予治安管理处罚。

条文主旨

本条是关于相关工作人员拒绝、阻碍证券执法的法律责任的规定。

立法背景

本条对原证券法第二百三十条的内容进行了修改，主要是完善了法律责任，增加了“证券监督管理机构责令改正，处以十万元以上一百万元以下的罚款”的规定。

条文解读

我国证券市场与国际成熟的金融资本市场相比，还存在一些亟需解决的问题，还有待进一步发展完善。为了有效防范和化解市场风险，推动证券市场的健康发展，就需要加强国家对证券市场发展的监管，监督和引导市场主体依法行事，实现市场的规范化。为此，本法规定国务院证券监督管理机构依法对证券市场实行监督管理，维护证券市场秩序，保障其合法运行。同时，还对国务院证券监督管理机构的职责、检查与调查职权等作出了具体规定。为了保证切实履行这些职责，对被监管单位和个人也作了相应的义务性规定。根据本法第一百七十三条的规定，国务院证券监督管理机构依法履行职责，被检查、调查的单位和个人应当配合，如实提供有关文件和资料，不得拒绝、阻碍和隐瞒。对于违反这一规定，拒绝、阻碍证券监督管理机构及其工作人员依法行使监督检查职权的，就要按照本条的规定，依法承担相应的法律责任。

根据本条的规定，国务院证券监督管理机构、公安机关各司其责，在各自职权范围内行使权力、作出处罚：拒绝、阻碍证券监督管理机构及其工作人员行使监督检查职权，由证券监督管理机构责令改正，处以 10 万元以上 100 万元以下的罚款；由公安机关依法给予治安管理处罚。与此同时，依据治安管理处罚法第五十条的规定，如果阻碍国家机关工作人员依法执行职务，处以警告或者 200 元以下罚款，如果情节严重，处以 5 日以上 10 日以下拘留，还可以同时处以 500 元以下罚款。

相关规定

《中华人民共和国证券法》第一百七十三条；《中华人民共和国治安管理处罚法》第五十条。

第二百一十九条　违反本法规定，构成犯罪的，依法追究刑事责任。

条文主旨

本条是关于违反证券法须承担的刑事责任的规定。

立法背景

本条沿袭了原证券法第二百三十一条的规定，未作修改。

条文解读

刑事责任，是国家刑事法律规定的犯罪行为所应承担的法律后果。证券活动中的当事人如果有本法规定的违法行为，且其行为符合我国刑法所规定的犯罪的构成要件的，就要依据刑法有关条款的规定承担相应的刑事责任。

我国刑法分则在第三章破坏社会主义市场经济秩序罪对证券市场上的欺诈发行证券、未经批准设立有关证券机构、未经批准发行证券、内幕交易、传播虚假信息、操纵证券市场等违反证券法的行为规定了刑事责任。

一、欺诈发行股票、债券

刑法第一百六十条对欺诈发行股票、债券罪作了规定，在招股说明书、认股书、公司、企业债券募集办法中隐瞒重要事实或者编造重大虚假内容，发行股票或者公司、企业债券，数额巨大、后果严重或者有其他严重情节的，处五年以下有期徒刑或者拘役，并处或者单处非法募集资金金额1%以上5%以下的罚金。单位犯前款罪的，对单位判处罚金，并对其直接负责的主管人员和其他直接责任人员，处五年以下有期徒刑或者拘役。

本罪主观上只能是故意，发行人公开发行或者不公开发行证券均可能构成本罪。行为人客观上采取了隐瞒重要事实的行为，包括公司股东、实际控制人的重大债务，公司的重大诉讼，投资的重大风险，而编造重大的虚假内容，包括对公司财务数据的重大造假，对资金投资项目的主要内容和状况作了重大的虚假陈述，虚构债权担保，或者提供虚假担保等行为。此外，需要“数额巨大”后果严重或者有其它严重情节，才构成犯罪。

二、违规披露、不披露重要信息

刑法第一百六十一条对违规披露、不披露重要信息罪作了规定，依法负有信息披露义务的公司、企业向股东和社会公众提供虚假的或者隐瞒重要事实的财务会计报告，或者对依法应当披露的其他重要信息不按照规定披露，严重损害股东或者其他人利益，或者有其他严重情节的，对其直接负责的主管人员和其他直接责任人员，处三年以下有期徒刑或者拘役，并处或者单处2万元以上20万元以下罚金。本罪为单位犯罪，但采用单罚制，只对公司直接负责的主管人员和其他责任人员判处刑罚，对公司不再判处罚金。

三、擅自设立证券交易所、证券公司，伪造、变造、转让金融机构经营许可证、批准文件

1. 刑法第一百七十四条第一款对擅自设立金融机构罪作了规定，未经国家有关主管部门批准，擅自设立商业银行、证券交易所、期货交易所、证券公司、期货经纪公司、保险公司或者其他金融机构的，处三年以下有期徒刑或者拘役，并处或者单处2万元以上20万元以下罚金；情节严重的，处三年以上十年以下有期徒刑，并处5万元以上50万元以下罚金。

值得注意的是，本罪是结果犯，即必须有成立证券交易所或者证券公司的结果。如果设立证券交易所或者证券公司还在预备阶段，或者由于某种原因使行为人意图设立的证券交易所、证券公司并未实际成立，则不构成本罪。至于擅自设立的证券交易所、证券公司是不是已开展业务，是否从事相应的证券业务，是否已经造成了危害，均不影响本罪的成立。本罪侵犯的客体是国家的金融管理制度，“情节严重”主要依据行为、手段、实际造成的危害后果等因素确定。

2. 刑法第一百七十四条第二款对伪造、变造、转让金融机构经营许可证、批准文件罪作了规定，伪造、变造、转让商业银行、证券交易所、期货交易所、证券公司、期货经纪公司、保险公司或者其他金融机构的经营许可证或者批准文件的，依照前款的规定处罚。

本罪为行为犯，即只要行为人出于故意实施了伪造、变造、转让金融机构经营许可证、批准文件的行为即可构成。至于行为人是否将伪造、变造的经营许可证、批准文件使用或者出售、转交给他人，以及是否发生了实际危害社会的损害结果，均对本罪构成没有影响。

3. 刑法第一百七十四条第三款规定，单位犯该条前两款罪的，要对单位判处罚金，并对其直接负责的主管人员和其他直接责任人员，依照第一款的规定处罚。

四、擅自发行股票或者公司、企业债券

刑法第一百七十九条对擅自发行股票、公司企业债券罪作了规定，未经国家有关主管部门批准，擅自发行股票或者公司、企业债券，数额巨大、后果严重或者有其他严重情节的，处五年以下有期徒刑或者拘役，并处或者单处非法募集资金金额1%以上5%以下罚金。单位犯前款罪的，对单位判处罚金，并对其直接负责的主管人员和其他直接责任人员，处五年以下有期徒刑或者拘役。

本罪的客体为复杂客体，即国家对证券市场的管理制度以及投资者和债权人的合法权益。行为人擅自发行的股票或者公司、企业债券的行为必须达到情节严重的程度，才能构成犯罪，如果尚未发行或正在准备发行的，不构成本罪。同时，如果不是采取发行股票或者公司、企业债券的方式，而是采取其他方法非法集资的，也不构成本罪，如公司之间以高利贷方式相互拆借资金。所谓“擅自发行”，包括：（1）既不具备发行股票或者公司、企业债券的条件，又未得到有关主管部门的批准；（2）虽然符合法律规定发行股票或者公司、企业债券的条件，但未经有关主管部门的批准。所谓“情节严重”，本条原则列举为数额巨大、后果严重或者有其他严重情节的行为。

五、内幕交易、泄露内幕信息

1. 刑法第一百八十条第一款对内幕交易、泄露内幕信息罪作了规定，证券、期货交易内幕信息的知情人员或者非法获取证券、期货交易内幕信息的人员，在涉及证券的发行，证券、期货交易或者其他对证券、期货交易价格有重大影响的信息尚未公开前，买入或者卖出该证券，或者从事与该内幕信息有关的期货交易，或者泄露该信息，或者明示、暗示他人从事上述交易活动，情节严重的，处5年以下有期徒刑或者拘役，并处或者单处违法所得1倍以上5倍以下罚金；情节特别严重的，处5年以上10年以下有期徒刑，并处违法所得1倍以上5倍以下罚金。单位犯前款罪的，对单位判处罚金，并对其直接负责的主管人员和其他直接责任人员，处5年以下有期徒刑或者拘役。内幕信息、知情人员的范围，依照法律、行政法规的规定确定。

行为人利用内幕信息，直接参与证券买卖，即行为人在涉及证券发行，证券交易或者其他对证券交易价格有重大影响的信息正式公开以前，利用自己所处的特殊位置而获悉的内幕信息，掌握有利的条件和时机，进行证券的买入或卖出，从而使自己从中获利或减少损失。行为人故意泄露内幕信息，即行为人在涉及证券发行，证券交易或者其他对证券交易价格有重大影响的信息正式公开前，将自己所知悉的内幕信息故意予以泄露，主要是指行为人以明示或者暗示的方式透露、提供给第三人。这里的“泄露”是指将处于保密状态的信息公开化，使之进入公开领域，其具体表现又有两种形式：（1）将信息告知不应或无权知道该信息的人，也就是说，扩大了信息公布范围，即内幕信息在空间上的泄露；（2）在保密期届满前解密，也就是超前公布信息，即内幕信息在时间上的泄露。此外，对泄露内幕信息行为而言，泄露者本人不一定直接参与证券的买卖行为，但通过为他人提供的内幕信息，从而间接地参与了证券交易。与第一种情形直接买卖证券相比，泄露内幕信息对证券交易市场、投资者及相关公司所造成的损失，往往更为严重。

2. 刑法第一百八十条第二款还对利用未公开信息交易罪作了规定，证券交易所、期货交易所、证券公司、期货经纪公司、基金管理公司、商业银行、保险公司等金融机构从业人员以及有关监管部门或者行业协会的工作人员，利用因职务便利获取的内幕信息以外的其他未公开的信息，违反规定，从事与该信息相关的证券、期货交易活动，或者明示、暗示他人从事相关交易活动，情节严重的，依照第一款的规定处罚。

六、编造并传播虚假信息、诱骗投资者买卖证券、期货合约

1. 刑法第一百八十一条第一款对编造传播证券、期货交易虚假信息罪作了规定，编造并且传播影响证券、期货交易的虚假信息，扰乱证券、期货交易市场，造成严重后果的，处五年以下有期徒刑或者拘役，并处或者单处1万元以上10万元以下罚金。单位犯本罪的，对单位判处罚金，并对其直接负责的主管人员和其他直接责任人员，处五年以下有期徒刑或者拘役。

本罪在客观方面表现为编造并且传播，即编造、传播行为必须同时成立才能构成本罪。如果行为人没有编造，而是将基于自身特殊身份所取得的信息加以利用或泄露，如属内幕信息，则应以内幕交易或泄露内幕信息行为论处。本罪以给证券市场造成了严重的危害后果为必要，如果没有扰乱证券交易市场，未造成实际危害后果或虽然扰乱了证券交易市场，造成了实际危害后果但不属于严重后果，亦不构成本罪。所谓造成严重后果，主要是指因行为人的行为造成了证券价格强烈波动，在投资者中引起了恐慌，大量抛售或购买证券，给投资者造成了重大的经济损失，造成了恶劣的社会影响等。

2. 刑法第一百八十一条第二款对诱骗投资者买卖证券、期货合约罪作了规定，证券交易所、期货交易所、证券公司、期货经纪公司的从业人员，证券业协会、期货业协会或者证券期货监督管理部门的工作人员，故意提供虚假信息或者伪造、变造、销毁交易记录，诱骗投资者买卖证券、期货合约，造成严重后果的，处五年以下有期徒刑或者拘役，并处或者单处1万元以上10万元以下罚金；情节特别恶劣的，处五年以上十年以下有期徒刑，并处2万元以上20万元以下罚金。

本罪的主体为特殊主体，即只有证券交易所、期货交易所、证券公司、期货经纪公司的从业人员，证券业协会、期货业协会或者证券期货监督管理部门的工作人员及单位，才能构成本罪。非上述人员、单位不能构成本罪而成为本罪主体。另外，本罪在主观方面必须出于故意，即明知为虚假信息而故意提供或者明知是证券、期货交易记录仍决意伪造、变造或者销毁，并且具有诱骗投资者买卖证券、期货合约的目的。过失不能构成本罪。

单位犯本罪的，对单位判处罚金，并对其直接负责的主管人员和其他直接责任人员，处五年以下有期徒刑或者拘役。

七、操纵证券市场

刑法第一百八十二条对操纵证券、期货市场罪作了规定，有下列情形之一，操纵证券、期货交易价格，获取不正当利益或者转嫁风险，情节严重的，处5年以下有期徒刑或者拘役，并处或者单处违法所得1倍以上5倍以下罚金：（1）单独或者合谋，集中资金优势、持股或者持仓优势或者利用信息优势联合或者连续买卖，操纵证券、期货交易价格或者证券、期货交易量的；（2）与他人串通，以事先约定的时间、价格和方式相互进行证券、期货交易，或者相互买卖并不持有的证券，影响证券、期货交易价格或者证券、期货交易量的；（3）在自己实际控制的账户之间进行证券交易，或者以自己为交易对象，自买自卖期货合约，影响证券、期货交易价格或者证券、期货交易量的；（4）以其他方法操纵证券、期货市场的。单位犯前款罪的，对单位判处罚金，并对其直接负责的主管人员和其他直接责任人员，依照前款规定处罚。

操纵证券市场罪在客观方面表现为利用其资金、信息等优势或者滥用职权操纵市场，影响证券市场价格，制造证券市场假象，诱导或者致使投资者在不了解事实真相的情况下作出证券投资决定，扰乱证券市场秩序的行为，刑法规定了具体的行为方式，详细来讲：（1）单独或者合谋，集中资金优势、持股或者持仓优势，或者利用信息优势，联合或者连续买卖，操纵证券、期货交易价格。可以分为单独连续买卖和通谋买卖，表现为资金大户、持股或者持仓大户利用其大量资金或者大量股票、期货合约进行单独或者通谋买卖，对某种股票连续以高价买进或者以低价卖出，以造成这种股票价格见涨见跌的假象，诱使他人错误地抛售或追涨，使其他投资者遭受巨大损失。（2）与他人串通，以事先约定的时间、价格和方式相互进行证券交易，或者相互买卖并不持有的证券，影响证券交易价格或者证券交易量，这里典型的手法就是虚买虚卖。虚买虚卖的行为可能会造成某种证券交易活跃的假象，以此影响证券交易价格或者证券交易量，引诱跟风炒作者上当。（3）以自己为交易对象，进行不转移证券所有权的自买自卖，或者以自己为交易对象，自买自卖期货合约，影响证券、期货交易价格或者证券、期货交易量。具体表现为同一公司或个人在证券交易所开设两个或两个以上的账户，以自己的不同账户在大致相同的时间内进行价格或数量相近、方向相反的交易，买卖价格不是根据市场供求关系，而是由自己随意决定，实际上证券所有权并未发生转移。通过成交量的变化造成证券价格见涨见跌的迹象，诱导公众投资者跟风炒作，以达到高抛或低吸的目的。（4）以其他方式操纵证券、期货交易价格。操纵证券市场的行为究竟有多少表现形式，以后还将产生什么情形，还无法尽知，因此作出一个概括性的兜底规定。

八、提供虚假证明文件、出具证明文件重大失实

刑法第二百二十九条第一款、第二款对提供虚假证明文件罪作了规定，承担资产评估、验资、验证、会计、审计、法律服务等职责的中介组织的人员故意提供虚假证明文件，情节严重的，处五年以下有期徒刑或者拘役，并处罚金。

本条规定的人员，索取他人财物或者非法收受他人财物，犯前款罪的，处五年以上十年以下有期徒刑，并处罚金。本罪主体是承担资产评估、验资验证、会计、审计、法律服务职责的人员或单位。主观上只能是故意，过失不构成本罪。单位犯罪实行双罚。同时，根据本法第二百二十条的规定，本罪主体在执行刑事罚没之前，如有民事赔偿责任而其财产不足支付时，应先承担民事赔偿责任，以保证他人的民事权益。本罪是情节犯，情节严重的才构成犯罪。

如果行为人出于故意，则构成提供虚假证明文件罪，如出于过失，则成立出具证明文件重大失实罪。按照刑法第二百二十九条第三款的规定，承担资产评估、验资、验证、会计、审计、法律服务等职责的中介组织的人员，严重不负责任，出具的证明文件有重大失实，造成严重后果的，处三年以下有期徒刑或者拘役，并处或者单处罚金。

相关规定

《中华人民共和国刑法》第一百六十条、第一百六十一条、第一百七十四条、第一百七十九条、第一百八十条、第一百八十一条、第一百八十二条、第二百二十九条；《中华人民共和国证券法》第二百二十条。

第二百二十条　违反本法规定，应当承担民事赔偿责任和缴纳罚款、罚金、违法所得，违法行为人的财产不足以支付的，优先用于承担民事赔偿责任。

条文主旨

本条是关于民事赔偿优先的规定。

立法背景

本条对原证券法第二百三十二条的规定进行了修改，主要是纳入了“违法所得”。

条文解读

罚款，是行政处罚中的一种财产罚，即行政机关强制违反行政管理秩序的行为人在一定期限内向国家缴纳一定数量的金钱而使其遭受一定经济利益损失的行政处罚形式。罚金，是刑罚中的一种财产刑，即人民法院强制触犯刑律、构成犯罪的行为人向国家缴纳一定数量的金钱的刑罚方式。违法所得，是违法行为人通过法律禁止的手段获取的，需要由国家授权的特定机关通过一定程序认定，包括违法所得的全部收入和因违法所得而获取的利润。民事赔偿是民事责任的一种，即民事法律关系中，没有履行自己义务的一方当事人向对方当事人支付一定数量的金钱，以弥补对方因为自己没有履行义务而造成的损失，包括违约民事赔偿和侵权民事赔偿。

本法规定的证券活动中的违法当事人的责任包括了民事责任、行政责任和刑事责任三种责任形式。当事人有本法规定的违法行为，损害了其他当事人的利益的，要承担侵权的民事责任或者违约的民事责任；当事人有本法规定的违法行为，扰乱证券市场、违反了行政管理秩序的，还要承担行政责任；当事人有本条规定的违法行为，且其行为符合刑法有关犯罪构成要件，已经构成犯罪的，还要承担刑事责任。这就可能出现民事赔偿、罚款、罚金、没收违法所得在一个当事人身上同时适用的情况。民事赔偿、罚款、罚金、没收违法所得是四种不同的责任形式，但它们有一个共同特点，就是当事人都要向外支付一定数额的金钱，当同时在一个当事人身上适用时，就涉及承担的先后顺序问题。这时，就要按照本条的规定进行处理。

根据本条规定，一个当事人同时承担民事赔偿、罚款、罚金、没收违法所得，其财产不足以同时支付时，首先应当承担民事赔偿责任。这是因为，证券违法行为，损害的主要是投资者的利益，主要后果是造成了投资者的财产损失，法律对证券违法行为规定行政和刑事责任，其主要目的也在于制止违法行为，从而保护投资者的合法权益。

另外，民事赔偿和另外三者有着重要的区别，民事赔偿是对受害人损失的弥补，罚款和罚金是对侵害人的惩罚，没收违法所得是不允许行为人因违法行为而获利。根据法律的一般原理，违法行为发生后，法律的首要目的是恢复原状，即恢复到违法行为没有发生前的状况，在有损害发生的情况下，这一目的就表现为弥补受害人的损失，然后才涉及对侵害人进行惩罚的问题。因此，证券违法行为发生后，违法行为人同时承担民事赔偿和缴纳罚款、罚金、违法所得，如果其财产不足以同时支付时，首先应当赔偿受害人的损失，其财产还有剩余的情况下，再用剩余的财产缴纳罚款、罚金、违法所得。

第二百二十一条　违反法律、行政法规或者国务院证券监督管理机构的有关规定，情节严重的，国务院证券监督管理机构可以对有关责任人员采取证券市场禁入的措施。

前款所称证券市场禁入，是指在一定期限内直至终身不得从事证券业务、证券服务业务，不得担任证券发行人的董事、监事、高级管理人员，或者一定期限内不得在证券交易所、国务院批准的其他全国性证券交易场所交易证券的制度。

条文主旨

本条是关于证券市场禁入的规定。

立法背景

本条对原证券法第二百三十三条的内容进行了修改，主要是对市场禁入的范围进行了完善，增加规定了“一定期限内不得在证券交易所、国务院批准的其他全国性证券交易场所交易证券”。

条文解读

目前，证券市场存在着一些违法违规问题，如信息披露虚假记载、误导性陈述及重大遗漏，操纵股价，内幕交易，非法持有他人证券买卖等。其中信息披露违规问题最为突出，主要集中在年报及定期报告财务数据造假，公司实际控制人变更不及时披露，公司重大决策不及时准确披露，关联交易不按规定履行信息披露义务等方面。这些不及时或者不进行信息披露的行为，将对市场和投资者产生严重误导，严重扰乱了证券市场秩序，损害了广大投资者的利益，使许多公众投资者丧失了对证券市场的信心。因此，对于各种证券违法行为，必须严厉打击。这次修改证券法，加重了对有关证券违法行为的打击力度，加重了其法律责任，并对市场禁入制度作了进一步完善，不但限制或者剥夺有关责任人员在证券市场中活动的资格，还将限制其证券交易行为。

证券市场禁入制度，依照本条规定是指在一定期限内直至终身不得从事证券业务、证券服务业务，不得担任证券发行人的董事、监事、高级管理人员，或者一定期限内不得在证券交易所、国务院批准的其他全国性证券交易场所交易证券的制度。

一、证券市场禁入制度的目的

证券市场是一个高风险、高收益、专业性比较强的市场，也是一个非常强调规范、重视秩序、讲求诚信的市场。证券市场禁入制度的目的，就在于加强对证券市场的监督管理，维护证券市场秩序，增强市场诚信，保护广大投资者合法权益；同时，结合证券市场的专业性较强、职业化程度较高的特点，有针对性地通过对这些专业人员从事职业活动的限制措施，对其进行有效的警示和惩戒，从而促进市场活动的规范化，实现国家对证券市场的监管目的。这种制度及相关做法，在一些发达市场国家和地区，如美国和我国香港地区等，已经得到比较普遍的确立与运用，并发挥了比较好的效果。在我国，证券市场建立后，就一直在探索如何适当地引入和采纳这一制度和措施。

二、证券市场禁入制度的发展沿革

证券市场禁入制度，在实践中早就已经得到实施。在1996年《国务院批转国务院证券委员会、中国证券监督管理委员会关于进一步加强期货市场监管工作请示的通知》中，就明确要求，各期货交易所要结合各自的具体情况建立“市场禁止进入制度”。对于操纵市场或者进行期货欺诈造成严重后果的机构和个人，一经查实，要宣布其为“市场禁入者”，并报证监会，由证监会通报各交易所；除平仓指令外，各期货交易所和期货经纪机构要立即停止接受其新的交易指令；对触犯刑律的，移交司法机关追究刑事责任。对受到证监会通报的“市场禁入者”，各期货交易所和期货经纪机构3年内不得为其办理期货交易开户手续。在2004年《国务院关于推进资本市场改革开放和稳定发展的若干意见》中，也提出要按照健全现代市场经济社会信用体系的要求，制定资本市场诚信准则，维护诚信秩序，对严重违法违规、严重失信的机构和个人坚决实施市场禁入措施。2005年证监会委员会颁布的《上市公司股权分置改革管理办法》第五十三条，也明确规定，公司及其非流通股股东、基金管理公司、证券公司、保险公司、资产管理公司，利用不正当手段干扰其他投资者正常决策，操纵相关股东会议表决结果，或者进行不正当利益交换的，中国证监会责令其改正；情节严重的，认定主要责任人员为市场禁入者，一定时期或者永久不得担任上市公司和证券业务机构的高级管理职务。2005年修改证券法，将实践中行之有效的市场禁入制度上升为法律，限制违反本法的有关责任人员在一定期限内甚至终身从事证券业务或者担任上市公司董事、监事、高级管理人员。本次证券法修改，进一步完善证券市场禁入制度，将有利于进一步打击证券违法行为，维护广大投资者的利益。

三、证券市场禁入制度的作用

证券市场禁入制度，有利于维护证券市场秩序，促进证券市场健康发展。证券市场是借助证券的发行与交易，以实现社会资源合理配置和有效增值为目的的一个重要平台，是各市场主体为从中获取利益、规避风险而展开合作与竞争。在这样一个市场中，公平的规则是基础，有效的执法是保障。作为市场的监管者，证券监督管理机构对那些违反规则、不守信义、严重破坏场上秩序的主体，依法向其亮出红牌，驱逐出场，禁止其在一定期限内直至终身不得再入场，是保障市场能够正常运转的基本要求。这是因为，如果只是单纯的罚款，以几万元乃至几十万元的罚款，与巨额的非法获利相比不值一提，对阻却违法行为作用甚微。

第二百二十二条　依照本法收缴的罚款和没收的违法所得，全部上缴国库。

条文主旨

本条是关于罚没所得入国库的规定。

立法背景

本条沿袭了原证券法第二百三十四条的内容，未作修改。

条文解读

行政处罚，是国家法律责任制度的重要组成部分，是贯彻法律、法规以及规章和维护社会秩序、公共利益的重要手段，也是行政机关依法行政的手段之一。依照本法的规定，国务院证券监督管理机构或者国务院授权的部门应当对证券发行、交易过程中的违法行为给予行政处罚，其中没收违法所得和罚款就是大量使用的行政处罚手段。没收违法所得、罚款都属于财产罚。没收违法所得是对违法行为人非法占有的财产的剥夺；罚款则是对违法行为人合法财产的剥夺，两者的共同表现是通过使被处罚的当事人的财产权利和利益受到损害，来达到制裁违法行为的目的。我国刑法第六十四条、刑事诉讼法第二百四十五条、行政处罚法第五十三条、治安管理处罚法第十一条等都明确规定收缴的罚款、罚金和没收的违法所得等，均上缴国库。

那么，依法没收的违法所得和罚款应如何处理呢？行政处罚法第五十三条明确规定，罚款、没收违法所得或者没收非法财物拍卖的款项，必须全部上缴国库，任何机关或者个人不得以任何形式截留、私分或者变相私分；财政部门不得以任何形式向作出行政处罚决定的行政机关返还罚款、没收的非法所得或者返还没收非法财物的拍卖款项。这就清楚地表明依法没收的违法所得和罚款必须全部上缴国库，收归国有。同时，行政处罚法法律责任一章中在第五十七条规定，财政部门违反本法规定向行政机关返还罚款或者拍卖款项的，由上级行政机关或者有关部门责令改正，对直接负责的主管人员和其他直接责任人员依法给予行政处分。该法第五十八条还规定，行政机关将罚款、没收的违法所得或者财物截留、私分或者变相私分的，由财政部门或者有关部门予以追缴，对直接负责的主管人员和其他直接责任人员依法给予行政处分；情节严重构成犯罪的，依法追究刑事责任。

本条规定的目的同样在于防止上述问题的发生，促进证券监督管理机构依法行使监督管理职责，更好地保护证券市场参与者的合法权益。

相关规定

《中华人民共和国行政处罚法》第五十三条、第五十七条、

第五十八条；《中华人民共和国刑法》第六十四条；《中华人民共和国刑事诉讼法》第二百四十五条；《中华人民共和国治安管理处罚法》第十一条。

第二百二十三条　当事人对证券监督管理机构或者国务院授权的部门的处罚决定不服的，可以依法申请行政复议，或者依法直接向人民法院提起诉讼。

条文主旨

本条是关于行政复议与诉讼的规定。

立法背景

本条沿袭了原证券法第二百三十五条的内容，未作修改。

条文解读

当事人受到证券监督管理机构或者国务院授权部门的处罚决定后，应当认真执行。但是，如果当事人认为该处罚决定与事实不符或者适用法律、法规不当，发生行政争议时怎么办呢？本条的规定就是对被处罚人的法律救济条款，它为解决行政争议提供了两种方式。按照本条的规定，当事人对证券监督管理机构或者国务院授权的部门处罚决定不服的，既可以依法申请行政复议，也可以依法直接向人民法院提起行政诉讼。

一、行政复议

行政复议，是指受到行政处罚的当事人因不服行政机关的处罚决定，认为行政机关和行政机关的工作人员的具体行政行为侵犯了其合法权益，在一定期限内，依法向行政复议机关提出对原处罚决定进行审查并重新处理的申请，接受申请的行政复议机关根据当事人提出的申请，按照法律、法规规定的程序对原具体行政行为的合法性和适当性进行复查，在规定的时限内重新作出维持、变更或者撤销原处罚决定的一种具体行政行为。

1. 行政复议的申请条件。具体如下：（1）有明确的申请人和符合规定的被申请人。（2）申请人与具体行政行为有利害关系。（3）有具体的行政复议请求和理由。（4）法定申请期限内提出。（5）属于行政复议法规定的行政复议范围。（6）属于收到行政复议申请的行政复议机构的职责范围。（7）其他行政复议机关尚未受理同一行政复议申请，法院尚未受理同一主体就同一事实提起的行政诉讼。

2. 行政复议的程序。具体如下：（1）行政复议机关收到行政复议申请后，应当在 5 个工作日内进行审查，决定是否受理。（2）行政复议机关负责法制工作的机构应当自行政复议申请受理之日起 7 个工作日内，将行政复议申请书副本或者行政复议申请笔录复印件发送被申请人。（3）被申请人应当自收到申请书副本或者申请笔录复印件之日起 10 日内，提出书面答复，并提交当初作出具体行政行为的证据、依据和其他有关材料。（4）行政复议原则上采取书面审查的办法，但是申请人提出要求或者行政复议机关负责法制工作的机构认为有必要时，可以向有关组织和人员调查情况，听取申请人、被申请人和第三人的意见。（5）行政复议机关负责法制工作的机构对被申请人作出的具体行政行为进行审查，提出意见，经行政复议机关的负责人同意或者集体讨论通过后，依法作出行政复议决定。行政复议决定作出前，申请人要求撤回行政复议申请的，经说明理由，可以撤回；撤回行政复议申请的，行政复议终止。（6）行政复议决定一般自受理申请之日起 60 日内作出；但是法律有特殊规定的除外。情况复杂，不能在规定期限内作出行政复议决定的，经行政复议机关的负责人批准，可以适当延长，但是延长期限最多不超过 30 日。(7) 复议决定一经送达即发生法律效力。行政复议法第五条规定，“公民、法人或者其他组织对行政复议决定不服的，可以依照行政诉讼法的规定向人民法院提起行政诉讼，但是法律规定行政复议决定为最终裁决的除外”。因此，除法律规定终局的复议外，申请人对复议决定不服的，可以在收到复议决定书之日起 15 日内，或者法律规定的其他期限内向人民法院起诉。

二、行政诉讼

行政诉讼，是指受到行政处罚的当事人因不服行政机关的处罚决定，认为行政机关和行政机关工作人员的具体行政行为侵犯了其合法权益，在一定期限内，依法向人民法院提起诉讼，由人民法院对具体行政行为是否合法进行审查并作出裁判的行为。

1. 行政诉讼的提起条件。具体如下：(1) 原告是认为具体行政行为侵犯其合法权益的公民、法人或者其他组织。(2) 有明确的被告。(3) 有具体的诉讼请求和事实根据。(4) 属于人民法院受案范围和受诉人民法院管辖。(5) 起诉应当向人民法院递交起诉状，并按照被告人数提出副本。

2. 行政诉讼的受理。具体如下：(1) 当事人对证券监督管理机构或者国务院授权的部门处罚决定不服的，可以在收到复议决定书之日起 15 日内向人民法院提起诉讼。复议机关逾期不作决定的，申请人可以在复议期满之日起 15 日内向人民法院提起诉讼。除法律另有规定外，公民、法人或者其他组织直接向人民法院提起诉讼的，应当自知道或者应当知道作出行政行为之日起 6 个月内提出。(2) 公民、法人或者其他组织认为行政行为所依据的国务院部门和地方人民政府及其部门制定的规范性文件（规章除外）不合法，在对行政行为提起诉讼时，可以一并请求对该规范性文件进行审查。(3) 人民法院在接到起诉状时对符合本法规定的起诉条件的，应当登记立案。对当场不能判定是否符合本法规定的起诉条件的，应当接收起诉状，出具注明收到日期的书面凭证，并在7日内决定是否立案。不符合起诉条件的，作出不予立案的裁定。裁定书应当载明不予立案的理由。原告对裁定不服的，可以提起上诉。（4）人民法院应当在立案之日起6个月内作出第一审判决。有特殊情况需要延长的，由高级人民法院批准，高级人民法院审理第一审案件需要延长的，由最高人民法院批准。（5）当事人对判决不服的，有权在判决书送达之日15日内向上一级人民法院提起上诉。当事人不服人民法院第一审裁定的，有权在裁定书送达之日起10日内向上一级人民法院提起上诉。

另外，复议和诉讼期间，处罚决定不停止执行。之所以这样规定，一方面，便于当事人行使自己的权利，如果发生因证券监督管理机构或者国务院授权的部门认定事实不清或者适用法律不当，使当事人受到不应有的处罚时，能得到及时的纠正和补救，可以有效保护当事人的合法权益不受侵犯，同时对证券监督管理机构和国务院授权的部门也是一种监督和制约；另一方面，又体现了证券监督管理机构和国务院授权的部门处罚决定的严肃性和权威性，保证它们能够依法履行职责，及时追究违法者的法律责任。

相关规定

《中华人民共和国行政复议法》第十七条、第十九条、第二十二条、第二十三条、第三十一条；《中华人民共和国行政诉讼法》第四十五条、第四十六条、第四十九条、第五十条、第五十一条、第八十一条、第八十五条。

第十四章　附　　则

第二百二十四条　境内企业直接或者间接到境外发行证券或者将其证券在境外上市交易，应当符合国务院的有关规定。

条文主旨

本条是关于境内企业到境外发行上市证券的管理的规定。

立法背景

本条是对原证券法第二百三十八条的修改，将原来的“必须经国务院证券监督管理机构依照国务院的规定批准”修改为“应当符合国务院的有关规定”。

条文解读

近年来，随着我国对外开放的不断深入和经济全球化的影响，我国企业掀起了在境外发行股票和将股票在境外上市的热潮，越来越多的境内企业从事到境外发行证券或者将证券在境外上市的活动。有的采取直接方式，即境内注册的公司直接以我国境内公司的名义在境外发行证券或者将其证券在境外上市交易；也有的采取间接方式，即境内公司在境外注册登记成立新的公司，再以新公司的名义在境外发行证券或者将证券在境外上市交易。例如，青岛啤酒于 1993 年首先在中国香港联交所直接上市，华晨汽车通过在百慕大注册成立新公司于 1992 年在纽约证券交易所首先间接上市。应当说实行允许境内企业到境外发行股票和将股票在境外上市的政策，为我国企业开辟了从国际资本市场融资的渠道，对利用国际资本市场的资金资源，发展我国经济，维护我国对外开放的形象，发挥了积极作用。

到境外发行或者上市证券的企业直接代表着我国企业在国际市场上的形象，这些企业本身的质量如何以及他们在境外发行上市的证券的质量如何，不仅关系到这些企业自身在国际市场上的形象和再筹资能力，而且关系到能否保持中国企业在国际资本市场上筹资的有效渠道；同时，境内企业到境外发行、上市证券也会对我国宏观的经济结构、资本市场的管理以及国家政治、经济等方面的利益产生影响。因此，这是一项政策性很强的工作，必须紧密结合我国实际情况，坚持积极稳妥、循序渐进的原则，既要允许境内企业到国际资本市场融资，又要防止境内企业盲目到境外发行股票和上市。在较长一段时间里，我国法律对境内企业到境外发行股票和上市，一直采取严格监管的原则。原证券法第二百三十八条规定的目的就在于强调这一监管原则，即境内企业直接或者间接到境外发行证券或者将证券在境外上市交易，必须经过国务院证券监督管理机构依照国务院的规定批准。但是，随着我国资本市场双向开放程度的不断升级，未来对境内企业直接或者间接到境外发行证券或者将证券在境外上市交易，采取何种监管措施，还有待实践的进一步探索，因此，本条未作具体规定，而是授权国务院作出有关规定。本法施行后，境内企业直接或者间接到境外发行证券或者将其证券在境外上市交易，应当符合国务院的有关规定。

相关规定

《中华人民共和国立法法》第六十二条。

第二百二十五条 境内公司股票以外币认购和交易的，具体办法由国务院另行规定。

条文主旨

本条是授权国务院规定 B 种股票的规定。

立法背景

本条沿袭了原证券法第二百三十九条的内容，此次未作修改。

条文解读

在我国的股份制试点过程中，1992 年根据特殊需要发行了供境外人士、机构以外币认购和交易的境内公司股票，即通常所称的 B 种股票。B 种股票的正式名称是人民币特种股票。它是以人民币标明流通面值，以外币认购和交易，在中国境内（上海、深圳）证券交易所上市交易的特种股股票。B 股公司的注册地和上市地都在我国境内。从 2001 年起，B 种股票已经对境内的个人投资者解禁。目前，可以投资 B 种股票的投资者为外国的法人和自然人，我国香港和澳门特别行政区、台湾地区的法人和自然人，以及持有合法外汇存款的我国境内法人和自然人。

由于 B 种股票在发行和交易上，与 A 种股票（人民币普通股票）有所不同，需要施行专门的规则，我国对 B 种股票的发行和交易采取专门管理的模式。例如，制定了《深圳市人民币特种股票管理暂行办法》《上海市人民币特种股票管理办法》专门对 B 种股票的发行和交易作出了规定。为了使市场规范保持必要的连续性，考虑到 B 种股票发行对象和认购、交易的币种难以与 A 种股票并轨。因此，本条授权国务院另行规定 B 种股票认购和交易的具体办法。

相关规定

《中华人民共和国立法法》第六十二条。

第二百二十六条　本法自2020年3月1日起施行。

条文主旨

本条是关于本法时间效力的规定。

条文解读

一、本法的施行日期

法律的施行日期，即指法律的生效日期，也就是一部法律产生法律效力的时间。本法自2020年3月1日起施行，是指本法自2020年3月1日起生效。

证券法是1998年12月29日第九届全国人大常委会第六次会议通过的，其后历经2004年第一次修正、2005年第一次修订、2013年第二次修正、2014年第三次修正。2019年12月28日，第十三届全国人民代表大会常务委员会第十五次会议第二次修订通过了新的证券法，但其施行日期为2020年3月1日，其间相隔两个月余。之所以这么规定，是考虑到新修订的证券法涉及面较广、社会影响较大。为了使广大的公民能够充分了解本法的内容，以及有关机构和部门能够充分熟悉、理解、掌握本法的内容，从而保证本法能够得到有效的遵守和执行，从通过到施行需要留有一段时间供大家学习、准备。同时，在本法通过以前，有关的部门和机构为监督管理证券市场，颁布了一系列的规定，这些规定都需要时间来进行清理，以废除那些与本法相抵触的规定，保证本法的顺利施行。此外，本法规定的一些措施、制度等，需要一些配套规定进行具体化，有关部门和机构也需要时间来作出具体的规定。所以，本法并不是自通过之日起生效，而是需要经过一段时间才能生效。

二、本法的时间效力

本法的时间效力体现在以下几个方面：一是本法开始在中华人民共和国境内生效，凡属于本法调整范围内的证券，自2020年3月1日起，均应依据本法的规定发行和交易。二是其他法律、法规和规章中有关证券管理的规定，凡与本法相抵触的，自本法施行之日起失去效力，应以本法的规定为准。三是本法不具有溯及力。法律的溯及力是指法律溯及既往的效力，即法律不仅适用于其施行后所发生的行为，而且适用于其施行前所发生的行为。法律通常不具有溯及力，这是一项基本的法治原则。因此，本法也不具有溯及既往的效力。四是有关国家机关应当根据本法的授权及时制定具体的规定。根据立法法第六十二条的规定，法律规定明确要求有关国家机关对专门事项作出配套的具体规定的，有关国家机关应当自法律施行之日起一年内作出规定，法律对配套的具体规定制定期限另有规定的，从其规定。有关国家机关未能在期限内作出配套的具体规定的，应当向全国人民代表大会常务委员会说明情况。

相关规定

《中华人民共和国立法法》第六十二条。

附录

中华人民共和国主席令

第三十七号

《中华人民共和国证券法》已由中华人民共和国第十三届全国人民代表大会常务委员会第十五次会议于 2019 年 12 月 28 日修订通过，现予公布，自 2020 年 3 月 1 日起施行。

中华人民共和国主席　习近平

2019 年 12 月 28 日

中华人民共和国证券法

（1998年12月29日第九届全国人民代表大会常务委员会第六次会议通过　根据2004年8月28日第十届全国人民代表大会常务委员会第十一次会议《关于修改〈中华人民共和国证券法〉的决定》第一次修正　2005年10月27日第十届全国人民代表大会常务委员会第十八次会议第一次修订　根据2013年6月29日第十二届全国人民代表大会常务委员会第三次会议《关于修改〈中华人民共和国文物保护法〉等十二部法律的决定》第二次修正　根据2014年8月31日第十二届全国人民代表大会常务委员会第十次会议《关于修改〈中华人民共和国保险法〉等五部法律的决定》第三次修正　2019年12月28日第十三届全国人民代表大会常务委员会第十五次会议第二次修订）

目　　录

第一章　总　　则

第一条　为了规范证券发行和交易行为，保护投资者的合法权益，维护社会经济秩序和社会公共利益，促进社会主义市场经济的发展，制定本法。

第二条　在中华人民共和国境内，股票、公司债券、存托凭证和国务院依法认定的其他证券的发行和交易，适用本法；本法未规定的，适用《中华人民共和国公司法》和其他法律、行政法规的规定。

政府债券、证券投资基金份额的上市交易，适用本法；其他法律、行政法规另有规定的，适用其规定。

资产支持证券、资产管理产品发行、交易的管理办法，由国务院依照本法的原则规定。

在中华人民共和国境外的证券发行和交易活动，扰乱中华人民共和国境内市场秩序，损害境内投资者合法权益的，依照本法有关规定处理并追究法律责任。

第三条　证券的发行、交易活动，必须遵循公开、公平、公正的原则。

第四条　证券发行、交易活动的当事人具有平等的法律地位，应当遵守自愿、有偿、诚实信用的原则。

第五条　证券的发行、交易活动，必须遵守法律、行政法规；禁止欺诈、内幕交易和操纵证券市场的行为。

第六条 证券业和银行业、信托业、保险业实行分业经营、分业管理，证券公司与银行、信托、保险业务机构分别设立。国家另有规定的除外。

第七条 国务院证券监督管理机构依法对全国证券市场实行集中统一监督管理。

国务院证券监督管理机构根据需要可以设立派出机构，按照授权履行监督管理职责。

第八条 国家审计机关依法对证券交易场所、证券公司、证券登记结算机构、证券监督管理机构进行审计监督。

第二章 证券发行

第九条 公开发行证券，必须符合法律、行政法规规定的条件，并依法报经国务院证券监督管理机构或者国务院授权的部门注册。未经依法注册，任何单位和个人不得公开发行证券。证券发行注册制的具体范围、实施步骤，由国务院规定。

有下列情形之一的，为公开发行：

（一）向不特定对象发行证券；

（二）向特定对象发行证券累计超过二百人，但依法实施员工持股计划的员工人数不计算在内；

（三）法律、行政法规规定的其他发行行为。

非公开发行证券，不得采用广告、公开劝诱和变相公开方式。

第十条 发行人申请公开发行股票、可转换为股票的公司债券，依法采取承销方式的，或者公开发行法律、行政法规规定实行保荐制度的其他证券的，应当聘请证券公司担任保荐人。

保荐人应当遵守业务规则和行业规范，诚实守信，勤勉尽责，对发行人的申请文件和信息披露资料进行审慎核查，督导发行人规范运作。

保荐人的管理办法由国务院证券监督管理机构规定。

第十一条 设立股份有限公司公开发行股票，应当符合《中华人民共和国公司法》规定的条件和经国务院批准的国务院证券监督管理机构规定的其他条件，向国务院证券监督管理机构报送募股申请和下列文件：

（一）公司章程；

（二）发起人协议；

（三）发起人姓名或者名称，发起人认购的股份数、出资种类及验资证明；

（四）招股说明书；

（五）代收股款银行的名称及地址；

（六）承销机构名称及有关的协议。

依照本法规定聘请保荐人的，还应当报送保荐人出具的发行保荐书。

法律、行政法规规定设立公司必须报经批准的，还应当提交相应的批准文件。

第十二条 公司首次公开发行新股，应当符合下列条件：

（一）具备健全且运行良好的组织机构；

（二）具有持续经营能力；

（三）最近三年财务会计报告被出具无保留意见审计报告；

（四）发行人及其控股股东、实际控制人最近三年不存在贪污、贿赂、侵占财产、挪用财产或者破坏社会主义市场经济秩序的刑事犯罪；

（五）经国务院批准的国务院证券监督管理机构规定的其他条件。

上市公司发行新股，应当符合经国务院批准的国务院证券监督管理机构规定的条件，具体管理办法由国务院证券监督管理机构规定。

公开发行存托凭证的，应当符合首次公开发行新股的条件以及国务院证券监督管理机构规定的其他条件。

第十三条 公司公开发行新股，应当报送募股申请和下列文件：

（一）公司营业执照；

（二）公司章程；

（三）股东大会决议；

（四）招股说明书或者其他公开发行募集文件；

（五）财务会计报告；

（六）代收股款银行的名称及地址。

依照本法规定聘请保荐人的，还应当报送保荐人出具的发行保荐书。依照本法规定实行承销的，还应当报送承销机构名称及有关的协议。

第十四条 公司对公开发行股票所募集资金，必须按照招股说明书或者其他公开发行募集文件所列资金用途使用；改变资金用途，必须经股东大会作出决议。擅自改变用途，未作纠正的，或者未经股东大会认可的，不得公开发行新股。

第十五条 公开发行公司债券，应当符合下列条件：

（一）具备健全且运行良好的组织机构；

（二）最近三年平均可分配利润足以支付公司债券一年的利息；

（三）国务院规定的其他条件。

公开发行公司债券筹集的资金，必须按照公司债券募集办法所列资金用途使用；改变资金用途，必须经债券持有人会议作出决议。公开发行公司债券筹集的资金，不得用于弥补亏损和非生产性支出。

上市公司发行可转换为股票的公司债券，除应当符合第一款规定的条件外，还应当遵守本法第十二条第二款的规定。但是，按照公司债券募集办法，上市公司通过收购本公司股份的方式进行公司债券转换的除外。

第十六条 申请公开发行公司债券，应当向国务院授权的部门或者国务院证券监督管理机构报送下列文件：

（一）公司营业执照；

（二）公司章程；

（三）公司债券募集办法；

（四）国务院授权的部门或者国务院证券监督管理机构规定的其他文件。

依照本法规定聘请保荐人的，还应当报送保荐人出具的发行保荐书。

第十七条 有下列情形之一的，不得再次公开发行公司债券：

（一）对已公开发行的公司债券或者其他债务有违约或者延迟支付本息的事实，仍处于继续状态；

（二）违反本法规定，改变公开发行公司债券所募资金的用途。

第十八条 发行人依法申请公开发行证券所报送的申请文件的格式、报送方式，由依法负责注册的机构或者部门规定。

第十九条 发行人报送的证券发行申请文件，应当充分披露投资者作出价值判断和投资决策所必需的信息，内容应当真实、准确、完整。

为证券发行出具有关文件的证券服务机构和人员，必须严格履行法定职责，保证所出具文件的真实性、准确性和完整性。

第二十条 发行人申请首次公开发行股票的，在提交申请文件后，应当按照国务院证券监督管理机构的规定预先披露有关申请文件。

第二十一条 国务院证券监督管理机构或者国务院授权的部门依照法定条件负责证券发行申请的注册。证券公开发行注册的具体办法由国务院规定。

按照国务院的规定，证券交易所等可以审核公开发行证券申请，判断发行人是否符合发行条件、信息披露要求，督促发行人完善信息披露内容。

依照前两款规定参与证券发行申请注册的人员，不得与发行申请人有利害关系，不得直接或者间接接受发行申请人的馈赠，不得持有所注册的发行申请的证券，不得私下与发行申请人进行接触。

第二十二条 国务院证券监督管理机构或者国务院授权的部门应

当自受理证券发行申请文件之日起三个月内，依照法定条件和法定程序作出予以注册或者不予注册的决定，发行人根据要求补充、修改发行申请文件的时间不计算在内。不予注册的，应当说明理由。

第二十三条 证券发行申请经注册后，发行人应当依照法律、行政法规的规定，在证券公开发行前公告公开发行募集文件，并将该文件置备于指定场所供公众查阅。

发行证券的信息依法公开前，任何知情人不得公开或者泄露该信息。

发行人不得在公告公开发行募集文件前发行证券。

第二十四条 国务院证券监督管理机构或者国务院授权的部门对已作出的证券发行注册的决定，发现不符合法定条件或者法定程序，尚未发行证券的，应当予以撤销，停止发行。已经发行尚未上市的，撤销发行注册决定，发行人应当按照发行价并加算银行同期存款利息返还证券持有人；发行人的控股股东、实际控制人以及保荐人，应当与发行人承担连带责任，但是能够证明自己没有过错的除外。

股票的发行人在招股说明书等证券发行文件中隐瞒重要事实或者编造重大虚假内容，已经发行并上市的，国务院证券监督管理机构可以责令发行人回购证券，或者责令负有责任的控股股东、实际控制人买回证券。

第二十五条 股票依法发行后，发行人经营与收益的变化，由发行人自行负责；由此变化引致的投资风险，由投资者自行负责。

第二十六条 发行人向不特定对象发行的证券，法律、行政法规规定应当由证券公司承销的，发行人应当同证券公司签订承销协议。证券承销业务采取代销或者包销方式。

证券代销是指证券公司代发行人发售证券，在承销期结束时，将未售出的证券全部退还给发行人的承销方式。

证券包销是指证券公司将发行人的证券按照协议全部购入或者在承销期结束时将售后剩余证券全部自行购入的承销方式。

第二十七条 公开发行证券的发行人有权依法自主选择承销的证

券公司。

第二十八条 证券公司承销证券，应当同发行人签订代销或者包销协议，载明下列事项：

（一）当事人的名称、住所及法定代表人姓名；

（二）代销、包销证券的种类、数量、金额及发行价格；

（三）代销、包销的期限及起止日期；

（四）代销、包销的付款方式及日期；

（五）代销、包销的费用和结算办法；

（六）违约责任；

（七）国务院证券监督管理机构规定的其他事项。

第二十九条 证券公司承销证券，应当对公开发行募集文件的真实性、准确性、完整性进行核查。发现有虚假记载、误导性陈述或者重大遗漏的，不得进行销售活动；已经销售的，必须立即停止销售活动，并采取纠正措施。

证券公司承销证券，不得有下列行为：

（一）进行虚假的或者误导投资者的广告宣传或者其他宣传推介活动；

（二）以不正当竞争手段招揽承销业务；

（三）其他违反证券承销业务规定的行为。

证券公司有前款所列行为，给其他证券承销机构或者投资者造成损失的，应当依法承担赔偿责任。

第三十条 向不特定对象发行证券聘请承销团承销的，承销团应当由主承销和参与承销的证券公司组成。

第三十一条 证券的代销、包销期限最长不得超过九十日。

证券公司在代销、包销期内，对所代销、包销的证券应当保证先行出售给认购人，证券公司不得为本公司预留所代销的证券和预先购入并留存所包销的证券。

第三十二条 股票发行采取溢价发行的，其发行价格由发行人与承销的证券公司协商确定。

第三十三条　股票发行采用代销方式，代销期限届满，向投资者出售的股票数量未达到拟公开发行股票数量百分之七十的，为发行失败。发行人应当按照发行价并加算银行同期存款利息返还股票认购人。

第三十四条　公开发行股票，代销、包销期限届满，发行人应当在规定的期限内将股票发行情况报国务院证券监督管理机构备案。

第三章　证 券 交 易

第一节　一 般 规 定

第三十五条　证券交易当事人依法买卖的证券，必须是依法发行并交付的证券。

非依法发行的证券，不得买卖。

第三十六条　依法发行的证券，《中华人民共和国公司法》和其他法律对其转让期限有限制性规定的，在限定的期限内不得转让。

上市公司持有百分之五以上股份的股东、实际控制人、董事、监事、高级管理人员，以及其他持有发行人首次公开发行前发行的股份或者上市公司向特定对象发行的股份的股东，转让其持有的本公司股份的，不得违反法律、行政法规和国务院证券监督管理机构关于持有期限、卖出时间、卖出数量、卖出方式、信息披露等规定，并应当遵守证券交易所的业务规则。

第三十七条　公开发行的证券，应当在依法设立的证券交易所上市交易或者在国务院批准的其他全国性证券交易场所交易。

非公开发行的证券，可以在证券交易所、国务院批准的其他全国性证券交易场所、按照国务院规定设立的区域性股权市场转让。

第三十八条　证券在证券交易所上市交易，应当采用公开的集中交易方式或者国务院证券监督管理机构批准的其他方式。

第三十九条　证券交易当事人买卖的证券可以采用纸面形式或者

国务院证券监督管理机构规定的其他形式。

第四十条　证券交易场所、证券公司和证券登记结算机构的从业人员，证券监督管理机构的工作人员以及法律、行政法规规定禁止参与股票交易的其他人员，在任期或者法定限期内，不得直接或者以化名、借他人名义持有、买卖股票或者其他具有股权性质的证券，也不得收受他人赠送的股票或者其他具有股权性质的证券。

任何人在成为前款所列人员时，其原已持有的股票或者其他具有股权性质的证券，必须依法转让。

实施股权激励计划或者员工持股计划的证券公司的从业人员，可以按照国务院证券监督管理机构的规定持有、卖出本公司股票或者其他具有股权性质的证券。

第四十一条　证券交易场所、证券公司、证券登记结算机构、证券服务机构及其工作人员应当依法为投资者的信息保密，不得非法买卖、提供或者公开投资者的信息。

证券交易场所、证券公司、证券登记结算机构、证券服务机构及其工作人员不得泄露所知悉的商业秘密。

第四十二条　为证券发行出具审计报告或者法律意见书等文件的证券服务机构和人员，在该证券承销期内和期满后六个月内，不得买卖该证券。

除前款规定外，为发行人及其控股股东、实际控制人，或者收购人、重大资产交易方出具审计报告或者法律意见书等文件的证券服务机构和人员，自接受委托之日起至上述文件公开后五日内，不得买卖该证券。实际开展上述有关工作之日早于接受委托之日的，自实际开展上述有关工作之日起至上述文件公开后五日内，不得买卖该证券。

第四十三条　证券交易的收费必须合理，并公开收费项目、收费标准和管理办法。

第四十四条　上市公司、股票在国务院批准的其他全国性证券交易场所交易的公司持有百分之五以上股份的股东、董事、监事、高级管理人员，将其持有的该公司的股票或者其他具有股权性质的证券在买入后六个月内卖出，或者在卖出后六个月内又买入，由此所得收益归该公司所有，公司董事会应当收回其所得收益。但是，证券公司因购入包销售后剩余股票而持有百分之五以上股份，以及有国务院证券监督管理机构规定的其他情形的除外。

前款所称董事、监事、高级管理人员、自然人股东持有的股票或者其他具有股权性质的证券，包括其配偶、父母、子女持有的及利用他人账户持有的股票或者其他具有股权性质的证券。

公司董事会不按照第一款规定执行的，股东有权要求董事会在三十日内执行。公司董事会未在上述期限内执行的，股东有权为了公司的利益以自己的名义直接向人民法院提起诉讼。

公司董事会不按照第一款的规定执行的，负有责任的董事依法承担连带责任。

第四十五条 通过计算机程序自动生成或者下达交易指令进行程序化交易的，应当符合国务院证券监督管理机构的规定，并向证券交易所报告，不得影响证券交易所系统安全或者正常交易秩序。

第二节 证券上市

第四十六条 申请证券上市交易，应当向证券交易所提出申请，由证券交易所依法审核同意，并由双方签订上市协议。

证券交易所根据国务院授权的部门的决定安排政府债券上市交易。

第四十七条 申请证券上市交易，应当符合证券交易所上市规则规定的上市条件。

证券交易所上市规则规定的上市条件，应当对发行人的经营年限、财务状况、最低公开发行比例和公司治理、诚信记录等提出要求。

第四十八条 上市交易的证券，有证券交易所规定的终止上市情形的，由证券交易所按照业务规则终止其上市交易。

证券交易所决定终止证券上市交易的，应当及时公告，并报国务院证券监督管理机构备案。

第四十九条 对证券交易所作出的不予上市交易、终止上市交易决定不服的，可以向证券交易所设立的复核机构申请复核。

第三节 禁止的交易行为

第五十条 禁止证券交易内幕信息的知情人和非法获取内幕信息的人利用内幕信息从事证券交易活动。

第五十一条 证券交易内幕信息的知情人包括：

（一）发行人及其董事、监事、高级管理人员；

（二）持有公司百分之五以上股份的股东及其董事、监事、高级管理人员，公司的实际控制人及其董事、监事、高级管理人员；

（三）发行人控股或者实际控制的公司及其董事、监事、高级管理人员；

（四）由于所任公司职务或者因与公司业务往来可以获取公司有关内幕信息的人员；

（五）上市公司收购人或者重大资产交易方及其控股股东、实际控制人、董事、监事和高级管理人员；

（六）因职务、工作可以获取内幕信息的证券交易场所、证券公司、证券登记结算机构、证券服务机构的有关人员；

（七）因职责、工作可以获取内幕信息的证券监督管理机构工作人员；

（八）因法定职责对证券的发行、交易或者对上市公司及其收购、重大资产交易进行管理可以获取内幕信息的有关主管部门、监管机构的工作人员；

（九）国务院证券监督管理机构规定的可以获取内幕信息的其他人员。

第五十二条 证券交易活动中，涉及发行人的经营、财务或者对该发行人证券的市场价格有重大影响的尚未公开的信息，为内幕信息。

本法第八十条第二款、第八十一条第二款所列重大事件属于内幕信息。

第五十三条 证券交易内幕信息的知情人和非法获取内幕信息的人，在内幕信息公开前，不得买卖该公司的证券，或者泄露该信息，或者建议他人买卖该证券。

持有或者通过协议、其他安排与他人共同持有公司百分之五以上股份的自然人、法人、非法人组织收购上市公司的股份，本法另有规定的，适用其规定。

内幕交易行为给投资者造成损失的，应当依法承担赔偿责任。

第五十四条 禁止证券交易场所、证券公司、证券登记结算机构、证券服务机构和其他金融机构的从业人员、有关监管部门或者行业协会的工作人员，利用因职务便利获取的内幕信息以外的其他未公开的信息，违反规定，从事与该信息相关的证券交易活动，或者明示、暗示他人从事相关交易活动。

利用未公开信息进行交易给投资者造成损失的，应当依法承担赔偿责任。

第五十五条 禁止任何人以下列手段操纵证券市场，影响或者意图影响证券交易价格或者证券交易量：

（一）单独或者通过合谋，集中资金优势、持股优势或者利用信息优势联合或者连续买卖；

（二）与他人串通，以事先约定的时间、价格和方式相互进行证券交易；

（三）在自己实际控制的账户之间进行证券交易；

（四）不以成交为目的，频繁或者大量申报并撤销申报；

（五）利用虚假或者不确定的重大信息，诱导投资者进行证券交易；

（六）对证券、发行人公开作出评价、预测或者投资建议，并进行反向证券交易；

（七）利用在其他相关市场的活动操纵证券市场；

（八）操纵证券市场的其他手段。

操纵证券市场行为给投资者造成损失的，应当依法承担赔偿责任。

第五十六条 禁止任何单位和个人编造、传播虚假信息或者误导性信息，扰乱证券市场。

禁止证券交易场所、证券公司、证券登记结算机构、证券服务机构及其从业人员，证券业协会、证券监督管理机构及其工作人员，在证券交易活动中作出虚假陈述或者信息误导。

各种传播媒介传播证券市场信息必须真实、客观，禁止误导。传播媒介及其从事证券市场信息报道的工作人员不得从事与其工作职责发生利益冲突的证券买卖。

编造、传播虚假信息或者误导性信息，扰乱证券市场，给投资者造成损失的，应当依法承担赔偿责任。

第五十七条 禁止证券公司及其从业人员从事下列损害客户利益的行为：

（一）违背客户的委托为其买卖证券；

（二）不在规定时间内向客户提供交易的确认文件；

（三）未经客户的委托，擅自为客户买卖证券，或者假借客户的名义买卖证券；

（四）为牟取佣金收入，诱使客户进行不必要的证券买卖；

（五）其他违背客户真实意思表示，损害客户利益的行为。

违反前款规定给客户造成损失的，应当依法承担赔偿责任。

第五十八条 任何单位和个人不得违反规定，出借自己的证券账户或者借用他人的证券账户从事证券交易。

第五十九条 依法拓宽资金入市渠道，禁止资金违规流入股市。

禁止投资者违规利用财政资金、银行信贷资金买卖证券。

第六十条 国有独资企业、国有独资公司、国有资本控股公司买卖上市交易的股票，必须遵守国家有关规定。

第六十一条 证券交易场所、证券公司、证券登记结算机构、证券服务机构及其从业人员对证券交易中发现的禁止的交易行为，应当及时向证券监督管理机构报告。

第四章 上市公司的收购

第六十二条 投资者可以采取要约收购、协议收购及其他合法方式收购上市公司。

第六十三条 通过证券交易所的证券交易，投资者持有或者通过协议、其他安排与他人共同持有一个上市公司已发行的有表决权股份达到百分之五时，应当在该事实发生之日起三日内，向国务院证券监督管理机构、证券交易所作出书面报告，通知该上市公司，并予公告，在上述期限内不得再行买卖该上市公司的股票，但国务院证券监督管理机构规定的情形除外。

投资者持有或者通过协议、其他安排与他人共同持有一个上市公司已发行的有表决权股份达到百分之五后，其所持该上市公司已发行的有表决权股份比例每增加或者减少百分之五，应当依照前款规定进行报告和公告，在该事实发生之日起至公告后三日内，不得再行买卖该上市公司的股票，但国务院证券监督管理机构规定的情形除外。

投资者持有或者通过协议、其他安排与他人共同持有一个上市公司已发行的有表决权股份达到百分之五后，其所持该上市公司已发行的有表决权股份比例每增加或者减少百分之一，应当在该事实发生的次日通知该上市公司，并予公告。

违反第一款、第二款规定买入上市公司有表决权的股份的，在买入后的三十六个月内，对该超过规定比例部分的股份不得行使表决权。

第六十四条 依照前条规定所作的公告，应当包括下列内容：

（一）持股人的名称、住所；

（二）持有的股票的名称、数额；

（三）持股达到法定比例或者持股增减变化达到法定比例的日

期、增持股份的资金来源；

（四）在上市公司中拥有有表决权的股份变动的时间及方式。

第六十五条　通过证券交易所的证券交易，投资者持有或者通过协议、其他安排与他人共同持有一个上市公司已发行的有表决权股份达到百分之三十时，继续进行收购的，应当依法向该上市公司所有股东发出收购上市公司全部或者部分股份的要约。

收购上市公司部分股份的要约应当约定，被收购公司股东承诺出售的股份数额超过预定收购的股份数额的，收购人按比例进行收购。

第六十六条　依照前条规定发出收购要约，收购人必须公告上市公司收购报告书，并载明下列事项：

（一）收购人的名称、住所；

（二）收购人关于收购的决定；

（三）被收购的上市公司名称；

（四）收购目的；

（五）收购股份的详细名称和预定收购的股份数额；

（六）收购期限、收购价格；

（七）收购所需资金额及资金保证；

（八）公告上市公司收购报告书时持有被收购公司股份数占该公司已发行的股份总数的比例。

第六十七条　收购要约约定的收购期限不得少于三十日，并不得超过六十日。

第六十八条　在收购要约确定的承诺期限内，收购人不得撤销其收购要约。收购人需要变更收购要约的，应当及时公告，载明具体变更事项，且不得存在下列情形：

（一）降低收购价格；

（二）减少预定收购股份数额；

（三）缩短收购期限；

（四）国务院证券监督管理机构规定的其他情形。

第六十九条　收购要约提出的各项收购条件，适用于被收购公司的所有股东。

上市公司发行不同种类股份的，收购人可以针对不同种类股份提出不同的收购条件。

第七十条 采取要约收购方式的，收购人在收购期限内，不得卖出被收购公司的股票，也不得采取要约规定以外的形式和超出要约的条件买入被收购公司的股票。

第七十一条 采取协议收购方式的，收购人可以依照法律、行政法规的规定同被收购公司的股东以协议方式进行股份转让。

以协议方式收购上市公司时，达成协议后，收购人必须在三日内将该收购协议向国务院证券监督管理机构及证券交易所作出书面报告，并予公告。

在公告前不得履行收购协议。

第七十二条 采取协议收购方式的，协议双方可以临时委托证券登记结算机构保管协议转让的股票，并将资金存放于指定的银行。

第七十三条 采取协议收购方式的，收购人收购或者通过协议、其他安排与他人共同收购一个上市公司已发行的有表决权股份达到百分之三十时，继续进行收购的，应当依法向该上市公司所有股东发出收购上市公司全部或者部分股份的要约。但是，按照国务院证券监督管理机构的规定免除发出要约的除外。

收购人依照前款规定以要约方式收购上市公司股份，应当遵守本法第六十五条第二款、第六十六条至第七十条的规定。

第七十四条 收购期限届满，被收购公司股权分布不符合证券交易所规定的上市交易要求的，该上市公司的股票应当由证券交易所依法终止上市交易；其余仍持有被收购公司股票的股东，有权向收购人以收购要约的同等条件出售其股票，收购人应当收购。

收购行为完成后，被收购公司不再具备股份有限公司条件的，应当依法变更企业形式。

第七十五条 在上市公司收购中，收购人持有的被收购的上市公司的股票，在收购行为完成后的十八个月内不得转让。

第七十六条 收购行为完成后，收购人与被收购公司合并，并将该公司解散的，被解散公司的原有股票由收购人依法更换。

收购行为完成后，收购人应当在十五日内将收购情况报告国务院证券监督管理机构和证券交易所，并予公告。

第七十七条 国务院证券监督管理机构依照本法制定上市公司收购的具体办法。

上市公司分立或者被其他公司合并，应当向国务院证券监督管理机构报告，并予公告。

第五章 信息披露

第七十八条 发行人及法律、行政法规和国务院证券监督管理机构规定的其他信息披露义务人，应当及时依法履行信息披露义务。

信息披露义务人披露的信息，应当真实、准确、完整，简明清晰，通俗易懂，不得有虚假记载、误导性陈述或者重大遗漏。

证券同时在境内境外公开发行、交易的，其信息披露义务人在境外披露的信息，应当在境内同时披露。

第七十九条 上市公司、公司债券上市交易的公司、股票在国务院批准的其他全国性证券交易场所交易的公司，应当按照国务院证券监督管理机构和证券交易场所规定的内容和格式编制定期报告，并按照以下规定报送和公告：

（一）在每一会计年度结束之日起四个月内，报送并公告年度报告，其中的年度财务会计报告应当经符合本法规定的会计师事务所审计；

（二）在每一会计年度的上半年结束之日起二个月内，报送并公告中期报告。

第八十条 发生可能对上市公司、股票在国务院批准的其他全国性证券交易场所交易的公司的股票交易价格产生较大影响的重大事件，投资者尚未得知时，公司应当立即将有关该重大事件的情况向国务院证券监督管理机构和证券交易场所报送临时报告，并予公告，说明事件的起因、目前的状态和可能产生的法律后果。

前款所称重大事件包括：

（一）公司的经营方针和经营范围的重大变化；

（二）公司的重大投资行为，公司在一年内购买、出售重大资产超过公司资产总额百分之三十，或者公司营业用主要资产的抵押、质押、出售或者报废一次超过该资产的百分之三十；

（三）公司订立重要合同、提供重大担保或者从事关联交易，可能对公司的资产、负债、权益和经营成果产生重要影响；

（四）公司发生重大债务和未能清偿到期重大债务的违约情况；

（五）公司发生重大亏损或者重大损失；

（六）公司生产经营的外部条件发生的重大变化；

（七）公司的董事、三分之一以上监事或者经理发生变动，董事长或者经理无法履行职责；

（八）持有公司百分之五以上股份的股东或者实际控制人持有股份或者控制公司的情况发生较大变化，公司的实际控制人及其控制的其他企业从事与公司相同或者相似业务的情况发生较大变化；

（九）公司分配股利、增资的计划，公司股权结构的重要变化，公司减资、合并、分立、解散及申请破产的决定，或者依法进入破产程序、被责令关闭；

（十）涉及公司的重大诉讼、仲裁，股东大会、董事会决议被依法撤销或者宣告无效；

（十一）公司涉嫌犯罪被依法立案调查，公司的控股股东、实际控制人、董事、监事、高级管理人员涉嫌犯罪被依法采取强制措施；

（十二）国务院证券监督管理机构规定的其他事项。

公司的控股股东或者实际控制人对重大事件的发生、进展产生较大影响的，应当及时将其知悉的有关情况书面告知公司，并配合公司履行信息披露义务。

第八十一条 发生可能对上市交易公司债券的交易价格产生较大

影响的重大事件，投资者尚未得知时，公司应当立即将有关该重大事件的情况向国务院证券监督管理机构和证券交易场所报送临时报告，并予公告，说明事件的起因、目前的状态和可能产生的法律后果。

前款所称重大事件包括：

（一）公司股权结构或者生产经营状况发生重大变化；

（二）公司债券信用评级发生变化；

（三）公司重大资产抵押、质押、出售、转让、报废；

（四）公司发生未能清偿到期债务的情况；

（五）公司新增借款或者对外提供担保超过上年末净资产的百分之二十；

（六）公司放弃债权或者财产超过上年末净资产的百分之十；

（七）公司发生超过上年末净资产百分之十的重大损失；

（八）公司分配股利，作出减资、合并、分立、解散及申请破产的决定，或者依法进入破产程序、被责令关闭；

（九）涉及公司的重大诉讼、仲裁；

（十）公司涉嫌犯罪被依法立案调查，公司的控股股东、实际控制人、董事、监事、高级管理人员涉嫌犯罪被依法采取强制措施；

（十一）国务院证券监督管理机构规定的其他事项。

第八十二条 发行人的董事、高级管理人员应当对证券发行文件和定期报告签署书面确认意见。

发行人的监事会应当对董事会编制的证券发行文件和定期报告进行审核并提出书面审核意见。监事应当签署书面确认意见。

发行人的董事、监事和高级管理人员应当保证发行人及时、公平地披露信息，所披露的信息真实、准确、完整。

董事、监事和高级管理人员无法保证证券发行文件和定期报告内容的真实性、准确性、完整性或者有异议的，应当在书面确认意见中发表意见并陈述理由，发行人应当披露。发行人不予披露的，董事、监事和高级管理人员可以直接申请披露。

第八十三条 信息披露义务人披露的信息应当同时向所有投资者

披露，不得提前向任何单位和个人泄露。但是，法律、行政法规另有规定的除外。

任何单位和个人不得非法要求信息披露义务人提供依法需要披露但尚未披露的信息。任何单位和个人提前获知的前述信息，在依法披露前应当保密。

第八十四条 除依法需要披露的信息之外，信息披露义务人可以自愿披露与投资者作出价值判断和投资决策有关的信息，但不得与依法披露的信息相冲突，不得误导投资者。

发行人及其控股股东、实际控制人、董事、监事、高级管理人员等作出公开承诺的，应当披露。不履行承诺给投资者造成损失的，应当依法承担赔偿责任。

第八十五条 信息披露义务人未按照规定披露信息，或者公告的证券发行文件、定期报告、临时报告及其他信息披露资料存在虚假记载、误导性陈述或者重大遗漏，致使投资者在证券交易中遭受损失的，信息披露义务人应当承担赔偿责任；发行人的控股股东、实际控制人、董事、监事、高级管理人员和其他直接责任人员以及保荐人、承销的证券公司及其直接责任人员，应当与发行人承担连带赔偿责任，但是能够证明自己没有过错的除外。

第八十六条 依法披露的信息，应当在证券交易场所的网站和符合国务院证券监督管理机构规定条件的媒体发布，同时将其置备于公司住所、证券交易场所，供社会公众查阅。

第八十七条 国务院证券监督管理机构对信息披露义务人的信息披露行为进行监督管理。

证券交易场所应当对其组织交易的证券的信息披露义务人的信息披露行为进行监督，督促其依法及时、准确地披露信息。

第六章　投资者保护

第八十八条 证券公司向投资者销售证券、提供服务时，应当按照规定充分了解投资者的基本情况、财产状况、金融资产状况、投资知识和经验、专业能力等相关信息；如实说明证券、服务的重要内容，充分揭示投资风险；销售、提供与投资者上述状况相匹配的证券、服务。

投资者在购买证券或者接受服务时，应当按照证券公司明示的要求提供前款所列真实信息。拒绝提供或者未按照要求提供信息的，证券公司应当告知其后果，并按照规定拒绝向其销售证券、提供服务。

证券公司违反第一款规定导致投资者损失的，应当承担相应的赔偿责任。

第八十九条　根据财产状况、金融资产状况、投资知识和经验、专业能力等因素，投资者可以分为普通投资者和专业投资者。专业投资者的标准由国务院证券监督管理机构规定。

普通投资者与证券公司发生纠纷的，证券公司应当证明其行为符合法律、行政法规以及国务院证券监督管理机构的规定，不存在误导、欺诈等情形。证券公司不能证明的，应当承担相应的赔偿责任。

第九十条　上市公司董事会、独立董事、持有百分之一以上有表决权股份的股东或者依照法律、行政法规或者国务院证券监督管理机构的规定设立的投资者保护机构（以下简称投资者保护机构），可以作为征集人，自行或者委托证券公司、证券服务机构，公开请求上市公司股东委托其代为出席股东大会，并代为行使提案权、表决权等股东权利。

依照前款规定征集股东权利的，征集人应当披露征集文件，上市公司应当予以配合。

禁止以有偿或者变相有偿的方式公开征集股东权利。

公开征集股东权利违反法律、行政法规或者国务院证券监督管理机构有关规定，导致上市公司或者其股东遭受损失的，应当依法承担赔偿责任。

第九十一条　上市公司应当在章程中明确分配现金股利的具体安排和决策程序，依法保障股东的资产收益权。

上市公司当年税后利润，在弥补亏损及提取法定公积金后有盈余的，应当按照公司章程的规定分配现金股利。

第九十二条 公开发行公司债券的，应当设立债券持有人会议，并应当在募集说明书中说明债券持有人会议的召集程序、会议规则和其他重要事项。

公开发行公司债券的，发行人应当为债券持有人聘请债券受托管理人，并订立债券受托管理协议。受托管理人应当由本次发行的承销机构或者其他经国务院证券监督管理机构认可的机构担任，债券持有人会议可以决议变更债券受托管理人。债券受托管理人应当勤勉尽责，公正履行受托管理职责，不得损害债券持有人利益。

债券发行人未能按期兑付债券本息的，债券受托管理人可以接受全部或者部分债券持有人的委托，以自己名义代表债券持有人提起、参加民事诉讼或者清算程序。

第九十三条 发行人因欺诈发行、虚假陈述或者其他重大违法行为给投资者造成损失的，发行人的控股股东、实际控制人、相关的证券公司可以委托投资者保护机构，就赔偿事宜与受到损失的投资者达成协议，予以先行赔付。先行赔付后，可以依法向发行人以及其他连带责任人追偿。

第九十四条 投资者与发行人、证券公司等发生纠纷的，双方可以向投资者保护机构申请调解。普通投资者与证券公司发生证券业务纠纷，普通投资者提出调解请求的，证券公司不得拒绝。

投资者保护机构对损害投资者利益的行为，可以依法支持投资者向人民法院提起诉讼。

发行人的董事、监事、高级管理人员执行公司职务时违反法律、行政法规或者公司章程的规定给公司造成损失，发行人的控股股东、实际控制人等侵犯公司合法权益给公司造成损失，投资者保护机构持有该公司股份的，可以为公司的利益以自己的名义向人民法院提起诉讼，持股比例和持股期限不受《中华人民共和国公司法》规定的限制。

第九十五条 投资者提起虚假陈述等证券民事赔偿诉讼时，诉讼标的是同一种类，且当事人一方人数众多的，可以依法推选代表人进行诉讼。

对按照前款规定提起的诉讼，可能存在有相同诉讼请求的其他众多投资者的，人民法院可以发出公告，说明该诉讼请求的案件情况，通知投资者在一定期间向人民法院登记。人民法院作出的判决、裁定，对参加登记的投资者发生效力。

投资者保护机构受五十名以上投资者委托，可以作为代表人参加诉讼，并为经证券登记结算机构确认的权利人依照前款规定向人民法院登记，但投资者明确表示不愿意参加该诉讼的除外。

第七章 证券交易场所

第九十六条 证券交易所、国务院批准的其他全国性证券交易场所为证券集中交易提供场所和设施，组织和监督证券交易，实行自律管理，依法登记，取得法人资格。

证券交易所、国务院批准的其他全国性证券交易场所的设立、变更和解散由国务院决定。

国务院批准的其他全国性证券交易场所的组织机构、管理办法等，由国务院规定。

第九十七条 证券交易所、国务院批准的其他全国性证券交易场所可以根据证券品种、行业特点、公司规模等因素设立不同的市场层次。

第九十八条 按照国务院规定设立的区域性股权市场为非公开发行证券的发行、转让提供场所和设施，具体管理办法由国务院规定。

第九十九条 证券交易所履行自律管理职能，应当遵守社会公共利益优先原则，维护市场的公平、有序、透明。

设立证券交易所必须制定章程。证券交易所章程的制定和修改，必须经国务院证券监督管理机构批准。

第一百条 证券交易所必须在其名称中标明证券交易所字样。其他任何单位或者个人不得使用证券交易所或者近似的名称。

第一百零一条 证券交易所可以自行支配的各项费用收入，应当首先用于保证其证券交易场所和设施的正常运行并逐步改善。

实行会员制的证券交易所的财产积累归会员所有，其权益由会员共同享有，在其存续期间，不得将其财产积累分配给会员。

第一百零二条 实行会员制的证券交易所设理事会、监事会。

证券交易所设总经理一人，由国务院证券监督管理机构任免。

第一百零三条 有《中华人民共和国公司法》第一百四十六条规定的情形或者下列情形之一的，不得担任证券交易所的负责人：

（一）因违法行为或者违纪行为被解除职务的证券交易场所、证券登记结算机构的负责人或者证券公司的董事、监事、高级管理人员，自被解除职务之日起未逾五年；

（二）因违法行为或者违纪行为被吊销执业证书或者被取消资格的律师、注册会计师或者其他证券服务机构的专业人员，自被吊销执业证书或者被取消资格之日起未逾五年。

第一百零四条 因违法行为或者违纪行为被开除的证券交易场所、证券公司、证券登记结算机构、证券服务机构的从业人员和被开除的国家机关工作人员，不得招聘为证券交易所的从业人员。

第一百零五条 进入实行会员制的证券交易所参与集中交易的，必须是证券交易所的会员。证券交易所不得允许非会员直接参与股票的集中交易。

第一百零六条 投资者应当与证券公司签订证券交易委托协议，并在证券公司实名开立账户，以书面、电话、自助终端、网络等方式，委托该证券公司代其买卖证券。

第一百零七条 证券公司为投资者开立账户，应当按照规定对投资者提供的身份信息进行核对。

证券公司不得将投资者的账户提供给他人使用。

投资者应当使用实名开立的账户进行交易。

第一百零八条 证券公司根据投资者的委托，按照证券交易规则提出交易申报，参与证券交易所场内的集中交易，并根据成交结果承担相应的清算交收责任。证券登记结算机构根据成交结果，按照清算交收规则，与证券公司进行证券和资金的清算交收，并为证券公司客户办理证券的登记过户手续。

第一百零九条 证券交易所应当为组织公平的集中交易提供保障，实时公布证券交易即时行情，并按交易日制作证券市场行情表，予以公布。

证券交易即时行情的权益由证券交易所依法享有。未经证券交易所许可，任何单位和个人不得发布证券交易即时行情。

第一百一十条 上市公司可以向证券交易所申请其上市交易股票的停牌或者复牌，但不得滥用停牌或者复牌损害投资者的合法权益。

证券交易所可以按照业务规则的规定，决定上市交易股票的停牌或者复牌。

第一百一十一条 因不可抗力、意外事件、重大技术故障、重大人为差错等突发性事件而影响证券交易正常进行时，为维护证券交易正常秩序和市场公平，证券交易所可以按照业务规则采取技术性停牌、临时停市等处置措施，并应当及时向国务院证券监督管理机构报告。

因前款规定的突发性事件导致证券交易结果出现重大异常，按交易结果进行交收将对证券交易正常秩序和市场公平造成重大影响的，证券交易所按照业务规则可以采取取消交易、通知证券登记结算机构暂缓交收等措施，并应当及时向国务院证券监督管理机构报告并公告。

证券交易所对其依照本条规定采取措施造成的损失，不承担民事赔偿责任，但存在重大过错的除外。

第一百一十二条 证券交易所对证券交易实行实时监控，并按照国务院证券监督管理机构的要求，对异常的交易情况提出报告。

证券交易所根据需要，可以按照业务规则对出现重大异常交易情况的证券账户的投资者限制交易，并及时报告国务院证券监督管理机构。

第一百一十三条 证券交易所应当加强对证券交易的风险监测，出现重大异常波动的，证券交易所可以按照业务规则采取限制交易、强制停牌等处置措施，并向国务院证券监督管理机构报告；严重影响证券市场稳定的，证券交易所可以按照业务规则采取临时停市等处置措施并公告。

证券交易所对其依照本条规定采取措施造成的损失，不承担民事赔偿责任，但存在重大过错的除外。

第一百一十四条 证券交易所应当从其收取的交易费用和会员费、席位费中提取一定比例的金额设立风险基金。风险基金由证券交易所理事会管理。

风险基金提取的具体比例和使用办法，由国务院证券监督管理机构会同国务院财政部门规定。

证券交易所应当将收存的风险基金存入开户银行专门账户，不得擅自使用。

第一百一十五条 证券交易所依照法律、行政法规和国务院证券监督管理机构的规定，制定上市规则、交易规则、会员管理规则和其他有关业务规则，并报国务院证券监督管理机构批准。

在证券交易所从事证券交易，应当遵守证券交易所依法制定的业务规则。违反业务规则的，由证券交易所给予纪律处分或者采取其他自律管理措施。

第一百一十六条 证券交易所的负责人和其他从业人员执行与证券交易有关的职务时，与其本人或者其亲属有利害关系的，应当回避。

第一百一十七条 按照依法制定的交易规则进行的交易，不得改变其交易结果，但本法第一百一十一条第二款规定的除外。对交易中违规交易者应负的民事责任不得免除；在违规交易中所获利益，依照有关规定处理。

第八章　证 券 公 司

第一百一十八条　设立证券公司，应当具备下列条件，并经国务院证券监督管理机构批准：

（一）有符合法律、行政法规规定的公司章程；

（二）主要股东及公司的实际控制人具有良好的财务状况和诚信记录，最近三年无重大违法违规记录；

（三）有符合本法规定的公司注册资本；

（四）董事、监事、高级管理人员、从业人员符合本法规定的条件；

（五）有完善的风险管理与内部控制制度；

（六）有合格的经营场所、业务设施和信息技术系统；

（七）法律、行政法规和经国务院批准的国务院证券监督管理机构规定的其他条件。

未经国务院证券监督管理机构批准，任何单位和个人不得以证券公司名义开展证券业务活动。

第一百一十九条　国务院证券监督管理机构应当自受理证券公司设立申请之日起六个月内，依照法定条件和法定程序并根据审慎监管原则进行审查，作出批准或者不予批准的决定，并通知申请人；不予批准的，应当说明理由。

证券公司设立申请获得批准的，申请人应当在规定的期限内向公司登记机关申请设立登记，领取营业执照。

证券公司应当自领取营业执照之日起十五日内，向国务院证券监督管理机构申请经营证券业务许可证。未取得经营证券业务许可证，证券公司不得经营证券业务。

第一百二十条　经国务院证券监督管理机构核准，取得经营证券业务许可证，证券公司可以经营下列部分或者全部证券业务：

（一）证券经纪；

（二）证券投资咨询；

（三）与证券交易、证券投资活动有关的财务顾问；

（四）证券承销与保荐；

（五）证券融资融券；

（六）证券做市交易；

（七）证券自营；

（八）其他证券业务。

国务院证券监督管理机构应当自受理前款规定事项申请之日起三个月内，依照法定条件和程序进行审查，作出核准或者不予核准的决定，并通知申请人；不予核准的，应当说明理由。

证券公司经营证券资产管理业务的，应当符合《中华人民共和国证券投资基金法》等法律、行政法规的规定。

除证券公司外，任何单位和个人不得从事证券承销、证券保荐、证券经纪和证券融资融券业务。

证券公司从事证券融资融券业务，应当采取措施，严格防范和控制风险，不得违反规定向客户出借资金或者证券。

第一百二十一条　证券公司经营本法第一百二十条第一款第（一）项至第（三）项业务的，注册资本最低限额为人民币五千万元；经营第（四）项至第（八）项业务之一的，注册资本最低限额为人民币一亿元；经营第（四）项至第（八）项业务中两项以上的，注册资本最低限额为人民币五亿元。证券公司的注册资本应当是实缴资本。

国务院证券监督管理机构根据审慎监管原则和各项业务的风险程度，可以调整注册资本最低限额，但不得少于前款规定的限额。

第一百二十二条　证券公司变更证券业务范围，变更主要股东或者公司的实际控制人，合并、分立、停业、解散、破产，应当经国务院证券监督管理机构核准。

第一百二十三条　国务院证券监督管理机构应当对证券公司净资本和其他风险控制指标作出规定。

证券公司除依照规定为其客户提供融资融券外，不得为其股东或者股东的关联人提供融资或者担保。

第一百二十四条 证券公司的董事、监事、高级管理人员，应当正直诚实、品行良好，熟悉证券法律、行政法规，具有履行职责所需的经营管理能力。证券公司任免董事、监事、高级管理人员，应当报国务院证券监督管理机构备案。

有《中华人民共和国公司法》第一百四十六条规定的情形或者下列情形之一的，不得担任证券公司的董事、监事、高级管理人员：

（一）因违法行为或者违纪行为被解除职务的证券交易场所、证券登记结算机构的负责人或者证券公司的董事、监事、高级管理人员，自被解除职务之日起未逾五年；

（二）因违法行为或者违纪行为被吊销执业证书或者被取消资格的律师、注册会计师或者其他证券服务机构的专业人员，自被吊销执业证书或者被取消资格之日起未逾五年。

第一百二十五条 证券公司从事证券业务的人员应当品行良好，具备从事证券业务所需的专业能力。

因违法行为或者违纪行为被开除的证券交易场所、证券公司、证券登记结算机构、证券服务机构的从业人员和被开除的国家机关工作人员，不得招聘为证券公司的从业人员。

国家机关工作人员和法律、行政法规规定的禁止在公司中兼职的其他人员，不得在证券公司中兼任职务。

第一百二十六条 国家设立证券投资者保护基金。证券投资者保护基金由证券公司缴纳的资金及其他依法筹集的资金组成，其规模以及筹集、管理和使用的具体办法由国务院规定。

第一百二十七条 证券公司从每年的业务收入中提取交易风险准备金，用于弥补证券经营的损失，其提取的具体比例由国务院证券监督管理机构会同国务院财政部门规定。

第一百二十八条 证券公司应当建立健全内部控制制度，采取有效隔离措施，防范公司与客户之间、不同客户之间的利益冲突。

证券公司必须将其证券经纪业务、证券承销业务、证券自营业务、证券做市业务和证券资产管理业务分开办理，不得混合操作。

第一百二十九条 证券公司的自营业务必须以自己的名义进行，不得假借他人名义或者以个人名义进行。

证券公司的自营业务必须使用自有资金和依法筹集的资金。

证券公司不得将其自营账户借给他人使用。

第一百三十条 证券公司应当依法审慎经营，勤勉尽责，诚实守信。

证券公司的业务活动，应当与其治理结构、内部控制、合规管理、风险管理以及风险控制指标、从业人员构成等情况相适应，符合审慎监管和保护投资者合法权益的要求。

证券公司依法享有自主经营的权利，其合法经营不受干涉。

第一百三十一条 证券公司客户的交易结算资金应当存放在商业银行，以每个客户的名义单独立户管理。

证券公司不得将客户的交易结算资金和证券归入其自有财产。禁止任何单位或者个人以任何形式挪用客户的交易结算资金和证券。证券公司破产或者清算时，客户的交易结算资金和证券不属于其破产财产或者清算财产。非因客户本身的债务或者法律规定的其他情形，不得查封、冻结、扣划或者强制执行客户的交易结算资金和证券。

第一百三十二条 证券公司办理经纪业务，应当置备统一制定的证券买卖委托书，供委托人使用。采取其他委托方式的，必须作出委托记录。

客户的证券买卖委托，不论是否成交，其委托记录应当按照规定的期限，保存于证券公司。

第一百三十三条 证券公司接受证券买卖的委托，应当根据委托书载明的证券名称、买卖数量、出价方式、价格幅度等，按照交易规则代理买卖证券，如实进行交易记录；买卖成交后，应当按照规定制作买卖成交报告单交付客户。

证券交易中确认交易行为及其交易结果的对账单必须真实，保证账面证券余额与实际持有的证券相一致。

第一百三十四条 证券公司办理经纪业务，不得接受客户的全权委托而决定证券买卖、选择证券种类、决定买卖数量或者买卖价格。

证券公司不得允许他人以证券公司的名义直接参与证券的集中交易。

第一百三十五条 证券公司不得对客户证券买卖的收益或者赔偿证券买卖的损失作出承诺。

第一百三十六条 证券公司的从业人员在证券交易活动中，执行所属的证券公司的指令或者利用职务违反交易规则的，由所属的证券公司承担全部责任。

证券公司的从业人员不得私下接受客户委托买卖证券。

第一百三十七条 证券公司应当建立客户信息查询制度，确保客户能够查询其账户信息、委托记录、交易记录以及其他与接受服务或者购买产品有关的重要信息。

证券公司应当妥善保存客户开户资料、委托记录、交易记录和与内部管理、业务经营有关的各项信息，任何人不得隐匿、伪造、篡改或者毁损。上述信息的保存期限不得少于二十年。

第一百三十八条 证券公司应当按照规定向国务院证券监督管理机构报送业务、财务等经营管理信息和资料。国务院证券监督管理机构有权要求证券公司及其主要股东、实际控制人在指定的期限内提供有关信息、资料。

证券公司及其主要股东、实际控制人向国务院证券监督管理机构报送或者提供的信息、资料，必须真实、准确、完整。

第一百三十九条 国务院证券监督管理机构认为有必要时，可以委托会计师事务所、资产评估机构对证券公司的财务状况、内部控制状况、资产价值进行审计或者评估。具体办法由国务院证券监督管理机构会同有关主管部门制定。

第一百四十条 证券公司的治理结构、合规管理、风险控制指标不符合规定的，国务院证券监督管理机构应当责令其限期改正；逾期未改正，或者其行为严重危及该证券公司的稳健运行、损害客户合法权益的，国务院证券监督管理机构可以区别情形，对其采取下列措施：

（一）限制业务活动，责令暂停部分业务，停止核准新业务；

（二）限制分配红利，限制向董事、监事、高级管理人员支付报酬、提供福利；

（三）限制转让财产或者在财产上设定其他权利；

（四）责令更换董事、监事、高级管理人员或者限制其权利；

（五）撤销有关业务许可；

（六）认定负有责任的董事、监事、高级管理人员为不适当人选；

（七）责令负有责任的股东转让股权，限制负有责任的股东行使股东权利。

证券公司整改后，应当向国务院证券监督管理机构提交报告。国务院证券监督管理机构经验收，治理结构、合规管理、风险控制指标符合规定的，应当自验收完毕之日起三日内解除对其采取的前款规定的有关限制措施。

第一百四十一条 证券公司的股东有虚假出资、抽逃出资行为的，国务院证券监督管理机构应当责令其限期改正，并可责令其转让所持证券公司的股权。

在前款规定的股东按照要求改正违法行为、转让所持证券公司的股权前，国务院证券监督管理机构可以限制其股东权利。

第一百四十二条 证券公司的董事、监事、高级管理人员未能勤勉尽责，致使证券公司存在重大违法违规行为或者重大风险的，国务院证券监督管理机构可以责令证券公司予以更换。

第一百四十三条 证券公司违法经营或者出现重大风险，严重危害证券市场秩序、损害投资者利益的，国务院证券监督管理机构可以对该证券公司采取责令停业整顿、指定其他机构托管、接管或者撤销等监管措施。

第一百四十四条 在证券公司被责令停业整顿、被依法指定托管、接管或者清算期间，或者出现重大风险时，经国务院证券监督管理机构批准，可以对该证券公司直接负责的董事、监事、高级管理人员和其他直接责任人员采取以下措施：

（一）通知出境入境管理机关依法阻止其出境；

（二）申请司法机关禁止其转移、转让或者以其他方式处分财产，或者在财产上设定其他权利。

第九章 证券登记结算机构

第一百四十五条 证券登记结算机构为证券交易提供集中登记、存管与结算服务，不以营利为目的，依法登记，取得法人资格。

设立证券登记结算机构必须经国务院证券监督管理机构批准。

第一百四十六条 设立证券登记结算机构，应当具备下列条件：

（一）自有资金不少于人民币二亿元；

（二）具有证券登记、存管和结算服务所必须的场所和设施；

（三）国务院证券监督管理机构规定的其他条件。

证券登记结算机构的名称中应当标明证券登记结算字样。

第一百四十七条 证券登记结算机构履行下列职能：

（一）证券账户、结算账户的设立；

（二）证券的存管和过户；

（三）证券持有人名册登记；

（四）证券交易的清算和交收；

（五）受发行人的委托派发证券权益；

（六）办理与上述业务有关的查询、信息服务；

（七）国务院证券监督管理机构批准的其他业务。

第一百四十八条 在证券交易所和国务院批准的其他全国性证券交易场所交易的证券的登记结算，应当采取全国集中统一的运营方式。

前款规定以外的证券，其登记、结算可以委托证券登记结算机构或者其他依法从事证券登记、结算业务的机构办理。

第一百四十九条 证券登记结算机构应当依法制定章程和业务规则，并经国务院证券监督管理机构批准。证券登记结算业务参与人应当遵守证券登记结算机构制定的业务规则。

第一百五十条 在证券交易所或者国务院批准的其他全国性证券交易场所交易的证券，应当全部存管在证券登记结算机构。

证券登记结算机构不得挪用客户的证券。

第一百五十一条 证券登记结算机构应当向证券发行人提供证券持有人名册及有关资料。

证券登记结算机构应当根据证券登记结算的结果，确认证券持有人持有证券的事实，提供证券持有人登记资料。

证券登记结算机构应当保证证券持有人名册和登记过户记录真实、准确、完整，不得隐匿、伪造、篡改或者毁损。

第一百五十二条 证券登记结算机构应当采取下列措施保证业务的正常进行：

（一）具有必备的服务设备和完善的数据安全保护措施；

（二）建立完善的业务、财务和安全防范等管理制度；

（三）建立完善的风险管理系统。

第一百五十三条 证券登记结算机构应当妥善保存登记、存管和结算的原始凭证及有关文件和资料。其保存期限不得少于二十年。

第一百五十四条 证券登记结算机构应当设立证券结算风险基金，用于垫付或者弥补因违约交收、技术故障、操作失误、不可抗力造成的证券登记结算机构的损失。

证券结算风险基金从证券登记结算机构的业务收入和收益中提取，并可以由结算参与人按照证券交易业务量的一定比例缴纳。

证券结算风险基金的筹集、管理办法，由国务院证券监督管理机构会同国务院财政部门规定。

第一百五十五条 证券结算风险基金应当存入指定银行的专门账

户，实行专项管理。

证券登记结算机构以证券结算风险基金赔偿后，应当向有关责任人追偿。

第一百五十六条 证券登记结算机构申请解散，应当经国务院证券监督管理机构批准。

第一百五十七条 投资者委托证券公司进行证券交易，应当通过证券公司申请在证券登记结算机构开立证券账户。证券登记结算机构应当按照规定为投资者开立证券账户。

投资者申请开立账户，应当持有证明中华人民共和国公民、法人、合伙企业身份的合法证件。国家另有规定的除外。

第一百五十八条 证券登记结算机构作为中央对手方提供证券结算服务的，是结算参与人共同的清算交收对手，进行净额结算，为证券交易提供集中履约保障。

证券登记结算机构为证券交易提供净额结算服务时，应当要求结算参与人按照货银对付的原则，足额交付证券和资金，并提供交收担保。

在交收完成之前，任何人不得动用用于交收的证券、资金和担保物。

结算参与人未按时履行交收义务的，证券登记结算机构有权按照业务规则处理前款所述财产。

第一百五十九条 证券登记结算机构按照业务规则收取的各类结算资金和证券，必须存放于专门的清算交收账户，只能按业务规则用于已成交的证券交易的清算交收，不得被强制执行。

第十章 证券服务机构

第一百六十条 会计师事务所、律师事务所以及从事证券投资咨询、资产评估、资信评级、财务顾问、信息技术系统服务的证券服务机构，应当勤勉尽责、恪尽职守，按照相关业务规则为证券的交易及相关活动提供服务。

从事证券投资咨询服务业务，应当经国务院证券监督管理机构核准；未经核准，不得为证券的交易及相关活动提供服务。从事其他证券服务业务，应当报国务院证券监督管理机构和国务院有关主管部门备案。

第一百六十一条 证券投资咨询机构及其从业人员从事证券服务业务不得有下列行为：

（一）代理委托人从事证券投资；

（二）与委托人约定分享证券投资收益或者分担证券投资损失；

（三）买卖本证券投资咨询机构提供服务的证券；

（四）法律、行政法规禁止的其他行为。

有前款所列行为之一，给投资者造成损失的，应当依法承担赔偿责任。

第一百六十二条 证券服务机构应当妥善保存客户委托文件、核查和验证资料、工作底稿以及与质量控制、内部管理、业务经营有关的信息和资料，任何人不得泄露、隐匿、伪造、篡改或者毁损。上述信息和资料的保存期限不得少于十年，自业务委托结束之日起算。

第一百六十三条 证券服务机构为证券的发行、上市、交易等证券业务活动制作、出具审计报告及其他鉴证报告、资产评估报告、财务顾问报告、资信评级报告或者法律意见书等文件，应当勤勉尽责，对所依据的文件资料内容的真实性、准确性、完整性进行核查和验证。其制作、出具的文件有虚假记载、误导性陈述或者重大遗漏，给他人造成损失的，应当与委托人承担连带赔偿责任，但是能够证明自己没有过错的除外。

第十一章 证券业协会

第一百六十四条 证券业协会是证券业的自律性组织，是社会团体法人。

证券公司应当加入证券业协会。

证券业协会的权力机构为全体会员组成的会员大会。

第一百六十五条 证券业协会章程由会员大会制定，并报国务院证券监督管理机构备案。

第一百六十六条 证券业协会履行下列职责：

（一）教育和组织会员及其从业人员遵守证券法律、行政法规，组织开展证券行业诚信建设，督促证券行业履行社会责任；

（二）依法维护会员的合法权益，向证券监督管理机构反映会员的建议和要求；

（三）督促会员开展投资者教育和保护活动，维护投资者合法权益；

（四）制定和实施证券行业自律规则，监督、检查会员及其从业人员行为，对违反法律、行政法规、自律规则或者协会章程的，按照规定给予纪律处分或者实施其他自律管理措施；

（五）制定证券行业业务规范，组织从业人员的业务培训；

（六）组织会员就证券行业的发展、运作及有关内容进行研究，收集整理、发布证券相关信息，提供会员服务，组织行业交流，引导行业创新发展；

（七）对会员之间、会员与客户之间发生的证券业务纠纷进行调解；

（八）证券业协会章程规定的其他职责。

第一百六十七条 证券业协会设理事会。理事会成员依章程的规定由选举产生。

第十二章　证券监督管理机构

第一百六十八条 国务院证券监督管理机构依法对证券市场实行监督管理，维护证券市场公开、公平、公正，防范系统性风险，维护投资者合法权益，促进证券市场健康发展。

第一百六十九条 国务院证券监督管理机构在对证券市场实施监督管理中履行下列职责：

（一）依法制定有关证券市场监督管理的规章、规则，并依法进行审批、核准、注册，办理备案；

（二）依法对证券的发行、上市、交易、登记、存管、结算等行为，进行监督管理；

（三）依法对证券发行人、证券公司、证券服务机构、证券交易场所、证券登记结算机构的证券业务活动，进行监督管理；

（四）依法制定从事证券业务人员的行为准则，并监督实施；

（五）依法监督检查证券发行、上市、交易的信息披露；

（六）依法对证券业协会的自律管理活动进行指导和监督；

（七）依法监测并防范、处置证券市场风险；

（八）依法开展投资者教育；

（九）依法对证券违法行为进行查处；

（十）法律、行政法规规定的其他职责。

第一百七十条 国务院证券监督管理机构依法履行职责，有权采取下列措施：

（一）对证券发行人、证券公司、证券服务机构、证券交易场所、证券登记结算机构进行现场检查；

（二）进入涉嫌违法行为发生场所调查取证；

（三）询问当事人和与被调查事件有关的单位和个人，要求其对与被调查事件有关的事项作出说明；或者要求其按照指定的方式报送与被调查事件有关的文件和资料；

（四）查阅、复制与被调查事件有关的财产权登记、通讯记录等文件和资料；

（五）查阅、复制当事人和与被调查事件有关的单位和个人的证券交易记录、登记过户记录、财务会计资料及其他相关文件和资料；对可能被转移、隐匿或者毁损的文件和资料，可以予以封存、扣押；

（六）查询当事人和与被调查事件有关的单位和个人的资金账

户、证券账户、银行账户以及其他具有支付、托管、结算等功能的账户信息，可以对有关文件和资料进行复制；对有证据证明已经或者可能转移或者隐匿违法资金、证券等涉案财产或者隐匿、伪造、毁损重要证据的，经国务院证券监督管理机构主要负责人或者其授权的其他负责人批准，可以冻结或者查封，期限为六个月；因特殊原因需要延长的，每次延长期限不得超过三个月，冻结、查封期限最长不得超过二年；

（七）在调查操纵证券市场、内幕交易等重大证券违法行为时，经国务院证券监督管理机构主要负责人或者其授权的其他负责人批准，可以限制被调查的当事人的证券买卖，但限制的期限不得超过三个月；案情复杂的，可以延长三个月；

（八）通知出境入境管理机关依法阻止涉嫌违法人员、涉嫌违法单位的主管人员和其他直接责任人员出境。

为防范证券市场风险，维护市场秩序，国务院证券监督管理机构可以采取责令改正、监管谈话、出具警示函等措施。

第一百七十一条　国务院证券监督管理机构对涉嫌证券违法的单位或者个人进行调查期间，被调查的当事人书面申请，承诺在国务院证券监督管理机构认可的期限内纠正涉嫌违法行为，赔偿有关投资者损失，消除损害或者不良影响的，国务院证券监督管理机构可以决定中止调查。被调查的当事人履行承诺的，国务院证券监督管理机构可以决定终止调查；被调查的当事人未履行承诺或者有国务院规定的其他情形的，应当恢复调查。具体办法由国务院规定。

国务院证券监督管理机构决定中止或者终止调查的，应当按照规定公开相关信息。

第一百七十二条　国务院证券监督管理机构依法履行职责，进行监督检查或者调查，其监督检查、调查的人员不得少于二人，并应当出示合法证件和监督检查、调查通知书或者其他执法文书。监督检查、调查的人员少于二人或者未出示合法证件和监督检查、调查通知书或者其他执法文书的，被检查、调查的单位和个人有权拒绝。

第一百七十三条 国务院证券监督管理机构依法履行职责，被检查、调查的单位和个人应当配合，如实提供有关文件和资料，不得拒绝、阻碍和隐瞒。

第一百七十四条 国务院证券监督管理机构制定的规章、规则和监督管理工作制度应当依法公开。

国务院证券监督管理机构依据调查结果，对证券违法行为作出的处罚决定，应当公开。

第一百七十五条 国务院证券监督管理机构应当与国务院其他金融监督管理机构建立监督管理信息共享机制。

国务院证券监督管理机构依法履行职责，进行监督检查或者调查时，有关部门应当予以配合。

第一百七十六条 对涉嫌证券违法、违规行为，任何单位和个人有权向国务院证券监督管理机构举报。

对涉嫌重大违法、违规行为的实名举报线索经查证属实的，国务院证券监督管理机构按照规定给予举报人奖励。

国务院证券监督管理机构应当对举报人的身份信息保密。

第一百七十七条 国务院证券监督管理机构可以和其他国家或者地区的证券监督管理机构建立监督管理合作机制，实施跨境监督管理。

境外证券监督管理机构不得在中华人民共和国境内直接进行调查取证等活动。未经国务院证券监督管理机构和国务院有关主管部门同意，任何单位和个人不得擅自向境外提供与证券业务活动有关的文件和资料。

第一百七十八条 国务院证券监督管理机构依法履行职责，发现证券违法行为涉嫌犯罪的，应当依法将案件移送司法机关处理；发现公职人员涉嫌职务违法或者职务犯罪的，应当依法移送监察机关处理。

第一百七十九条 国务院证券监督管理机构工作人员必须忠于职守、依法办事、公正廉洁，不得利用职务便利牟取不正当利益，不得泄露所知悉的有关单位和个人的商业秘密。

国务院证券监督管理机构工作人员在任职期间，或者离职后在《中华人民共和国公务员法》规定的期限内，不得到与原工作业务直接相关的企业或者其他营利性组织任职，不得从事与原工作业务直接相关的营利性活动。

第十三章　法律责任

第一百八十条　违反本法第九条的规定，擅自公开或者变相公开发行证券的，责令停止发行，退还所募资金并加算银行同期存款利息，处以非法所募资金金额百分之五以上百分之五十以下的罚款；对擅自公开或者变相公开发行证券设立的公司，由依法履行监督管理职责的机构或者部门会同县级以上地方人民政府予以取缔。对直接负责的主管人员和其他直接责任人员给予警告，并处以五十万元以上五百万元以下的罚款。

第一百八十一条　发行人在其公告的证券发行文件中隐瞒重要事实或者编造重大虚假内容，尚未发行证券的，处以二百万元以上二千万元以下的罚款；已经发行证券的，处以非法所募资金金额百分之十以上一倍以下的罚款。对直接负责的主管人员和其他直接责任人员，处以一百万元以上一千万元以下的罚款。

发行人的控股股东、实际控制人组织、指使从事前款违法行为的，没收违法所得，并处以违法所得百分之十以上一倍以下的罚款；没有违法所得或者违法所得不足二千万元的，处以二百万元以上二千万元以下的罚款。对直接负责的主管人员和其他直接责任人员，处以一百万元以上一千万元以下的罚款。

第一百八十二条　保荐人出具有虚假记载、误导性陈述或者重大遗漏的保荐书，或者不履行其他法定职责的，责令改正，给予警告，没收业务收入，并处以业务收入一倍以上十倍以下的罚款；没有业务收入或者业务收入不足一百万元的，处以一百万元以上一千万元以下的罚款；情节严重的，并处暂停或者撤销保荐业务许可。对直接负责的主管人员和其他直接责任人员给予警告，并处以五十万元以上五百万元以下的罚款。

第一百八十三条 证券公司承销或者销售擅自公开发行或者变相公开发行的证券的，责令停止承销或者销售，没收违法所得，并处以违法所得一倍以上十倍以下的罚款；没有违法所得或者违法所得不足一百万元的，处以一百万元以上一千万元以下的罚款；情节严重的，并处暂停或者撤销相关业务许可。给投资者造成损失的，应当与发行人承担连带赔偿责任。对直接负责的主管人员和其他直接责任人员给予警告，并处以五十万元以上五百万元以下的罚款。

第一百八十四条 证券公司承销证券违反本法第二十九条规定的，责令改正，给予警告，没收违法所得，可以并处五十万元以上五百万元以下的罚款；情节严重的，暂停或者撤销相关业务许可。对直接负责的主管人员和其他直接责任人员给予警告，可以并处二十万元以上二百万元以下的罚款；情节严重的，并处以五十万元以上五百万元以下的罚款。

第一百八十五条 发行人违反本法第十四条、第十五条的规定擅自改变公开发行证券所募集资金的用途的，责令改正，处以五十万元以上五百万元以下的罚款；对直接负责的主管人员和其他直接责任人员给予警告，并处以十万元以上一百万元以下的罚款。

发行人的控股股东、实际控制人从事或者组织、指使从事前款违法行为的，给予警告，并处以五十万元以上五百万元以下的罚款；对直接负责的主管人员和其他直接责任人员，处以十万元以上一百万元以下的罚款。

第一百八十六条 违反本法第三十六条的规定，在限制转让期内转让证券，或者转让股票不符合法律、行政法规和国务院证券监督管理机构规定的，责令改正，给予警告，没收违法所得，并处以买卖证券等值以下的罚款。

第一百八十七条 法律、行政法规规定禁止参与股票交易的人员，违反本法第四十条的规定，直接或者以化名、借他人名义持有、买卖股票或者其他具有股权性质的证券的，责令依法处理非法持有的股票、其他具有股权性质的证券，没收违法所得，并处以买卖证券等值以下的罚款；属于国家工作人员的，还应当依法给予处分。

第一百八十八条 证券服务机构及其从业人员，违反本法第四十二条的规定买卖证券的，责令依法处理非法持有的证券，没收违法所得，并处以买卖证券等值以下的罚款。

第一百八十九条 上市公司、股票在国务院批准的其他全国性证券交易场所交易的公司的董事、监事、高级管理人员、持有该公司百分之五以上股份的股东，违反本法第四十四条的规定，买卖该公司股票或者其他具有股权性质的证券的，给予警告，并处以十万元以上一百万元以下的罚款。

第一百九十条 违反本法第四十五条的规定，采取程序化交易影响证券交易所系统安全或者正常交易秩序的，责令改正，并处以五十万元以上五百万元以下的罚款。对直接负责的主管人员和其他直接责任人员给予警告，并处以十万元以上一百万元以下的罚款。

第一百九十一条 证券交易内幕信息的知情人或者非法获取内幕信息的人违反本法第五十三条的规定从事内幕交易的，责令依法处理非法持有的证券，没收违法所得，并处以违法所得一倍以上十倍以下的罚款；没有违法所得或者违法所得不足五十万元的，处以五十万元以上五百万元以下的罚款。单位从事内幕交易的，还应当对直接负责的主管人员和其他直接责任人员给予警告，并处以二十万元以上二百万元以下的罚款。国务院证券监督管理机构工作人员从事内幕交易的，从重处罚。

违反本法第五十四条的规定，利用未公开信息进行交易的，依照前款的规定处罚。

第一百九十二条 违反本法第五十五条的规定，操纵证券市场的，责令依法处理其非法持有的证券，没收违法所得，并处以违法所得一倍以上十倍以下的罚款；没有违法所得或者违法所得不足一百万元的，处以一百万元以上一千万元以下的罚款。单位操纵证券市场的，还应当对直接负责的主管人员和其他直接责任人员给予警告，并处以五十万元以上五百万元以下的罚款。

第一百九十三条 违反本法第五十六条第一款、第三款的规定，编造、传播虚假信息或者误导性信息，扰乱证券市场的，没收违法所得，并处以违法所得一倍以上十倍以下的罚款；没有违法所得或者违法所得不足二十万元的，处以二十万元以上二百万元以下的罚款。

违反本法第五十六条第二款的规定，在证券交易活动中作出虚假陈述或者信息误导的，责令改正，处以二十万元以上二百万元以下的罚款；属于国家工作人员的，还应当依法给予处分。

传播媒介及其从事证券市场信息报道的工作人员违反本法第五十六条第三款的规定，从事与其工作职责发生利益冲突的证券买卖的，没收违法所得，并处以买卖证券等值以下的罚款。

第一百九十四条 证券公司及其从业人员违反本法第五十七条的规定，有损害客户利益的行为的，给予警告，没收违法所得，并处以违法所得一倍以上十倍以下的罚款；没有违法所得或者违法所得不足十万元的，处以十万元以上一百万元以下的罚款；情节严重的，暂停或者撤销相关业务许可。

第一百九十五条 违反本法第五十八条的规定，出借自己的证券账户或者借用他人的证券账户从事证券交易的，责令改正，给予警告，可以处五十万元以下的罚款。

第一百九十六条 收购人未按照本法规定履行上市公司收购的公告、发出收购要约义务的，责令改正，给予警告，并处以五十万元以上五百万元以下的罚款。对直接负责的主管人员和其他直接责任人员给予警告，并处以二十万元以上二百万元以下的罚款。

收购人及其控股股东、实际控制人利用上市公司收购，给被收购公司及其股东造成损失的，应当依法承担赔偿责任。

第一百九十七条 信息披露义务人未按照本法规定报送有关报告或者履行信息披露义务的，责令改正，给予警告，并处以五十万元以上五百万元以下的罚款；对直接负责的主管人员和其他直接责任人员给予警告，并处以二十万元以上二百万元以下的罚款。发行人的控股股东、实际控制人组织、指使从事上述违法行为，或者隐瞒相关事项导致发生上述情形的，处以五十万元以上五百万元以下的罚款；对直接负责的主管人员和其他直接责任人员，处以二十万元以上二百万元以下的罚款。

信息披露义务人报送的报告或者披露的信息有虚假记载、误导性陈述或者重大遗漏的，责令改正，给予警告，并处以一百万元以上一千万元以下的罚款；对直接负责的主管人员和其他直接责任人员给予警告，并处以五十万元以上五百万元以下的罚款。发行人的控股股东、实际控制人组织、指使从事上述违法行为，或者隐瞒相关事项导致发生上述情形的，处以一百万元以上一千万元以下的罚款；对直接负责的主管人员和其他直接责任人员，处以五十万元以上五百万元以下的罚款。

第一百九十八条　证券公司违反本法第八十八条的规定未履行或者未按照规定履行投资者适当性管理义务的，责令改正，给予警告，并处以十万元以上一百万元以下的罚款。对直接负责的主管人员和其他直接责任人员给予警告，并处以二十万元以下的罚款。

第一百九十九条　违反本法第九十条的规定征集股东权利的，责令改正，给予警告，可以处五十万元以下的罚款。

第二百条　非法开设证券交易场所的，由县级以上人民政府予以取缔，没收违法所得，并处以违法所得一倍以上十倍以下的罚款；没有违法所得或者违法所得不足一百万元的，处以一百万元以上一千万元以下的罚款。对直接负责的主管人员和其他直接责任人员给予警告，并处以二十万元以上二百万元以下的罚款。

证券交易所违反本法第一百零五条的规定，允许非会员直接参与股票的集中交易的，责令改正，可以并处五十万元以下的罚款。

第二百零一条　证券公司违反本法第一百零七条第一款的规定，未对投资者开立账户提供的身份信息进行核对的，责令改正，给予警告，并处以五万元以上五十万元以下的罚款。对直接负责的主管人员和其他直接责任人员给予警告，并处以十万元以下的罚款。

证券公司违反本法第一百零七条第二款的规定，将投资者的账户提供给他人使用的，责令改正，给予警告，并处以十万元以上一百万元以下的罚款。对直接负责的主管人员和其他直接责任人员给予警告，并处以二十万元以下的罚款。

第二百零二条 违反本法第一百一十八条、第一百二十条第一款、第四款的规定，擅自设立证券公司、非法经营证券业务或者未经批准以证券公司名义开展证券业务活动的，责令改正，没收违法所得，并处以违法所得一倍以上十倍以下的罚款；没有违法所得或者违法所得不足一百万元的，处以一百万元以上一千万元以下的罚款。对直接负责的主管人员和其他直接责任人员给予警告，并处以二十万元以上二百万元以下的罚款。对擅自设立的证券公司，由国务院证券监督管理机构予以取缔。

证券公司违反本法第一百二十条第五款规定提供证券融资融券服务的，没收违法所得，并处以融资融券等值以下的罚款；情节严重的，禁止其在一定期限内从事证券融资融券业务。对直接负责的主管人员和其他直接责任人员给予警告，并处以二十万元以上二百万元以下的罚款。

第二百零三条 提交虚假证明文件或者采取其他欺诈手段骗取证券公司设立许可、业务许可或者重大事项变更核准的，撤销相关许可，并处以一百万元以上一千万元以下的罚款。对直接负责的主管人员和其他直接责任人员给予警告，并处以二十万元以上二百万元以下的罚款。

第二百零四条 证券公司违反本法第一百二十二条的规定，未经核准变更证券业务范围，变更主要股东或者公司的实际控制人，合并、分立、停业、解散、破产的，责令改正，给予警告，没收违法所得，并处以违法所得一倍以上十倍以下的罚款；没有违法所得或者违法所得不足五十万元的，处以五十万元以上五百万元以下的罚款；情节严重的，并处撤销相关业务许可。对直接负责的主管人员和其他直接责任人员给予警告，并处以二十万元以上二百万元以下的罚款。

第二百零五条 证券公司违反本法第一百二十三条第二款的规定，为其股东或者股东的关联人提供融资或者担保的，责令改正，给予警告，并处以五十万元以上五百万元以下的罚款。对直接负责的主管人员和其他直接责任人员给予警告，并处以十万元以上一百万元以下的罚款。股东有过错的，在按照要求改正前，国务院证券监督管理机构可以限制其股东权利；拒不改正的，可以责令其转让所持证券公司股权。

第二百零六条 证券公司违反本法第一百二十八条的规定，未采取有效隔离措施防范利益冲突，或者未分开办理相关业务、混合操作的，责令改正，给予警告，没收违法所得，并处以违法所得一倍以上十倍以下的罚款；没有违法所得或者违法所得不足五十万元的，处以五十万元以上五百万元以下的罚款；情节严重的，并处撤销相关业务许可。对直接负责的主管人员和其他直接责任人员给予警告，并处以二十万元以上二百万元以下的罚款。

第二百零七条 证券公司违反本法第一百二十九条的规定从事证券自营业务的，责令改正，给予警告，没收违法所得，并处以违法所得一倍以上十倍以下的罚款；没有违法所得或者违法所得不足五十万元的，处以五十万元以上五百万元以下的罚款；情节严重的，并处撤销相关业务许可或者责令关闭。对直接负责的主管人员和其他直接责任人员给予警告，并处以二十万元以上二百万元以下的罚款。

第二百零八条 违反本法第一百三十一条的规定，将客户的资金和证券归入自有财产，或者挪用客户的资金和证券的，责令改正，给予警告，没收违法所得，并处以违法所得一倍以上十倍以下的罚款；没有违法所得或者违法所得不足一百万元的，处以一百万元以上一千万元以下的罚款；情节严重的，并处撤销相关业务许可或者责令关闭。对直接负责的主管人员和其他直接责任人员给予警告，并处以五十万元以上五百万元以下的罚款。

第二百零九条 证券公司违反本法第一百三十四条第一款的规定

接受客户的全权委托买卖证券的，或者违反本法第一百三十五条的规定对客户的收益或者赔偿客户的损失作出承诺的，责令改正，给予警告，没收违法所得，并处以违法所得一倍以上十倍以下的罚款；没有违法所得或者违法所得不足五十万元的，处以五十万元以上五百万元以下的罚款；情节严重的，并处撤销相关业务许可。对直接负责的主管人员和其他直接责任人员给予警告，并处以二十万元以上二百万元以下的罚款。

证券公司违反本法第一百三十四条第二款的规定，允许他人以证券公司的名义直接参与证券的集中交易的，责令改正，可以并处五十万元以下的罚款。

第二百一十条 证券公司的从业人员违反本法第一百三十六条的规定，私下接受客户委托买卖证券的，责令改正，给予警告，没收违法所得，并处以违法所得一倍以上十倍以下的罚款；没有违法所得的，处以五十万元以下的罚款。

第二百一十一条 证券公司及其主要股东、实际控制人违反本法第一百三十八条的规定，未报送、提供信息和资料，或者报送、提供的信息和资料有虚假记载、误导性陈述或者重大遗漏的，责令改正，给予警告，并处以一百万元以下的罚款；情节严重的，并处撤销相关业务许可。对直接负责的主管人员和其他直接责任人员，给予警告，并处以五十万元以下的罚款。

第二百一十二条 违反本法第一百四十五条的规定，擅自设立证券登记结算机构的，由国务院证券监督管理机构予以取缔，没收违法所得，并处以违法所得一倍以上十倍以下的罚款；没有违法所得或者违法所得不足五十万元的，处以五十万元以上五百万元以下的罚款。对直接负责的主管人员和其他直接责任人员给予警告，并处以二十万元以上二百万元以下的罚款。

第二百一十三条 证券投资咨询机构违反本法第一百六十条第二款的规定擅自从事证券服务业务，或者从事证券服务业务有本法第一百六十一条规定行为的，责令改正，没收违法所得，并处以违法所得一倍以上十倍以下的罚款；没有违法所得或者违法所得不足五十万元的，处以五十万元以上五百万元以下的罚款。对直接负责的主管人员和其他直接责任人员，给予警告，并处以二十万元以上二百万元以下的罚款。

会计师事务所、律师事务所以及从事资产评估、资信评级、财务顾问、信息技术系统服务的机构违反本法第一百六十条第二款的规定，从事证券服务业务未报备案的，责令改正，可以处二十万元以下的罚款。

证券服务机构违反本法第一百六十三条的规定，未勤勉尽责，所制作、出具的文件有虚假记载、误导性陈述或者重大遗漏的，责令改正，没收业务收入，并处以业务收入一倍以上十倍以下的罚款，没有业务收入或者业务收入不足五十万元的，处以五十万元以上五百万元以下的罚款；情节严重的，并处暂停或者禁止从事证券服务业务。对直接负责的主管人员和其他直接责任人员给予警告，并处以二十万元以上二百万元以下的罚款。

第二百一十四条 发行人、证券登记结算机构、证券公司、证券服务机构未按照规定保存有关文件和资料的，责令改正，给予警告，并处以十万元以上一百万元以下的罚款；泄露、隐匿、伪造、篡改或者毁损有关文件和资料的，给予警告，并处以二十万元以上二百万元以下的罚款；情节严重的，处以五十万元以上五百万元以下的罚款，并处暂停、撤销相关业务许可或者禁止从事相关业务。对直接负责的主管人员和其他直接责任人员给予警告，并处以十万元以上一百万元以下的罚款。

第二百一十五条 国务院证券监督管理机构依法将有关市场主体遵守本法的情况纳入证券市场诚信档案。

第二百一十六条 国务院证券监督管理机构或者国务院授权的部门有下列情形之一的，对直接负责的主管人员和其他直接责任人员，依法给予处分：

（一）对不符合本法规定的发行证券、设立证券公司等申请予以核准、注册、批准的；

（二）违反本法规定采取现场检查、调查取证、查询、冻结或者查封等措施的；

（三）违反本法规定对有关机构和人员采取监督管理措施的；

（四）违反本法规定对有关机构和人员实施行政处罚的；

（五）其他不依法履行职责的行为。

第二百一十七条 国务院证券监督管理机构或者国务院授权的部门的工作人员，不履行本法规定的职责，滥用职权、玩忽职守，利用职务便利牟取不正当利益，或者泄露所知悉的有关单位和个人的商业秘密的，依法追究法律责任。

第二百一十八条 拒绝、阻碍证券监督管理机构及其工作人员依法行使监督检查、调查职权，由证券监督管理机构责令改正，处以十万元以上一百万元以下的罚款，并由公安机关依法给予治安管理处罚。

第二百一十九条 违反本法规定，构成犯罪的，依法追究刑事责任。

第二百二十条 违反本法规定，应当承担民事赔偿责任和缴纳罚款、罚金、违法所得，违法行为人的财产不足以支付的，优先用于承担民事赔偿责任。

第二百二十一条 违反法律、行政法规或者国务院证券监督管理机构的有关规定，情节严重的，国务院证券监督管理机构可以对有关责任人员采取证券市场禁入的措施。

前款所称证券市场禁入，是指在一定期限内直至终身不得从事证券业务、证券服务业务，不得担任证券发行人的董事、监事、高级管理人员，或者一定期限内不得在证券交易所、国务院批准的其他全国性证券交易场所交易证券的制度。

第二百二十二条 依照本法收缴的罚款和没收的违法所得，全部上缴国库。

第二百二十三条 当事人对证券监督管理机构或者国务院授权的

部门的处罚决定不服的，可以依法申请行政复议，或者依法直接向人民法院提起诉讼。

第十四章　附　　则

第二百二十四条　境内企业直接或者间接到境外发行证券或者将其证券在境外上市交易，应当符合国务院的有关规定。

第二百二十五条　境内公司股票以外币认购和交易的，具体办法由国务院另行规定。

第二百二十六条　本法自2020年3月1日起施行。

关于《中华人民共和国证券法（修订草案）》的说明

——2015年4月20日在第十二届全国人民代表大会常务委员会第十四次会议上

全国人大财政经济委员会副主任委员　吴晓灵

委员长、各位副委员长、秘书长、各位委员：

受全国人大财政经济委员会委托，我对《中华人民共和国证券法（修订草案）》（以下简称修订草案）作如下说明。

一、修改的必要性

《中华人民共和国证券法》（以下简称证券法）自1998年12月制定以来，2004年8月、2013年6月、2014年8月分别进行了个别条款的修改，2005年10月进行了较大修订。证券法的制定和实施，对于规范证券发行和交易行为，保护投资者合法权益，维护市场经济秩序，促进经济社会发展，发挥了重要作用。截至2014年底，共有境内上市公司2613家，总市值37.25万亿元，股票有效账户数1.42亿户，分别是2005年底的1.89倍、11.5倍和1.97倍；2005年以来，上市公司累计募集资金6.73万亿元；2014年前三季度，上市公司营业收入为20.94万亿元，占GDP的50%，缴纳所得税为5796.12亿元，占全国企业所得税总额的28%。

随着我国证券市场的快速发展，改革创新的不断深入，现行证券法的许多内容已难以完全适应证券市场发展的新形势，主要表现在：一是证券发行管制过多过严，发行方式单一，直接融资比重过低，资本市场服务实体经济的作用未能有效发挥；二是证券范围过窄，市场层次单一，证券跨境发行和交易活动缺乏必要的制度安排，不能适应市场创新发展和打击非法证券活动的需要；三是市场约束机制不健全，对投资者保护不力，信息披露质量不高，监管执法手段不足，欺诈发行、虚假陈述、内幕交易等损害投资者合法权益的行为时有发生。对此，社会各界要求修改证券法的呼声比较高，许多全国人大代表提出议案、建议，要求修改完善证券法。

根据十二届全国人大常委会立法规划，2013年12月，全国人大财政经济委员会组成由部分委员和中国证监会、国家发改委、中国人民银行、国务院法制办等国务院有关部门负责同志以及最高法、全国人大常委会法工委等单位参加的起草组，开展证券法修改工作。起草组认真总结证券法实施情况，参考借鉴境外证券立法经验，先后赴北京、上海、广东、深圳、重庆等地深入开展立法调研，认真研究吸收人大代表、政协委员就证券法修改提出的意见建议，多次征求国务院有关部门、地方人大、业界人士和专家学者的意见建议，在此基础上形成了证券法（修订草案）。2014年7月16日，全国人大财政经济委员会第二十次全体会议审议并原则通过了修订草案。

二、修改的指导思想

这次证券法修改以党的十八届三中、四中全会精神为指导，着力满足股票发行注册制改革的立法需求，确保重大改革于法有据，实现立法和改革决策相衔接，立法主动适应改革发展实践需要，从而更好地发挥市场在配置资源中的决定性作用，进一步完善资本市场的融资功能。同时，进一步加强投资者合法权益保护，推动证券行业创新，简政放权，强化事中事后监管，促进多层次资本市场健康发展。

三、修改的主要内容

修订草案共16章338条，其中新增122条、修改185条、删除22条，主要有以下内容：

（一）实行股票发行注册制

推进股票发行注册制改革，其本质是以信息披露为中心，由市场参与各方对发行人的资产质量、投资价值做出判断，发挥市场在资源配置中的决定性作用。在与股票发行注册制改革方案相协调的基础上，修订草案以公开发行在证券交易所上市交易的股票为主线，确立了股票发行注册的法律制度：

一是明确注册程序。取消股票发行审核委员会制度，规定公开发行股票并拟在证券交易所上市交易的，由证券交易所负责对注册文件的齐备性、一致性、可理解性进行审核，交易所出具同意意见的，应当向证券监管机构报送注册文件和审核意见，证券监管机构十日内没有提出异议的，注册生效。公开发行股票但不在证券交易所上市交易的，其注册条件和程序由证券监管机构另行规定。

二是修改发行条件。取消发行人财务状况及持续盈利能力等盈利性要求，规定发行人及其控股股东、实际控制人最近三年无经济类犯罪记录、发行人具有符合法律规定的公司组织机构、最近三年财务会计报告被出具为标准无保留意见的，可以申请注册。

三是细化参与各方的责任。发行人注册文件及补充修改情况、解释说明等，均应当公开。发行人和保荐人应当保证其真实、准确、完整；证券服务机构及其从业人员应当恪守职业道德和执业规范，勤勉尽责，保证出具文件的真实、准确、完整；负责承销的证券经营机构应当对发行文件的真实性、准确性、完整性进行核查。同时，规定现场检查、核查制度以及欺诈发行的撤销注册制度，并明确相应的民事责任和监管措施。

四是建立公开发行豁免注册制度，规定向合格投资者发行、众筹发行、小额发行、实施股权激励计划或员工持股计划等豁免注册的情形。

五是建立股票转售限制制度。从许多境外成熟市场的做法来看，转售限制制度是股票发行注册制的内在要求和重要组成部分。修订草案立足我国市场实际，规定未经注册的股票应当注册后公开发行，或者按照“安全港”所规定的条件通过公开交易卖出，同时将股东划分为关联人和非关联人，规定了不同的“安全港”条件。这一制度也有助于解决我国市场上长期存在的大股东套现、“大小非”解禁等难题，符合加强投资者保护的价值取向。

（二）建立健全多层次资本市场体系

现行证券法主要规范交易所市场，对其他层次市场缺乏明确规定。修订草案对多层次资本市场增加了相应规定：一是将证券交易场所划分为证券交易所、国务院批准的其他证券交易场所、证券监管机构批准的证券交易场所，并明确组织股权等财产权益交易的其他交易场所应当遵守国务院的有关规定。二是明确公开发行的证券，可以在证券交易所、国务院批准的其他证券交易场所公开交易。三是明确证券交易所、国务院批准的其他证券交易场所、证券监管机构批准的证券交易场所可以组织证券的非公开交易。四是规定证券交易所、国务院批准的其他证券交易场所可以依法设立不同的市场层次，设立公开交易市场应当经证券监管机构批准。五是构建多层次信息披露制度。针对公开发行的证券、公开发行豁免注册或者核准的证券和非公开发行的证券，以及股票未公开交易公众公司，分别规定了不同的信息披露义务。

（三）加强投资者保护

为进一步增强投资者保护制度的针对性和有效性，修订草案设立投资者保护专章，系统规定了投资者保护相关制度。一是建立投资者适当性管理制度。明确证券经营机构对于普通投资者负有了解客户、充分揭示风险、销售匹配产品三项义务。二是新增公开承诺履行制度。规定发行人、控股股东、实际控制人等主体作出公开承诺不履行的，证券监管机构可以采取监管措施；给投资者造成损失的，应当承担赔偿责任。三是新增现金分红制度。修订草案根据我国证券市场的实际情况，在尊重公司自治的前提下，要求上市公司在章程中明确现金分红的具体安排和决策程序。四是对发行信息披露和持续信息披露制度进行全面规定，明确及时、公平和简明披露要求，规定信息披露豁免和自愿披露制度，取消中期报告制度，新增季度报告制度，完善临时报告制度。五是规范程序化交易。规定了程序化交易的报告制度；扰乱证券交易秩序，给其他投资者造成损害的，应当承担赔偿责任。六是新增股东大会最低持股比例制度。规定上市公司召开股东大会并作出决议，出席会议的股东所持表决权应当不低于表决权总数的三分之一；就重大事项作出决议的，应当不低于二分之一。并相应规定了征集投票权制度。七是完善股东派生诉讼和代表人诉讼制度。规定投资者保护机构可以担任诉讼代表人，并对投资者保护机构提出股东派生诉讼的持股比例和期限作出特别规定。此外，修订草案建立了先期赔付制度。

（四）推动证券行业创新发展

为完善证券行业基础金融功能，促进行业竞争，推动创新发展，修订草案对证券经营机构制度作出相应修改。一是增加证券经营机构的组织形式，允许设立证券合伙企业经营证券业务，并将证券投资咨询机构、财务顾问机构纳入证券经营机构的范围。二是完善证券业务管理制度。规定证券承销、保荐、经纪和融资融券业务应当由证券公司、证券合伙企业经营；其他证券业务可以由经证券监管机构批准的其他机构申请经营，统一适用证券法关于业务规则、行为规范、监督管理的规定。三是加强风险防控。进一步优化客户交易结算资金存管制度，明确证券经营机构合规管理、风险管理和内部控制的原则和要求，增加信息报送和披露义务的规定，并扩展监管措施的适用情形。

（五）简政放权，加强事中事后监管

修订草案按照放松管制、加强监管的改革思路，减少一批行政许可事项，取消部分限制性、禁止性规定，进一步强化监管执法和法律责任。一是取消七类行政许可，包括要约收购义务豁免，境内企业境外发行上市，证券公司设立、收购或者撤销分支机构，变更注册资本，变更章程重要条款，在境外设立、收购或者参股证券经营机构，董事、监事任职资格等审批项目。二是调整取消若干限制性或者禁止性规定。如取消证券从业人员、监管机构工作人员买卖股票的禁止性条款，相应建立证券买卖申报登记制度；取消证券发行强制承销制度；取消除首次公开发行股票外其他发行保荐要求等。三是调整证券服务机构的监管方式。取消会计、资信评级、资产评估机构从事证券服务业务的二次审批，实行登记管理制度。四是完善短线交易、内幕交易、操纵市场等禁止交易行为的规定，新增禁止跨市场操纵和利用未公开信息交易制度。五是完善监管执法方式、手段和措施，加大对违法行为的处罚力度，探索建立行政和解制度等。

除上述主要修改内容外，其他修改还有：一是完善证券登记、结算和担保制度。明确证券的簿记形式及其权利变动基本规则，新增名义持有人制度；明确中央对手方制度，完善结算财产保护制度。二是明确境内企业境外发行上市实行备案制或者报告制，对境外企业境内发行证券作出相应规定，完善跨境监管合作机制。三是完善上市公司收购制度，如增加余股强制挤出制度；完善上市公司重大资产交易制度。

四、需要特别说明的问题

（一）关于证券的范围

现行证券法规定的证券的范围主要限于股票、公司债券，已难以适应证券市场发展的现实需要，也不利于打击非法证券活动。对此，多数意见主张扩大证券范围，建议将实践中已经出现的证券品种纳入证券范围，体现证券法作为资本市场基础性法律的地位。但是，扩大证券范围，如将集合性投资计划份额等纳入，涉及这类金融产品性质的认定，也涉及有关部门的职责分工等一系列复杂问题。本着稳妥处理、循序渐进的原则，经与有关部门反复商议，修订草案在对证券进行定义的基础上，适当扩大证券的范围，规定股票、债券、存托凭证以及国务院认定的其他证券适用证券法；资产支持证券等受益凭证、权证的发行与交易，政府债券、证券投资基金份额的上市交易适用本法，其他法律、行政法规另有规定的，适用其规定。

对于本法调整范围是否保留证券衍生品种，不少意见认为，实践中权证、股指期货、股票期权等证券衍生品种不断发展，将证券衍生品种排除在本法的调整范围之外，可能导致基础证券和衍生品种之间适用不同的法律，容易造成法律适用的混乱，不利于打击并遏制跨市场内幕交易、操纵市场等违法行为，应当保留现行证券法对证券衍生品种的规定，明确权证、期货、期权等证券衍生品种的法律适用。但考虑到股票期权等证券衍生品种也可纳入期货法的调整范围，为做好证券法修改与期货法起草工作的衔接，修订草案删去了现行证券法有关证券衍生品种的规定，未将股指期货、股票期权等证券衍生品种纳入调整范围。

（二）关于注册制的适用范围

现行证券法规定公开发行股票和公司债券实行核准制。对于注册制的适用范围，有意见主张，证券法调整的证券应当实行统一的发行制度，注册制应当适用于所有的证券品种；在股票实行注册制改革的情况下，公司信用类债券及其他证券从产品属性和实践经验来看，也有条件实行注册制。但考虑到股票发行注册制改革是当前证券市场改革的重点和难点，而对于将发行注册制适用范围扩大到公司信用类债券及其他证券，条件是否成熟，还需要进一步研究。为确保注册制改革的顺利推出，减少争议，现阶段注册制改革的范围宜限定于股票，为此，修订草案规定股票发行实行注册制，维持债券及其他证券发行实行核准制。

《中华人民共和国证券法（修订草案）》及以上说明是否妥当，请审议。

全国人民代表大会法律委员会关于《中华人民共和国证券法（修订草案）》修改情况的汇报

——2017 年 4 月 24 日在第十二届全国人民代表大会常务委员会第二十七次会议上

全国人大法律委员会副主任委员　安　建

全国人民代表大会常务委员会：

2015 年 4 月，常委会第十四次会议对证券法修订草案进行了初次审议，12 月常委会第十八次会议通过了授权国务院在实施股票发行注册制改革中调整适用证券法有关规定的决定。会后，法律委员会、法制工作委员会到上海、深圳进行实地调研，听取意见。从常委会审议和调研情况看，总的看法是：适应资本市场的发展需要对证券法进行修改是必要的，修订草案总结实践经验，对现行证券法做了有针对性的修改完善，基础较好。同时建议，修改应当突出重点，聚焦落实党中央关于深化资本市场改革要求所急需的内容，着力解决资本市场运行中的突出问题。对于其他内容，可在充分论证后，作出繁简相当的安排，并为实践发展预留空间；对其中认识尚不一致的问题，可暂不作修改。

法律委员会、法制工作委员会按照党中央的要求和习近平总书记关于防范化解金融风险，加快形成融资功能完备、基础制度扎实、市场监管有效、投资者合法权益得到充分保护的股票市场的重要讲话精神，根据常委会审议意见和有关方面的意见，充分考虑证券市场的实际情况，针对 2015 年股市异常波动所暴露的问题，经与财政经济委员会、国务院法制办公室、中国证券监督管理委员会等方面反复沟通，共同研究，按照“稳中求进”的工作总基调，对修订草案进行了认真研究修改。

法律委员会于3月30日召开会议，根据常委会组成人员的审议意见和各方面意见，对修订草案进行了认真审议。财政经济委员会、国务院法制办公室、中国证券监督管理委员会的负责同志和中国人民银行的有关同志列席了会议。4月11日，法律委员会召开会议，再次进行了审议。现将证券法修订草案主要问题的修改情况汇报如下：

一、现行证券法将适用范围规定为股票、公司债券和国务院依法认定的其他证券。修订草案以定义加列举的方式对上述范围进行了扩大。在常委会审议和调研过程中，对上述修改认识不一：有的意见认为，对所有具有证券性质的投资产品实行功能监管，适用统一的监管规则，防止逃避监管套利，是必要的，赞成扩大证券法的适用范围。有的意见认为，股票、公司债券以外的其他相关金融产品，性质上是否属于证券，还有不同认识；同时，这个问题还可能涉及现行监管体制的调整，应进一步深入研究。据此，法律委员会建议恢复现行证券法关于适用范围的规定，不作修改。

二、修订草案根据相关改革思路，将现行证券法规定的股票公开发行核准制度修改为注册制度，设专节进行了规定。2015年12月，根据党中央的决策部署，全国人大常委会通过了关于授权国务院在实施股票发行注册制改革中调整适用证券法有关规定的决定。目前，注册制改革相关准备工作仍在进行，具体改革举措尚未出台，还不宜在修订草案中对注册制相关内容作出具体规定。据此，法律委员会建议恢复现行证券法第二章“证券发行”的规定，暂不作修改，待实施注册制改革授权决定的有关措施出台后，根据实施情况，在下次审议时再对相关内容作统筹考虑。同时，为了做好修订草案与注册制改革授权决定的衔接，体现改革方向和要求，建议增加规定：国务院应当按照全国人大常委会关于授权国务院在实施股票发行注册制改革中调整适用证券法有关规定的决定的要求，逐步推进股票发行制度改革。

三、有的常委会组成人员和有关方面提出，应针对证券市场存在的突出问题，特别是2015年股市异常波动中所暴露的问题，对证券法中关于证券交易的相关规定进行完善。法律委员会经研究，建议在修订草案的基础上，对证券交易相关规定作进一步修改完善：一是对内幕交易、操纵市场的相关规定进行补充完善，扩大应予严格规范的内幕信息知情人的范围，增加操纵市场的情形。二是与刑法修正案（七）相衔接，增加禁止利用未公开信息进行证券交易的规定。三是进一步强化证券交易实名制的要求，禁止利用他人账户从事证券交易。四是增加对程序化交易的规范，投资者通过计算机程序自动生成或下达交易指令进行程序化交易的，应当向证券交易所报告，不得影响证券交易所系统安全或者正常交易秩序。五是规范上市公司停牌、复牌行为，防止上市公司滥用停牌、复牌损害投资者的合法权益。

四、有的意见提出，对于前一时期上市公司收购中，违规增持、“蒙面收购”（未依法进行信息披露）等不当行为频发的情况，应当在证券法中增加有针对性的规定。法律委员会经研究，建议在修订草案的基础上增加以下规定：一是强化信息披露，规定“投资者持有或者通过协议、其他安排与他人共同持有一个上市公司已发行的有表决权股份达到百分之五后，其所持该上市公司已发行的有表决权股份比例每增加或者减少百分之一，应当通知该上市公司，并予公告。”二是要求持股达到百分之五的投资者增持时，应当公告“增持股份的资金来源”，以及“在上市公司中拥有有表决权的股份变动的时间及方式”等情况。三是对投资者违规增持的股份，明确“在买入后的三十六个月内，对该超过规定比例部分的股份不得行使表决权”，并加重对违规增持行为的行政处罚。四是将在上市公司收购中收购人持有的被收购的上市公司的股票，在收购行为完成后不得转让的期限，由“六个月”延长为“十八个月”。

五、修订草案将现行证券法证券交易一章中的“持续信息披露”一节扩充为专章规定。根据常委会组成人员的审议意见和有关方面意见，法律委员会经研究，建议针对实践中存在的问题，对相关规定作进一步修改完善：一是扩大信息披露义务人的范围，增加信息披露的内容，明确信息披露的方式。二是强化公司董事、监事、高级管理人员在信息披露中的责任。三是明确信息披露的一般原则要求，强调信息披露应当真实、准确、完整，简明清晰，通俗易懂；应当同时披露、平等披露。

六、修订草案设专章对投资者保护作了规定。法律委员会经研究，建议针对实践中存在的问题，对相关规定作进一步修改完善：一是规定投资者适当性管理制度，强调销售证券、提供服务，应当与投资者的风险承受能力相匹配。二是规定征集投票权制度，增加中小股东在上市公司中的话语权。三是规范现金分红，要求上市公司应当按照公司章程的规定分配现金股利。四是规定债券持有人会议和债券受托管理人制度，以更好地保护债券持有人的合法权益。五是规定先行赔付制度。发行人因欺诈发行、虚假陈述或者其他重大违法行为给投资者造成损失的，发行人的控股股东、实际控制人、相关的证券公司、证券服务机构可以委托国家设立的投资者保护机构，就赔偿事宜与投资者达成协议，予以先行赔付。

七、修订草案按照党的十八届三中全会提出的“健全多层次资本市场体系”的要求，增加了关于多层次资本市场的原则规定。根据常委会组成人员的审议意见和有关方面意见，法律委员会经研究，建议对修订草案的相关规定作进一步修改完善：一是将证券交易场所划分为证券交易所、国务院批准的其他全国性证券交易场所（新三板）和按照国务院规定设立的区域性股权市场三个层次；二是考虑到国务院批准的其他全国性证券交易场所、按照国务院规定设立的区域性股权市场目前的发展情况，建议在证券法中对其只作原则规定，授权国务院制定相关具体管理办法。需要说明的是，证券法关于证券发行、交易的一般要求，包括禁止的交易行为和投资者保护等规定，适用于在国务院批准的其他全国性证券交易场所和按照国务院规定设立的区域性股权市场进行的证券发行、交易活动。至于上述两个市场的具体交易规范，可由相关监管规则和交易规则作出规定。

八、修订草案对现行证券法关于证券市场监管的规定进行了补充完善。根据有关方面意见，法律委员会经研究，建议在认真总结2015年股市异常波动的经验教训基础上，对相关规定作进一步修改完善：一是增加证监会应当依法监测并防范、处置证券市场系统性风险的原则规定。二是进一步发挥证券交易所的一线自律管理职能。三是进一步完善证监会行政执法措施，增加查询当事人银行账户以外的其他具有支付、托管、结算等功能的账户信息，延长冻结、查封期限，对涉嫌违法人员实施边控等措施。四是加大对证券违法行为的处罚力度，完善处罚规则，提高罚款数额。

此外，还对修订草案作了一些文字修改。

修订草案二次审议稿已按上述意见作了修改，法律委员会建议提请本次常委会会议继续审议。

修订草案二次审议稿和以上汇报是否妥当，请审议。

全国人民代表大会宪法和法律委员会关于《中华人民共和国证券法（修订草案）》修改情况的汇报

——2019年4月20日在第十三届全国人民代表大会常务委员会第十次会议上

全国人大宪法和法律委员会主任委员　李　飞

全国人民代表大会常务委员会：

证券法修订草案由十二届全国人大财政经济委员会提请审议。2015年4月和2017年4月，十二届全国人大常委会第十四次会议、第二十七次会议分别对修订草案进行了两次审议。其间，根据国务院提出的议案，2015年12月，十二届全国人大常委会第十八次会议通过了授权国务院在实施股票发行注册制改革中调整适用证券法有关规定的决定，为在证券法全面修改工作完成前推进股票发行制度改革提供了法律依据；2018 年 2 月，十二届全国人大常委会第三十三次会议又作出决定，将上述授权期限延长了两年至 2020 年 2 月 29 日。

提请常委会初次审议的修订草案，主要内容是落实党的十八届三中、四中全会精神，着力满足股票发行注册制改革的立法需求，同时在建立健全多层次资本市场体系、加强投资者保护、推动证券行业创新发展、加强事中事后监管等方面对现行证券法进行了完善。2015 年，我国股市发生了异常波动，暴露出证券市场存在的一些突出问题。十二届全国人大法律委员会、常委会法制工作委员会按照党中央的要求和习近平总书记关于防范化解金融风险，加快形成融资功能完备、基础制度扎实、市场监管有效、投资者合法权益得到充分保护的股票市场的重要讲话精神，根据常委会审议意见和有关方面意见，充分考虑证券市场的实际情况，按照“稳中求进”的工作总基调和“实现有限目标、坚持问题导向、力争简洁务实”的工作思路，对修订草案进行了认真研究修改，形成了修订草案二次审议稿，重点在以下几个方面作了完善：一是完善证券交易制度，进一步加强对内幕交易、操纵市场等违法行为的规制，强化证券交易实名制的要求，增加对程序化交易的规范，规范上市公司停牌、复牌行为；二是完善上市公司收购制度，明确违规收购的法律后果，延长收购股票转让的期限；三是完善信息披露，明确上市公司相关人员的责任；四是强化投资者保护，补充完善相关规定；五是增加多层次资本市场的原则规定；六是强化证券监管。同时，考虑到股票发行注册制改革的实际进展情况，修订草案二次审议稿对此暂作衔接性规定，强调：国务院应当按照全国人大常委会关于注册制改革授权决定的要求，逐步推进股票发行制度改革。

二审后，法制工作委员会将修订草案二次审议稿送中央有关部门征求意见。十三届全国人大宪法和法律委员会、常委会法制工作委员会与财政经济委员会、司法部、中国证券监督管理委员会多次沟通，根据资本市场改革发展的新情况、新进展，对修订草案相关内容进行了研究修改，重点是增加关于科创板注册制的相关规定，体现党中央“推进股票发行注册制改革”的要求和改革方向；同时，根据资本市场改革发展的实际情况，对其他相关制度进行适当修改完善。

宪法和法律委员会于3月27日召开会议，根据常委会组成人员的审议意见和各方面意见，对修订草案进行了认真审议。财政经济委员会、司法部、中国证券监督管理委员会的有关负责同志列席了会议。4月12日，宪法和法律委员会召开会议，再次进行审议。现将证券法修订草案二次审议稿主要问题的修改情况汇报如下：

一、有的意见提出，目前关于设立科创板并试点注册制的相关实施意见已由国务院报全国人大常委会备案，证监会已正式发布科创板试点注册制的相关制度规则，股票发行注册制改革已开始实质推进，建议在修订草案中增加相关内容。宪法和法律委员会经研究，考虑到股票发行注册制改革仍处于试点阶段，可根据试点的具体情况，在修订草案中增加相关衔接性的原则规定；经过实践，总结可复制、可推广的经验后，再对证券公开发行法律制度作出全面修改。据此，建议对修订草案相关内容作以下修改：在修订草案“证券发行”一章中增加一节“科创板注册制的特别规定”，对科创板发行股票的条件、注册程序、监督检查等基础制度作出规定；并明确国务院证券监督管理机构依照本法制定证券注册的具体办法。同时，将现行证券法关于证券发行的专章规定作为“一般规定”，单列一节。

二、有的意见提出，近期证监会按照国务院的部署，开展创新企业境内发行股票或存托凭证试点工作，存托凭证已经国务院认定为一种新型证券，建议在修订草案中列明为法定证券。宪法和法律委员会经研究，建议采纳这一意见。

三、有的意见提出，为鼓励创业创新，适应支持中小企业、实体经济发展的需要，建议对证券公开发行的认定标准、审批程序进行修改完善，适当增加灵活性。宪法和法律委员会经研究，建议对相关规定作以下修改：一是修改现行证券法关于“向特定对象发行证券累计超过二百人”属于证券公开发行，须经有关部门核准的规定，明确依法实施员工持股计划的员工人数不计算在二百人之内，为公司实施员工持股计划提供便利；二是增加众筹发行、小额发行豁免的规定，对通过互联网平台公开发行证券且募集资金数额和单一投资者认购资金数额较小的（众筹发行），通过证券公司公开发行证券且募集资金数额较小、发行人符合规定条件的（小额发行），可以豁免核准、注册，并授权国务院证券监督管理机构制定相关管理办法，报国务院批准。

四、有的意见建议，根据近期资本市场改革发展的实际情况，在修订草案二次审议稿的基础上，进一步完善证券交易相关制度，规范证券交易行为，维护证券交易秩序。宪法和法律委员会经研究，建议对相关规定作以下修改：一是取消现行证券法规定的证券暂停上市交易制度，对于不再符合上市条件或者有上市规则规定的其他情形的证券，由证券交易所按照业务规则直接终止其上市交易；二是增加规定，禁止投资者违规利用财政资金、银行信贷资金买卖证券。

五、有的意见建议，在修订草案二次审议稿的基础上，进一步完善证券投资纠纷解决相关制度，加强对投资者合法权益的保护。宪法和法律委员会经研究，建议对相关规定作以下完善：一是增加关于证券纠纷调解的规定，确立强制调解制度：投资者与发行人、证券公司等发生纠纷的，双方可以向国家设立的投资者保护机构申请调解；普通投资者与证券公司发生证券业务纠纷，普通投资者提出调解请求的，证券公司不得拒绝；二是增加支持诉讼的规定：国家设立的投资者保护机构对损害投资者利益的行为，可以依法支持投资者向人民法院提起诉讼；三是完善股东代表诉讼相关规定，明确对于“发行人的控股股东、实际控制人等侵犯公司合法权益给公司造成损失”的行为，持有该公司股份的国家设立的投资者保护机构可以提起股东代表诉讼。

六、有的意见建议，在修订草案二次审议稿的基础上，进一步完善相关执法措施，加大对证券违法行为的惩处力度，切实维护证券市场秩序，保护投资者权益。宪法和法律委员会经研究，建议对相关规定作以下修改：一是，延长国务院证券监督管理机构调查证券违法行为限制被调查人证券买卖的期限，由“不得超过三十个交易日，案情复杂的可以延长三十个交易日”，修改为“不得超过三个月，案情复杂的可以延长三个月”；二是，完善证券市场禁入措施相关制度，增加规定，国务院证券监督管理机构可以禁止违法行为情节严重的有关责任人员一定期限内买卖在证券交易所、国务院批准的其他全国性证券交易场所交易的证券。

此外，还对修订草案二次审议稿作了一些文字修改。

修订草案三次审议稿已按上述意见作了修改，宪法和法律委员会建议提请本次常委会会议继续审议。

修订草案三次审议稿和以上汇报是否妥当，请审议。

全国人民代表大会宪法和法律委员会关于《中华人民共和国证券法（修订草案）》审议结果的报告

——2019 年 12 月 23 日在第十三届全国人民代表大会常务委员会第十五次会议上

全国人大宪法和法律委员会主任委员　李　飞

全国人民代表大会常务委员会：

常委会第十次会议对证券法修订草案进行了三次审议。会后，法制工作委员会将修订草案三次审议稿印发各省（区、市）、基层立法联系点和中央有关部门以及部分全国人大代表、高等院校、研究机构征求意见，在中国人大网全文公布修订草案三次审议稿征求社会公众意见。宪法和法律委员会、法制工作委员会还到上海、深圳进行调研，听取意见；并就修订草案的有关问题与有关部门交换意见，共同研究。宪法和法律委员会于11月25日召开会议，根据常委会组成人员的审议意见和各方面意见，对修订草案进行了审议。财政经济委员会、司法部、中国证券监督管理委员会的有关负责同志列席了会议。12月16日，宪法和法律委员会召开会议，再次进行审议。宪法和法律委员会认为，为贯彻落实党中央关于资本市场改革发展的决策部署，进一步规范证券的发行和交易行为，保护投资者合法权益，在总结实践经验的基础上，对证券法进行修改是必要的；修订草案经过三次审议修改，已经比较成熟。同时，提出以下主要修改意见：

一、国务院提出，按照习近平总书记的要求，依据全国人大常委会股票发行注册制授权决定，国务院及其有关部门积极开展注册制改革，相关改革措施已经在上海证券交易所科创板成功落地并平稳运行。目前科创板注册制改革主要制度安排基本经受住了市场检验，在证券法修订草案中确立证券发行注册制已经有了实践基础。建议按照全面推行注册制的基本定位规定证券发行制度，不再规定核准制；同时，为有关板块、有关证券品种分步实施注册制的进程安排，留出法律空间。宪法和法律委员会经研究，建议按照全面推行注册制的修改思路，对证券发行制度进行完善，将修订草案三次审议稿“证券发行”一章中的“一般规定”和“科创板注册制的特别规定”两节合并作出以下修改：一是精简优化证券发行条件。将发行股票应当“具有持续盈利能力”的要求，改为“具有持续经营能力”，同时，按照注册制改革精神，大幅度简化公司债券的发行条件。二是调整证券发行程序。在规定国务院证券监督管理机构依照法定条件负责证券发行申请注册的基础上，取消发行审核委员会制度，明确按照国务院和国务院证券监督管理机构的规定，证券交易所等可以审核公开发行证券申请，并授权国务院规定证券公开发行注册的具体办法。三是强化证券发行中的信息披露。按照注册制“以信息披露为核心”的要求，增加规定：发行人报送的证券发行申请文件，应当充分披露投资者作出价值判断和投资决策所必需的信息，内容应当真实、准确、完整。四是为实践中注册制的分步实施留出制度空间，增加规定：证券发行注册制的具体范围、实施步骤，由国务院规定。

二、有的常委委员和地方、部门提出，资产支持证券、资产管理产品等具有证券属性的金融产品实践中由不同部门监管，监管标准和监管规则不完全统一，建议按照功能监管的原则，明确由国务院依照本法的原则统一规定相关产品的管理办法，规范相关产品的发行、交易活动。宪法和法律委员会经研究，建议在修订草案三次审议稿第二条中增加一款规定：资产支持证券、资产管理产品发行、交易的管理办法，由国务院依照本法的原则规定。

三、修订草案三次审议稿第二条第三款规定，证券衍生品种发行、交易的管理办法，由国务院依照本法的原则规定。有的地方、部门提出，证券衍生品种分为证券型（如权证）和契约型（如股指期货）。其中，证券型品种可作为国务院依法认定的其他证券，直接适用本法；契约型品种可适用期货交易管理条例，目前有关方面正在起草期货法，将来可纳入期货法调整。据此，证券法可不再就证券衍生品种授权国务院规定具体管理办法。宪法和法律委员会经研究，建议删去这一款规定。

四、有的意见提出，为适应我国资本市场对外开放需要，维护境内市场秩序，保护境内投资者合法权益，建议在证券法中明确本法必要的域外适用效力。宪法和法律委员会经研究，建议在修订草案三次审议稿第二条中增加规定：在中华人民共和国境外的证券发行和交易活动，扰乱中华人民共和国境内市场秩序，损害境内投资者合法权益的，依照本法有关规定处理并追究法律责任。

五、有的常委委员和地方、部门、专家提出，为提高证券违法行为的违法成本，在加大行政处罚和刑事制裁的同时，应当充分发挥民事赔偿的作用；证券民事诉讼具有涉及投资者人数众多，单个投资者起诉成本高、起诉意愿不强等特点，建议在民事诉讼法框架内，结合证券民事诉讼的具体特点，有针对性地完善相关制度，有效保护投资者合法权益；有的建议，发挥投资者保护机构在证券民事诉讼中的作用，明确投资者保护机构可按照“明示退出、默示加入”的规则，为证券登记结算机构确认的受损害的投资者向法院办理登记，提起代表人诉讼。宪法和法律委员会经研究，建议在修订草案三次审议稿第一百零五条中增加两款规定：一是明确，投资者提起虚假陈述等证券民事赔偿诉讼，可能存在有相同诉讼请求的其他众多投资者的，人民法院可以发出公告，说明该诉讼请求的案件情况，通知投资者在一定期间向人民法院登记。人民法院作出的判决、裁定，对参加登记的投资者发生效力。二是明确，投资者保护机构受五十名以上投资者委托，可以作为代表人参加诉讼，并为经证券登记结算机构确认的权利人向人民法院登记，但投资者明确表示不愿意参加该诉讼的除外。

六、有的常委会组成人员和地方、部门、单位建议，在修订草案三次审议稿的基础上，进一步加大对证券违法行为的处罚力度，显著提高证券违法成本，严厉惩治并震慑违法行为人。宪法和法律委员会经研究，建议对法律责任一章作以下修改：对相关证券违法行为，有违法所得的，规定没收违法所得。同时，较大幅度地提高行政罚款额度，按照违法所得计算罚款幅度的，处罚标准由原来的一至五倍，提高到一至十倍；实行定额罚的，由原来多数规定的三十万元至六十万元，分别提高到最高二百万元至二千万元（如欺诈发行行为），以及一百万元至一千万元（如虚假陈述、操纵市场行为）、五十万元至五百万元（如内幕交易行为）等。

此外，还对修订草案三次审议稿作了一些文字修改。

12 月 10 日，法制工作委员会召开会议，邀请全国人大代表、专家学者以及证券交易所、证券公司、证券服务机构、投资者、上市公司等方面的代表，就修订草案中主要制度规范的可行性、法律出台时机、法律实施的社会效果和可能出现的问题等进行评估。总的评价是：证券法修订草案贯彻落实党中央关于资本市场改革发展的决策部署，坚持问题导向，重点解决实践中存在的突出问题，总体适应现阶段资本市场改革发展需要。修订草案关于证券发行制度改革的相关规定，总结了实践中科创板注册制改革试点的成功经验，符合当前资本市场实际，符合市场、社会各方面的预期，总体是可行的。目前法律出台的时机已经成熟，建议尽快审议通过、颁布实施。有的会议代表还对修订草案提出了一些具体修改意见，宪法和法律委员会进行了认真研究，建议结合常委会审议情况一并考虑。

修订草案四次审议稿已按上述意见作了修改，宪法和法律委员会建议提请本次常委会会议审议通过。

修订草案四次审议稿和以上报告是否妥当，请审议。

全国人民代表大会宪法和法律委员会关于《中华人民共和国证券法（修订草案四次审议稿）》修改意见的报告

——2019 年 12 月 27 日在第十三届全国人民代表大会常务委员会第十五次会议上

全国人民代表大会常务委员会：

本次常委会会议于 12 月 23 日下午对证券法修订草案四次审议稿进行了分组审议。普遍认为，修订草案经过审议修改已经比较成熟，建议进一步修改后，提请本次常委会会议表决通过。同时，有些常委会组成人员和列席会议的同志还提出了一些修改意见。宪法和法律委员会于 12 月 24 日上午召开会议，逐条研究了常委会组成人员的审议意见，对修订草案进行了审议。财政经济委员会、最高人民法院、司法部、中国证券监督管理委员会的有关负责同志列席了会议。宪法和法律委员会认为，修订草案是可行的，同时，提出以下修改意见：

一、修订草案四次审议稿第二十一条第二款规定，按照国务院和国务院证券监督管理机构的规定，证券交易所等可以审核公开发行证券申请。有的意见提出，负责证券发行申请注册的部门，既包括国务院证券监督管理机构，也包括国务院授权的部门，修订草案四次审议稿的上述表述不够全面；有的提出，该条第一款已规定证券公开发行注册的具体办法由国务院规定，证券交易所等进行审核也应当依照国务院的规定执行。宪法和法律委员会经研究，建议将相关规定修改为：按照国务院的规定，证券交易所等可以审核公开发行证券申请。

二、有的常委委员提出，修订草案四次审议稿第一百零二条、第一百零五条关于证券交易所机构设置、参与证券交易所集中交易必须是其会员的规定，应当只适用于实行会员制的证券交易所，建议对此予以明确。宪法和法律委员会经研究，建议采纳这一意见。

三、有的常委委员提出，为强化对证券服务机构的监管，应当发挥相关行业主管部门的作用，会计师事务所等证券服务机构从事证券服务业务，除了报国务院证券监督管理机构备案外，还应当报其主管部门备案。宪法和法律委员会经研究，建议将相关规定修改为：从事其他证券服务业务，应当报国务院证券监督管理机构和国务院有关主管部门备案。

此外，根据常委会组成人员的审议意见，还对修订草案四次审议稿作了一些文字修改。有的常委会组成人员还对本法通过后的实施和宣传工作提出了很好的意见，建议国务院及其有关部门及时出台相关配套规定，加强宣传解读工作，着力推进新证券法落地实施。宪法和法律委员会建议有关方面认真研究常委会组成人员的审议意见，抓紧制定相关配套规定，保证新证券法顺利实施，保障相关改革顺利推进；相关部门要做好新证券法的宣传和政策解读，为资本市场健康发展营造良好的舆论环境。

修订草案建议表决稿已按上述意见作了修改，宪法和法律委员会建议本次常委会会议审议通过。

修订草案建议表决稿和以上报告是否妥当，请审议。

《中华人民共和国证券法》修订前后对照表

（条文中黑体字为对比前一栏新增加或者修改的内容，波浪线为删去的内容）

2014 年证券法	2019 年证券法
目　　录	**目　　录**
第一章　总　　则	第一章　总　　则
第二章　证券发行	第二章　证券发行
第三章　证券交易	第三章　证券交易
第一节　一般规定	第一节　一般规定
第二节　证券上市	第二节　证券上市
第三节　持续信息公开	
第四节　禁止的交易行为	第三节　禁止的交易行为
第四章　上市公司的收购	第四章　上市公司的收购
	第五章　信息披露
	第六章　投资者保护
第五章　证券交易所	第**七**章　证券交易**场**所
第六章　证券公司	第**八**章　证券公司
第七章　证券登记结算机构	第**九**章　证券登记结算机构
第八章　证券服务机构	第**十**章　证券服务机构
第九章　证券业协会	第**十一**章　证券业协会
第十章　证券监督管理机构	第十**二**章　证券监督管理机构
第十一章　法律责任	第十**三**章　法律责任
第十二章　附　　则	第十**四**章　附　　则
第一章　总　　则	**第一章　总　　则**
第一条　为了规范证券发行和交易行为，保护投资者的合法权益，维护社会经济秩序和社会公共利益，促进社会主义市场经济的发展，制定本法。	**第一条**　为了规范证券发行和交易行为，保护投资者的合法权益，维护社会经济秩序和社会公共利益，促进社会主义市场经济的发展，制定本法。

2014 年证券法	2019 年证券法
第二条 在中华人民共和国境内，股票、公司债券和国务院依法认定的其他证券的发行和交易，适用本法；本法未规定的，适用《中华人民共和国公司法》和其他法律、行政法规的规定。 政府债券、证券投资基金份额的上市交易，适用本法；其他法律、行政法规另有规定的，适用其规定。 证券衍生品种发行、交易的管理办法，由国务院依照本法的原则规定。	**第二条** 在中华人民共和国境内，股票、公司债券、**存托凭证**和国务院依法认定的其他证券的发行和交易，适用本法；本法未规定的，适用《中华人民共和国公司法》和其他法律、行政法规的规定。 政府债券、证券投资基金份额的上市交易，适用本法；其他法律、行政法规另有规定的，适用其规定。 **资产支持证券、资产管理产品发行、交易的管理办法，由国务院依照本法的原则规定。** **在中华人民共和国境外的证券发行和交易活动，扰乱中华人民共和国境内市场秩序，损害境内投资者合法权益的，依照本法有关规定处理并追究法律责任。**
第三条 证券的发行、交易活动，必须实行公开、公平、公正的原则。	**第三条** 证券的发行、交易活动，必须**遵循**公开、公平、公正的原则。
第四条 证券发行、交易活动的当事人具有平等的法律地位，应当遵守自愿、有偿、诚实信用的原则。	**第四条** 证券发行、交易活动的当事人具有平等的法律地位，应当遵守自愿、有偿、诚实信用的原则。
第五条 证券的发行、交易活动，必须遵守法律、行政法规；禁止欺诈、内幕交易和操纵证券市场的行为。	**第五条** 证券的发行、交易活动，必须遵守法律、行政法规；禁止欺诈、内幕交易和操纵证券市场的行为。
第六条 证券业和银行业、信托业、保险业实行分业经营、分业管理，证券公司与银行、信托、保险业务机构分别设立。国家另有规定的除外。	**第六条** 证券业和银行业、信托业、保险业实行分业经营、分业管理，证券公司与银行、信托、保险业务机构分别设立。国家另有规定的除外。

2014 年证券法	2019 年证券法
第七条 国务院证券监督管理机构依法对全国证券市场实行集中统一监督管理。 国务院证券监督管理机构根据需要可以设立派出机构，按照授权履行监督管理职责。	**第七条** 国务院证券监督管理机构依法对全国证券市场实行集中统一监督管理。 国务院证券监督管理机构根据需要可以设立派出机构，按照授权履行监督管理职责。
第八条 在国家对证券发行、交易活动实行集中统一监督管理的前提下，依法设立证券业协会，实行自律性管理。	
第九条 国家审计机关依法对证券交易所、证券公司、证券登记结算机构、证券监督管理机构进行审计监督。	**第八条** 国家审计机关依法对证券交易**场**所、证券公司、证券登记结算机构、证券监督管理机构进行审计监督。
第二章 证券发行	**第二章 证 券 发 行**
第十条 公开发行证券，必须符合法律、行政法规规定的条件，并依法报经国务院证券监督管理机构或者国务院授权的部门核准；未经依法核准，任何单位和个人不得公开发行证券。 有下列情形之一的，为公开发行： （一）向不特定对象发行证券的； （二）向特定对象发行证券累计超过二百人的； （三）法律、行政法规规定的其他发行行为。 非公开发行证券，不得采用广告、公开劝诱和变相公开方式。	**第九条** 公开发行证券，必须符合法律、行政法规规定的条件，并依法报经国务院证券监督管理机构或者国务院授权的部门**注册**。未经依法**注册**，任何单位和个人不得公开发行**证券。证券发行注册制的具体范围、实施步骤，由国务院规定。** 有下列情形之一的，为公开发行： （一）向不特定对象发行证券； （二）向特定对象发行证券累计超过二百人，**但依法实施员工持股计划的员工人数不计算在内；** （三）法律、行政法规规定的其他发行行为。 非公开发行证券，不得采用广告、公开劝诱和变相公开方式。

2014 年证券法	2019 年证券法
第十一条　发行人申请公开发行股票、可转换为股票的公司债券，依法采取承销方式的，或者公开发行法律、行政法规规定实行保荐制度的其他证券的，应当聘请具有保荐资格的机构担任保荐人。 保荐人应当遵守业务规则和行业规范，诚实守信，勤勉尽责，对发行人的申请文件和信息披露资料进行审慎核查，督导发行人规范运作。 保荐人的资格及其管理办法由国务院证券监督管理机构规定。	**第十条**　发行人申请公开发行股票、可转换为股票的公司债券，依法采取承销方式的，或者公开发行法律、行政法规规定实行保荐制度的其他证券的，应当聘请**证券公司**担任保荐人。 保荐人应当遵守业务规则和行业规范，诚实守信，勤勉尽责，对发行人的申请文件和信息披露资料进行审慎核查，督导发行人规范运作。 保荐人的管理办法由国务院证券监督管理机构规定。
第十二条　设立股份有限公司公开发行股票，应当符合《中华人民共和国公司法》规定的条件和经国务院批准的国务院证券监督管理机构规定的其他条件，向国务院证券监督管理机构报送募股申请和下列文件： （一）公司章程； （二）发起人协议； （三）发起人姓名或者名称，发起人认购的股份数、出资种类及验资证明； （四）招股说明书； （五）代收股款银行的名称及地址； （六）承销机构名称及有关的协议。 依照本法规定聘请保荐人的，还应当报送保荐人出具的发行保荐书。 法律、行政法规规定设立公司必须报经批准的，还应当提交相应的批准文件。	**第十一条**　设立股份有限公司公开发行股票，应当符合《中华人民共和国公司法》规定的条件和经国务院批准的国务院证券监督管理机构规定的其他条件，向国务院证券监督管理机构报送募股申请和下列文件： （一）公司章程； （二）发起人协议； （三）发起人姓名或者名称，发起人认购的股份数、出资种类及验资证明； （四）招股说明书； （五）代收股款银行的名称及地址； （六）承销机构名称及有关的协议。 依照本法规定聘请保荐人的，还应当报送保荐人出具的发行保荐书。 法律、行政法规规定设立公司必须报经批准的，还应当提交相应的批准文件。

2014 年证券法	2019 年证券法
第十三条　公司公开发行新股，应当符合下列条件： （一）具备健全且运行良好的组织机构； （二）具有持续盈利能力，财务状况良好； （三）最近三年财务会计文件无虚假记载，无其他重大违法行为； （四）经国务院批准的国务院证券监督管理机构规定的其他条件。 上市公司非公开发行新股，应当符合经国务院批准的国务院证券监督管理机构规定的条件，并报国务院证券监督管理机构核准。	**第十二条**　公司**首次**公开发行新股，应当符合下列条件： （一）具备健全且运行良好的组织机构； （二）具有持续**经营能力**； （三）最近三年财务会计**报告被出具无保留意见审计报告**； **（四）发行人及其控股股东、实际控制人最近三年不存在贪污、贿赂、侵占财产、挪用财产或者破坏社会主义市场经济秩序的刑事犯罪；** （五）经国务院批准的国务院证券监督管理机构规定的其他条件。 上市公司发行新股，应当符合经国务院批准的国务院证券监督管理机构规定的条件，**具体管理办法由国务院证券监督管理机构规定。** **公开发行存托凭证的，应当符合首次公开发行新股的条件以及国务院证券监督管理机构规定的其他条件。**
第十四条　公司公开发行新股，应当向国务院证券监督管理机构报送募股申请和下列文件： （一）公司营业执照； （二）公司章程； （三）股东大会决议； （四）招股说明书； （五）财务会计报告； （六）代收股款银行的名称及地址； （七）承销机构名称及有关的协议。 依照本法规定聘请保荐人的，还应当报送保荐人出具的发行保荐书。	**第十三条**　公司公开发行新股，应当报送募股申请和下列文件： （一）公司营业执照； （二）公司章程； （三）股东大会决议； （四）招股说明书**或者其他公开发行募集文件**； （五）财务会计报告； （六）代收股款银行的名称及地址。 依照本法规定聘请保荐人的，还应当报送保荐人出具的发行保荐书。**依照本法规定实行承销的，还应当报送承销机构名称及有关的协议。**

2014 年证券法	2019 年证券法
第十五条 公司对公开发行股票所募集资金，必须按照招股说明书所列资金用途使用。改变招股说明书所列资金用途，必须经股东大会作出决议。擅自改变用途而未作纠正的，或者未经股东大会认可的，不得公开发行新股。	**第十四条** 公司对公开发行股票所募集资金，必须按照招股说明书**或者其他公开发行募集文件**所列资金用途使用；改变资金用途，必须经股东大会作出决议。擅自改变用途，未作纠正的，或者未经股东大会认可的，不得公开发行新股。
第十六条 公开发行公司债券，应当符合下列条件： （一）股份有限公司的净资产不低于人民币三千万元，有限责任公司的净资产不低于人民币六千万元； （二）累计债券余额不超过公司净资产的百分之四十； （三）最近三年平均可分配利润足以支付公司债券一年的利息； （四）筹集的资金投向符合国家产业政策； （五）债券的利率不超过国务院限定的利率水平； （六）国务院规定的其他条件。 公开发行公司债券筹集的资金，必须用于核准的用途，不得用于弥补亏损和非生产性支出。 上市公司发行可转换为股票的公司债券，除应当符合第一款规定的条件外，还应当符合本法关于公开发行股票的条件，并报国务院证券监督管理机构核准。	**第十五条** 公开发行公司债券，应当符合下列条件： **（一）具备健全且运行良好的组织机构；** （二）最近三年平均可分配利润足以支付公司债券一年的利息； （三）国务院规定的其他条件。 公开发行公司债券筹集的资金，必须**按照公司债券募集办法所列资金用途使用；改变资金用途，必须经债券持有人会议作出决议。公开发行公司债券筹集的资金**，不得用于弥补亏损和非生产性支出。 上市公司发行可转换为股票的公司债券，除应当符合第一款规定的条件外，还应当**遵守本法第十二条第二款的规定。但是，按照公司债券募集办法，上市公司通过收购本公司股份的方式进行公司债券转换的除外。**
第十七条 申请公开发行公司债券，应当向国务院授权的部门或者国务院证券监督管理机构报送下列文件： （一）公司营业执照；	**第十六条** 申请公开发行公司债券，应当向国务院授权的部门或者国务院证券监督管理机构报送下列文件： （一）公司营业执照；

2014 年证券法	2019 年证券法
（二）公司章程； （三）公司债券募集办法； （四）资产评估报告和验资报告； （五）国务院授权的部门或者国务院证券监督管理机构规定的其他文件。 依照本法规定聘请保荐人的，还应当报送保荐人出具的发行保荐书。	（二）公司章程； （三）公司债券募集办法； **（四）**国务院授权的部门或者国务院证券监督管理机构规定的其他文件。 依照本法规定聘请保荐人的，还应当报送保荐人出具的发行保荐书。
第十八条 有下列情形之一的，不得再次公开发行公司债券： （一）前一次公开发行的公司债券尚未募足； （二）对已公开发行的公司债券或者其他债务有违约或者延迟支付本息的事实，仍处于继续状态； （三）违反本法规定，改变公开发行公司债券所募资金的用途。	**第十七条** 有下列情形之一的，不得再次公开发行公司债券： **（一）**对已公开发行的公司债券或者其他债务有违约或者延迟支付本息的事实，仍处于继续状态； **（二）**违反本法规定，改变公开发行公司债券所募资金的用途。
第十九条 发行人依法申请核准发行证券所报送的申请文件的格式、报送方式，由依法负责核准的机构或者部门规定。	**第十八条** 发行人依法申请**公开**发行证券所报送的申请文件的格式、报送方式，由依法负责**注册**的机构或者部门规定。
第二十条 发行人向国务院证券监督管理机构或者国务院授权的部门报送的证券发行申请文件，必须真实、准确、完整。 为证券发行出具有关文件的证券服务机构和人员，必须严格履行法定职责，保证其所出具文件的真实性、准确性和完整性。	**第十九条** 发行人报送的证券发行申请文件，**应当充分披露投资者作出价值判断和投资决策所必需的信息，内容应当**真实、准确、完整。 为证券发行出具有关文件的证券服务机构和人员，必须严格履行法定职责，保证所出具文件的真实性、准确性和完整性。
第二十一条 发行人申请首次公开发行股票的，在提交申请文件后，应当按照国务院证券监督管理机构的规定预先披露有关申请文件。	**第二十条** 发行人申请首次公开发行股票的，在提交申请文件后，应当按照国务院证券监督管理机构的规定预先披露有关申请文件。

2014 年证券法	2019 年证券法
第二十二条 国务院证券监督管理机构设发行审核委员会，依法审核股票发行申请。 发行审核委员会由国务院证券监督管理机构的专业人员和所聘请的该机构外的有关专家组成，以投票方式对股票发行申请进行表决，提出审核意见。 发行审核委员会的具体组成办法、组成人员任期、工作程序，由国务院证券监督管理机构规定。	
第二十三条 国务院证券监督管理机构依照法定条件负责核准股票发行申请。核准程序应当公开，依法接受监督。 参与审核和核准股票发行申请的人员，不得与发行申请人有利害关系，不得直接或者间接接受发行申请人的馈赠，不得持有所核准的发行申请的股票，不得私下与发行申请人进行接触。 国务院授权的部门对公司债券发行申请的核准，参照前两款的规定执行。	**第二十一条** 国务院证券监督管理机构**或者国务院授权的部门**依照法定条件负责**证券**发行申请**的注册。证券公开发行注册的具体办法由国务院规定。** **按照国务院的规定，证券交易所等可以审核公开发行证券申请，判断发行人是否符合发行条件、信息披露要求，督促发行人完善信息披露内容。** **依照前两款规定**参与**证券**发行申请**注册**的人员，不得与发行申请人有利害关系，不得直接或者间接接受发行申请人的馈赠，不得持有所**注册**的发行申请的**证券**，不得私下与发行申请人进行接触。
第二十四条 国务院证券监督管理机构或者国务院授权的部门应当自受理证券发行申请文件之日起三个月内，依照法定条件和法定程序作出予以核准或者不予核准的决定，发行人根据要求补充、修改发行申请文件的时间不计算在内；不予核准的，应当说明理由。	**第二十二条** 国务院证券监督管理机构或者国务院授权的部门应当自受理证券发行申请文件之日起三个月内，依照法定条件和法定程序作出予以**注册**或者不予**注册**的决定，发行人根据要求补充、修改发行申请文件的时间不计算在内。不予**注册**的，应当说明理由。

2014 年证券法	2019 年证券法
第二十五条 证券发行申请经核准，发行人应当依照法律、行政法规的规定，在证券公开发行前，公告公开发行募集文件，并将该文件置备于指定场所供公众查阅。 发行证券的信息依法公开前，任何知情人不得公开或者泄露该信息。 发行人不得在公告公开发行募集文件前发行证券。	**第二十三条** 证券发行申请经**注册后**，发行人应当依照法律、行政法规的规定，在证券公开发行前公告公开发行募集文件，并将该文件置备于指定场所供公众查阅。 发行证券的信息依法公开前，任何知情人不得公开或者泄露该信息。 发行人不得在公告公开发行募集文件前发行证券。
第二十六条 国务院证券监督管理机构或者国务院授权的部门对已作出的核准证券发行的决定，发现不符合法定条件或者法定程序，尚未发行证券的，应当予以撤销，停止发行。已经发行尚未上市的，撤销发行核准决定，发行人应当按照发行价并加算银行同期存款利息返还证券持有人；保荐人应当与发行人承担连带责任，但是能够证明自己没有过错的除外；发行人的控股股东、实际控制人有过错的，应当与发行人承担连带责任。	**第二十四条** 国务院证券监督管理机构或者国务院授权的部门对已作出的证券发行**注册**的决定，发现不符合法定条件或者法定程序，尚未发行证券的，应当予以撤销，停止发行。已经发行尚未上市的，撤销发行**注册**决定，发行人应当按照发行价并加算银行同期存款利息返还证券持有人；**发行人的控股股东、实际控制人以及**保荐人，应当与发行人承担连带责任，但是能够证明自己没有过错的除外。 **股票的发行人在招股说明书等证券发行文件中隐瞒重要事实或者编造重大虚假内容，已经发行并上市的，国务院证券监督管理机构可以责令发行人回购证券，或者责令负有责任的控股股东、实际控制人买回证券。**
第二十七条 股票依法发行后，发行人经营与收益的变化，由发行人自行负责；由此变化引致的投资风险，由投资者自行负责。	**第二十五条** 股票依法发行后，发行人经营与收益的变化，由发行人自行负责；由此变化引致的投资风险，由投资者自行负责。

2014 年证券法	2019 年证券法
第二十八条 发行人向不特定对象发行的证券，法律、行政法规规定应当由证券公司承销的，发行人应当同证券公司签订承销协议。证券承销业务采取代销或者包销方式。 证券代销是指证券公司代发行人发售证券，在承销期结束时，将未售出的证券全部退还给发行人的承销方式。 证券包销是指证券公司将发行人的证券按照协议全部购入或者在承销期结束时将售后剩余证券全部自行购入的承销方式。	**第二十六条** 发行人向不特定对象发行的证券，法律、行政法规规定应当由证券公司承销的，发行人应当同证券公司签订承销协议。证券承销业务采取代销或者包销方式。 证券代销是指证券公司代发行人发售证券，在承销期结束时，将未售出的证券全部退还给发行人的承销方式。 证券包销是指证券公司将发行人的证券按照协议全部购入或者在承销期结束时将售后剩余证券全部自行购入的承销方式。
第二十九条 公开发行证券的发行人有权依法自主选择承销的证券公司。证券公司不得以不正当竞争手段招揽证券承销业务。	**第二十七条** 公开发行证券的发行人有权依法自主选择承销的证券公司。
第三十条 证券公司承销证券，应当同发行人签订代销或者包销协议，载明下列事项： （一）当事人的名称、住所及法定代表人姓名； （二）代销、包销证券的种类、数量、金额及发行价格； （三）代销、包销的期限及起止日期； （四）代销、包销的付款方式及日期； （五）代销、包销的费用和结算办法； （六）违约责任； （七）国务院证券监督管理机构规定的其他事项。	**第二十八条** 证券公司承销证券，应当同发行人签订代销或者包销协议，载明下列事项： （一）当事人的名称、住所及法定代表人姓名； （二）代销、包销证券的种类、数量、金额及发行价格； （三）代销、包销的期限及起止日期； （四）代销、包销的付款方式及日期； （五）代销、包销的费用和结算办法； （六）违约责任； （七）国务院证券监督管理机构规定的其他事项。

2014 年证券法	2019 年证券法
第三十一条　证券公司承销证券，应当对公开发行募集文件的真实性、准确性、完整性进行核查；发现有虚假记载、误导性陈述或者重大遗漏的，不得进行销售活动；已经销售的，必须立即停止销售活动，并采取纠正措施。	**第二十九条**　证券公司承销证券，应当对公开发行募集文件的真实性、准确性、完整性进行核查。发现有虚假记载、误导性陈述或者重大遗漏的，不得进行销售活动；已经销售的，必须立即停止销售活动，并采取纠正措施。 **证券公司承销证券，不得有下列行为：** **（一）进行虚假的或者误导投资者的广告宣传或者其他宣传推介活动；** **（二）以不正当竞争手段招揽承销业务；** **（三）其他违反证券承销业务规定的行为。** **证券公司有前款所列行为，给其他证券承销机构或者投资者造成损失的，应当依法承担赔偿责任。**
第三十二条　向不特定对象发行的证券票面总值超过人民币五千万元的，应当由承销团承销。承销团应当由主承销和参与承销的证券公司组成。	**第三十条**　向不特定对象发行证券聘请承销团承销的，承销团应当由主承销和参与承销的证券公司组成。
第三十三条　证券的代销、包销期限最长不得超过九十日。 证券公司在代销、包销期内，对所代销、包销的证券应当保证先行出售给认购人，证券公司不得为本公司预留所代销的证券和预先购入并留存所包销的证券。	**第三十一条**　证券的代销、包销期限最长不得超过九十日。 证券公司在代销、包销期内，对所代销、包销的证券应当保证先行出售给认购人，证券公司不得为本公司预留所代销的证券和预先购入并留存所包销的证券。
第三十四条　股票发行采取溢价发行的，其发行价格由发行人与承销的证券公司协商确定。	**第三十二条**　股票发行采取溢价发行的，其发行价格由发行人与承销的证券公司协商确定。

2014 年证券法	2019 年证券法
第三十五条 股票发行采用代销方式，代销期限届满，向投资者出售的股票数量未达到拟公开发行股票数量百分之七十的，为发行失败。发行人应当按照发行价并加算银行同期存款利息返还股票认购人。	**第三十三条** 股票发行采用代销方式，代销期限届满，向投资者出售的股票数量未达到拟公开发行股票数量百分之七十的，为发行失败。发行人应当按照发行价并加算银行同期存款利息返还股票认购人。
第三十六条 公开发行股票，代销、包销期限届满，发行人应当在规定的期限内将股票发行情况报国务院证券监督管理机构备案。	**第三十四条** 公开发行股票，代销、包销期限届满，发行人应当在规定的期限内将股票发行情况报国务院证券监督管理机构备案。
第三章 证券交易	**第三章 证券交易**
第一节 一般规定	**第一节 一般规定**
第三十七条 证券交易当事人依法买卖的证券，必须是依法发行并交付的证券。 非依法发行的证券，不得买卖。	**第三十五条** 证券交易当事人依法买卖的证券，必须是依法发行并交付的证券。 非依法发行的证券，不得买卖。
第三十八条 依法发行的股票、公司债券及其他证券，法律对其转让期限有限制性规定的，在限定的期限内不得买卖。	**第三十六条** 依法发行的**证券，《中华人民共和国公司法》和其他**法律对其转让期限有限制性规定的，在限定的期限内不得**转让**。 **上市公司持有百分之五以上股份的股东、实际控制人、董事、监事、高级管理人员，以及其他持有发行人首次公开发行前发行的股份或者上市公司向特定对象发行的股份的股东，转让其持有的本公司股份的，不得违反法律、行政法规和国务院证券监督管理机构关于持有期限、卖出时间、卖出数量、卖出方式、信息披露等规定，并应当遵守证券交易所的业务规则。**

2014 年证券法	2019 年证券法
第三十九条 依法公开发行的股票、公司债券及其他证券，应当在依法设立的证券交易所上市交易或者在国务院批准的其他证券交易场所转让。	**第三十七条** 公开发行的证券，应当在依法设立的证券交易所上市交易或者在国务院批准的其他**全国性**证券交易场所**交易**。 **非公开发行的证券，可以在证券交易所、国务院批准的其他全国性证券交易场所、按照国务院规定设立的区域性股权市场转让。**
第四十条 证券在证券交易所上市交易，应当采用公开的集中交易方式或者国务院证券监督管理机构批准的其他方式。	**第三十八条** 证券在证券交易所上市交易，应当采用公开的集中交易方式或者国务院证券监督管理机构批准的其他方式。
第四十一条 证券交易当事人买卖的证券可以采用纸面形式或者国务院证券监督管理机构规定的其他形式。	**第三十九条** 证券交易当事人买卖的证券可以采用纸面形式或者国务院证券监督管理机构规定的其他形式。
第四十二条 证券交易以现货和国务院规定的其他方式进行交易。	
第四十三条 证券交易所、证券公司和证券登记结算机构的从业人员、证券监督管理机构的工作人员以及法律、行政法规禁止参与股票交易的其他人员，在任期或者法定限期内，不得直接或者以化名、借他人名义持有、买卖股票，也不得收受他人赠送的股票。 任何人在成为前款所列人员时，其原已持有的股票，必须依法转让。	**第四十条** 证券交易**场**所、证券公司和证券登记结算机构的从业人员，证券监督管理机构的工作人员以及法律、行政法规**规定**禁止参与股票交易的其他人员，在任期或者法定限期内，不得直接或者以化名、借他人名义持有、买卖股票**或者其他具有股权性质的证券**，也不得收受他人赠送的股票**或者其他具有股权性质的证券**。 任何人在成为前款所列人员时，其原已持有的股票**或者其他具有股权性质的证券**，必须依法转让。 **实施股权激励计划或者员工持股计划的证券公司的从业人员，可以**

2014 年证券法	2019 年证券法
	按照国务院证券监督管理机构的规定持有、卖出本公司股票或者其他具有股权性质的证券。
第四十四条 证券交易所、证券公司、证券登记结算机构必须依法为客户开立的账户保密。	**第四十一条** 证券交易**场**所、证券公司、证券登记结算机构、**证券服务机构及其工作人员应当依法为投资者的信息保密，不得非法买卖、提供或者公开投资者的信息。** **证券交易场所、证券公司、证券登记结算机构、证券服务机构及其工作人员不得泄露所知悉的商业秘密。**
第四十五条 为股票发行出具审计报告、资产评估报告或者法律意见书等文件的证券服务机构和人员，在该股票承销期内和期满后六个月内，不得买卖该种股票。 除前款规定外，为上市公司出具审计报告、资产评估报告或者法律意见书等文件的证券服务机构和人员，自接受上市公司委托之日起至上述文件公开后五日内，不得买卖该种股票。	**第四十二条** 为**证券**发行出具审计报告或者法律意见书等文件的证券服务机构和人员，在该**证券**承销期内和期满后六个月内，不得买卖该**证券**。 除前款规定外，为**发行人及其控股股东、实际控制人，或者收购人、重大资产交易方**出具审计报告或者法律意见书等文件的证券服务机构和人员，自接受**委托之日起至上述文件公开后五日内，不得买卖该证券。实际开展上述有关工作之日早于接受**委托之日**的，自实际开展上述有关工作之日**起至上述文件公开后五日内，不得买卖该**证券**。
第四十六条 证券交易的收费必须合理，并公开收费项目、收费标准和收费办法。 证券交易的收费项目、收费标准和管理办法由国务院有关主管部门统一规定。	**第四十三条** 证券交易的收费必须合理，并公开收费项目、收费标准和**管理**办法。

2014 年证券法	2019 年证券法
第四十七条 上市公司董事、监事、高级管理人员、持有上市公司股份百分之五以上的股东，将其持有的该公司的股票在买入后六个月内卖出，或者在卖出后六个月内又买入，由此所得收益归该公司所有，公司董事会应当收回其所得收益。但是，证券公司因包销购入售后剩余股票而持有百分之五以上股份的，卖出该股票不受六个月时间限制。 公司董事会不按照前款规定执行的，股东有权要求董事会在三十日内执行。公司董事会未在上述期限内执行的，股东有权为了公司的利益以自己的名义直接向人民法院提起诉讼。 公司董事会不按照第一款的规定执行的，负有责任的董事依法承担连带责任。	**第四十四条** 上市公司、**股票在国务院批准的其他全国性证券交易场所交易的公司持有百分之五以上股份的股东**、董事、监事、高级管理人员，将其持有的该公司的股票**或者其他具有股权性质的证券**在买入后六个月内卖出，或者在卖出后六个月内又买入，由此所得收益归该公司所有，公司董事会应当收回其所得收益。但是，证券公司因**购入包销**售后剩余股票而持有百分之五以上股份，**以及有国务院证券监督管理机构规定的其他情形的除外。** **前款所称董事、监事、高级管理人员、自然人股东持有的股票或者其他具有股权性质的证券，包括其配偶、父母、子女持有的及利用他人账户持有的股票或者其他具有股权性质的证券。** 公司董事会不按照**第一款**规定执行的，股东有权要求董事会在三十日内执行。公司董事会未在上述期限内执行的，股东有权为了公司的利益以自己的名义直接向人民法院提起诉讼。 公司董事会不按照第一款的规定执行的，负有责任的董事依法承担连带责任。
	第四十五条 通过计算机程序自动生成或者下达交易指令进行程序化交易的，应当符合国务院证券监督管理机构的规定，并向证券交易所报告，不得影响证券交易所系统安全或者正常交易秩序。

2014 年证券法	2019 年证券法
第二节　证券上市	**第二节　证券上市**
第四十八条　申请证券上市交易，应当向证券交易所提出申请，由证券交易所依法审核同意，并由双方签订上市协议。 证券交易所根据国务院授权的部门的决定安排政府债券上市交易。	**第四十六条**　申请证券上市交易，应当向证券交易所提出申请，由证券交易所依法审核同意，并由双方签订上市协议。 证券交易所根据国务院授权的部门的决定安排政府债券上市交易。
第四十九条　申请股票、可转换为股票的公司债券或者法律、行政法规规定实行保荐制度的其他证券上市交易，应当聘请具有保荐资格的机构担任保荐人。 本法第十一条第二款、第三款的规定适用于上市保荐人。	
第五十条　股份有限公司申请股票上市，应当符合下列条件： （一）股票经国务院证券监督管理机构核准已公开发行； （二）公司股本总额不少于人民币三千万元； （三）公开发行的股份达到公司股份总数的百分之二十五以上；公司股本总额超过人民币四亿元的，公开发行股份的比例为百分之十以上； （四）公司最近三年无重大违法行为，财务会计报告无虚假记载。 证券交易所可以规定高于前款规定的上市条件，并报国务院证券监督管理机构批准。 **第五十七条**　公司申请公司债券上市交易，应当符合下列条件： （一）公司债券的期限为一年以上；	**第四十七条**　申请证券上市交易，应当符合**证券交易所上市规则规定的上市条件。** **证券交易所上市规则规定的上市条件，应当对发行人的经营年限、财务状况、最低公开发行比例和公司治理、诚信记录等提出要求。**

2014 年证券法	2019 年证券法
（二）公司债券实际发行额不少于人民币五千万元； （三）公司申请债券上市时仍符合法定的公司债券发行条件。	
第五十一条　国家鼓励符合产业政策并符合上市条件的公司股票上市交易。	
第五十二条　申请股票上市交易，应当向证券交易所报送下列文件： （一）上市报告书； （二）申请股票上市的股东大会决议； （三）公司章程； （四）公司营业执照； （五）依法经会计师事务所审计的公司最近三年的财务会计报告； （六）法律意见书和上市保荐书； （七）最近一次的招股说明书； （八）证券交易所上市规则规定的其他文件。	
第五十三条　股票上市交易申请经证券交易所审核同意后，签订上市协议的公司应当在规定的期限内公告股票上市的有关文件，并将该文件置备于指定场所供公众查阅。	
第五十四条　签订上市协议的公司除公告前条规定的文件外，还应当公告下列事项： （一）股票获准在证券交易所交易的日期； （二）持有公司股份最多的前十	

2014 年证券法	2019 年证券法
名股东的名单和持股数额； （三）公司的实际控制人； （四）董事、监事、高级管理人员的姓名及其持有本公司股票和债券的情况。	
第五十八条 申请公司债券上市交易，应当向证券交易所报送下列文件： （一）上市报告书； （二）申请公司债券上市的董事会决议； （三）公司章程； （四）公司营业执照； （五）公司债券募集办法； （六）公司债券的实际发行数额； （七）证券交易所上市规则规定的其他文件。 申请可转换为股票的公司债券上市交易，还应当报送保荐人出具的上市保荐书。	
第五十九条 公司债券上市交易申请经证券交易所审核同意后，签订上市协议的公司应当在规定的期限内公告公司债券上市文件及有关文件，并将其申请文件置备于指定场所供公众查阅。	
第五十五条 上市公司有下列情形之一的，由证券交易所决定暂停其股票上市交易： （一）公司股本总额、股权分布等发生变化不再具备上市条件； （二）公司不按照规定公开其财务状况，或者对财务会计报告作虚	**第四十八条** 上市**交易的证券，有证券交易所规定的终止上市情形**的，由证券交易所**按照业务规则终止其**上市交易。 证券交易所决定终止证券上市交易的，应当及时公告，并报国务院证券监督管理机构备案。

2014 年证券法	2019 年证券法
假记载，可能误导投资者； （三）公司有重大违法行为； （四）公司最近三年连续亏损； （五）证券交易所上市规则规定的其他情形。 **第五十六条** 上市公司有下列情形之一的，由证券交易所决定终止其股票上市交易： （一）公司股本总额、股权分布等发生变化不再具备上市条件，在证券交易所规定的期限内仍不能达到上市条件； （二）公司不按照规定公开其财务状况，或者对财务会计报告作虚假记载，且拒绝纠正； （三）公司最近三年连续亏损，在其后一个年度内未能恢复盈利； （四）公司解散或者被宣告破产； （五）证券交易所上市规则规定的其他情形。 **第六十条** 公司债券上市交易后，公司有下列情形之一的，由证券交易所决定暂停其公司债券上市交易： （一）公司有重大违法行为； （二）公司情况发生重大变化不符合公司债券上市条件； （三）发行公司债券所募集的资金不按照核准的用途使用； （四）未按照公司债券募集办法履行义务； （五）公司最近二年连续亏损。 **第六十一条** 公司有前条第（一）	

2014 年证券法	2019 年证券法
项、第（四）项所列情形之一经查实后果严重的，或者有前条第（二）项、第（三）项、第（五）项所列情形之一，在限期内未能消除的，由证券交易所决定终止其公司债券上市交易。 公司解散或者被宣告破产的，由证券交易所终止其公司债券上市交易。 **第七十二条** 证券交易所决定暂停或者终止证券上市交易的，应当及时公告，并报国务院证券监督管理机构备案。	
第六十二条 对证券交易所作出的不予上市、暂停上市、终止上市决定不服的，可以向证券交易所设立的复核机构申请复核。	**第四十九条** 对证券交易所作出的不予上市交易、终止上市交易决定不服的，可以向证券交易所设立的复核机构申请复核。
第三节 持续信息公开	
第四节 禁止的交易行为	**第三节 禁止的交易行为**
第七十三条 禁止证券交易内幕信息的知情人和非法获取内幕信息的人利用内幕信息从事证券交易活动。	**第五十条** 禁止证券交易内幕信息的知情人和非法获取内幕信息的人利用内幕信息从事证券交易活动。
第七十四条 证券交易内幕信息的知情人包括： （一）发行人的董事、监事、高级管理人员； （二）持有公司百分之五以上股份的股东及其董事、监事、高级管理人员，公司的实际控制人及其董事、监事、高级管理人员； （三）发行人控股的公司及其董事、监事、高级管理人员；	**第五十一条** 证券交易内幕信息的知情人包括： （一）发行人**及其**董事、监事、高级管理人员； （二）持有公司百分之五以上股份的股东及其董事、监事、高级管理人员，公司的实际控制人及其董事、监事、高级管理人员； （三）发行人控股**或者实际控制**的公司及其董事、监事、高级管理

2014 年证券法	2019 年证券法
（四）由于所任公司职务可以获取公司有关内幕信息的人员； （五）证券监督管理机构工作人员以及由于法定职责对证券的发行、交易进行管理的其他人员； （六）保荐人、承销的证券公司、证券交易所、证券登记结算机构、证券服务机构的有关人员； （七）国务院证券监督管理机构规定的其他人。	人员； （四）由于所任公司职务**或者因与公司业务往来**可以获取公司有关内幕信息的人员； **（五）上市公司收购人或者重大资产交易方及其控股股东、实际控制人、董事、监事和高级管理人员；** （六）**因职务、工作可以获取内幕信息**的证券交易**场**所、**证券公司**、证券登记结算机构、证券服务机构的有关人员； **（七）因职责、工作可以获取内幕信息的证券监督管理机构工作人员；** **（八）因法定职责对证券的发行、交易或者对上市公司及其收购、重大资产交易进行管理可以获取内幕信息的有关主管部门、监管机构的工作人员；** （九）国务院证券监督管理机构规定的**可以获取内幕信息的**其他人员。
第七十五条　证券交易活动中，涉及公司的经营、财务或者对该公司证券的市场价格有重大影响的尚未公开的信息，为内幕信息。 下列信息皆属内幕信息： （一）本法第六十七条第二款所列重大事件； （二）公司分配股利或者增资的计划； （三）公司股权结构的重大变化； （四）公司债务担保的重大变更；	**第五十二条**　证券交易活动中，涉及**发行人**的经营、财务或者对该**发行人**证券的市场价格有重大影响的尚未公开的信息，为内幕信息。 本法第**八十条第二款、第八十一条**第二款所列重大事件**属于内幕信息**。

2014 年证券法	2019 年证券法
（五）公司营业用主要资产的抵押、出售或者报废一次超过该资产的百分之三十； （六）公司的董事、监事、高级管理人员的行为可能依法承担重大损害赔偿责任； （七）上市公司收购的有关方案； （八）国务院证券监督管理机构认定的对证券交易价格有显著影响的其他重要信息。	
第七十六条　证券交易内幕信息的知情人和非法获取内幕信息的人，在内幕信息公开前，不得买卖该公司的证券，或者泄露该信息，或者建议他人买卖该证券。 持有或者通过协议、其他安排与他人共同持有公司百分之五以上股份的自然人、法人、其他组织收购上市公司的股份，本法另有规定的，适用其规定。 内幕交易行为给投资者造成损失的，行为人应当依法承担赔偿责任。	**第五十三条**　证券交易内幕信息的知情人和非法获取内幕信息的人，在内幕信息公开前，不得买卖该公司的证券，或者泄露该信息，或者建议他人买卖该证券。 持有或者通过协议、其他安排与他人共同持有公司百分之五以上股份的自然人、法人、**非法人**组织收购上市公司的股份，本法另有规定的，适用其规定。 内幕交易行为给投资者造成损失的，应当依法承担赔偿责任。
	第五十四条　禁止证券交易场所、证券公司、证券登记结算机构、证券服务机构和其他金融机构的从业人员、有关监管部门或者行业协会的工作人员，利用因职务便利获取的内幕信息以外的其他未公开的信息，违反规定，从事与该信息相关的证券交易活动，或者明示、暗示他人从事相关交易活动。 **利用未公开信息进行交易给投资者造成损失的，应当依法承担赔偿责任。**

2014 年证券法	2019 年证券法
第七十七条 禁止任何人以下列手段操纵证券市场： （一）单独或者通过合谋，集中资金优势、持股优势或者利用信息优势联合或者连续买卖，操纵证券交易价格或者证券交易量； （二）与他人串通，以事先约定的时间、价格和方式相互进行证券交易，影响证券交易价格或者证券交易量； （三）在自己实际控制的账户之间进行证券交易，影响证券交易价格或者证券交易量； （四）以其他手段操纵证券市场。 操纵证券市场行为给投资者造成损失的，行为人应当依法承担赔偿责任。	**第五十五条** 禁止任何人以下列手段操纵证券市场，**影响或者意图影响证券交易价格或者证券交易量**： （一）单独或者通过合谋，集中资金优势、持股优势或者利用信息优势联合或者连续买卖； （二）与他人串通，以事先约定的时间、价格和方式相互进行证券交易； （三）在自己实际控制的账户之间进行证券交易； **（四）不以成交为目的，频繁或者大量申报并撤销申报；** **（五）利用虚假或者不确定的重大信息，诱导投资者进行证券交易；** **（六）对证券、发行人公开作出评价、预测或者投资建议，并进行反向证券交易；** **（七）利用在其他相关市场的活动**操纵证券市场； **（八）操纵证券市场的其他手段。** 操纵证券市场行为给投资者造成损失的，应当依法承担赔偿责任。
第七十八条 禁止国家工作人员、传播媒介从业人员和有关人员编造、传播虚假信息，扰乱证券市场。 禁止证券交易所、证券公司、证券登记结算机构、证券服务机构及其从业人员，证券业协会、证券监督管理机构及其工作人员，在证券交易活动中作出虚假陈述或者信息误导。	**第五十六条** 禁止**任何单位和个人**编造、传播虚假**信息或者误导性**信息，扰乱证券市场。 禁止证券交易**场**所、证券公司、证券登记结算机构、证券服务机构及其从业人员，证券业协会、证券监督管理机构及其工作人员，在证券交易活动中作出虚假陈述或者信息误导。

2014 年证券法	2019 年证券法
各种传播媒介传播证券市场信息必须真实、客观，禁止误导。	各种传播媒介传播证券市场信息必须真实、客观，禁止误导。**传播媒介及其从事证券市场信息报道的工作人员不得从事与其工作职责发生利益冲突的证券买卖。** **编造、传播虚假信息或者误导性信息，扰乱证券市场，给投资者造成损失的，应当依法承担赔偿责任。**
第七十九条　禁止证券公司及其从业人员从事下列损害客户利益的欺诈行为： （一）违背客户的委托为其买卖证券； （二）不在规定时间内向客户提供交易的书面确认文件； （三）挪用客户所委托买卖的证券或者客户账户上的资金； （四）未经客户的委托，擅自为客户买卖证券，或者假借客户的名义买卖证券； （五）为牟取佣金收入，诱使客户进行不必要的证券买卖； （六）利用传播媒介或者通过其他方式提供、传播虚假或者误导投资者的信息； （七）其他违背客户真实意思表示，损害客户利益的行为。 欺诈客户行为给客户造成损失的，行为人应当依法承担赔偿责任。	**第五十七条**　禁止证券公司及其从业人员从事下列损害客户利益的行为： （一）违背客户的委托为其买卖证券； （二）不在规定时间内向客户提供交易的确认文件； （三）**未经客户的委托，擅自为客户买卖证券，或者假借客户的名义买卖证券；** （**四**）为牟取佣金收入，诱使客户进行不必要的证券买卖； （**五**）其他违背客户真实意思表示，损害客户利益的行为。 **违反前款规定**给客户造成损失的，应当依法承担赔偿责任。
第八十条　禁止法人非法利用他人账户从事证券交易；禁止法人出借自己或者他人的证券账户。	**第五十八条　任何单位和个人不得违反规定，出借自己的证券账户或者借用他人的证券账户从事证券交易。**

2014 年证券法	2019 年证券法
第八十一条 依法拓宽资金入市渠道，禁止资金违规流入股市。	**第五十九条** 依法拓宽资金入市渠道，禁止资金违规流入股市。 **禁止投资者违规利用财政资金、银行信贷资金买卖证券。**
第八十二条 禁止任何人挪用公款买卖证券。	
第八十三条 国有企业和国有资产控股的企业买卖上市交易的股票，必须遵守国家有关规定。	**第六十条** 国有**独资企业、国有独资公司**、国有资**本控股公司**买卖上市交易的股票，必须遵守国家有关规定。
第八十四条 证券交易所、证券公司、证券登记结算机构、证券服务机构及其从业人员对证券交易中发现的禁止的交易行为，应当及时向证券监督管理机构报告。	**第六十一条** 证券交易**场**所、证券公司、证券登记结算机构、证券服务机构及其从业人员对证券交易中发现的禁止的交易行为，应当及时向证券监督管理机构报告。
第四章 上市公司的收购	**第四章 上市公司的收购**
第八十五条 投资者可以采取要约收购、协议收购及其他合法方式收购上市公司。	**第六十二条** 投资者可以采取要约收购、协议收购及其他合法方式收购上市公司。
第八十六条 通过证券交易所的证券交易，投资者持有或者通过协议、其他安排与他人共同持有一个上市公司已发行的股份达到百分之五时，应当在该事实发生之日起三日内，向国务院证券监督管理机构、证券交易所作出书面报告，通知该上市公司，并予公告；在上述期限内，不得再行买卖该上市公司的股票。 投资者持有或者通过协议、其他安排与他人共同持有一个上市公司已发行的股份达到百分之五后，其所持该上市公司已发行的股份比	**第六十三条** 通过证券交易所的证券交易，投资者持有或者通过协议、其他安排与他人共同持有一个上市公司已发行的**有表决权**股份达到百分之五时，应当在该事实发生之日起三日内，向国务院证券监督管理机构、证券交易所作出书面报告，通知该上市公司，并予公告，在上述期限内不得再行买卖该上市公司的股票**，但国务院证券监督管理机构规定的情形除外**。 投资者持有或者通过协议、其他安排与他人共同持有一个上市公司已发行的**有表决权**股份达到百分

2014 年证券法	2019 年证券法
例每增加或者减少百分之五，应当依照前款规定进行报告和公告。在报告期限内和作出报告、公告后二日内，不得再行买卖该上市公司的股票。	之五后，其所持该上市公司已发行的**有表决权**股份比例每增加或者减少百分之五，应当依照前款规定进行报告和公告，**在该事实发生之日起至**公告后三日内，不得再行买卖该上市公司的股票，**但国务院证券监督管理机构规定的情形除外。** **投资者持有或者通过协议、其他安排与他人共同持有一个上市公司已发行的有表决权股份达到百分之五后，其所持该上市公司已发行的有表决权股份比例每增加或者减少百分之一，应当在该事实发生的次日通知该上市公司，并予公告。** **违反第一款、第二款规定买入上市公司有表决权的股份的，在买入后的三十六个月内，对该超过规定比例部分的股份不得行使表决权。**
第八十七条　依照前条规定所作的书面报告和公告，应当包括下列内容： （一）持股人的名称、住所； （二）持有的股票的名称、数额； （三）持股达到法定比例或者持股增减变化达到法定比例的日期。	**第六十四条**　依照前条规定所作的公告，应当包括下列内容： （一）持股人的名称、住所； （二）持有的股票的名称、数额； （三）持股达到法定比例或者持股增减变化达到法定比例的日期、**增持股份的资金来源；** **（四）在上市公司中拥有有表决权的股份变动的时间及方式。**
第八十八条　通过证券交易所的证券交易，投资者持有或者通过协议、其他安排与他人共同持有一个上市公司已发行的股份达到百分之三十时，继续进行收购的，应当依法向该上市公司所有股东发出收购上市公司全部或者部分股份的要约。	**第六十五条**　通过证券交易所的证券交易，投资者持有或者通过协议、其他安排与他人共同持有一个上市公司已发行的**有表决权**股份达到百分之三十时，继续进行收购的，应当依法向该上市公司所有股东发出收购上市公司全部或者部分股份的要约。

2014 年证券法	2019 年证券法
收购上市公司部分股份的收购要约应当约定，被收购公司股东承诺出售的股份数额超过预定收购的股份数额的，收购人按比例进行收购。	收购上市公司部分股份的要约应当约定，被收购公司股东承诺出售的股份数额超过预定收购的股份数额的，收购人按比例进行收购。
第八十九条 依照前条规定发出收购要约，收购人必须公告上市公司收购报告书，并载明下列事项： （一）收购人的名称、住所； （二）收购人关于收购的决定； （三）被收购的上市公司名称； （四）收购目的； （五）收购股份的详细名称和预定收购的股份数额； （六）收购期限、收购价格； （七）收购所需资金额及资金保证； （八）公告上市公司收购报告书时持有被收购公司股份数占该公司已发行的股份总数的比例。	**第六十六条** 依照前条规定发出收购要约，收购人必须公告上市公司收购报告书，并载明下列事项： （一）收购人的名称、住所； （二）收购人关于收购的决定； （三）被收购的上市公司名称； （四）收购目的； （五）收购股份的详细名称和预定收购的股份数额； （六）收购期限、收购价格； （七）收购所需资金额及资金保证； （八）公告上市公司收购报告书时持有被收购公司股份数占该公司已发行的股份总数的比例。
第九十条 收购要约约定的收购期限不得少于三十日，并不得超过六十日。	**第六十七条** 收购要约约定的收购期限不得少于三十日，并不得超过六十日。
第九十一条 在收购要约确定的承诺期限内，收购人不得撤销其收购要约。收购人需要变更收购要约的，必须及时公告，载明具体变更事项。	**第六十八条** 在收购要约确定的承诺期限内，收购人不得撤销其收购要约。收购人需要变更收购要约的，**应当**及时公告，载明具体变更事项，**且不得存在下列情形：** **（一）降低收购价格；** **（二）减少预定收购股份数额；** **（三）缩短收购期限；** **（四）国务院证券监督管理机构规定的其他情形。**

2014 年证券法	2019 年证券法
第九十二条 收购要约提出的各项收购条件，适用于被收购公司的所有股东。	**第六十九条** 收购要约提出的各项收购条件，适用于被收购公司的所有股东。 **上市公司发行不同种类股份的，收购人可以针对不同种类股份提出不同的收购条件。**
第九十三条 采取要约收购方式的，收购人在收购期限内，不得卖出被收购公司的股票，也不得采取要约规定以外的形式和超出要约的条件买入被收购公司的股票。	**第七十条** 采取要约收购方式的，收购人在收购期限内，不得卖出被收购公司的股票，也不得采取要约规定以外的形式和超出要约的条件买入被收购公司的股票。
第九十四条 采取协议收购方式的，收购人可以依照法律、行政法规的规定同被收购公司的股东以协议方式进行股份转让。 以协议方式收购上市公司时，达成协议后，收购人必须在三日内将该收购协议向国务院证券监督管理机构及证券交易所作出书面报告，并予公告。 在公告前不得履行收购协议。	**第七十一条** 采取协议收购方式的，收购人可以依照法律、行政法规的规定同被收购公司的股东以协议方式进行股份转让。 以协议方式收购上市公司时，达成协议后，收购人必须在三日内将该收购协议向国务院证券监督管理机构及证券交易所作出书面报告，并予公告。 在公告前不得履行收购协议。
第九十五条 采取协议收购方式的，协议双方可以临时委托证券登记结算机构保管协议转让的股票，并将资金存放于指定的银行。	**第七十二条** 采取协议收购方式的，协议双方可以临时委托证券登记结算机构保管协议转让的股票，并将资金存放于指定的银行。
第九十六条 采取协议收购方式的，收购人收购或者通过协议、其他安排与他人共同收购一个上市公司已发行的股份达到百分之三十时，继续进行收购的，应当向该上市公司所有股东发出收购上市公司全部或者部分股份的要约。但是，经国务院证券监督管理机构免除发出要约的除外。	**第七十三条** 采取协议收购方式的，收购人收购或者通过协议、其他安排与他人共同收购一个上市公司已发行的**有表决权**股份达到百分之三十时，继续进行收购的，应当**依法**向该上市公司所有股东发出收购上市公司全部或者部分股份的要约。但是，**按照**国务院证券监督管理机构**的规定**免除发出要约的除外。

2014年证券法	2019年证券法
收购人依照前款规定以要约方式收购上市公司股份，应当遵守本法第八十九条至第九十三条的规定。	收购人依照前款规定以要约方式收购上市公司股份，应当遵守本法第**六十五条第二款、第六十六条**至第**七十**条的规定。
第九十七条 收购期限届满，被收购公司股权分布不符合上市条件的，该上市公司的股票应当由证券交易所依法终止上市交易；其余仍持有被收购公司股票的股东，有权向收购人以收购要约的同等条件出售其股票，收购人应当收购。 收购行为完成后，被收购公司不再具备股份有限公司条件的，应当依法变更企业形式。	**第七十四条** 收购期限届满，被收购公司股权分布不符合**证券交易所规定的上市交易要求**的，该上市公司的股票应当由证券交易所依法终止上市交易；其余仍持有被收购公司股票的股东，有权向收购人以收购要约的同等条件出售其股票，收购人应当收购。 收购行为完成后，被收购公司不再具备股份有限公司条件的，应当依法变更企业形式。
第九十八条 在上市公司收购中，收购人持有的被收购的上市公司的股票，在收购行为完成后的十二个月内不得转让。	**第七十五条** 在上市公司收购中，收购人持有的被收购的上市公司的股票，在收购行为完成后的十八个月内不得转让。
第九十九条 收购行为完成后，收购人与被收购公司合并，并将该公司解散的，被解散公司的原有股票由收购人依法更换。 **第一百条** 收购行为完成后，收购人应当在十五日内将收购情况报告国务院证券监督管理机构和证券交易所，并予公告。	**第七十六条** 收购行为完成后，收购人与被收购公司合并，并将该公司解散的，被解散公司的原有股票由收购人依法更换。 收购行为完成后，收购人应当在十五日内将收购情况报告国务院证券监督管理机构和证券交易所，并予公告。
第一百零一条 收购上市公司中由国家授权投资的机构持有的股份，应当按照国务院的规定，经有关主管部门批准。 国务院证券监督管理机构应当依照本法的原则制定上市公司收购的具体办法。	**第七十七条** 国务院证券监督管理机构依照本法制定上市公司收购的具体办法。 **上市公司分立或者被其他公司合并，应当向国务院证券监督管理机构报告，并予公告。**

2014 年证券法	2019 年证券法
第三章第三节　持续信息公开	**第五章　信息披露**
第六十三条　发行人、上市公司依法披露的信息，必须真实、准确、完整，不得有虚假记载、误导性陈述或者重大遗漏。	**第七十八条　发行人及法律、行政法规和国务院证券监督管理机构规定的其他信息披露义务人，应当及时依法履行信息披露义务。** **信息披露义务人**披露的信息，**应当**真实、准确、完整，**简明清晰，通俗易懂**，不得有虚假记载、误导性陈述或者重大遗漏。 **证券同时在境内境外公开发行、交易的，其信息披露义务人在境外披露的信息，应当在境内同时披露。**
第六十四条　经国务院证券监督管理机构核准依法公开发行股票，或者经国务院授权的部门核准依法公开发行公司债券，应当公告招股说明书、公司债券募集办法。依法公开发行新股或者公司债券的，还应当公告财务会计报告。	
第六十五条　上市公司和公司债券上市交易的公司，应当在每一会计年度的上半年结束之日起二个月内，向国务院证券监督管理机构和证券交易所报送记载以下内容的中期报告，并予公告： （一）公司财务会计报告和经营情况； （二）涉及公司的重大诉讼事项； （三）已发行的股票、公司债券变动情况； （四）提交股东大会审议的重要事项；	**第七十九条**　上市公司、公司债券上市交易的公司、**股票在国务院批准的其他全国性证券交易场所交易的公司，应当按照**国务院证券监督管理机构和证券交易**场所规定的内容和格式编制定**期报告，并按**照以下规定报送和**公告： **（一）在每一会计年度结束之日起四个月内，报送并公告年度报告，其中的年度财务会计报告应当经符合本法规定的会计师事务所审计；** **（二）在每一会计年度的上半年结束之日起二个月内，报送并公告中期报告。**

2014 年证券法	2019 年证券法
（五）国务院证券监督管理机构规定的其他事项。 **第六十六条** 上市公司和公司债券上市交易的公司，应当在每一会计年度结束之日起四个月内，向国务院证券监督管理机构和证券交易所报送记载以下内容的年度报告，并予公告： （一）公司概况； （二）公司财务会计报告和经营情况； （三）董事、监事、高级管理人员简介及其持股情况； （四）已发行的股票、公司债券情况，包括持有公司股份最多的前十名股东的名单和持股数额； （五）公司的实际控制人； （六）国务院证券监督管理机构规定的其他事项。	
第六十七条 发生可能对上市公司股票交易价格产生较大影响的重大事件，投资者尚未得知时，上市公司应当立即将有关该重大事件的情况向国务院证券监督管理机构和证券交易所报送临时报告，并予公告，说明事件的起因、目前的状态和可能产生的法律后果。 下列情况为前款所称重大事件： （一）公司的经营方针和经营范围的重大变化； （二）公司的重大投资行为和重大的购置财产的决定； （三）公司订立重要合同，可能对公司的资产、负债、权益和经营	**第八十条** 发生可能对上市公司、**股票在国务院批准的其他全国性证券交易场所交易的公司的股票交易**价格产生较大影响的重大事件，投资者尚未得知时，公司应当立即将有关该重大事件的情况向国务院证券监督管理机构和证券交易**场**所报送临时报告，并予公告，说明事件的起因、目前的状态和可能产生的法律后果。 前款所称重大事件**包括**： （一）公司的经营方针和经营范围的重大变化； **（二）公司的重大投资行为，公司在一年内购买、出售重大资产超**

2014 年证券法	2019 年证券法
成果产生重要影响； （四）公司发生重大债务和未能清偿到期重大债务的违约情况； （五）公司发生重大亏损或者重大损失； （六）公司生产经营的外部条件发生的重大变化； （七）公司的董事、三分之一以上监事或者经理发生变动； （八）持有公司百分之五以上股份的股东或者实际控制人，其持有股份或者控制公司的情况发生较大变化； （九）公司减资、合并、分立、解散及申请破产的决定； （十）涉及公司的重大诉讼，股东大会、董事会决议被依法撤销或者宣告无效； （十一）公司涉嫌犯罪被司法机关立案调查，公司董事、监事、高级管理人员涉嫌犯罪被司法机关采取强制措施； （十二）国务院证券监督管理机构规定的其他事项。	**过公司资产总额百分之三十，或者公司营业用主要资产的抵押、质押、出售或者报废一次超过该资产的百分之三十；** （三）公司订立重要合同、**提供重大担保或者从事关联交易**，可能对公司的资产、负债、权益和经营成果产生重要影响； （四）公司发生重大债务和未能清偿到期重大债务的违约情况； （五）公司发生重大亏损或者重大损失； （六）公司生产经营的外部条件发生的重大变化； （七）公司的董事、三分之一以上监事或者经理发生变动，**董事长或者经理无法履行职责；** （八）持有公司百分之五以上股份的股东或者实际控制人持有股份或者控制公司的情况发生较大变化，**公司的实际控制人及其控制的其他企业从事与公司相同或者相似业务的情况发生较大变化；** （九）公司**分配股利、增资的计划，公司股权结构的重要变化，**公司减资、合并、分立、解散及申请破产的决定，**或者依法进入破产程序、被责令关闭；** （十）涉及公司的重大诉讼、**仲裁**，股东大会、董事会决议被依法撤销或者宣告无效； （十一）公司涉嫌犯罪被**依法**立案调查，公司**的控股股东、实际控制人**、董事、监事、高级管理人员

2014 年证券法	2019 年证券法
	涉嫌犯罪被**依法**采取强制措施； （十二）国务院证券监督管理机构规定的其他事项。 **公司的控股股东或者实际控制人对重大事件的发生、进展产生较大影响的，应当及时将其知悉的有关情况书面告知公司，并配合公司履行信息披露义务。**
	第八十一条　发生可能对上市交易公司债券的交易价格产生较大影响的重大事件，投资者尚未得知时，公司应当立即将有关该重大事件的情况向国务院证券监督管理机构和证券交易场所报送临时报告，并予公告，说明事件的起因、目前的状态和可能产生的法律后果。 **前款所称重大事件包括：** **（一）公司股权结构或者生产经营状况发生重大变化；** **（二）公司债券信用评级发生变化；** **（三）公司重大资产抵押、质押、出售、转让、报废；** **（四）公司发生未能清偿到期债务的情况；** **（五）公司新增借款或者对外提供担保超过上年末净资产的百分之二十；** **（六）公司放弃债权或者财产超过上年末净资产的百分之十；** **（七）公司发生超过上年末净资产百分之十的重大损失；** **（八）公司分配股利，作出减资、合并、分立、解散及申请破产**

2014 年证券法	2019 年证券法
	的决定，或者依法进入破产程序、被责令关闭； **（九）涉及公司的重大诉讼、仲裁；** **（十）公司涉嫌犯罪被依法立案调查，公司的控股股东、实际控制人、董事、监事、高级管理人员涉嫌犯罪被依法采取强制措施；** **（十一）国务院证券监督管理机构规定的其他事项。**
第六十八条　上市公司董事、高级管理人员应当对公司定期报告签署书面确认意见。 上市公司监事会应当对董事会编制的公司定期报告进行审核并提出书面审核意见。 上市公司董事、监事、高级管理人员应当保证上市公司所披露的信息真实、准确、完整。	第八十二条　**发行人的**董事、高级管理人员应当对**证券发行文件和**定期报告签署书面确认意见。 **发行人的**监事会应当对董事会编制的**证券发行文件和**定期报告进行审核并提出书面审核**意见。监事应当签署书面确认**意见。 **发行人的**董事、监事和高级管理人员应当保证**发行人及时、公平地披露信息**，所披露的信息真实、准确、完整。 **董事、监事和高级管理人员无法保证证券发行文件和定期报告内容的真实性、准确性、完整性或者有异议的，应当在书面确认意见中发表意见并陈述理由，发行人应当披露。发行人不予披露的，董事、监事和高级管理人员可以直接申请披露。**
第七十一条第二款　证券监督管理机构、证券交易所、保荐人、承销的证券公司及有关人员，对公司依照法律、行政法规规定必须作出的公告，在公告前不得泄露其内容。	第八十三条　**信息披露义务人披露的信息应当同时向所有投资者披露，不得提前向任何单位和个人泄露。但是，法律、行政法规另有规定的除外。** **任何单位和个人不得非法要求**

2014 年证券法	2019 年证券法
	信息披露义务人提供依法需要披露但尚未披露的信息。任何单位和个人提前获知的前述信息，在依法披露前应当保密。
	第八十四条　除依法需要披露的信息之外，信息披露义务人可以自愿披露与投资者作出价值判断和投资决策有关的信息，但不得与依法披露的信息相冲突，不得误导投资者。 **发行人及其控股股东、实际控制人、董事、监事、高级管理人员等作出公开承诺的，应当披露。不履行承诺给投资者造成损失的，应当依法承担赔偿责任。**
第六十九条　发行人、上市公司公告的招股说明书、公司债券募集办法、财务会计报告、上市报告文件、年度报告、中期报告、临时报告以及其他信息披露资料，有虚假记载、误导性陈述或者重大遗漏，致使投资者在证券交易中遭受损失的，发行人、上市公司应当承担赔偿责任；发行人、上市公司的董事、监事、高级管理人员和其他直接责任人员以及保荐人、承销的证券公司，应当与发行人、上市公司承担连带赔偿责任，但是能够证明自己没有过错的除外；发行人、上市公司的控股股东、实际控制人有过错的，应当与发行人、上市公司承担连带赔偿责任。	**第八十五条　信息披露义务人未按照规定披露信息，或者公告的证券发行**文件、**定期**报告、临时报告及其他信息披露资料**存在**虚假记载、误导性陈述或者重大遗漏，致使投资者在证券交易中遭受损失的，**信息披露义务人**应当承担赔偿责任；发行人**的控股股东、实际控制人、**董事、监事、高级管理人员和其他直接责任人员以及保荐人、承销的证券公司**及其直接责任人员**，应当与发行人承担连带赔偿责任，但是能够证明自己没有过错的除外。

2014 年证券法	2019 年证券法
第七十条 依法必须披露的信息，应当在国务院证券监督管理机构指定的媒体发布，同时将其置备于公司住所、证券交易所，供社会公众查阅。	**第八十六条** 依法披露的信息，应当**在证券交易场所的网站和符合**国务院证券监督管理机构**规定条件**的媒体发布，同时将其置备于公司住所、证券交易**场**所，供社会公众查阅。
第七十一条第一款 国务院证券监督管理机构对上市公司年度报告、中期报告、临时报告以及公告的情况进行监督，对上市公司分派或者配售新股的情况进行监督，对上市公司控股股东和信息披露义务人的行为进行监督。 **第一百一十五条第二款** 证券交易所应当对上市公司及相关信息披露义务人披露信息进行监督，督促其依法及时、准确地披露信息。	**第八十七条** 国务院证券监督管理机构对信息披露义务人的信息披露行为进行监督管理。 证券交易场所应当对其组织交易的证券的信息披露义务人的信息披露行为进行监督，督促其依法及时、准确地披露信息。
	第六章 投资者保护
	第八十八条 证券公司向投资者销售证券、提供服务时，应当按照规定充分了解投资者的基本情况、财产状况、金融资产状况、投资知识和经验、专业能力等相关信息；如实说明证券、服务的重要内容，充分揭示投资风险；销售、提供与投资者上述状况相匹配的证券、服务。 **投资者在购买证券或者接受服务时，应当按照证券公司明示的要求提供前款所列真实信息。拒绝提供或者未按照要求提供信息的，证券公司应当告知其后果，并按照规定拒绝向其销售证券、提供服务。** **证券公司违反第一款规定导致投资者损失的，应当承担相应的赔偿责任。**

2014 年证券法	2019 年证券法
	第八十九条　根据财产状况、金融资产状况、投资知识和经验、专业能力等因素，投资者可以分为普通投资者和专业投资者。专业投资者的标准由国务院证券监督管理机构规定。 普通投资者与证券公司发生纠纷的，证券公司应当证明其行为符合法律、行政法规以及国务院证券监督管理机构的规定，不存在误导、欺诈等情形。证券公司不能证明的，应当承担相应的赔偿责任。
	第九十条　上市公司董事会、独立董事、持有百分之一以上有表决权股份的股东或者依照法律、行政法规或者国务院证券监督管理机构的规定设立的投资者保护机构（以下简称投资者保护机构），可以作为征集人，自行或者委托证券公司、证券服务机构，公开请求上市公司股东委托其代为出席股东大会，并代为行使提案权、表决权等股东权利。 依照前款规定征集股东权利的，征集人应当披露征集文件，上市公司应当予以配合。 禁止以有偿或者变相有偿的方式公开征集股东权利。 公开征集股东权利违反法律、行政法规或者国务院证券监督管理机构有关规定，导致上市公司或者其股东遭受损失的，应当依法承担赔偿责任。

2014 年证券法	2019 年证券法
	第九十一条　上市公司应当在章程中明确分配现金股利的具体安排和决策程序，依法保障股东的资产收益权。 上市公司当年税后利润，在弥补亏损及提取法定公积金后有盈余的，应当按照公司章程的规定分配现金股利。
	第九十二条　公开发行公司债券的，应当设立债券持有人会议，并应当在募集说明书中说明债券持有人会议的召集程序、会议规则和其他重要事项。 公开发行公司债券的，发行人应当为债券持有人聘请债券受托管理人，并订立债券受托管理协议。受托管理人应当由本次发行的承销机构或者其他经国务院证券监督管理机构认可的机构担任，债券持有人会议可以决议变更债券受托管理人。债券受托管理人应当勤勉尽责，公正履行受托管理职责，不得损害债券持有人利益。 债券发行人未能按期兑付债券本息的，债券受托管理人可以接受全部或者部分债券持有人的委托，以自己名义代表债券持有人提起、参加民事诉讼或者清算程序。
	第九十三条　发行人因欺诈发行、虚假陈述或者其他重大违法行为给投资者造成损失的，发行人的控股股东、实际控制人、相关的证券公司可以委托投资者保护机构，就赔偿事宜与受到损失的投资者达

2014 年证券法	2019 年证券法
	成协议，予以先行赔付。先行赔付后，可以依法向发行人以及其他连带责任人追偿。
	第九十四条　投资者与发行人、证券公司等发生纠纷的，双方可以向投资者保护机构申请调解。普通投资者与证券公司发生证券业务纠纷，普通投资者提出调解请求的，证券公司不得拒绝。 投资者保护机构对损害投资者利益的行为，可以依法支持投资者向人民法院提起诉讼。 发行人的董事、监事、高级管理人员执行公司职务时违反法律、行政法规或者公司章程的规定给公司造成损失，发行人的控股股东、实际控制人等侵犯公司合法权益给公司造成损失，投资者保护机构持有该公司股份的，可以为公司的利益以自己的名义向人民法院提起诉讼，持股比例和持股期限不受《中华人民共和国公司法》规定的限制。
	第九十五条　投资者提起虚假陈述等证券民事赔偿诉讼时，诉讼标的是同一种类，且当事人一方人数众多的，可以依法推选代表人进行诉讼。 对按照前款规定提起的诉讼，可能存在有相同诉讼请求的其他众多投资者的，人民法院可以发出公告，说明该诉讼请求的案件情况，通知投资者在一定期间向人民法院登记。人民法院作出的判决、裁定，对参加登记的投资者发生效力。

2014 年证券法	2019 年证券法
	投资者保护机构受五十名以上投资者委托，可以作为代表人参加诉讼，并为经证券登记结算机构确认的权利人依照前款规定向人民法院登记，但投资者明确表示不愿意参加该诉讼的除外。
第五章　证券交易所	**第七章　证券交易场所**
第一百零二条　证券交易所是为证券集中交易提供场所和设施，组织和监督证券交易，实行自律管理的法人。 证券交易所的设立和解散，由国务院决定。	**第九十六条**　证券交易所、**国务院批准的其他全国性证券交易场所**为证券集中交易提供场所和设施，组织和监督证券交易，实行自律管理，**依法登记，取得法人资格。** 证券交易所、**国务院批准的其他全国性证券交易场所的设立、变更**和解散由国务院决定。 **国务院批准的其他全国性证券交易场所的组织机构、管理办法等，由国务院规定。**
	第九十七条　证券交易所、国务院批准的其他全国性证券交易场所可以根据证券品种、行业特点、公司规模等因素设立不同的市场层次。
	第九十八条　按照国务院规定设立的区域性股权市场为非公开发行证券的发行、转让提供场所和设施，具体管理办法由国务院规定。
第一百零三条　设立证券交易所必须制定章程。 证券交易所章程的制定和修改，必须经国务院证券监督管理机构批准。	**第九十九条　证券交易所履行自律管理职能，应当遵守社会公共利益优先原则，维护市场的公平、有序、透明。** **设立证券交易所必须制定章程。**证券交易所章程的制定和修改，必须经国务院证券监督管理机构批准。

2014 年证券法	2019 年证券法
第一百零四条 证券交易所必须在其名称中标明证券交易所字样。其他任何单位或者个人不得使用证券交易所或者近似的名称。	**第一百条** 证券交易所必须在其名称中标明证券交易所字样。其他任何单位或者个人不得使用证券交易所或者近似的名称。
第一百零五条 证券交易所可以自行支配的各项费用收入，应当首先用于保证其证券交易场所和设施的正常运行并逐步改善。 实行会员制的证券交易所的财产积累归会员所有，其权益由会员共同享有，在其存续期间，不得将其财产积累分配给会员。	**第一百零一条** 证券交易所可以自行支配的各项费用收入，应当首先用于保证其证券交易场所和设施的正常运行并逐步改善。 实行会员制的证券交易所的财产积累归会员所有，其权益由会员共同享有，在其存续期间，不得将其财产积累分配给会员。
第一百零六条 证券交易所设理事会。 **第一百零七条** 证券交易所设总经理一人，由国务院证券监督管理机构任免。	**第一百零二条** **实行会员制的**证券交易所设理事会、**监**事会。 证券交易所设总经理一人，由国务院证券监督管理机构任免。
第一百零八条 有《中华人民共和国公司法》第一百四十六条规定的情形或者下列情形之一的，不得担任证券交易所的负责人： （一）因违法行为或者违纪行为被解除职务的证券交易所、证券登记结算机构的负责人或者证券公司的董事、监事、高级管理人员，自被解除职务之日起未逾五年； （二）因违法行为或者违纪行为被撤销资格的律师、注册会计师或者投资咨询机构、财务顾问机构、资信评级机构、资产评估机构、验证机构的专业人员，自被撤销资格之日起未逾五年。	**第一百零三条** 有《中华人民共和国公司法》第一百四十六条规定的情形或者下列情形之一的，不得担任证券交易所的负责人： （一）因违法行为或者违纪行为被解除职务的证券交易**场**所、证券登记结算机构的负责人或者证券公司的董事、监事、高级管理人员，自被解除职务之日起未逾五年； （二）因违法行为或者违纪行为被**吊销执业证书或者被取消**资格的律师、注册会计师或者**其他证券服务机构**的专业人员，自被**吊销执业证书或者被取消**资格之日起未逾五年。

2014 年证券法	2019 年证券法
第一百零九条 因违法行为或者违纪行为被开除的证券交易所、证券登记结算机构、证券服务机构、证券公司的从业人员和被开除的国家机关工作人员，不得招聘为证券交易所的从业人员。	**第一百零四条** 因违法行为或者违纪行为被开除的证券交易**场**所、证券公司、证券登记结算机构、证券服务机构的从业人员和被开除的国家机关工作人员，不得招聘为证券交易所的从业人员。
第一百一十条 进入证券交易所参与集中交易的，必须是证券交易所的会员。	**第一百零五条** 进入**实行会员制的**证券交易所参与集中交易的，必须是证券交易所的会员。**证券交易所不得允许非会员直接参与股票的集中交易。**
第一百一十一条 投资者应当与证券公司签订证券交易委托协议，并在证券公司开立证券交易账户，以书面、电话以及其他方式，委托该证券公司代其买卖证券。	**第一百零六条** 投资者应当与证券公司签订证券交易委托协议，并在证券公司**实名开立**账户，以书面、电话**、自助终端、网络**等方式，委托该证券公司代其买卖证券。
	第一百零七条 证券公司为投资者开立账户，应当按照规定对投资者提供的身份信息进行核对。 **证券公司不得将投资者的账户提供给他人使用。** **投资者应当使用实名开立的账户进行交易。**
第一百一十二条 证券公司根据投资者的委托，按照证券交易规则提出交易申报，参与证券交易所场内的集中交易，并根据成交结果承担相应的清算交收责任；证券登记结算机构根据成交结果，按照清算交收规则，与证券公司进行证券和资金的清算交收，并为证券公司客户办理证券的登记过户手续。	**第一百零八条** 证券公司根据投资者的委托，按照证券交易规则提出交易申报，参与证券交易所场内的集中交易，并根据成交结果承担相应的清算交收责任。证券登记结算机构根据成交结果，按照清算交收规则，与证券公司进行证券和资金的清算交收，并为证券公司客户办理证券的登记过户手续。

2014 年证券法	2019 年证券法
第一百一十三条 证券交易所应当为组织公平的集中交易提供保障，公布证券交易即时行情，并按交易日制作证券市场行情表，予以公布。 未经证券交易所许可，任何单位和个人不得发布证券交易即时行情。	**第一百零九条** 证券交易所应当为组织公平的集中交易提供保障，**实时**公布证券交易即时行情，并按交易日制作证券市场行情表，予以公布。 **证券交易即时行情的权益由证券交易所依法享有。**未经证券交易所许可，任何单位和个人不得发布证券交易即时行情。
	第一百一十条 上市公司可以向证券交易所申请其上市交易股票的停牌或者复牌，但不得滥用停牌或者复牌损害投资者的合法权益。 **证券交易所可以按照业务规则的规定，决定上市交易股票的停牌或者复牌。**
第一百一十四条 因突发性事件而影响证券交易的正常进行时，证券交易所可以采取技术性停牌的措施；因不可抗力的突发性事件或者为维护证券交易的正常秩序，证券交易所可以决定临时停市。 证券交易所采取技术性停牌或者决定临时停市，必须及时报告国务院证券监督管理机构。	**第一百一十一条 因不可抗力、意外事件、重大技术故障、重大人为差错等突发性事件而影响证券交易正常进行时，为维护证券交易正常秩序和市场公平，证券交易所可以按照业务规则采取技术性停牌、临时停市等处置措施，并应当及时向国务院证券监督管理机构报告。** **因前款规定的突发性事件导致证券交易结果出现重大异常，按交易结果进行交收将对证券交易正常秩序和市场公平造成重大影响的，证券交易所按照业务规则可以采取取消交易、通知证券登记结算机构暂缓交收等措施，并应当及时向国务院证券监督管理机构报告并公告。** **证券交易所对其依照本条规定采取措施造成的损失，不承担民事赔偿责任，但存在重大过错的除外。**

2014 年证券法	2019 年证券法
第一百一十五条 证券交易所对证券交易实行实时监控，并按照国务院证券监督管理机构的要求，对异常的交易情况提出报告。 证券交易所应当对上市公司及相关信息披露义务人披露信息进行监督，督促其依法及时、准确地披露信息。 证券交易所根据需要，可以对出现重大异常交易情况的证券账户限制交易，并报国务院证券监督管理机构备案。	**第一百一十二条 证券交易所对证券交易实行实时监控，并按照国务院证券监督管理机构的要求，对异常的交易情况提出报告。** **证券交易所根据需要，可以按照业务规则**对出现重大异常交易情况的证券账户**的投资者**限制交易，并**及时报告**国务院证券监督管理机构。
	第一百一十三条 证券交易所应当加强对证券交易的风险监测，出现重大异常波动的，证券交易所可以按照业务规则采取限制交易、强制停牌等处置措施，并向国务院证券监督管理机构报告；严重影响证券市场稳定的，证券交易所可以按照业务规则采取临时停市等处置措施并公告。 **证券交易所对其依照本条规定采取措施造成的损失，不承担民事赔偿责任，但存在重大过错的除外。**
第一百一十六条 证券交易所应当从其收取的交易费用和会员费、席位费中提取一定比例的金额设立风险基金。风险基金由证券交易所理事会管理。 风险基金提取的具体比例和使用办法，由国务院证券监督管理机构会同国务院财政部门规定。 **第一百一十七条** 证券交易所应当将收存的风险基金存入开户银行专门账户，不得擅自使用。	**第一百一十四条** 证券交易所应当从其收取的交易费用和会员费、席位费中提取一定比例的金额设立风险基金。风险基金由证券交易所理事会管理。 风险基金提取的具体比例和使用办法，由国务院证券监督管理机构会同国务院财政部门规定。 证券交易所应当将收存的风险基金存入开户银行专门账户，不得擅自使用。

2014 年证券法	2019 年证券法
第一百一十八条　证券交易所依照证券法律、行政法规制定上市规则、交易规则、会员管理规则和其他有关规则，并报国务院证券监督管理机构批准。 **第一百二十一条**　在证券交易所内从事证券交易的人员，违反证券交易所有关交易规则的，由证券交易所给予纪律处分；对情节严重的，撤销其资格，禁止其入场进行证券交易。	**第一百一十五条**　证券交易所依照法律、行政法规**和国务院证券监督管理机构的规定**，制定上市规则、交易规则、会员管理规则和其他有关**业务**规则，并报国务院证券监督管理机构批准。 在证券交易所从事证券交易，**应当遵守**证券交易所**依法制定的业务规则。违反业务**规则的，由证券交易所给予纪律处分**或者采取其他自律管理措施**。
第一百一十九条　证券交易所的负责人和其他从业人员在执行与证券交易有关的职务时，与其本人或者其亲属有利害关系的，应当回避。	**第一百一十六条**　证券交易所的负责人和其他从业人员执行与证券交易有关的职务时，与其本人或者其亲属有利害关系的，应当回避。
第一百二十条　按照依法制定的交易规则进行的交易，不得改变其交易结果。对交易中违规交易者应负的民事责任不得免除；在违规交易中所获利益，依照有关规定处理。	**第一百一十七条**　按照依法制定的交易规则进行的交易，不得改变其交易结果，**但本法第一百一十一条第二款规定的除外**。对交易中违规交易者应负的民事责任不得免除；在违规交易中所获利益，依照有关规定处理。
第六章　证券公司	**第八章　证券公司**
第一百二十二条　设立证券公司，必须经国务院证券监督管理机构审查批准。未经国务院证券监督管理机构批准，任何单位和个人不得经营证券业务。 **第一百二十三条**　本法所称证券公司是指依照《中华人民共和国公司法》和本法规定设立的经营证券业务的有限责任公司或者股份有限公司。	**第一百一十八条**　设立证券公司，**应当具备下列条件，并**经国务院证券监督管理机构批准： （一）有符合法律、行政法规规定的公司章程； （二）主要股东**及公司的实际控制人具有良好的财务状况和诚信记录**，最近三年无重大违法违规记录； （三）有符合本法规定的**公司**注册资本；

2014 年证券法	2019 年证券法
第一百二十四条 设立证券公司，应当具备下列条件： （一）有符合法律、行政法规规定的公司章程； （二）主要股东具有持续盈利能力，信誉良好，最近三年无重大违法违规记录，净资产不低于人民币二亿元； （三）有符合本法规定的注册资本； （四）董事、监事、高级管理人员具备任职资格，从业人员具有证券从业资格； （五）有完善的风险管理与内部控制制度； （六）有合格的经营场所和业务设施； （七）法律、行政法规规定的和经国务院批准的国务院证券监督管理机构规定的其他条件。	（四）董事、监事、高级管理人员、从业人员**符合本法规定的条件**； （五）有完善的风险管理与内部控制制度； （六）有合格的经营场所、业务设施**和信息技术系统**； （七）法律、行政法规和经国务院批准的国务院证券监督管理机构规定的其他条件。 **未经国务院证券监督管理机构批准，任何单位和个人不得以证券公司名义开展证券业务活动。**
第一百二十八条 国务院证券监督管理机构应当自受理证券公司设立申请之日起六个月内，依照法定条件和法定程序并根据审慎监管原则进行审查，作出批准或者不予批准的决定，并通知申请人；不予批准的，应当说明理由。 证券公司设立申请获得批准的，申请人应当在规定的期限内向公司登记机关申请设立登记，领取营业执照。 证券公司应当自领取营业执照之日起十五日内，向国务院证券监督管理机构申请经营证券业务许可证。未取得经营证券业务许可证，证券公司不得经营证券业务。	**第一百一十九条** 国务院证券监督管理机构应当自受理证券公司设立申请之日起六个月内，依照法定条件和法定程序并根据审慎监管原则进行审查，作出批准或者不予批准的决定，并通知申请人；不予批准的，应当说明理由。 证券公司设立申请获得批准的，申请人应当在规定的期限内向公司登记机关申请设立登记，领取营业执照。 证券公司应当自领取营业执照之日起十五日内，向国务院证券监督管理机构申请经营证券业务许可证。未取得经营证券业务许可证，证券公司不得经营证券业务。

2014 年证券法	2019 年证券法
第一百二十五条 经国务院证券监督管理机构批准，证券公司可以经营下列部分或者全部业务： （一）证券经纪； （二）证券投资咨询； （三）与证券交易、证券投资活动有关的财务顾问； （四）证券承销与保荐； （五）证券自营； （六）证券资产管理； （七）其他证券业务。	**第一百二十条** 经国务院证券监督管理机构**核准，取得经营证券业务许可证**，证券公司可以经营下列部分或者全部**证券**业务： （一）证券经纪； （二）证券投资咨询； （三）与证券交易、证券投资活动有关的财务顾问； （四）证券承销与保荐； （五）证券**融资融券**； （六）证券**做市交易**； （七）证券**自营**； **（八）其他证券业务。** **国务院证券监督管理机构应当自受理前款规定事项申请之日起三个月内，依照法定条件和程序进行审查，作出核准或者不予核准的决定，并通知申请人；不予核准的，应当说明理由。** **证券公司经营证券资产管理业务的，应当符合《中华人民共和国证券投资基金法》等法律、行政法规的规定。** **除证券公司外，任何单位和个人不得从事证券承销、证券保荐、证券经纪和证券融资融券业务。** **证券公司从事证券融资融券业务，应当采取措施，严格防范和控制风险，不得违反规定向客户出借资金或者证券。**
第一百二十六条 证券公司必须在其名称中标明证券有限责任公司或者证券股份有限公司字样。	

2014 年证券法	2019 年证券法
第一百二十七条 证券公司经营本法第一百二十五条第（一）项至第（三）项业务的，注册资本最低限额为人民币五千万元；经营第（四）项至第（七）项业务之一的，注册资本最低限额为人民币一亿元；经营第（四）项至第（七）项业务中两项以上的，注册资本最低限额为人民币五亿元。证券公司的注册资本应当是实缴资本。 国务院证券监督管理机构根据审慎监管原则和各项业务的风险程度，可以调整注册资本最低限额，但不得少于前款规定的限额。	**第一百二十一条** 证券公司经营本法第一百二十条**第一款**第（一）项至第（三）项业务的，注册资本最低限额为人民币五千万元；经营第（四）项至第（**八**）项业务之一的，注册资本最低限额为人民币一亿元；经营第（四）项至第（**八**）项业务中两项以上的，注册资本最低限额为人民币五亿元。证券公司的注册资本应当是实缴资本。 国务院证券监督管理机构根据审慎监管原则和各项业务的风险程度，可以调整注册资本最低限额，但不得少于前款规定的限额。
第一百二十九条 证券公司设立、收购或者撤销分支机构，变更业务范围，增加注册资本且股权结构发生重大调整，减少注册资本，变更持有百分之五以上股权的股东、实际控制人，变更公司章程中的重要条款，合并、分立、停业、解散、破产，必须经国务院证券监督管理机构批准。 证券公司在境外设立、收购或者参股证券经营机构，必须经国务院证券监督管理机构批准。	**第一百二十二条** 证券公司变更**证券**业务范围，变更**主要股东或者公司的**实际控制人，合并、分立、停业、解散、破产，**应当**经国务院证券监督管理机构**核准**。
第一百三十条 国务院证券监督管理机构应当对证券公司的净资本，净资本与负债的比例，净资本与净资产的比例，净资本与自营、承销、资产管理等业务规模的比例，负债与净资产的比例，以及流动资产与流动负债的比例等风险控制指标作出规定。 证券公司不得为其股东或者股东的关联人提供融资或者担保。	**第一百二十三条** 国务院证券监督管理机构应当对证券公司净资本**和其他**风险控制指标作出规定。 证券公司**除依照规定为其客户提供融资融券外**，不得为其股东或者股东的关联人提供融资或者担保。

2014 年证券法	2019 年证券法
第一百三十一条 证券公司的董事、监事、高级管理人员，应当正直诚实，品行良好，熟悉证券法律、行政法规，具有履行职责所需的经营管理能力，并在任职前取得国务院证券监督管理机构核准的任职资格。 有《中华人民共和国公司法》第一百四十六条规定的情形或者下列情形之一的，不得担任证券公司的董事、监事、高级管理人员： （一）因违法行为或者违纪行为被解除职务的证券交易所、证券登记结算机构的负责人或者证券公司的董事、监事、高级管理人员，自被解除职务之日起未逾五年； （二）因违法行为或者违纪行为被撤销资格的律师、注册会计师或者投资咨询机构、财务顾问机构、资信评级机构、资产评估机构、验证机构的专业人员，自被撤销资格之日起未逾五年。	**第一百二十四条** 证券公司的董事、监事、高级管理人员，应当正直诚实、品行良好，熟悉证券法律、行政法规，具有履行职责所需的经营管理能力。**证券公司任免董事、监事、高级管理人员，应当报**国务院证券监督管理机构**备案**。 有《中华人民共和国公司法》第一百四十六条规定的情形或者下列情形之一的，不得担任证券公司的董事、监事、高级管理人员： （一）因违法行为或者违纪行为被解除职务的证券交易**场**所、证券登记结算机构的负责人或者证券公司的董事、监事、高级管理人员，自被解除职务之日起未逾五年； （二）因违法行为或者违纪行为被**吊销执业证书或者被取消**资格的律师、注册会计师或者**其他证券服务机构**的专业人员，自被**吊销执业证书或者被取消**资格之日起未逾五年。
第一百三十二条 因违法行为或者违纪行为被开除的证券交易所、证券登记结算机构、证券服务机构、证券公司的从业人员和被开除的国家机关工作人员，不得招聘为证券公司的从业人员。 **第一百三十三条** 国家机关工作人员和法律、行政法规规定的禁止在公司中兼职的其他人员，不得在证券公司中兼任职务。	**第一百二十五条** **证券公司从事证券业务的人员应当品行良好，具备从事证券业务所需的专业能力。** 因违法行为或者违纪行为被开除的证券交易场所、**证券公司**、证券登记结算机构、证券服务机构的从业人员和被开除的国家机关工作人员，不得招聘为证券公司的从业人员。 国家机关工作人员和法律、行政法规规定的禁止在公司中兼职的其他人员，不得在证券公司中兼任职务。

2014 年证券法	2019 年证券法
第一百三十四条 国家设立证券投资者保护基金。证券投资者保护基金由证券公司缴纳的资金及其他依法筹集的资金组成，其筹集、管理和使用的具体办法由国务院规定。	**第一百二十六条** 国家设立证券投资者保护基金。证券投资者保护基金由证券公司缴纳的资金及其他依法筹集的资金组成，其**规模以及**筹集、管理和使用的具体办法由国务院规定。
第一百三十五条 证券公司从每年的税后利润中提取交易风险准备金，用于弥补证券交易的损失，其提取的具体比例由国务院证券监督管理机构规定。	**第一百二十七条** 证券公司从每年的**业务收入**中提取交易风险准备金，用于弥补证券**经营**的损失，其提取的具体比例由国务院证券监督管理机构**会同国务院财政部门**规定。
第一百三十六条 证券公司应当建立健全内部控制制度，采取有效隔离措施，防范公司与客户之间、不同客户之间的利益冲突。 证券公司必须将其证券经纪业务、证券承销业务、证券自营业务和证券资产管理业务分开办理，不得混合操作。	**第一百二十八条** 证券公司应当建立健全内部控制制度，采取有效隔离措施，防范公司与客户之间、不同客户之间的利益冲突。 证券公司必须将其证券经纪业务、证券承销业务、证券自营业务、**证券做市业务**和证券资产管理业务分开办理，不得混合操作。
第一百三十七条 证券公司的自营业务必须以自己的名义进行，不得假借他人名义或者以个人名义进行。 证券公司的自营业务必须使用自有资金和依法筹集的资金。 证券公司不得将其自营账户借给他人使用。	**第一百二十九条** 证券公司的自营业务必须以自己的名义进行，不得假借他人名义或者以个人名义进行。 证券公司的自营业务必须使用自有资金和依法筹集的资金。 证券公司不得将其自营账户借给他人使用。
第一百三十八条 证券公司依法享有自主经营的权利，其合法经营不受干涉。	**第一百三十条** 证券公司**应当依法审慎经营，勤勉尽责，诚实守信。** **证券公司的业务活动，应当与其治理结构、内部控制、合规管理、**

2014 年证券法	2019 年证券法
	风险管理以及风险控制指标、从业人员构成等情况相适应，符合审慎监管和保护投资者合法权益的要求。 **证券公司依法享有自主经营的权利，其合法经营不受干涉。**
第一百三十九条　证券公司客户的交易结算资金应当存放在商业银行，以每个客户的名义单独立户管理。具体办法和实施步骤由国务院规定。 证券公司不得将客户的交易结算资金和证券归入其自有财产。禁止任何单位或者个人以任何形式挪用客户的交易结算资金和证券。证券公司破产或者清算时，客户的交易结算资金和证券不属于其破产财产或者清算财产。非因客户本身的债务或者法律规定的其他情形，不得查封、冻结、扣划或者强制执行客户的交易结算资金和证券。	**第一百三十一条**　证券公司客户的交易结算资金应当存放在商业银行，以每个客户的名义单独立户管理。 证券公司不得将客户的交易结算资金和证券归入其自有财产。禁止任何单位或者个人以任何形式挪用客户的交易结算资金和证券。证券公司破产或者清算时，客户的交易结算资金和证券不属于其破产财产或者清算财产。非因客户本身的债务或者法律规定的其他情形，不得查封、冻结、扣划或者强制执行客户的交易结算资金和证券。
第一百四十条　证券公司办理经纪业务，应当置备统一制定的证券买卖委托书，供委托人使用。采取其他委托方式的，必须作出委托记录。 客户的证券买卖委托，不论是否成交，其委托记录应当按照规定的期限，保存于证券公司。	**第一百三十二条**　证券公司办理经纪业务，应当置备统一制定的证券买卖委托书，供委托人使用。采取其他委托方式的，必须作出委托记录。 客户的证券买卖委托，不论是否成交，其委托记录应当按照规定的期限，保存于证券公司。
第一百四十一条　证券公司接受证券买卖的委托，应当根据委托书载明的证券名称、买卖数量、出价方式、价格幅度等，按照交易规则代理买卖证券，如实进行交易记	**第一百三十三条**　证券公司接受证券买卖的委托，应当根据委托书载明的证券名称、买卖数量、出价方式、价格幅度等，按照交易规则代理买卖证券，如实进行交易记

2014 年证券法	2019 年证券法
录；买卖成交后，应当按照规定制作买卖成交报告单交付客户。 证券交易中确认交易行为及其交易结果的对账单必须真实，并由交易经办人员以外的审核人员逐笔审核，保证账面证券余额与实际持有的证券相一致。	录；买卖成交后，应当按照规定制作买卖成交报告单交付客户。 证券交易中确认交易行为及其交易结果的对账单必须真实，保证账面证券余额与实际持有的证券相一致。
第一百四十二条 证券公司为客户买卖证券提供融资融券服务，应当按照国务院的规定并经国务院证券监督管理机构批准。	
第一百四十三条 证券公司办理经纪业务，不得接受客户的全权委托而决定证券买卖、选择证券种类、决定买卖数量或者买卖价格。	**第一百三十四条** 证券公司办理经纪业务，不得接受客户的全权委托而决定证券买卖、选择证券种类、决定买卖数量或者买卖价格。 **证券公司不得允许他人以证券公司的名义直接参与证券的集中交易。**
第一百四十四条 证券公司不得以任何方式对客户证券买卖的收益或者赔偿证券买卖的损失作出承诺。	**第一百三十五条** 证券公司不得对客户证券买卖的收益或者赔偿证券买卖的损失作出承诺。
第一百四十六条 证券公司的从业人员在证券交易活动中，执行所属的证券公司的指令或者利用职务违反交易规则的，由所属的证券公司承担全部责任。 **第一百四十五条** 证券公司及其从业人员不得未经过其依法设立的营业场所私下接受客户委托买卖证券。	**第一百三十六条** 证券公司的从业人员在证券交易活动中，执行所属的证券公司的指令或者利用职务违反交易规则的，由所属的证券公司承担全部责任。 证券公司**的**从业人员不得私下接受客户委托买卖证券。

2014 年证券法	2019 年证券法
第一百四十七条 证券公司应当妥善保存客户开户资料、委托记录、交易记录和与内部管理、业务经营有关的各项资料，任何人不得隐匿、伪造、篡改或者毁损。上述资料的保存期限不得少于二十年。	**第一百三十七条 证券公司应当建立客户信息查询制度，确保客户能够查询其账户信息、委托记录、交易记录以及其他与接受服务或者购买产品有关的重要信息。** 证券公司应当妥善保存客户开户资料、委托记录、交易记录和与内部管理、业务经营有关的各项**信息**，任何人不得隐匿、伪造、篡改或者毁损。上述**信息**的保存期限不得少于二十年。
第一百四十八条 证券公司应当按照规定向国务院证券监督管理机构报送业务、财务等经营管理信息和资料。国务院证券监督管理机构有权要求证券公司及其股东、实际控制人在指定的期限内提供有关信息、资料。 证券公司及其股东、实际控制人向国务院证券监督管理机构报送或者提供的信息、资料，必须真实、准确、完整。	**第一百三十八条** 证券公司应当按照规定向国务院证券监督管理机构报送业务、财务等经营管理信息和资料。国务院证券监督管理机构有权要求证券公司及其主要股东、实际控制人在指定的期限内提供有关信息、资料。 证券公司及其主要股东、实际控制人向国务院证券监督管理机构报送或者提供的信息、资料，必须真实、准确、完整。
第一百四十九条 国务院证券监督管理机构认为有必要时，可以委托会计师事务所、资产评估机构对证券公司的财务状况、内部控制状况、资产价值进行审计或者评估。具体办法由国务院证券监督管理机构会同有关主管部门制定。	**第一百三十九条** 国务院证券监督管理机构认为有必要时，可以委托会计师事务所、资产评估机构对证券公司的财务状况、内部控制状况、资产价值进行审计或者评估。具体办法由国务院证券监督管理机构会同有关主管部门制定。
第一百五十条 证券公司的净资本或者其他风险控制指标不符合规定的，国务院证券监督管理机构应当责令其限期改正；逾期未改正，	**第一百四十条** 证券公司的**治理结构、合规管理、**风险控制指标不符合规定的，国务院证券监督管理机构应当责令其限期改正；逾期

2014 年证券法	2019 年证券法
或者其行为严重危及该证券公司的稳健运行、损害客户合法权益的，国务院证券监督管理机构可以区别情形，对其采取下列措施： （一）限制业务活动，责令暂停部分业务，停止批准新业务； （二）停止批准增设、收购营业性分支机构； （三）限制分配红利，限制向董事、监事、高级管理人员支付报酬、提供福利； （四）限制转让财产或者在财产上设定其他权利； （五）责令更换董事、监事、高级管理人员或者限制其权利； （六）责令控股股东转让股权**或者限制有关**股东行使股东权利； （七）撤销有关业务许可。 证券公司整改后，应当向国务院证券监督管理机构提交报告。国务院证券监督管理机构经验收，符合有关风险控制指标的，应当自验收完毕之日起三日内解除对其采取的前款规定的有关措施。	未改正，或者其行为严重危及该证券公司的稳健运行、损害客户合法权益的，国务院证券监督管理机构可以区别情形，对其采取下列措施： （一）限制业务活动，责令暂停部分业务，停止**核**准新业务； （二）限制分配红利，限制向董事、监事、高级管理人员支付报酬、提供福利； （三）限制转让财产或者在财产上设定其他权利； （四）责令更换董事、监事、高级管理人员或者限制其权利； **（五）撤销有关业务许可；** **（六）认定负有责任的董事、监事、高级管理人员为不适当人选；** （七）责令**负有责任的**股东转让股权，**限制负有责任的**股东行使股东权利。 证券公司整改后，应当向国务院证券监督管理机构提交报告。国务院证券监督管理机构经验收，**治理结构、合规管理、**风险控制指标**符合规定**的，应当自验收完毕之日起三日内解除对其采取的前款规定的有关**限制**措施。
第一百五十一条　证券公司的股东有虚假出资、抽逃出资行为的，国务院证券监督管理机构应当责令其限期改正，并可责令其转让所持证券公司的股权。 在前款规定的股东按照要求改正违法行为、转让所持证券公司的股权前，国务院证券监督管理机构可以限制其股东权利。	**第一百四十一条**　证券公司的股东有虚假出资、抽逃出资行为的，国务院证券监督管理机构应当责令其限期改正，并可责令其转让所持证券公司的股权。 在前款规定的股东按照要求改正违法行为、转让所持证券公司的股权前，国务院证券监督管理机构可以限制其股东权利。

2014 年证券法	2019 年证券法
第一百五十二条 证券公司的董事、监事、高级管理人员未能勤勉尽责，致使证券公司存在重大违法违规行为或者重大风险的，国务院证券监督管理机构可以撤销其任职资格，并责令公司予以更换。	**第一百四十二条** 证券公司的董事、监事、高级管理人员未能勤勉尽责，致使证券公司存在重大违法违规行为或者重大风险的，国务院证券监督管理机构可以责令证券公司予以更换。
第一百五十三条 证券公司违法经营或者出现重大风险，严重危害证券市场秩序、损害投资者利益的，国务院证券监督管理机构可以对该证券公司采取责令停业整顿、指定其他机构托管、接管或者撤销等监管措施。	**第一百四十三条** 证券公司违法经营或者出现重大风险，严重危害证券市场秩序、损害投资者利益的，国务院证券监督管理机构可以对该证券公司采取责令停业整顿、指定其他机构托管、接管或者撤销等监管措施。
第一百五十四条 在证券公司被责令停业整顿、被依法指定托管、接管或者清算期间，或者出现重大风险时，经国务院证券监督管理机构批准，可以对该证券公司直接负责的董事、监事、高级管理人员和其他直接责任人员采取以下措施： （一）通知出境管理机关依法阻止其出境； （二）申请司法机关禁止其转移、转让或者以其他方式处分财产，或者在财产上设定其他权利。	**第一百四十四条** 在证券公司被责令停业整顿、被依法指定托管、接管或者清算期间，或者出现重大风险时，经国务院证券监督管理机构批准，可以对该证券公司直接负责的董事、监事、高级管理人员和其他直接责任人员采取以下措施： （一）通知出境**入境**管理机关依法阻止其出境； （二）申请司法机关禁止其转移、转让或者以其他方式处分财产，或者在财产上设定其他权利。
第七章　证券登记结算机构	**第九章　证券登记结算机构**
第一百五十五条 证券登记结算机构是为证券交易提供集中登记、存管与结算服务，不以营利为目的的法人。 设立证券登记结算机构必须经国务院证券监督管理机构批准。	**第一百四十五条** 证券登记结算机构为证券交易提供集中登记、存管与结算服务，不以营利为目的，**依法登记，取得法人资格**。 设立证券登记结算机构必须经国务院证券监督管理机构批准。

2014 年证券法	2019 年证券法
第一百五十六条 设立证券登记结算机构，应当具备下列条件： （一）自有资金不少于人民币二亿元； （二）具有证券登记、存管和结算服务所必须的场所和设施； （三）主要管理人员和从业人员必须具有证券从业资格； （四）国务院证券监督管理机构规定的其他条件。 证券登记结算机构的名称中应当标明证券登记结算字样。	**第一百四十六条** 设立证券登记结算机构，应当具备下列条件： （一）自有资金不少于人民币二亿元； （二）具有证券登记、存管和结算服务所必须的场所和设施； （三）国务院证券监督管理机构规定的其他条件。 证券登记结算机构的名称中应当标明证券登记结算字样。
第一百五十七条 证券登记结算机构履行下列职能： （一）证券账户、结算账户的设立； （二）证券的存管和过户； （三）证券持有人名册登记； （四）证券交易所上市证券交易的清算和交收； （五）受发行人的委托派发证券权益； （六）办理与上述业务有关的查询； （七）国务院证券监督管理机构批准的其他业务。	**第一百四十七条** 证券登记结算机构履行下列职能： （一）证券账户、结算账户的设立； （二）证券的存管和过户； （三）证券持有人名册登记； （四）证券交易的清算和交收； （五）受发行人的委托派发证券权益； （六）办理与上述业务有关的查询、**信息服务**； （七）国务院证券监督管理机构批准的其他业务。
第一百五十八条 证券登记结算采取全国集中统一的运营方式。 证券登记结算机构章程、业务规则应当依法制定，并经国务院证券监督管理机构批准。	**第一百四十八条** **在证券交易所和国务院批准的其他全国性证券交易场所交易的证券的**登记结算，**应当**采取全国集中统一的运营方式。 **前款规定以外的证券，其登记、结算可以委托证券登记结算机构或者其他依法从事证券登记、结算业**

2014 年证券法	2019 年证券法
	务的机构办理。 **第一百四十九条** 证券登记结算机构**应当依法制定章程和**业务规则，并经国务院证券监督管理机构批准。**证券登记结算业务参与人应当遵守证券登记结算机构制定的业务规则。**
第一百五十九条 证券持有人持有的证券，在上市交易时，应当全部存管在证券登记结算机构。 证券登记结算机构不得挪用客户的证券。	**第一百五十条 在证券交易所或者国务院批准的其他全国性证券交易场所交易的证券**，应当全部存管在证券登记结算机构。 证券登记结算机构不得挪用客户的证券。
第一百六十条 证券登记结算机构应当向证券发行人提供证券持有人名册及其有关资料。 证券登记结算机构应当根据证券登记结算的结果，确认证券持有人持有证券的事实，提供证券持有人登记资料。 证券登记结算机构应当保证证券持有人名册和登记过户记录真实、准确、完整，不得隐匿、伪造、篡改或者毁损。	**第一百五十一条** 证券登记结算机构应当向证券发行人提供证券持有人名册及有关资料。 证券登记结算机构应当根据证券登记结算的结果，确认证券持有人持有证券的事实，提供证券持有人登记资料。 证券登记结算机构应当保证证券持有人名册和登记过户记录真实、准确、完整，不得隐匿、伪造、篡改或者毁损。
第一百六十一条 证券登记结算机构应当采取下列措施保证业务的正常进行： （一）具有必备的服务设备和完善的数据安全保护措施； （二）建立完善的业务、财务和安全防范等管理制度； （三）建立完善的风险管理系统。	**第一百五十二条** 证券登记结算机构应当采取下列措施保证业务的正常进行： （一）具有必备的服务设备和完善的数据安全保护措施； （二）建立完善的业务、财务和安全防范等管理制度； （三）建立完善的风险管理系统。

2014 年证券法	2019 年证券法
第一百六十二条 证券登记结算机构应当妥善保存登记、存管和结算的原始凭证及有关文件和资料。其保存期限不得少于二十年。	**第一百五十三条** 证券登记结算机构应当妥善保存登记、存管和结算的原始凭证及有关文件和资料。其保存期限不得少于二十年。
第一百六十三条 证券登记结算机构应当设立证券结算风险基金，用于垫付或者弥补因违约交收、技术故障、操作失误、不可抗力造成的证券登记结算机构的损失。 证券结算风险基金从证券登记结算机构的业务收入和收益中提取，并可以由结算参与人按照证券交易业务量的一定比例缴纳。 证券结算风险基金的筹集、管理办法，由国务院证券监督管理机构会同国务院财政部门规定。	**第一百五十四条** 证券登记结算机构应当设立证券结算风险基金，用于垫付或者弥补因违约交收、技术故障、操作失误、不可抗力造成的证券登记结算机构的损失。 证券结算风险基金从证券登记结算机构的业务收入和收益中提取，并可以由结算参与人按照证券交易业务量的一定比例缴纳。 证券结算风险基金的筹集、管理办法，由国务院证券监督管理机构会同国务院财政部门规定。
第一百六十四条 证券结算风险基金应当存入指定银行的专门账户，实行专项管理。 证券登记结算机构以证券结算风险基金赔偿后，应当向有关责任人追偿。	**第一百五十五条** 证券结算风险基金应当存入指定银行的专门账户，实行专项管理。 证券登记结算机构以证券结算风险基金赔偿后，应当向有关责任人追偿。
第一百六十五条 证券登记结算机构申请解散，应当经国务院证券监督管理机构批准。	**第一百五十六条** 证券登记结算机构申请解散，应当经国务院证券监督管理机构批准。
第一百六十六条 投资者委托证券公司进行证券交易，应当申请开立证券账户。证券登记结算机构应当按照规定以投资者本人的名义为投资者开立证券账户。 投资者申请开立账户，必须持有证明中国公民身份或者中国法人资格的合法证件。国家另有规定的除外。	**第一百五十七条** 投资者委托证券公司进行证券交易，应当**通过证券公司申请在证券登记结算机构**开立证券账户。证券登记结算机构应当按照规定为投资者开立证券账户。 投资者申请开立账户，**应当**持有证明中**华人民共和**国公民、**法人、合伙企业身份**的合法证件。国家另有规定的除外。

2014 年证券法	2019 年证券法
第一百六十七条　证券登记结算机构为证券交易提供净额结算服务时，应当要求结算参与人按照货银对付的原则，足额交付证券和资金，并提供交收担保。 在交收完成之前，任何人不得动用用于交收的证券、资金和担保物。 结算参与人未按时履行交收义务的，证券登记结算机构有权按照业务规则处理前款所述财产。	**第一百五十八条**　证券登记结算机构**作为中央对手方提供证券结算服务的，是结算参与人共同的清算交收对手，进行净额结算，为证券交易提供集中履约保障。** **证券登记结算机构为证券交易提供净额结算服务时，应当要求结算参与人按照货银对付的原则，足额交付证券和资金，并提供交收担保。** 在交收完成之前，任何人不得动用用于交收的证券、资金和担保物。 结算参与人未按时履行交收义务的，证券登记结算机构有权按照业务规则处理前款所述财产。
第一百六十八条　证券登记结算机构按照业务规则收取的各类结算资金和证券，必须存放于专门的清算交收账户，只能按业务规则用于已成交的证券交易的清算交收，不得被强制执行。	**第一百五十九条**　证券登记结算机构按照业务规则收取的各类结算资金和证券，必须存放于专门的清算交收账户，只能按业务规则用于已成交的证券交易的清算交收，不得被强制执行。
第八章　证券服务机构	**第十章　证券服务机构**
第一百六十九条　投资咨询机构、财务顾问机构、资信评级机构、资产评估机构、会计师事务所从事证券服务业务，必须经国务院证券监督管理机构和有关主管部门批准。 投资咨询机构、财务顾问机构、资信评级机构、资产评估机构、会计师事务所从事证券服务业务的审批管理办法，由国务院证券监督管理机构和有关主管部门制定。	**第一百六十条　会计师事务所、律师事务所以及从事证券投资咨询、资产评估、资信评级、财务顾问、信息技术系统服务的证券服务机构，应当勤勉尽责、恪尽职守，按照相关业务规则为证券的交易及相关活动提供服务。** **从事证券投资咨询服务业务，应当经国务院证券监督管理机构核准；未经核准，不得为证券的交易及相关活动提供服务。从事其他证券服务业务，应当报国务院证券监督管理机构和国务院有关主管部门备案。**

2014 年证券法	2019 年证券法
第一百七十一条 投资咨询机构及其从业人员从事证券服务业务不得有下列行为： （一）代理委托人从事证券投资； （二）与委托人约定分享证券投资收益或者分担证券投资损失； （三）买卖本咨询机构提供服务的上市公司股票； （四）利用传播媒介或者通过其他方式提供、传播虚假或者误导投资者的信息； （五）法律、行政法规禁止的其他行为。 有前款所列行为之一，给投资者造成损失的，依法承担赔偿责任。	**第一百六十一条** 证券投资咨询机构及其从业人员从事证券服务业务不得有下列行为： （一）代理委托人从事证券投资； （二）与委托人约定分享证券投资收益或者分担证券投资损失； （三）买卖本**证券投资**咨询机构提供服务的证券； （**四**）法律、行政法规禁止的其他行为。 有前款所列行为之一，给投资者造成损失的，**应当**依法承担赔偿责任。
	第一百六十二条 证券服务机构应当妥善保存客户委托文件、核查和验证资料、工作底稿以及与质量控制、内部管理、业务经营有关的信息和资料，任何人不得泄露、隐匿、伪造、篡改或者毁损。上述信息和资料的保存期限不得少于十年，自业务委托结束之日起算。
第一百七十条 投资咨询机构、财务顾问机构、资信评级机构从事证券服务业务的人员，必须具备证券专业知识和从事证券业务或者证券服务业务二年以上经验。认定其证券从业资格的标准和管理办法，由国务院证券监督管理机构制定。	

2014 年证券法	2019 年证券法
第一百七十二条 从事证券服务业务的投资咨询机构和资信评级机构，应当按照国务院有关主管部门规定的标准或者收费办法收取服务费用。	
第一百七十三条 证券服务机构为证券的发行、上市、交易等证券业务活动制作、出具审计报告、资产评估报告、财务顾问报告、资信评级报告或者法律意见书等文件，应当勤勉尽责，对所依据的文件资料内容的真实性、准确性、完整性进行核查和验证。其制作、出具的文件有虚假记载、误导性陈述或者重大遗漏，给他人造成损失的，应当与发行人、上市公司承担连带赔偿责任，但是能够证明自己没有过错的除外。	**第一百六十三条** 证券服务机构为证券的发行、上市、交易等证券业务活动制作、出具审计**报告及其他鉴证**报告、资产评估报告、财务顾问报告、资信评级报告或者法律意见书等文件，应当勤勉尽责，对所依据的文件资料内容的真实性、准确性、完整性进行核查和验证。其制作、出具的文件有虚假记载、误导性陈述或者重大遗漏，给他人造成损失的，应当与**委托人**承担连带赔偿责任，但是能够证明自己没有过错的除外。
第九章　证券业协会	**第十一章　证券业协会**
第一百七十四条 证券业协会是证券业的自律性组织，是社会团体法人。 证券公司应当加入证券业协会。 证券业协会的权力机构为全体会员组成的会员大会。	**第一百六十四条** 证券业协会是证券业的自律性组织，是社会团体法人。 证券公司应当加入证券业协会。 证券业协会的权力机构为全体会员组成的会员大会。
第一百七十五条 证券业协会章程由会员大会制定，并报国务院证券监督管理机构备案。	**第一百六十五条** 证券业协会章程由会员大会制定，并报国务院证券监督管理机构备案。
第一百七十六条 证券业协会履行下列职责： （一）教育和组织会员遵守证券法律、行政法规； （二）依法维护会员的合法权益，	**第一百六十六条** 证券业协会履行下列职责： （一）教育和组织会员**及其从业人员**遵守证券法律、行政法规，**组织开展证券行业诚信建设，督促证券**

2014 年证券法	2019 年证券法
向证券监督管理机构反映会员的建议和要求； （三）收集整理证券信息，为会员提供服务； （四）制定会员应遵守的规则，组织会员单位的从业人员的业务培训，开展会员间的业务交流； （五）对会员之间、会员与客户之间发生的证券业务纠纷进行调解； （六）组织会员就证券业的发展、运作及有关内容进行研究； （七）监督、检查会员行为，对违反法律、行政法规或者协会章程的，按照规定给予纪律处分； （八）证券业协会章程规定的其他职责。	**行业履行社会责任；** （二）依法维护会员的合法权益，向证券监督管理机构反映会员的建议和要求； **（三）督促会员开展投资者教育和保护活动，维护投资者合法权益；** **（四）制定和实施证券行业自律规则，监督、检查会员及其从业人员行为，对违反法律、行政法规、自律规则或者协会章程的，按照规定给予纪律处分或者实施其他自律管理措施；** （五）制定**证券行业业务规范**，组织从业人员的业务培训； **（六）组织会员就证券行业的发展、运作及有关内容进行研究，收集整理、发布证券相关信息，提供会员服务，组织行业交流，引导行业创新发展；** （七）对会员之间、会员与客户之间发生的证券业务纠纷进行调解； （八）证券业协会章程规定的其他职责。
第一百七十七条　证券业协会设理事会。理事会成员依章程的规定由选举产生。	**第一百六十七条**　证券业协会设理事会。理事会成员依章程的规定由选举产生。
第十章　证券监督管理机构	**第十二章　证券监督管理机构**
第一百七十八条　国务院证券监督管理机构依法对证券市场实行监督管理，维护证券市场秩序，保障其合法运行。	**第一百六十八条**　国务院证券监督管理机构依法对证券市场实行监督管理，维护证券市场**公开、公平、公正，防范系统性风险，维护投资者合法权益，促进证券市场健康发展**。

2014 年证券法	2019 年证券法
第一百七十九条　国务院证券监督管理机构在对证券市场实施监督管理中履行下列职责： （一）依法制定有关证券市场监督管理的规章、规则，并依法行使审批或者核准权； （二）依法对证券的发行、上市、交易、登记、存管、结算，进行监督管理； （三）依法对证券发行人、上市公司、证券公司、证券投资基金管理公司、证券服务机构、证券交易所、证券登记结算机构的证券业务活动，进行监督管理； （四）依法制定从事证券业务人员的资格标准和行为准则，并监督实施； （五）依法监督检查证券发行、上市和交易的信息公开情况； （六）依法对证券业协会的活动进行指导和监督； （七）依法对违反证券市场监督管理法律、行政法规的行为进行查处； （八）法律、行政法规规定的其他职责。 国务院证券监督管理机构可以和其他国家或者地区的证券监督管理机构建立监督管理合作机制，实施跨境监督管理。	**第一百六十九条**　国务院证券监督管理机构在对证券市场实施监督管理中履行下列职责： （一）依法制定有关证券市场监督管理的规章、规则，并依法**进行审批、核准、注册，办理备案**； （二）依法对证券的发行、上市、交易、登记、存管、结算**等行为**，进行监督管理； （三）依法对证券发行人、证券公司、证券服务机构、证券交易**场**所、证券登记结算机构的证券业务活动，进行监督管理； （四）依法制定从事证券业务人员的行为准则，并监督实施； （五）依法监督检查证券发行、上市、交易的信息**披露**； （六）依法对证券业协会的**自律管理**活动进行指导和监督； **（七）依法监测并防范、处置证券市场风险；** **（八）依法开展投资者教育；** **（九）**依法对证券**违法**行为进行查处； **（十）**法律、行政法规规定的其他职责。
第一百八十条　国务院证券监督管理机构依法履行职责，有权采取下列措施： （一）对证券发行人、上市公司、证券公司、证券投资基金管理	**第一百七十条**　国务院证券监督管理机构依法履行职责，有权采取下列措施： （一）对证券发行人、证券公司、证券服务机构、证券交易**场**所、

2014 年证券法	2019 年证券法
公司、证券服务机构、证券交易所、证券登记结算机构进行现场检查； （二）进入涉嫌违法行为发生场所调查取证； （三）询问当事人和与被调查事件有关的单位和个人，要求其对与被调查事件有关的事项作出说明； （四）查阅、复制与被调查事件有关的财产权登记、通讯记录等资料； （五）查阅、复制当事人和与被调查事件有关的单位和个人的证券交易记录、登记过户记录、财务会计资料及其他相关文件和资料；对可能被转移、隐匿或者毁损的文件和资料，可以予以封存； （六）查询当事人和与被调查事件有关的单位和个人的资金账户、证券账户和银行账户；对有证据证明已经或者可能转移或者隐匿违法资金、证券等涉案财产或者隐匿、伪造、毁损重要证据的，经国务院证券监督管理机构主要负责人批准，可以冻结或者查封； （七）在调查操纵证券市场、内幕交易等重大证券违法行为时，经国务院证券监督管理机构主要负责人批准，可以限制被调查事件当事人的证券买卖，但限制的期限不得超过十五个交易日；案情复杂的，可以延长十五个交易日。	证券登记结算机构进行现场检查； （二）进入涉嫌违法行为发生场所调查取证； （三）询问当事人和与被调查事件有关的单位和个人，要求其对与被调查事件有关的事项作出说明；**或者要求其按照指定的方式报送与被调查事件有关的文件和资料**； （四）查阅、复制与被调查事件有关的财产权登记、通讯记录等**文件和**资料； （五）查阅、复制当事人和与被调查事件有关的单位和个人的证券交易记录、登记过户记录、财务会计资料及其他相关文件和资料；对可能被转移、隐匿或者毁损的文件和资料，可以予以封存、**扣押**； （六）查询当事人和与被调查事件有关的单位和个人的资金账户、证券账户、银行账户**以及其他具有支付、托管、结算等功能的账户信息，可以对有关文件和资料进行复制**；对有证据证明已经或者可能转移或者隐匿违法资金、证券等涉案财产或者隐匿、伪造、毁损重要证据的，经国务院证券监督管理机构主要负责人**或者其授权的其他负责人**批准，可以冻结或者查封，**期限为六个月；因特殊原因需要延长的，每次延长期限不得超过三个月，冻结、查封期限最长不得超过二年**； （七）在调查操纵证券市场、内幕交易等重大证券违法行为时，经国务院证券监督管理机构主要负责

2014 年证券法	2019 年证券法
	人或者其授权的其他负责人批准，可以限制被调查的当事人的证券买卖，但限制的期限不得超过三个月；案情复杂的，可以延长三个月； （八）通知出境入境管理机关依法阻止涉嫌违法人员、涉嫌违法单位的主管人员和其他直接责任人员出境。 为防范证券市场风险，维护市场秩序，国务院证券监督管理机构可以采取责令改正、监管谈话、出具警示函等措施。
	第一百七十一条　国务院证券监督管理机构对涉嫌证券违法的单位或者个人进行调查期间，被调查的当事人书面申请，承诺在国务院证券监督管理机构认可的期限内纠正涉嫌违法行为，赔偿有关投资者损失，消除损害或者不良影响的，国务院证券监督管理机构可以决定中止调查。被调查的当事人履行承诺的，国务院证券监督管理机构可以决定终止调查；被调查的当事人未履行承诺或者有国务院规定的其他情形的，应当恢复调查。具体办法由国务院规定。 国务院证券监督管理机构决定中止或者终止调查的，应当按照规定公开相关信息。
第一百八十一条　国务院证券监督管理机构依法履行职责，进行监督检查或者调查，其监督检查、调查的人员不得少于二人，并应当出示合法证件和监督检查、调查通	第一百七十二条　国务院证券监督管理机构依法履行职责，进行监督检查或者调查，其监督检查、调查的人员不得少于二人，并应当出示合法证件和监督检查、调查通

2014 年证券法	2019 年证券法
知书。监督检查、调查的人员少于二人或者未出示合法证件和监督检查、调查通知书的，被检查、调查的单位有权拒绝。	知**书或者其他执法文**书。监督检查、调查的人员少于二人或者未出示合法证件和监督检查、调查通知书**或者其他执法文书**的，被检查、调查的单位**和个人**有权拒绝。
第一百八十三条 国务院证券监督管理机构依法履行职责，被检查、调查的单位和个人应当配合，如实提供有关文件和资料，不得拒绝、阻碍和隐瞒。	**第一百七十三条** 国务院证券监督管理机构依法履行职责，被检查、调查的单位和个人应当配合，如实提供有关文件和资料，不得拒绝、阻碍和隐瞒。
第一百八十四条 国务院证券监督管理机构依法制定的规章、规则和监督管理工作制度应当公开。 国务院证券监督管理机构依据调查结果，对证券违法行为作出的处罚决定，应当公开。	**第一百七十四条** 国务院证券监督管理机构制定的规章、规则和监督管理工作制度应当依法公开。 国务院证券监督管理机构依据调查结果，对证券违法行为作出的处罚决定，应当公开。
第一百八十五条 国务院证券监督管理机构应当与国务院其他金融监督管理机构建立监督管理信息共享机制。 国务院证券监督管理机构依法履行职责，进行监督检查或者调查时，有关部门应当予以配合。	**第一百七十五条** 国务院证券监督管理机构应当与国务院其他金融监督管理机构建立监督管理信息共享机制。 国务院证券监督管理机构依法履行职责，进行监督检查或者调查时，有关部门应当予以配合。
	第一百七十六条 对涉嫌证券违法、违规行为，任何单位和个人有权向国务院证券监督管理机构举报。 **对涉嫌重大违法、违规行为的实名举报线索经查证属实的，国务院证券监督管理机构按照规定给予举报人奖励。** **国务院证券监督管理机构应当对举报人的身份信息保密。**

2014 年证券法	2019 年证券法
第一百七十九条第二款 国务院证券监督管理机构可以和其他国家或者地区的证券监督管理机构建立监督管理合作机制，实施跨境监督管理。	**第一百七十七条** 国务院证券监督管理机构可以和其他国家或者地区的证券监督管理机构建立监督管理合作机制，实施跨境监督管理。 **境外证券监督管理机构不得在中华人民共和国境内直接进行调查取证等活动。未经国务院证券监督管理机构和国务院有关主管部门同意，任何单位和个人不得擅自向境外提供与证券业务活动有关的文件和资料。**
第一百八十六条 国务院证券监督管理机构依法履行职责，发现证券违法行为涉嫌犯罪的，应当将案件移送司法机关处理。	**第一百七十八条** 国务院证券监督管理机构依法履行职责，发现证券违法行为涉嫌犯罪的，应当**依法**将案件移送司法**机关处理；发现公职人员涉嫌职务违法或者职务犯罪的，应当依法移送监察**机关处理。
第一百八十二条 国务院证券监督管理机构工作人员必须忠于职守，依法办事，公正廉洁，不得利用职务便利牟取不正当利益，不得泄露所知悉的有关单位和个人的商业秘密。 **第一百八十七条** 国务院证券监督管理机构的人员不得在被监管的机构中任职。	**第一百七十九条** 国务院证券监督管理机构工作人员必须忠于职守、依法办事、公正廉洁，不得利用职务便利牟取不正当利益，不得泄露所知悉的有关单位和个人的商业秘密。 **国务院证券监督管理机构工作人员在任职期间，或者离职后在《中华人民共和国公务员法》规定的期限内，不得到与原工作业务直接相关的企业或者其他营利性组织任职，不得从事与原工作业务直接相关的营利性活动。**

2014 年证券法	2019 年证券法
第十一章　法律责任	**第十三章　法律责任**
第一百八十八条　未经法定机关核准，擅自公开或者变相公开发行证券的，责令停止发行，退还所募资金并加算银行同期存款利息，处以非法所募资金金额百分之一以上百分之五以下的罚款；对擅自公开或者变相公开发行证券设立的公司，由依法履行监督管理职责的机构或者部门会同县级以上地方人民政府予以取缔。对直接负责的主管人员和其他直接责任人员给予警告，并处以三万元以上三十万元以下的罚款。	**第一百八十条　违反本法第九条的规定**，擅自公开或者变相公开发行证券的，责令停止发行，退还所募资金并加算银行同期存款利息，处以非法所募资金金额百分之**五**以上百分之五**十**以下的罚款；对擅自公开或者变相公开发行证券设立的公司，由依法履行监督管理职责的机构或者部门会同县级以上地方人民政府予以取缔。对直接负责的主管人员和其他直接责任人员给予警告，并处以**五十**万元以上**五百**万元以下的罚款。
第一百八十九条　发行人不符合发行条件，以欺骗手段骗取发行核准，尚未发行证券的，处以三十万元以上六十万元以下的罚款；已经发行证券的，处以非法所募资金金额百分之一以上百分之五以下的罚款。对直接负责的主管人员和其他直接责任人员处以三万元以上三十万元以下的罚款。 发行人的控股股东、实际控制人指使从事前款违法行为的，依照前款的规定处罚。	**第一百八十一条**　发行人**在其公告的证券发行文件中隐瞒重要事实或者编造重大虚假内容**，尚未发行证券的，处以**二百**万元以上**二千**万元以下的罚款；已经发行证券的，处以非法所募资金金额百分之**十以上一倍**以下的罚款。对直接负责的主管人员和其他直接责任人员，**处以一百**万元以上**一千**万元以下的罚款。 **发行人的控股股东、实际控制人组织、指使从事前款违法行为的，没收违法所得，并处以违法所得百分之十以上一倍以下的罚款；没有违法所得或者违法所得不足二千万元的，处以二百万元以上二千万元以下的罚款。对直接负责的主管人员和其他直接责任人员，处以一百万元以上一千万元以下的罚款。**

2014 年证券法	2019 年证券法
第一百九十二条 保荐人出具有虚假记载、误导性陈述或者重大遗漏的保荐书，或者不履行其他法定职责的，责令改正，给予警告，没收业务收入，并处以业务收入一倍以上五倍以下的罚款；情节严重的，暂停或者撤销相关业务许可。对直接负责的主管人员和其他直接责任人员给予警告，并处以三万元以上三十万元以下的罚款；情节严重的，撤销任职资格或者证券从业资格。	**第一百八十二条** 保荐人出具有虚假记载、误导性陈述或者重大遗漏的保荐书，或者不履行其他法定职责的，责令改正，给予警告，没收业务收入，并处以业务收入一倍以上**十**倍以下的罚款；**没有业务收入或者业务收入不足一百万元的，处以一百万元以上一千万元以下的罚款**；情节严重的，**并处**暂停或者撤销**保荐**业务许可。对直接负责的主管人员和其他直接责任人员给予警告，并处以**五十**万元以上**五百**万元以下的罚款。
第一百九十条 证券公司承销或者代理买卖未经核准擅自公开发行的证券的，责令停止承销或者代理买卖，没收违法所得，并处以违法所得一倍以上五倍以下的罚款；没有违法所得或者违法所得不足三十万元的，处以三十万元以上六十万元以下的罚款。给投资者造成损失的，应当与发行人承担连带赔偿责任。对直接负责的主管人员和其他直接责任人员给予警告，撤销任职资格或者证券从业资格，并处以三万元以上三十万元以下的罚款。	**第一百八十三条** 证券公司承销或者**销售**擅自公开发行**或者变相公开发行**的证券的，责令停止承销或者**销售**，没收违法所得，并处以违法所得一倍以上**十**倍以下的罚款；没有违法所得或者违法所得不足**一百**万元的，处以**一百**万元以上**一千**万元以下的罚款；**情节严重的，并处暂停或者撤销相关业务许可**。给投资者造成损失的，应当与发行人承担连带赔偿责任。对直接负责的主管人员和其他直接责任人员给予警告，并处以**五十**万元以上**五百**万元以下的罚款。
第一百九十一条 证券公司承销证券，有下列行为之一的，责令改正，给予警告，没收违法所得，可以并处三十万元以上六十万元以下的罚款；情节严重的，暂停或者撤销相关业务许可。给其他证券承销机构或者投资者造成损失的，依	**第一百八十四条** 证券公司承销证券**违反本法第二十九条规定**的，责令改正，给予警告，没收违法所得，可以并处**五十**万元以上**五百**万元以下的罚款；情节严重的，暂停或者撤销相关业务许可。对直接负责的主管人员和其他直接责任人员

2014 年证券法	2019 年证券法
法承担赔偿责任。对直接负责的主管人员和其他直接责任人员给予警告，可以并处三万元以上三十万元以下的罚款；情节严重的，撤销任职资格或者证券从业资格： （一）进行虚假的或者误导投资者的广告或者其他宣传推介活动； （二）以不正当竞争手段招揽承销业务； （三）其他违反证券承销业务规定的行为。	给予警告，可以并处**二十**万元以上**二百**万元以下的罚款；情节严重的，**并处以五十万元以上五百万元以下的罚款**。
第一百九十四条 发行人、上市公司擅自改变公开发行证券所募集资金的用途的，责令改正，对直接负责的主管人员和其他直接责任人员给予警告，并处以三万元以上三十万元以下的罚款。 发行人、上市公司的控股股东、实际控制人指使从事前款违法行为的，给予警告，并处以三十万元以上六十万元以下的罚款。对直接负责的主管人员和其他直接责任人员依照前款的规定处罚。	**第一百八十五条** 发行人**违反本法第十四条、第十五条的规定**擅自改变公开发行证券所募集资金的用途的，责令改正，**处以五十万元以上五百万元以下的罚款**；对直接负责的主管人员和其他直接责任人员给予警告，并处以**十**万元以上**一百**万元以下的罚款。 发行人的控股股东、实际控制人**从事或者组织**、指使从事前款违法行为的，给予警告，并处以**五十**万元以上**五百**万元以下的罚款；**对直接负责的主管人员和其他直接责任人员，处以十万元以上一百万元以下的罚款。**
第二百零四条 违反法律规定，在限制转让期限内买卖证券的，责令改正，给予警告，并处以买卖证券等值以下的罚款。对直接负责的主管人员和其他直接责任人员给予警告，并处以三万元以上三十万元以下的罚款。	**第一百八十六条 违反本法第三十六条的规定，在限制转让期内转让证券，或者转让股票不符合法律、行政法规和国务院证券监督管理机构规定的，责令改正，给予警告，没收违法所得，并处以买卖证券等值以下的罚款。**

2014 年证券法	2019 年证券法
第一百九十九条 法律、行政法规规定禁止参与股票交易的人员，直接或者以化名、借他人名义持有、买卖股票的，责令依法处理非法持有的股票，没收违法所得，并处以买卖股票等值以下的罚款；属于国家工作人员的，还应当依法给予行政处分。	**第一百八十七条** 法律、行政法规规定禁止参与股票交易的人员，**违反本法第四十条的规定**，直接或者以化名、借他人名义持有、买卖股票**或者其他具有股权性质的证券**的，责令依法处理非法持有的股票、**其他具有股权性质的证券**，没收违法所得，并处以买卖**证券**等值以下的罚款；属于国家工作人员的，还应当依法给予处分。
第二百零一条 为股票的发行、上市、交易出具审计报告、资产评估报告或者法律意见书等文件的证券服务机构和人员，违反本法第四十五条的规定买卖股票的，责令依法处理非法持有的股票，没收违法所得，并处以买卖股票等值以下的罚款。	**第一百八十八条** 证券服务机构**及其从业**人员，违反本法第四十二条的规定买卖**证券**的，责令依法处理非法持有的**证券**，没收违法所得，并处以买卖**证券**等值以下的罚款。
第一百九十五条 上市公司的董事、监事、高级管理人员、持有上市公司股份百分之五以上的股东，违反本法第四十七条的规定买卖本公司股票的，给予警告，可以并处三万元以上十万元以下的罚款。	**第一百八十九条** 上市公司、**股票在国务院批准的其他全国性证券交易场所交易的公司的**董事、监事、高级管理人员、持有**该公司**百分之五以上**股份**的股东，违反本法第四十**四**条的规定，**买卖该**公司股票**或者其他具有股权性质的证券的**，给予警告，并处**以十**万元以上**一百**万元以下的罚款。
	第一百九十条 违反本法第四十五条的规定，采取程序化交易影响证券交易所系统安全或者正常交易秩序的，责令改正，并处以五十万元以上五百万元以下的罚款。对直接负责的主管人员和其他直接责任人员给予警告，并处以十万元以上一百万元以下的罚款。

2014年证券法	2019年证券法
第二百零二条　证券交易内幕信息的知情人或者非法获取内幕信息的人，在涉及证券的发行、交易或者其他对证券的价格有重大影响的信息公开前，买卖该证券，或者泄露该信息，或者建议他人买卖该证券的，责令依法处理非法持有的证券，没收违法所得，并处以违法所得一倍以上五倍以下的罚款；没有违法所得或者违法所得不足三万元的，处以三万元以上六十万元以下的罚款。单位从事内幕交易的，还应当对直接负责的主管人员和其他直接责任人员给予警告，并处以三万元以上三十万元以下的罚款。证券监督管理机构工作人员进行内幕交易的，从重处罚。	**第一百九十一条**　证券交易内幕信息的知情人或者非法获取内幕信息的人**违反本法第五十三条的规定从事内幕交易的**，责令依法处理非法持有的证券，没收违法所得，并处以违法所得一倍以上**十**倍以下的罚款；没有违法所得或者违法所得不足**五十**万元的，处以**五十**万元以上**五百**万元以下的罚款。单位从事内幕交易的，还应当对直接负责的主管人员和其他直接责任人员给予警告，并处以**二十**万元以上**二百**万元以下的罚款。**国务院**证券监督管理机构工作人员**从事**内幕交易的，从重处罚。 **违反本法第五十四条的规定，利用未公开信息进行交易的，依照前款的规定处罚。**
第二百零三条　违反本法规定，操纵证券市场的，责令依法处理非法持有的证券，没收违法所得，并处以违法所得一倍以上五倍以下的罚款；没有违法所得或者违法所得不足三十万元的，处以三十万元以上三百万元以下的罚款。单位操纵证券市场的，还应当对直接负责的主管人员和其他直接责任人员给予警告，并处以十万元以上六十万元以下的罚款。	**第一百九十二条**　违反本法**第五十五条**的规定，操纵证券市场的，责令依法处理其非法持有的证券，没收违法所得，并处以违法所得一倍以上**十**倍以下的罚款；没有违法所得或者违法所得不足**一百**万元的，处以**一百**万元以上**一千**万元以下的罚款。单位操纵证券市场的，还应当对直接负责的主管人员和其他直接责任人员给予警告，并处以**五十**万元以上**五百**万元以下的罚款。
第二百零六条　违反本法第七十八条第一款、第三款的规定，扰乱证券市场的，由证券监督管理机构责令改正，没收违法所得，并处以违法所得一倍以上五倍以下的罚	**第一百九十三条**　违反本法第**五十六**条第一款、第三款的规定，**编造、传播虚假信息或者误导性信息**，扰乱证券市场的，没收违法所得，并处以违法所得一倍以上**十**倍

2014 年证券法	2019 年证券法
款；没有违法所得或者违法所得不足三万元的，处以三万元以上二十万元以下的罚款。 第二百零七条　违反本法第七十八条第二款的规定，在证券交易活动中作出虚假陈述或者信息误导的，责令改正，处以三万元以上二十万元以下的罚款；属于国家工作人员的，还应当依法给予行政处分。	以下的罚款；没有违法所得或者违法所得不足**二十**万元的，处以**二十**万元以上二**百**万元以下的罚款。 违反本法第**五十六**条第二款的规定，在证券交易活动中作出虚假陈述或者信息误导的，责令改正，处以**二十**万元以上二**百**万元以下的罚款；属于国家工作人员的，还应当依法给予处分。 **传播媒介及其从事证券市场信息报道的工作人员违反本法第五十六条第三款的规定，从事与其工作职责发生利益冲突的证券买卖的，没收违法所得，并处以买卖证券等值以下的罚款。**
第二百一十条　证券公司违背客户的委托买卖证券、办理交易事项，或者违背客户真实意思表示，办理交易以外的其他事项的，责令改正，处以一万元以上十万元以下的罚款。给客户造成损失的，依法承担赔偿责任。	**第一百九十四条　证券公司及其从业人员违反本法第五十七条的规定，有损害客户利益的行为的，给予警告，没收违法所得，并处以违法所得一倍以上十倍以下的罚款；没有违法所得或者违法所得不足十万元的，处以十万元以上一百万元以下的罚款；情节严重的，暂停或者撤销相关业务许可。**
第二百零八条　违反本法规定，法人以他人名义设立账户或者利用他人账户买卖证券的，责令改正，没收违法所得，并处以违法所得一倍以上五倍以下的罚款；没有违法所得或者违法所得不足三万元的，处以三万元以上三十万元以下的罚款。对直接负责的主管人员和其他直接责任人员给予警告，并处以三万元以上十万元以下的罚款。	**第一百九十五条　违反本法第五十八条的规定，出借自己的证券账户或者借用他人的证券账户从事证券交易的，责令改正，给予警告，可以处五十万元以下的罚款。**

2014 年证券法	2019 年证券法
证券公司为前款规定的违法行为提供自己或者他人的证券交易账户的，除依照前款的规定处罚外，还应当撤销直接负责的主管人员和其他直接责任人员的任职资格或者证券从业资格。	
第二百一十三条 收购人未按照本法规定履行上市公司收购的公告、发出收购要约等义务的，责令改正，给予警告，并处以十万元以上三十万元以下的罚款；在改正前，收购人对其收购或者通过协议、其他安排与他人共同收购的股份不得行使表决权。对直接负责的主管人员和其他直接责任人员给予警告，并处以三万元以上三十万元以下的罚款。 **第二百一十四条** 收购人或者收购人的控股股东，利用上市公司收购，损害被收购公司及其股东的合法权益的，责令改正，给予警告；情节严重的，并处以十万元以上六十万元以下的罚款。给被收购公司及其股东造成损失的，依法承担赔偿责任。对直接负责的主管人员和其他直接责任人员给予警告，并处以三万元以上三十万元以下的罚款。	**第一百九十六条** 收购人未按照本法规定履行上市公司收购的公告、发出收购要约义务的，责令改正，给予警告，并处以**五**十万元以上**五百**万元以下的罚款。对直接负责的主管人员和其他直接责任人员给予警告，并处以**二十**万元以上**二百**万元以下的罚款。 **收购人及其控股股东、实际控制人利用上市公司收购，给被收购公司及其股东造成损失的，应当依法承担赔偿责任。**
第一百九十三条 发行人、上市公司或者其他信息披露义务人未按照规定披露信息，或者所披露的信息有虚假记载、误导性陈述或者重大遗漏的，责令改正，给予警告，并处以三十万元以上六十万元以下的罚款。对直接负责的主管人员和	**第一百九十七条** 信息披露义务人未按照**本法规定报送有关报告或者履行信息披露义务的**，责令改正，给予警告，并处以**五**十万元以上**五百**万元以下的罚款；对直接负责的主管人员和其他直接责任人员给予警告，并处以**二十万元以上二**

2014 年证券法	2019 年证券法
其他直接责任人员给予警告，并处以三万元以上三十万元以下的罚款。 发行人、上市公司或者其他信息披露义务人未按照规定报送有关报告，或者报送的报告有虚假记载、误导性陈述或者重大遗漏的，责令改正，给予警告，并处以三十万元以上六十万元以下的罚款。对直接负责的主管人员和其他直接责任人员给予警告，并处以三万元以上三十万元以下的罚款。 发行人、上市公司或者其他信息披露义务人的控股股东、实际控制人指使从事前两款违法行为的，依照前两款的规定处罚。	**百万元**以下的罚款。**发行人的控股股东、实际控制人组织、指使从事上述违法行为，或者隐瞒相关事项导致发生上述情形的，处以五十万元以上五百**万元以下的罚款；**对直接负责的主管人员和其他直接责任人员，处以二十万元以上二百万元以下的罚款。** 信息披露义务人报送**的报告或者披露的信息**有虚假记载、误导性陈述或者重大遗漏的，责令改正，给予警告，并处以**一百**万元以上**一千**万元以下的罚款；对直接负责的主管人员和其他直接责任人员给予警告，并处以**五十万元以上五百万元以下的罚款。发行人的控股股东、实际控制人组织、指使从事上述违法行为，或者隐瞒相关事项导致发生上述情形的，处以一百**万元以上一千万元以下的罚款；**对直接负责的主管人员和其他直接责任人员，处以五十万元以上五百万元以下的罚款。**
	第一百九十八条　证券公司违反本法第八十八条的规定未履行或者未按照规定履行投资者适当性管理义务的，责令改正，给予警告，并处以十万元以上一百万元以下的罚款。对直接负责的主管人员和其他直接责任人员给予警告，并处以二十万元以下的罚款。
	第一百九十九条　违反本法第九十条的规定征集股东权利的，责令改正，给予警告，可以处五十万元以下的罚款。

2014 年证券法	2019 年证券法
第一百九十六条 非法开设证券交易场所的，由县级以上人民政府予以取缔，没收违法所得，并处以违法所得一倍以上五倍以下的罚款；没有违法所得或者违法所得不足十万元的，处以十万元以上五十万元以下的罚款。对直接负责的主管人员和其他直接责任人员给予警告，并处以三万元以上三十万元以下的罚款。	**第二百条** 非法开设证券交易场所的，由县级以上人民政府予以取缔，没收违法所得，并处以违法所得一倍以上**十**倍以下的罚款；没有违法所得或者违法所得不足**一百**万元的，处以**一百**万元以上**一千**万元以下的罚款。对直接负责的主管人员和其他直接责任人员给予警告，并处以**二十**万元以上**二百**万元以下的罚款。 **证券交易所违反本法第一百零五条的规定，允许非会员直接参与股票的集中交易的，责令改正，可以并处五十万元以下的罚款。**
	第二百零一条 证券公司违反本法第一百零七条第一款的规定，未对投资者开立账户提供的身份信息进行核对的，责令改正，给予警告，并处以五万元以上五十万元以下的罚款。对直接负责的主管人员和其他直接责任人员给予警告，并处以十万元以下的罚款。 **证券公司违反本法第一百零七条第二款的规定，将投资者的账户提供给他人使用的，责令改正，给予警告，并处以十万元以上一百万元以下的罚款。对直接负责的主管人员和其他直接责任人员给予警告，并处以二十万元以下的罚款。**
第一百九十七条 未经批准，擅自设立证券公司或者非法经营证券业务的，由证券监督管理机构予以取缔，没收违法所得，并处以违法所得一倍以上五倍以下的罚款；	**第二百零二条 违反本法第一百一十八条、第一百二十条第一款、第四款的规定**，擅自设立证券公司、非法经营证券业务**或者未经批准以证券公司名义开展证券业务活动的，**

2014 年证券法	2019 年证券法
没有违法所得或者违法所得不足三十万元的，处以三十万元以上六十万元以下的罚款。对直接负责的主管人员和其他直接责任人员给予警告，并处以三万元以上三十万元以下的罚款。 **第二百零五条** 证券公司违反本法规定，为客户买卖证券提供融资融券的，没收违法所得，暂停或者撤销相关业务许可，并处以非法融资融券等值以下的罚款。对直接负责的主管人员和其他直接责任人员给予警告，撤销任职资格或者证券从业资格，并处以三万元以上三十万元以下的罚款。 **第二百一十九条** 证券公司违反本法规定，超出业务许可范围经营证券业务的，责令改正，没收违法所得，并处以违法所得一倍以上五倍以下的罚款；没有违法所得或者违法所得不足三十万元的，处以三十万元以上六十万元以下罚款；情节严重的，责令关闭。对直接负责的主管人员和其他直接责任人员给予警告，撤销任职资格或者证券从业资格，并处以三万元以上十万元以下的罚款。	**责令改正**，没收违法所得，并处以违法所得一倍以上**十**倍以下的罚款；没有违法所得或者违法所得不足**一百**万元的，处以**一百**万元以上**一千**万元以下的罚款。对直接负责的主管人员和其他直接责任人员给予警告，并处以**二十**万元以上**二百**万元以下的罚款。**对擅自设立的证券公司，由国务院证券监督管理机构予以取缔。** 证券公司违反本法**第一百二十条第五款规定**提供**证券**融资融券**服务**的，没收违法所得，并处以融资融券等值以下的罚款；**情节严重的，禁止其在一定期限内从事证券融资融券业务**。对直接负责的主管人员和其他直接责任人员给予警告，并处以**二十**万元以上**二百**万元以下的罚款。
第二百二十一条 提交虚假证明文件或者采取其他欺诈手段隐瞒重要事实骗取证券业务许可的，或者证券公司在证券交易中有严重违法行为，不再具备经营资格的，由证券监督管理机构撤销证券业务许可。	**第二百零三条 提交虚假证明文件或者采取其他欺诈手段骗取证券公司设立许可、业务许可或者重大事项变更核准的，撤销相关许可，并处以一百万元以上一千万元以下的罚款。对直接负责的主管人员和其他直接责任人员给予警告，并处以二十万元以上二百万元以下的罚款。**

2014 年证券法	2019 年证券法
第二百一十八条 证券公司违反本法第一百二十九条的规定，擅自设立、收购、撤销分支机构，或者合并、分立、停业、解散、破产，或者在境外设立、收购、参股证券经营机构的，责令改正，没收违法所得，并处以违法所得一倍以上五倍以下的罚款；没有违法所得或者违法所得不足十万元的，处以十万元以上六十万元以下的罚款。对直接负责的主管人员给予警告，并处以三万元以上十万元以下的罚款。 证券公司违反本法第一百二十九条的规定，擅自变更有关事项的，责令改正，并处以十万元以上三十万元以下的罚款。对直接负责的主管人员给予警告，并处以五万元以下的罚款。	**第二百零四条** 证券公司违反本法第一百二十二条的规定，**未经核准变更证券业务范围，变更主要股东或者公司的实际控制人**，合并、分立、停业、解散、破产的，责令改正，**给予警告**，没收违法所得，并处以违法所得一倍以上**十**倍以下的罚款；没有违法所得或者违法所得不足**五十**万元的，处以**五十**万元以上**五百**万元以下的罚款；**情节严重的，并处撤销相关业务许可**。对直接负责的主管人员**和其他直接责任人员**给予警告，并处以**二十**万元以上**二百**万元以下的罚款。
第二百二十二条第二款 证券公司为其股东或者股东的关联人提供融资或者担保的，责令改正，给予警告，并处以十万元以上三十万元以下的罚款。对直接负责的主管人员和其他直接责任人员，处以三万元以上十万元以下的罚款。股东有过错的，在按照要求改正前，国务院证券监督管理机构可以限制其股东权利；拒不改正的，可以责令其转让所持证券公司股权。	**第二百零五条　证券公司违反本法第一百二十三条**第二款**的规定**，为其股东或者股东的关联人提供融资或者担保的，责令改正，给予警告，并处以**五十**万元以上**五百**万元以下的罚款。对直接负责的主管人员和其他直接责任人员**给予警告，并处以十**万元以上**一百**万元以下的罚款。股东有过错的，在按照要求改正前，国务院证券监督管理机构可以限制其股东权利；拒不改正的，可以责令其转让所持证券公司股权。
第一百九十八条 违反本法规定，聘任不具有任职资格、证券从业资格的人员的，由证券监督管理	

2014 年证券法	2019 年证券法
机构责令改正，给予警告，可以并处十万元以上三十万元以下的罚款；对直接负责的主管人员给予警告，可以并处三万元以上十万元以下的罚款。	
第二百二十条　证券公司对其证券经纪业务、证券承销业务、证券自营业务、证券资产管理业务，不依法分开办理，混合操作的，责令改正，没收违法所得，并处以三十万元以上六十万元以下的罚款；情节严重的，撤销相关业务许可。对直接负责的主管人员和其他直接责任人员给予警告，并处以三万元以上十万元以下的罚款；情节严重的，撤销任职资格或者证券从业资格。	**第二百零六条**　证券公司违反**本法第一百二十八条的规定，未采取有效隔离措施防范利益冲突，或者未分开办理相关业务、混合操作**的，责令改正，**给予警告，**没收违法所得，并处**以违法所得一倍以上十倍以下的罚款；没有违法所得或者违法所得不足五十万元的，处以**五十万元以上**五百**万元以下的罚款；情节严重的，**并处**撤销相关业务许可。对直接负责的主管人员和其他直接责任人员给予警告，并处以**二**十万元以上**二百**万元以下的罚款。
第二百零九条　证券公司违反本法规定，假借他人名义或者以个人名义从事证券自营业务的，责令改正，没收违法所得，并处以违法所得一倍以上五倍以下的罚款；没有违法所得或者违法所得不足三十万元的，处以三十万元以上六十万元以下的罚款；情节严重的，暂停或者撤销证券自营业务许可。对直接负责的主管人员和其他直接责任人员给予警告，撤销任职资格或者证券从业资格，并处以三万元以上十万元以下的罚款。	**第二百零七条**　证券公司违反本法**第一百二十九条的规定**从事证券自营业务的，责令改正，**给予警告，**没收违法所得，并处以违法所得一倍以上**十**倍以下的罚款；没有违法所得或者违法所得不足**五**十万元的，处以**五**十万元以上**五百**万元以下的罚款；情节严重的，**并处撤销相关**业务许可**或者责令关闭**。对直接负责的主管人员和其他直接责任人员给予警告，并处以**二十**万元以上**二百**万元以下的罚款。

2014 年证券法	2019 年证券法
第二百一十一条 证券公司、证券登记结算机构挪用客户的资金或者证券，或者未经客户的委托，擅自为客户买卖证券的，责令改正，没收违法所得，并处以违法所得一倍以上五倍以下的罚款；没有违法所得或者违法所得不足十万元的，处以十万元以上六十万元以下的罚款；情节严重的，责令关闭或者撤销相关业务许可。对直接负责的主管人员和其他直接责任人员给予警告，撤销任职资格或者证券从业资格，并处以三万元以上三十万元以下的罚款。	**第二百零八条** **违反本法第一百三十一条的规定，将**客户的资金**和证券归入自有财产**，或者**挪用**客户的**资金和**证券的，责令改正，**给予警告**，没收违法所得，并处以违法所得一倍以上**十**倍以下的罚款；没有违法所得或者违法所得不足**一百**万元的，处以**一百**万元以上**一千**万元以下的罚款；情节严重的，**并处**撤销相关业务许可**或者责令关闭**。对直接负责的主管人员和其他直接责任人员给予警告，并处以**五十**万元以上**五百**万元以下的罚款。
第二百一十二条 证券公司办理经纪业务，接受客户的全权委托买卖证券的，或者证券公司对客户买卖证券的收益或者赔偿证券买卖的损失作出承诺的，责令改正，没收违法所得，并处以五万元以上二十万元以下的罚款，可以暂停或者撤销相关业务许可。对直接负责的主管人员和其他直接责任人员给予警告，并处以三万元以上十万元以下的罚款，可以撤销任职资格或者证券从业资格。	**第二百零九条** 证券公司**违反本法第一百三十四条第一款的规定**接受客户的全权委托买卖证券的，或者**违反本法第一百三十五条的规定**对客户的收益或者赔偿**客户**的损失作出承诺的，责令改正，**给予警告**，没收违法所得，并处**以违法所得一倍以上十倍以下的罚款；没有违法所得或者违法所得不足五十万元的，处以五十万元以上五百**万元以下的罚款；**情节严重的，并处**撤销相关业务许可。对直接负责的主管人员和其他直接责任人员给予警告，并处以**二十**万元以上**二百**万元以下的罚款。 **证券公司违反本法第一百三十四条第二款的规定，允许他人以证券公司的名义直接参与证券的集中交易的，责令改正，可以并处五十万元以下的罚款。**

2014 年证券法	2019 年证券法
第二百一十五条 证券公司及其从业人员违反本法规定，私下接受客户委托买卖证券的，责令改正，给予警告，没收违法所得，并处以违法所得一倍以上五倍以下的罚款；没有违法所得或者违法所得不足十万元的，处以十万元以上三十万元以下的罚款。	**第二百一十条** 证券公司的从业人员违反本法**第一百三十六条的**规定，私下接受客户委托买卖证券的，责令改正，给予警告，没收违法所得，并处以违法所得一倍以上**十**倍以下的罚款；没有违法所得的，处以**五十**万元以下的罚款。
第二百一十六条 证券公司违反规定，未经批准经营非上市证券的交易的，责令改正，没收违法所得，并处以违法所得一倍以上五倍以下的罚款。	
第二百一十七条 证券公司成立后，无正当理由超过三个月未开始营业的，或者开业后自行停业连续三个月以上的，由公司登记机关吊销其公司营业执照。	
第二百二十二条第一款 证券公司或者其股东、实际控制人违反规定，拒不向证券监督管理机构报送或者提供经营管理信息和资料，或者报送、提供的经营管理信息和资料有虚假记载、误导性陈述或者重大遗漏的，责令改正，给予警告，并处以三万元以上三十万元以下的罚款，可以暂停或者撤销证券公司相关业务许可。对直接负责的主管人员和其他直接责任人员，给予警告，并处以三万元以下的罚款，可以撤销任职资格或者证券从业资格。	**第二百一十一条** 证券公司及**其主要**股东、实际控制人违反**本法第一百三十八条的规定，未报送、提供**信息和资料，或者报送、提供的信息和资料有虚假记载、误导性陈述或者重大遗漏的，责令改正，给予警告，并处以**一百**万元以下的罚款；**情节严重的，并处撤销**相关业务许可。对直接负责的主管人员和其他直接责任人员，给予警告，并处以**五十**万元以下的罚款。

2014 年证券法	2019 年证券法
第二百二十四条 违反本法规定，发行、承销公司债券的，由国务院授权的部门依照本法有关规定予以处罚。	
第二百二十六条 未经国务院证券监督管理机构批准，擅自设立证券登记结算机构的，由证券监督管理机构予以取缔，没收违法所得，并处以违法所得一倍以上五倍以下的罚款。 投资咨询机构、财务顾问机构、资信评级机构、资产评估机构、会计师事务所未经批准，擅自从事证券服务业务的，责令改正，没收违法所得，并处以违法所得一倍以上五倍以下的罚款。 证券登记结算机构、证券服务机构违反本法规定或者依法制定的业务规则的，由证券监督管理机构责令改正，没收违法所得，并处以违法所得一倍以上五倍以下的罚款；没有违法所得或者违法所得不足十万元的，处以十万元以上三十万元以下的罚款；情节严重的，责令关闭或者撤销证券服务业务许可。 **第二百二十三条** 证券服务机构未勤勉尽责，所制作、出具的文件有虚假记载、误导性陈述或者重大遗漏的，责令改正，没收业务收入，暂停或者撤销证券服务业务许可，并处以业务收入一倍以上五倍以下的罚款。对直接负责的主管人员和其他直接责任人员给予警告，撤销证券从业资格，并处以三万元以上十万元以下的罚款。	**第二百一十二条** **违反本法第一百四十五条的规定**，擅自设立证券登记结算机构的，由**国务院**证券监督管理机构予以取缔，没收违法所得，并处以违法所得一倍以上**十**倍以下的罚款；**没有违法所得或者违法所得不足五十万元的，处以五十万元以上五百万元以下的罚款。对直接负责的主管人员和其他直接责任人员给予警告，并处以二十万元以上二百万元**以下的罚款。 **第二百一十三条** **证券投资咨**询机构违反本法**第一百六十条第二款的规定擅自从事证券服务业务，或者从事证券服务业务有本法第一百六十一条规定行为的**，责令改正，没收违法所得，并处以违法所得一倍以上十倍以下的罚款；没有违法所得或者违法所得不足**五十**万元的，处以**五十**万元以上**五百**万元以下的罚款。**对直接负责的主管人员和其他直接责任人员，给予警告，并处以二十万元以上二百万元以下的罚款。** **会计师事务所、律师事务所以及从事资产评估、资信评级、财务顾问、信息技术系统服务的机构违反本法第一百六十条第二款的规定，从事证券服务业务未报备案的，责令改正，可以处二十万元以下的罚款。**

2014 年证券法	2019 年证券法
	证券服务机构**违反本法第一百六十三条的规定**，未勤勉尽责，所制作、出具的文件有虚假记载、误导性陈述或者重大遗漏的，责令改正，没收业务收入，并处以业务收入一倍以上**十倍以下的罚款，没有业务收入或者业务收入不足五十万元的，处以五十万元以上五百万元**以下的罚款；**情节严重的，并处暂停或者禁止从事证券服务业务**。对直接负责的主管人员和其他直接责任人员给予警告，并处以**二十**万元以上**二百**万元以下的罚款。
第二百条 证券交易所、证券公司、证券登记结算机构、证券服务机构的从业人员或者证券业协会的工作人员，故意提供虚假资料，隐匿、伪造、篡改或者毁损交易记录，诱骗投资者买卖证券的，撤销证券从业资格，并处以三万元以上十万元以下的罚款；属于国家工作人员的，还应当依法给予行政处分。	
第二百二十五条 上市公司、证券公司、证券交易所、证券登记结算机构、证券服务机构，未按照有关规定保存有关文件和资料的，责令改正，给予警告，并处以三万元以上三十万元以下的罚款；隐匿、伪造、篡改或者毁损有关文件和资料的，给予警告，并处以三十万元以上六十万元以下的罚款。	**第二百一十四条** 发行人、证券登记结算机构、**证券公司**、证券服务机构未按照规定保存有关文件和资料的，责令改正，给予警告，并处以**十**万元以上**一百**万元以下的罚款；**泄露**、隐匿、伪造、篡改或者毁损有关文件和资料的，给予警告，并处**以二十万元以上二百万元以下的罚款；情节严重的，处以五十万元以上五百万元以下的罚款，并处暂停、撤销相关业务许可或者禁止从事相关业务。对直接负责的**

2014 年证券法	2019 年证券法
	主管人员和其他直接责任人员给予警告，并处以十万元以上一百万元以下的罚款。
	第二百一十五条　国务院证券监督管理机构依法将有关市场主体遵守本法的情况纳入证券市场诚信档案。
第二百二十七条　国务院证券监督管理机构或者国务院授权的部门有下列情形之一的，对直接负责的主管人员和其他直接责任人员，依法给予行政处分： （一）对不符合本法规定的发行证券、设立证券公司等申请予以核准、批准的； （二）违反规定采取本法第一百八十条规定的现场检查、调查取证、查询、冻结或者查封等措施的； （三）违反规定对有关机构和人员实施行政处罚的； （四）其他不依法履行职责的行为。	**第二百一十六条**　国务院证券监督管理机构或者国务院授权的部门有下列情形之一的，对直接负责的主管人员和其他直接责任人员，依法给予处分： （一）对不符合本法规定的发行证券、设立证券公司等申请予以核准、**注册、**批准的； （二）违反**本法**规定采取现场检查、调查取证、查询、冻结或者查封等措施的； （三）违反**本法**规定对有关机构和人员**采取监督管理措施**的； **（四）违反本法规定对有关机构和人员实施行政处罚的；** （**五**）其他不依法履行职责的行为。
第二百二十八条　证券监督管理机构的工作人员和发行审核委员会的组成人员，不履行本法规定的职责，滥用职权、玩忽职守，利用职务便利牟取不正当利益，或者泄露所知悉的有关单位和个人的商业秘密的，依法追究法律责任。	**第二百一十七条　国务院**证券监督管理机构**或者国务院授权的部门的工作**人员，不履行本法规定的职责，滥用职权、玩忽职守，利用职务便利牟取不正当利益，或者泄露所知悉的有关单位和个人的商业秘密的，依法追究法律责任。

2014 年证券法	2019 年证券法
第二百二十九条 证券交易所对不符合本法规定条件的证券上市申请予以审核同意的，给予警告，没收业务收入，并处以业务收入一倍以上五倍以下的罚款。对直接负责的主管人员和其他直接责任人员给予警告，并处以三万元以上三十万元以下的罚款。	
第二百三十条 拒绝、阻碍证券监督管理机构及其工作人员依法行使监督检查、调查职权未使用暴力、威胁方法的，依法给予治安管理处罚。	**第二百一十八条** 拒绝、阻碍证券监督管理机构及其工作人员依法行使监督检查、调查职权，**由证券监督管理机构责令改正，处以十万元以上一百万元以下的罚款，并由公安机关**依法给予治安管理处罚。
第二百三十一条 违反本法规定，构成犯罪的，依法追究刑事责任。	**第二百一十九条** 违反本法规定，构成犯罪的，依法追究刑事责任。
第二百三十二条 违反本法规定，应当承担民事赔偿责任和缴纳罚款、罚金，其财产不足以同时支付时，先承担民事赔偿责任。	**第二百二十条** 违反本法规定，应当承担民事赔偿责任和缴纳罚款、罚金、**违法所得**，违法行为人的财产不足以支付的，优先用于承担民事赔偿责任。
第二百三十三条 违反法律、行政法规或者国务院证券监督管理机构的有关规定，情节严重的，国务院证券监督管理机构可以对有关责任人员采取证券市场禁入的措施。 前款所称证券市场禁入，是指在一定期限内直至终身不得从事证券业务或者不得担任上市公司董事、监事、高级管理人员的制度。	**第二百二十一条** 违反法律、行政法规或者国务院证券监督管理机构的有关规定，情节严重的，国务院证券监督管理机构可以对有关责任人员采取证券市场禁入的措施。 前款所称证券市场禁入，是指在一定期限内直至终身不得从事证券业务、**证券服务业务**，不得担任**证券发行人的**董事、监事、高级管理人员，**或者一定期限内不得在证券交易所、国务院批准的其他全国性证券交易场所交易证券**的制度。

2014 年证券法	2019 年证券法
第二百三十四条 依照本法收缴的罚款和没收的违法所得，全部上缴国库。	**第二百二十二条** 依照本法收缴的罚款和没收的违法所得，全部上缴国库。
第二百三十五条 当事人对证券监督管理机构或者国务院授权的部门的处罚决定不服的，可以依法申请行政复议，或者依法直接向人民法院提起诉讼。	**第二百二十三条** 当事人对证券监督管理机构或者国务院授权的部门的处罚决定不服的，可以依法申请行政复议，或者依法直接向人民法院提起诉讼。
第十二章 附 则	**第十四章 附 则**
第二百三十六条 本法施行前依照行政法规已批准在证券交易所上市交易的证券继续依法进行交易。 本法施行前依照行政法规和国务院金融行政管理部门的规定经批准设立的证券经营机构，不完全符合本法规定的，应当在规定的限期内达到本法规定的要求。具体实施办法，由国务院另行规定。	
第二百三十七条 发行人申请核准公开发行股票、公司债券，应当按照规定缴纳审核费用。	
第二百三十八条 境内企业直接或者间接到境外发行证券或者将其证券在境外上市交易，必须经国务院证券监督管理机构依照国务院的规定批准。	**第二百二十四条** 境内企业直接或者间接到境外发行证券或者将其证券在境外上市交易，**应当符合国务院的有关规定。**
第二百三十九条 境内公司股票以外币认购和交易的，具体办法由国务院另行规定。	**第二百二十五条** 境内公司股票以外币认购和交易的，具体办法由国务院另行规定。
第二百四十条 本法自2006 年1月1 日起施行。	**第二百二十六条** 本法自 2020 年 3 月 1 日起施行。

图书在版编目（CIP）数据

中华人民共和国证券法解读／王翔主编．—北京：中国法制出版社，2020.7

ISBN 978－7－5216－1159－5

Ⅰ.①中…　Ⅱ.①王…　Ⅲ.①证券法－法律解释－中国　Ⅳ.①D922.287.5

中国版本图书馆 CIP 数据核字（2020）第 110564 号

策划编辑　谢雯　　责任编辑　谢雯　孙静　白天园　　封面设计　蒋怡

中华人民共和国证券法解读

ZHONGHUA RENMIN GONGHEGUO ZHENGQUAN FA JIEDU

主编/王翔

经销/新华书店

印刷/三河市紫恒印装有限公司

开本/880 毫米×1230 毫米　32 开　　印张／23.5　字数／530 千

版次/2020 年 7 月第 1 版　　2020 年 7 月第 1 次印刷

中国法制出版社出版

书号 ISBN 978－7－5216－1159－5　　定价：96.00 元

北京西单横二条 2 号

邮政编码 100031　　传真：010－66031119

网址：http：//www.zgfzs.com　　**编辑部电话：010－66071862**

市场营销部电话：010－66033393　　**邮购部电话：010－66033288**

（如有印装质量问题，请与本社印务部联系调换。电话：010－66032926）